酒党党魁經眼錄

曾永義 著

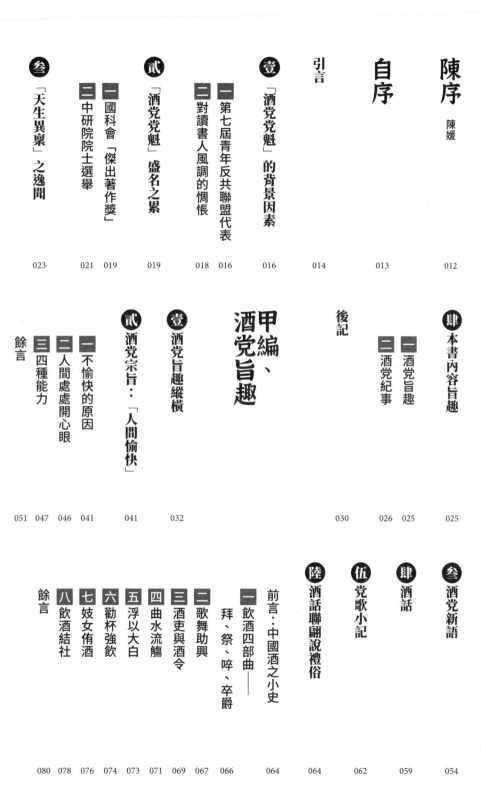

乙編、酒党紀事

丙編、酒党群彥小記

伍 桃李春風

丁編、書寫党魁

陳序

「党魁」是永義最喜歡的封號。十多年前，連對我這個做妻子的他都以「兄弟」呼喚，可見他在酒党中顧盼自得的模樣。

但自二〇一四年他再度急診住院被判定心臟衰竭，党魁「不重則不威」的身形，因醫囑減重而逐漸瘦身。及至去年十一月他心臟動了大刀置換瓣膜以後，體氣孱弱形銷骨立的党魁，不復暢飲矣。

養病期間，每晚入睡必戴呼吸器的永義，夜夜無法好眠，而他總是中夜即起伏案寫作。這本經眼錄，他自二〇二一年六月開筆，日夜不輟，只四個月就完稿。對他而言，當下回眸前塵往事，把存在內心許久的故事和盤托出，「想怎麼寫就怎麼寫」，既是病體療癒的一帖良方，也是讓記憶再次鮮活的印記。

回想去年底永義進開刀房之際，我們曾一起聽蔡琴唱〈讀你〉，並以禱告祈求天父守護他平安。至今十月餘以來，党魁雖不復昔日形貌，但大疫中我們度過結褵以來最美好的時光：彼此扶持、有主同行。

陳　媛

二〇二一年中秋

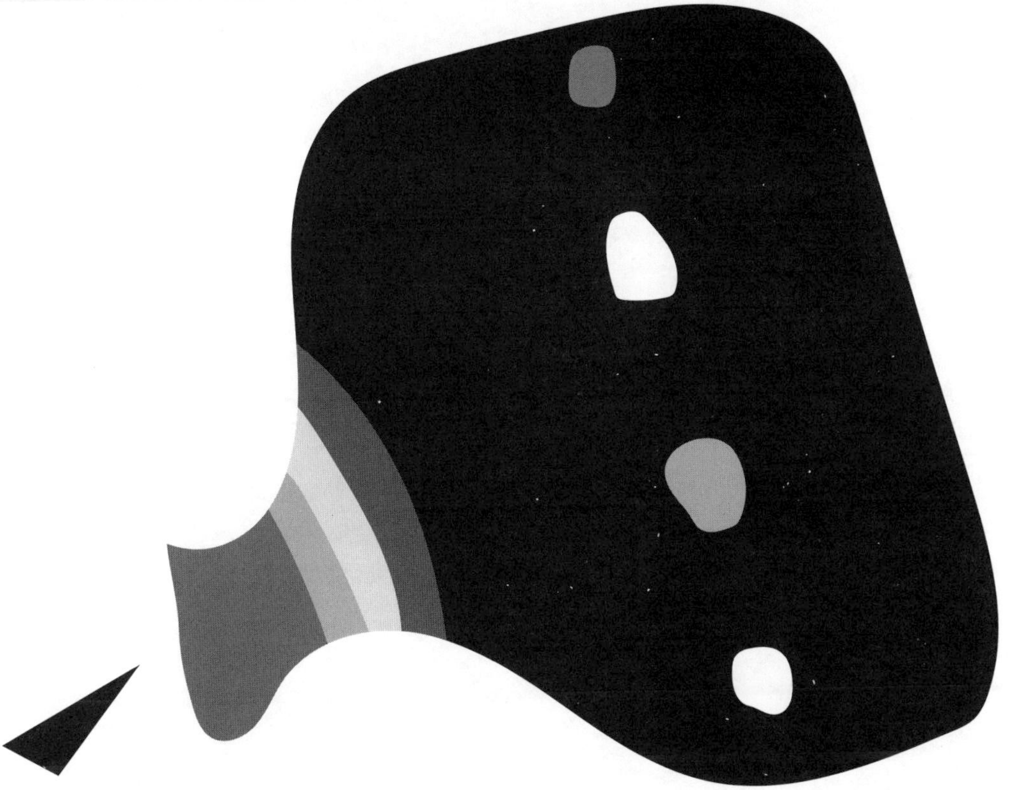

自序

引言

飛揚跋扈酒杯中，五十年來氣貫虹。肯與莊生說愉快，不從烈士論豪雄。
飄洋跨海開心眼，煙雨江南塞北風。太白平生何寂寞，狂歌痛飲嘯長空。

這首七律是整理《酒党党魁經眼錄》的積年素材之後順手寫下的，從中流露了我大半輩子的「酒生活」，自然也蘊涵了我飲酒的旨趣和行事為人。

八十歲是我掙脫生死關頭的一年。去年十月，我入住臺大醫院。十一月決定大動心臟手術，紀乃新大夫為我置換和修補三個瓣膜。雖撿回一條老命，但所受煎熬痛苦，非筆墨所能形容。而養病，迄今已近一年，縱使老妻陳媛百般調護，使我心智清明，但仍感身虛體弱。親友學生都說要多休息慢慢來。我也努力在執行我的「養生之道」：昧旦晨操，室內散步，三餐享用老妻和移工精心調製的營養。感到疲倦，就臥床平躺。有時媛和女兒湘珍、女婿一飛還會帶我到山坳海濱「放風」。四月間更有一趟愉快的花東之旅。

然而我不是一個閒得住的人，只因為養就了一盞燈伴我，日日過著教學、讀書、研究、寫作的反覆尋常事，逐漸成為好似嵌入骨髓般的「本性」一般。也因此這兩三百個日子裡，同樣離不開案頭，不只將兩百柒拾萬言的《戲曲演進史》全稿重新瀏覽補苴一過，交給三民書局陸續出版。也將堆疊三、四十年的《舊詩日記稿》董理一番，交給國家出版社印行。而去年底以來，新冠疫情因政策失當，應變慌亂，社區傳染，猖獗起來。弄得家家閉戶自守，幾於死巷空城。為此我連臺大醫院都不敢回診，盤桓森觀寓所，甚感百無聊賴。想到：自己是個「酒人」，既愛酒而體會酒中三昧，從而揭示旨趣，建構「主義」、「憲法」，創製「党旗」、寫作「党歌」，從而身體力行，五湖四海，糾結同好，召募党徒。時日既久，「統一兩岸，傳揚列國」，而我不期然而然的「雄踞」「酒党党魁」矣。

乃今「酒党党魁」睥睨杯勺已三四十年！雖不失讀書君子，示「陽春教授」之生活典範；但行事為人每與小心謹慎、善於養望者背道而馳。又喜歡與人論交：「相逢一杯酒，知遇百年身。」而於相欣相賞之際，放懷豪縱，難免「露才揚己」。喜歡我的謂之「性情中人」，不喜歡的嗤之「放浪形骸」。所幸酒的魅力能使人很快解除因陌生而防範的藩籬，容易達成意氣投合的氛圍；也因此欣賞党魁的，總比負面批評的超出許許多多。

只是如果拿研究做學問來與「酒党党魁」名號相提並論，一般認為有絕大的矛盾。洪惟助在為我寫的《參軍戲與元雜劇・序》中說：「課後，兩人飲酒論學，……通常飲盡半打啤酒，各自回家，我大睡一場，醒來和他通電話，他已寫好一篇文章。」老哥沈毅的兒子沈芃岳肄業中興大學中文系時，向我說，某教授在他們課堂上說：「臺大有位叫曾永義的，一天到晚喝酒，還能教書做學問嗎？」

壹

「酒党党魁」的背景因素

朋友常問我，何以要與酒為伍，在酒中建立「王國」？我每答以「好品杯中物，迷戀酒境界」。但回顧想想，卻也有其積漸而成的背景原因。

一 第七屆青年反共聯盟代表

記得一九七三年，我從臺大長興街宿舍下樓時，迎面來了一位滿頭大汗的先生，衝著我直問：你知道有位叫曾永義的嗎？我不疑有他，即回答：「我就是！」他說：「你家未有電話！這幾天為找你，我簡直『大海撈針』！來！車子在樓下等你，國家要派你出國開會！」當我坐上他的吉普車時，心裡毛毛的，因為我見過第八宿舍的同學被這種車子載走，就沒再回來。他把我帶到谷正綱主持的「世界反共聯盟」，其主任秘書告訴我被選為「第七屆世界青年反共聯盟代表」，很快就要與連戰、陳長文等人到英國倫敦去開會。我告以我英文不好，能力不足，並不適合。他說放心自有安排。然後又把我送到宋時選為主任的「救國團」拜會，我一再的說明我無能，難以為國家效力。主其事的人還說，我們是借重你在中國文史方面的修為；至於英文，請放心，我們會找留學生作秘書協助你。我還是請求下午才做決定。

於是我匆忙地到鄭師因百（騫）家，向老師報告我這突如其來的情況。老師說：「是他們主動找你的，無妨。」師母說：「出國機會多難啊！人家都擠破頭爭取，你還退卻什麼！」老師還要我向臺（靜農）、孔（德成）二師請示。臺、孔二師也持相同意見，孔老師還說他會掛電話給谷正綱多關照。因此我當天下午就去請歷史系住同樣長興街八角樓宿舍的孫同動幫我填寫英文出國表格，送到反共聯盟總部。接著忙著打預防針，準備一星期後在谷正綱率領下踏上西歐。那時我在《國語日報》擔任過林文月教授主編的「古今文選」專欄助理，而連戰是林先生的表弟，林先生為此親操盛筵，款待甫從美國歸來意氣風發承當臺大政治系主任的連戰先生和當選過「中國小姐」的方瑀女士賢伉儷。林先生介紹我和他們認識，並囑咐到倫敦多照顧我。連先生說倫敦春天還很冷，要我備好衣服。

而我們由臺、孔二師所主持的「儀禮復原實驗小組」加上鄭老師，在決定接受代表成員的當天晚上，就設宴為我「餞行」了。此後藉此名目的飲宴，兩三個月內不知凡幾。緣故是中共駐英大使館抗議，英政府拒絕給谷正綱簽證，我們作隨從的，自然也「行不得也哥哥」！後來報載改到巴西，最後定案美國華盛頓，就不再有問題了。鄭師母還備了大包小包的禮物，要我順道代送華府友人。可是某天清晨我又從報紙上看到「第七屆世界青年反共聯盟代表團今日赴美」，但名單中陳長文和我已被剔除。我不禁惘然若失，心想：我不是兩度電話請示詢問嗎？都只回答在家等候就是了。而竟如此待我！可是心思一轉念：這差事原非我能力可及，能夠卸下也輕鬆。就不以為意了。

事過一年，我們「土博士」所組成的「聯誼會」成員，夜宿高雄澄清湖招待所，晚宴後，歷史系的老哥逯耀東又邀救國團一位袁姓組長和我在他下榻的房間飲酒品茗閒聊。袁組長見我即說：「去年為了找你為代表出國開會，我幾乎費了『九牛二虎』之力。」我反問：「為什麼？」他說：「青年反共代表，總要有一位是青年、非國民黨黨員、臺灣省籍，有博士學位，具大學副教授以上資格的，擺在赴倫敦的名單上才夠響亮。而我仔細翻閱教職名錄，全臺灣只有你一個！」這時候，我真的很感嘆：「原來如此！」因為到倫敦需要我的身分當幌子，就對我「需求孔急」；而當以附庸之邦，往朝美國，就可以「棄我如敝屣」了。尤其那位才認識我不久，就向我借兩萬元不還的小黨棍，更可以讓我覺察到那個時代國民黨的黨性。

這件由倫敦到華府被人撥弄的「出國夢」，我之所以縷敘原委，是因為在無形中，對我後來的行事為人，頗具影響。譬如同仁多方誘導我加入國民黨，甚至推舉我競選「臺大教授聯誼會會長」，我都「巧妙」地給予推辭，篤定不去蹚渾水。

二　對讀書人風調的惆悵

而系裡在臺靜農、鄭騫、屈萬里等師長退休之後，系務會議和系學術研討會開始出現針鋒相對的言論和「兩不相能」的場面，也對我的「作為」有所「左右」。認為對此情況，我既「愛莫能助」，只好減少出席。有次李主任主持會議，已接近中午，場面又浮動起來，我即起身要離開。李主任向我說：「很快就結束，請暫且留下來。」我比出和朋友有約要趕去喝酒的手勢，就走了，以避免我不想看不想聽的事發生。而我又發覺友儕間為了出國、為了課程不免有所齟齬；或者為了一些行政上之類的虛名而各具心思。心想站在莊嚴的大學講堂上傳道授業解惑的教授，也會有各執一隅、爭長論短，是很無聊的事。乃向古人學習，既無法「逃之於仙」，又不敢「逃之於色」，就取其最適意的「逃之於酒」，學習淵明「忽與一觴酒，日夕歡相持」，也學學太白「飛揚跋扈酒杯中」；而不苟同劉伶、辛稼軒「杯！汝來前，醉後何妨死便埋」！

貳 「酒党党魁」盛名之累

而由於我常把掛在嘴邊的「治學態度方法」用在行事為人實務上，連飲酒也一樣，我建構的酒理論自然體系分明，易守易行，服膺我的党徒壯大到可以擁戴我為「酒党党魁」，使我的聲名「播兩岸、遍寰宇」。但盛名之下必有大累多累，上面所舉的都屬微不足道的「小累」，若舉犖犖大者，我緣酒被批判而影響最大的有兩件事。其一是國科會「傑出獎」，其二是中研院「院士選舉」。

一 國科會「傑出著作獎」

我獲國科會「傑出著作獎」有四次；當二〇〇四年我又以平均九十五最高分即將第二度獲獎，在最關鍵的評定會議上，中研院李院士，說了一句：「據說曾永義是酒党党魁。」那時人文社會處處長鄭先生是臺大心理系教授，和我同為長興街八角樓鄰居。他住的是大門口的一樓。某個午夜，我帶著七分酒意，搖搖晃晃，手中提半瓶金門陳高走進大門口，他穿著短褲汗衫正在室外納涼。因為我們彼此不熟，只互相對看了一眼。他有此經驗場景，在評審會上即接著李先生之後，把這「對看一眼」的事說出來；再查檔案，前年我首度得獎，就有三位中文系的同仁聯名寫信，說我「成天浸泡酒池而可以獲殊榮，將置他們進出圖書館、孜矻於做學問者何地」。於是對我所獲高分質疑。決議重審我的著作〈論說「拗折天下人嗓子」〉，結果國外審查人給我九十六分，臺灣的姚一葦先生給我九十分，平均九十三分，還是超過九十二分的得獎底線。有天下午，和我同研究室的沈冬，接到系裡任國科會學門召集人古教授的電話，說：你們曾老師已得了中山學術獎，現在眼看又要得國科會傑出獎，一年兩個大獎，恐怕太多；所以只要他著作中有篇章重複，就要除掉名單之外。沈冬說：曾老師的中山學術獎是正中書局出版推薦的專書《中國古典戲劇的認識與欣賞》，而申請國科會的是年度單篇論文；兩者毫無關係。接著對方傳來的結語是：他真幸運。

我當時聽了頗為惆悵。惆悵的是：我循規蹈矩申請獎勵，由你們聘請學者專家審查；只因我是「酒党党魁」，竟如此另眼相看。打算據實揭露，求取社會公評。沒想我把心中的憤懣不平向內人陳媛訴說後，她居然說：「這是值得慶賀的事，有什麼好生氣的！試想有誰能像你經兩度淬鍊，證明自己『真金不怕火』，應當感謝他們才是。」我隨之滿懷釋然，深感「家有賢妻真好」。

後來我又得了兩次傑出獎；雖然第五次也有機會。但某位決案召集人，說我得獎次數夠多，應當讓賢，就專斷地把我摘下來。

又有位同儕，我很欣賞佩服他，能以他大學院長的職務，組織兩岸學者從事田野調查；也能結合海內外同好蒐羅圖書資料，從而編輯大套叢書，嘉惠學者。他的這些計畫案在我手中審查，無不極力肯定，給以九十以上的高分，評語中也絕不涉及他的學術能力和論文品質及數量；使他獲得極高額的經費。可是我的申請案落入他的「法眼」，他每次都只給我七十幾分。直到國科會承辦人員，覺察他對我的評分較諸別人一向苛刻得多，停止他對我的審查以後，我才「傑出」起來。

二 中研院院士選舉

另一次是與中央研究院院士選舉有關。我歷經三度選舉才選上。首次，臺大某學弟因五年前曾和他在《國語日報》討論語文的問題，此後編輯就不再用他的稿子。而當報上刊出院士候選名單，他就不厭其煩地簽署數十封信，當然在「酒党党魁」上大作文章，說我的種種是非。黃玲玉向我說，他在教育大學任教，就因寫匿名信，半夜到系主任、院長辦公室割裂沙發和辦公桌，被錄影而去職。我不知他的致院士函影響力有多大，只是此後兩度選舉的推薦會議上，都成了評論我的重要話題。第二次選舉，報上說我是人文組被看好的人選。結果還是五票之差，不能越過組別的關卡。到了二〇一四年七月我當選第三十屆院士，在那次推舉討論會中，照樣有人執此話柄質疑。丁邦新院士說：「曾先生喝酒做党魁是大家耳熟能詳的事，我們現在評鑑的是他的學術。」才堵住那位先生的嘴，但我還是差兩票，未獲本組鼎力推舉；所幸那天下午全體院士大會中，我贏得好幾位院士的青睞美言，才以超過全體三分之二的票數當選，成為史上首位「戲曲院士」，當時中研院院長翁啟惠對媒體說：「這次連做戲曲的都當選了。」而我在記者會上也不諱言飲酒對我的「人間愉快」有莫大的助益；此後我更要使自己有更厚實的肩膀，好教我的學生穩穩地站上，讓他們看得更高更遠，「青出於藍，而勝於藍」，那才是我這輩子最感愉快的事。

從此以後，似乎不再聽到有人拿「酒党党魁」來指點我的不是。我焉能不感慨：「院士」虛名之為用「大矣哉」！

以上我所以又嘮嘮叨叨地挖出陳年往事，因為把它寫出來也是一種宣洩。而從另一個角度想一想，摯友如洪惟助都詫異我酒後文章照寫；同道的北京中國藝術研究院戲曲研究所所長劉禎在美國哈佛大學的一次國際戲曲研討會上，當眾問我，說：「曾先生你這篇〈錢德蒼《綴白裘》所見之地方戲曲〉又好又扎實，請賜給我們在《戲曲研究》發表。只是我心中久有疑惑，看到你就是在喝酒，而且都有不醉不歸的樣子，請告訴我們，你讀書寫作是在什麼時候？」我簡單答以每個人都有「異稟」和「習慣」，我酒後往往還可以讀還可以寫，我每天昧爽即起，芸窗展卷，獨對孤燈。試想我兩位常在一起的朋友，對我都有那樣的質疑，怎能怪素昧平生的人，只從「酒党党魁」顧名思義，逞其豐富聯想呢？

叁

「天生異稟」之逸聞

我還有一件事也令朋友百思莫解：那是由於我吃喝過量，身體肥胖，自許「君子不重則不威」的歲月。我每在學術會議或坐在「主席」位置上，應當聚精會神的重要時刻，卻呼呼入睡。但只要開始討論講評論題，主席該執行任務了，我就能馬上進入情況，而且說得頭頭是道。有一次王靖宇大哥任教的史丹佛大學在上海和復旦大學舉辦國際會議，某先生發表完論文，全場寂然，王大哥用他的右腳踢醒我，我即提出三個疑點和主講人商榷。在場的人為之對我「刮目相看」，有人還寫給我「打油詩」，誇讚我，博我一粲。又有一次，我在臺北國家圖書館國際會議廳，擔任主席，說完開場白和介紹主講人之後，即沉酣入夢，詹惠登擔心我會出醜，我則讓他出乎意料之外；我不只在主講人結語之前醒來，而且能將其內容用幾句話概括，轉折有致地往下進行。

看樣子，我真有「天生異稟」，但說穿了不過是在我入睡之前，已大致掌握住他們要宣讀的要義，而我能及時醒來，也只是我耳朵有辨聲知情的本事。

至於我的飲酒，則只因我的性情，幾乎和讀書教學研究處事為人都沒兩樣，那就是聚精會神、全心全力。所以喝酒便盡興盡量盡歡，無論舊雨新知，都希望坦誠以對、剖肝瀝膽，不疑有它。加上我飲酒如治學，理論嚴謹、新語如珠，党徒隨步履所至，日積月累，無論蓬島或大江南北都有如「雜花滿樹，群鶯亂飛」。

而我讀書寫作時，家人外，無人見得到，或那時他們正在睡覺休息。我其實沒有超凡的能耐，同樣是「一分耕耘，一分收穫」。

如今疫情爆發蔓延之際，足不敢出戶，與其徘徊斗室，面對窗外；不如董理舊業，將與「酒党党魁」相關的「酒文章」蒐集編輯，補入與党魁交遊的人物小傳；比照出版過的《戲曲經眼錄》、《藝文經眼錄》，題作《酒党党魁經眼錄》。藉此祛除近一年來因疾病手術調養而止酒的寂寞，也填補了疫情肆虐所產生的心靈空虛。

肆 本書內容旨趣

以下且來說明本書的編輯體例和各編中所呈現的內容旨趣、大要。

本書可以說是党魁平生「酒事」的記載，所敘之情事皆党魁所親歷，所記之人物皆党魁所接觸；故總題曰「酒党党魁經眼錄」。其所涉及者無一為社會國家之大事，亦未涵蘊令人省思之哲理與微言大義；只在描繪二十世紀後半至二十一世紀初葉二十年，總共六十年間，海峽兩岸一群以酒為「人間愉快」的藝文人士與上庠學者之生活樣貌而已。蓋所謂「不為無聊之事，何以遣有涯之生」，倘蒙偶然翻閱，搏得粲然，則引為知音矣。

全書分四編，除丙編〈酒党群彥小記〉與〈党魁自傳〉為新近費心費力撰寫外，其甲編〈酒党旨趣〉、乙編〈酒党紀事〉、丁編〈書寫党魁〉，皆輯錄剪裁舊稿而成。

一 酒党旨趣

甲編〈酒党旨趣〉，用以彰顯酒党之宗旨與從中所散發之種種興會。其〈酒党旨趣縱橫〉為從各種角度詮釋所建構理論的主體內涵和所流露的機趣，有「尚人不尚黑」、「人間愉快」、「四酒主義」、「五拳憲法」、「飲酒八要」、「酒品中正」、「党歌党旗」、「飲酒禮俗」、「在山泉水清」諸說；因之，此篇可謂全書之導言。「人間愉快」則較嚴肅地論說酒党宗旨的核心要義。〈酒党新語〉則以巧言妙語，使在筵席杯勺之際滑稽突梯，詼諧有致。其他〈酒話〉、〈党歌小記〉，可以從中看到所建構理論之原始。

二　酒党紀事

乙編〈酒党紀事〉，分〈酒党党事紀要〉、〈酒党飲酒日記錄要〉兩部分。

〈酒党党事紀要〉為用專文記敘酒党飲宴之重要事蹟。譬如〈杯酒酣飲〉為党魁在哈佛一年，收服兩位日本教授，成為好友；又如〈珊瑚潭情懷〉寫故鄉山水韻致對我的陶冶和呼朋引伴面對靈山秀水飲酒的歡樂。〈安雅堡情懷〉寫與內人在美國密西根大學；〈傳媽媽〉寫在比利時魯汶大學；〈慕尼黑的「呼喝啤酒屋」〉寫率領小西園布袋戲團，在德國慕尼黑夜店與國際旅客暢飲啤酒；〈川湘載酒行〉寫農曆過年與友人在大陸四川、湖南載酒遊走江湖的壯舉；〈洛陽橋之夜〉寫於福建古蹟泉州洛陽橋頭小亭，置酒高會，演唱南管至午夜之情景。〈恆春農場之夜〉、〈一幅別開生面的書法〉，都寫在臺灣飲酒酣暢的經驗。〈四十塊錢的故事〉則寫大學窮學生時代的一樁有趣的回憶。

〈魯爾之月〉、〈漢江晚眺〉、〈北歐行腳〉分別寫在德國魯爾大學、韓國首爾大學以及北歐列國，党魁攜酒經行的履歷。〈通宵達旦祭軒轅〉敘率領「漢唐樂府」以南管古樂夜祭中華始祖黃帝的情景。其他考古發掘之商周古酒，與〈悠遊酒重天〉等提及之中華名酒，則提供談助之資。

我原本沒寫日記的習慣，只是好吟詠，隨時隨地口占律絕舊詩記當下所感所懷，卻從不保留。直到五十之年，在李哥（善馨）鼓勵後，才逐漸積成《舊詩日記稿》，詩體散記並存。三十年來也裒然巨冊。現在重新檢閱，更加看出我的「酒生活」是多麼的密集頻繁，雖不至無日無餐不宴，但酒氣至今還透出字裡行間。在臺北接待或應酬知心貼意、南來北往的「吾党之徒」，已教我應接不暇；而暢遊故國錦繡河山、名勝古蹟，巡迴大陸高等名校，講學、會議、論壇；以及歐美列國之訪學、客座，及文化交流；亦皆飲宴不稍衰，甚且有以過之；此即余詩「塞北江南酒，飄洋過海詩」之意也。試想我這般「飛揚跋扈」，幾無節制的「酒行徑」，看在心不相屬、意無投合的人眼中，我上文所舉平生所受的「酒遭遇」，也就一點不足為奇了。幸而我們家陳媛在為我作的《飛揚跋扈酒杯中》序文真切地寫出我與朋友喝酒的樣子和飲後寫作讀書的情況。知我者吾妻也。

由於《舊詩日記稿》的「酒情事」太多，所以這裡所選錄的，一方面取其「重要性」，一方面則見其「類型性」。而所謂「重要性」，指其飲宴的背景在党魁心目中是關係不凡的；而「類型性」，乃因與宴人物之為至親、師長、友朋、弟子與党徒而有別。蓋據此化繁為簡，便於讀者「窺豹一斑」而已。

而本書最有意義和價值的，應屬丙編〈酒党群彥小記〉。所以將酒党党徒稱作「群彥」，因為先師張敬清徽先生親筆賜我的一副對聯是「讀書真是樂，飲酒亦須才」。而酒党群彥就我關係而言，有師長、友朋、弟子及親戚。他們與我的關係有深淺厚薄，他們的聲望成就有高低大小。我對他們所作的「小記」，因此長短不拘，興到筆隨，既涉以酒中事蹟，但也不失其性情人格，及其作品在學術或藝文上之特色與風調。希望本編可以留下一些世人可以稱述的地方。

〈酒党群彥小記〉所敘及的共有四百二十五人。分作五類別：其一，感恩師門、受惠長輩，記我親炙的老師二十四人，受惠的前輩二十四人，計四十八人。其二，天涯若比鄰，記國際友人六人、大陸同道一百零一人，香港友人五人，計一百一十二人。其三，學術為業，藝文游心，記學術界二十四人，藝文界二十八人，崑劇界八人，京劇界七人，豫劇界二人，民間藝術工作者三十二人，醫學界九人，計一百一十人。其四，飛揚跋扈酒杯中，記酒党核心党徒一百零二人。其五，桃李春風，記及門弟子五十三人。

我行文止能「我手寫我口」，一字一句直從心坎流出，不造作、不修飾。內容全為真實寫照，我家「管魁」陳媛，發現有些內容雖呈現我和友朋或弟子間密切相關的「過往雲煙」，雲煙中也可見我對弟子的關切和對友朋的批評；但或有事關私事者；「管魁」認為我要「心存厚道」，避免給人二次傷害，應予以刪除。我深有同感。但此一來，就行文「失真」，非我一向格調。為之「天人交戰」，終於嘗試「淡化處理」，或者乾脆刪除。希望我的「愛徒」能以體諒之心看待為師的這點「性情無奈」；我的「好友」更能包容我「耿直中的愚昧」。我家「管魁」也能以我「無理的執著」而一笑置之。何況我已奉命修改，十分降成一兩分。而讀者諸公，則任君評騭是非可也。

丁編〈書寫党魁〉，固然也有「讀其書不知其人可乎」的藉口，但實多出於党魁假他人之筆以炫己的私心。雖然師長為我書寫序，肯定鼓勵兼而有之；但友儕與親炙弟子則皆幾近揄揚備至。而他們對我的性情襟抱為人處事的看法，居然大體一致；對於我在戲曲、俗文學的研究成果，鄉土傳統藝術文化的維護發揚工作，都極盡推崇。連我作「業餘遊戲」的散文和戲曲劇本創作，也都有口皆碑，尤其崑劇劇本，更被譽為現代新編典範。古人說：「家有敝帚，享之千金。」則我何必自抑光芒，倒不如順水推舟的把它「彰顯」出來。然而我縱使知道文獻可貴，只是「抬舉」的文字太多，連自己都覺得厭煩。因此，本編除收錄〈酒党党魁自傳〉和洪國樑〈酒党党魁外傳〉以見生平處事為人外，其他如友人杜桂萍評論我《戲曲演進史》，郭英德重讀我《明雜劇概論》，苗懷明總體觀照我俗文學的研究成果，伏滌修綜述我研究的內涵、方法和成果，陳義芝論我散文為「學者型」，以見我在學術研究和散文創作上的成績；顧聆森、趙義山與王陽評論我的劇作則都予以刪除不錄。

總此看來，我這部《酒党党魁經眼錄》「天生」就走上「覆瓿」之運，如果勉予出版，則必難逃「禍棗災梨」之罪。所以最好的辦法是「藏諸名山」，但期百代之下，有一二如党魁這樣的人物，再度出世，偶然發現此「鉅製」，超越時空，莞爾一笑，就是心連心的知音知己了。

哪裡想到，二〇二一年六月三十日，我在《聯合報》副刊發表〈我以臺大中文系為第一志願〉，老友林載爵，現為聯經出版公司負責人，見其文而思其人，謂與我許久未見面，也多年未再出版我的書，乃一言敲定要我將此書《酒党党魁經眼錄》整理好之後，即交與他出版。我深感舊誼厚情，謹此致以萬分之謝意。

今日清晨五時許，本書《酒党党魁經眼錄》初稿完成。上午十時內子陳媛開車帶我到石門海濱「放風」。「放風」者，新冠疫情猖獗之際，避居寓所，偶出坐於車上以觀山觀水，有如獄中罪犯於監外之舒展眼目也。得七律一首：

藍天正有白雲翔，一路青山一路洋。展放心胸自優雅，遊觀造化任滄桑。
帝王將相歸何處，豪傑英雄在那方。莊子逍遙於夢蝶，鴻鵬我愛喜相將。

這首詩與〈自序〉開頭正好可以「呼應」，一為往日情懷，一為眼前情境。媛讀後，認為可以收入《酒党党魁經眼錄》，故附見於此。亦用以志全書稿成之日也。

二〇二一年九月八日午後曾永義於森觀寓所

後記

其一，本書的取材，這裡要補充說明的是：臺北萬卷樓圖書公司為我編輯出版《醉月春風翠谷裏：曾永義院士之學術薪傳與研究》已自成一書，主要在書寫本人；因之本書，內容基本上不與重複。但是洪國樑教授之〈酒党党魁外傳〉之敘党魁之異聞妙事，〈推薦序〉之總論党魁之學術地位與成就，其關係酒党與党魁極其重要，所以本書重予收錄，用為增強本書厚實之內容，讀者鑑之。

其二，余另有詩文日記稿以《一位陽春教授的生活：曾永義詩文日記》為題交由國家出版社出版。則合萬卷樓之《醉月春風翠谷裏》與聯經出版之本書《酒党党魁經眼錄》三書，實為經我記錄整編過之「傳記」，總其篇幅亦可謂「大矣哉」！而我不過一介書生，苟活人間，既無大功大業、叱吒風雲，亦無嘉言美德，垂範來茲；則何自苦以浪擲筆墨，留存此「龐然廢物」？余三思其故，不禁驚覺，余實惜生愛生，不忍雪泥鴻爪，而自棄生之痕跡也，乃又心存其中或有些些許許「披沙揀金」之奢望，可從中「以小見大」、「以粗知精」，觀察到我生命歲月中之親情、愛情、友情，乃至社會國家事態之真實情況、具體寫照，則亦非全然無意義矣！

其三，余此三書「傳記」中，於《舊詩日記稿．自序》縷敘我所以以「陽春教授」自居之故，於本書〈自序〉更大為自我剖析我為「酒党党魁」之緣由。〈自序〉中涉及發抒「小恩小怨小是小非」，猶墜入「往日情懷」，未能破除時空重新審視；則余未能「太上忘情，遊於物外」也明矣！則余實為人世凡人，而既為人世凡人，何須勉力於自欺欺人以棄絕「紅塵煩惱」以自高也。故亦不假辭色以流露往昔一時之不平，讀者鑑之。

二〇二一年九月八日曾永義補記於森觀寓所

甲編

酒党旨趣

壹 酒党旨趣縱橫

先父能菸能酒，菸癮不大，酒量不差。我們弟兄三人，說來有趣：我為老大，傳酒；老三永福，傳菸；永發居中，菸酒都來一點。永福杯酒入口，目眩神迷；我被煙一燻，幾於窒息。可見父親很公平地把他的菸酒分給我們弟兄。

記得在新營中學初中部肄業時，我喜歡放學後騎單車，手持簡陋的釣竿，乘著斜陽到鄉里的小溪去釣魚。我總能釣上一大碗公的魚蝦，讓母親用鹽水泡煮，作為父親的佐酒佳餚。父親常與朋友對酌，我不免也「孝敬」幾杯。

高中在臺南一中，功課雖緊，也偶爾會和表兄惠隆及好友明田買兩塊錢鴨掌暢飲一瓶米酒。大學入臺灣大學，由學士碩士而博士，更好呼朋引伴，與景明、啟方等歡天喜地地泡浸在數分酒意裡。而長年追隨臺靜農、屈翼鵬、鄭因百、孔達生等師長杖履，每沾溉餘瀝，逐漸地也從中了解和景仰竹林以下諸酒賢，認為他們的「酒癡」其實大有可取。

試想：「飲酒讀離騷」，便可稱名士。竹林七賢，「以酒為名」，左手持蟹螯，右手執酒樽，拍浮酒池中。而阮籍大醉，乃能苟全性命，否則就要「青白眼」、「哭窮途」、「憂思獨傷心」。李白「會須一飲三百杯」，辛棄疾「杯！汝來前！」只因「飛揚跋扈為誰雄」。酒，是他們的「逃」與「託」；癡，是他們的「豪縱」與「鬱勃」。陶潛因松奇菊佳，故人相賞，萬族有託而「忽與一觴酒，日夕歡相持」。蘇軾慣常「把盞為樂，頹然坐睡」。觀客舉杯徐引，「胸中為之浩浩焉，落落焉」。只因「酒中有深味」。酒，是他們的「情」與「趣」；癡，是他們的「曠達」與「瀟灑」。請問：這樣的「酒癡」，豈不有可取？

「而立」之年，取得博士學位。我留校任教，沾了中文系之名；又在「不惑」之時投入中華民俗藝術基金會；藝文界的朋友也就越來越多，我在杯勺之中的影響力也與日俱增，於是而有「酒党」之名，我也不期然地而有「党魁」之譽。洪惟助直到現在都咬定說我「党魁」是「自立」的。如果是「自立」，我一定記得「苦心擘畫」的歷程和「登基大典」的日期。可是我一點印象也沒有、應當是在「萬方」無形的「服膺」和「擁戴」下自然水到渠成的。洪惟助因為「造謠」生事，雖與我論交三十幾年，迄今在本党地位，尚只是內湖區民眾服務站站長。其他「開党」弟兄，名位皆「各安其分」，如章景明為第一副党魁，黃啟方為第二副党魁，蔣震為第三副党魁，莊伯和為秘書長，林明德為文工會主委，王慶麟（瘂弦）為組工會主委，王孝廉為海工會主委，薛平南為中央文物供應社社長。那時我們女同志較少，但無不「位居要津」，如：郝士英為第四副党魁，林蜀平為婦工會主委，張瓊慧為唯一党花。

如今毛估本党之成立，應當接近三十年。雖然党徒可以「自由進出」，不繳党費、不發党證，但其蒸蒸日上，則是顯而易見的。尤其十餘年來「統一兩岸」，更是猗歟盛哉！党工職務不只擴編，而且有所調動。有次和連戰先生同席，陳義芝介紹我是酒党党魁。我說，論党齡，本党不如貴党；論制度，本党也向貴党多所效法，但貴党也有比照本党的。譬如本党早已設立四個副党魁，貴党也跟著有四位副主席。連夫人馬上更正說，現在有六位。我說，我們目前已有十二位。雖是席間趣談，但已可見本党的「壯大」。事又過幾年，本党已有十六位副党魁，大陸「同志」也占了好幾位，至於中常委、中央委員的數目之遠超過國、民二黨，更可想而知。其中主要緣故，是党魁有絕對任命權。無須經由選舉產生。

党工的調動也是党魁的絕對權力。十年前，許進雄時任本党駐南北美總代表，奉党魁之命，辭去多倫多大學和皇家博物館的教授、研究員職務，回臺灣大學母系培植甲骨文人才。啟方在家裡設宴接風，酒酣耳熱，酒量極其淺薄的進雄，言詞巧妙，將党魁巴結得樂不可支，党魁即席任命為第一副党魁，將景明、啟方等依次貶為第二、第三。進雄也積極地成立「馬門」，以沈毅為祖師爺，以郭守成、施德玉、張育華等為弟子，專門吹捧拍拉党魁一人，他「一人之下」的地位也穩如泰山。只是在酒党假日「走山」之際，言語往往帶刺，再怎麼昏聵的党魁也逐漸有所覺察，不止一次提出警告，他也就不自安地將「馬門」大位讓給守成，守成這一驚非同小可，趕緊飛到美國加州「躲藏」；德玉愣頭愣腦，不知好歹地接下「掌門人」的大位，還洋洋得意。党魁也曾經衡量党內同志，發現薛平南數十年如一日，捐輸本党唯一文物「酒」；邱弘茂對党魁所主持的中華民俗藝術基金會奉獻最多；而皆不伐其功以震主，乃以聖明之睿智，不次拔擢，以薛平南為第四副党魁，邱弘茂為第六副党魁。同時布告同志：此後党魁稱「聖明」，副党魁稱「英明」，中常委稱「聰明」。又以海工會主委王孝廉久已乎未輸誠未述職，著以免職：改由新進中常委第一級王靖獻（楊牧）接任。

勇於內鬥是我們的民族性，本党永遠在山在野，無權無勢無名無利，可鬥的名目實在微乎其微。但「党魁」起碼還有個「虛名」，卻因此引起劉萬航的覬覦，党外營党，自立為「親酒党党魁」，我以其明示旨在親近「酒党」，猶存「朔馬北風、越鳥南枝」之思，乃予以承認，任命為支党部党魁。沒想他為此囂張跋扈起來，一山豈容二虎，被我一怒把他貶到美國加州以閉門思過。

又有一次，党魁才到金門，雖離臺卻未出國，不能主持「五中全會」。沒想到第一副党魁在被擁戴之下，居然敢於登上「寶座」；所幸我「耳目眾多」，在許進雄享受第二聲「萬歲」之前，我的「越海電話」及時阻止，才弭平了這次「叛變」。為此許進雄說，他的屁股痛了一個月，每次聚會他必向我敬酒三次，以示臣服，也因此我任命二哥仲寶為「署理党魁」，凡党魁離臺，就由二哥代理党魁職務，以免「眾副党魁」藉口生事；同時也任命劉元立為「實習党魁」掌管「權杖」，以免大權旁落。「權杖」者，酒瓶也。

其實我這個「党魁」豈是容易被取代的！我不只大公無私地開展本党的事業，足跡所至必招募党員，美麗的藍色地球已經有數十個列國支部；將來也想推展到宇宙星系，因為党魁有個堅定的信念，宇宙間無論何時何地，只要有生物，都必然愛酒，都愛酒所生發出來的愉快。另外我更深知，建党而無宗旨，党員必無依循的方向和努力達成的理想，於是我「深思熟慮」，首先舉出「尚人不尚黑，人間愉快。」為吾党最高指導原則；然後踵武中山先生「三民主義」而有「四酒主義」：「酒興、酒膽、酒量、酒德」；為了促進酒興、酒膽、酒量，乃又有「五拳憲法」、「飲酒八要」；為了衡量「酒德」高下，更有「酒品中正」。其間也和瘂弦創作「党歌」。制定「党旗」。這樣一來，吾党就有顛撲不破的堅實理論和奉行長遠無憾的準則；党魁之位，自是屹立不搖。

「尚人不尚黑」和「人間愉快」的宗旨理論，雖已見諸党魁其他著述，但在這裡不能不再敘述一次。所謂「尚人不尚黑」，緣於吾党之「党」乃「黨」之古體，但絕不書作「黨」。因為方今稱為「黨」的，恰如其字形結構，以「尚黑」合文；而既以黑為尚，則莫不「黑心黑手黑道黑幕黑金黑權」是務：吾党之「党」，乃以「尚人」（儿，人之古體）合文；而既以人為尚，自是講究「人品人格人性人情人趣人味」。我党之徒，既然「尚人不尚黑」，則焉能不享有「人間愉快」，鄙棄奪勢掠名！何況杜甫說：「在山泉水清，出山泉水濁。」陶淵明說：「天運苟如此，且進杯中物。」吾党之徒值此「天運」，既欲享有「人間愉快」，又欲執守清淳，則焉能不永遠在山在野！

而所謂「人間愉快」的「人間」，當然指的是「人世間」，包括人生活的時間、空間和遇合之際。它固然不是佛家的「西方」，也不是耶穌的「天堂」，只不過是你我他俯仰視息的地方。所謂「愉快」，是油油然汩汩然由胸中生發的舒服，這種舒服，仰不愧於天，俯不怍於地，無須名利妝點，無須權勢助長，只不過是耳之所聞，目之所視，皆欣欣然而已。因為這種「愉快」，止於此生所有，只盡其在我的求諸耳目所感，心神所悟，只從你我他遇合之際，只從萬族有託雜然並存之中；我們沒有身後的「天堂」，也沒有可以引度的「西方」；我們不過現世種福田；現世就要享福果，所以這種「愉快」，只是「人間愉快」。

為了這種「人間愉快」，我們會使自己養成擔荷人生義務和責任的能力；能挑一百斤的，只挑八九十斤，總要給自己留些「餘裕」；我們也會使自己養成化解人生困頓和禍難的能力，最好智慧能見於未萌，以便超越而化解於無形；否則，也要了解東坡「微冷，山頭斜照卻相迎」和王維「行到水窮處，坐看雲起時」的道理，轉移境遇，別開生面；萬一不得已，也要懂得「突破」的最佳方法。而我們更會使自己養成觀賞宇宙人生與大自然的能力，我們會不吝惜地將心靈流播於人物草木之間，而人物草木也會不期然地迴映於我們心湖之中。這其間只是欣欣然，欣欣然於相欣相賞相顧相成。若此，必能隨時隨地開放心眼，不偏不執、通達無礙，必然也能涵養能包能容的能力。而隨著歲月開擴拓展，有朝一日定能成就「博大均衡」的襟抱和「自然真摯」的性情。

我們就是要養成擔荷、化解、觀賞、包容的能力來講究「人間愉快」。如果我們修為的功夫，達到「收拾起大地山河一擔裝」，像藐姑射山神人的逍遙，像淵明面對南山的悠然，那麼就可以無時無地不愉快了。這樣的修為功夫，論其難度，當不下於釋迦趺坐菩提樹、耶穌背負十字架。只是這樣的修為，乃在「愉快」中隨步履所至、隨日月所移積漸而成，積累越厚，則愉快越多。這其間沒有人間罪惡的惆悵，也沒有人間苦難的悲憫，因此也無須苦行煎熬，只須蹴開足下「蓮花」，使之「蓮花步步生」而已。

至於我所謂的「四酒主義」是：雜花滿樹，群鶯亂飛；水碧天藍，風清月朗；親朋歡聚於此時，則凡我党徒，都要有喝幾杯的興致；何況古人說：「酒者所以養老也，所以養病也，所以合歡也。」有這許多好處，焉能不喝幾杯；因此第一要有「酒興」，其次要有「酒膽」。如果飲酒像東坡那樣，止於「把盞為樂」，怎能「飛揚跋扈」起來？因此要充實膽氣，勇於嘗試；但是假使牛飲三兩杯即「玉山頹倒」，則如何算得豪邁？所以第三要培養「酒量」，君不見諺語說：「堯舜千鍾，孔子百觚，子路嗑嗑，尚飲十榼。」看樣子要做聖賢，也須得酒量好。然而即使千杯不醉，酒後卻亂性，則不止酒的趣味全失，而且為惡往往不小，也因此孔子在「唯酒無量」之後，特別強調「不及亂」。本党的「四酒主義」為此把「酒德」殿後。總而言之，無興而飲，其酒必苦，必然「酒入愁腸容易醉」；也就是說，「酒興」是飲酒的自然動力，是酒趣味的起點，而「酒膽」、「酒量」則是酒趣味的推波助瀾，「酒德」才是體驗酒趣的至高境界。飲酒而「四部曲」具備，蓋可以言酒矣！

而為了助長酒興、酒量，本党又有「飲酒八要」，那就是：人、事、身、心、酒、菜、時、地。八要輕重依序，顛倒凌亂不得。

試想：酒逢知己千杯少，話不投機半句多。則「人」焉能不擺第一。

試想：人逢喜事精神爽，請罪負荊獻酒難。則「事」焉能不置第二。

而「艱難苦恨繁霜鬢，潦倒新停濁酒杯。」而「柔腸已斷無由醉，酒未到，先成淚。」試想：哪有身病心傷能喝出酒趣味來的！所以身體健康、心情愉快也很重要。

至於美酒佳餚、良辰美景，則譬如紅花有綠葉、明月有清風，用在襯托渲染、相得益彰，所以其要在後。

吾党之徒，「人間愉快」，固非止於杯酒。然而杯酒在手，與知己歡然相慶，身適而心寧，揮醽醁、剪春韭於花朝月夕、青山綠水，則此時此際，誰能不「人間愉快」！

本党既然於「四酒主義」中最重視「酒德」，也就創立了「酒品中正」，以此來鑑定党徒「党倫」的高下。又既稱「酒品」，自然也以「九品」論等，即：酒仙、酒聖、酒賢、酒霸、酒俠、酒棍、酒丐、酒鬼、酒徒。「酒仙」所以為第一等，是因為本党認為無論何種情況的酒後，都要能保持「飄逸絕倫」，這與儒家所期望完美人格的「聖」有「雅俗」之分。而本党的「酒聖」則取其酒後猶能「通達無礙」；「酒賢」則取其不以飲酒害事，酒後猶能「藹然可親」，這也與儒家賢者善良多才無關。可是「酒霸」的「霸」，卻多少與儒家「以力服人」近似，那就是於酬酢之際，仗恃著或尊或長的威嚴，於席間「指揮若定」，命人或強人飲酒，而人不敢不遵者，所幸自己亦豪情萬丈、酒量十分，足以統攝全局。若說「酒俠」，自與「義氣」有關，但見有以強凌弱者，必加以扶持或予以抑制：扶持的方法是代為飲酒，抑制的方式是代為「挑戰」，而自己則顧盼自如，了不以為意。至於「酒棍」以下，在本党已為可議之徒。若藏頭露尾，設計陰謀使人飲酒而己不飲，則謂之「酒棍」；若慳吝於酒，又好向人求酒以飲，則謂之「酒丐」；若飲酒成癖，不顧晨昏，每喝必醉，醉後如行屍走肉，則謂之「酒鬼」。然而本党何以置「酒徒」於末一等呢？雖然個中也有使劉邦「兩女輟洗來趨風」的「高陽酒徒」；但顧名思義，「酒徒」也者，不過指「飲酒的人」而已，這在本党是最起碼的條件，以其尚未有「特色」和「格調」，所以只好將之置於「初階」。

「以樂侑酒」是我國的傳統禮俗，本党自也喜好「對酒當歌」。既唱歌，就應當有「党歌」，以發揚蹈厲。在本党草創階段，因為党魁只會唱〈何日君再來〉，所以取其中兩句「人生難得幾回醉，不歡更何待」為歌為詞，每酒酣耳熱之際，則由本党文工會主委林明德教授起音，也能唱得聲震屋宇。直到一九八七年春間，在本党一次「大會」裡，或以為党歌「拾人牙慧」，有失党格。於是本党組工會主委大詩人瘂弦教授舉杯道：「酒是我們唯一的飲料。」為之掌聲如雷，群起相應道：本党党歌以此開首，氣勢最為豪雄。接著左視陳紹右顧啤酒，又道：「酒是黃河浪，酒是錢塘潮。」蓋黃河水色比陳紹，以錢塘江水比啤酒，而「浪潮」則言其氣派與無盡藏。那時洋酒未開放進口，本党只能常飲公賣局的陳年紹興酒和啤酒。

那天晚上新党歌歌詞，瘂弦作了開頭三句，大家都認為「絕妙無比」，但也因此難以為繼。過了幾天，党徒又雅集，或以為党歌未能完成是党魁之恥，因為國民黨的黨歌是該黨總理中山先生作的詞。我忽然靈機一動，即席提筆，續成這樣的歌詞：

酒是我們唯一的飲料，
酒是黃河浪，酒是錢塘潮，
酒是洞庭水，酒是長江嘯。
黃河滾滾，錢塘浩浩，洞庭渺渺，長江滔滔。
滾滾浩浩，渺渺滔滔，滔滔滾滾，浩浩渺渺，
一氣彌漫了太平洋的波濤。

痖弦開頭既已起得很雄渾，我只能以強大的聲勢來承接，如此一來，就顯得「氣壯山河」，與本党「飛揚跋扈」的性格就相得益彰了。歌詞中的「洞庭水」指的是「酒量」，那時兩岸未通，尚以為「洞庭」是第一大湖；今應作「鄱陽」為是。「長江嘯」指的是豪邁的氣勢；而末句所指，則太平洋在飲者聲氣下，亦成為無盡之酒了，李白說：「遙看漢水鴨頭綠，恰似葡萄初醱醅」，以此比起本党來，恐怕只稱得「小巫」而已吧！

党歌歌詞既成，我即交給同席的馬水龍教授，請他作曲，以使党徒高歌。說來遺憾，迄今兩岸的音樂家朋友雖然已譜了十五六個版本。但無法定於一尊，誠如張己任教授說的，非得交響樂無以當之。而海內外的党徒最喜聽党魁朗誦党歌，謂能以聲情詮釋詞情。記得一九八九年八月間，許常惠和我在北京一個筵席場合，我舉杯向賀敬之先生說：「請加入本党！」賀先生當時是文化部代理部長，所以不只賀先生，連賀太太和同席的文聯副主席、音協主席等，聽了我的話都感到錯愕。我很快接著咬字清楚地說：本党是酒党，不問人間

是非，只管人間愉快。本党沒有党綱沒有党紀，隨時隨地可以加入，隨時隨地可以退出。我還憑著三分酒意朗誦了〈酒党党歌〉，沒想賀太太率先舉杯說：「請加入。」於是我一下子招募了好幾位「貴人」加入本党。我幾乎從不放過吸收党徒的機會，也因此如前文所云，支党部林立，遍布兩岸和世界各地。但無論如何，党中央還是設在臺北。在臺北，本党最高當局行之多年的「中常會」，原是每星期四中午舉行，稱作「四中全會」；近年因為配合黃啟方職務時間的關係，改為「五中全會」，仍舊在金山、信義兩路交口的寧福樓，出席人數多則一二十，少則十來位。席間每每言不及義，但取機趣橫生，舉座開懷。有時為了爭取「得意昂揚」的氣局，不免搬出「五拳憲法」來「對決」。那其實是「豁拳」，先輸五拳的，就得「俯首稱臣」；如果四比四，則謂之「酒思」（即英文「deuce」之音譯），須從三比三開始，萬一「旗鼓相當」、「將遇良才」，就很難有了局。党魁行「五拳憲法」原是「所向無敵」，緣故是我運用治學的態度方法，分析過党徒的拳路，有：數目字的慣性、開拳的慣性、姿勢性的慣性、順序性的慣性、重複性的慣性、變化性的慣性。只要掌握對方慣性，即可無往不克。後來我贏多了也覺索然，乾脆一一點明。現在有輸有贏，反而獲得了競爭「拳王」的趣味。

而今吾党之徒，雖處貪腐之島，卻能相顧莫逆，語無塵雜，實緣酒中自有深味。君不見淵明一再說：「天運苟如此，且進杯中物。」「但恨多謬誤，君當恕醉人。」

原載二〇〇六年十二月一日《聯合文學》二六六期

貳 酒党宗旨：「人間愉快」

「人間愉快」是我長年以來逐漸體悟的一種生命境界，甚至於認為人生的意義和價值，也不過如此。在我體悟的過程，曾經寫過〈相攜並舉〉、〈博大均衡、真摯自然〉、〈擔荷、化解與觀賞〉、〈蓮花步步生〉、〈命運與運命〉、〈形神相親〉、〈相得益彰〉、〈神仙境界〉、〈拈花微笑〉等等文章，終於在一九九二年八月一日的聯副，以「人間愉快」為題，寫了一篇短文，其中有這樣的話語：

所謂「人間」，當然指的是「人世間」，也就是人生活的世界之中……我們不過現世種福田，現世就要享福果，所以這種「愉快」，只是「人間愉快」。

一 不愉快的原因

然而何以人間又會有不愉快呢？據我觀察，自古以來，有以下四種原因：其一是無常的惆悵，其二是命運的無知，其三是有志不遂，其四是形神不親。

1 無常之感

所謂「無常」是指人間的現象世界變化不居，令人無法掌握永恆。而人生那麼短暫、宇宙又那麼浩渺無邊，人活著究竟為什麼呢？於是自然產生許多無奈的悵惘。

唐代詩人陳子昂登上幽州臺雖然撫今追昔有感於樂毅遇燕昭王的君臣相得，但是對於人在整個時空中渺乎其微更有無限的悲涼，他說：

前不見古人，後不見來者，念天地之悠悠，獨愴然而涕下。

他所說的古人，有如孔子所夢見的周公，雖然令他嚮往、令他仰望，但是這可效法的「典型」，畢竟已成宿昔，又如何能親眼目睹呢？而自己未完成的志業，縱使子孫後人可以繼述，但是自己又如何能親身及見呢？人所存在的，其實只於無邊無際無止無終的時空交會的那麼一丁點，對此焉能不形神俱傷、涕淚紛下。而這種惆悵，是亙古以來人們所共有的。所以古詩說：「浩浩陰陽移，聖賢莫能度。」時光像浩浩蕩蕩的江河一般地流逝，即使修為達到聖賢的境界也無法超越它；人只有一個歸宿，那就是「潛寐黃泉下，千載永不寤」。人死後，埋葬在黃泉之下，即使過了一千年也醒不過來。

也因此，漢代的輓歌有一首〈薤露曲〉：

薤上露，何易晞！露晞明朝更復落，人死一去何時歸！

意思是說：薤草上的露水，為什麼這麼容易被陽光蒸乾呢！露水雖然被蒸乾了，明天一樣會再沾上：可是人死了，什麼時候還能再回來呢！亂世奸雄曹操也曾很感嘆地拿「朝露」來比喻人生，但事實上，人生連朝露都不如。若此，怎麼不令人對人生興起無限的惆悵呢？

2 命運的無知

人生在世既然微乎其微，對於浩瀚無極的宇宙大自然又充滿著許多的無知和不解，所以最敬最畏的莫過於「天」，認為天掌握一切、生成萬有，可以「福善禍淫」，可以「虧盈益謙」，而人們也將自我委諸冥冥中的「氣數」，深信自己的「命」早就被天所安排，一切由不得自己，而人們對於自己的「命」，卻急於用各種方法要來預知其吉凶、禍福、窮通、夭壽與苦樂。

早在商周時代就有甲骨之卜與筮草之占以定吉凶；《左傳》已記載「內史叔服能相人」，是說叔服能觀人之容貌而斷其命運之否泰；《史記》記載蒯通以相人說韓信，有「貴賤在於骨法，憂喜在於容色，成敗在於決斷」之語；《漢書．藝文志》於是有《相人》二十四卷；《唐書．李德裕傳》謂德裕以「星家言熒惑犯上相」而懇求去位；後來也有《星命淵源》一書，內容大抵本諸唐人張果的五星之論；於是而所謂紫微斗數、密宗星學等以星宿方位之隱現占卜人事未來的「星占學」更大行其道。

這些預測人們「氣數」或「命運」的技倆，其實都只為了填補人們惶惶不安的心靈，求得一時半刻的棲泊。試想：自己實在太渺小了，面對著世路人海往往莫知所從，眼望著未來前途也每每茫昧無所知，一旦遭逢不如意，焉能不惶惶難安？世說所云「盲人騎瞎馬」，正足以說明，人們蒙昧於未來，甚至於懵懂於眼前的恐懼。

3 有志不遂

人生所能擁有的，雖然是極微渺的有限時空，但是一些志大才高的人，則力求突破。他們努力的是「立善有遺愛」、「榮名以為寶」，要像辛棄疾那樣「了卻君王天下事，贏得生前身後名」，也就是要建功立業、博施廣濟，爭取永垂不朽的美名，以此來加長生命的另一種形式的長度和充實現世生命的意涵。

這樣的「抱負」，古來的讀書人幾乎比比皆是：譬如東漢的陳蕃和范滂「登東攬轡」，莫不「慨然有澄清天下之志」。曹魏子建，貴為藩王，照樣說：「閒居非吾志，甘心赴國憂。」否則「虛荷上位而添重祿」，不過是「禽息鳥視」，「生無益於世，死無損於數」。晉朝那位貌寢口訥的左太沖，自認文武全才，竟不得一試，便大聲疾呼：「鉛刀貴一割」、「志若無東吳」。李白何嘗甘心「痛飲狂歌空度日」，他希企的實在是「風期暗與文王親」。杜甫「讀書破萬卷，下筆如有神」。目的就是「致君堯舜上，再使風俗淳」。

總而言之，古來讀書君子，沒有不懷抱儒家濟世化民的大志，他們幾乎都有「收拾起大地山河一擔裝」的氣概。但是，他們也幾乎有一種共同的觀念和傾向，那就是：遠大的抱負實現了，才算「得志」，否則便是「失意」；而一旦「失意」，不是牢騷滿腹、怨天尤地，便是故作清高、隱居樂道。大抵前者逃於「酒色」，欲以此來加強生命的密度，然而痛飲縱歡之餘，「將非促齡具」？後者則託於「仙佛」，欲以此追求生命的長度，然而服食丹不轉，畢竟「多為藥所誤」！像這樣的「有志不遂」，而要逃酒逃色逃仙逃佛，如何能愉快得來？

4 形神不親

其實「有志不遂」所產生的不愉快，與形神不相親頗有關聯。因為凡是生物都有外現的形體和內在的精神，尤其號稱萬物之靈的人類更是如此。形神相親，則表裡如一，所行遂其所志，其樂自然泄泄而融融；形神不相親，則內外衝突，所行逆行其所志，其苦自然悽愴而涕下。

《莊子・養生主》說到澤雉五步一啄，十步一飲，悠悠然得其逍遙；而一旦蓄於藩籬之中，雖然飽食終日，身健體胖，而已悵悵然心悲。《戰國策・齊策》也說到齊宣王對顏斶很敬禮，願請受為弟子，給他高官厚祿，但顏斶自比深山中的「太璞」，本來就生乎鄙野，如果處於廟堂，就要「形神不全」，他寧可過著「晚食以當肉，安步以當車，無罪以當貴，清靜貞正以自虞」的生活，因為唯有這樣，他才能「形神兩全」。阮籍處於魏晉易代之際，身命朝不保夕，雖然志節清亮，卻要沉酣終日；對人做青白眼，卻要哭於窮途。也因此他的〈詠懷詩〉只好「言在耳目之內，情寄八荒之表」，教百代之下，難於猜測。

而普通一個形神不能相親的人，很難以真面目待人，慣常的是，因人因事而變化不同的嘴臉。這樣的人必須戴假面具過日子，其內心之不愉快，可想而知。

明代戲劇家沈璟，寫了一部包含十種雜劇的《博笑記》，其中一種「賣臉人捉鬼」，大意是說：有位千金小姐中了邪，作祟的是黑魚精，無論和尚道士如何誦經唸咒、步罡踏斗，都莫可奈何；緣故是黑魚精擅長變化恐怖的嘴臉，擒魔的和尚、捉妖的道士一見就嚇死倒地。有位「賣臉人」路過，自告奮勇和黑魚精鬥法。賣臉人就是賣假面具的人，他帶著一籮筐的假面具守在小姐的閨房。黑魚精一入夜就來，馬上變出可怕的嘴臉；賣臉人不慌不忙地從籮筐裡取出一副更可怕的面具戴在自己的臉上。於是黑魚精再變得比他的面具可怖些，他就再換上比牠嘴臉更可怖的面具，如此輾轉鬥了一夜，黑魚精之技已窮，而賣臉人之「臉」有餘；黑魚精只好化道黑風逃之夭夭。

由此可見，戴假面具的人，連妖精都怕他。而如果將假面具嵌入面目之中，終於與面目合而為一而成為假面目，又將如何？所以形神不能相親的人，開始時使自己不愉快，最後恐怕要落得人人畏懼。

二 人間處處開心眼

儘管有這許多使人不愉快的根源和環境，但是只要我們能夠「人間處處開心眼」，也就是在我們生活的人世間隨時隨地放開心胸、放開耳目，那麼愉快是不難與步履滋生的。

因為心胸夠放開，必然不沾不滯，豁然朗然，通達無礙。當他寧靜時，就像一碧澄潭，天光雲影，固然可以聽任其悠遊徘徊；即使鳥啼花落，也能回映其姿彩。當他跌動時，則有如長江大河，縱使開闢了山嶺，浩浩蕩蕩，而竟歸於悠悠其流；縱使閱歷了今古，砰砰訇訇，而終消於沉沉無聲。這其間有自然的了悟，也有自然的歸趨。

因為耳目能夠放開，必然見聞廣闊、不偏不執，了然相得。相得起於觀照，成於聚其精爽，會其神理。如果人與人相得，則可以孝悌友愛、鶼鰈情深、無負平生；如果物與物相得，則青山碧水、紅葉黃花，燦爛光采；高崖懸瀑、深樹啼鳥，應和天籟。如果人與物相得，則人傑地靈，嚴子有釣灘，舂陵有王氣；物我相忘，則莊生觀於濠梁而知魚樂，淵明日暮對酒而欣然相持。人與人、物與物、人與物，必須透過放開的耳目，流經會聚的精爽神理才能真正地相欣相賞，相激相勵，相煥相發，而相顧相成。唯有如此，心靈性命的源泉，才能互相流注，內蘊潛在的華彩，才能彼此輝映。於是乎同氣相求，同明相照，感應勃發的力量和美好，就異乎尋常。

其實心胸能夠放開的，耳目一定明亮；耳目能放開的，心胸一定豁達。心胸與耳目，雖有裡外之別，但彼此之互動互發，原本如影隨形、如響斯應。也唯有如此才能破除人間無常的惆悵。蘇東坡〈赤壁賦〉說：「逝者如斯，而未嘗往也；盈虛者如彼，而卒莫消長也。蓋將自其變者而觀之，則天地曾不能以一瞬；自其不變者而觀之，則物與我皆無盡也。」我們如果能像東坡那樣放開心眼，就能了解宇宙萬物自有其變化一面的「形象」，同時也有其不變化一面的「本體」，那麼就能不以物喜、不以己悲，更無由因為人間的無常而感到惆悵了。

而人生在世，每個人都擁有自家的「身命」，須知「天聽自我民聽」，天若有聽有知，乃自我而聽而知；所以「天之經也，地之義也」，乃緣於我民所制定的「禮」，也因此荀子〈天論〉乃昌言治亂吉凶禍福由人而不由天。也就是說，天不能給人們「命」，「命」更不能主宰人們。人不能「命運我」，應當「我運命」，每個人的「命」其實是由自我所運轉而創造出來的。若此，則人們之「命」，人人可以自我預知，只要將身命的方向盤自我運轉正確，使之步趨光明，馳上康莊，那麼眼前的一切必然斑爛亮麗，所感所受，必如草木向榮，欣欣然盈滿胸中，又焉能為「命運」前途之無知而憂慮恐懼呢！

至於「有志不遂」和「形神不親」兩者所引起的悲苦，以及今人因為惡質環境的感染，則都可以借助自家能力的養成而自然消除。

三 四種能力

因為一個能夠處處放開心胸、放開耳目的人，也必然能夠積漸而成地各具備了使得「人間愉快」的四種能力，那就是擔荷力、化解力、包容力、觀賞力。

1 擔荷力

一個能放開心眼的人，一定能了解人生在世，必有應盡的責任和義務。只是盡責任和義務，必須估量自己擔荷的能力，須知站在什麼崗位服什麼務，只要衡心量力，都算擔荷人生的責任。

孫中山先生說：「人生以服務為目的。」聰明才智足以造福十人者，就服十人之務；足以造福百人者，就服百人之務；足以造福千千萬萬人者，就服千千萬萬人之務。否則只能挑百斤的，卻要挑千萬斤，結果不是志大才疏，成事不足、敗事有餘；便是尸位素餐，屍居餘氣，徒然廢物。禍國殃民，莫此為甚。

古來讀書君子，如果懂得「服務的人生」，不必人人以「澄清天下」、「收拾起大地山河一擔裝」為己任，就很容易找出人生正確的路途，更不會一失意便牢騷滿腹、怨天尤地，或故作清高、隱居山林。而如果一個人對其應盡的義務和責任，能夠擔荷得起，那麼庶幾可以無愧無憾了。

2 化解力

而一個能放開心眼的人，也一定能了解，在擔荷人生義務和責任的旅程裡，可能遭遇障礙、困頓，乃至災難，也因此要為自己涵養能夠化解障礙、困頓乃至災難的能力，如此才能好好地把人生的擔子挑到盡頭。

而我認為「化解」的方法有三部曲：最好能像莊子所說的藐姑射山的神人那樣，將「礙難」見於未萌，如此就很容易超越化解於無形；但這要有極高的智慧。其次要能夠轉移境界，像蘇東坡於沙湖道中那樣「微冷，山頭斜照卻相迎」。像王摩詰遊山玩水那樣「行到水窮處，坐看雲起時」。努力於趨吉避凶，儘管否極，也必會泰來。萬一「礙難」直衝你而來，無可閃避，你只好奮足精神、鼓足力氣，像《戰國策》齊君王後以鐵椎敲擊秦王無端挑釁的「連環」，那樣地「突破」它。這三種「化解」的方法，前二者看似消極，其實更有積極的意義，因為如此可以使我們有限的生命力，省去許多無須的浪費，而能將義務和責任擔荷得更多。至於最後一種「突破」的方法，那是最無可奈何的事，因為自我也要傷損不少。如果能養成這三種化解的能力，那麼妨礙「人間愉快」的事，就會少之又少了。

3 包容力

而一個能放開心眼的人，由於不偏不執，通達無礙，必然也能涵養能包能容的能力。而隨著歲月的開擴拓展，有朝一日定能成就「博大均衡」的襟抱和「真摯自然」的性情。性情自然真摯，定能不矯揉、不造作，對於萬事萬物致其精誠，其所塑造完成的自身，也定是有血有肉有骨有氣、鬚眉畢張的真我。而襟抱博大均衡，有如滄海不擇細流、泰山不厭土石，陽春流布其德澤、化雨廣被其滋潤，則其以天地為心、為生民立命所跌宕的脈息，也定能推轉時代的巨輪。權位越高越重或文學藝術成就為不世出的人，越要有此涵養。

古來聖君賢相姑且不論，求諸中國文學：靈均之香草美人，淵明之採菊東籬，太白之飛揚跋扈，稼軒之鬱勃豪縱，莫不真摯自然，各任其性，所以風調不同，獨具可觀。而若謂博大均衡，則子美、東坡蓋可以當之：子美悲天憫人，以雙肩盡挑世間愁苦；東坡光風霽月，以懷抱化開大千紛擾。而其博大均衡，莫不源自真摯自然。由學識、由品德，致力涵養，然後達成。所以子美為「聖」，東坡為「仙」；聖賢神仙，境界雖殊，而其古往今來，萬民同仰則一。

不只如此，能包能容，也可以助長化解的能力，因為胸中在現實裡所引發的窒礙，也往往在包容力中自然消釋了；若此，其於「人間愉快」，是頗具推動之功的。

4 觀賞力

如果「擔荷」是挑起自家的責任，「化解」是排解遭遇困難，「包容」是承受人間的紛歧，那麼一個放開心眼的人，更能涵養豐富人生情味的「觀賞力」。

因為擔荷也好，化解也好，包容也好，所用的身心之力相當的多。如果心力之源的「心靈」，沒有一分餘裕讓它汨汨然地滋生，那麼必有衰竭和閉塞的時候。而鮮活的心靈源泉，莫不得自對宇宙萬物的關愛和欣賞。首先將自家的生命之流，注入宇宙萬物之中，於是宇宙萬物也照樣會煥發華彩，回映於自家心靈之上。也就是先要同一於宇宙萬物，然後超然物外，才能觀賞萬物所蘊涵的情趣。萬物情趣入我胸中，則心靈的源泉汨汨生發，欣欣然的可以增添擔荷，可以助長化解，可以豐沛包容，而人間愉快自在其中。

以文學為例：詩家詞客，一些可欣可悅的句子，莫不從天地自然，用藝術家觀賞的眼光攫得。「丹霞夾明月，華星出雲間。」上天如此垂布光采，五彩一何鮮明，便是曹丕「乘輦夜行遊」所眼見的；「漠漠水田飛白鷺，陰陰夏木囀黃鸝。」田園如此優美安閒，物物一何相得，便是王維「積雨輞川莊」所領略的。而淵明「採菊東籬下，悠然見南山」更是物我兩忘。此時此際，東籬之菊悠然，南山之境悠然，淵明之性悠然，所以不辨菊花、南山與淵明者，盡在悠然之中。

5 蓮花步步生

一個放開心眼的人，定能涵養擔荷、化解、包容、觀賞等四種能力。這四種能力，看似循序漸進的，其實是同時並存，互相照映生發的，只是有待日常中不斷地涵養。而如果我們涵養的功夫，達到「收拾起大地山河一擔裝」，像莊子所云藐姑射山神人的逍遙，像杜甫「安得廣廈千萬間」的胸懷，像陶潛面對南山的悠然，那麼其於人間，豈止無時無地不愉快而已。

而這樣的涵養功夫，論其難度，當不下於釋迦趺坐菩提樹、耶穌背負十字架。只是這樣的涵養功夫，乃在「愉快」中隨步履所至，隨日月所移，積漸而成。累積越厚，則愉快越多。這其間沒有人世罪惡的惆悵，也沒有人世苦難的悲憫，更沒有自家形神的衝突，由此也無須苦行煎熬，只須蹴開足下那朵象徵一分愉快的「蓮花」，使之「蓮花步步生」而已。

而如果你有幸，遇上一位起於相欣相賞，繼之相激相勵，相煥相發，終於相顧相成的人，那麼當你們「相攜並舉」地蹴開了足下的蓮花，則足下的蓮花，何止是人間的愉快，應當就是人間的美滿了。

餘言

寫到這裡，想起今年春天，我將步入五十開四的一個夜晚，中宵夢回，忽然有感，「即席」腹中打稿，成就七律一首：

萬里長天萬里風，高高暖日自當空。三春花月清吟裡，蓋世功名濁酒中。
綠水青山光燦爛，黃鸝白鷺雨朦朧。人間處處開心眼，一任江河不往東。

寫詩那幾天，正值春雨綿綿之後，天氣放晴，晴空有如楚天清秋，也有如颱風將臨的澄朗，這在臺北非常的難得。而迎著吹拂萬里、可以解吾民之慍的熏風，我最喜歡俯仰如此這般的天地。因為古詩說：「陽春布德澤，萬物生光輝。」春天的暖日總是高懸空中，毫不偏私地、廣被均沾地布施著化育萬物的德澤，於是大地上的萬物也欣欣然地展現了生趣盎然的光輝。我多麼希望我們的社會、我們的國家，都能處在這樣的境界裡！

我有幸在花好月明的春天降生人間，素性喜愛流連良辰美景，乘著清興，將耳目所接、心胸所感，著為篇章。但是年逾半百，深覺文章雖然瀝血而成，卻有如空堂自語；學術雖然竭於心智，也無補於國計民生。然而「忽與一觴酒，日夕歡相持」頗能領略酒中深味。於是呼朋引伴，流覽古今，日積月累，了悟酒中原理，開拓酒中世界，發為議論，以「尚人不尚黑，人間愉快」為宗旨，友儕為之呼為「酒党党魁」，於是飛揚跋扈於杯勺之中。若此，則「蓋世功名」，豈非建立於濁酒之中！

而今我已深知置身人間，當處處放開心眼，那麼於綠水青山相依相偎相迴相護相映成趣光輝燦爛之餘，白鷺高舉自由自在翱翔飛舞漠漠水田之際，黃鸝婉轉悠悠揚揚於綠柳深樹繁花苑囿之時，我縱為酒徒，焉能再有李白「黃河天上」、「明鏡白髮」的悲涼。則大江東去，其勢必然，吾但取其愉快而已。

而近日閱報，有這樣的標題：「你快樂嗎？亞洲首富日本人搖頭最多」，副標題作：「快樂指數排行榜：前幾名多是東南亞國家，臺灣省與韓國也多不樂之人」。另有一則：「我執愈重，愈難開心。學者：社會進步，不快樂是必然的」。於是國人從香港「研究調查組織」所發表的快樂指數來看「住在這樣的臺灣，你快樂嗎？」新竹旅行公會理事長李天正先生說：「是誰把馬路變成虎口？」彰化金屬材料貿易商蔡福源先生說：「勤奮守法的人都到哪裡去了？」高雄某大學助教林靜若先生「期待最基本的生存條件」。臺北從事自由業的陳和鈞先生說：「衛生差，切菜的手也找鈔票。」這些報導見於一九九四年九月七日《聯合報》焦點版和民意論壇版。

讀了這樣的報導，可見國人確有許多不快樂；而如果說社會進步，不快樂是必然的，那麼恐怕要重返「初民」的人會越來越多，不信，請看東南亞菲律賓、印尼諸國，感受快樂的人，不是比韓國、臺灣、日本要多得多嗎？

從我五十開四的感懷詩，儘管我自己也尚未能完全踐履「人間愉快」，但已深信「人間愉快」只要隨時隨地放開心眼，自能積漸修為，養成擔荷、化解、包容、觀賞等四種能力，達到「形神相親」的境地，如此而「相攜並舉」而「蓮花步步生」，則將何等圓滿！如果人生活在臺灣地區的國人，果然有許多是不快樂的，那麼請參考我的一得之愚，我也願意以野人獻曝的心意呼籲國人，希望都能隨時隨地放開心眼，那麼人人心中都會清虛淡泊，家中都會和美潔靜，國家自會民安物阜，而舉世如此，世界自會互助和平。若此，則釋迦西方、基督天堂，就在今生今世你我他之間，又何需他求！

◆附記：一九九四年九月臺北中正書局出版我一本散文集，書名作《人間愉快》。二〇〇〇年七月卜鍵先生來臺參加「兩岸小戰大展暨學術會議」，與我一見如故，我贈已出版之散文集《蓮花步步生》、《清風．明月．春陽》、《牽手五十年》、《飛揚跋扈酒杯中》、《人間愉快》、《愉快人間》等書，沒想到卜兄從中選出六十七篇，又另從《說俗文學》一書選出三篇，合計七十篇，推薦給北京人民文學出版社，予以出版，並且應我之請，賜予序文，我不知如何感謝他才好。而「人間愉快」是我長年宣導和追求實踐的生命境界，也因此，酒党就以「人間愉快」和「尚人不尚黑」為宗旨。

二〇〇四年九月三日夜
曾永義記於臺北臺大長興街宿舍

叁 酒党新語

本「酒党」自從創立以來，每喜運用新語言以表「不同凡俗」，愉快人間。

根本屬性「尚人不尚黑」

譬如「酒党」的這個「党」字，不作「黨」而作「党」，自從一九九四年十二月三日省市長選舉投票之日我假《聯副》「昭告」天下之後，便成為本党迥異於他黨的基本標幟。蓋「党」，「尚人」也；亦即「党」是由「尚」和「儿」（古體之「人」）所合成；而既為「尚人」，則必講究人性人情人品人格人趣人味。至於「黨」，則「尚黑」也；亦即「黨」是由「尚」和「黑」所合成；而既為「尚黑」，則必黑心黑手黑道黑幕黑金黑權。所以「酒党」和其他「黨」的根本屬性和旨趣目標便大大不同。服膺本党「尚人不尚黑」的，看來不乏其人。陳履安先生選總統的電視廣告、《聯合報》的「黑白集」、《中時晚報》的「評論」曾先後以「尚黑」批評某黨，可見一斑。

「賢伉儷」與「甜伉儷」

「黨」字還其本字作「党」，妙用無窮。近日本党文有「賢伉儷」與「甜伉儷」，亦深具妙義，堪博一粲。

按「伉」、「儷」二字在意義上都是「並匹相偶」，構成聯合式合義複詞，用來稱人夫妻，因此習慣上要加個「賢」字作為恭維稱美之詞。所以人家夫妻同時出現即可稱之為「賢伉儷」，書信對人夫妻也稱「賢伉儷」。

但是中國文字單形體，語言單音節，音同音近者很多，所以習俗借音或諧聲見義的也不少。就以此趨吉避凶者而言，如魚、餘同音，餐桌上魚，即取其「食而有餘」；同理，髮菜諧「發財」，荔枝柿子圖取「利市」諧聲。過年把福字春字倒貼，謂之「福到」、「春到」。船舶新航擲瓶為禮，則取「平安」之意。新年打破杯盤，則稱「歲歲平安」以避不祥。可是如果碰到暴君有如朱元璋就麻煩了，他常懷疑文人學者作詩為文有意譏刺他，就加以誅戮。如北平府學訓導趙伯寧在一篇表文中提到「垂子孫而作則」，浙江府學教授徐一夔的表文中有「光天之下」、「天生聖人，為世作則」等語，本來都是頌捧他的贊詞，但朱元璋「聰明絕頂」，也運用諧音見義來隨意附會，硬說這些語句中的「則」是罵他作過「盜賊」，「光」是「光頭」，「生者僧也」，是罵他當過和尚。為此屢興文字獄，冤殺無辜之人。

那麼，準此諧音見義之例，「賢伉儷」之「賢」容易使人當作「鹹」。夫妻到了「鹹」的地步，便使人聯想到情感老舊，必須用「鹹」來保持，而用鹹保持的，其滋味如何，不言可知。而本党總希望普天下夫妻皆甜蜜美滿，因就「賢伉儷」諧聲反義，稱人夫妻為「甜伉儷」，本党相信，如果「甜伉儷」之道大行，則世間無怨偶矣！

也因為伉儷之「甜鹹」，使本党連類相及，進一步想到自古中西兩性平權的問題。時至今日，性別意識高張，遍及寰宇。然而妻冠夫姓，使為妻者逐漸「數典忘祖」的情形卻依然存在。譬如姓陳的女子嫁給姓曾的作太太，人家便稱她為「曾太太」，人家往往不知她本姓。若此，豈不有要泯除其所從來的意圖，使之生為曾家人、死為曾家鬼。封建社會男人為中心，如此這般，女人不能不接受安排而成為禮俗。現在是什麼時代？民主自由、男女平等，焉能存在這封建糟粕？然而「女性主義」源頭甚發達的西方，尚且一仍舊規，女人結一次婚就要冠一次夫姓，老牌巨星伊麗莎白．泰勒三婚五嫁，不知她的姓名要寫多少行才能了結。那麼咱們東方之冠夫姓就不算什麼了，儘管再嫁，亦無須在姓名中留下痕跡，這點反較西方前進些。然而本党既倡導「甜伉儷」，則夫妻甜甜蜜蜜，伉而且儷，自然完全齊頭平等，焉能再有任何軒輊，任何主從？因此本党主張：上述之曾太太固為「曾太太」矣，而曾太太之丈夫，則應比照「曾太太」之例，稱之為「陳先生」，亦即意謂姓陳之女人所嫁之先生。像這樣曾姓男子陳姓女子結為「伉儷」而被稱之為「曾太太」、「陳先生」，在本党已行之有日。吾党之徒皆以之為實現男女平權之基本而主要之表徵，認為有朝一日能行諸宇內，男女乃有真正之平權，而其事乃不費吹灰之力，只在一理念一口舌之間而已。

宗旨為「人間愉快」

像「尚人不尚黑」、「甜伉儷」這樣的新語言，不時在本党雅集時滋生。新語言有創自党魁者，有出自党徒智慧者。其他可公諸世者，尚有「人間愉快」、「萬萬不可」、「隨意就是乾杯」、「杯中有物即酒」、「飛揚跋扈」、「淡出鳳凰來」等，莫不賦以新說別解，或於此使人一笑，或就中自見深意。

「人間愉快」是党魁口頭禪，也是本党宗旨。為此党魁已有《人間愉快》和《愉快人間》二書申明其意境。其大要已見諸本書，這裡不更贅。

喜歡「人間愉快」和「愉快人間」的人很多，但「萬萬不可」則教人一時莫名所以。其來有自，請道原委。吾師孔達生教授，昔年利用寒暑假為吾等講授《儀禮》，課後每有杯勺之歡、言語之樂。

一日老師說：「某大僚收受賄賂，必說『萬萬不可』。」沒想這句話卻在本党流行起來。本党聚會，出錢者謂之「苦主」，如係党魁召集，則名之「錫宴」，錫是賞賜之意，可見本党尚帶幾分「封建氣」。時值黑金當道，黑毒金毒舉世瀰漫，政壇當局視馬屁技倆為用人準則。凡此党魁也不免有所感染。某日党魁號稱「錫宴」，菜餚頗豐而酒美，平南不告而離席有所動作。党魁「視若無睹」，但以目之餘光微察。平南返座後，党魁說：「幹什麼去了。」「沒事！沒事！」「這種事萬萬不可，党魁錫宴，怎可偷偷付帳！」「仰仗党魁號召力，我不過花點小錢，下次不如此就是了。」「我沒說下次可不可，我只說萬萬不可。」平南至此不知如何回應。這時號稱第一副党魁的進雄說：「党魁的意思是說兩萬次不可，一萬九千九百九十九次之內皆可！」號稱中常委府裡行走的沈哥直著嗓門嚷道：「你們以為党魁算術那麼差？萬萬是一億，不是兩萬！」党魁終於裁決：「就以億為計吧！」此後本党徒一聞「萬萬不可」，莫不悚然色變。

至於「隨意就是乾杯」，則是本党大老李哥的「專利」。在席間，他舉杯必稱「隨意」，女生和初識都以為李哥很體貼，哪知他是隨他一己之意，一起「乾杯」。他的理由是：「道家講究『正言若反』，我不懂哲學，只取其表象意義，那麼這句話正好是時代的寫照。請看從最高在上的人以下，有哪個說話算話的？哪一個不說得漂漂亮亮，做起來卻惡惡臭臭的！我年將耄耋，經驗和結論是『反其道』而行準沒錯。本党為了反映『現實』，才有『乾杯就是隨意』、『隨意就是乾杯』的顛倒話語。日本鬼子奸詐無比，學咱們中國人口口聲聲『乾杯！』、『乾杯！』，哪一個真『乾杯』的！」

看來本党也不失「江湖氣」，才有如此「乾杯！」「隨意！」的「正言若反」。而江湖「隱語」，在本党也偶有創發。譬如從《水滸》學黑旋風、花和尚口吻，把「淡出鳥來」修飾為「淡出鳳凰來」，以「鳳凰」

取代「鳥」，字面上連類相及，就文雅多了；但骨子裡仍是魯、李之意。又譬如以「飛揚」代言雞鴨翅膀，以「跋扈」代言橫行霸道的螃蟹。這是因為党魁五十大壽時有詩曰：「無可奈何竿影裡，飛揚跋扈酒杯中。」党魁又喜食雞鴨翅膀和螃蟹。也因此本党總部「寧福樓」大統管仇哥每見党魁蒞臨，必奉上「飛揚跋扈」，以討党魁喜歡。

近日本党廣徵党徒，党魁於四酒主義、五拳憲法、飲酒八要、酒品中正之外，更有「杯中有物皆酒也」的宣示。党魁說，古人以水為「玄酒」，則杯中何物不可以為酒，於是眾望所歸，由地球村而銀河鄉而宇宙國，無處而不有酒徒矣！

最後要強調的是：本人忝為党魁，以曾為姓。在党裡唯一能管我的是內人，党徒尊之為「管魁」，而管魁姓陳。若此，當我們這對「甜伉儷」出現社交場合時，務必稱我為「陳先生」、內人為「曾太太」。當然，若就本党立場而言，党徒自然要稱我為「党魁」、內人為「管魁」方不失倫理；若單獨與初識應酬，自可稱我為曾先生，內人為陳小姐，使各還本姓，而這裡的先生、小姐，只是習俗對男女的尊稱而已。

原載二〇〇〇年十一月一日《聯合報》副刊

肆 酒話

一個寒冷的夜裡，朋友為了把孝廉送回日本，一起小聚，而只要有伯和、明德加上我，一定「尊前莫話明朝事」，「酒深情亦深」。那時學妹怡真也在場，要我為「人間」寫篇有關「酒」的稿子。不禁使我想起，孝廉希望我在飲酒之餘，「也許有一天也會靜靜地坐下來喝一杯略帶苦澀的春茶」，沈謙更希望能有機會陪我多喝幾回茶，讓春茶的回甘與冬茶的芳香，滲透到通靈氣的胸懷中。可見朋友都認為我但能領略酒的豪情而不能品嘗茶的優雅，而我也總認為「寒夜客來酒當茶」比起「茶當酒」要合適些，所以如果把杯閒話，我說不得「茶話」，只能「酒話」一番而已。

說到酒，英雄使我想起了劉邦、項羽、曹操，文豪使我想起了淵明、太白、稼軒。

劉邦在天下已定，回到家鄉「沛」，置酒沛宮，召集故人父老子弟縱酒，唱出了震動古今的「大風起兮雲飛揚」，那其間固然有不可一世的帝王氣象，有登峰造極的躊躇滿志，但也不免流露落葉歸根的惆悵和守成不易的憂思。項羽兵困垓下，夜聞四面楚歌，猛然大驚道：「漢皆已得楚乎？是何楚人之多也？」乃起飲帳中，對著平生最寶愛的駿馬騅和美人虞，慷慨激昂地唱出了「力拔山兮氣蓋世」，這其間固然洶湧著身經七十餘戰，「所當者破，所擊者服」的霸王之氣，但是纏綿不絕的更是英雄末路、立錐無地、托空無所的悲涼。曹操生當天下分崩離析，慨然有攬轡澄清之志，但苦功名不早立，橫槊之餘，不禁也高唱「對酒當歌」，其間雖然有「山不厭高，海不厭深」的周公之想，但是激越低迴的更多的卻是「人生幾何」、「去日苦多」的無奈！

「忽與一觴酒，日夕歡相持。」讀淵明詩，這兩句最為「陶醉」。想想他們的「歡相持」，在最難消受的黃昏裡，酒與潛竟成了知己，他們相視莫逆，把手為歡。再仔細想想淵明酒中的「深味」，卻是從菊佳松奇而來，從故人的相賞而得，從萬族皆有託而獲，他所領略的是任真自然、物我兩忘的恍兮忽兮所通的「大道」。「五花馬，千金裘，呼兒將出換美酒。」那「欲上青天攬明月」，認為「天生我才必有用」的太白，其實要「與爾同銷萬古愁」。因為子美說他「秋來相顧尚飄蓬，未就丹砂愧葛洪」，他不只秉諸儒家博施廣濟的理想落空，連要從諸道家永生逍遙的企慕也不可得，因此只好重墮人間而「痛飲狂歌」而「飛揚跋扈」，然而那「空度日」的不甘，那「為誰雄」的落寞，卻時時啃齧著他那以魯仲連為志的心靈！「杯！汝來前！醉後何妨死便埋！」那「飲酒成病」、「飲酒不寫書」的稼軒，胸中實在有澆不完的「塊壘」，他「雄無所爭、怒無所搏」，充塞的是不可遏抑的鬱勃之氣，因此也和太白一樣，只好與杯「搏鬥」不休。

英雄也好，文豪也好，他們的是非成敗轉頭皆空，無須更論，但是使他們可欣可賞的，卻似乎是因為「酒」使他們流露了真摯。人生最大的苦莫過於表裡不能如一，以致內在與外在衝突，而莊子說醉者墜車，雖疾不死，其骨節與人同，而犯害卻與人異，緣故是「其神全也」。看樣子，酒的作用真可以使人「忘形神全」，擺脫了死生禍患的恐懼。王佛大解得個中三昧，所以曾感喟地說：「三日不飲酒，覺形神不復相親。」飲酒而能使形神相親，那麼酒之為用，真是「大矣哉」！

酒之為用已經如此之大，古人再給它加上「所以養老也，所以養病也，所以合歡也」的功能，使它成為營養滋補的妙品、聯情合誼的憑藉，也難怪自有生民，就好此「杯中物」。不信請看我國出土的商周彝器，其中酒器的名目是如此的繁多，諸如壺、爵、觥、觴、斝、觶、尊、觚等不一而足。《周禮》酒正也有所謂「五齊三酒」，五齊就是濁、甜、白、紅、清五種酒，三酒就是有事而飲的「事酒」、無事而飲的「昔酒」和祭祀用的「清酒」。古器物中有一個「父乙爵」，其下有燒灼的痕跡，看樣子喝「溫酒」的習慣已經很古老；《楚辭．招魂》也有「挫糟凍飲，酎清涼些」的句子，那麼屈原的時代也有類似我們喝冰啤酒的情形了。

「好此杯中物」，最厲害的莫過於魏晉間人，阮籍大醉六十日是眾所周知的掌故，他放浪形骸的樣子，「露頭散髮，裸袒箕踞」只是餘事，他的徒子徒孫們「去巾幘，脫衣服，露醜惡，同禽獸」，而竟名之為「通達」，真是走火入魔，青出於藍，而形同現代嬉皮了。

學界的前輩飲者，據說有「聖、仙、霸、俠、棍、丐、鬼、徒」之分，仔細思量，真個「酒德如人」，我也曾經倡言：酒興、酒膽、酒量、酒德，是酒徒的「四部曲」，顛倒不成，缺一不可。因為有興乃欲飲、有膽乃能醉、有量乃稱豪、有德乃知趣，「飲酒讀離騷」，我沒有那分鬱勃；「舉杯邀明月」，我不致如此孤獨。我喜歡孔子「唯酒無量」，喜歡淳于髡式的飲酒，一斗、二斗、五六斗、八斗乃至一石皆可醉。有時也不妨學學畢卓，「一手持蟹螯，一手持酒杯，拍浮酒池中」；有時也不妨學學蘇舜欽，他以《漢書》，我以《桃花扇》「下酒」。然而東坡居士看人「舉杯徐引」，胸中就「為之浩浩焉、落落焉」，他這種「酣適之味」，竟然「過於客」，我卻永遠學不來。

「為此春酒，以介眉壽。」值此新春，讓我們一齊舉杯來彼此獻壽吧！

原載一九八五年二月二十二日《中國時報》副刊

伍 党歌小記

〈酒党党歌〉歌詞近年一再被《聯合報》、《中國時報》等報紙當作藝文消息登載，可說早已「句落人間」。而〈飛揚跋扈酒杯中〉一文一九九二年刊出後，《民生報》更以專欄報導，廣為推波助瀾。不日之間，我就接到唐川江先生的電話，說他見報後，即為党歌譜好曲，而且在友朋中試唱傳唱。唐先生與我素昧平生，我不禁因此油然心喜，乃兩度邀集党徒，假臺大附近之醉紅小廚和師大附近廣興樓之「酒党廳」，由本党第一副党魁章景明教授夫人蔡陽明女士主唱，川江兄則擊案教導党徒高歌，人人為之酒酣耳熱、神采飛揚。沒多久，黃甫華兄清晨掛來電話，說他也為党歌譜好曲，不只有獨唱曲，而且有合唱曲。甫華兄是甘棠樂團的負責人，以音樂為志業，我一向非常欽佩。聽了他的話，我感動之餘，馬上安排他和主唱葉舒林小姐在二月十四日的一次聚會裡「試音」，共同的感受是情味有餘，豪壯不足。於是我朗誦一遍，請甫華兄參考。甫華兄鄭重其事地說要好好修改。我即當場宣布，等我自上海歸來，本党即召開大會，聆賞甫華兄作曲的党歌。

二月二十五日，我們在臺電大樓附近的歐亞小館筵開兩席，與會的人有中評委主席朱炎、第二副党魁黃啟方、第三副党魁蔣震、第四副党魁郝士英、秘書長莊伯和、組工會主委瘂弦伉儷、婦工會主委林蜀平、副主委項紀台、中評委吳璵、文物供應社社長薛平南、党長公主鍾惠民，以及新入党的四位詩人張默、辛鬱、管管、陳義芝等等。席間歡樂聲與甫華兄錄好的「党歌」歌聲「共鳴」。酒過數巡，披襟揚杯、酣暢淋漓之際，乃由葉舒林小姐主唱党歌獨唱曲與合唱曲，党徒則人手一譜，相為應和。葉小姐東吳音樂系畢業，主修歌唱，音色極美，將修譜後的党歌唱得聲情與詞情相得益彰，瘂弦尤其頻頻擊節嘆賞。歌喉既開，辛鬱又以秦腔唱党歌，唱得高亢激楚、澎湃雄放；管管緊接著以西皮賡歌，也唱得韻味渾厚、情緒高昂；掌聲皆如雷而響。於是朱炎的〈掌聲響起〉、〈榕樹下〉，薛平南的〈孤戀花〉、〈勸世歌〉，瘂弦的〈河南曲子〉接二連三地唱個不停，連我的〈垓下歌〉也出場了。於是歌聲隨著酒酣越來越起勁了，而我們也不知日之將夕矣。

一九九二年三月二日記

陸 酒話聯翩說禮俗

前言：中國酒之小史

「酒」這種美好的飲料精品，到底是哪個民族發明或發現的，誰也不敢說。宋人竇革（革或作蘋）《酒譜》已論述「酒之源」起於儀狄、神農、與天地並時三種中國舊說，「皆不足考據」。科學家或以為在六千年前，甚至舊石器時代，人們因浸泡於水中的水果自然發酵成酒而領悟其製法。但是就中國而言，先秦文獻沒有隻字言及「果酒」；直到距今約三千八百年前的龍山文化晚期，才出現不少小口大腹如尊、罍、盉、小壺、高足杯等與後世酒器同形制的陶器，其造型顯然是為了保持酒味醇永，這時中國應當有了酒。《說文解字》說儀狄作酒醪，大禹喝後味道很美，就疏遠了儀狄，恐怕自己沉湎，荒廢政事。有趣的是，大禹的時代正與龍山文化晚期相近，所以儀狄造酒的傳說，也許正是事實的反映。

商人好飲酒，紂王「酒池肉林」是有名的掌故。甲骨金文中，時有醴、鬯、秬鬯的記載。醴是甜酒，鬯是和以香草釀成的酒，秬鬯是用秬和香草釀成的酒。彝器中，盛酒的有尊、彝、卣、壺，溫酒的有爵、角，斝，調酒用盉，飲酒用觚、觥。

考古方面，藁城臺西遺址中發現八公斤半的商代酵母，商代古墓所出土的青銅瓶裝有酒，保存完好，時間在三千兩百多年前，比起地中海沉船殘骸中所發現的羅馬葡萄酒要早得多，是世界現存最古老的酒。

周代，《尚書》有〈酒誥〉，告誡人不可酗酒。《禮經》中有酒正、酒人、鬱人、鬯人、司尊彝、漿人、大酋等與酒有關的官職，《楚辭》中有酎、瑤漿、椒漿、吳醴、凍飲等和酒有關的辭彙。《韓非子》有「宋人酤酒，懸幟甚高」之語，可見戰國時代已有酒店和酒旗。漢代帝王屢次賜民「大酺」，飲酒作樂、百戲騰歡。

再就釀酒而言，西漢揚雄《方言》已知製餅狀麴；西晉嵇含《南方草木狀》始見酒藥，發展為大麴和小麴；北魏賈思勰《齊民要術》用專卷論「造神麴並酒」之法，可說是世界最早的釀酒工藝學。至宋代，朱翼山《北山酒經》更成為專書，又有「乾麴」之法。明人李時珍《本草綱目》、高濂《遵生八牋》、宋應星《天工開物》亦莫不有製麴造酒之論。而我國白酒起於何時？其說不一。以文物為證，目前已發現一套金代製燒酒鍋（一九七五年河北青龍縣出土），經有關部門進行鑑定和蒸酒實驗，可以確認起碼在金世宗大定（一一八九）之前，中國已有蒸餾酒。

就因為中國釀酒技術甚為發達，所以古來所釀造之酒類品目甚為繁多，見於宋人者如李保《續北山酒經》，即有四十六種，張能臣《酒名記》所記府邸、酒樓、地方之名酒近兩百種；宋伯仁《酒小史》更載歷代名酒百餘種；而今人曾縱野所編著之《中國名酒志》，分白酒、黃酒、葡萄酒、果露酒、啤酒四類，計收名酒二十二種，優質酒五十八種；而臺灣之啤酒、金門之陳高，亦有口皆碑。則中國酒文化真是垂數千年而煌煌乎彰明較著。我們甚至於可以說，沒有悠久昌明文化的國家，必然釀造不出清醇芳香的美酒。

但是中國歷朝歷代的政府，對於酒的政策，如果不是視之如寇仇地加以禁止，就是視之如搖錢樹地抽以重稅或加以「專賣」，有如戰國時代那樣的放任，李唐前期那樣的開放，滿清盛世那樣的輕稅，是很難得的了。

而若說課以重稅，則嬴秦已屬發皇；若說所謂「榷酒酤」的「專賣」，則是漢武帝始肇其端。漢代的蕭何律令「三人以上無故群飲，罰金四兩」，以及歷朝歷代每遇年歲荒歉，即「禁酒」。則處當今之世，雖菸酒仍屬「公賣」，已足以慶幸了。

然而，若就「酒文化」的範圍而言則何其浩瀚，即「製麴釀造法」，已足供化學家寫作專書。筆者雖然以此杯中物倡導「人間愉快」，有所論說，但涉獵所及，實屬寒儉。只是一得之愚，往往如鯁在喉，不吐不快，擬從「酒之禮俗」、「酒之禍福」、「酒之人物」、「酒之文學」略作觀照，希望藉此聊供「吾徒」談助而已。敢從「酒之禮俗」說起。

一 飲酒四部曲——拜、祭、啐、卒爵

古人飲酒，就《儀禮》而言，約有「四部曲」：拜、祭、啐、卒爵。就是先作出「拜」的動作表示敬意。接著把酒倒出一點在地上，以祭謝大地生養之德；然後嘗嘗酒味，嘖嘖稱美，令主人高興；最後仰杯而盡。「卒爵」，也就是「乾杯」，這是古人的禮。因為古酒淡薄，乾杯不算難事。

而「乾杯」，今人每說「先乾為敬」，但古人卻是「後乾為敬」。《禮記．曲禮》說「侍飲於長者」，「長者舉未釂，少者不敢飲」，意思是說陪侍尊長喝酒，尊長舉杯未乾，年少的就不敢喝。而賓主之間，則是客客氣氣，有節有度；主人敬客人酒叫「酬」，客人回敬主人酒叫「酢」；敬酒時總要說句類似「祝您長命百壽」的話語，所以敬酒又叫「為壽」。

普通「為壽」以三杯為度。《禮記．玉藻》說，君子飲酒，飲了一杯，表情肅穆恭敬；飲了兩杯，顯得溫雅有禮；飲了三杯，心情愉快而知進退。這是筵席上禮節的分寸，因為如果「酒過三巡」猶然不止，量淺

的人難免失態。《左傳》記載晉靈公賜趙盾飲酒，埋伏甲兵要攻殺趙盾。趙盾的貼身侍衛提彌明察覺陰謀，急忙登階入堂，說：「臣侍君宴，過三爵，非禮也。」於是扶出趙盾逃難。可見「三爵」是禮，過了三爵，就可以不受禮節約制而縱飲為歡了。所以曹植詩〈箜篌引〉說：「樂飲過三爵，緩帶傾庶羞；主稱千金壽，賓奉萬年酬。」《儀禮》中的飲酒，最後也有「無算爵」，意思是說，能喝多少就喝多少，不必計較杯數了。也因此《論語》說孔子的飲酒觀是「唯酒無量，不及亂」。孔子的意思是，只要不酒後失態惹是非，酒愛怎麼喝都可以。

由以上可見，「酒」簡直成了「禮」的附庸，雖然也有「無算爵」的豪縱和孔子「唯酒無量」的達人之觀，但畢竟多半是儒者的「自我設限」。若吾党之徒，亦有所謂「飲酒四部曲——酒興、酒膽、酒量、酒德」，而旨趣則與之懸殊遠甚。對此已見前文。

二 歌舞助興

古代客人之間相互交錯敬酒叫「旅酬」。依次向人斟酒敬酒叫「行酒」，敬酒時敬人和被敬的，都要「避席起立」，席間往往有歌舞助興。這些「古禮」堪稱源遠流長，迄今不衰。

就拿「歌舞助興」來說，《儀禮》中，〈鄉飲〉、〈鄉射〉、〈大射〉、〈燕禮〉四篇，都有工歌、笙奏、間歌、合樂、無算樂等節目。也就是說，在禮儀進行飲酒之際，有樂工唱歌、演奏笙曲、唱歌笙曲間隔上場和交響樂大合奏等演出。「無算樂」是對「無算爵」說的，即縱飲為歡之時，音樂也隨著盡情地演奏。

而賓主筵席，酒酣耳熱了，也要繼之以舞蹈。且舉《史記》兩件事來看看。

〈項羽本紀〉記載鴻門之宴，范增要項莊入內敬酒，然後「劍舞」，趁機殺劉邦於座中。項莊對項羽說：

「君王與沛公飲，軍中無以為樂，請以劍舞。」這時和劉邦約為婚姻的項伯，看情形不對，也拔劍起舞，「常以身翼蔽沛公」，以致項莊始終無法下手。項家叔侄這場「武舞」，雖然教劉邦如坐針氈，汗流浹背，但所借的題目正是筵席助興為歡。

又〈魏其武安侯列傳〉記載魏其侯竇嬰宴請武安侯田蚡，等到飲酒半酣，將軍灌夫起來跳舞，舞畢，請丞相田蚡接舞，田蚡竟不起身，灌夫覺得很失面子，便說了許多冒犯的話，主人竇嬰在一旁排解致歉。後來田蚡娶燕王女為夫人，太后下詔列侯和宗室都前往道賀，酒喝到差不多時，田蚡向賓客敬酒，賓客都離開席位，伏在地上，表示不敢當。不久竇嬰起身敬酒，只有那些舊交「避席」，其餘的人照樣坐著，連膝都沒有離席。灌夫看在眼裡，心中不快，也離位依次敬酒，敬到田蚡時，田蚡坐著不動，說：「不能再飲滿杯了。」灌夫氣極了，卻嘻笑著說：「您是個貴人，還是請乾杯吧！」田蚡不予理會，灌夫有氣沒處發，敬到臨汝侯，臨汝侯正跟程不識交頭接耳，又不「避席」，灌夫便破口大罵起來，終於弄得不可開交，被田蚡當場扣押。從此竇、灌和田蚡結下深仇大恨，竇、灌終於被田蚡誣陷而死。

灌夫「使酒罵座」的結局雖然古今為誡，但由此也可見漢代人敬酒和席間的禮俗，那就是：可以跳舞助興，一人跳畢，被邀的人必須接續，而且要彼此飲乾滿杯，如果不是這樣，就是「傲慢失禮」。

像這種「歌舞助興」的禮俗，真是一脈相傳，發展為妓樂侑酒、優伶調弄，甚至於擴大為戲曲搬演。當今之世的「卡拉ＯＫ」，豈不猶有古風。

三 酒吏與酒令

1 酒吏執法

飲酒「及亂」生禍害，這是眾人皆知的事。嚴重的會像殷紂王、更始劉玄、前秦苻堅一樣終至國滅身亡，輕微的也可能像才高八斗的曹子建那樣，「醉不能受命」、「醉酒悖慢，劫脅使者」，被貶爵安鄉侯。而古來講究禮儀排場的公家筵席，如果動不動就有像灌夫那樣「使酒罵座」的人，那還了得！所以宮廷官府舉行宴會，早就有監酒的酒吏。

《詩經．小雅》〈賓之初筵〉已有「凡此飲酒，或醉或否，既立之監，或佐之史」的話語。《史記》〈滑稽列傳〉記載齊威王時，淳于髡說：「在大王面前喝賞賜的酒，有執法在旁，有御史在後，我淳于髡恐懼戰慄，低頭伏地而飲，不過喝一斗酒就醉了。」又〈齊悼惠王世家〉記載漢代朱虛侯劉章，曾經入宮侍奉呂后宴飲，呂后命他監酒，他說：「臣將種也，請得以軍法行酒。」當酒喝得有點醉意時，劉章進獻歌舞。過了一會兒，呂后家族中有一人喝醉，避醉逃席，劉章追上，拔劍把他斬了。呂后和左右的人都非常驚訝，但既已授劉章監酒以軍法從事之權，「逃席」有如「臨陣脫逃」，當然要「殺無赦」，所以呂后等也莫可奈何。

2 遊戲酒令

像劉章這樣執法如山，「所以已亂而備酒禍」的「監史」，誠然教人不寒而慄；但是後來宴會時，以遊戲方式，定飲酒次序，以一人為令官，眾人皆聽其號令的所謂「酒令」，就教人興味盎然了。

《詩經》〈賓之初筵〉有云：「發彼有的，以祈爾爵。」是說射箭中目標的人，可以叫不中的人喝酒。這和「射挾」、「投壺」、「藏鉤」，「賭棋」，「擲骰」、「猜枚」乃至於時下「豁拳」一樣，都含有賭賽為歡的性質。另外像「傳花」、「拍七」、「籌令」等則純為遊戲作樂性質。譬如「籌令」所用的籌是一種特製的罰酒工具。舉「水滸人名籌」為例。如係「武松」，則「力大者飲，行二者飲」，因為武松力大能打虎，排行老二，所以此籌一出，座中沾上這兩點之一的人就要喝酒。但是，「酒令」到了文人手中，就逐漸成為逞機智、鬥才學的「風雅之事」了。

3 風雅酒令

文人在酒席上逞機智、鬥才學，《左傳》中屢見記載的列國間君臣參加朝享盟會時的所謂「賦詩明志」，應當已見其端。而「酒令」一詞，宋代趙興時的《賓退錄》說是始於東漢賈逵。其後文人有所製作的很多。

譬如褚人獲《堅瓠二集》記有「歐陽酒令」，說：歐陽修在筵席間行「酒令」，限定作詩兩句。詩意須犯「徒刑」以上的罪。有人作：「持刀哄寡婦，下海劫商人。」又有人作：「月黑殺人夜，風高放火天。」而歐陽公作的是：「酒粘衫袖重，花壓帽簷偏。」有人問他，這怎能算是犯徒刑。他說：「在醉意濃重、美色當前的時候，『徒以上』的罪也就做了。」

歐陽修的「酒令」表面不合格，但實寓機趣、別出心裁，所以能博人一笑。文人「酒令」形式多端，有時簡直極盡中國文字遊戲之能事。

譬如明朝郎瑛《七修類稿》所記的一個例子：陳循因忤逆權貴被貶官，同事為他送行，飲酒行令。陳循說：「轟字三個車，余斗字成斜。車車車，遠上寒山石徑斜。」高穀說：「品字三個口，水酉字成酒，口口口，勸君更盡一杯酒。」陳循則說：「矗字三個直，黑出字成黜，直直直，行焉往而不三黜。」

從這個例子看來，可見陳循和他同僚的酒令是限用「離合格」，再以一詩句或古語作結。而結句末字必為「合文」之字，而疊用三字者必為「離形」之字，且離形之字必與合文之字同韻。約制之嚴，直是難上加難。更難的是，陳循於此時此際也能藉酒令發抒一己之牢騷。所謂「離合格」是「離形」和「合文」之格。「離形」即將一字拆開其結構，例中如「轟」字拆成「車車車」等是；「合文」即將兩字以上之形體合成一字，例中如「余」和「斗」兩字合成「斜」字等是。

再就褚人獲《堅瓠九集》，舉其「四書陳二」如下：明代末年，蘇州有位妓女名叫陳二，四書記得很熟，大家就稱她「四書陳二」。有天，她和一群名士飲酒行令，規定說出來的要「有此語無此事者」。名士們都引用俗語諺語，陳二說：「緣木求魚。」眾人都很嘆賞。座中有一少年故意要挫折她，說：「鄉下人安置木柵在水中，又從柵上拉網以捕魚，豈不有『緣木求魚』這樣的事？」於是罰陳二飲酒，陳二滿飲之後，又說：「挾泰山以超北海。」這樣一來，名士們競相稱讚，少年也心服口服了。

由陳二之例，可見風氣所及，即使妓女亦有才學。能將酒令應對巧妙。此外，在諸如《紅樓夢》等小說裡，也很容易看到有趣的酒令，只是民國新文學運動以後，這種文人的酒席遊戲好像就銷聲匿跡了，而今即使吾党之徒也只行「五拳憲法」，雖然豪邁暢快有餘，但風雅韻味就不足了。

四 曲水流觴

文人飲酒的風雅之事，除「酒令」外，尚有「曲水流觴」。

1 修禊的風俗

「曲水流觴」與「修禊」的風俗有密切的關係。修禊是古代一種清除汙穢的祭祀。《周禮・春官》記載：「女巫掌歲時，祓除釁浴。」鄭玄注：「歲時祓除，如今三月上巳，如水上之類。釁浴謂以香熏草藥沐浴。」看樣子最初只是熏香洗澡祭神。《晉書・束晳傳》說：「昔周公城洛邑。因流水以汎酒，故逸詩云『羽觴隨波流』。又秦昭王以三日置酒河曲，見金人奉水心之劍，曰：『令君制有西夏。』乃霸諸侯。因此立為曲水，二漢直緣，皆為盛集。」雖然「金人奉劍」是有意造出來的神話，但由此可見，「流觴」的源頭始自西周早期：而引水成曲使成「曲水」，人們列坐兩旁，「流觴」以飲酒的所謂「曲水流觴」，則是秦昭王所建立的；而兩漢以後，相沿成俗，逐漸發展為節令盛事，時間也因昭王「三日置酒」而定為三月三日。

2 蘭亭雅集

三月三日成為重要節令以後，人們反而重在賞玩景物，飲酒作詩，祭神洗澡的原意慢慢消失。東晉穆帝永和九年（三五三）三月三日，王羲之與名流四十一人修禊事，在浙江紹興蘭亭聚會。引曲水以流觴，飲酒賦詩，因此作序，是極有名的掌故。當時作五言四言詩各一首的有王羲之、謝安、孫綽等十一人；作詩一首的，有郗曇等十五人，作詩不成的，有謝瑰等十六人。唐人劉篤〈上巳日〉詩有云：「上巳曲江濱，喧於市朝路。相尋不見者，此地皆相遇。」杜甫〈麗人行〉有云：「三月三日天氣新，長安水邊多麗人。」都可見唐代曲江禊遊的盛況。唐代以後，這種風俗仍然流行在文人之間。民國初年，梁啟超在北平農事試驗場還舉行過大規模的修禊。政府遷臺，故宮博物院副院長莊嚴先生尚邀集先師臺靜農教授等友人在外雙溪「風雅」過一番。據說大陸為發展觀光，而今在蘭亭故址猶有類似的舉動。但無論如何，「曲水流觴」的風氣其實早已不存，因為當今之世，哪有多少俊雅閒逸的人！

五 浮以大白

而無論酒席行令或流觴賦詩。如果犯令或作不出詩都要「罰酒」。但「罰酒」的情況不止於此，而且自古有之。

《周禮》謂：「觥其不敬者。」是說對無禮不敬的人要罰酒。《禮記・檀弓》說：「杜蕢揚觶而酌師曠、李調。」因為師曠、李調未能及時匡君之過，所以杜蕢罰他們飲酒。《說苑》記魏文侯與大夫飲酒，命公乘不仁為「觴政」。監督飲酒的規矩，而且下令說，凡不滿飲乾杯的，就「浮以大白」。「浮以大白」這句出於魏文侯的成語有好幾種說法，鄙意以為即「滿飲大白之巨杯作為處罰」。又史載陳後主命張貴妃等先作好五言詩，在宴會時令孔範等狎客唱和，如果一時作不出詩的就罰酒。又李薦《師友談記》說，東坡有次和他的僚屬宴會，東坡舉起大白之杯罰歐陽叔弼、陳伯修二校理和常希古少尹，道：「你們三位都喝這酒，喝乾了，才告訴你們為什麼受罰。」三人飲罷，東坡說：「你們三位擔任主管，卻沒有舉薦李方叔這樣的人，即此就可以罰你們。」他們三位都感到慚愧，忙著道歉。那時張文潛也在席上，卻也舉起大白之杯，對東坡說：「先生也應當喝這杯酒。」東坡說：「為什麼呢？」文潛說：「先生從前主持貢舉，也錯失了李方叔，豈不和他們犯了同樣的錯誤。」舉座不禁大笑。

從以上這些例子，可見古人罰人飲酒，除魏文侯有點霸道外，都是很有道理很有意思的；尤其東坡以「遺賢」之過罰所屬三人，沒想張文潛也以其人之道還治其人，像這樣的「罰酒」風雅俊逸，難怪賓主盡歡，舉座大笑。

罰人飲酒，自古多限以三杯。譬如韓安國作《几賦》不成，罰三升。蘭亭之會，王子敬詩不成，罰三觥。《景龍文館記・御詩序》云：「人題四韻，後者罰三盃。」又郝隆不能詩，罰依金谷酒數，是三斗。所以吳諺說：「客來遲，罰三鍾。」顯然是有根據的。其中所云觥、杯、鍾、斗、升，只是容器大小之名而已，其為三則一也。至於杜甫所謂「百罰深杯亦不辭」，只是詩人誇大之辭而已。

六 勸杯強飲

上文說過古代有「堯舜千鍾，孔子百觚，子路嗑嗑，尚飲百榼」的諺語，用以說明聖賢無不豪飲。對此《孔叢子》早就假藉平原君和子高的對話否定這種傳言，說那不過是喜飲之人造出來以「盡其勸勵獎戲之辭」，王充《論衡》更煞有介事地加以批駁，說：「飲酒用千鍾，用肴宜盡百牛；百觚，則宜十羊……文王之身如防風之君，孔子之體如長狄之人，乃能堪之。」意思是以文王、孔子如常人一般的身體是裝不下那麼多酒肉的。如此一來，聖賢豪飲之說，自然不攻自破。但是自古勸人飲酒的「奇技妙招」乃至泯滅人性的舉止，則不一而足。

1 以惡道強酒

譬如《漢書・游俠傳》說陳遵好擺大場面飲酒，等賓客滿堂時，就關閉大門，命人把賓客的車轄丟到井裡去，賓客雖有急事也無法離開。車轄是古代車輛使車輪不脫轂的關鍵，拿掉車轄比現代人失去鑰匙還嚴重，因為駕起車一定發生車禍。又如《晉書・王敦傳》說有次王愷請王敦、王導宴會，王愷命美人給賓客斟酒，客人如果沒喝乾，就殺美人。王導酒量不好，但恐怕斟酒的美人遭慘禍，勉強喝乾了；可是王敦卻故意不喝，連酒杯也不拿，還作出不屑一顧的樣子，任憑美人恐懼悲啼、血濺樽前。相同的情況也發生在石崇的酒席上，王導「素不能飲，輒自勉強，至於沉醉」。王敦則「固不飲，以觀其變。已斬三人，顏色如故，尚不肯飲」。王導為此責備王敦，王敦卻說：「自殺伊家人，何預卿事！」王愷、石崇鬥富以豪侈相尚，古今所同惡；而王敦、王導雖是從堂兄弟，而肝腸性情判若天壤，也難怪王導早就料到王敦「若當世，心懷剛忍，非令終也」。

2 勸酒妙方

但是像唐代殷文亮那樣的「勸酒法」就很有趣了。張鷟《朝野僉載》謂殷文亮在做縣令時，好飲酒，手工藝極為巧妙。他雕木為偶人，使偶人穿錦繡衣裳為賓客斟酒勸飲，舉動有板有眼；又雕刻作妓女模樣，使之唱歌吹笙，都能合乎節奏。如果賓客沒把酒喝乾，則木小兒不肯再斟酒，而木妓女則歌管連連催促。傀儡戲在唐代已經很發達，但殷文亮的技法實在神妙莫測。他以此勸人飲酒，料想座客必為其巧奪天工，拗不過木人殷勤，一飲而盡，而且盡興到底吧！

然而勸人飲酒，如果不論青紅皂白勉強將事，往往好意也會變成惡意。因為酒量因人而異，隨人之量以相勸，必可盡賓主之歡，否則就好像政府抽稅不管百姓收入多少一般，就有人會不勝負荷不堪其苦。

現在不喜飲酒或量淺的人，與人酬酢，常說「以茶代酒」，這原本也是從古禮衍生出來的，只是古人「以水代酒」罷了；《禮記．玉藻》說：「凡尊必上玄酒。」這裡的「玄酒」指的就是水。因為上古沒有酒，水又是酒之源，水色屬玄，故祭祀行禮時以「玄酒」最為尊貴。如果好強人飲酒的人也能明白這個道理，那麼當人「以茶代酒」時，也應當足以為歡了。

七 妓女侑酒

酒筵之間所以要勸飲乃至於強飲，原本之意都是為了盡歡，而盡歡之法，古來每以妓女歌舞或行酒。

1 妓女始於何時

「人間妓女，始於何時？」清人袁枚《隨園詩話》曾探討這問題。據他考察，起於春秋，在管仲之前。而梁章鉅《稱謂錄》所舉「妓女」名目，多達三十六條，由此可得知「御妓」供奉內廷，起於晉代；「官妓」服侍官府，始於唐代；「營妓」則「以侍軍士之無妻室者」，漢武帝開其端。而宋代以後，官妓有「樂籍」，稱「樂戶」，必須嫁給士農工商等良民所謂「從良」之後，才能脫離樂籍，出於苦海。元代夏伯和《青樓集》記載當時妓女事蹟，其中擅長雜劇搬演的不乏其人。從元明兩代之「妓女劇」，可以看出她們由教坊管領，並徵收稅金，做的是「迎官員、接使客」，「應官身、喚散唱」；或是「著鹽商，迎茶客」，「坐排場，做勾欄」。則妓女在元明兩代，除席間侍候官員商客歌舞侑酒之外，也從事劇曲演出。而王書奴《中國娼妓史》，則謂管仲之女閭即是「官妓」，古代「巫娼」實為娼妓之源始，魏晉南北朝有「家妓」。唐宋元明「官妓」鼎盛，更與士大夫有密切關係。

2 酒糾與錄事

妓女在席間侑酒，有時也擔任所謂「酒糾」或「錄事」，因之亦以此稱妓女。據陸游《老學庵筆記》，唐代已有此稱。「錄事」本為官名，職掌總錄文簿，舉彈善惡。大概妓女在筵席間對於違犯酒令的人，有「投旗於前」、命人飲酒的「職掌」，其事有如官府「錄事參軍」之「舉彈善惡」，故以「錄事」稱之，以抬高其身分；而「酒糾」一詞，則顯然就其席間任務而命名。

3 奇杯異盞

再說飲酒之器皿花樣繁多，自為意中之事；而好新奇風雅的，《史典論》謂漢末荊州牧劉表有所謂「三爵」，大的叫「伯雅」，其次叫「仲雅」，小的叫「季雅」，分別容受七升、六升、三升。又《朝野僉載》說曹魏陳思王曹植有「鵲尾杓」，柄長而直，把它擺在酒樽裡，曹植要勸某人飲酒，呼叫它，它的柄尾就會指向某人。又《逢原記》載唐代宰相李適之有九種珍奇的酒杯，其「蓬萊盞」有象徵蓬萊、方丈、瀛洲的三仙島，注酒其中，以山沒為限；其「舞仙盞」設有機關，酒一注滿，則仙人出舞，而瑞香毬子彈落盞外。

而更有「奇杯異盞」對人行怪異之飲酒的，《兩般秋雨盦隨筆》舉出以下三例：唐代虢國夫人把鹿腸懸掛屋梁之間，將兩端結住。其中實酒，要喝的人就打開其結，用口去吸吮。金章宗用一種薄如冬瓜片的軟金葉，做成酒杯，使人喝時越吸越不盡，名叫「醉如泥」。宋人楊某，諂事卞繪，命令自己的妻子用兩手捧酒，捧到卞繪的嘴邊請他喝，說那是「白玉蓮花盞」。

這些人已夠無恥無聊，但尚是一時一人之「異行」；而最莫名其妙卻在宋元以後的文人間大行其道的有所謂「鞋杯」。

4 鞋杯行酒

《敝帚齋餘談》說元代楊鐵崖好以妓鞋纖小的行酒，是用宋人的先例。倪元鎮認為穢臭不堪，每次碰到這種情形，就大怒離席而去。明代何元朗覓得南院歌妓王賽玉穿過的紅鞋，每每在宴會中用來行酒，座中必有多人因此喝得酩酊大醉，王世貞甚至作長詩來歌詠。《堅瓠集》也載有：「瞿士衡飲楊廉夫以鞋杯，廉夫命宗吉詠之，即作【沁園春】詞。」又載有許少華與馮惟敏之「鞋杯詞」。文人既然再三形諸吟詠，則普天下逐臭之夫何其多也！

而所謂「鞋杯」，據陶宗儀《輟耕錄》所云「楊鐵崖之法」，是把席間妓女之鞋脫下，將酒杯置於鞋中，以此輪番斟酒而飲，謂之「金蓮杯」，因為凡「鞋杯」必用「三寸金蓮」所著之鞋乃可。我無法想像，個中滋味如何；也許有點「臭豆腐」的味道吧，否則怎會教這麼多的高人雅士「上癮」呢？

八 飲酒結社

「高人雅士」飲酒也好聚朋結社，如西晉山濤、阮籍、嵇康，向秀、劉伶、阮咸、王戎七人，常集於竹林之下，飲酒酣暢，為世所稱的「竹林七賢」，以及唐天寶間，孔巢父、李白、韓準、裴政、張叔明，陶沔六人，在竹溪結社，詩酒流連，當時號稱的「竹溪六逸」，可以算作文人結社飲酒的話，那麼所謂「酒社」就應當有長遠的歷史。

1 明清酒社

降及明清兩代，集結同好飲酒作為風雅團體，相當流行。譬如明代袁宏道為其酒社著《觴政》、黃周星亦有〈酒社芻言〉，一方面表達他們的飲酒觀，也一方面設定他們的條件和規矩。《清稗類鈔》記述趙味辛司馬、洪稚存太史、張船山太守、吳山尊學士同官京師，約定每遇大雪，無須招邀，即會集南下窪之陶然亭，飲酒賦詩，規定遲到的請客。又記載王懿榮每逢春秋佳日，便與潘文勤等十九人輪番作詩酒之會，「壺觴無虛日」。這兩條記載可以看出清人「酒社」或「酒會」之類的雅集，他們主要藉酒論詩文。

2 「酒帝」顧嗣立、顧悼秋

但是像康熙間有「酒帝」之稱的顧嗣立，他的酒社但論酒量不論詩文，要想加入，就沒那麼容易了。阮葵生《茶餘客話》說江蘇長洲人顧嗣立，是江左第一酒人，於所居秀野園結酒社。家裡有三個酒杯，仿劉表稱作「三雅」，大的容酒三十觔，其餘兩個依次遞減。凡是想入酒社的，要先喝盡這「三大杯」，然後才有資格入座。他因此在門口寫下這樣的告白：「酒客過門，延入與三雅，詰朝相見決雌雄。匪是者毋相溷！」意思是說：酒客過門，請到裡面喝乾三大杯，明早與我相見再比個高下。不是這樣的人，不要來廝混攪局。一般酒徒看了這告白，都被他的「威勢」震懾屈服，不敢進門。但也有鼓起勇氣的，飲了那「三大杯」之後，就全垮了。

他在京師的時候，曾經把量大的名酒人聚在一起，彼此「較量」一番，無人是他的敵手，所以他長年在「酒國」稱尊，「酒帝」之名，為之不脛而走。《清史列傳》有他的傳，說他性輕財，豪於飲。康熙帝欣賞他的才華，特賜進士出身，為翰林院庶吉士，散館授知縣，因病而歸。他只活了五十四歲，未知是否與豪飲有關。

無獨有偶的，民初南社詩人大多嗜酒，其中顧悼秋自署「神州酒帝」，且賦詩：「沐猴腐鼠紛紛敗，帝制終教屬酒徒。」一方面諷刺袁世凱洪憲帝制的醜劇，一方面也以「酒帝」自豪。顧氏曾編《酒國點將錄》認為：「沈劍霜、余十眉，詩人之酒也。葉楚傖、陸伯鷞，酒人之酒也。胡樸安、柳亞子、王大覺、周酒癡（周雲之別署）、朱劍芒，狂人之酒也。」不難想見「南社」諸君子詩酒笑傲的況味。

而今師大曾有「酒會」之舉，吾等亦有「酒党」之稱，雖未必論詩論文，但語無塵雜。尤其「酒党」之「党」「尚人不尚黑」，因之不言是非，不爭名利，但講「人間愉快」。若此，較諸古今之「酒社」，何止別出一格而已。

餘言

以上所說的有關飲酒的禮俗，不過個人耳目所及的點滴。我國既然是個「酒文化」的古國和大國，則歷朝歷代乃至幅員所至，其相關者不知凡幾，何況因時而有變遷，因地而有歧異，自非筆墨所能盡述。

譬如鴻門之宴，司馬遷特別記下席次：「項王、項伯東嚮坐，亞父南嚮坐。亞父者，范增也。沛公北嚮坐，張良西嚮侍。」其後樊噲進入，項王命他「從良坐」。項伯是項王的季父，可見這次宴會尊卑的等次是這樣子的：項羽、項伯首座，兩人一為王，一為王之季父，所謂「平起平坐」；亞父范增為項羽謀臣，奉為尊長，居其次；沛公劉邦勢窘來謁，又其次；張良、樊噲為劉邦之臣，自居末座。「東嚮坐」，即坐在西邊而向東，古禮很注重面向。由這次宴會席位看來，東嚮最尊，其次南嚮，再其次北嚮，最卑者為西嚮。

像鴻門宴這樣的席位尊卑禮俗，衡諸漢唐以後，顯然已不足為法，而一旦殿堂建築不再「坐北朝南」，則面向的尊卑便難有一定的依存了。

但是直到今天，人們宴會仍因為席次彼此謙讓半天，因為首座最尊、末座最卑。中國人多以「謙讓為懷」，很少人公然「僭越失禮」。

往年與景明、啟方等友人侍候先師臺靜農、鄭因百，屈翼鵬，以及王叔岷、孔達生、張清徽等老師於筵席，老師們為「首座」無不推讓半天，每每要「站立」許久才定下秩序來。某次，幾近「膠著」，王師叔岷向前一步，說：「我來，我來。」場面乃頓然為之「化解」。

可見「席位尊卑」的禮俗精神是迄今不衰的。而為了免除賓客「不知所措」，或防範「莽撞無知」之徒，現在較正式的宴會都在席位上擺置名牌，這實在不失「文明」做法，可以省去許多麻煩。

寫到這裡，忽然想起，昔年東坡大書重刻歐陽公〈醉翁亭記〉，改其「泉冽而酒甘」作「泉甘而酒冽」，雖然止於一字易位，但深覺情趣大大不同。今傳本「甘」字作「香」字，「香」字其實不如「甘」字好。而人們每引宋人杜耒詩句說「寒夜客來茶當酒」，我也頗不以為然，因改作「寒夜客來酒當茶」，認為如此才足以消寒夜，才具「吾党」風味，與東坡才能同稱「酒知己」。但仔細想想，人們既然有「以茶代酒」的，則寒夜對客品茗，或者油然亦有「酒滋味」矣，那麼縱使豪情大減，卻也能饒其閒情，則有何不可！因之「寒夜客來」，「茶當酒」也好，「酒當茶」也好，兩相並存可也！

原載一九九四年一月六日至十一日《聯合報》副刊

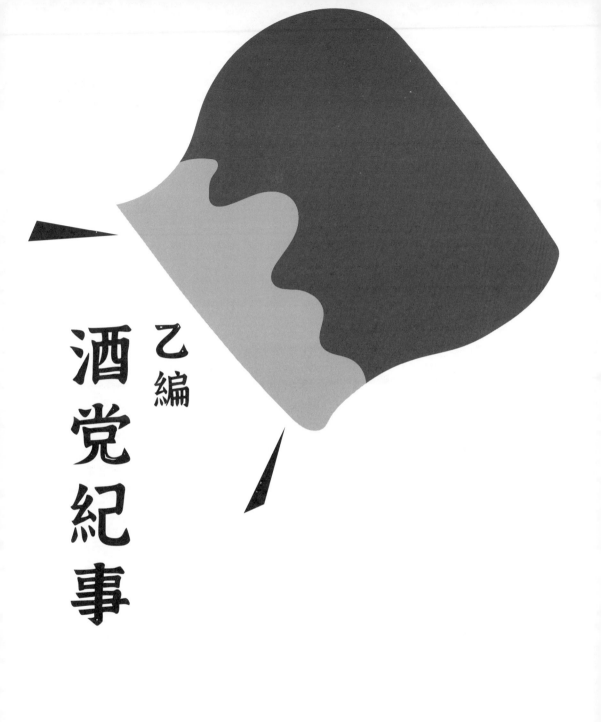

乙編

酒党紀事

壹

酒党党事紀要

一　杯酒酣飲

旅美一年，最苦的莫過於環顧周遭無有與飲者。雖然汽水與啤酒同價，客來酒當茶，但往往味同嚼蠟；因為彼既無興，我之膽、量何施？而杯酒可以激情、可以言歡，有時更可以使心靈陶然共鳴。沒想到在那麼個夜晚裡，我們杯酒酣吟，把民族間的隔閡，乘興溝通了。

那個夜晚，一鍋雞肝湯、一碟泡菜、一個魚罐頭，持著滿杯的威士忌酒，從子夜到凌晨，在我那簡陋的公寓裡，圍著一張方桌的是我和兩位來自日本的學者。

他們一位講授日本文學，叫日野龍夫，是京都大學的副教授；一位講授日本政治學，叫岡利郎，是北海道大學的教授。我們同樣是哈佛燕京社的訪問學人，正一起在哈佛的暑期學校裡進修英文。

我們曾經在一起討論問題，一起在課堂上發表意見。談到有關日本的歌舞伎，我說這受到中國唐代舞樂很大的影響，在中國早已失傳的舞劇《蘭陵王》還保存在日本；談到日本的圍棋，我說中國春秋時代已見記載，淝水之戰，謝安下的那盤棋也就是圍棋；談到日本人的「席坐」，我說《儀禮》中的「坐姿」已經如此；老師問到京都有會發出音樂的木板梯，我說中國傳說的西施故事也有「響屧廊」的記載。有一天，日野先生忽然爆出一句話：「難道日本所有的東西都來自中國？」然後轉向年輕的女老師：「日本受美國的影響大，受中國的影響小。」我說：「文化的交流是極自然而必然的事。古代的日本受到中國很大的影響，就像近代的中國也受到不少日本和美國的影響一樣，難道美國人能否認他們的許多傳統來自英國嗎？」此後日野先生動不動就向我說：「從中國傳過去的，都完全日本化。譬如日本古樂器演奏的是日本的歌曲。」雖然我說明中國的胡琴和琵琶也是西域傳入中原的，仍舊不能使他釋然。就因為我談論問題時常犯了「歷史癖」，卻由此引起了不斷的「國際爭議」。

而那個晚上，我們一起去看了一場由華倫·比提自導自演的電影（臺北譯作《上錯天堂投錯胎》），散場後，我們由電影的主題談到飲酒，我說：「我有一瓶『約翰走路』，到我那兒去喝吧！」他們欣然同意。杯酒在手，我們開始暢談，英語、華語、日語一齊出籠，相互夾雜著使用，全都用上了還無法溝通表達時，就筆談助陣，照樣是英文、中文、日文一起上場，有時還得借重辭典，不解時相顧搖頭，一旦豁然，就興高采烈，哈哈大笑。

日野龍夫告訴我日文片假名、平假名的根源，岡利郎說日本的高中生一定要讀漢文，散文讀《十八史略》，詩歌讀《唐詩選》。於是中國舊詩的平仄、聲韻、對偶變成話題了，我舉出他們可能讀過的唐詩，一首一首的，我用國語讀了一遍，再用閩南語讀了一遍，要他們分辨了解華夏聲韻之美，他們接著用日語朗讀，我指出哪些字音的日語裡還顯現了中國入聲的特質，最後我吟哦一番，他們凝神地欣賞，高興地笑著。我選擇了一些他們熟悉而情味各自不同的詩篇，告訴他們誦讀吟哦時如何掌握聲韻，如何把感受注入音聲裡，使得每一首詩裡交融著詩人的心靈和自我的心靈。我吟著〈大風歌〉，告訴他們帝王的氣象和帝王暮年的惆悵；

我吟著〈垓下歌〉，告訴他們英雄末路、托空無所的悲涼；我吟著〈錦瑟〉詩，告訴他們那一份幽渺難於捉摸的情懷；我吟著〈陽關三疊〉，告訴他們什麼叫「三疊」，何以「一彈再三嘆，慷慨有餘哀」……

日野龍夫說他跟吉川幸次郎教授學過作中國舊詩，他感到平仄很難，而從我的吟哦中，他真正品嘗了中國詩歌優美的情味。

夜逐漸深，酒也逐漸深，談興更深。當我們說再見的時候，半輪上弦月正爬上高林的梢頭。

從那個夜晚以後，我們成了好朋友，彼此照拂，頗盡友誼之歡；直到今年五月，驪歌將唱，杯酒酬酢之間，更有無限的珍重和依依。

我們輪流做主人，互相餞送。首先由徐泓和我，在徐泓的閣樓裡擺下一桌相當道地的中國酒席，固然由於徐泓的鼎鼐功夫好，而我的刷洗之勞也不可沒。日野龍夫、岡利郎和加藤貞通都攜眷而來，對於徐泓的烹調嘖嘖稱美；而酒酣耳熱之際，日野太太打開她的手提行李，居然是一把月琴，於是「當仁不讓」地撥弄起來，口中哼著最純粹的日本民謠，於是日野先生隨聲相和；接著加藤太太也亮出了她的琵琶，真個「嘈嘈切切錯雜彈，大珠小珠落玉盤」，加藤先生也來個婦唱夫隨；接著徐泓的六聲道音響播放出中國樂曲，他的磁性歌喉也展開了。岡太太含羞帶怯，終於也宛似「新鶯出谷、乳燕歸巢」地唱了。只有岡先生和我畢竟五音不全，徒作聲勢，努力鼓掌。

其次加藤先生，為此他去麻州的清溪釣了一天的貓魚，大有斬獲，我見獵心喜，想起「治大國如烹小鮮」的掌故，不禁技癢起來，做了一道教加藤太太十分讚嘆的紅燒魚。席間加藤先生要求我的「墨寶」，我也老實不客氣地湊了一首五絕，「蛇飛鴉舞」一番。其次日野先生，最後岡先生。日野太太和岡太太都非常古典、非常優雅，做出來的菜更非常精神。他們都抄下最喜歡的詩，備好錄音機，要我「杯酒酣吟」；他們更援加藤之例，備好文房四寶，要我「即席塗鴉」。我雖然沒有教他們失望，但現在看著相片中那煞有介事、當眾揮毫的自己，實在好笑。他們報答我的，是月琴與清歌。

回國途中，媛和我路過京都，日野太太特地從奈良趕來做東道主，陪我們去觀賞能樂，送我們往東京。雖然我們的語言無法「盡布肺腑」，但我們知道，我們的情誼相當的契厚。現在，我非常懷念這幾位東瀛的友人。

原載一九八〇年一月一日《臺灣時報》副刊

二 珊瑚潭情懷

臥龍流澤烏山下，堤護平疇百姓家；迎向千山環綠水，暉光五穀照桑麻。

這首七絕是我應嘉南水利會會長徐金錫先生之命作的。徐會長在烏山頭水庫珊瑚潭的長堤上立碑刻石，題下「臥堤迎暉」四字，囑我以藏頭鳳頂格寫一首詩，雕勒其後，以闡明其旨趣。我想那一千幾百公尺的長堤，將烏山下千谿百壑之水，匯聚成潭，空中望之，狀如珊瑚錯綜漫延，因以名潭。而這長堤堰蓄珊瑚潭之水，恰似一條徜徉於碧波之上的臥龍，牠不只將潭水如興雲作霧般地噴薄出來，散流到嘉南平原的田疇中去潤澤作物，而且儼然是平原之上千千萬萬民居的守護神。牠所迎頭面對的，正是因牠造設而自然形成的千山萬水。山水縈迴，情境迷人，恍如現世桃源；而陽春有腳，更遍布其德，將其暉光閃灼於五穀，又照映於桑麻。

我生於臺南縣下營，長於鄰鄉六甲。六甲的珊瑚潭陪伴我青少年的歲月，直到現在，每次返鄉，無論如何的匆忙，我都要望一眼珊瑚潭；我也樂此不疲地呼朋引伴，從北而下、自南而上，共看珊瑚潭。

我已記不清縱浪在珊瑚潭懷抱裡已經多少回，但記得與洛夫、張默、管管、辛鬱、瘂弦等在詩人節的珊瑚潭裡，乘著飄風雷雨的遊艇揮杯朗吟；也記得與朱炎、吳璵、進雄、景明、啟方等弟兄們陪同孫震校長伉儷在孤島的夜裡高歌，在林間的月下醉臥；更記得與媛乘著快艇激雪揚波，山折水迴，逕溯其源，看到的是黃色白色的小蝴蝶滿山滿谷。

我也記不清為珊瑚潭作過幾首詩寫過幾篇文章，只記得有篇散文在電臺被宋英朗誦過，還有一首慘綠少年的詩：

> 珊瑚潭水又逢春，只見青山不見人；舊夢十年何處覓，而今點檢更如新。

近日我又和內人陳媛，陪同《聯副》的作家們訪問坐落在珊瑚潭邊的臺南藝術學院，瀏覽融現代古典於一爐的校園建築，聽取漢寶德校長的創校理念，並在座談會裡就文學藝術與傳播媒體各抒所見，直到落日天黑。

在這樣的機緣裡，我依舊呼朋引伴，夜宿林間小屋，次日賞玩湖山，好讓友朋們共享我的「珊瑚潭情懷」；而鄉裡從小一起長大的朋友，如現任鄉長黃茂良、水利會總幹事曾金億、傑出的養豬家張文喜（他的豬未被口蹄疫毒害）等，無不照例熱情接待，「共襄盛舉」；我們也都會請呂瑞仁、陳家銘兩位恩師前來歡聚。

那晚在令人嘖嘖稱美的「珊瑚潭口味」和酒酣耳熱之餘，我和媛送走搭渡輪返家的兩位老師和朋友們，不覺在這小碼頭流連起來。輕輕的涼颸從湖面往襟懷裡飄著，波光如銀浮泛著半輪月色，繁星則閃動晶眸於夕嵐流布的晴空；此時群山如墨，兀然靜寂，只有晃蕩的湖水和不寐的草蟲交互聲響。乃油然口占五絕，聊示我妻：「今宵半輪月，搖蕩在澄潭；儷影聽天籟，繁星帶夕嵐。」

次晨風動雨來，灑落林木、灑落山水，我們冒雨登船，要看雨中的珊瑚潭。雨點如豆，使湖面泛起無數的花紋；遠山消失在煙霧裡，船旁的山色亦覺朦朧。而風是清涼的，沖一點雨更覺舒爽。於是義芝率先登上船頂，瘂弦、向明和我作廉頗未老狀，緊隨其後，雨點小了，境界忽地豁然開朗，青山蒼翠、綠水澄碧，緣著遊艇，一路相為輝映。如此這般可以洗人眼目的景色，怎能不教守在船尾的白靈和躲在艙裡言語不休的平路、陳媛等也來領略一番，而可愛的小伙子孫梓評，總是做護衛狀，使人能安穩地上下。

遊罷明潭，我們登上堰堤，茂良已在等候。我們回顧山水，則平湖盡處，迤邐亮光，其上山色淡掃如墨，情境恍惚，似不可企及；而日穿雲層，湖煙盡收眼底，則霎時山水歷歷。乃知珊瑚潭千容百貌，盡在光影煙雨之中。

茂良接著帶領我們「車遊」六甲市街。兒時的六甲只有一條兩車可以並行的道路，現在則通衢如棋盤式的交錯縱橫，商家建築和百貨各自炫眼奪目，如果不是尚有一片綠油油的田疇包裹四郊的話，我簡直忘了我鄉六甲原是鄉村。茂良已做了七年鄉長，不只使我鄉如此煥然一新，而且千方百計地使中研院、工研院將於此設園區，某工業技術學院也將於此設校，與臺南藝術學院相得益彰。我鄉六甲，真是欣欣然，明年紫藤花緣著街心的燈桿開放之日，一路燦爛如錦，也正是我鄉更指出向上之時。而我知道，烏山有靈、潭水有情，庇蔭我鄉，千秋永恆。

在享用文喜為我們安排的豐盛午餐之時，我們都詫異於在臺南縣三十一鄉鎮之一的六甲，居然有此富麗堂皇的餐廳，其菜餚之稀奇，亦有非臺北人所知者，則今日之臺灣，蓋無所謂城鄉之別矣。而我又想起，金億兄轉達徐會長之意，要我為珊瑚潭撰對聯一副，以便新設施竣工時懸於牌樓，聯云：

山水縈迴桃源今世界
田疇潤澤莊稼自豐登

是的，山水縈迴的珊瑚潭，是我心目中當今世界裡的桃花源，而其所潤澤的嘉南平原，民豐物阜，子子孫孫也將永享其樂利。

◆附記：文後的對聯，徐會長表達他的看法說：現在珊瑚潭之水不只灌溉農田，而且用作自來水和工業用水。我龕緣其意，改作：

山水相縈民生安樂利
農工受澤產業自豐登

原載一九九七年七月十日《聯合報》副刊

三　安雅堡情懷

數一數到安雅堡（Ann Arbor）已經第六次了。雖然論次數比起檀香山的十二次和紐約的十次猶然少了許多，但自從一九八三年以後，每到安雅堡就感到溫馨滿懷，每每要重新檢點經行處。

一九七九年元月間，我應多倫多大學邀請，由哈佛大學前往，作了兩場講演。為了解除長年蟄居臺灣，「夏蟲不可語冰」的惆悵，我毅然冒著漫天冰雹，在美加白茫茫的大地裡，經芝加哥、安雅堡等地返波士頓；飽嘗了寒凍徹骨的經驗。那是我第一次到安雅堡，謝常彰和陳真愛的家躲在綠林裡也藏在白雪中。因為不凋的針葉林猶然綠意盎然，但無不披掛著白雪；而其前庭後院左右空地的草坪都已覆蓋白雪，屋頂的積雪則使得簷溜垂掛成排的冰條，望之如水晶簾。而屋裡，真愛為我「料理」、常彰為我「煮酒」，使我們在老友的「快意談鋒裡」，不覺「燈前曉色侵」。那時莊喆、馬浩也在安雅堡，領我看他們的畫室和陶坊，也帶我到公園裡看有人餵食即不知南飛的雁群。

翌年四月，黃昭陽開車到波士頓，載我南下經歷州郡，訪親問故、遊山玩水，由北卡羅萊納折入田納西，北返安雅堡。昭陽還呼朋引伴，為我安排一場講演。

兩度來安雅堡，使我對這小城充滿好感，覺得名副其實的「安雅」，坐落於此的密西根大學名聞遐邇，也實在是讀書求學的好地方。因此媛取得公費留學，我就鼓勵她來這裡，那是一九八〇年的秋天。

一九八二年的夏天，我也以訪問學者的名義來密大，並與媛締結連理。我們住在北校區的宿舍，媛非常用功，往往早出晚歸，上課外，就是在圖書館裡，可以看出留學生的辛勤。有天早晨，我目送她踩著積雪去搭校車，把雪照得亮晶晶的旭日也照著她剪得短短的頭髮，她身上的雪衣是厚厚的，而背後的書包則是沉沉的。那時我心中有說不出的滋味。

媛在上課在圖書館，我也在研究室在課堂上參加討論，並義務指導一位博士研究生。我因為時間完全自由，養成了每星期寫一篇散文的習慣，並且著手編成了一部六十萬字的《中國古典戲劇選注》。媛努力的結果，在教育部公費之後，又獲得獎學金，於八三年取得博物館學和藝術史學兩個碩士學位。

然而難忘的情懷主要在生活的瑣事中。在我們尚未有車的日子裡，上超市買菜，要走一段四十幾分鐘的坡路，回宿舍時，媛拖著菜籃我揹著書包，書包中自然也裝著菜餚。這樣的辛苦路，媛曾獨自承當地走了兩年。由於媛功課繁重，我主動幫忙家事，因此練就了一些刷洗和做菜的本領。但呼朋引伴聚會時，媛就預擬菜單，親自主廚，那時我就只有洗菜的本分。

後來我畢竟考取了駕照，便常開車來往常彰家和莊喆家。某次我從下午六點到半夜十二點，把常彰家裡的酒都喝光了，真愛最後也把僅剩下的兩顆蛋做了醒酒湯。我居然很勇敢地開車回宿舍，停好車時自鳴得意地自言自語，沒想有人拍我肩膀，一看是常彰，說：「壓線兩次。」原來他尾隨我回來。他送我上樓時，酒意已逐漸湧上，媛回來後不到幾分鐘，我就大醉了。

又有一次，莊喆得到一個大魚頭，馬浩做成砂鍋，我們中午即以此下酒，然後我開講蘇東坡的性情襟抱，莊喆也以媛為他按年代整理好的幻燈片說解他的畫意和畫境，而這個大砂鍋魚頭直吃到午夜尚綽綽有餘。

我喜歡釣魚，但志不在魚，而是喜歡一竿在手的情趣。休倫河流經安雅堡，河邊公園開車十分鐘就可到達，夏日裡，太陽九點鐘才下山，我每邀媛同釣斜陽，以此為休閒；但她總一卷在手陪我坐在蘆葦邊，只有我跟大魚「搏鬥」時，才會引來她的注意。而秋天的休倫河畔最為絢爛多彩，我們的後面是青綠如鋪地氈的高爾夫球場，身旁水邊盡是作花的黃蘆白葦，眼前流動的是粼粼含光的碧波，而聳立開展如長屏的丘陵則將林木斑斕的色澤，紛至沓來地湧入眼簾。此時長天蔚藍，抹麗纖雲如雪，雁群則陣陣從空而降，嚾嚾然地在河邊的草地上敘舊寒暄，而媛也就不在意她的書本了。到了冬天，我們也偶然會來看看已被凍成冰龍的休倫河；大地春回，也會來傾耳細聽冰龍翻身的聲音，同時也看看為什麼「春江水暖鴨先知」。休倫河給我們的樂趣到底是長年的。

和媛在安雅堡一年的點點滴滴，不覺之中就形成了濃濃的情懷。八四年我率領小西園布袋戲巡迴美國十三州十三所大學表演，第四度到安雅堡來，也要帶著大家去休倫河邊走走，也要真愛熬稀飯請團員消夜。

而今年暑假與媛帶大衡來史丹佛大學作客，更特地重返安雅堡，讓大衡看看他母親曾留過學的地方，曾和父親住過一年的宿舍，曾一同釣過魚的美麗的河。而常彰伯父家的之茂哥哥，當年只有七歲，現在已是密大的學生。而當我們在十二年之後，又走進密大北校區的宿舍，昔年窗前的樟木，而今已高出屋頂丈餘；宿舍間的廣場，我每在雪後的清晨獨自横過，然後回看自己的一串「遺跡」。那晚真愛又擺了一桌酒席，把我們的老友都請來了，只是莊喆、馬浩早已移居紐約，昭陽也返臺定居了。席間現任密大亞洲語文系主任的林順夫兄，要我九月中旬開學後，給系上師生作兩場講演，我便一口答應了。

我果然在九月十六、十七日給密大東亞系作了兩場講演，反應發問相當熱烈；因為我是抱著安雅堡情懷而來的，所以一切都能那麼自然而親切。

常彰、真愛照樣以美酒佳餚款待我。席間真愛拿出一本已泛黃的相簿，有幾張是孔達生師來訪時所攝的。那時正是媛和我在這裡的秋天，老師應邀來密大講演。我陪著老師漫步於休倫河邊，老師和我都略嫌清瘦，不像現在都是「君子不重則不威」。於是一股今昔之感便油然湧上心頭。所幸我深知「紅塵回步舊煙霞，清境開扉新院宇」的道理，雖有剎那形變物遷的惆悵，但存貯胸中的莫不甜美，所以我的安雅堡情懷，重新檢點，也就無一不溫馨了。

原載一九九六年十月十四日《中華日報》副刊

四 傅媽媽

「傅媽媽」，在比利時的留學生和華僑子弟都這樣稱呼她。傅媽媽今年六十左右，但望之如五十許人，使她顯得年輕的，不是她樸素淡雅的衣著，而是從她近視眼鏡中流露出來襲滿你周遭的祥和。這一團隨時隨地都可以散發出來感染人的祥和，就是傅媽媽對人的關愛。

十一月十八日我和內人從荷蘭萊頓大學到達比利時布魯塞爾，在中山文化中心服務的傅先生到火車站接我們。當天晚上傅媽媽就為我們做了一桌出國一個月以來，我們所嘗到的最豐盛最精緻最純粹的中國晚餐。傅媽媽幫助傅先生把那一幢古老破舊的西式樓房，用中國書畫、中國瓷器布置得很中國、很煥然一新。傅媽媽得意地拿出她從西方舊貨攤裡「拯救」出來的中國麒麟，她仔細地研究那奇特的造型和赭紅的色澤是屬於哪朝哪代；這時我看到她快樂的容顏和麒麟所閃灼的光輝同樣的溫煦。飯後，我們仍舊把著葡萄美酒和此地臺大校友會黃會長賢伉儷天南地北地閒聊著；已近子夜時分，來了三位年輕人，他們是周神父、陳老師、黃老師。這三位年輕人的暮夜來訪，我看到了他們善良溫雅的氣質，傅媽媽為他們準備的消夜，使我第一次體會到為什麼大家要叫她「傅媽媽」。

次日下午傅先生安排我們去參觀魯汶大學，黃老師開車，傅媽媽擔心我們回程時不會自己搭火車，特地「護送」我們一道去。那天寒雨飄灑，傅媽媽穿著藏青大衣，戴著墨綠呢帽，不時問我們冷不冷，我們把魯汶大學轉了一圈之後，接待我們的留學生苑、林兩位同學，帶我們到一個十五世紀大教堂的地下室去喝啤酒。苑、林兩位同學和我都屬「豪飲」，沒有下酒物，一杯接著一杯，一鍾接著一鍾，度數由百分之五到百分之十四，傅媽媽看在眼裡不禁「緊張」起來，先勸我們點幾樣東西，不要空著肚子喝，最後委婉地說，今晚主任請客，該是我們回去的時候了。在火車站，苑同學向我說：「您知道嗎？我們在這裡，對政府的向心力、對國家的熱愛，比在國內更加強烈。因為我們的政府比其他國家的政府更加照顧留學生，尤其安排像傅先生這樣的人來照顧我們，傅太太協助傅先生，呵護我們無微不至，視我們有如子弟，所以我們都稱呼傅太太為『傅媽媽』。」我和內人聽了很感動，於是我們也跟著由「傅夫人」、「張老師」而改口稱呼她為「傅媽媽」了。

傅媽媽自己認為有一件很得意很愉快的事，那就是她被天主教所屬的「安貧小姐妹修會」核准為會員，每天到老人院去為年登耄耋的老人縫補衣服、侍候他們生活起居，甚至一口一口地餵飯給他們吃。當我問她在老人院工作的情形時，我看到了人類最善良的光輝，那種光輝和耶穌身上所發出的是同樣的光彩。

我們在布魯塞爾停留了三天，無論列日大學的訪問和演講，無論校友會的聚會和座談，無論博物館乃至於滑鐵盧的參觀遊覽，傅先生都為我們做了妥善的照顧和安排；而由我們與傅先生盡情的談話裡，我們非常欽佩傅先生對於藝術和文化廣博正確而深入的認識，我們尤其敬禮他的苦心孤詣和劍及履及、鍥而不捨地為我們國家的藝術和文化開展了許多事業，而他的謙虛平和、誠懇與周到，更令人有「識荊恨晚」的遺憾。當傅先生在火車站送我們往盧森堡時，我們一再關切地問候傅媽媽因為那一場寒雨所引起的感冒，而當車子開動時，傅先生隨著車子跑，用手指示我們前面的車廂有空位。我們望著他的背影，想著他，我不禁說：傅媽媽所以為「傅媽媽」，不正因為她身旁有位「傅爸爸」嗎？

原載一九八八年一月二十日《臺灣日報》副刊

五 慕尼黑的「呼喝啤酒屋」

布袋戲訪問團在慕尼黑的演出又一次非常的成功，所謂「非常成功」不只場面盛大觀眾近三百人，而且是自始至終絲絲入扣，觀眾如醉如癡，真正達成了文化交流和增進國民情誼的目的。為此，我宣布消夜不再是炒飯和炒麵，每個團員都得到「呼喝啤酒屋」（Hofbräuhaus）去！

德國以啤酒名世，啤酒屋更是德國的特色，而慕尼黑的啤酒屋冠於德國，而 Hofbräuhaus 在慕尼黑啤酒屋中更是首屈一指，據說每年有四百萬名觀光客到這裡喝啤酒和吃豬腳。

我們進入「呼喝啤酒屋」時已是夜晚十點鐘，就其營業而言已屬尾聲，我們一票十九個人，好不容易找到位置，我要每個人不管平常喝不喝酒的，都要點上一杯一公升的啤酒和一塊一公斤的烤豬腳，我們舉杯相碰，由同座而鄰座，僅用肢體語言和歡笑聲，即可將來自世界的各民族融洽於一堂。當民謠的聲音響起，就有人手挽著手左右搖擺相應，於是由這桌傳到那桌，不久滿堂滿座的人，都搖搖擺擺起來。又有人的達達的跳起舞來，於是桌面上由這桌傳到那桌，不久就響出了整齊劃一的應和聲，當有人滿引一大杯，直著喉嚨灌下時，周圍的人就報以熱烈的喝采聲，我們團裡最年輕最老實的洪啟文，很溫文地向我們邀來的客人偶戲博物館館長施密特先生的太太和女秘書行吻手禮，三十年不飲酒的朱清松先生和滴酒不沾的彭鏡禧教授以及許王先生夫人都滿滿地喝了一大杯，其他都「唯酒無量」，「無算爵、無算樂」地盡情盡興。當午夜十二時我們走在市中心的步行道時，辦事處的李秘書步履有點蹣跚，許太太伸張雙臂跳起蝴蝶舞，陳專安先生當街擺出孫悟空的各種架式；而有如銀鈴般的笑聲，肆無忌憚的，一波一陣的，從我們搖搖晃晃的身影中響徹慕尼黑的夜空。

我們布袋戲團衝州撞府地巡迴表演，發揮了無上的團隊精神，達成了宣揚藝術和文化交流的使命，其身心的疲憊辛苦可想。而慕尼黑的演出，是我們抵德以後最盛大成功的一場，因此我放縱團員跌入「呼喝啤酒屋」的歡樂中，以人類最親善的共同語言「笑樂聲」和來自世界各角落的人們盡情地交流。而一公升一杯的啤酒和一公斤一塊的烤豬腳，就自然地激起人們的豪情，使人人伸出友誼的手，將這世界融成一片了。我想「呼喝啤酒屋」的啤酒和烤豬腳處處都有，但是其所造成的融合世界各民族情誼於一爐的氛圍，則是其看家的獨特本領了。而一年四百萬的觀光客來到這裡，豈不也說明了人們本好和平，世界本是一家嗎？我們的團員都說，沒有過這麼愉快的夜晚。而我知道，這愉快是陶融在人類最真摯的情感裡。

原載一九八九年十二月二十七日《臺灣日報》副刊

六　川湘載酒行

萬里江山載酒行，揮杯命盞喚良朋。好風好景好人物，照得雙雙醉眼明。

前言

我們一群朋友組成假日登山隊，取名「老弱殘」。因為攜家帶眷，有大有小，王哥大腿曾受傷，略近李鐵拐，所以隊名很寫實。我們的活動範圍，主要在政大後山，有時也找些有好山好水的地方。我們照例三部曲：先行爬山、歇息飲茶、終於飲酒。取義是先苦後樂、身心通泰。年前李哥說，何妨將「老弱殘」西征川湘，我說，可以遊山水、訪名勝、觀風俗、考戲曲，我來請大陸友人安排。於是我們一行八人於一九九三年元月二十日出發，首途成都，經眉山、峨嵋、樂山、自貢、宜賓、長寧、瀘州、大足，至重慶，飛武漢，下岳陽，入洞庭，至長沙，飛廣州，火車至香港，二月三日深夜，飛返臺北。凡十有五天，歷程不下萬里。前面一首詩可以概括此行。因為一部十二人座的車上，我們是載著威士忌和川湘名酒的，我們午晚二餐總要相互舉杯，除夕日由成都往峨嵋山途中，我寫下這樣的句子：

青山綠野駕長車，蜀府空靈煙雨時。除日天涯不辭醉，飛觴一路上蛾眉。

我們在快速行進的車上，興高采烈起來，偶然也會「揮杯命盞」，加上所到之處，與當地學人藝人聚會，在席間我更會致力爭取「酒党党員」，所以說「萬里江山載酒行」，也就不算十分誇大之辭了。而行腳所至，雖經武漢下廣州，然目的實在四川、湖南，因此本文題作「川湘載酒行」較為貼切。

「苦酒滿杯」的滋味

我們「酒党」一直想要舉辦「酒之旅」，以出產名酒的地方為旅遊點，一路喝下去，那麼「酒品」高低，自然不出吾党之口。瘂弦說，我們到達酒泉要開大會，還要發表論文。王曉祥說，公視可以製作一個節目叫「一路杏花村」，保證收視率高。

「酒之旅」迄未實現，但我們這次川湘之行，可以算是先期實驗了。大陸各地都有地方釀造的酒，因此品牌之多指不勝屈，自然難於遍飲。但是大陸酒有人鑑別優劣，因而就有所謂「名酒」，譬如五糧液、茅台、酒鬼之酒、瀘州大麯、劍南春、洋河大麯、孔府家酒、郎酒、董酒、汾酒等是大家較熟知的。李哥主張隨處飲當地酒，我主張酒党非美酒不飲，何況歲暮寒冷、新歲天涯，更應當訪名酒飲名酒。恰好到達成都的次日夜晚劉鑑平先生就送來一瓶五糧液，一百五十塊人民幣的價格標籤還貼在瓶蓋上。

那晚我們在成都賓館宴請劉先生和川劇團的一些朋友，五糧液自然被打開了。五糧液這種出自宜賓的四川佳釀，雖然名氣屈居貴州茅台之後，但會喝酒的人都公認它其實比茅台要好。據說中共因尼克森打響茅台的知名度，才昧著良心政策性地仍舊以茅台為第一。去年我在杭州的一間「國貨店」裡，一瓶茅台居然標價四百人民幣。而無論如何，真正的茅台和五糧液是堪相伯仲的。

往年朋友偶得一瓶茅台或五糧液，無不引為「勝事」，相將呼喝，眉開眼笑，因為瓶蓋一開，簡直滿室芬芳，而入口即化，自然香滿朵頤。可是近年大陸酒身價直落千丈，緣故是萬酒一味人工香料，茅台五糧液假貨滿天飛。我們在臺灣已不知甩掉多少瓶茅台五糧液，因為以我們「功力」，瓶蓋一開，真偽已知泰半，何況入口啜啐，焉能遁形。前年我在香港和雅加達，也當著主人面棄置茅台。所以我們「酒党」已多時對茅台五糧液不屑一顧，試想百假一真，我們哪有那麼多心好傷。

而眼前劉先生饋贈的五糧液在我掌握中，我心中雖不免「忐忑」，但尚認為這裡是「蜀府」，是五糧液的家鄉，我們是為喝美酒來的，該不會給我們失望，假該也不會假到自家門裡來吧！於是我有信心地打開了！我對瓶口聞了聞又嗅一嗅，我默然地交給李哥試試，李哥也默然不贊一辭。我將它倒入杯中，用雙唇用舌尖嘗嘗啐啐，心情不覺沉重起來：又是一瓶低等酒冒充的五糧液，而已然不飲酒的劉先生是以極大的誠意用高價買來送我作見面禮的。他那麼彬彬儒雅地在席間與我們應對，我怎能不收斂本色故我，我怎能逕予揭發「假冒」事件呢！我只好一人獨飲五糧液，至此我才知道什麼叫作「苦酒滿杯」！

瀘州特麴味芳醇

小兒大衡臨出門時已有感冒跡象，一到達成都就發作了，內人陳媛為此犧牲旅遊在旅館照顧他。也因此我們和一位兒童醫院護士劉小姐成為朋友。離開成都時，劉小姐送我一瓶五糧液一瓶劍南春，這實在是隆情盛誼。

我們在蜀南竹海賓館時，我主張「冒險」再喝一次五糧液，於是打開了劉小姐贈送的這一瓶，而經驗告訴我們，質地比劉先生那瓶還差，也就是比用來假冒的酒等更低！至此，我們對五糧液已失望透了。當我們路過宜賓時，益壽說，應當設法買瓶「真正」的五糧液。司機小趙聞言即嚷道，沒辦法了，真正的五糧液只在酒廠，早在年前就被排隊的長龍搶購一空了。益壽只好買了兩瓶以紅樓十二金釵為標榜的所謂「夢酒」，一瓶是「鳳姐」，較辣，酒精度百分之五十二；一瓶是「林黛玉」，較弱，酒精度百分之三十五。益壽說，買著好玩的，一瓶才十塊錢，怎能喝。後來搬運行李時，不慎使「林黛玉歸天」，而溢出的酒香，起碼比假茅台和五糧液要自然濃郁得多。可見假冒的名酒連十塊錢都不值的！

五糧液一再令我們失望的同時，我們就改以劍南春和瀘州老窖特麴。李哥偏嗜劍南春以為容易入口，我喜好特麴覺得口齒留芳。但無論如何，它們都名副其實。它們身價各地不一，譬如特麴在瀘州本地只四十元，在成都卻要百元。我們在瀘州自然大量採購特麴，而一路行來，就以特麴為本党「主糧」了。

對於大陸假冒名酒如此之甚，我是既惋惜又憤懣的。惋惜的是從此名酒蒙羞，有如西施化作嫫母；憤懣的是中共當局任令假冒猖獗無比，欺矇詐財遍及海內外。為此在瀘州時，我口占一詩以示李哥齊兄：

瀘州特麴味芳醇，不似茅台假亂真。
更有馳名五糧液，亦如西子落風塵。
須知世界貴純正，我為瀘州飲千尊。

近世咱們中國人落魄無比，弄得不真不誠，自上而下，人格齷齪卑微，由茅台、五糧液之失去信譽，即可窺豹一斑。一九七〇、八〇年間，臺灣紹興酒和金門高粱供不應求，也造成假酒甚至毒酒的恐懼；今日金門陳高，口碑甚好，頓成奇貨，即使本党也難以為繼；於是黑市價格節節上升。黑市趁機敲竹槓，雖然非法非理，但尚且可喜的是，金門陳高，迄今猶然有如西施、昭君、楊妃「國色天香」，所以本党之徒為親芳澤，只好忍受那「周瑜打黃蓋」了。由此可見，今日臺灣，儘管猶有不良，但清品自高已能偉岸自立。這不能說不是十幾年來的進步成果。

我們這次川湘之旅，雖然有峨嵋山、蜀林竹海、洞庭湖、汨羅江，也有王建墓、杜甫草堂、武侯祠、三蘇祠、樂山大佛、大足石刻、嶽麓書院等等，但是既「載酒」而行，自應以遍嘗美酒是務，可憐今日大陸，連酒都令人如此失望，遑論其他！所幸尚有「瀘州老窖特麯」，差能一路相將，否則，咱們酒党，真要「空口而歸」了。

原載一九九三年四月三日《中華日報》副刊

◆附記：所幸三十年來，大陸改革開放，突飛猛進，一日千里，使得世界刮目相看；「假酒」事件，早就絕跡了。

七　恆春農場之夜

一群來自臺北的藝文界朋友，在郭信福率領下，觀覽了墾丁社頂的各色植物和晶瑩耀眼的砂島海砂，看盡了滄海落日的金黃餘暉，來到了張國興先生的恆春農場。

張先生早已為我們布置好「野宴」的場地，場地新修新除，好幾尊翁仲和兩座石獅散落其間，據說是剛自大陸運來的明代石雕。天上縱然沒有明月，但照射的燈光柔和如水，風也徐徐然的教人舒爽。打成縱橫兩長列的餐桌布滿五光十色的佳餚，而熊熊炭火在場上角落，正燒烤著一隻「全羊」。「燒烤全羊」，據說正象徵著主人最誠摯的迎賓之禮。

我們對這隻「全羊」很感興趣，不要說小兒大衡，我還是第一次看到。我仔細觀察，牠的胸腹被解剖翻開，以其四肢撐持，成為幾近長方形的平面，炭火就這樣一正一反或上或下地烘牠焙牠。也許我們初見時，牠已是一隻半熟的羊，而且截頭去尾的，既未及聞其悲鳴，亦未睹其全體，所以也就沒有引起什麼惻隱之心，大家甚至於覺得新鮮好玩，要與牠合影；大衡也不顧升騰的熱流，要內人陪他就近瞧瞧。

我們自由取用餐飲，主人賢伉儷殷勤地分割烤羊肉，其香洋溢於我們團團圍坐的一張圓桌又一張圓桌。我們手持「鹿茸酒」，耳聽「恆春民謠」。「啟賢鹿園園主」說，鹿茸酒很滋補，是他親手調製、專誠奉獻的。而被特地請來的歌手，說是自陳達之後不作第二人想。這位張先生以月琴伴唱，由〈思想起〉開始，〈四季春〉、〈五空小管〉、〈牛尾絆〉等接二連三的，用嬝嬝款款的歌聲、樸質戇厚的磁性，將每個人的鄉土情懷、往日情懷都油油然地勾起湧起了。

民謠歌聲方歇，主人說，「恆春農場」是以「生態農場」來經營的，他要借重學者專家恢復大地生命力，使場裡鳥啼鶯亂，螢火飛舞，青草地上布滿牛羊；使人們來此如上天臺，如入武陵，可以祛俗慮，可以陶性情。若此，他就可以「布衣傲公卿」，而他憑藉的不過「鋤犁耕太平」。我們都很佩服他明達的理念，和以此要服務桑梓，報效國家的胸懷。而他正富於春秋，不過在而立與不惑之間。

主人言罷，墾丁公園管理處處長張和平先生說，今夜吃烤羊肉、飲鹿茸酒，吹落山風，交新朋友、聽恆春民謠，五美匯聚，真個良辰美景、賞心樂事，人生若此，尚須何求！

於是郭信福出而主持，弦歌續歡。蔣震以白光的聲情唱出了柔媚纏綿，丘秀芷的美聲金嗓宛如雲雀清響，陳添壽的〈補破網〉則惆悵無端；而洪惟助在我「激勵」下，也以公雞的啼音擠出兩句崑腔〈遊園〉。而其間「笑話聯翩」、「拆白道字」不一而足。值得一記的是施啟賢先生的「朴正熙」。他說，韓國大統領朴正熙一生命運早嵌在他的姓名之上。不信，請看：他當權十八年，夫人在他身邊被暗殺死亡，即應在「朴」字，「朴」字左邊之「木」扯開正是「十八」，右邊「卜」之聲形正像一人倒下；他一年之後被自己部下「砰砰砰砰」連開四槍射死，即應在他的名上。請看：「正」字拆開來「一」而「止」；「熙」字拆開來，上頭似「己臣」，下面四點宛然四發子彈。施先生說得神采活現，而中國文字之妙與附會之巧，真是莫過如此。

夜雖已漸闌，而餘興猶存。主人又領我們走一段泥路草徑，穿過羊圈區，一路秋蟲競鳴，來到山頭的「抱日亭」。主人說，所以亭名「抱日」，乃因由此西望夕陽落日，可以深深領略李義山「無限好」、「近黃昏」的讚嘆，也因此體悟了日居月諸，時不我與，人當效夸父追日欲挽住時光，惜其寸陰與分陰。而我們此際鳥瞰的恆春燈火不失燦爛輝煌，輕輕襲來的晚風尤其清曠無比。我於是緣主人之意，綴此兩句：「抱日勤耕讀，臨風心眼開。」未知主人以為然否？

農場的夜是恬靜的，恬靜得只有草蟲啼喚的安寧；農場的氣是澄新的，澄新得沒有一絲飛揚的塵埃。而我們浸潤得來的歡愉，誠然「樂莫樂兮新相知」。而我們的車終於依依然地盤山而下，告辭了農場的夜晚。

而我又不禁回顧那「魏闕拱戶」的大門，在那左右兩柱上，斗大地題著「布衣傲公卿，鋤犁耕太平」。雖是燈光稀微，猶然龍蛇可睹。心中為之想到：方今舉世滔滔，不惜破壞水土、競闢高爾夫球場以耀俗世附權貴致高利者，其較諸「恆春農場主人」，何如哉！

原載一九九三年十一月四日《中央日報》副刊

八　一幅別開生面的書法

朋友在一起，總會找些口實，擺個場面喝喝酒。近日為賤降賀生就接二連三，先是啟方，接著李哥，連黃叔錦鋐也從香港趕回來舉辦一場。因為四月四日兒童節，容易記得，我又不拒人好意，自然口福貪多了。四日夜晚，飲罷黃叔賜宴，甫返家中，薛平南就來電話，說一群書家正雅集「心玉盦」，希望「瞻仰」党魁。「心玉盦」是平南書齋，我既為酒党党魁，則廣結党徒，自是要務。而當我踏入這平南書法篆刻之所時，這群書家党徒已然酣意濃濃，但猶杯酒在手。他們見我來了，都十分熱絡，彼此表示敬意，接著就「命盞揮杯」、「五拳憲法」不一而足。民謠、時調、名曲、党歌也跟著紛紛出籠，賡續不絕，將「心玉盦」這斗然雅室，營造得盪氣迴腸，不知此外更有世界。

此時此際，酣暢淋漓之餘，想到今日正是自己五十開三之辰，不禁油然有感，提筆寫下這樣一首七言律詩：

五十開三日將午，端然自顧有容姿。飛揚鴻鵠存杯酒，隨興雲霞賦古詩。
萬里江山經眼過，孤燈翰墨會心思。可憐桃李花開遍，正是陽春布澤時。

我把這首詩請在座的朋友輪流過目，張建富詩才敏捷，即席唱和。我更發奇想，請求大家拈筆揮毫，將拙詩八句，一人一句，聯書成幅。於是平南即攤開巨幅棉紙，以行草寫下首句「五十開三日將午」，隨後陳維德、張建富、詹吳法、楊子雲、連德森、蔡明讚、陳明貴七人也依次灑下墨煙，莫不飄逸如行雲流水，而姿韻各自騰挪，彼此之間，則調適和諧，相得益彰。拙詩經過這一番興會交集、逞態極妍的「描摹妝點」，格調似乎也不同流俗了。我們相互欣賞，又復大樂，又復酒入高潮。

後來平南認為應當有個跋，就題下這麼幾句：「癸酉暮春，墨潮雅集，來舍再敘。值酒党党魁永義兄五秩晉三初度，賦詩感懷，同仁分句揮毫，藉獻嵩壽。」所云「墨潮」是建富等人所組成的書會，用以切磋書法，他們年紀都在三十五、四十之間，像平南和維德早逾不惑的，就屬「換鵝書會」。在座的，另有劉天課和薛志揚。天課在市美術館工作，志揚是平南親兄弟，也以書法篆刻享名藝壇。

平南說，如此分句書法，堪稱創舉。我說，如此風雅之事，前人卻未及知。而既是創舉風雅，我也就不揣譾陋，原原本本地把它記下了。

原載一九九三年四月二十六日《中華日報》

九　歌聲滿山谷

路國增

臺大教授、「酒党党魁」曾永義既有四海之心，就常有遊遍江湖之志。日前又邀聚文友瘂弦、吳哲夫、游昌發等八、九人，先遊故宮，置身歷史園圃，然後又作外雙溪聽雨軒半日遊。

仲夏，山風微拂，似聞空谷跫音，諸君子開始說唱，筆者以四句「借東風」首開其端，藉以拋磚引玉，彈詞名家楊錦池一曲「三笑姻緣」，由程松甫三弦古琴伴奏，撥得眾人心弦恍惚，神遊華夏。王友蘭唱平劇，說大鼓，王友梅續以西河大鼓及河南墜子〈許仙遊湖〉，均引人入勝。曾永義微醺之餘，朗誦〈酒党党歌〉歌詞一首，中氣十足，神州意境由秀美轉為雄渾，博得掌聲一片。

原載一九八九年七月九日《聯合報》副刊

十　酒党党魁．跌破眼鏡

張佛千

日前於康寧小館雅集，主人原為蔣震，忽易為丘秀芷，眾客乃戲稱秀芷為「苦主」，秀芷余之高足，著述甚多，已有房屋三棟，是富婆也。小吃而已，何「苦」之有。座中除香港遠客何家驊外，曾永義、莊伯和、楊震夷、項紀台、高陽連同新舊主人，皆能飲。酒酣，酒党党魁曾永義謂該党有党歌，是與高手瘂弦合作，乃引吭高歌，梁塵飛動，眼鏡忽墜桌上，持視右邊鏡片中有一孔，而遍覓玻璃碎片不得，並已成細屑散落桌面，合席大奇。余意，永義有異相，掌巨而柔，其為党魁，宜也。內氣極厚，雖不練氣功，而氣之一點集中於鏡片之中心，遂造成「跌破眼鏡」之奇蹟。歌詞簡壯，党魁一歌高亢激昂，則有意想不到之氣勢，酒党党徒，古今中外無量無數，此歌足以張之。

原載一九九二年三月二十八日《聯合報》副刊

十一 酒逢知己

我是個大而化之、不知分寸的人。朱婉清小姐掛電話給我，說有位蕭先生寫了一部有關酒的書，希望我為他寫篇序，我滿口答應，居然連蕭先生的大名都沒問。心想，我既「以酒為名」，而能把酒寫出一部書來的人，必是我輩中人；何況朱小姐的囑咐，我怎敢不答應。

當我翻閱了蕭先生整理好的文集，赫然發現，原來蕭先生就是鼎鼎大名，署以「海嘯」的文豪。而且一口氣四本書，《酒國春秋》之外，另有《世界風情畫》、《寰宇搜奇》、《浮生隨筆》，內容之豐富，涉及之廣博，真是使我頓成「井底之蛙」，猶如河伯「望洋興嘆」。蓋蕭先生稟性溫良進取，學養深厚，長年從事外交工作，足跡遍及五大洲，又能慎思敏行，筆下揮灑，自能見人所未見，言人所未能言。若此，焉能不教我油然佩服，油然欽敬！就以《酒國春秋》而言，不只論及啤酒、香檳酒、葡萄酒、威士忌酒、雪莉酒、伏特加酒、雞尾酒、白蘭地酒等，而且論及歐美亞非各民族的酒文化和「酒德性」；尤其對於飲酒之「大用」與「誡律」更言之津津而又諄諄。蕭先生如此之博雅，使我這個自詡創有「四酒主義」、「五拳憲法」、「酒品中正」，與瘂弦共撰〈酒党党歌〉，被酒徒「表」出來的「酒党党魁」，感到望塵莫及。為此，我也才了解為什麼堯讓天下於許由，要說：「日月出矣，而爝火不息；其於光也，不亦難乎！時雨降矣，而猶浸灌；其於澤也，不亦勞乎！」我不禁也有「自視缺然」的惆悵。

只是蕭先生飲酒講究「知酒、品酒、賞酒、惜酒」，而我講究「酒興、酒膽、酒量、酒德」，雖然可以同稱「四酒主義」，而意趣不盡相同。蕭先生的大旨是：要懂得酒，知道選擇溫和有益身心的酒；要輕啜慢飲，才能品味酒的香醇與爽朗；要把酒視同一顆玉鑽、一幅名畫、一首名曲，乃至一位教你心醉的「絕代佳人」．要把酒喝得恰到好處，使之有如母親懷中的乳香，有如初戀的滋味。我的大旨是：飲酒只是為了趣味，趣味在於「四部曲」；如果沒有興致，那就是「苦酒滿杯」，哪有入口之理？如果沒有膽量，至多是東坡流亞：「飲酒至少，常以把盞為樂，往往頹然坐睡！」如果量小，牛飲三兩杯即玉山頹倒，焉能豪邁起來？如果酒後亂性，不只酒趣全消，而且為惡往往大矣哉！所以酒興是飲酒的自然動力，是酒趣味的起點；而酒膽、酒量則是酒趣味的推波助瀾，酒德才真正是體驗酒趣味的至高境界。我想蕭先生和我的「主義」如果能互補有無，必可相得益彰，而普天下酒徒若能具此無遺，蓋可以言酒矣！古人說：「酒逢知己千杯少。」而蕭先生與我，儘管未有杯酒之歡，儘管未及謀面；但透過這段酒的文字因緣，實已心電感應，脈息相通。而今我更已為先生草此短文，相見差可無愧憾，可以相呼相伴，相顧莫逆於杯酒之中了。

原載一九九二年一月二十七日《中華日報》副刊

十二 洛陽橋之夜

福建泉州在晉江出海的地方，有一座跨江的古橋叫「洛陽橋」，是宋朝蔡襄作泉州太守時修建的，迄今接近千年。雖然橋面橋身顯得老舊破損，現在被列為「重點文物」，只准行人不得走車；但是據說八二三砲戰時，中共調動部隊，連戰車也是通過這「洛陽橋」的。

三度到泉州，三度站在這洛陽橋頭迎著漁火迎著晚風，今夜的風縱然一時消不得仲夏的溽暑，眼中的漁火也縱然在茫茫裡稀稀微微，而一輪明月是當空高照的，而一群朋友是「占據」著橋頭的亭子品竹調絲按節清歌的。

友人陳守俊跨海到泉州娶親，他說他好像鮭魚和鱒魚一般，必須「追根溯源」才能完成終身大事。所以他的婚禮和蜜月是隨著旅行團同時舉行的，也因此他的喜酒是打從上海—杭州—無錫—蘇州—南京—北京—重慶—三峽—宜昌—武漢一路喝個不停的。而今到達發祥之地泉州，一路的喜酒理當是最高潮的了。

而晉江邊的海味是應有盡有的，而五糧液的芳香是足以教人陶醉的；而醺醺然之後，為什麼不緬懷古人效法風雅呢？

於是陳美娥的漢唐樂府，面對著這千年古橋演奏起千年古樂了。這千年古樂在泉州叫南音，在臺灣叫南管，是蔡襄守泉時最喜歡聽的，也是至今猶為泉人家弦戶誦的。那洞簫悠悠揚揚，那琵琶槽槽切切，而陳美娥運腔的頓挫，而王心心吐字的婉轉，都紛紛然的「半入江風半入雲」了。

飄蕩著樂音的仲夏之夜是增添七分優雅的，在那不慍不火的旋律裡，是會教人從酒意中更加沉醉的。而當我睜開了惺忪眼時，這依江而建的亭子，竟不知何時已被人們重重疊疊地圍起來了。重重疊疊的人們是那麼安靜地隨著樂聲在撥動著心弦。而天空的明月也越來越精神了，而晚風也越吹越舒爽了。我們終於擁抱了整個洛陽橋的夜晚。

原載一九九〇年十月十六日《中國時報》副刊

十三 魯爾之月

來到德國的魯爾大學正好趕上中秋。那天晚上在大學任教的馬漢茂教授請了李昂和我們夫妻倆在他家中小聚，暢談暢飲地到了半夜。當賴芬蘭開車送我們走時，我在門口看到第一個歐洲的秋月。馬漢茂的家在山坡上，霧氣特別濃，寒氣也特別逼人，空中的秋月被霧氣寒氣拉得好遠好遠，因而顯得很朦朧很渺小很冷漠。

前晚馬漢茂又請我和妻到他家去包水餃飲酒聊天，又是個月圓的晚上，當我要鑽進馬漢茂車子時，看到了一個初升的暮秋之月，圓圓大大的，像唐畫中仕女的臉龐一般；我們飲酒聊天到了子夜時分，馬漢茂夫人廖天琪教授說，到外面去看看那一輪美麗的秋月。雖然山間還是飄著白霧，但沒有上次那樣濃得像濛濛的絲雨，所以月光透得相當的明亮；又由於明天是個颱風天吧，所以在月亮的周圍繞了一圈光氣，可以隱約地看出光氣的最外圍發出紫色的光彩，把這輪明月維護得像容光煥發的少女那般的嬌媚。

昨晚吃飯的時候，我又特地出去望一望明月，農曆十七日的月亮已經不那麼圓滿，那時月亮正升至半空，沒有前晚初升的月那麼大，也沒有前晚帶暈的月那麼精神，蒙著霧氣，看起來好似從夢中初醒的少婦那樣的慵懶；而大地上一股「立冬」的寒氣襲來，使我趕緊縮回屋裡繼續晚餐。

魯爾一個多月來，再度月圓，四次仔細地看月亮。古人說「月到中秋分外明」，今人說「外國的月亮又圓又大」，而我看到的是很朦朧很渺小很冷漠的中秋月；而如果說那是因為「月是故鄉明」，可是我也的確看到此地那又大又圓又亮的暮秋之月。可見其實在太空中繞著地球團團轉的月球，對大地上的人們本來就沒有古今中外的厚薄之分；有的話只是人們迷失於物象、迷失心靈的感觸罷了。所謂「雲散月明誰點綴，天容海色本澄清」正是這個道理。然而如果我們果然能夠不以物喜，不以己悲，乘天地之正，御六氣之變以遊於無窮的話，那麼明月之因人因物因時因地因事的種種變化，豈不是更加的多采多姿嗎？只是，當我看了昨晚始缺的明月，我仍舊不免感染到古人「思君如明月，夜夜減清輝」的惆悵。

原載一九八七年十一月三十日《臺灣日報》副刊

十四　四十塊錢的故事

「同學」和「室友」在大學生活裡關係最為密切，許多有趣而「可待成追憶」的事，都在彼此之間發生。也因此同學和室友往往成為一輩子的朋友。

游兆平現任芝加哥大學教授，是我大學的室友。每次他回國，或是我到芝加哥，一起談到往事，無不相顧大樂。其中一件印象深刻的，是關涉我「四十塊錢的故事」。

我們大四是一九六二、六三年之間，那時臺灣的經濟雖從戰爭的餘燼中逐漸好轉，但距離「起飛」還相當的遙遠。宿舍的伙食，蔬菜之外，只能有一片難覓其「精」的肥肉，或一塊不見其「鮮」的炸魚。我們儘管不至於饑腸轆轆，但也絕不是現在飽厭「精鮮」的學子們所能想像的。

在一個溽暑的夜晚，臺大第九宿舍一一〇室八個穿著內衣褲的室友，有的伏案課讀，有的躺在床上翻閱閒書，我則整理已經凌亂不堪的抽屜。忽地，我猛叫一聲：「妙呀！意外之財！」因為我從抽屜中驚奇地發現不知何年何月攬在亂堆中，紅得亮麗耀眼的四張十元鈔票。室友們聽見我的叫聲，不約而同地都將眼光集中在我身上。我揚起這四張紅鈔，彈指有聲，環顧左右，說：「弟兄們！走！我請客！陽春麵加滷蛋！」大家一陣歡呼，連一向舉止最「悠閒」的蕭敏雄也以成功嶺緊急集合的動作穿衣著褲，隨同一夥兒奔向宿舍門口的麵攤。我相信現代的年輕人同樣難以想像，那時我們以陽春麵加滷蛋作為消夜，吃得是多麼津津有味。陽春麵一碗一塊五，滷蛋一個五毛錢，我請客花了十六塊，意外之財四十塊尚餘二十四元。

消夜之後，兆平對我說：「兄弟！心裡不舒服，喝酒去！」我說：「好！打發掉這二十四塊錢！」於是我買了一瓶啤酒和一些小菜，兩人坐在校園椰林大道邊圃上的石凳，兆平訴說他和女朋友鬧彆扭的情形，他這女友就是後來的兆平嫂。啤酒和小菜很快就吃喝完了，兆平說：「怎麼一點酒意也沒有？」我說：「要酒意？好！等會兒！」於是我買了一瓶紅標米酒八塊，外加兩塊花生米，我們在石凳上又喝起來。半瓶米酒下肚可不得了，把剛才那半瓶啤酒也掀動了。我們的眼神逐漸朦朧，心志逐漸恍惚，我們相將攙扶，走向椰林大道，兆平唱出了他心中的歌，我則揮動酒瓶權當指揮棒。我們在校門口遇到我「大學新聞」的同仁美麗的女記者，她那瞇眼微笑的龐兒，在我眼中有點波瀾似地搖晃。兆平說：「我們到螢橋邊對新店溪清風明月一番。」

新店溪在那時候尚是一條有魚有蝦的活水，岸邊設有「雅座」，一盞茶五塊錢，盡可以消磨寫意的夜晚。而當我們坐定，主人備茶去時，清風一拂，我頓地酒醒三分，向兆平說：「我那意外之財沒了。身上一個子兒不剩了，你呢？」兆平拉著我的手說：「此處不可久留，走！」而當我們搖搖擺擺地回到寢室時，我們倆都費了好大的勁才爬進上鋪的蚊帳裡。

原載一九九〇年五月二日《中央日報》副刊

十五 通宵達旦祭軒轅

漢唐樂府的陳守俊、陳美娥兄妹組織了一個「南管晉謁黃陵訪問團」，跨越海峽到大陸的北京、西安、黃陵、廈門、泉州、福州等地去作「音樂之旅」，雖然陳守俊自掏腰包花費百二十萬元，但是其對大陸同胞的「潛移默化」無形中發揮了相當大的功能。我以「領隊」的身分隨團轉移，也一路與守俊等飲在地名酒，而其中最教人感動的莫過於「通宵達旦祭軒轅」。

訪問團以「晉謁黃陵」為名，則此行的目的旨在拜祭中華民族共同的祖先黃帝，以對黃帝的崇敬和追思來激發民族的思想和情感。

由西安北上黃陵縣是一段坎坷顛越的路途，由此可見陝北雖為共黨發祥地，而其落後一如其故。我們到達黃陵時已是黃昏，而群情熱切地衝著夜幕和涼意，拾階踏級地登上了黃陵，虔誠地致了最敬禮。然後準備祭品和儀仗來到軒轅廟。

軒轅廟在黃陵的山腳下，我們到達時一片漆黑。當地人幫我們臨時裝設電燈，而一再故障，勞動鄰近數縣的電力人員，方才發出一百燭的光明。漢唐樂府的團員則換上仿唐的古裝，葉圭安擺上以生薑為「山珍」，以白鹽為「海味」兼具「五行」的祭品，陳美娥則陳列了宮扇宮燈香斗等儀仗，在這個吉日良辰一九八九年九月九日子夜十一時，由軒轅廟大門揚起優雅樸厚的南管樂音，款款地一進門又一進門地走向供奉黃帝壁雕石像的大廳。我行禮如儀地也換上古裝，在大廳門外將一派莊嚴肅穆的隊伍引上廳堂，以主祭者的身分向軒轅黃帝行三獻之禮。此時此際，我內心油然升起一股濃烈的民族意識，全身血脈也不禁賁張起來。獻禮之後，陳美娥以南管譜就的音韻歌唱了余承堯老先生撰寫的頌詞，接著漢唐樂府十幾位團員輪番上場，以「上四管」的形式演奏南管的指譜樂曲，「絲竹更相和，執節者歌」，悠悠揚揚地將這千年古樂，迴繞了軒轅廟的梁柱，充滿了軒轅廟的古柏庭院，盤旋了黃陵山上的蕭蕭風木，傳遍了夜空籠罩下的原野。隨著抑揚頓挫的樂音，夜更深更涼了；隨著細膩柔遠的旋律，雞鳴天曙了。

由軒轅廟傳揚的樂音，聚集了鄰近成百的居民，他們不只恭敬地在旁觀禮，而且相將為伴地與南管直到天明。而軒轅廟周圍三縣的縣長也來了，他們也通宵達旦地不捨離去。他們說，這是軒轅廟的盛事，數十年未見的大典。他們說漢唐樂府遠自千萬里外而來，以千年古樂徹夜不休地祭祀民族共同的祖先，使他們無限地感動又無限地汗顏；因為民族意識、民族思想、民族情感而今只存在海峽那一邊的臺灣。

是的！我們是為激揚久已沉蟄的民族意識、民族思想和民族情感而來的！我們以千年古樂祭祀我們民族的共同祖先，我們相信軒轅黃帝有知，一定會嘉許我們「雲山萬里不辭遠」的虔誠。

原載一九九〇年二月七日《中華日報》副刊

十六　漢江晚眺

這次到首爾，是專為參加國際域外漢學會議來的，足足在韓國境內待了九天，不像上兩次都是由美返國，取道路過。而這次距離上次已經五年，五年來的首爾，五年來的韓國，真是教我刮目相看；不必說舉世競技的奧運會場，不必說教我們汗顏的捷運系統；光說那車如流水的九衢交通，光說那郊野鄉道上迎風招展的波斯菊花，都會令人眼清目亮。在開往水安堡的路上，慶浩說：「連青山下阡陌間的草都是整整齊齊的。」而望眼中的村舍，再也沒有往年許壁領我去板門店時的「破落戶」了。

然而那漢江，那將首爾分為江南江北款款流動的綠水，更教我無限嚮往。初到首爾的那個晚上，建國大學的金教授宴請我們於華克山莊，山莊高高地在漢江邊上。夏令時間的下午七點鐘，夕陽猶有餘暉。杯酒酬酢之際，我不經意地往窗外眺望：寬廣的江水平靜得好似一面翡翠鏡子，文風不動的鏡面上滑行著幾朵悠悠的雲帆，而金黃色的霞光則將對岸高高低低的建築照耀得很亮麗。這時我才了解謝玄暉「餘霞散成綺，澄江靜如練」的靈妙和工緻。雖然此際的漢江被山影所籠罩，反映不出如練的潔白，但是看那滑溜溜的墨綠光澤，也不下於夕陽閃灼下的澄江了。忽然一道彩虹高高地下垂，將帶有霧氣的淺藍天空劃分兩半。彩虹由裡而外逐漸的鮮明，終於連紫霓也浮現而相為輝映了。於是岸上的建築更加的金黃，而貫日的長虹之外，又隱隱約約地生出另一條以相同弧度平行的彩虹；至此我才豁然領會為什麼東坡先生要說「滅沒倒影不可望」。我呼叫坐在角落與我相對的慶浩，要他回頭看看，慶浩一聲驚呼，引來接二連三的讚嘆，終於人人住筷停杯，一起跌入這一幅「漢江晚眺圖」，而漢江依然平靜得好像一面翡翠鏡子。

水安堡的三天會議之後，都是自己的時間。溶澈特地領慶浩和我去逛逛奧運公園，藉此摩挲摩挲這奧運周圍的氣息，而「坐一趟漢江的船」則是我更大的心願。我們坐的船選的是黃昏夕陽的船，由奧運村附近往城中心一小時。我們迴環倚靠著船舷的欄杆，或在底層親近漢江的水，看被激起的潔白的浪花；或在最高層遠眺漢江的面貌，看斜光下蜿蜒的風姿。船由一座橋穿過一座橋，不知有多少這樣臥波的長龍，而兩岸的景色更盡入眼底：堤岸用水泥砌得光光整整，堤下大大小小的沙洲，有男女老少穿著傳統式的衣服在擊鼓吹奏歌舞，有三兩釣徒將竿綸拋向煙波，有情侶雙雙依偎竊竊私語，更有一大片整齊的花圃，鋪得五光十色、燦爛奪目；而江面上不時有白鳥翩躚，迎著風展現最優美的姿影。

溶澈說：「漢江也曾是一條會發臭的河流，現在可又恢復它本來的面目了。」我面對著漢江想我們的愛河、想我們的淡水河，愛河、淡水河比起漢江來，論其寬廣、論其長度，不過小小巫而已。我們的經濟發達，外匯存底舉世炫耀，酒食一擲萬金；而何以國民所得大大不及我們、筵席至多止於烤肉的韓國，能使漢江復活，而我們的愛河花費公帑不貲，迄今猶然烏汙滾滾呢？而我們的淡水河猶然整治無門呢？

一個具有高度文明的城市，都會有一條澄澈的河；難道我們忍心置淡水河於萬劫不復嗎？難道我們要創造的現代文明就是如此的汙濁惡臭嗎？面對夕陽沐浴下的漢江，風帆高舉，而我的心湖卻洶湧澎湃起來。

原載一九八八年十月十一日《聯合報》副刊

十七 北歐行腳

引言

夏天是北歐旅遊的旺季，幾乎世界各國人士都會來這裡「趕集」。我趁到荷蘭萊頓大學參加國際學術會議之便，也北出丹麥，將挪威、瑞典、芬蘭三國走過，同行的是兩位學生連顯章、陳穎筠賢伉儷。

我們隨處都可以看到揹著大背包，扛著一身行頭傢伙的青年學子，一副幕天席地、浪跡天涯的樣子，不禁有幾分欽羨之情。為此我們也採取刻苦的自助旅行，七月七日至十五日九天裡，用Europass搭火車，出發和回程都費了一個日夜在火車上。期間住了兩次旅館，另有兩個夜晚睡在車廂臥鋪、兩個夜晚睡在海上渡輪。吃的大抵是超級市場的現成食物，喝的是兩瓶隨身的白水，遊覽則「按圖索驥」憑靠兩條腿，夜晚則不忘對酒談心。

如此這般的旅行，我們也才能從火車的窗外瀏覽北國的原野，從渡輪的甲板上深入北國的海灣；用雙腳踏入市鎮的巷弄來看北國的生活；用雙眼親臨名山勝水以飽賞北國的風光。

掠過原野

坐火車由荷蘭阿姆斯特丹出發，經丹麥渡海入瑞典，直達挪威奧斯陸；回程時，由瑞典斯德哥爾摩南下逕抵黑勒森堡，渡海至丹麥，經德國到比利時布魯塞爾。這一往一返，取徑不同的兩大行程，直是快速地掠過北國的原野。

這一大片北國的原野，是用碧樹與綠草連續組成看不完的碧綠，加上澄藍的天空穹覆而下，眼目真有說不出的舒服。

在碧綠的原野上，德國有明顯的作物，荷蘭散布牛群，挪威有大片亮麗的黃花。一般則是點綴三五牛羊與幾戶人家。牛羊是懶懶地徜徉著，人家雖是「小門小戶」，卻喜好以紅白綠藍來競爭顏色。而偶然出現的湖泊，總被綠林擁抱，澄明如鏡地徘徊著天光與雲影。我不禁有詩一首：

> 無邊綠野草青青，落入澄湖晚照明；暢動風雲襟抱裡，直駕輕車萬里行。

然而在進出丹麥和瑞典的輪船上，我則寫下這樣的句子：

> 我用齊瓦士渡波羅的海，酒的香醇與海的蔚藍，都在盛夏清風的眸子裡。
> 我仰天揚杯，酒的氣息籠罩千里萬里。

福南途中

有人說：瑞士是世界的花園，挪威是歐洲的風景。雖然一以人工，一以天然，而其美則一。昔年我經歷瑞士，而今我來到挪威。

挪威的「風景」其實就是挪威的山水。火車由奧斯陸開往福南（Flam）途中，是在翠綠的山林夾道中飛馳，好像疊蒼層碧不停地向人撲來。林際間偶然會露出光彩燦然的民居小築，錯落在一片青綠或一片鵝黃的花草坡地上。林際間也不時有湖光掩映，尤其深入內陸的灣口，蜿蜒如河流，或寬廣或狹隘，山林倒影其中，充分顯現寧靜含蓄的美。

但臨近福南時，則其高山深谷、重巒絕壁，略如咱們臺灣的橫貫公路，而其山色之蒼碧與流水之靛藍，縱使花蓮天祥山水亦不能相比。尤其山頭殘雪，暖日輝映，倍添精神。忽然火車停駐，聲傳迅雷。原來一巨瀑自山頭奔騰翻滾而下，顯然其水緣山谷而行，但谷底非常陡峭，所以聲勢浩大；而被激揚之水，則彷彿大雪亂舞、煙雲亂飛，其沖積之處，則有如細雨濛濛，濕人衣裳。

像這樣美麗的山水，其附近自然會有些恍如仙境的小鎮。我們就曾在波士（Voss）的湖邊坐了一個午後的斜陽。

波士只有幾百戶人家散落山坡上，對面的山嶺高大，嶺頭還處處殘雪，其下則看似一片明湖。這片明湖，後來在火車上仔細觀察，才發現其實也是深入內陸海灣的一部分。

那時天澄氣清，陽光下吹著涼風，水光瀲灩，單人滑行的白帆，片片風舉，鷗鳥也翩翩飛舞。只有三、五個閒人斜靠水邊的桌椅，把自身交給眼前的湖山。我即此寫下一首詩：

看山看水看斜陽，嶺上猶存殘雪光。
風動雲帆片片舉，翩翩白鳥自高翔。

而車從白根開返奧斯陸途中，我們又重新經歷這段「灣流」的山水之美。雖然是子夜時分，但北國西天所蘊積的殘紅，好像不忍消逝似的，即使時過午夜，天色猶濛濛含藍；只是連綿青山望之已如潑墨淋漓，然尚將殘紅一起倒映泛光的水中。我們憑窗銜杯，在飛馳中，瀟灑地與夜流連。而回望東方，一輪圓月曖曖含光，久久仍掛一竿之上。此種天象，蓋因北國使然。

飛艇到白根

挪威如此富於山水，但真正絕色的山水，必須從福南搭快艇到白根（Bergen）。原來其間的水路，也是深入內陸的灣流。

這段水路真是山青水碧天藍，而且青得亮眼，碧得如翠玉，藍得像玻璃，好似老天爺剛刷洗過那般的清新。加上北國盛夏裡從山間水面吹拂而至的清涼風，置身其間，說多舒爽就有多舒爽。

我喜歡站在船尾甲板上，看山水在麗日藍天與清風裡相依相偎、相環相護的各種姿貌。覺得雖然山勢的雄偉比不上長江的巫山，但是水流的曲折變化和山口的狹隘艱險，以及望之山窮水盡而忽地豁然開朗、一碧萬頃的境界，則不下於三峽。何況三峽牛山濯濯、黃水滾滾，又豈能望其項背呢！

於此我又想起萊茵河，九年前，我搭乘由克布倫茲逆行至維得斯漢的觀光船，覺得山的斑斕和兩岸有如魚貫接踵而來的古城堡，最能令人墜入歷史的遐思和當年騎士羅曼蒂克的氛圍；這些是挪威淺薄的歷史所無法修為的。而萊茵在丘陵和河水交接處，只要有塊狹長的平地，就會出現城鎮，出現優雅的古典建築，尤其是教堂的尖頂，兀然得令人不得不感受到西方的古文明。而在這段青山碧水藍天的航路裡，難得一見的市鎮卻是潛藏在山坳裡的，偶爾現形的小屋則依傍水濱，它突顯的顏色似乎在告訴我們，那是世外人家。總而言之，白根的灣流是純任的自然，西歐的萊茵是負荷的人文，所以萊茵雖大力整治，但論山青水碧，就無法趕上白根。

到過白根市的人，一定要乘纜車到山頂上鳥瞰；因為白根像一隻海上的大章魚，頭部嵌在包圍的山腳，然後六足參差平伸而入海，於是屋舍儼然，其櫛次鱗比，就彷彿成了章魚足上的疙瘩；而天然良港、船艦之所棲泊，就在兩兩章魚足的捲護之中。古人說，登泰山而小天下，於此信然。

我更認為，白根港灣之美，可說就是集挪威灣流的大成。一島橫峙港前，有如天然大屏；兩島前伸回環，有如英雄施展雙臂欲將擁抱美人。因之港灣之中，山迴水複、光影相映，加上綠碧藍的天然姿色，以及山頭殘雪、水面白鷗的妝點，鳥瞰其中，船行其間，真是何等的心曠神怡。

渡海到芬蘭

山水之美同樣從瑞典斯德哥爾摩到芬蘭赫爾辛基的渡輪上可以領略。瑞典與芬蘭間的交通，主要是走波羅的海。通常是下午六時由兩國首都對開一艘大客輪。

我們搭的大客輪全身潔白，高達十二層，首尾數百公尺，相當壯觀，艙房比照旅館設施，一應俱全。其第七層有如美國小型 Mall，開設各種商店和餐廳，連超級市場和夜總會也不缺少。

在這樣的大客輪上，我們待了兩個夜晚。所謂「夜晚」，並非指天黑時分。因為如此高緯度的北國，有如在挪威的經驗，夕陽入海總在午後十點鐘左右，餘暉沒盡起碼在翌日零時，而凌晨四點鐘，天早又亮了。所以船上的「夜晚」，雖然因貪眠未能及見晨曦，卻是徘徊斜陽與觀賞落日的最好時光。

北國的太陽教北國的人們愛得要使它照耀每寸肌膚，縱使它明亮射眼，卻溫煦可人，尤其是在盛夏的涼風裡。大海的斜陽，將水面拋成一條翻滾的金龍，粼粼的波光就好像它散落的鱗甲所反映的光芒。而落日後的晚霞，則把海天染得無比的絢爛。

渡輪上的滄海斜日之美，在船開出斯德哥爾摩的幾個小時，別有韻致。緣故是兩岸碧林，途中離島星羅棋布，斜日多了許多可資襯托的光影。其參差變化之情味與白根灣流略等，只是這段灣流流經的山林，不如白根那段那樣地動人觀瞻罷了。

我喜歡站在最高層的甲板上，看一輪白日照耀與一艘巨輪航行的滄海，心想滄海唯其博大又如此均衡，乃能包羅萬有福澤萬有；我也喜歡站在船首禁受萬里長風，讓浩浩之氣充塞襟懷。

奧斯陸的黃昏

北歐三國雖富山水綠野，但在人文方面，比起西歐南歐來，實在寒儉得多。赫爾辛基除了一個石壁石頭累成的音樂廳較具特色外，似乎沒什麼可流連的；斯德哥爾摩市政廳因為是諾貝爾頒獎典禮之所，成為必要的觀光點；其市區王宮和船程一個小時才到達的離島德寧翰王宮，都不怎麼顯眼，倒是德寧翰王宮中一座十八世紀中葉的劇院，令我感到興趣些。至於挪威的奧斯陸，可記載的就較多。

奧斯陸的王宮居高臨下，稍有巴黎香榭大道的氣象，其園林亦清幽可以休憩。福羅尼花園、民俗博物館、海盜船博物館和港邊古堡都是遊客去的地方。其中福羅尼花園（Frogner Park）面積廣大，園中特別培植的花朵有好幾種，尤其茉莉花樹正盛開，芳香撲鼻。許多銅塑的人物並列長橋的墩上，噴水池周圍和大圓柱紀念碑上及其周邊也都有許多石雕的人物。這些石雕或銅塑的人物充分顯現人際關係的糾葛，但其中也有親情的愉悅。

然而我認為奧斯陸吸引人的是王宮大道黃昏的街頭。那街頭從火車站算起，有數百公尺是用精磚緊密植入地面而成的。歐洲只要出現這樣的街道，就顯得很古雅。

這段街頭，限為行人徒步區，只要白日西斜就慢慢地熱鬧起來。商店擺設路邊的靠椅小桌，召來喝啤酒的男男女女；街頭則江湖遊藝人紛紛登場，無不據地稱雄，展現絕活。有懷抱吉他幾於嘶喊彈唱的獨行客，有橫列一排搖滾歌舞的吉普賽人，有長髮披肩演奏薩克斯風的大男士，也有在高車上玩弄火把的雜耍特技，也有賣花賣氣球的流動商販，更有一對男女作奇裝異服狀，卻是男扮女妝、女扮男妝的顛倒雌雄。逛街的人，則各選各的所好駐足圍觀，大抵不吝施捨幾文銅板。這樣的街頭，也使得北國的夕陽特別亮麗，久久不忍昏暝；而風也吹得特別清爽，使街頭一點燥悶也沒有。

尾語

回顧北歐三國的九個日子，幾乎不停地在「趕路」。譬如在赫爾辛基，曾像急行軍那樣，以二十三分鐘穿越大半市區及時搭上火車，以便出城去看一個寧靜的小鎮。而其刻苦節省的樣子，更簡直不敢教人相信，譬如在芬蘭一個白天，居然沒花費一毛錢。

北歐的博物館、教堂和市容建築，儘管沒給我們多少訝異和讚嘆，但是生活在這裡的人，自有一分自尊自重的氣質。我一個手提包在荷蘭阿姆斯特丹的火車站被人設計摸走，而在這裡，則一點客子他鄉、戰兢戒慎的操心都不必有。這裡的人，連在市井的「販夫走卒」都穿得乾乾淨淨、整整齊齊，也因此無論城裡城外，莫不教人感到清新舒爽。我想「髒亂」兩字，在他們的語言中，恐怕是沒有的。明白了這些，也才知道，為什麼北國的原野和山水給人的是無盡的青、無盡的綠、無盡的碧、無盡的藍。如果地球上的人類都能如此，尚須講求環保嗎？

原載一九九五年八月二十四日《聯合報》副刊

十八 沱牌大麯

平生喜歡喝幾杯酒，覺得酒與文化有密切的關係，大抵文化越高古的就能釀造越芳醇的美酒。咱們中國是東亞文明的發祥地，田野考古出土有殷商、戰國、西漢保存下來的「醽醁」，論證據，咱們的「酒文化」應當是舉世第一。

今日大陸的酒類不「統一公賣」，各省各地都有自己釀造的品牌，真個五花八門。就拿白酒來說，什麼五糧液、茅台、劍南春、瀘州大麴、孔府家酒、汾酒、杜康、郎酒等等所謂「名牌酒」就不一而足，如果想要遍嘗「天下酒味」，那真是不可能。也因為「天下酒味」難於遍嘗，所以不免有些佳釀被埋沒了。

凡是「會」飲酒的人都知道，切忌喝「劣酒」。劣酒入口，舌尖雙唇不是澀辣就是「笨拙」，由不得你不吐之唯恐不及；勉強喝劣酒，則不只「傷身」而且「傷心」。也因此，酒徒必須「唯美酒是務」。美酒芳香甘厚，一啜而化，襲滿朵頤、沁入肺腑，只要稍作撙節，即身心通泰。

近日新亞研究所的蕭倫如小姐送我一瓶由大陸帶來的「沱牌大麴」，那是四川省射洪縣柳樹鎮釀造的白酒，酒精度高達百分之五十二，我以其「名不見經傳」，視之頗為等閒。猶記得在德偉家裡，德偉殷勤地拿出一瓶茅台和一瓶珍藏「多年」的金門大麴，沒想稍經品嘗之後，即被丟入垃圾桶之中。因為巧得很，兩瓶都是假貨。我知道「沱牌大麴」無盛名可假，但卻擔心其「拙劣」被棄置，如此就辜負人家的美意了。而今午和趙潛先生想對飲一番，則忍不住把來「沱牌大麴」，像對待新見面的朋友那樣，要試試到底是「披肝瀝膽，相見恨晚」，還是「道不同不相為謀」。趙先生費了些功夫打開瓶蓋，我即感到一股清醇鑽入腦門，那「清醇」很自然，絕非添加的香料可比。當我們舉杯輕啜，則不禁嘖嘖稱道了，因為它具有「美酒」的特質：一啜而化，襲滿朵頤、沁入肺腑。我忍不住直率地請問蕭小姐它的「價格」，蕭小姐說人民幣才八塊錢。人民幣八塊折合新臺幣不過四十幾塊，若較諸茅台高達人民幣百數十元，則「沱牌大麴」以價格論，至多只是群酒之「下駟」而已。然而它的品質實不多讓於五糧液與茅台，起碼也和瀘州大麴、劍南春相伯仲；然而它何以寂寂無聞、「名實之不稱」一至於如此呢！

我們一再品嘗一再稱美，趙先生說騏驥伏於鹽車之下，今日幸遇伯樂；我說西施浣紗於苧蘿村中，當年巧逢范蠡。話雖玩笑，但「酒」之幸與不幸，與人與馬何殊！而我則為「沱牌大麴」感到慶幸，只因為它「信守真實」，畢竟有「會」飲酒的人來欣賞，不像「假茅台」滿天飛，到底被一一棄置。為此，我們不禁與沱牌大麴「歡相持」起來。

原載一九九一年六月十三日《聯合報》副刊

十九 悠遊酒重天

我喜歡酒已經有長遠的歲月，小時候父執輩飲酒，偶然會賜些餘瀝。高中時就會和友儕揮杯命盞。上了大學、研究所，更不得了，豈止飲酒而已，每每分派逞豪，飛揚跋扈。及至追隨臺靜農、鄭騫、孔德成諸師左右，乃知飲酒進退之道，自己也在成長之中逐漸有所了悟。了悟於視酒為知己，乃可以相顧莫逆，因而甚為欣賞淵明「忽與一觴酒，日夕歡相持」的境界。

而今已坐五望六之年，進德修業雖一事無成，但酒名則如日中天。已記不清自何年何日開始，吾党之徒忽然有「酒党」之稱，而我居然榮膺「党魁」。於是乃從酒中經驗、酒中心得、酒中了悟，發皇為本党宗旨，所謂「尚人不尚黑」、所謂「在山泉水清」，所謂「人間愉快」。於是更效法孫中山先生，他有「三民主義」，我就有「四酒主義」，他有「五權憲法」，我也有「五拳憲法」；他有「黨旗、黨歌」，我也有「党旗、党歌」。只是孫先生有「建國大綱、建國方略」，而我党只講求人間愉快，無大功大業之心，自然用此不著。然而我党重視酒趣，因有「飲酒八要」；重視酒德，因有「酒品中正」；這卻是孫中山所不及的。

在「党魁」的寶座上，我所以一二十年來穩如泰山，主要就是我創立了這套自成體系的理論基礎。這套理論的每個綱目，我均已著文見諸報章，見諸前文之中。

而吾党之徒既以酒助長人間愉快，則對酒文化與飲酒藝術自然興趣濃厚，為此我也曾發憤著述，擬從「酒之禮俗」、「酒之禍福」、「酒之人物」、「酒之文學」等略作觀照，希望藉此聊供「吾徒」談助。沒想〈酒話聯翩說禮俗〉一文，於八十三年元月六日在《聯副》連載之後，迄未有續篇，每每引為憾事。直到最近國家出版社負責人林洋慈先生，送來一部即將出版的著作《中華美酒》，方才使我眼目一亮，佩服之餘，連我的憾事也沒有了。

林洋慈是多年的知己，更是吾党之徒，所以很能欣賞周瑾先生所著的《中華美酒》一書，樂於為他出版。我也很欣賞周先生對於酒與人「相處之道」的觀點，諸如「人與酒的關係，實在密不可分。」「世人對酒的褒貶是非功過，有如水載舟，亦能覆舟，是同樣的道理。」「在賞飲名酒之同時，如能對其歷史故事，有所認知，所謂知己知彼，自然溝通了人與酒間的感情，知酒、愛酒而惜酒了。」而我更佩服，周先生在知酒、愛酒、惜酒之餘，長年鍥而不捨地為酒「下功夫」，廣蒐古今中外資料，鉅細靡遺，於退休之暇成為大著，有關酒之淵源、禮俗、文學、遊戲、器皿乃至於名酒傳記及其品嘗藝術，都說得頭頭是道，而文采煥然。如果不是對酒有極大的誠摯和賞識，是無法達成的。而我党之徒，如果人人有此書，不只杯勺之中語無塵雜，而且也必然可與酒做朋友成知己，那麼酒就真的給你好處而不會有任何傷害了。

只是周先生與我素昧平生，而我既能從大著欣賞先生理論與為人，未知先生是否也能從此篇序文中，了解本党宗旨，欣賞所倡導的「人間愉快」！如果能夠，何妨加入吾党，吾党豈止竭誠歡迎而已！

原載一九九六年十二月十九日《臺灣日報》副刊

二十 古墓藏佳釀

中共《中國日報》今天說，中國大陸考古學家從三千二百年前的古墓掘出一個青銅瓶，裡面裝的可能是全世界最古老的酒。

該報說，這瓶酒是在河邊一座商末古墓中發現，其年代早於地中海沉船殘骸中發現的羅馬酒。一般認為在地中海發現的羅馬酒是全世界最古老的葡萄酒。

該報說，這座古墓在一九八〇年被發現，但研究工作因缺乏現代化設備而中斷數年，研究結果最近才公開。

《中國日報》指出，「北京大學」化學家在這支葫蘆形酒瓶的底部鑽了兩個小孔，然後抽出重約一公斤的酒。

酒中所含酒精已揮發很多，必須進一步化驗，才能確定其原料是穀物抑或水果。

該報說，銅瓶埋在土中，瓶口封得很緊，以防止蒸發。

原載一九八七年三月十日《聯合報》三版

廿一　兩鐔具有兩千兩百九十年歷史的美酒

一九七〇年，中共在河北省平山山脈的西靈山腳下，發掘了一座古墓，墓主是戰國時代中山王譽，其所出土的古物，保存情況都相當良好。其中最教人驚訝的是：古墓西邊一進穴室出土的扁平形酒器中，裝有約七公斤類似竹葉青的燒酒；另一鐔較深顏色的酒則發現於一圓形酒器中，約有三公斤。兩個酒器都封貯得很嚴密，啟鐔時有很醉人的香味。經過化驗，證實這兩鐔酒確為經過蒸餾的烈酒。

中山王譽死於西元前三一〇年，那麼這兩鐔酒距今已有二千二百九十年的歷史，因此應當也是世界上最陳年的蒸餾酒。我國相傳周代的杜康能釀造教人千日醉的醇酒，這兩鐔酒既然芳香撲鼻，料想是杜康嫡傳弟子所釀，而如果作〈短歌行〉的曹公當年得而飲之，必然可以解憂。

古代的酒可以大別為兩類，即醴與酒，醴濁而酒清，醴由櫱造而酒用麴釀。醴是一種汁滓相和、具有甜味的酒，大約與今所謂的「酒釀」極相似；因為這種酒含有糟滓，故食用時要使用「柶」一類的器物。殷墟卜辭中已有不少地方見到「醴」，看樣子「醴」是殷代的主要酒類，也可能是中國古代最早的一種穀酒。酒如依形態性質，酎可分為白酒及清酒兩種，清酒因釀造儲存的時間更久，故滓沉而澄清。《禮記．月令》有「孟夏之月，天子飲酎」。《楚辭．招魂》也有「挫糟凍飲，酎清涼些」的話語，注解都說：「酎，醇酒。」「酎」既然是天子孟夏之月所飲的醇酒，則它應當是最上等的清酒，飲食要冰凍，取其清涼。

出土的這兩鐔燒酒，應當是屬於「清酒」一類的，而它的顏色近於竹葉青，未知是因為釀造時加花果藥物的緣故，還是因為貯存的時間太長而引起了變化。

「為此春酒，以介眉壽。」古人生病或年老，都要飲酒食肉來滋補營養。現在這兩鐔歲逾二千年的老酒，不只飲家醉客要對它垂涎三尺，相信有幸嘗它一口的人，必能延年益壽。

原載一九八〇年三月二十四日《聯合報》副刊

廿二 過年喝的酒

「屠蘇」是新年喝的一種酒，蘇軾詩所謂：「但把窮愁博長健，不辭最後飲屠蘇。」《通雅》謂屠蘇是一種闊葉草，則屠蘇酒當以屠蘇草浸泡而成；但元人費著則謂屠蘇乃草庵之名，從前有人居草庵中，每年除夕送給鄰里一劑藥，把藥浸在井中，至元日取井水纚入酒中，全家飲用，即可免遭瘟疫。按服虔《風俗通》謂「屋平曰廜廯」，廜廯可以省文作屠蘇，如劉孝威詩：「插腰銅匕首，障日錦屠蘇。」則費著的說法不無可能。《荊楚歲時記》所記元日飲食為：「進椒柏酒，飲桃湯，進屠蘇酒，膠牙餳，下五辛盤，進敷於散，服卻鬼丸，各進一雞子。」可見飲屠蘇酒也是古老的習俗，而且元旦所飲所食不止一樣。

椒柏酒顯然是浸泡椒花和柏葉的酒，椒花芬芳，柏樹長青，故飲之可以健康長壽；食膠牙餳據說取膠固之義，吞雞子據說可以鍊形，進五辛菜據說可以助發五臟之氣，都是有益身體的東西。膠牙餳即麥芽糖，雞子即雞蛋，五辛指葱、蒜、韭、蓼蒿、芥五種葷菜，這五種葷菜要細切盛於盤中，謂之五辛盤，杜甫詩所謂「春日春盤細生菜」即是。至於「敷於散」不知為何物，「卻鬼丸」顧名思義當為辟邪之藥丸，梁武帝就曾在正旦賜群臣卻鬼丸；而「桃湯」，則因為桃是五行之精，可以厭伏邪氣，制伏百鬼，所以服它一杯可以避邪。

另外白樂天〈七年元日對酒〉詩云：「三杯藍尾酒，一楪膠牙餳。」可見還有一種叫「藍尾酒」的。藍尾據說應作「婪尾」，侯白《酒律》謂飲酒時巡迴至末坐者連飲三杯，因為末坐者總是最後喝到酒，見酒不禁貪婪，故連喝它三杯才過癮。也就是說，此酒所以名「婪尾」，乃是取尾坐者貪婪而飲之意。

本文節錄自〈爆竹聲中舊歲除〉

原載一九八四年二月二日《中國時報》副刊

貳

酒党飲酒日記錄要

一九九六年十月

中秋一夜雨

中秋節碰上薩恩颱風在臺灣東部的太平洋上徘徊，其「裙裾」雖不及，但周圍環流，則使臺灣籠罩在陰霾之中。而這陰霾則因時因地地在日裡夜裡下著不同形勢的雨。

我們家在父母親傳衍下已有大小二十八口，當然，這得包括媳婦、女婿、孫女婿。每逢年過節或喜慶，我們全家總要圍繞在父母親膝下。父親總會把酒喝得特別多，放開嗓門談笑和議論；母親則和家裡的女人一樣忙吃忙喝的，完全忘了她從花甲到古稀到耄耋的年齡，而神采總是奕奕的。

今年中秋，我們全家又在紅葉山莊聚會團圓。山莊隸屬北縣深坑鄉，兩年半前妻和我選中這裡供父母親頤養。母親說我們暑假在美國，要早點來看父親種的絲瓜。我們家開來五部車，把山莊的一條巷子塞滿了。

我看到房子前後，父親所搭起的瓜架結實纍纍垂垂。而這時天空飄的雨細細毛毛的，使我想起「豆棚瓜架雨如絲」的詩句；而烤肉的香味也從「玻璃屋」中飄了出來。

「玻璃屋」是妻英明的決定，在房子的一邊加蓋的，與主屋相通，卻可以仰觀日月右看山林。由於下雨，孩子們烤肉的隊伍只好在這裡施展手腳。從嗅覺裡，我知道肉香是隨著炭煙從三面敞開的門窗飄出來的。

而雨勢大了，瓜架的一點餘光也昏暝了。在玻璃屋裡聽雨聲，卻想像樊梨花陣前撒豆成兵的樣子，初時密密麻麻叮叮咚咚地墜落，繼則如交似織萬箭齊射般地唏哩嘩啦，終則兵馬奔騰般地渾成一片氣勢了。孩子們的烤肉烤魚烤蝦烤玉米，不斷地供應上來；父親對他種的絲瓜很得意，二妹就賣力地炒了六大條；我對弟妹秀琴的芋頭糕嘖嘖稱賞，母親說秀琴的年糕更可口。於是我們家的男人陪父親暢飲，女人別席陪母親品茗。這時冷氣開放，門窗緊閉，屋外的雨聲和澗水聲隱隱然而已。小妹數了數頭上的燈盞，說：「我們家有十二個月亮。」我不禁想起「共看明月應垂淚」、「但願人長久，千里共嬋娟」那樣的句子。我們全家安於風雨之外，也就沒有任何惆悵了。

也許因為剛回國，時差未調適，不到九點我已感到睏倦。上樓後，有雨聲伴眠，真是鼾然十足。但一覺醒來，不過凌晨兩點，而中秋夜已然消逝，弟妹們不知何時各自返家，身旁的妻和二樓的父母親正爾沉睡。只是雨聲隆隆，直從九天傾盆下放，八方奔騰會驟，那浩大的聲勢只能令我想起四度面臨的尼加拉，難道我正在巨瀑的水簾之中嗎？難道老天爺非如此無以表示盛怒之極嗎？我為之披衣而起，環顧周圍，幾盞路燈強露微芒外，山色一片漆黑。而那隆隆的聲響，逐漸地減緩下來，讓我聽清楚：雨灑在頂樓的鐵皮上，雨穿插在山林的枝葉中，雨瀝聚在澗石的跳波裡，雨更遍布在茫茫冥冥的天地間。然而雨聲又逐漸隆隆起來，終至震天撼地，好像連尼加拉巨瀑都不能形容了；我想，「山中一夜雨」，何止「樹杪百重泉」而已呢！

二〇〇一年八月

八月十八日登峨嵋

足踏峨嵋金頂巔，峰巒變化裊雲煙。始知天下峨嵋秀，杯酒蕭蕭出昊天。

前度峨嵋山，寂寥霜雪寒。攜妻帶幼老，蹬道松柏間。岳母能健步，衡兒杖滑竿。拾級萬年寺，暝色到峰巒。今日輕車裡，穿梭翠窟環。巡迴千百轉，出入有煙嵐。山青谷水秀，爽氣出塵凡。

二〇〇四年九月

九月二十九日上午十時，我在東京大學「二十世紀臺灣文化綜合研究學術研討會」發表〈臺灣歌仔戲的過去、現在與未來〉。下午由滕井教授率隊搭公車與電車歷二小時三十分至「澤乃井」參觀「小澤酒造」，晚宴於日本民宿，十足日本風味。澤乃井有多摩青谿，煙嵐絪蘊，楓樹滿山，猶然蒼翠，唯一樹紅柿纍纍垂垂。沿谿而行，小徑透幽，情味絕佳。夜返大學宿舍，已九時半許。

紅柿掛秋林，燦然天地心。漫山飄凍雨，小徑起高吟。

楓葉猶蒼翠，煙嵐欲肅森。多摩鳴素響，澤井夜沉沉。

二〇一三年九月

九月二十七日教師節前夕，及門弟子為我賀節，設宴於一〇一大廈八十五樓欣葉餐廳，鳥瞰內湖大安區，燈火燦然，師生歡甚，笑聲連連。妻陳媛與焉。與會弟子有任教臺大者：沈冬、林鶴宜、蕭麗華、洪淑苓、李惠綿；任教政大者：蔡欣欣；任教世新者：丁肇琴；任教師大者：陳芳；任教東吳者：鹿憶鹿、侯淑娟、沈惠如；任教東華者：游宗蓉；任教臺北商大者：張谷良；任教嶺東科大者：邱一峰；任教北市教大者：楊馥菱；任教文大者：謝俐瑩；任教明道者：李佳蓮；任教復興高中者：劉美芳；任教亞東科大者：林智莉等十九人，皆取得博士學位。時大弟子王安祈以臺大教授兼國立國光劇團藝術總監，正率團於北京演出，亦來電致意。感而賦七律乙首。

及門弟子宴高樓，不盡歡欣不盡酬。最喜梗楠成偉器，管他絲髮蕩清秋。

書生自古甘沖默，木鐸行將遍五洲。跋扈飛揚今未已，壺中歲月可優游。

書於九月二十九日凌晨

二〇一三年十二月

二〇一三年十二月六日晨四時。

葉長海教授者，余心儀久而論交二十餘年之摯友也。戲曲研究蜚聲海內外，著作為學者所必讀，任教上海戲曲學院，迄今未休。性篤厚，與人如沐清風。歲辛卯，余七十晉一初度，有七律一首，友人賡相唱和，長海有揚子臨江花爛漫，峨嵋登頂雪橫陳之句，記同遊也。而今癸巳之秋，長海亦初度古稀矣！惠詩相示，仍七律一首。余喜其詩意之任真自然而嘆自家未安本分，步其韻和之。

金烏玉兔苦相催，味爽書燈自作媒。無可奈何人世裡，飛揚跋扈酒中杯。
江山萬里堪經歷，桃李三千費植栽。曲海遊心才遣去，一簾幽夢幾縈迴。

二〇一四年一月

二〇一四年元旦天氣晴和，偕妻重返紅葉山莊，見父母親舊居廢置，屋旁母親所植香蕉林高聳而草木荒蕪，不辨蹊徑，悵然低迴者久之。父母親去鄉來北，年近古稀，由三弟永發迎養。一九八四年四月妻購山莊小樓為父母親頤老之所。小樓臨近空地，父母親闢作蔬果之園，余每愛晨暉灑落雙親，襯托綠意盎然。余尤愛逢年過節，子孫內外二三十圍繞雙親膝前。而父親逝世於二〇〇二年十二月九日凌晨，享壽八十有四；母親於二〇一二年六月一日夜晚仙去，享壽九十有五。於是人去樓空，景象悽然。而余亦已及孔子之年矣。

紅葉山莊父母居，於今草木亂扶疏。最憶雙親歡笑裡，聚集兒孫報歲除。

二〇一四年三月

二〇一四年三月二十九日，次女湘芸、叁女湘珍，為我七十晉四暖壽，租車一部南下，垂釣於曾子良妹家池塘，夜宿於尖山埤江南渡假村。新營初中同學王宮田，曾任臺南縣教育局長與臺灣省教育廳末代廳長，為余設宴渡假村貴賓室，邀集同學梁聰明、林通賜、周博尚、李正隆、張文喜等伉儷，毛明田、魏慶龍返自泰國，楊榮利來自臺中，沈榮森自高雄，凡十八人。暢談往日情懷，宴後與老妻陳媛、長子大衡、長女湘綾、叁女婿包一飛、外孫包煜弘、外孫女包寧，子良及其長孫平清，會集於芸、珍為我安置之臨水別墅，復小酌遊戲。次日六時起床，敞開窗簾，則昧爽水光山色，直撲胸懷；而燕群掠水翻飛，鳧鴨悠游相嬉，煙嵐濛濛如潑墨，真神仙境界也。乃日出東山，金龍潛波，閃灼耀眼；忽然儵魚乍醒，成千累萬，如有號令，齊翻水紋，奇觀也。九時許乘車北上，午後半小時抵桃園龍潭小人國遊樂園。董事長朱鍾宏，於我任中華民俗藝術基金會執行長、董事長期間，捐獻良多，而今蓋三十年矣。為余設「蔣家宴」於園中貴賓室。蔣家宴者，二蔣居家之菜色也。精緻可口，更配有豬腳麵線滷蛋壽桃以暖壽。宴後漫遊園中，喬木充斥成林，驚歲月之居諸矣。四時許，復登車北上，五時半抵家。電約洪國樑與家宴於臺大水源會館，酒興亦復不淺。余兩日來暢愉身心，實女兒孝心所致，感而志之。有詩雜感，錄之如下：

臺南縣尖山埤即興　三月三十日晨

其一

昧爽東山蘊彩光，平湖一片燕飛翔。漣漪盪漾煙嵐裡，恍惚棲身水墨鄉。

其二

一輪紅日出高崗，水色山容著意妝。鳧鴨嬉遊燕雙舞，我妻白髮勝春光。

其三

日影輸溫暖，儵魚喜欲頑。萬千如號令，齊上綠波間。

其四

攜得子孫歸故鄉，大風無處可飛揚。讀書養志安騏驥，命酒揮杯作楚狂。
鵬翼九天誰可馭，扁舟萬里卻行航。只今白髮蕭蕭也，還教孤燈接曉光。

其五

喜從嘉子弟，伴我作春遊。重對家鄉水，重臨故土丘。
儕朋來聚會，酒饌結綢繆。白鳥飛紅日，嘉南綠野疇。

其六

蜚聲小人國，喬木卅年情。殷勤東道意，最是蔣家羹。
妙趣園林起，奇思玉步生。可憐觀不足，鳥瞰卻分明。

二〇一四年七月

七月四日下午六時許，當選院士記者會發言，賦為七律。

教學殷勤孔聖辭，平生喜好做人師。孤燈昧爽臨書案，苑圃芳春植鳳芝。
體會杯中涵韻美，人間愉快論交時。我非牙塔池塘物，萬里江山任意馳。

余謂：平生以授業為樂，好做人師，欣喜桃李春風，楩楠成樹；亦愛良朋佳友，杯中涵韻，暢論平生；自許讀萬卷書行萬里路，不以迂儒守拙，而欲於家國略有薄施也。

二〇一四年七月二十四日夜，觀光局前局長觀光協會前會長圓山大飯店前董事長張學勞先生伉儷設宴圓山麒麟國宴廳，賀我新獲中研院院士名銜。前局長毛治國、蘇成田，局長謝渭君、主秘蔡明玲，前處長鍾福松、陳梅崗，燈會顧問王士儀、周宗賢、段昌國，皆伉儷同席。另有前組長脫宗華，內子陳媛亦率小兒大衡及衡女友李凡萱與於側。治國先生始創元宵國家燈會，眾奉之為「燈會之父」，現任內閣副院長，公務繁鉅而惠然蒞臨。余何德而蒙學勞先生雅愛推重，今夕何夕，余復何能而蒙此榮寵！而盛筵酒酣之餘，奉主人命，賦五言排律以志嘉會，詩云：

今夕竟何夕，國宴宴嘉賓。暢快人間事，扶搖夢裡身。
酒深唾珠玉，燈會憶艱辛。最是飛天虎，可堪落水禽。
變天有槃瓠，鼇躍化龍麟。火樹元宵月，蓬萊萬象春。
主燈屬生肖，光彩沖斗辰。回顧忘爾我，談鋒正入神。

曾永義謹呈學勞先生雅正

◆附註：

一、虎年主燈命名「浩氣展鴻圖」，造型「飛虎」。適有華航客機與國軍軍機失事。立委指責：乃飛虎吞噬飛機所致。

二、雞年主燈命名「鳳鳴玉山」，臺南市長欲置之運河之上，余諷之恐為「落湯雞」乃止。

三、狗年主燈命名「槃瓠再開天」，暗喻政局將輪替。

四、高雄燈會主燈命名「鼇躍龍翔」，高市教授、議員居然有「大烏龜」之怒。

二〇一四年八月

二〇一四年八月四日，在崑山巴城鎮玉山草堂參加余所編崑劇劇本《曲聖魏良輔》修編意見座談會。江蘇演藝團體常務副總柯軍、省崑院長李鴻良、上崑生腳臺柱張軍擬成立崑山劇團，將以之為開團首演劇目。與會者李、張外，另有上崑老團長蔡正仁將任主演、省崑孫建安將任譜曲，以及顧聆森、梁泓鈞、楊守松、祁學明等學者。內子陳媛亦與之。杯酒酣暢之餘，咸讚此劇為崑劇典範，曲詞優雅。

元創《魏良輔》，當行水磨詞。排場尤講究，格律不參差。

曲聖標宗旨，國工為大師。操持如椽筆，古調奏清姿。

二〇一四年八月十日夜，余設宴臺大水源會館，陳義芝為我邀集陳育虹、焦桐、朱國珍、宇文正、蔡素芬、封德屏、杜秀清、林德俊、韋瑋；王瓊玲來北，亦與焉。皆文壇俊秀，著名之詩人、散文小說家。余白髮蕭然，與之論交如友生；而以党魁冊封新進，莫不酣然歡甚。席間乃促我朗誦党歌，余乘興而起，聲震梁棟，如天風海雨之下垂九霄；竟不知今夕何夕矣！賦五言六韻試帖詩以志之。

人間惟浩氣，可以撼山河。運轉千秋筆，高吟萬古歌。
諸君皆俊秀，偉志出嵯峨。党魁真跋扈，白髮已婆娑。
放浪無形骸，忘年樂事多。今夕竟何夕，翛然絕網羅。

■

二〇一四年八月十三日上午，臺大醫院看診，胃部幽門桿菌又發。下午河南省文化廳副廳長康潔、對外處處長張占標、《河南日報》副總編輯肖建中來訪，飲茶長興宿舍，遊覽臺大校園。前臺灣戲曲學院校長及門弟子鄭榮興夜宴水源會館，既為遠客接風洗塵，亦賀我榮膺院士。多年前余初臨鄭州，時康為對外處長，意態嫻雅，明媚善良，聆我一席演說，即訴油然欲拜我為師之意，且設宴行儀，於是師徒相稱，與日彌敬彌親，余或率團或講學，無不禮遇備至；而康來北，無不探訪，歡然不負平生，賦五律：

人間一相顧，莫逆契於心。投合由情義，行持豔古今。
范張稱雞菽，梁孟入山林。阮籍何枯寂，中宵撫素琴。

二〇一四年九月

九月三日，在馬祖北竿。清晨六點，偕媛散步環島道路，沿途觀覽海景。坐於民宿之外閒話，享用早點，海風舒爽。八點半許，至橋仔村乘船，至高登島邊岩嶼賞燕鷗，群鷗啁哳，翩然上下，口銜小魚以哺雛，甚壯觀。其後登大坵賞梅花鹿，余獨憩於山下亭臺，迎受涼風。午宴於橋仔，海產甚美。下午午休，賦詩自娛。三老均未登芹壁聚落。

虎哥由臺北趕來，設晚宴於塘岐嘉賓飯店，縣長、局長、鄉長、鄉民代表、林秘書及其摯友陳元利伉儷皆來會。盛筵既開，海錯盡上，杯觥酬酢，拳戰吆喝，好不興高采烈。宴罷返芹壁居所，餘興未闌，又復瓜果茶敘。

一九六三年八月，余隨六十八師戍守馬祖南竿山隴之巔，任營部連彈藥排排長，寓兵於農，種菜養豬，而今閱五十有一年矣。此次重臨，山樹蒼翠，草木紛披，不復當年牛山景況；而聚落面貌一新，居人衣服改易，生活現代化，戍守由師團而簡約為守備隊，市井難得一見軍人，幾無戰地氣氛。而坑道封閉，碉堡廢棄，昔日鬼斧神工，今日徒存遺跡。乃知時光如流水，盡洗滄桑塵埃。而我亦以青鬢紅顏，頓成白髮枯槁矣。賦五七律各一首：

岩嶼聚燕鷗，啁哳萬千儔。錯落巢岩壁，交飛掠碧流。
叨魚哺子鳥，驚序已清秋。南國趨暖意，應棲杜若洲。

紅顏綠鬢志雄時，戍守南竿亦賦詩。砲火聲中酣曉夢，雲天月下苦情思。
只今山海煙塵滅，回首滄桑鬢髮絲。五十年間轉瞬也，列嶼一望一嗟咨。

■

二〇一四年九月十日夜，許進雄邀集齊益壽、周學武、薛平南、莊耀郎、郭鶴鳴、蔡芳定等友人，設宴水源會館，賀我獲選院士。許進雄，國際著名甲骨、古器物學家，客居加拿大，為多倫多皇家博物館遠東部主任、多倫多大學博士、教授。一九九六年，我安排他返臺大中文系任教，閱十年退休，又安排他轉世新任客座教授。二〇一一年七十屆齡返多倫多，翌年攜妻來臺定居，今為世新兼任教授，亦我建議也。他與章景明、黃啟方大學同班，結為金蘭，號稱三劍客；而我高一班為老大。於是酒党党魁、第一二三副党魁乃依序定號焉。至於學術，取道不同，各有成就。

二十定新交，古稀知品操。人間著情義，杯底見雄豪。
學術蜚聲遠，篇章格調高。問心無愧怍，卻愛讀離騷。

二〇一四年九月十三日夜，表兄黃惠隆伉儷又自馬來吉隆坡返臺，集其家人設宴，賀我獲選院士。筵開兩席，媛及表妹寶金、寶玉家屬與焉。表兄長子俊凱新營高中畢業，而日英文流利，所開公司為關涉高科技之電腦組件；其小女瓊虹亦高中音樂科畢業，而能創發新產品，蜚聲域外。業務蒸蒸日上，員工眾多，皆碩博士，可怪而可喜也。余於親族同儕，與惠隆最為親密，小學即為玩伴，雖長大事業不同，而過往不稍衰，數十年如一日也。表兄中年經商挫折，轉赴馬來發展，如虬髯扶餘，頗為得意。二十餘年來，每三兩月即往返馬臺，蓋因未能取得馬來永久居留權也。

髫齔嬉遊伴，只今逾古稀。相欣更相憶，顧我無我違。
子弟何騰達，鴻鵬盡奮飛。人間本愉快，攜手嘯吟歸。

二〇一四年九月十八日，首屆唐獎於下午兩點半假國父紀念館舉行頒獎典禮，晚宴設於圓山大飯店。余蒙邀請參與。然以上午臺大有課，下午須午休，只參加晚宴。媛陪我至圓山「彩排」。晚宴與丁邦新、李壬癸、王汎森、朱雲漢諸院士、監察院副院長孫大川、故宮博物院院長馮明珠同席。總統馬英九、立法院長王金平致詞。席間余吟白居易〈暮江吟〉、李白〈秋下荊門〉七絕二首，蓋「唐獎」而以唐詩意境為菜餚名色也。盛會筵開四十六席。余英時先生榮獲人文獎項。余雖亦蒙提名，資望均不及也。余先生史學泰斗，年登耄耋八十有三矣。其他四位得獎人來自歐美亞非。

西方諾貝爾，唐獎出臺灣。世界同瞻仰，崇高五嶽山。
歌詩再吟罷，盛宴亦將闌。學海無邊闊，舉頭何皤斑。

二〇一五年五月

二〇一五年五月十三日，偕媛過紅葉山莊莊仲平、蘭畹伉儷雅舍，雅舍居高臨下，落地窗前竹木扶疏，遙接山嶺。小苑蒔花植蘭，傍依蕉林。仲平請來「音契」友人，以鋼琴、小提琴作室內演唱。余既飲葡萄美酒，復眼觀佳景、耳聆妙音，即興口占，得七絕二首：

一窗山色撲迎來，翠竹蕉林迤邐開。裊動煙嵐舒望眼，放懷何必上高臺。
好山好友好風微，一望一吟酒一杯。白雪陽春歌未盡，遠天卻蕩紫雲迴。

二〇一五年九月

二〇一五年九月二十六日，凌晨寤寐，得句如下：

將圓月影掛中天，小徑高林正寂然。始信情深如夢寐，銷魂此際欲纏綿。

中午參加袁家瑋次子婚宴後，偕文化部長洪孟啟赴臺北美術館，觀賞「莊喆回顧展：鴻濛與酣暢」，並預其開幕式。一九八二年七月至翌年七月，余為密西根大學訪問學人，媛為藝術所碩士生，余與媛婚後（一九八二年七月十一日）居於眷屬宿舍；莊喆與馬浩已定居安雅堡多年。莊喆為抽象油畫家，馬浩為陶藝家。時相往來，多蒙照顧，杯酒論藝，忽忽三十三年於茲矣。感而賦此。

為伊奔逐走天涯，遠去是非宜作家。幸有知交多拂照，更將巵酒少咨嗟。
橫空雁影長河落，伴我蘆邊釣晚霞。相顧相欣攜素手，行來一步一蓮花。

◆附註：伴我，一指雁；一指媛。時媛每相伴於休倫河邊看我釣魚。

二〇一五年十月

二〇一五年十月二十五日，文哲所與萬卷樓為林慶彰榮退，設宴彭園，筵開十六席，中文學界未有之盛事也。余致辭謂：「群賢畢至，少長咸集，俊男美人，會聚一堂。」足見慶彰經學研究之聲望與為人處世之成功。作五律一首以賀：

五經一家學，舉世著聲名。兩漢明堂業，諸儒皓首成。
孤燈照顏色，無愧是書生。獻壽群賢聚，遊心萬卷情。

■

二〇一五年十月三十一日，下午四時，方芷絜派車接我和媛至宜蘭傳藝中心，參加在文昌祠廣場之「辦桌晚宴」，來自兩岸之小戲、偶戲、戲曲藝人輪番上臺表演助興。夜宿園區旅館。次日觀賞上午之亦宛然布袋戲，下午觀賞許亞芬歌仔戲。宜蘭連日淫雨，而週末來遊覽「亞太藝術節」者，仍絡繹不絕。「亞太藝術節」自十月十七日至十一月一日，每逢星期六、日即盛大演出，含日本文樂與印尼皮影，由我掛名策展人，蔡欣欣為協同，而欣欣主其事。芷絜為中心主任，與我兄妹相稱，對我敬禮有加。媛與欣欣誕辰同為十一月二日，而杯酒祝壽之際，媛謂厭飫傳統藝術，甚為愉悅。回想一九八六年余以中華民俗藝術基金會執行長結合許常惠、吳騰達、王安祈、莊伯和、林明德、李乾朗、王以唐、趙工杜、吳光庭、王永山等學者專家，率領學生數十人作全臺民俗技藝之普查與研究，從而規劃「高雄民俗技藝園」，報告書四十餘萬言，配圖數百幅；卻因官員頹廢拖沓，未能實現；而游錫堃時任宜蘭縣長，乃積極爭取，改由某公掛名規劃，終於落實為今日之傳統藝術中心。而某公以一人之力同等之經費，所具之規劃報告書，居然未提我等一字，而內容幾於完全雷同。文建會竟以我為該報告書之審查人，我內心「天人交戰」、「掙扎萬分」，終於決定：我等何妨「為而不有」，彼等欺世盜名，而我等之辛苦與理念能付諸實現即可矣！何計其他。而今事隔三十年，余置身園區，卻油然有未能釋懷者，足見余未真豁達也。感而賦詩一首：

雲煙過眼但斯須，權勢聲名莫永圖。
假作真時真亦假，無為有時有還無。（此二句見《紅樓夢》）
為而不有真國士，欺世盜名皆豎儒。
誰道古稀能豁達，卻澆懷抱待冰壺。

二〇一六年三月

二〇一六年三月三十一日星期四中午，臺大「韻文學專題」課後，竹碧華等及門弟子設宴水源，為我暖壽，筵開兩桌，媛與伊維德（Idema）與於席。Idema 已於美國哈佛大學退休，返荷蘭萊頓家居，為歐洲漢學名家，與余相交頗篤，已三四十年矣；一九九七年曾邀我赴萊頓大學短期訪問兩個月。此時在臺大戲劇系短期講座，不日返荷。而四月廿一日又復來臺參加中文系為我舉行之「曾永義先生學術成就與薪傳國際學術研討會」，可感也。

二〇一六年四月

二〇一六年四月三日天氣暖和，與妻率子孫返鄉。女婿包一飛領其家小：三女湘珍、孫子煜弘、孫女寧，開一車；兒子大衡領其大姊湘綾、二姊湘芸，開一車。我與媛領媳婦李凡萱搭高鐵，會於嘉義。入住烏山頭水庫大飯店，全家大小漫步水庫長堤，瀏覽珊瑚潭夕日景觀。驅車往元立、德玉官田豪宅，庭院中已布置長排桌椅。余釣於庭園荷花塘，錦鯉連續上鉤。而德玉大姊德君、小弟德明、德華則各出餚饌，元立主持燒烤，盛筵開張，舉杯歡宴。今日實為德君生日，芳辰與我接續，嵩壽同慶。元立開啟十八年之陳釀金門高粱，真個溫潤滿喉，二人同享，歡盡而瓶亦罄矣。時近子夜。有七律兩首：

党魁避壽返家鄉，水碧山青白鷺翔。至友庭園陳玉饌，嵩呼萬壽舉高粱。
浮生此際歡何極，俗世無名樂可常。君覓桃源作潭府，一竿我愛釣荷塘。
山稠水折舊鄉邦，數里堤龍臥夕陽。淡蕩春風啼乳燕，悠遊小筏戲波光。
高談笑傲湖心月，縱飲狂歌島上莊。白髮只今蕭颯也，回首一步一芬芳。

◆註一：珊瑚潭水庫堰堤，兩公里有餘。昔年曾提「臥堤迎暉」七絕嵌字一首，立碑其上，而今字跡漫漶矣！

◆註二：湖中島嶼居住人家，可飲酒。

二〇一九年二月

快樂農場記

二〇一九年二月七日歲次己亥初三日、初四凌晨四時作記。

己亥初三日，天氣澄明，惠風和暢。二妹麗玉、黃鏡榮伉儷，循例會聚家族於桃園林口土雞城，筵開三席。父母在時，類此家宴，逢年過節必設宴於深坑紅葉山莊別墅，別墅者，媛為父母親購置頤養之所也。父母親此時此際，兒孫繞膝，最為歡欣；每至子夜方休。而父親於二〇〇二年十二月九日、母親於二〇一二年六月一日，分別以八十有四、九十有五仙逝。六年來，予以序列為族長，兄弟姊妹輪番作爐主，蓋所以賡續父母在時之餘慶也。乃今日午宴既罷，二妹與三妹麗娥更安排「快樂農場」之旅。

「快樂農場」者，二妹婿友人洪東昌所屬農地，無償提供諸親友所闢菜圃也。位處桃園市郊，往來臺北，車行高速公路，頗稱便捷。麗玉、鏡榮，每週兩日來此經營，數年間園圃漸開，各色菜蔬，盎然揚輝。而於週末會其友，各以所植鮮蔬，烹為佳餚，同飲於工寮，無不大快朵頤，為之心曠神怡；蓋以負日之暄，稍事勞作，等同休閒；而滿眼花果、生鮮蔬色，又復有收穫良多之益。以故每來此，無不為之歡心，為之快樂無盡。因亦以「快樂」名此農場矣。

余等三十餘口，驅車六部，歷一刻鐘，即至農場。農場有空地一區，周邊道路，闃無行人；童孫輩十餘，即跳躍追逐，或駕其「小人車」驅馳其間。三妹領我與媛觀其所屬菜圃，並為我採擷野生之苦薇。苦薇者，伯夷、叔齊登彼西山所採，為余宿所喜啖者也。而二妹忽地一身農婦裝，頭戴包巾斗笠，腳穿塑膠泥靴，手持挖菜小鏟；沿畦順蹊，一圃翻越一圃，手揚鏟落，於是野茼蒿、地瓜葉、高麗菜、大芥菜、青江菜、紅蘿蔔、鵝菜心、大陸妹、青蒜、翠蔥、芹菜等等，一堆堆散落庭除；而大妹金英及湘芸、湘珍等女兒輩，在主人伉儷示範下，整理清洗，分包入袋裝。而鏡榮亦挽袖大展其「鮮蔬宴」，挺其突出小腹，左翻右炒，手腳俐落不下乃妻。剎那間，一大盤一大盤接連上桌，而能有餘裕陪我與大妹婿王憲男，談笑飲威士忌；而子子孫孫、大大小小，亦皆取其所需，快然咀其滋味矣。

而余偕媛沐浴斜暉、流目田園，穿梭兒孫之際，倍思父母雙親；蓋雙親最為歡欣者，亦莫過如此。倘今日猶能得預於此，其欣然暢然，當復何如也，賦七律乙首：

孔聖猶然學圃農，身康氣朗自輕鬆。滿園蔬色清眼目，一望雲天浩心胸。
兒女有成安本分，童孫無礙亦從容。攜來老伴溫馨手，脈脈春暉親思濃。

二〇一九年七月

林恆雄先生，八二三浴血金門。半生戎馬倥傯，建功異域，歷越南、高棉，榮膺駐瓜國顧問團團長；官拜少將，任政戰學校副校長。解甲而奉獻社會，為紅十字會終身義工。乃年登耄耋而入上庠，攻讀博士。允文允武，無愧無憾，蓋足以養生樂事而典範人間矣。今其《回憶錄》初成，奉讀感懷，賦七律乙首，以獻左右。

炮火沖霄八二三，橫飛血肉盡兒男。從戎稟賦當仁義，報國由心備苦甘。
跨海翻山為建業，將文就武不停驂。而今耄耋逍遙也，最愛花開酒亦酣。

二〇一九年七月二日晨曾永義謹題

二〇一九年九月

二〇一九年九月十三日，時值己亥中秋，藍天白雲。在家撰寫〈徐復祚《紅梨記》述評〉。下午女兒女婿外孫女來，大衡、凡萱旅遊泰國。晚上同邀內弟東海小酌聚酩豐。宴罷踏月而歸。一輪皎潔，萬里清秋。

余不捨遽行返家登樓。女兒湘芸、湘珍陪我巷中仰望徘徊；然而何止華燈礙月，乃巨廈林立，即金光亦難流播矣。悵然而歸，媛已沏香茗、剖文旦、切月餅與家人閒話共享。而文旦者，元立、德玉遠饋故鄉之名產也。因遙想其府邸庭院，正爾桂魄散彩，清風送爽，賦五律兩首，聊示吾友：

當空一輪月，皓皓作中秋。大廈沖霄立，浮雲入鳥愁。
嫦娥難顧及，墨客損風流。羨想君家院，金光泛玉甌。
君家一輪月，萬里播清秋。對酒金光滿，披襟翠柳柔。
親交悅情話，銀漢不西流。恨我無雙翼，沖霄返故丘。

二〇一九年十二月

二〇一九年十二月八日，星期假日，淒風苦雨。傳藝中心副主任朱瑞皓上午接我參加文化部傳藝中心之歲末民間藝人午宴，筵開四十席。余因午夜即起，寫作〈袁于令《西樓記》述評〉，睡眠未足，精神不佳，此種情況為數月來所苦。而宴會又被安排在鄭麗君部長之後致辭，勉力為之。會場中多位昔日「民間劇場」老友，皆來敬酒，不免興起往日情懷——那段自命為「書生報國」為民族藝術之維護弘揚而打拚的歲月。

二〇二〇年四月

二〇二〇年四月一日歲次庚子三月初九日八秩初度

八十行初度，中宵待歲時。沐浴求其潔，平生素所持。
讀書做君子，解惑亦人師。塞北江南酒，飄洋過海詩。
飛揚堪跋扈，相顧弄容姿。仰嘯恢宏志，銜杯逞逸思。
煙雲惟所適，山水自清癡。騏驥當原野，奔騰恨騁馳。
思想年不惑，憤慨一書生。舉國無文化，舉世失文明。
甘心為附庸，沉酣未解醒。登呼結同志，奮然事遠征。
兩岸窮僻壤，一心在警醒。調查須維護，研究必有成。
文化為根本，民族當復興。奈何當局者，倡叫反中名。
滅祖惟所事，欺師卻自鳴。我斥廟堂上，疾言色縱橫。
報復周遭至，豈能為所驚。秀才難造反，但願拒逢迎。
歲月衰形貌，忽然不我與。名山業未就，臨老難安處。
涷雨芸窗下，風簷酷炎暑。相親惟翰墨，深盼出機杼。
一旦書成日，殷勤期自許。青山綠水裡，放浪酒儔侶。

二〇二〇年四月一日歲次庚子三月九日余八十初度矣。往年余因身分證載民國三十年四月四日生，是日為兒童節，故皆以之為生辰，而實際余生於辛巳年農曆三月九日卯時，換算為陽曆，則為民國三十年四月五日也。余今日八十初度，乃以農曆度之。

余中宵即起，沐浴以俟。為作五言詩五十二句以志感，蓋平生無大事，不過讀書做君子，好為人師而已。

中午白玉光送酒一大瓶、鮮魚果餌一堆。玉光年逾七十，上校退伍，年前獲博士學位，數十年以我為師，吾視之如兄弟也。午後佩熏來與我處理「戲曲演進史」事宜。佩熏碩士班即擔任我助理，今為博士後研究，統理一切科技部「行遠計畫」之業務，我倚之如左右手。林智莉亦來送酒添壽，其研究成績為學界所重視，二〇二〇年已由私校改聘為臺大戲劇系副教授，令我甚為欣慰。

晚上家宴，湘綾烘焙點心，大衡烤肉、凡萱蒸魚，湘芸、湘珍採購現成美食，歡樂融融。余深感人間愉快、幸福美滿不過如此。只是私心惆悵，體氣衰矣。

余八十初度，為之而設之學術會議、國樂劇場、戲曲演出，乃至友朋、學生之大小宴會，皆因舉世大疫「新冠狀肺炎」而取消；不無遺憾；然大疫正爾猖獗，列國幾於無一倖免；人類大難，何時了得！

二〇二一年四月

二〇二一年四月十五日至十七日　星期四至星期六

女兒湘珍、女婿一飛為我安排八十花東避壽之旅。十五日上午九時出發，一飛開車。在亞泥休息站媛購買夫妻帽。下午一時許於火鍋店用餐，物美價廉，環境高雅。二時入住「海的聲音」民宿，落地窗面臨太平洋，設備齊全潔淨。夜晚以桶子雞為主食在我臥房，一家四口，圍坐圓桌，我請一飛開啟一瓶珍藏三十年的金門高粱暢飲，以慰勞他一直因開車不可飲酒的遺憾。我們三人則飲葡萄酒，也是我自從心臟大動手術後第一次飲半杯的紅酒。如此迄十時許始就寢。而夜來太平洋浪濤之聲頗猛。

次日驅車前往太魯閣，鬼斧神工，想像當年蔣經國率領士卒開鑿中部橫貫公路的艱辛。一時半許飲食於燒烤店，下午在所居民宿對太平洋寫詩，兩日以來已得八首七律，其中〈觀日出〉一首傳酒党詩友，已獲黃啟方、文幸福唱和步韻。是夜又復購置外食，四人圓桌飲酒，而以海鮮為主菜。九時許即就寢。

十七日十一時由花蓮返北。民宿主人特為備置魚湯清粥小菜，蓋以酬我所贈〈觀日出〉詩，並應允其播上網也。中午於宜蘭民宿之餐廳用餐，亦優雅可口。

三日花東避壽之旅，雖感疲累，但心情十分愉快；以女兒悉心籌劃，又照顧無微不至也。

大衡今日傍晚自上海歸來，入住媛和凡萱為他安排的防疫屋。

二〇二一年四月十五日至十六日花東雜詠

其一

八十之年尚遠征，高山錯折海谿行。良辰勝景眼前是，享樂為歡心自興。
莫嘆浮生如夢寐，須知造化本真誠。和風徐徐舒襟抱，解釋人間無奈情。

其二

晨昏不絕浪濤聲，無際無涯號太平。浩浩胸懷羅宇宙，悠悠眼底古今情。
蚍蜉一瞬難朝夕，曠世榮華亦死生。夢幻煙波終寂滅，但看日出晚霞明。

其三

駕御輕車意興長，胸懷浩浩太平洋。花東景物稱絕麗，客旅流連欲作鄉。
峽谷琤琮谿水綠，層巒淡蕩白雲翔。日出煙波散天綺，月臨山脈瀉銀光。
避壽我來飲醽醁，至親至愛在身旁。

其四

枕邊不住浪濤音，漫漫長宵待曉吟。日起白雲千幅錦，球拋碧海一輪金。
輝光燦爛無天際，宇宙渾沌唯寸心。造化靜觀存萬物，自堪恣縱自堪臨。

其五

斷壁巉巖一線間，太魯閣道自蜿蜒。俯觀邃谷驚魂魄，仰望層巒蕩嵐煙。
九曲洞中風乍起，三生石上奈何天。只今白髮勝霜雪，覓覓尋尋錦瑟年。

其六

太魯閣道傍谿深，步走行來步步沉。九曲洞中思往日，低迴夢裡到而今。
小亭香澤依稀在，倩影幽懷何處尋。萬里雲天空望眼，最難消受是銘心。

其七

汪洋起落浪濤聲，往復淘洗今古情。豪傑英雄皆去也，豐功偉業竟何銘。
書生磊落風華俊，格骨清標志意誠。我忝上庠周甲子，春風桃李育群英。

其八

能受能容無盡藏，莫如浩蕩太平洋。物類滋生莫底止，風雲變易亦殊方。
但憑造化承天運，便可循環順所常。科技由來人作孽，滄浪從此病膏肓。

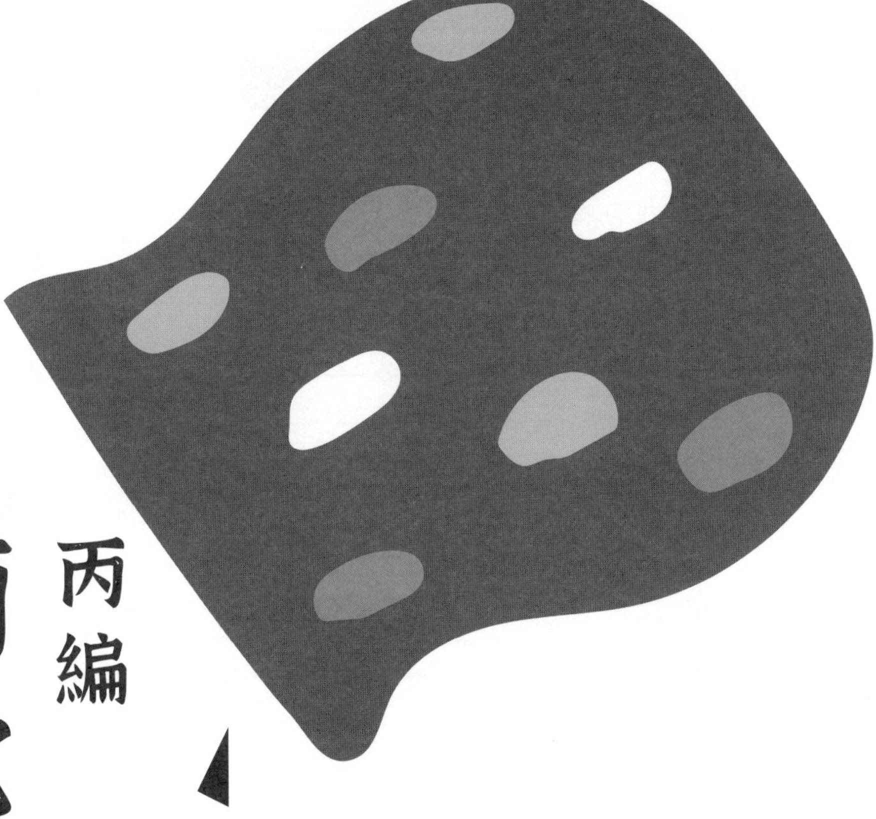

丙編

酒党群彥小記

丙編各分類中之群彥，依照姓氏筆劃，由少至多遞增排序。

壹 感恩師門、受惠長輩

一 感恩師門

1 毛子水

毛子水（一八九三－一九八八），名準，字子水，以字行。浙江江山人，小時奠定國學基礎。一九一三年考入北大理預科，與傅斯年、顧頡剛交往。一九一七年升入北大數學系。發起創刊《新潮》，一九二〇年畢業，留校任教，授預科國文。一九二二年冬赴德留學。一九三〇年春返國，任教北大史學系，兼任北大圖書館館長。一九三八年任教西南聯大史學系。一九四九年赴臺任教臺大中文系教授，參與《自由中國》之編輯。至一九七三年八月退休。一九八六年八月辭臺大兼任教授。先生思想通達，襟懷澹泊，學貫中西。自五四運動以來，倡導新文化新思想，始終不懈，貢獻極大。在臺大中文系開設《論語》與《說文》。我於大四選修其《論語》，不拘泥古人成說，時有開明之見解，獲益良多。晚年身康體健，雖曾罹肺癌，群醫束手，幸賴師母張菊英女士得中醫偏方，每日飲「康復力」草汁三杯；食黃、綠蔬菜，禁油膩及加工食品，終至康復。著有《師友記》、《毛子水文存》、《荀子訓解補正》、《論語今注今譯》等書。

2 孔德成

孔德成（一九二〇—二〇〇八）老師在和他交遊的儕輩裡，最為年輕。因他是孔子七十七代嫡孫，襲為「衍聖公」，大家叫他「孔聖人」；被國府任命為「大成至聖孔子奉祀官」、「總統府資政」。壯歲之時不免「氣盛」，尤其酒過三巡之後，更加「飛揚跋扈」，指揮若定，命人喝酒，霸道十足。所以沈剛伯先生論稱他為「酒霸」，是名副其實的。

我從大四就選修孔老師的《禮記》，研究所在他指導的「儀禮復原實驗小組」擔任助理，又做他孔府的「跟班」，學習他在臺大開設的「三禮研究」、「金文選讀」、「古器物學」。

我追隨老師左右，頗為「密切」；陪侍喝酒的場合，真是指不勝屈。

老師喜歡課後與學生無拘無束地飲酒。有次老師講解〈士昏禮〉，我們用的課本是胡培翬的《儀禮句讀》。老師講到一個段落，忽然問我們：「奇怪！上文出現的那個人物，到這裡怎地卻不見了？」於是老師從張光裕、陳瑞庚、鄭良樹一個個問下來，那時我正躲在後座「夢見周公」，尚未問我就被驚醒了，我忙著問旁邊的啟方、景明是怎麼回事，然後急著翻書。等老師最後問到我時，我說，是胡培翬章句分錯了，把下章首句移置上章末句，這人物不就有呼應了。老師桌子一拍，說：「太好了！喝酒去！」席間還誇我，說我解決了一個大問題。其實那時我正處於「忘我」的境界，反能不拘泥地觀照全文，驀地發現「癥結」所在。

景明、啟方在任教以後，我們常會請幾位較親近的老師餐敘聯歡。孔老師對端上桌的菜餚，一眼就能知其可口到味否。景明吹噓他找到一家有地氈的館子，菜有多好。結果這家館子才上了一道魚，老師就說，退回去，那是不新鮮的！從此「有地氈的」，便為我們師生間的「新語」，意指虛有其表的差勁館子。

孔老師和臺老師成立「儀禮復原實驗小組」，臺老師為主持人，孔老師為指導教授。孔老師以我為「奉祀官府」小跟班，並為「儀禮小組」助理，同學戲稱我為「大總管」。我們包括寒暑假，每週上課研討一次，師生關係密切；也果然由中華書局出版一套《儀禮復原研究叢刊》，和一部由莊靈攝製、由我們同學演出的《士昏禮》影片，那是世界首部「經學電影」。我們上課時，在學術上一有得意處就會聚餐。酒席間，孔老師說今道古，掌故最多；更喜歡拿臺老師開玩笑，臺老師看似不動聲色，但每一出語，稍作回撥，無不令我們忍俊不禁地爆笑開來。

有次我陪孔老師在第五研究室，我說：「老師您對經書怎麼能夠倒背如流？您下令要我們背的，我們都苦不堪言。」老師笑著說：「我是被我的老師打出來的！你們就是少打！」我說：「誰敢斗膽打小聖人！」老師說：「什麼聖人不聖人，照打不誤。」老師停頓了一下說：「永義啊！治學首重打下堅實基礎，我研究禮學，其他經書能不兼通嗎？次重聯類相及、羽翼豐厚，所以金石文字、古器物、考古學、民俗學也得涉獵啊！以此做研究，才能成就真知實學。」孔老師一席話影響了我一輩子的治學態度。

一九八二年八月間，我那時在安雅堡密西根大學訪學，孔老師應舊金山華僑社會之邀，前往主持祭孔大典，密西根大學趁便邀請他在中國文化研究所作一次演講，講題是「士昏禮」，時間是九月二十一日中午十二時至下午二時。由張春樹教授翻譯。

「士昏禮」是《儀禮》十七篇中的一篇，所記載的是先秦「士」這一階級的結婚儀式，因為「親迎」這一禮節在黃昏舉行，所以叫「昏禮」。孔教授的演講分四部分：首先介紹士昏禮的主要情節「納采」、「問名」、「納吉」、「納徵」、「請期」、「親迎」等所謂「六禮」；其次由我即席示範立、坐、揖、讓、跪、拜、稽首拜等《儀禮》中的基本動作，再其次是《士昏禮》影片的觀賞，最後是討論和回答問題。

密西根大學中國文化研究所所舉辦的講演，照例在星期二或星期四的午餐時間，聽講的人帶著三明治，研究所提供飲料，邊吃邊飲，無拘無束地聽講，到了上課時間，又可以自由地離開。這天來聽講的特別多，不只座無虛席，站滿剩餘的空間，使許多人擠不進門裡，而且好些有名的教授也都列席，真個少長咸集，可稱盛會。這固然是由於孔老師的學術名望有以致之，而其對於中國經學研究的新嘗試，實在也是引發人興趣的主要原因。

聽講的人對於《儀禮》中的動作及其所代表的意義，興味盎然，譬如揖讓表謙虛，跪拜表恭敬，再拜稽首為最敬禮，飲食必祭乃報答大地生養之德；而所謂「三揖三讓」、「分庭抗禮」、「對席合巹」也在影片中獲得具體的印證。對於婚禮何以在黃昏舉行，何以不用音樂，是一般最感興趣的問題。孔老師說：「婚禮在黃昏舉行，鄭康成認為是『陽往而陰來』，恐怕不免附會；我想這和古代搶婚的風俗有密切的關係，既然是搶婚，就要以夜色作為掩護，相沿既久，製成禮儀，也就保持了黃昏的習慣。至於結婚不用音樂，那是古今觀念不同的緣故。結婚在近代是大喜事，所以鑼鼓喧天、絲竹交作，在《儀禮》的那個時代則不然。《禮記》曾子問，子曰：『娶婦之家三日不舉樂，思嗣親也；嫁女之家三日不熄燭，思相離也。』古人用音樂來陶情寫志成為日常的生活習慣，所以『琴瑟在御』表示健康無恙，如果『琴瑟在壁』則是疾病的表示。那麼，何以娶婦之家，反而三日不舉樂呢？原來其心情是沉重的：第一，結婚成家，從此對宗族負起了繼承的責任；第二，自己長大結婚，也表示雙親已老。若此，哪有什麼心情鋪張慶祝呢？這應當是士昏禮自始至終不用音樂的原因。」那次孔老師訪密大，同學陳真愛、媛和我「極盡接待之能事」；媛向他叩頭拜師，我還大膽地開那部二手車接送他。他在陳真愛、謝常彰家，乘興揮毫，送真愛和陳媛墨寶。幾天裡我是老師的小跟班，從陪他早餐到夜晚返旅館。他其實很關心我和媛婚後的生活。

而我被孔老師大罵，當面喝斥的是：他的好友山東老鄉，時任師大附中校長劉安愚和任職教育部的姜增發兩位先生找我商談。他們說：「孔先生已經八十歲了，你們都沒有動作。」我說：「孔老師很低調，不喜歡這些，我不敢開口。」他們就說：「我們是他朋友，我們陪你去！」我於是和聯經出版公司說好，比照臺老師，為孔老師舉辦學術研討會，出版學術論文集祝壽。沒想在老師家裡，他二話不說，瞪我一眼，怒道：「曾永義！你是我的學生嗎？」表情非常嚴厲，意思是老師的為人你還不知嗎？我馬上閉嘴不敢吭氣。劉、姜二位先生說好說歹，他也都不答應。我靈機一動，模擬老師口吻說：「老師對不起，不談這些了，我們喝酒去！」那天中午，我被老師罰了好幾杯酒！

孔老師好喝啤酒，我們師生菜還沒上來。就淨乾三五瓶，飯後我常「引誘」他到我家「續攤」。他喝起啤酒來，真有如「長鯨吸百川」，甚為「豪雄」。可是在他花甲之慶前不久，他卻滴酒不沾了，連國宴慶典都如此。這對他的朋友和學生是一種「震撼」，也是個「謎團」。所以「震撼」，是他的形象忽然兩樣，往常是好菜只挑幾口，而酒多話多，聲如洪鐘；而今日好菜多吃些，沉默寡言，彬彬有禮。其所以為「謎團」，是為什麼突然止酒了呢？陶淵明說：「平生不止酒，止酒情無喜。」清代的蔣薰因此說淵明「想是偶然之酒，作此遊戲言。」杜子美則因為「艱難苦恨繁霜鬢」，所以「潦倒新停濁酒杯」；而老師酒不乏，更無艱難苦恨以潦倒，何來止酒呢？難道像蘇東坡那樣，「微痾坐杯酌，止酒則瘳矣」嗎？可是老師一向注重運動，每天上下樓梯，行走萬步，身心健旺，哪來微痾止酒呢？為了這個不解的「謎團」，在老師六十榮慶時，我私下作了一副壽聯：「耳聰目明偏止酒，講經說禮更吟詩。」

我好奇地問老師，何以要「止酒」；他答以「遵醫師之囑」。過了十年，老師開禁了，酒量雖不如前，但豪興不減。我再請示緣故，他同樣說「遵醫師之囑」。

孔老師一生可分為三個階段：一，曲阜幼年時期至結婚，有十六年；二，八年抗戰勝利回到南京，有十一年；三，一九四九年到臺灣至終老，有六十一年。曾代表政府至韓日歐洲宣揚孔子精神。以「學不厭，教不倦」為志業，而不自居「儒家道統」。在官場拘守禮儀，謙虛謹慎為懷。對親友學生，則坦誠以待，關愛備至。我與於几席四十幾年，所受惠澤獨多，無論治學為人處事，都非常宏遠。

首先談曲阜幼年時期至結婚。孔老師的父親孔令貽先生的元配為孫氏，納妾豐氏，都沒有生育。繼娶陶氏，生一子但早夭，又納王氏為妾。王太夫人幾年中生了兩個女兒，孔德齊和孔德懋，後來又懷有身孕。不幸的是，孔令貽先生去北京為岳父探病，自己居然患病，長了背疽。孔府的醫生劉孟瀛先生以及其他名醫醫治無效，孔令貽先生於一九一九年十一月八日病逝。俗語說疽發於背而死，就是在講這種病情，應該是長期體內毒素累積所致。

王太夫人肚子裡的胎兒成了遺腹子，這個胎兒關係到陶太夫人在孔府的地位（按：陶氏為正室，王氏僅為妾，因此王氏的兒女仍稱陶氏為娘），若生下女兒，依照族內的協議，就由南五府不到十歲的男孩孔德同繼承衍聖公，陶太夫人的地位將一夕之間消失，必須搬出孔府。

王太夫人臨產時，北洋政府派了軍隊包圍了孔府，還有顏子、曾子、孟子的後裔，孔家最有權力的十二府長輩老太太們，以及其他各路監產人員齊聚孔府。所幸王太夫人生下了孔老師，母子均安，整個曲阜縣歡聲雷動。出生百日，當時的總統徐世昌任命孔老師為衍聖公。

孔老師的母親在生產後十七天就去世了，雖有謠言認為是陶氏的陰謀，但就孔老師自己所寫的文字來看，應該不是如此。

孔子家庭如帝王家的家教，非常重視子女教育，陶氏對於老師們給孔老師的栽培都很尊重。起初孔府找了一位新式學堂畢業的王毓華老師任教，他也開拓了孔老師的眼界，對孔老師照顧無微不至，甚至睡在一起。後來找了莊陔蘭太史來任教，之後還有呂今山先生。莊太史專攻的是文字學、經學、書法。孔老師每天都要練習寫字，每天讀書，上述三位都是他的啟蒙老師，另外孔老師身邊還有李炳南先生，我曾見過，他為人非常儒雅、忠實。

回述老師小時候，劉孟瀛醫師曾救了孔老師兩次。一次是老師吞了玻璃珠，一次是老師長疹子了不肯吃藥，拖延導致病情加重。劉醫師那次治療孔老師，心情十分沉重，還調了鴉片膏，假如沒有治好聖裔，那他就要吃鴉片膏自殺！好在後來治好了。劉醫師的兒子是孔老師小時候最親近的朋友；另外還有奶媽張氏的女兒，他們稱她作媽媽妞。孔老師的奶媽曾經選了十幾個都不行，因為有的人的奶他喝了拉肚子，有的他不喝。還有孔老師的大姊、二姊，幾個小孩就在孔府的高牆內，玩板輪車、竹馬戲、玻璃珠等。

孔老師很喜歡聽戲，孔府過去也會找戲班來演，他後來也買唱片。老師自己也會唱，但從沒有唱給我聽。孔府祭孔是很重要的大事，老師五歲就上場主持，小孩子就叩頭叩得有模有樣，到十三歲就有大將之風，非常嫻熟。所以孔老師年輕的照片就十分老成，那是環境使然，主持祭孔大典總要有個樣子。

有一次聊天，孔老師說：「我小時候見客人，有一次一個禮拜沒上過廁所！」正因為孔老師的身分所見的人都是了不起的人物，八歲的時候蔣介石是總司令就去曲阜跟他見面，吃飯時蔣總司令親自剝橘子給他吃。山東省省長韓復榘也去跟他見面，所上的菜跟排場都是很大的，所以孔老師在那個年紀會覺得上廁所丟人，導致一個禮拜沒有上廁所。

孔老師小時候跟兩個姊姊的感情很深，兩個姊姊出嫁，他很傷感，看看他寫給二姊出嫁時的詩，非常感人，姊弟情很深。

非常令人高興的是，孔老師十六歲時跟孫琪方女士結婚了。師母是安徽壽州人，大家閨秀，她祖父是清代狀元孫家鼐，世代書香門第，孫家鼐擔任過工部、吏部、禮部尚書，與翁同龢同為光緒帝的老師。我們從來沒有看過老師和師母吵架，孔師母就是那麼樣溫文賢淑，有如明月光輝那樣地沐浴寰宇。

他們結婚場面非常盛大，衍聖公結婚，擺了一百桌流水席，讓整個曲阜縣的人都來吃，一直吃到半夜一兩點鐘都還沒結束。婚禮的儀式他們也猶豫要用新式的還是傳統的，因為韓復榘送了汽車，不好意思不用，所以他們又坐轎、又搭車，新舊結合。小倆口常坐汽車出去兜風，但是當時工藝技術不好，時常拋錨，新娘只好下來一起推車，但這也是很甜蜜的時光。

在曲阜的歲月裡還有兩件重要的事情，一件對於陶太夫人產生很大的壓力，就是《子見南子》戲劇的演出；另外一件事情是孔老師當家後，遭遇到了中原會戰，閻錫山的軍隊包圍曲阜，砲轟孔廟、孔府。

五四運動是迷信西方，要打倒孔家店。其實中西各有長處，不應偏頗，但當時對西方文化產生迷信，也認為戲曲是最落伍的。我在世界各國講演，我說中華民族的戲曲是戲劇中最了不起的藝術，到現在也沒有人寫文章批評我這樣的說法。

蔡元培、胡適在那個時代也都有不利於孔家的言論，林語堂寫了《子見南子》的話劇，他的原著中並沒有明顯對孔子不敬之處，可是被曲阜的第二師範的學生老師拿去改編，就有不堪入目的現象，孔府以及傳統文化人士不高興，把此事告訴財政部長孔祥熙，孔先生轉達了蔣介石，蔣介石要山東教育廳廳長查辦此事，但是教育廳長也是站在學生那邊。此話劇的演出讓陶太夫人感到很大的壓力，她在孔老師九歲的時候就去世了。

再說中原會戰，閻錫山這個人可惡，歷史上難找。因為自己軍隊的內鬥，居然下令砲轟曲阜，有幾發砲彈落在孔廟、孔府內。砲轟孔府時孔老師被安置在桌子下用棉被包起來，果然有一顆砲彈落在旁邊，還好沒爆炸；另有一顆落在孔子牌位旁邊也沒爆炸，曲阜人於是都說孔子顯靈。對於此事，孔老師也以衍聖公名義提出了抗議。

一九八九年，我率領了南管樂團去陝西省黃陵縣祭拜軒轅廟，那時兩岸都已經數典忘祖了，廟裡面連燈都沒有，縣長親來協助，搞到半夜才接通線路。我當時穿得有模有樣當主祭，樂隊從晚上十一點演奏到清晨六點。黃陵縣有九萬株松柏，超過一千年的有三萬多株，總數九萬多株等於黃陵縣的人口。怎麼能保存那麼完好呢？因為此處幾千年兵燹所不及，沒有人敢侵犯黃帝，而閻錫山居然敢砲轟孔府。中日抗戰要逃亡的時候，山東省立圖書館館長王獻堂先生把幾十箱重要的文物藏在孔府，因為他認為日本人推崇孔子，藏在那邊才安全。連日本人都那麼尊敬孔子，所以才說閻錫山實在可惡。

孔老師十七歲時師母懷孕了，聽說日本要攻進曲阜，蔣介石先生下令師長孫同萱前往護送離開，要求孔老師他們兩個小時內要收拾好。孔老師與師母離開時的廳堂擺設都還保存在那裡，從中可見其匆忙。孫同萱師長派了一部鋼甲車護送他們前往後方，大女兒維鄂在漢口出生了。孔老師四個兒女都是用地名去命名，在重慶歌樂山生下維益，在四川生下維崍，而南京古稱江寧，所以小兒子出生命名維寧。到了重慶，蔣先生也對孔老師十分照顧，那時候物資十分缺乏，孔老師說如果有一碗牛肉麵，那他們全家會分著吃，吃得津津有味。

我的另一位老師屈萬里老師，成就在兩岸中極為了不起，在我心中是第一的經學家。當時在山東省立圖書館擔任編藏組組長，其館長王獻堂先生是古器物、文字學家，皆與孔老師交好，所以孔老師的古器物學那麼的好，這也跟他擔任故宮主委有關係。另外蔣公委任丁惟汾先生為孔老師的導師，他對於聲韻學、經學很內行。孔老師對於他的朋友很有道義、情義。屈萬里老師在重慶的時候生活艱困、難以維生，孔家給他伴讀的工作，陪孔老師讀書，其實都是各讀各的。孔老師讀書很專注，當時晚上讀書艱難，燈光不夠，老師帶著維鄂讀書，女兒都睡著了，他替女兒蓋被，自己讀累了才抱著女兒去睡覺。因為這麼用功，所以經學、金石學、古器物學他都很專精。

屈老師覺得天天在孔老師這邊伴讀沒有奉獻不太好，所以對孔老師說要另外找事情做，孔老師說，你真有好的工作那就去高就，但如果是認為在拖累我，請千萬不要這樣想，吃什麼喝什麼我們兄弟一樣就好！過了一陣子，屈老師才去找了其他事情做。當時戰亂，孔老師在重慶如大家心目中的家長、鄉長，孔老師也都盡力維護鄉親們。

抗戰勝利至一九四九年之間，孔老師擔任國民參政會參政員，這個職位地位相當高，他也是中華民國最年輕的資政，在南京時也當選曲阜的國大代表。

一九四八年，政府給孔老師公費去美國遊學，耶魯大學聘他為榮譽研究員，美國學人小題大作、鍥而不捨的精神，對孔老師有深入的影響。此時傅斯年也在耶魯養病，兩人住在同一棟公寓，他很照顧孔老師，也會管束孔老師，有一次老師出去朋友家打麻將，到半夜都沒回家，傅斯年先生居然等門，讓他再也不敢晚歸，所以他對傅斯年先生很尊敬。

關於孔老師的家人、朋友、學生以及飲酒趣事，略述一二。做學問方面，王國維以及陳寅恪對老師都有影響。孔老師從小背書是家常便飯，我們學生要背古文是苦得不得了；有一次孔老師拿了一篇陳寅恪先生寫的序，裡面提到治學的方法，一千來字，他要大家背起來。我背不起來，黃啟方、章景明也背不起來，被老師罵了一頓。罵完也就沒事了，老師又找我們喝酒去。與孔老師一同喝酒對我有很大的影響，後來我在文化學術界有一個酒党党魁的頭銜，我還把孔老師的飲酒理論化，三十四歲就當小党魁，現在統一兩岸。

孔老師對於家人的情感很深，跟師母伉儷情篤，夫妻不吵架。大女兒維鄂嫁給了美國的一位少校，出嫁時孔老師寫了很感人的話語，維鄂都擺在身邊，這是父親對遠嫁女兒的情深。我跟孔老師最接近，有一天我在研究室看到孔老師桌上有一段沒寫完的文字和一首詩，一看原來是寫給二女兒維崍的關懷，內容很感動。維益和維寧兄弟情深，他們和景明、啟方與我，也像兄弟一樣，喜歡喝杯酒，豪放一番，這都是孔老師的關係所延伸下來的兄弟之情，我們雖是孔老師學術上的弟子，但情感上也是如父子一般。維益去世時，孔老師哭得很厲害，我現在想起來都想哭。

有一天孔老師跟我們學生在一起閒話家常，他說：「我想我快要死了。」我說：「老師您胡說八道什麼？」他說：「你不知道，我現在如果不看看垂長，都會想他，都想逗逗他。」當時孔老師五十來歲，中年得長孫（後來八十七歲，得曾長孫）。我說：「這很自然，哪有爺爺不疼孫子，哪有這樣就要死？」他說：「我從來沒有這樣過，這表示我老了。」

孔老師的朋友相識滿天下，與他常在一起的有屈萬里老師和臺靜農老師，臺老師在臺大中文系擔任了十九年的系主任，他與孔老師喜歡說玩笑話，發難的總是孔老師，孔老師喜歡欺負這個老哥，臺老師有本事四兩撥千斤，弄得大家哈哈一笑，我們平常最喜歡聽他們交談。孔老師對於晚清民國的佚聞掌故，就是在師生相聚、在酒筵之中談了許多，我們都覺得很新鮮。我當時就主張，我們應該要學習孔子弟子隨手筆記，我果然記了幾天，到現在都不敢發表，你們就知道裡面都是佚聞、祕辛。孔老師學他的老祖先述而不作，他老是說給人聽，自己不寫，我們這些徒兒們，和他高興喝完酒回去呼呼大睡，第二天起來就忘了，也沒寫，很可惜。

我的指導教授鄭老師因百（騫）、張清徽（敬）老師，他們都是韻文學上的名家，還有子學泰斗的王叔岷老師，也常和孔老師在一起。另外歷史系的夏德儀先生，以及當過駐教廷大使的王壽康先生，還有葉公超先生，山東的同鄉劉安祺將軍（當過陸軍總司令），他的弟弟劉安愚當過師大附中的校長，教育部的姜增發先生，還有企業界的尹復生先生，以及紡織業的陶子厚先生，這些都是與老師比較親近的友人，我們也常有機會陪侍他們。

這些老師平常情感很好，後來我們酒党成立以後，就開始給老師們做「酒」品中正的排序，現在順便說一說。當時大家公認可以達到酒的最高境界，是沈剛伯先生和臺老師。沈剛伯先生是史學家、文學院長，他即使知道得了癌症還是照喝不誤。他七十歲去醫院檢查，醫生說有癌症，同時有一位臺大教授的夫人也判斷得了癌症，結果這位教授的夫人嚇到軟癱了。沈先生則認為我都活到七十歲了怕什麼！他活到八十歲去世，因此我們覺得他瀟灑，有「酒仙」稱號。

臺老師則是怎麼喝從來沒醉過，就是這樣溫文儒雅，喝了很多時自己就會說：「永義啊，我夠了。」還有鄭騫老師，他向我說過：「我們年輕的時候，喝紹興是用啤酒杯喝的！」而且我看了某些記載，蔡元培先生和朋友喝酒，他不喝高粱，他喝紹興，而且一口就是二兩，然後總要喝幾十杯才開始吃飯，據說有幾斤了。所以我們酒党有先聖，今賢也很多，喝酒的人只要不是酒鬼，不是爛醉如泥都是可以的。孔老師又得到了惟汾先生的真傳，就是「吃飯要吃飽，喝酒要喝醉」，所以孔老師有時候也會喝到醉。

第二級是酒聖，當時公認的是教育部長梅貽琦先生。我的老師鄭因百先生也能喝，但是他後來比較節制，比較沒有什麼飄逸之情，所以降為酒賢。孔老師當時和他的同輩朋友相比是比較年輕，沈剛伯先生冊封他為酒霸，因為他常叫別人喝，不喝不行，捏著人家鼻子喝，有點霸氣，以威勢服人。夏德儀先生是看到誰被灌酒就去擋酒，說：「放心我來，替你喝！」稱為酒俠，可是他到朋友家就要酒喝，所以又叫酒丐，亦俠亦丐。宋文薰先生是臺灣考古學的祖師爺，他有一陣子喝多了，有一點酒精中毒，是他的親戚把他治好了，所以那時稱為酒鬼。

屈老師喝酒不乾不脆，比了半天，人家喝掉了他還沒有喝，又喜歡起來指揮，所以沈剛伯先生說他是酒棍。

有一天，我聽到孔老師在關心他的朋友：「某某啊，最近如何，好像不太順利。」「某某做個小生意開餐廳……」他就為朋友在設想謀劃，我聽了很感動。

還有一次，我們儀禮小組的研究計畫，成果要拍成電影，孔老師讓我去找尹復生先生，他拿了十六萬給我，他說：「這是我幫助你們的學術工作，不要說要還。」我們完成影片製作以後的第二年，孔老師拿了一大包錢給我說，拿去還給尹復生先生。尹復生說不是說好了嗎？我說你要知道我們老師的個性，他不會接受，我完成這個任務，你怎麼跟他說是你們的事了。所以孔老師有需要也不介意求助於朋友，但是也會婉謝朋友過分的好意。孔老師擔任選總統的國大代表主席團主席好幾次，都有豐厚的出席費，但他都全數退還，無形中給我們典範。

孔老師以教書為志業及其治學態度。孔老師對於他的學生更不必說了，他的學生也是滿天下，他年輕的時候就在臺中的農學院，後來合併為中興大學，三十五、六歲就到臺大來教書，我選孔老師的課時他四十歲左右，又在師範大學、輔仁大學、東海大學、東吳大學教書。他就是喜歡教書，一直到八十七、八歲，還是照樣上課，到後來體力不行，才由葉國良代他授課。他八十九歲去世。

教書是他唯一一生的事業。我們臺灣大學很著名的林文月先生，氣質非常優雅，孔老師、臺老師最喜歡吃林文月先生的菜，她的廚藝是自學的。老師到她家吃飯，我總是跟班，也是她帶我去《國語日報》參與「古今文選」編輯。她主菜上桌，老師一定說起立敬女主人。

我跟孔老師學習《儀禮》這部書，有十七篇，我就每天的下午三點到五六點，逐篇慢慢翻閱，我發現《儀禮》的妙處。你如果睡不著覺，那麼《儀禮》真是治失眠的良方，包你翻閱時睡睡醒醒，終於睡著。我如此這般地讀了十七個下午，也老老實實地睡了十七個下午。後來在美國東亞學會提供贊助經費下，成立了儀禮研究小組，臺老師掛名、孔老師當指導教授，此小組也補貼參與的研究生不低的獎學金。我們從每個禮拜上一到兩次課，這樣上了好幾年，大家各有所長，然後綜合起來，把自己研究的內容做成實際的實物，拍攝成整個士昏禮的影片。我們買不到雁子，於是買了鴨子，每次拍片就拉大便，我就去擦鴨子的屁股，不知擦了多少遍才拍成。禮經那麼樣艱澀，我們用寫實的錄影表演出來，非常的具象，使人一目了然古代結婚的禮節。後來也完成了《儀禮》研究叢書，由中華書局出版，很受到重視。

一九八二年，我在密西根大學做訪問教授，孔老師去看大女兒維鄂跟他的學生，我們師生聚會，安排了密西根大學午餐講演會，孔老師就在那邊講《儀禮》，我就當活道具，如何拜、跪、喝酒，這就是我們師生費了好幾年完成極有意義的學術成就，首次在異域「現身說法」。

寒暑假我們照樣上課，上起課來孔老師的嚴肅討論，讓我們不敢掉以輕心。器物擺哪裡、穿什麼衣服、什麼動作，裡面含蘊古代生活許多的禮節習俗，傳達儒家思想的重要意義；否則古人不會寫那麼多注解流傳古今。

我們中華文化幾千年來能夠延續下來，那麼多的方言而大家可以溝通，就是因為我們的文字相通，每一代都有官話，孔子那個時代叫作雅言，所以雅言是對比方言，後來叫作官話、正音，其他叫土音土語，這是中華文化統一國家很重要的因素；所以金文現在還可以解讀便是這個緣故，我也上孔老師的金文課程。我們上課也有很緊張的時候，也有非常愉快的時候，如果偷懶，孔老師會罵人。有一次黃啟方因為新婚比較少來上課，大概也忘了跟孔老師說，孔老師說啟方怎麼搞的？即使新婚，回家也要說一聲，我們掛電話跟他說，他第二天就來了。

過去我也認為，我們生活在臺灣，對於臺灣的歷史、傳統藝術也要重視，所以我就建議當時的系主任，應當把臺灣史納入大一學生的課外讀物，讓他們可以知道臺灣幾百年的歷史情況。沒想到不到兩三年就不見了，因為那個時代不喜歡臺灣意識太抬頭。就如同現在有意地去中國文化也很可惡，文化應該要博大，要兼容並蓄，要高瞻遠矚。所以我當時就投入臺灣民間藝術文化的維護和發揚，我起先追隨許常惠教授，也引領十幾位教授參預新成立的中華民俗藝術基金會，我在裡面擔任過執行長、董事長，調查臺灣的傳統藝術，也在青年公園辦了四年的民俗技藝大展。所以我們中文系關心的老師都對我說，跑起江湖來對於做學術有影響，我說其實我也在做另一種學術。孔老師說永義你做得對，這也是很重要的學術工作，你要向俞大綱先生多學。

另外屈萬里和臺靜農兩位老師也都很支持我去做這些事。屈老師也把中央研究院雜亂的俗文學資料交給我整理編目，他那時候是中央研究院歷史語言研究所所長，我向老師說，要使這一批資料活起來，就要像醫生開刀那樣，拆解重新分類整理。於是屈老師讓我把這些東西運到臺大研究室，否則每天來回中研院三小時車程，很花時間。

孔老師的法書很珍貴，許多人向老師求字，真假參半，假得多，都是請葉國良、陳瑞庚、李炳南老師等代寫，只有他喝酒聊天的時候，才可以求到真跡。我縱使常一天到晚跟在老師身邊，但看到老師被包圍求字的辛苦，所以都沒開口請求。只有一次在密西根大學陳真愛家裡，老師才寫一幅「書不讀秦漢以下，意常在山水之間」贈給我太太。又有一次我和臺老師等幾位先生陪他去中華路會賓樓吃飯，從臺大搭〇南公車過去最方便，〇南公車有兩線路，一班半小時可到，另一班要一個小時。老師那次刻意搭右轉的公車去，讓客人等，原來是要來求字的。

孔老師生活簡樸從小就養成，他住南京東路五段，上下課交通搭的是二五四公車，內人也去聽他的課，我們會送老師去站牌等公車，等了半個小時，他居然泰然自若。當時他是總統府資政。

孔老師在為人上很坦誠，對於政治他一概不談。他一定循規蹈矩，政府要他做他一定配合，他很自律，對於家人、朋友、學生很愛護和照顧。

蔣介石對他如子弟般看護，蔣夫人更關懷有加。孔老師年輕時瀟灑、出類拔萃，蔣總統和夫人自然很喜歡，所以會特意地栽培孔老師。

孔老師離開曲阜以後未再回去，我曾請老師返鄉探望，他反對，我還希望陪他去，但都沒實現。我到曲阜去拍了許多照片也不敢給他看，怕他觸景傷心，其實因為文革的時候三孔受到破壞，尤其孔林受到嚴重的毀損，孔老師有一次說，怎麼連我娘都不放過，這是孔老師內心的無限悲痛，也是他不回去的原因。後來孔垂長會長回曲阜，我們陪他回去，時代已經不一樣了。

孔老師早年顛沛流離，後來四代同堂，在文化、學術、教學方面可以說薪火相傳。他說儒家思想、孔子思想，永遠不會被時代所淹沒，一江春水浩浩蕩蕩，永遠滋潤我們中華大地。而我身為學生，學老師最到家的，就是「學不厭，教不倦」。我今年七十有八，仍如往常，凌晨起床，燈一開照樣讀書，因為我一輩子努力學習老師「學不厭，教不倦」，無愧無憾地作一個道道地地的讀書人。

3 王叔岷

王叔岷（一九一四—二〇〇八）老師，本名邦濬，字叔岷，號慕廬；以字行於世。四川簡陽人。以斠讎學和先秦諸子名家，諸子中尤其精於《莊子》，可能因此瀟灑些。他引導我進入《莊子》的世界，使我在思想上趨向老莊。他曾赴新加坡大學執教多年；從新加坡回來之後，在系裡兼課。每星期三，他的老友清徽師和包括我在內的十來位老學生，在僑光堂的「鹿鳴宴」，團團地陪他午餐，直到王老師傷感於清徽師逝世為止。這臺大中文系師生溫馨的午餐，被藝文界稱作「三中全會」。我們酒党後來在每星期四中午我臺大課後「暢飲」，稱作「四中全會」，即緣此而來。

老師曾賜我一首〈嵌名詩〉，和清徽師同樣對我「鼓舞誇獎」的七絕。其小序云：「永義賢弟精研戲曲，卓然名家，占此二十八字贈之。」詩云：「曾聽高談存義氣，每因對酒露豪情。宏揚雅俗人間劇，耀眼篇章著令名。」

王老師吃東西有個「小忌諱」，就是不吃「圓的」東西，如蛋、魚丸、肉丸、西瓜；但只要剖開來他就無所謂了。因為他不破壞「圓滿」。這就好像鄭因百老師絕不坐「首席」，也不教人扶持；因為這樣就不算「謙虛」，就看來「老態龍鍾」。

我們常陪侍飲宴的五位老師，雖是多年同事，但彼此之間「彬彬有禮」，非常謙虛。有次在餐廳包廂裡站了半個小時，誰也不肯居上首座。論年齡，臺老師最尊；論地位，孔老師最崇；兩人你揖我讓，「三揖三讓」還相互推辭。而鄭老師是忌諱「首座」的。幸而王老師說：「你們不坐我來坐！」才解除眼前的膠著。我向王老師說，這是否得諸莊子的修為？

4 何佑森

何佑森（一九三一—二〇〇八）先生較臺老師晚一輩，臺大中文系宴會時，他酒興很高，每桌「巡禮」，話多酒不多，行徑有如屈老師。他推薦我到香港大學擔任一年客座教授。有次他宴請港大同仁，極盡主人之禮。有位同座，見他已酒意數分，才開始向他蓄意挑戰。結果他被灌醉了，起身時跌了一跤，趕緊送醫院急診。醫生說沒事，儘管我也向師母說：老師跌倒時有如「玉山頹倒」，就像莊子所說的「醉者墮車」，「其神完也」，必然無妨。但師母還是緊張地守了一夜，直到老師清醒過來。

何佑森先生，安徽巢縣人。臺大第一屆中文系畢業，轉赴香港師從錢穆先生，盡得錢先生學術菁華，研究中國學術思想史，內容涵蓋先秦、宋元及清代，尤以「近三百年學術史」為世所推重。門弟子留系任教者頗多。

5 宋文薰

宋文薰（一九二四—二〇一六）先生是臺灣最著名的考古學家，一九六八年與地質學家林朝棨共組考古隊，在臺東長濱八仙洞發掘臺灣第一座舊石器時代文化遺址，李濟先生命名為「長濱文化」，其考古文物成果，促成「臺灣史前文化博物館」的建立。當選中央研究院院士，獲第二屆國家文化資產保存終身成就獎。

或許是因為工作壓力的關係，宋先生有一陣子因飲酒過度，酒精中毒，被人稱作「酒鬼」。後來他的親戚臺大名醫某教授，很快就把他根治了。

我與宋先生只是認識，沒有來往，因此對他飲酒的情況所知很少。

我所敘的師長前輩，就飲酒而得的名號有酒仙、酒聖、酒賢、酒霸、酒俠、酒棍、酒丐、酒鬼等八種格調類型。其中「酒賢、酒丐、酒鬼」是我補沈剛伯先生所未及的。我又想到，有許多人雖然也飲酒，但只是「芸芸眾生」，沒有特色，就姑且以「酒徒」命之吧！如此一來，飲酒的就有九種品調了。於是我在「酒党党綱」裡，就立下了「酒品中正」一款。

6 沈剛伯

沈剛伯（一八九六—一九七七）先生，名汝潛，字大烈，湖北宜昌人。一九四八年至一九六九年擔任臺大文學院院長，我正在中文系所由學士到博士班肄業。雖然未能親炙，但聆聽講演，接送赴臺、孔二師飲宴場合，得沾溉餘瀝，略可稱之「與於几席之末」。

沈先生是極負盛名的史學家，他在廣州中山大學、南京中央大學任教期間，先後開設「西洋上古史」、「西洋通史」、「希臘史」、「羅馬史」、「英國史」、「俄國史」、「印度史」、「法國大革命史」、「西洋文化概論」等專門課程，能如此的，可謂「前無古人」。

沈先生性淡泊，不修邊幅；一襲長衫，一頭亂髮，一根香菸，被描繪為「臺大一景」。講起書來，滔滔不絕；從不帶稿子；也不發表長篇論文，只是年年開設新課程。他曾向我說，理工重新知，文史在積漸；所以文史的火候，越老大越純青。

沈先生別無所嗜，喜歡與三五好友聚餐，談古說今，淺斟低唱一番。有人問他，常在一起飲酒的朋友，

「酒德」如何？他說：臺靜農酒品好，不爭不吵，笑咪咪的，可算是個「酒仙」。屈萬里酒量好，但要磨半天，才一杯下肚，大家叫他「酒棍」。孔德成先是彬彬有禮，到後來指揮若定，道：「你喝你喝，你得喝。」因謂之「酒霸」。梅貽琦只管喝酒，不聲不響，不論誰敬他酒，他都一飲而盡，絕不推辭，可尊為「酒聖」。而他自己飲酒，適可而止，也不強人所難，堪稱「酒賢」。

沈先生逝世五年，一九八二年十月《中央日報》出版他的遺稿《沈剛伯先生文集》，上下兩卷各五十餘萬言，分歷史、哲學、文學、教育、世局、記事等多類，真正代表了沈先生的學養與見解。

7 屈萬里

屈萬里（一九〇七—一九七九）老師以經學、考據、目錄學為世人所稱。為人望之儼然，但關懷朋友學生無微不至，即之也溫，授課亦偶露幽默之語。但飲起酒來卻不乾不脆，要他喝固不容易，你要喝也不是一下喝得了。也因此沈剛伯先生說他是「酒棍」，而這時的屈老師，其實是最可愛的。

一九六三年六月我大學畢業，謝師宴在臺大體育館舉行。那天屈老師酒興很高，喝得很多，同學輪番向他敬酒，他也一個個回敬。老師總要問同學：「是紹興還是啤酒？」然後按照比例乾杯。當我向老師敬酒時，老師也同樣問我。我把杯子交給老師，說：「老師您考證看看嘛！」老師把他的杯子和我的杯子併在一起，仔細端詳杯中的「酒色」，說：「嗯！是紹興！」於是以同樣比例和我乾杯。次日我向老師說：「治學還要加個條件，『頭腦清醒』，昨晚我喝的是茶，君子可以欺之以方，老師被我蒙混了。」老師聽了哈哈大笑。

屈老師喜飲高粱，胃部開刀以後，也還喝兩三小杯。有次他在第五研究室東張西望，找尋他存於書櫃中公賣局的小瓶高粱。我說：老師不用找了，被景明、啟方和我「蒸發」了。老師笑哈哈說：「蒸發得好！蒸發得好！」

屈萬里老師字翼鵬，山東魚台縣人。一生苦學力讀，博通群經古史。與孔德成老師私交甚篤，終老不衰。為中央研究院院士，曾任臺大中文系主任、中研院史語所所長、中央圖書館館長。所著甚為宏富，學界奉為宗師和典範。

屈老師治學，最講究根柢扎實，方法正確。他常舉這樣一個例子來說明：有人將燒餅著墨，做成搨本，送請某古器物學家，考證是何代何物，這位專家費了好幾個月，結論是「宋代銅鏡」。老師說：「如果根柢不扎實，方法不正確，所做出來的學問，往往是很可笑的。」如果我的戲曲研究能夠根柢乾嘉考據而有點成績的話，都是得諸老師的教導。

而老師栽培我最大、影響最多的是命我主持「中研院史語所傅斯年圖書館」所藏，由劉復、李家瑞所蒐集的萬餘種資料，做分類整理的編目工作，使我終於完成六十餘萬言的《俗文學概論》。

可是在整理分類編目期間，也發生一段「插曲」。我向老師建議對這批「龐然大物」要做分類編目，好使萬餘糾結散亂的篇章，各就統緒、歸其類別，學者才能便於運用；又建議臺北、南港交通不便，為省往返費時，宜將資料移置臺大中文系研究室，以利作業。老師都答應。像這樣把研究院原始資料搬出院外，並委任外人切割拆線整理的，真是「前無古人，後無來者」。我於是成立「俗文學資料分類編目小組」，成員有副教授、講師、博碩士生六人。屈老師為我們申請美國哈佛燕京社兩年經費，我們努力了四年才完成。

在整理期間，以其資料之珍貴性略如敦煌遺書，因為那是民初劉半農（復）、李家瑞師生費心費力從全國各地經十數年徵集和蒐集來的；所以常有學者、出版社來探詢觀覽。我一向認為「學術為天下公器」，何況學術資料哪能私下據為己有，所以對來訪者無不熱誠接待，還敦促聯經出版公司，在我們整理好之後，趕緊申請出版，「昭告學界」，以杜絕大陸訛傳此批資料，已在國民黨南遷途中，隨輪船沉沒海裡或江裡的謠言。沒想，某天屈老師當面對我說：「永義！有人說聯經每月付你四萬元，要你幫他們出版這批資料。」那真是青天霹靂，我直覺的反應是：「老師啊！我是您的學生，您的學生怎會幹這樣的事！」老師撫著我的肩膀，說：「是的！是的！我的學生當然不會！」

而當我把整理成果在《聯副》連載發表時，老師已因肺癌入住臺大醫院，我正要赴哈佛大學，向老師辭行，老師還指著《聯副》向我嘉許一番。

8 林文月

本書〈自序〉提到林文月（一九三三—）先生親自「料理」，安排我認識連戰先生伉儷。我吃林先生在家做的飯，不知多少次。她雖然在臺大中文系教書，研究寫作外，還頗具手藝地做得一手好菜，出過《飲膳札記》。她很孝敬臺、孔、鄭三位老師，常請他們到家歡聚；我因為協助林先生編輯《國語日報》「古今文選」專欄，和她比較接近，也常被邀，侍候老師、沾溉餘瀝。老師們對她別出心裁的佳餚，無不嘖嘖稱讚，頻頻敬酒致謝。林先生也一杯杯陪著老師喝，無不盡興。

林先生是美人，氣質超凡，內蘊華彩，如皎月之澄輝，非一般形貌可比，以致嚮慕之人，無不自命「望月樓主」。歷史系的逯耀東，酒後就大談林文月；論「生死學」的傅偉勳回國，瘂弦為他接風，席間也不諱言他對林文月的情懷；瘂弦還對我說：某公子裝扮成三輪車夫，守在林文月家門口，好能看她一眼；如果林文月要他「跳樓」，他絕二話不說。我也確曾見過「車夫」的景象。我曾陪林先生搭公車到「國語日報」，被一位同宿舍的土木系同學看到，誤以為林先生是我的女朋友，被他宣揚豔羨許久。又有一次晚宴後送林先生回家，計程車司機向我說：你真有福氣，這樣漂亮的女朋友哪裡找。

林先生臺灣彰化人，她是連橫外孫女，連戰表姊，出自名門，她的美出諸天然純良與學養的陶冶。研究專注陶謝與六朝文學；才情高，散文淳粹有深味，精通日文，譯筆達意傳神；為文壇享譽極高之作家。她能喝酒，只在師友之間。我沒見過她過量失態，只覺得她杯中有物，就有特殊的美感。有次她請臺、孔二師在西門町一家日本館子吃飯，那時紹興缺貨，店主人看孔老師已有幾分酒意，居然拿出假酒來蒙混。臺老師不作聲，我忍不住要「發難」，林先生及時阻止了我。

林先生的夫婿郭豫倫，玉樹臨風，瀟灑俊逸，獨得芳心；不知被多少「望月樓主」失落多久。他原是「五月畫會」的成員，後來改行以出入古董為業。有次在美國柏克萊，我親見一位古董店的老闆，被他折服得「五體投地」。他在酒中是個「豪情勝概」的人。林先生向我說過，他半夜酒醉歸來，躺在家門口外邊就睡著了，次日打不開門，才發現被他擋住了。

9 金祥恆

金祥恆（一九一八－一九八九）老師是董作賓先生的弟子，在中文系第十研究室，孜孜矻矻研究甲骨文。許進雄和他「同居一室」。他的江浙口音，我只聽懂六成。他熱誠易親近，我居然也在他主編的文字學期刊上發表一篇鋼板刻印的打字稿〈說磬〉，是我唯一的文字學論文。

金老師住臺大附近的溫州街公寓，退休後，每天清晨到校園操場運動。令人傷感得很，有天他跨越馬路，不幸被計程車撞死了。那時我正代理黃啟方一星期的系主任，代表系上辦理喪事。

10 金嘉錫

金嘉錫（一九二八－）和葉慶炳、楊承祖都是臺大中文系最早期培養出來的研究生並留系任教。金先生師從王師叔岷，繼王師在臺大開設《莊子》課程，一教達五、六十年，頗具創格之見解，退休後，仍繼續開設此課程。

金先生性情平和，住舟山路臺大宿舍，我常看到他「踽踽獨行」。我偶然會找他喝杯酒，他和我出席中文系系務會議後聚餐，與我同坐「退休老教授」一桌，舉杯對飲，彼此鼓勵「乾一杯」，不知不覺間，彼此傾盡好多杯。他喝酒雖慢條斯理，但似乎「量不見底」，沒見過他有過濃濃酒意。先生飲酒如治《莊子》，自然灑脫，有興有量有德，杯酒可盡、可來者不拒，頗得臺師靜農之風範。然不相處日久，難知其為真正品高格上之「酒人」。他酒後又獨自穿過校園，「踽踽獨行」返家。如果距離較遠，我會計程車送他。

11 洪炎秋

洪炎秋（一八九九－一九八〇），原名槱，表字棪楸，後改字炎秋行於世。臺灣彰化鹿港人。其父棄生，名詩人，痛恨日人據臺，禁子弟入日本學校，自行課讀經史。一九一八年，得臺灣新聞報獎金、提領其父銀行存款，留學日本，翌年因無餘款，輟學返臺。一九二二年侍父遊歷大陸，留北平，因何兆熊（後改名何容）入北京大學預科，升教育系，一九二九年北大畢業。畢業論文〈日本帝國主義下的臺灣教育〉，為蔣夢麟賞識。一九二〇年，沈尹默為北大校長，入北大註冊組，後為附屬中學高中部主任。一九三七年抗戰軍興，北平淪陷，奉命留守，為農學院校產保管委員。一九四六年六月返臺任教，後調為臺中師範校長。一九四七年，何容任臺灣省國語推行委員會主任委員，委以副主任委員。一九四八年受聘為臺灣大學教授，十月《國語日報》創刊，董事長傅斯年命以社長。一九五七年十一月赴歐美訪問考察七個月。一九六九年高票當選立法委員。

我在一九五九年大一時上過洪炎秋老師的「文學概論」，他的《文學概論》雖然在一九五七年出版後，就成為經典之作；但老師講得太深奧，常在黑板上寫了許多外文原典，以致學生興趣缺缺。一九六八年，我協助林文月先生編輯《國語日報》「古今文選」，偶然陪老師坐報社三輪車進出校園。一九七一年我博士班畢業，林先生把「文選」主編交付給我。一九七六年，我升任教授，洪老師推薦我為「國語日報」董事，直到現在四、五年，期間有兩度「眾望所歸」，要舉我為董事長，都因故玉成他人。

洪老師生性耿介，風骨嶙峋，他的散文風行一時，說理平易中帶辛辣，尤其風趣盎然；我很喜歡閱讀。他選立委時，我率領臺大同學在街頭散發傳單，無不回應說：「你們老師是好人、是君子，當然選他。」當故宮陳萬鼐因我於《中央日報》副刊對他寫的「洪昇」略有批評，就在《自立晚報》寫了一篇〈捉賊實錄〉，說我的〈洪昉思年譜〉抄襲徐朔方的〈洪昇事略〉。洪老師很憤慨地要繼張以仁先生之後，為我撰文「打抱不平」，為孔達生（德成師）以息事寧人為重所止。洪老師大半生和何容先生協力服務報社，推行國語；敬業而辛勤，領取微薄薪水，表率同仁，使業務蒸蒸日上，打下報社深厚的基礎。我到社長室去看他，他辦公的空間也只能容下我一人。

一九八〇年三月三十日，我在《國語日報》家庭版寫〈光明爽快、乾淨俐落——敬悼洪炎秋老師〉，說到：前年老師寫信給我，囑咐我看看哈佛的玻璃花，就知道什麼叫作巧奪天工；對於他那歪歪斜斜的字跡，說是因為眼昏手顫；他感嘆猶不能卸下《國語日報》的擔子，說是老牛拖車。他那微有鹿港腔的國語，已經聲細如絲。這些瑣事，都教我油然感傷。可是我知道老師八二高齡，說什麼也無法掩飾老態龍鍾，而他的人格、他的心志，一直是那麼光明爽快的。「光明爽快」，老師說：「我的人生觀是：活要活得『光明爽快』；我的人死觀則是：死要死得『乾淨俐落』。」老師的一生，就如他所說的「光明爽快、乾淨俐落」。

老師雖然自稱：「論起學問，中學沒有學成，西學又趕不上，既沒有體，當然談不到用，只好勤以補拙，努力做事，認真教書，以賣力氣掙飯吃。」但他淹貫中西、博通古今的學養，是為他的親友、學生和讀者所景仰的。他又說：「我的為人，渾身矛盾，一肚皮不合時宜。年輕時候，努力要做孝子，結果卻落了個父子不和，遺憾終身；中年以後，想要盡忠國族，有所貢獻，又被先父遺傳下來的幾根硬骨頭，潛伏身中作祟，既不肯拍馬吹牛，又厭惡蠅營狗苟，自然無法爬居高位，以致滿腹『金輪』，無處施展。」他一肚皮不合時宜是果然，而人們景仰他的，正是這一派書生本色、學者典型。

我為臺大中文系所作〈輓洪炎秋老師〉的對聯是：

負笈京華、獻身桑梓、澹泊名利，是書生本色。
推行國語、從事教育、建言立德，為學者典型。

12 張以仁

張以仁（一九三〇—二〇〇九）先生在中研院史語所和臺大中文系，都與酒「無名」，但能淺斟低酌。以仁先生早歲以治《左傳》、《國語》聞名，五十六歲以後，轉精晚唐五代詞，尤獨到「溫韋」；六十歲忽然用心用力於作詩填詞。從此在系裡信箱常會讀到他的新作。我每於窗前吟哦，對先生心思之細膩，情趣之盎然，讚嘆不已。有時不禁拍案而起，致電先生，謂：「似此佳詞妙句，焉能不對先生浮三大白，今晚『醉紅小酌』見！」而二十年間，先生累積詩二千首、詞千餘闋。

先生與我之間，逐漸由「師生之義」轉為「詩友之情」。每於人前對我多所揄揚，推薦我擔任中研院文哲所諮詢委員。

一九九九年十一月二十一日，以仁先生贈我五首七絕，小序云：「永義兄尊親大人鑽石婚暨八二高壽雙慶，設宴寧福樓，曲戲紛陳，冠蓋雲集。敬賦詩五首以賀。」詩中小注云：「『人間愉快』，永義嘉言，啟方代表賀客致頌辭，永義代表家屬答謝，皆及此語，因以入詩。」又：「小西園布袋戲搬演八仙慶壽。」又：「世新大學文學院長黃啟方教授、逢甲大學文學院長朱炎教授相繼致頌辭；永義三妹表演歌藝，名藝人黃香蓮女士則演唱歌仔戲《點秋香》，反串唐伯虎一角，皆贏得滿堂采聲。」茲舉其二三兩首如下：

獻采兒孫孝且賢，笙簫歌舞降神仙。壽登八二稱雙慶，更喜情如金石堅。
頌辭賀語善聯翩，清響悠揚聽管絃。悅耳歌聲數三妹，風流才子是香蓮。

我家一時榮慶，盡在以仁先生的詩筆小記之中。

以仁先生還為我的《戲曲源流新論》寫過序，語語中肯，使我佩服他的識見。在他去世後，我也安排他的《晴川詩詞》在國家出版社出版，在為他寫的序中，以「造化為功、芙蓉出水」為題，副標「讀《晴川詩詞》想望以仁先生」。

猶記得他指導的學生徐富昌和我指導的學生蕭麗華，通過系裡聘任案時，我們彼此緊握著手。

二〇一〇年九月我客座北京大學時，有〈題以仁先生《晴川詩詞》〉五律一首：

先生高格調，絕妙吐新詞。手握春秋筆，胸懷天地姿。
殷勤顧家國，感慨呵貪癡。典範千秋在，誰人不顧思。

以仁先生，湖南醴陵人。臺大中研所碩士班畢業，任職中研院史語所與臺大中文系外，亦曾主持高雄中山大學中文系。

13 張亨

張亨（一九三一—二〇一六），山東泰安人，形貌俊偉，而性情儒雅。臺師大國文系畢業，一九五八年得臺大中研所碩士，師從戴師靜山（君仁）治儒道思想，學術嚴謹，創發獨多，翌年留系任講師，一九六八年赴美國哈佛燕京社訪學一年，一九七一年升教授。一九八五年接受傅爾．布萊特獎助再度赴美研究。一九九七年退休，臺大聘為名譽教授。研究先秦諸子，尤其專精《荀子》，並由此而治中國思想史。曾獲國科會傑出著作獎，為學界所推崇。

我和景明、啟方，參加臺、孔二師主持指導的「儀禮復原小組」，張先生為助理，在我念博士班時，和他及夫人彭毅先生頗親近，每受關懷照顧，也享用彭先生不少可口的菜餚。張先生主持臺大國文教科書編輯會議，命我參加。當我們把會議紀錄送呈系主任屈萬里老師時，屈老師對我說：「曾永義你妾身尚未分明，怎的也簽名！」因為我雖已博士班畢業，尚未獲得任教聘書。後來張先生也要我加入臺大大一國文編輯。我主張選連雅堂《臺灣通史》作為學生課外讀物；因為國民黨教育政策猶如今日民進黨，只從政治考量。前者使國民不知「所居鄉土為何物」，後者去中國化，使國民「數典忘祖，未明所從來」，都令人深惡痛絕。可恨的是這樣的課外讀物只行之兩三年，就從教材「不翼而飛」。我問由我接洽出版的聯經公司，是臺大中文系主任龍宇純先生的指令。我問龍先生，他好意地勸我說，你不要管這事。其情況如同我在當今執政的民進黨政府文化會議上，義正詞嚴地指斥其蠻橫的「去中國化」一般。

張先生既參預「儀禮小組」，自會與於杯勺之間，他的酒興只是「行禮如儀」而已。張先生有一陣子對我在言語上有令我感到我一定犯什麼錯的地方，他不明說，我百思莫解；久而久之也都好了。我對他和彭毅先生一直是很尊敬的。

14 張敬

張敬（一九一二—一九九七）老師字清徽，貴州安順人。她出身豪門閨秀，就讀北大文科研究所，是同儕嚮慕的校花。抗戰期間，避居昆明聯大，因佩服清大畢業又考入杭州筧橋空校、投筆從戎的林文奎先生，乃於一九四一年五月四日在校長梅貽琦府邸與文奎先生舉行婚禮，但誠如王叔岷老師所言：「清徽真紅樓裡人，可惜文奎是水滸好漢一條。」夫妻未能伉儷情篤。

清徽師是我博碩士論文指導教授，曾以《長生殿》為範本，一字一句在第九研究室為我講解，導引我進入戲曲的門徑；常帶我參加崑曲雅集，並到劇場觀賞戲曲演出，使我逐漸從戲曲文獻的探討，融會戲曲藝術的真諦。有次我們師徒在國家戲劇院看完戲，下著濛濛的雨，走到南陽路才好不容易攔到計程車送老師回家。我在哈佛大學那一年，老師也來過波士頓，我自告「奮勇」做飯給老師吃，一道魚加了兩次鹽，老師說：「二賢」相遇。

清徽師明知我是「酒党党魁」，沒有勸過我少貪杯，而且還送過親筆的漢隸對聯，說：「讀書真是樂，飲酒亦須才。」使我得意洋洋。甚至為了肯定我這學生而刻意揄揚，她送我的另一副漢隸對聯：「傳存地戲飄洋過海山川閱歷徐霞客，研考劇文傍史依經曲藝究鑽王靜安」。清徽師不喝酒，我也常安排她和臺、孔、鄭、屈、王等幾位老師小聚，清徽師也都與於杯勺之間。屈翼鵬老師雖少參加，卻比較喜歡說幾句逗清徽師的玩笑話。其他臺靜農、鄭因百二位老師年輩較長，孔達生老師又是「聖人」，所以清徽師只好做出「安身守己」的樣子。

15 陳紹馨

陳紹馨（一九〇六—一九六六），臺北汐止人，日名山中彰二，日本東北帝大法文學部畢業，日本關西大學社會學博士，為臺灣首位社會學博士，為國際知名之人類學家與社會學家。一九四一年與黃得時等創辦《民俗臺灣》。戰後臺灣光復，受聘臺大文學院教授。一九四九年率隊赴臺中仁愛鄉瑞岩做泰雅族人類學調查，同行有李濟、董作賓、芮逸夫等。一九六一年創立社會學系。

我大二時，陳老師在文學院開共同必修課「社會學」。他上課時，同學交頭接耳，他手上的粉筆即一飛而至，被擊中的女生無不花容失色。

16 馮承基

馮承基（一九〇八—一九八四）老師在系裡教六朝文，獨來獨往，我卻和他很親近，一九七一年我獲教育部國家文學博士學位，留系任教，租屋住在新生南路三段臺大某教授宿舍庭院邊的違章建築裡，對街是老師住的溫州街宿舍區，馮老師住大雜院的單身房。他和清徽師同在第九研究室。我長期「占據」他的座位，把書堆滿桌上。他總是說，他有課時留給他一塊可以寫字的空間就可以。他如此縱容我，我也簡直和他成為「忘年之交」。我三不五時就去請他到我家來晚餐，他常會隨身帶瓶高粱酒來，上面總是寫著「高粱酒越喝越有」。我們不只高談闊論，褒貶古今；我也常藉機向他請教問題，體會到如清徽師所說的：「馮老師滿肚子學問。」只是他鄉音很重，課堂上學生不易聽懂。我們對著一盞燈，聊到半夜都不覺得疲倦。馮老師晚年失憶，我們做學生的，分別替他代課。

17 楊承祖

楊承祖（一九二九—二〇一七）先生，湖北武昌人。抗戰期間隨父入川黔，渡臺畢業於臺師大國文系，考入臺大中文所得碩士，師從鄭師因百（騫），留臺大任講師。一九六六年任新加坡南洋大學副教授，一九七四年任臺大中文系教授。一九九〇年退休後為東海大學中研所所長、世新大學客座教授。治學以唐代文學為主，尤以張九齡、元結為核心。

楊先生與龍宇純先生皆以京劇老生唱段自娛，有時還粉墨登場。他唱腔宏亮，龍先生蒼涼，余亦每於席上與之談論京劇掌故。楊先生非「飲者」，喜與系上同仁聚會；晚年身強體健，一個背包、一把雨傘，自己上下公車參與集會與晚宴。行動之矯捷遠超於我，而他大我十二歲；只是飲酒微量難望我項背。

18 葉嘉瑩

葉嘉瑩（一九二四—），生於北京。一九四五年輔仁大學畢業，顧隨先生親許為衣缽傳人。隨夫婿來臺，一九五四年始任教臺大，講授詩詞曲選。一九六六年為哈佛大學、密西根大學客座教授。一九六九年定居加拿大，任不列顛哥倫比亞大學終身教授，一九九一年當選加拿大皇家學會院士。曾被馬來西亞、日本、新加坡、香港等地多所大學聘為客座教授，於中國大陸數十所大學講學，更於南開大學創立「中國古典文化研究所」。被認為是影響華人世界的重要人物。

我在大學本科時上過葉老師的「詩選」和「杜甫詩」。她才情縱橫，解詩鞭辟入裡，引人入勝，令人陶醉；所以她的課堂上，無不擠滿，一座難求。

葉老師因夫婿在白色恐怖的日子遭遇嫌疑，過了一段艱澀日子；但一出國就解脫了。她高齡已九十七，猶身康體健，仍為教育事業持續不輟。

19 葉慶炳

葉慶炳（一九二七—一九九三）先生在臺大中文系也不算是「飲者」，雖非滴酒不沾，也不太「禮尚往來」。他當系主任時，要我「有分寸」地整理研究室所占用的書櫃和書桌。鼓勵同仁運動，每天清晨，就像「做功課」那樣率領出發。他的「兵丁」越來越少，而他鍥而不捨。他主持系務全心全力，連中午都在辦公室，捨不得花十分鐘回舟山路宿舍享用師母的午餐。我見過師母為他送便當，還有卸任後，辦公室清理出一箱箱的泡麵紙盒。他對研究生和同仁都很照顧關懷，每天一大清早接見研究生，了解他們的情況，聽取他們的需求。對於同仁，激勵研究，則提案成立每月舉行一次、由同仁輪番主講的「學術研討會」；主張開擴視野，就與外文系創設「比較文學會」，編刊《中外文學》；認定集體研究的重要，就組織團隊從事《中國文學資料彙編》的出版。他尤其熱心協助同仁發揮所長，或在學術領域、或在報紙副刊版面，予以推薦和機會。我曾被他推薦到哈佛大學燕京社為訪問學人，以他為首的「寫作群」更常出現報紙副刊的篇幅。他以「晚鳴軒」為號，寓意散文寫作起步較晚；但不鳴則已，一鳴即震撼文壇，不論老中青皆喜閱讀。他在中外文系主要講授「中國文學史」，所著《中國文學史》費時二十數年，豈止「三易其稿」而始成。直到定稿出書，還要學生為書中「挑剔」錯字，字字給償。此書也成為大學教科書，歷久不衰。

葉老師，浙江餘姚人。臺大中文系畢業，留系任教四十年。他去世後，我在《聯副》寫了一篇〈鞠躬盡瘁的讀書人〉敘論他的平生。提到有次和葉老師閒話，他說讀書人太早「出頭」未必是好。因為年輕正是潛心學習的時候；「出頭」必然忙碌，學問的根柢就難於扎實。我那時雖年已「不惑」，還是以他的「微言」惕勵。

葉老師以「貧富與情緣」為題，為我的散文集《牽手五十年》作序。他說：「擁有感情，隨之而來的是一種生命的溫暖感。」「擁有錢財，隨之而來的是一種生命的安全感。」「讀畢永義這本散文集，再以我衡量貧富的標準來看永義：在錢財方面，雖只能勉強及格；但在學問和感情方面都是高分。二者合計，永義稱得上是一位富人。他所以如此富有，七分要歸功於他的個性和所受的教育；三分要歸功於他的賢內助陳媛。」

20 臺靜農

沈剛伯先生把他同輩的酒友分作酒仙、酒聖、酒賢、酒霸、酒棍五類型，而以臺師靜農（一九〇二—

一九九〇）為「酒仙」。我追隨老師杖履三十餘年，陪侍左右二十數年，也認為沈先生以「酒德」論人，臺老師稱之為「仙」，有如東坡之為「坡仙」是名副其實，最適宜不過的。

臺老師曾向我說，臺灣光復時，他就很興奮地要來教育這裡的青年子弟。他是魯迅的學生，思想新進明達，而在臺灣白色恐怖的年代，他低調地保持讀書人瀟灑自然的品格。不臧否人物，無人我是非，只是對甚不苟同的，偶然會聽他迸出兩個字「無恥」。

老師自一九六八年開始主持臺大中文系系務，凡二十年。真是「無為」，沒有策略方針，也不講步驟方法；但無形中，則產生了自由自在的氛圍。有事就和幾位同輩老師「咬咬耳朵」商量，就可以了。這也許是老師將北大學風東傳的緣故。

我有幸比較親近老師是緣於我擔任過他一年的助教和他名下東亞學會「儀禮復原實驗小組」的助理，孔德成老師是小組的指導教授。

孔老師常帶我們「小組」課後上館子，席間每以「民國逸聞」下酒，也以「調侃」臺老師助興。臺老師只管喝酒，不以為意，但偶然「回敬」三言兩語，無不教我們忍俊不禁地笑開來。我們常去的館子是中華路山東菜會賓樓。某次一位服務員布置碗筷杯盤，動作很粗魯。我臉色不悅，說：這是什麼態度。臺老師說：永義，他可能身體不舒服，沒關係。老師這句席間溫和的教誨，使我體會什麼叫「宅心仁厚」，「凡事多為別人想想」。

臺灣的菸酒，原是繼日據時代的公賣制度，一般喝的是紹興酒和啤酒。臺老師喜溫紹興，孔老師好冰啤酒。有次紹興缺貨，臺老師很耐心地陪我們走了好幾條街，找雜貨店搜羅。臺老師是位「肉食者」。我曾幫老師整理書房，師母留我晚餐，滿桌只有一碟泡菜；看到老師吃香蕉，他說他正吃醫生為他開的藥。所以他只要有「炸肉丸子」和「蒜泥白肉」就可以了。

有天下午我和景明、啟方路過老師家門口，我提議看看老師。老師從溫州街宿舍門口，迎我們進入小客廳，隨即拿出一公升的威士忌「約翰走路」和一小碗的「洋芋片」，師生閒話中，偶然摸摸「洋芋片」，沒多久就把當時極名貴的洋酒「消滅」了。

在系辦公室裡，我常看到系上前輩老師課前課後，圍坐閒話。其中有三次，都使我的耳朵豎起來。一次是在討論以我名義辯斥某先生，因我批評過他的文章，就捕風捉影地在報上說我的〈洪昉思年譜〉抄襲徐朔方的〈洪昇事略〉。張以仁先生在報上著文反駁，首先為我抱不平，我也據實糾覆。鄭師因百（騫）看了我的「糾覆」說：「你用語過於溫厚，哪像打筆戰的樣子。」於是為我大加刪改，幾近於重寫。又說：「拿去給臺老師看看。」臺老師看時，正好洪炎秋和王叔岷老師在場，都提出修改的意見，洪老師還說會為我寫文章教訓那位先生。而臺老師的結論是：聖人（孔德成老師）這方面閱歷比較多，還是去聽他定奪。而孔老師訓示我，說：「為你這麼一位年輕人，擾動那麼多位老師，需要嗎？何況洪老師的性情你是知道的！對那樣的人不理他不就得了嗎？」

另一次是我碩士班畢業，考上博士班，那是臺灣大學開始設立授予博士學位的首屆。我又在系辦公室裡聽到臺老師、鄭老師、孔老師討論我的「前途出處」。臺老師說：「讓他專任講師，占有職缺，只是要改許多本子。」鄭老師說：「趁年輕時多念些書總是好的。」孔老師說：「博士生有獎學金，加上儀禮小組的津貼，還有孔府的車馬費，就可『兩全其美』了。」

又有一次，臺老師抽著雪茄，孔老師叼著菸斗，拿著我儀禮小組的研究報告《儀禮樂器考》，說：「永義論文寫得很好，就是我來寫也不過如此。」

臺老師本姓澹臺，原名傳嚴，入北京大學改名靜農，字伯簡，晚號靜者。安徽霍丘縣人。他在文壇、藝壇上的成就都享盛名。早年創作的短篇小說集《地之子》、《建塔者》皆極受魯迅的推許。晚年的《龍坡雜文》

更被奉為直抒胸臆、恬淡精潔的妙品。其書法廣涉金文、刻石、碑版和名家墨跡，篆、隸、草、行諸體皆精，亦擅篆刻、繪畫。送過一幅梅花給內子陳媛，一幅字給我；我也向他為小兒大衡求「博大均衡」四字，老師還加了一小段「跋」。老師鼓勵我研究「俗文學」，還為我的《說俗文學》作序，此書獲得國家文藝獎。

21 鄭騫

鄭師因百（騫）（一九〇六—一九九一）是我的業師，影響我非常大。我曾用「清風明月春陽」來形容他，說：記得一九六九年上老師的「蘇辛詞」，老師比喻蘇辛異同：大家都知道，人活在世上，不可或缺的是空氣、陽光、水分。東坡詞有如清風明月，來自天然，是「沾衣欲濕杏花雨，吹面不寒楊柳風」的春風春雨，是「清風徐來，水波不興」的惠風澄潭。明月雖晶瑩皎潔、普照寰宇，但曖曖含光；澄潭有時也會化為滄海，雖包容博大，但不波濤洶湧。稼軒詞時時以強光刺人眼，掀起威勢，則像「九天之雲下垂，四海之水皆立」，憤激頓挫起來，更像「峽束蒼江對起，過危樓，欲飛還斂」。老師雖然校注過稼軒詞，也為稼軒編過年譜，但一點也沒有稼軒的氣息，倒是東坡的清風、明月與澄潭才是他最佳的寫照。

而我受教老師門下，與日俱深。有日重讀李商隱〈錦瑟〉詩，聚精會神地試圖別有新解，而當我沉吟「藍田日暖玉生煙」時，豁然在心目中，竟不是李商隱的詩境，而是老師長年來感染我的風貌。這時的「藍田日暖」，是春陽普照的碧綠原野，在這溫馨明媚的大地裡，那君子懷抱中的瑾瑜，煥發著內蘊的華彩，氤氳然地與暖日相為輝映。我為之神往許久，而忘了「一篇錦瑟解人難」。於是在清風明月澄潭之餘，我又沐浴了老師的「春陽」。

老師飲酒，不在沈剛伯先生的酒友名單之內，也沒有「封號」可稱。他曾向我說，青壯時他喝紹興，不只一杯杯地乾，而且杯子相當不小。可見老師並非不能飲，他從不「露才揚己」以彰顯自己的酒量，也沒見過他有梅貽琦連喝數十杯的能耐，也未及臺老師自然瀟灑的修為。若與沈剛伯先生相較，起碼在伯仲之間，列諸「酒賢」當之無愧。

景明、啟方和我畢業任教後，我常發動請老師們出來聚聚，主要有臺、孔、鄭三師和張師清徽（敬）。老師們席間也都很盡興。我有個不一定很正確的想法：認為老師能喝酒，喝得多，表示身心康健。所以我每每勸酒，而當臺、鄭二師說不再喝了時，我都先說「好」。然後過一會兒，低聲向臺老師或鄭老師說：「老師再來半杯如何？」老師每回應說：「也好。」於是我斟上大半杯；過不久又問：「老師再來半杯如何？」如是者三，直到老師說：「真的不喝了。」才罷休。我這招「技倆」，用在生性謹嚴的姚一葦先生身上都管用。我陪過他到鹽分地帶的文藝營，在臺南市的夜晚，我「騙」他喝下兩大半杯的生啤酒。

鄭老師遼寧鐵嶺人。在北平書齋名「清晝堂」，居臺北溫州街又名「永嘉室」。一九四八年應靜農師之邀，來臺大任中文系教授專兼任凡三十三年。期間五度出國訪問及講學，歷美國哈佛、華盛頓、耶魯、印第安納等大學及香港新亞書院。獲國家文藝獎、行政院文化獎。

老師讀書過目不忘，課堂點名一次即記得學生姓名。深究群經，博通諸史，尤熟於宋代掌故。所授課程多屬韻文詩詞曲，而莫不根柢經史考據。畢生研究，終老不衰。著作等身，有二十餘種，其《從詩到曲》、《景午叢編》、《校訂元刊雜劇三十種》、《北曲新譜》，尤為學界所稱述。其《北曲新譜》費二十年之力始成，方藝文印書館排版校印之時，老師正在印第安納州立大學講學，命我代為董理其事。出版後，老師誇許說：無一字一符號錯誤。我為之高興許久，因為生性「大而化之」，居然能使繁瑣的「譜例」無一走樣。

老師為人，和而不流，嚴以律己，寬以待人，未嘗疾言厲色，更不論人是非。胸懷磊落，淡泊榮利，但求適志，恥為標榜。我有幸得列老師門下，遺憾學問不及望夫子「宮室之美，百家之富」，人格只能仰高山景行而嘆息。但是二十數年沐浴如清風明月春陽之教澤，我是亦步亦趨，不使老師過分失望的。

我碩一時，鄭老師正在香港新亞研究所擔任所長，只待一年就回來。也因此我的碩博士論文才能獲得鄭、張兩位老師的指導。在電話不普及的年代，我一有問題就跑到老師在溫州街的宿舍去。有一次我向老師說，我正讀《孤本元明雜劇》，有所困惑令我心裡不安，因為我將心得筆記拿來和王季烈的《敘錄》對看，不少意見有別或者相反，而王氏是著名的曲學家。老師不慌不忙地說：你等一會兒。然後不疾不徐地走進書房，拿出經他眉批過的《孤本元明雜劇》讓我翻閱，我不僅越看越得意，而且笑逐顏開。原來老師的眉批有許多針對王氏《敘錄》而發，我的筆記居然和老師的意見大抵相同。此事使我領受到，一位老師強化學生信心的重要。又有一次我閱讀明弘治戊午刻本《西廂記》，懷疑今傳《西廂記》應不是元人王實甫所作，去向老師請教。老師將他夾在書中已泛黃的紙條一一給我看，原來老師早就指出若干個疑點，我和老師相同的居然就有四條，老師有而我沒有的有五條，我有而老師沒有的竟然也有兩條。我請求老師趕緊把它寫出來，老師就在《幼獅學誌》發表了〈西廂記作者志疑〉。

更有一次我和老師閒話家常，說到老師一部費了二十年功夫寫作的《北曲新譜》，應盡速出版。老師說，這樣冷僻的書，出版社一定虧本，怎好求人。我說，套用老師的話，您的書早已「傳播人間」，抄本不少，只恐怕將來「是非難明」。老師似有所感地說：「做學問應當越往後的人做得越好才是，因為後人可以汲取前人的經驗成果作為基礎，如此再加上自家努力所得，成就便容易在前人之上了。在學術的路途上，我喜歡學生踩著我的肩膀前進，只要他們有好成績，我就會感到高興。」後來我為人「師表」，也學老師以「站在肩膀」敦促我的學生。

老師曾推薦我的博士論文《明雜劇概論》在國立編譯館出版，可以獲得新臺幣四萬元稿費，當時我副教授薦任二級的薪水才三千數百元。我覺得有點不妥，找老師商量。我說：「這麼優厚的稿費，萬一其他大學的博士生也比照辦理，豈不給熊先舉館長添許多麻煩。」師母說：「你正需要錢的時候，何況名正言順，別想那麼多。」可是我告辭後不久，老師卻緊急地在尋找我，那個時代電話不普及，好不容易，我又到老師家。老師說：「永義！你的顧慮是對的！」我於是趕緊撤回論文，並向熊館長致謝和說明顧慮之意。熊館長說：「年輕人，多謝為我考慮周詳。」

22 龍宇純

龍宇純（一九二八—）先生，安徽望江縣人，師從董同龢、屈萬里兩先生，得其學，治文字、聲韻、經學，極其嚴謹，曾任職中央研究院史語所；並為臺大中文系主任，高雄中山大學中文系創系主任。

龍宇純先生不屬「酒徒」，尋常應酬也很少。二〇一四年五月間，我接獲龍先生新近書法，字工體整，筆鋒涵勁；蓋示我以其健康恢復之晉境也。不禁欣然喜躍，乃致電其夫人杜其容教授，邀約六月十日夜於臺大水源會館設宴，以為慶賀。龍先生十年前中風，賴杜先生細心耐心照料與鼓勵，而今已能自我行走矣。若此，豈能不賀！而其伉儷情篤，尤令人欽羨感動不已。與宴者有楊承祖、管東貴、王保珍、鄭清茂、秋鴻、周富美、何佑森夫人、朱炎夫人等，皆先生好友也；另有門生輩洪國樑、夏長樸、李宗焜、羅握權等，席間獻壽稱觴，叨絮家常，亦人間一樂也。我為此賦五律，以呈在座。詩云：

世道本無常，禍災難與當。先生堅苦志，十載漸休祥。
嘉會聚良友，笑談稱羽觴。百年情義篤，琴瑟自芬芳。

23 戴君仁

戴君仁（一九〇一—一九九〇），字靜山，筆名童壽，浙江鄞縣人，少時隨父宦遊。考入北大文預科，升中國文學系，受教沈兼士、吳瞿安，淹貫經史，游衍文辭，一九三四年任北平大學女子文理學院文史系教授，一九四四年任教西北大學。一九四七年攜眷來臺，應聘省師範學院，翌年改任臺大中文系教授。一九七一年退休。一九七六年秋，雖因腎炎背負尿袋，猶講學不輟，自謂「佩劍教書」，師母屢勸猶不止。所著有《梅園十種》，總題《戴靜山先生全集》。

戴老師開設文字學、訓詁學兩門大學部必修科，而以理學為專精，所編《詩選》為大學教科書，亦編有《宋詩選》。他對我發表在系刊《新潮》的詞，曾在課堂上加以鼓勵。對許進雄在大一時就去聽他文字學的課，說：等大三再來選修。

24 羅聯添

我們酒党有「老弱殘登山隊」，成員有年逾古稀的李哥善馨和黃叔錦鋐，有跌裂大腿骨的王哥民信和我家小兒大衡，故云。

羅聯添（一九二七—二〇一五）教授登山資格最老，經驗最富，自封為「老將軍」，行探路進止指揮之權，每逢歧路，他的權杖所向，我們就跟著前進。他對下屬，吝於「封賞」，諸如新兵、醫官、衛生隊長、大刀隊長、洋槍隊長、士官長、聯絡官，我以酒党党魁而破例為「書記官」。

我們慣常七點鐘在政大門口集合，登上樟山寺，憩於救千宮，飲於三玄廟；老將軍必於樟山寺「犒勞」地瓜湯。我們總在午前到達三玄廟邊的餐館，於是山蔬土雞野味，外加美酒，人人大快朵頤。登山飲酒，飲罷下山，是我「入伍」以後所倡導。鍾家妹子惠民因此每獻醇醪，齊兄益壽與我党之徒劉元立、施德玉等，輪流載酒而行。因此「老弱殘登山隊」浸浸乎有「酒党」之勢。

羅先生福建永安人，臺灣大學中文系畢業，留系任教四十年。以唐代文學研究蜚聲兩岸，對中唐韓愈、柳宗元、白居易、張籍、劉禹錫、李翺、獨孤及等，尤有獨到之造詣。發起成立「中國唐代學會」，膺選為首屆「唐代研究學者聯誼會」會長。

他在登山時，常和我談論「對聯」；負責系務時，推薦我到德國魯爾大學任客座教授半年。還當面關切我投身臺灣傳統鄉土藝術的維護與發揚，要留意不妨礙學術研究。

二 受惠長輩

1 朱炎

朱炎（一九三六—二〇一一）先生在酒党裡我們尊為「大哥」。他不只酒興高、酒量好，而且是個性情中人，憂國憂民，如洪國樑寫他的事略所云：「酒入愁腸總成淚，千古寂寞一朱炎。」他有一陣子酒後夜晚都在臺大「鹿鳴宴」卡拉ＯＫ繼續飲酒，放聲高歌，陪他的朋友有美華、美玉、錫龍、啟方、國樑等，我因五音不全，只間歇性地一旁聽歌陪酒。一位西班牙馬德里大學博士，擔任過中研院美國研究所所長、臺大文學院長、國科會副主委的高級知識分子，也要逃之於酒，放之於歌，鬱勃難抑，可見對時局的無奈。

朱大哥名炎，字南山，又字南嶺，山東安丘人。十三歲從軍來臺，畢業臺大外文系。專長在英美文學研究，文學創作亦自成一格，兼具知性與感性。其境界廣闊豪邁，又細膩柔遠，有如其為人。

朱大哥曾為我散文集《牽手五十年》作序，題為〈樸素自然，如見其人〉，說：「與永義兄相交也遲。跟他和其他友朋相聚，不是在山間林裡，就是在古鎮廟中；不是在湖上溪畔，就是在茶坊小館。由於他不談政治，不涉人物，彼此才能在吟詩詠歌中，保持一分純淨友誼。這一點或可在他記敘交遊的散文裡，看出端倪。」

朱大哥於二〇一一年十二月十五日中午辭世，感念平生，我賦七律為悼：

死生無奈決於天，仙去遊雲亦惘然。憂國賈誼空涕淚，聞雞祖逖舞聯翩。
橫澆塊壘杯中物，撒落胸懷錦上篇。已作典型垂萬古，人間勁節總傳綿。

啟方、啟江、耀郎均步此詩原韻，亦用為悼念。錄啟方詩如下：

淒風苦雨暗雲天，枯臥一床見憮然。憔悴書生悲無力，慷慨豪傑獨翩翩。
掌聲響起成絕唱，往事乾杯誰續篇。情義無虧死何懼，炎炎英氣自纏綿。

2 李梅樹

一九八三年我在美國密西根大學，驚聞李梅樹（一九〇二—一九八三）先生去世，於五月三日《臺灣日報》專欄寫了一篇〈弔李梅樹教授〉，有云：

我只見過李梅樹教授一面，談過一席話，就見那麼一面，談那麼一席話，已教我對他老人家由衷地景仰。他是位儒雅的長者，更是位對藝術理想鍥而不捨的實踐者。他以數十年的時光，為他嚮往中的「藝術殿堂」瀝盡最後一滴心血，他雖非如諸葛孔明「兩朝開濟」，但其「鞠躬盡瘁，死而後已」的風範，則可以千古相為輝映。

一九八〇年在一個春雨綿綿的日子裡，我和喜好藝術的媛，特地到三峽去「訪問」久聞其名的祖師廟。吸引我們迢迢而來的，不是祖師爺的神靈，而是廟中瑰麗輝煌、優雅精妙的彩繪和雕刻。我們從大門外，就感染到那向你直撲而來的奕奕華彩，我們仔細觀賞裝置在建築中的每件藝品，我們仔細品會每件藝品所顯現出來的精神，我們更一面牆、一根柱那樣地「直觀神悟」，試圖將局部的藝術結合，總撮成為心靈的那份自我感染。我們深覺眼中有光，心中有喜。

正當我們聚精會神而流連徘徊的時候，一位身軀微僂、神情溫雅的長者出現在我們身邊。我們很自然地和他交談起來，原來他就是要把祖師廟建築成「藝術殿堂」的李梅樹先生。欣喜之餘，我們問長問短地向他請教了許多問題，他都不厭其煩地一一向我們解說，同時也向我們透露了他心目中的構想。他領著我們參觀他指導下的藝術工作坊，工作人員正專心地在雕刻和彩繪。一位先生向我們說，他所雕刻的人像以古書或古畫作依據，雕好後要請李教授鑑定，李教授就把它擺在廟中殿堂的位置裡，用心地打量，有時要修改好幾度，直到他滿意為止。這些工作人員都有一流的手藝，都有良好的敬業精神，他們都同心協力地幫助李教授要達成他藝術的理想。

李教授還很客氣地請我們在他的辦公室裡午餐。他說：「西洋有藝術的殿堂，為什麼我們不能有？我們的傳統藝術博大精深，我要藉著這個廟宇薈萃我們傳統藝術的菁華，使它成為東方藝術的殿堂；我已在這裡用了幾十年的心血，我還要繼續用下去，藝術是沒有止境的！」他說得那麼的有力，那麼的誠懇，我們不禁肅然起敬。

3 何容、夏承楹、羊汝德、林良、張學喜、馮季眉、林昭賢、蔣竹君、孫慶國、柯劍星

一九六九年林文月先生奉洪炎秋老師之命，主編《國語日報》「古今文選」，我為林先生之編輯，我臺

大中文博班一年級。那時洪老師擔任社長，何容先生任董事長，夏承楹先生為執行副社長，他們都是社會聲望很高的賢達，「國語日報」只有一棟五層高的樓房，但對推行國語和中小學生國語文教育的效益很大。

❶何容

何容（一九〇三—一九九〇）先生，任職臺師大國文系教授，為省教育廳國語推行委員會主委，聘洪老師為副主委，共同打拚。何先生在報社辦公室，總要把當日的《國語日報》校閱一遍，以避免同仁再犯錯。他儒雅寡言，給人有如沐春風的感覺。

❷夏承楹

夏承楹（一九一〇—二〇〇二）先生，夫人林海音是《聯副》主編，執臺灣文壇之牛耳多年。夏先生在《聯副》寫專欄「玻璃墊上」，甚受讀者歡迎。他很重視運動健身，也將「乒乓球」推展到報社。對於我好飲酒不以為然。

❸羊汝德

羊汝德（一九二六—二〇一〇）先生，原是《聯合報》採訪組副主任、寫作指導組主任。繼洪老師為「國語日報」社長，十數年努力經營，為報社購地蓋十二層大樓，銀行存款七億多。他雖常教同仁月領雙薪，但未提升薪水，致使同仁反彈，逼他下臺。他辭職的那一席話，我即口占賦七絕〈周公恐懼流言日〉贈送給他。他的辭職給報社引發很大的變動。同仁爭相領取高額退休金，我推薦繼任為董事長的林良先生和他在報社工作的夫人也不例外。

❹林良

林良（一九二四—二〇一九）先生，在「國語日報」直到八十歲退休。以兒童文學起家，甚受讀者歡迎，在報社職務為出版部經理，業績有虧無盈。當報社騷動之際，我以他聲望頗著，為人溫和，徵他同意，登門向已幾近失智的董事長推薦他繼任。當董事大會要布達時，林先生緊張地問我會否臨時變卦。

林良先生繼任董事長後，有兩件事我不同意。其一要任命語文中心主任樂茞軍（一九三二—）為社長，我以樂先生在報社資歷淺，在《聯合報》寫「薇薇夫人」專欄，談的盡是婦女生活小問題，未見令人稱道的識見學養，建議先任命她為執行副社長，多所歷練。但林先生翌年就真除她為社長，使同仁退休潮繼續延燒；她自己也以社長薪資為基準，趁勢退休。其二是，林先生既「無為而治」，卻每天坐董事長辦公室寫文章，掛報社久已廢除的「發行」身分，每月乾領七、八萬元，使我失望於他是我心目中的讀書人，在董事會不免對他有所「微言大義」，惹得他不高興。我憤而辭常董，黃啟方也跟進。在語文中心主任李碧霞殷勤勸說之下，我和啟方沒有堅辭。

❺張學喜

張學喜出身記者，為通訊主任，林良先生用他為社長。黃啟方接董事長後，想自兼社長。我提醒「不合時宜」，留任張學喜。我把學喜當朋友，有時還以老大哥的關懷，請他到舍下有所建言，他未知能領此心意否。薛平南請客，我只點名他和李碧霞一起陪我參加。

❻馮季眉

馮季眉原任《國語日報》總編輯，推動「送報到山上偏鄉」，極著成績。黃啟方換下張學喜，以孫慶國為社長。在啟方辭去九年之董事長之前，以馮季眉為社長，終於雙雙辭職。使報社領導階層真空，而以年事最高、自教育部事務次長退休之林昭賢先生代理董事長職務。

❼林昭賢

林昭賢代理董事長經一個月改選，沒想我得票居然比他多，我即刻表態無意願，恭維他履歷最適合，而且我的票是投給他的。他那時「意外」得臉白汗流。終以再次投票而使他當選。

在林先生三年任內，他結合張學喜、李碧霞主持報社老舊樓房「都更計畫」，而以張學喜為社長。他一再請李碧霞向我「遊說」，想再幹一任。我說林先生剩一年屆滿八十歲，同仁恐礙於規定，難於同意，她又說林先生多做一年也好。但那時員工會刊已出現嘲弄他都更計畫「雞不可失」的漫畫，怕他在教育部時的「景文案」復萌。沒想他先下手把包括我在內的五位董事，以一紙「董事長」令，假三年內有連續兩次未出席董事會而除名。可是他自己忘記，他上屆董事長的任期早已逾越而拖延改選時日；且解除董事、常董職務，並非他一人所能專斷獨行，於是引起十七名中的十三位董事大為反彈。我雖然被選為董事長，但教育部為報社主管機關，社教司長黃麗月為林先生舊屬，不予批准新董事會。林先生乃能於報社舊檔案蒐羅蛛絲馬跡，以《國語日報》董事長身分親自告發「國語日報」是教育部出資經營的機構，要教育部收歸國有。教育部也「見獵心喜」，組織官司法律小組「廣為羅織」，告發法院，已經三次被法院判決敗訴，仍死心塌地地用「行政命令」瓜葛，使新董事會四年來未能「名正言順」地成立運作。而林昭賢在員工抗議反彈聲中，年逾八十乃自動請辭，可是仍「執掌」報社存款印信，每個月報社員工薪水和開銷，都得付他「蓋章費」三千元，才能領到錢。報社在羊汝德辭去社長後，接替為董事長的林良先生以下之領導人，業績即因環境變遷，節節下滑，由吃七億存款利息，轉吃老本，不知尚能支持多久每年的虧損。

❽蔣竹君、孫慶國

我當「虛位」董事長一年，做了兩件事：一是維繫十三位董事的團結合作，不致被教育部和林昭賢的擾亂而渙散，一是幸蒙陳長文領銜的理律法律事務所免去七百五十萬元的律師費替我們義務打官司。如果沒有見義勇為之士，如何能挺得住公部門及其同夥的蠻橫無理。而在贏得首度判決之後，我即召開臨時董事會，請蔣竹君常董，以老「國語日報」人接替我為董事長。我們心目中的蔣大姊義不容辭，兼任社長，不坐報社專車、不領半分薪水，完全奉獻報社。我非常感激她，因有她鐵肩擔道義，我才能自以為「階段任務」完成而卸下責任。蔣大姊鞠躬盡瘁，使報社正常運作四年，直到去年（二〇二一）以歲月不饒人，尚有少數同仁以自身利益抗爭，她只好辭職，由孫慶國常董接任。他有三年報社社長的經驗，對報社還存在振衰起敝之心，祝福他能達成抱負。

❾柯劍星

在羊汝德任社長年代，柯劍星是總編輯，他能飲，與我投合。報社下班後，我會找他和酒党友朋在臺大校門口的「西北」飲啤酒。因為他，和時任臺北市教育局長的林昭賢言歡。林昭賢進入「國語日報」為常董後，他女兒林奕華選市議員、立委，要我支持，我也發動弟妹等親友支持。我在臺大校園騎單車運動，自封「臺大六門提督」，常會和他賢伉儷晨運時一同賞花閒聊。他的景文案因法官事久遺忘，超出追訴期而被宣告無罪，報社同仁還因此祝賀他。沒想我們這樣的「交情」，只因他以我為擋他續任董事長的「絆腳石」而出手搬移，使得報社陷入紛爭，直到目前還未能完全平靜。

我於「行政職務」一向不熱衷，朋友想要做的，我一定讓，而且玉成其事，所以永遠是個「陽春教授」。

但在無名可爭、無利可圖，自認心安理得時，反而見義勇為，一馬當先。所以我為人行事，喜歡「人棄我取」、「與人無爭」。

4 昌彼得

昌彼得（一九二一—二〇一一）先生，湖北孝感人。中央大學歷史系畢業。歷任中央圖書館特藏組組長，故宮博物院圖書文獻處處長，一九八四年升副院長。在臺大、輔仁、淡江、東吳、東海等大學兼任教授。

昌先生本名瑞卿，幼時受洗，教名彼得。因與圖書文獻為伍，以版本目錄學著稱，取南宋名相李剛「平生長作蠹書蟫。老去猶貪慰我心」句，自號「蟫庵」。

昌先生與潘美月、吳哲夫、章景明、黃啟方都樂於酒後「雀戰廝殺」，昌先生自許其「寶刀未老」；而他們都尊之如師。

我在哈佛大學那一年，蔡武雄為普林斯頓大學圖書館館長，我去拜訪他，其圖書館所典藏的一批俗文學資料久未被編目，花了一個下午即為之整理分類就序。恰好昌先生也到圖書館訪問，當晚在武雄家盛筵暢飲。蓋「他鄉遇故知也」；何況武雄夫人范清美中文系一年級時與我同班，大二轉外文系才被武雄追上。清美洗手作羹湯，使盡廚藝；只是不黯酒性「酒品」，讓昌先生和我興高采烈下，喝盡一大桶 cooking wine，使我倆酩酊大醉，我做了唯一一次酒後見不得人的糗事，半夜裡起床，迷迷糊糊地往牆上就撒尿。

潘美月在臺大開圖書目錄學的課，吳哲夫繼任故宮博物館圖書處處長，可以說是昌先生衣缽的傳人。

5 姚一葦

今年（二〇二二）二月二十六日、二十七日是姚一葦先生（一九二二—一九九七）百年紀念，以詹惠登為首的門弟子，要為姚老師在臺灣戲曲中心演出京劇，緬懷師恩。臺灣戲曲學院劉晉立校長和傳統藝術中心陳悅宜主任，欣然共襄盛舉，以能為這位戲劇界大師表達崇敬之意為榮。

姚老師是兩岸推重的劇作家、評論家、戲劇學者。他協助鮑幼玉先生創辦國立藝術學院，任教務長並成立主持戲劇系，培育人才也貢獻校務良多。而他最喜愛的頭銜是「劇作家」，他共寫十四部劇作，偏向舞臺劇，如《紅鼻子》、《一口箱子》、《重新開始》等早已成為經典的作品，無不寄託遙深。

這次為紀念姚老師百年的演出，惠登選擇的劇目是《左伯桃》，那是姚老師唯一的京劇創作，未曾搬演，如此既可教學院跨系師生大展身手，也可以彰顯姚老師功力兼擅中西與古今。

姚老師《左伯桃》分四場：首場別妻、二場訪友、三場遇樵夫、四場凍死全義。姚老師將故事末段刪除，也不沿襲京劇《捨命全交》，不只使情節乾淨俐落，而且避免了民間傳衍的庸俗觀念。四場簡潔明快，旨趣強調人間所最講求但卻最貧乏的「情義」。

我雖然景仰姚老師，但無緣追隨杖履，絳帳承教。最記得民國七十幾年，一次開車，陪姚老師南下鹽分地帶文藝營，那晚我「引誘」他一起去消夜喝生啤酒，慫恿他點一大杯，說：「姚老師！生啤酒提神解勞，您慢慢喝，能喝多少就喝多少，喝不下的，我替您喝！」姚老師煞有介事地「如約而行」。我等他心情放鬆了，又「如法炮製」，他居然也同意了。如此「騙他」，足足喝了一大杯。而由臺南返程的高速公路上，雷雨交加。當車子停在當時國立藝術學院的「行在」，臺大國際學生中心大門口，姚老師要到辦公室一下，我忍不住說：「姚老師，眼前最大膽的人是誰，您知道嗎？」姚老師睜著眼好奇地說：「不知道，是誰？」我說：「就是您，因為我第一次開高速公路！」他馬上說：「那你不必等我了，我叫計程車回家。」後來我和姚老師參加大陸的戲曲文化之旅，遊覽車鄰座，沾溉了姚老師豐碩的學養，我並口無遮攔地就見聞「撩天」；姚老師還是睜著眼看我，好像他認識的「酒党党魁」，不只是在喝酒而已。

姚老師是廈門人，廈門大學畢業。因為姚師母愛好戲劇，所以為愛情他才投入戲劇演出和研究。來臺後，他的正職在銀行，退休後才在文化大學從事戲劇教育工作，沒想以此蜚聲兩岸。

6 范壽康

范壽康（一八九六—一九八三），浙江上虞人。字允臧。一九二三年日本東京帝大碩士，曾任國民黨軍事委員會政治部第三廳副廳長。抗戰勝利後赴臺灣，任臺灣行政長官公署教育處處長、臺灣大學教授。一九八二年返北京定居，為第五屆全國政協常委。著有《教育哲學大綱》、《中國哲學史通論》、《朱子及其哲學》等。

先生在臺大文學院開設必修之「哲學概論」，上課即將其陳年孤本講義寫滿黑板，讓學生抄錄，我因此不上課。上學期考試時，向同班女生借閱「善本筆記」，考了九十五分；下學期向哲學系同寢室的林照田借閱「殘本筆記」，只考了八十五分。

7 夏德儀

夏德儀（一九〇一—一九九八）先生於一九四六年偕同臺靜農老師應聘到臺大，任教歷史系，他們也成為一輩子的朋友。夏先生雖是歷史學家，致力中學、大學歷史教育，貢獻良多；風骨嶙峋，淡泊名利，尤為人所景仰。但他喝起酒來，勇於代人打抱不平，替「弱者」代為乾杯，因有「酒俠」之譽；到朋友家則索酒而飲，亦有「酒丐」之號。像他這樣亦俠亦丐的酒中人物，卻沒有被沈剛伯先生列入所舉的「酒德」群英錄之中，是頗為奇怪的事。

我於臺大畢業剛任教時，住在新生南路三段和溫州街交口的租屋裡，某個夏日午後，我才從學校回家，穿著拖鞋在巷口消閒。看到臺靜農、孔德成、戴君仁三位老師和歷史系的夏德儀先生，及當過駐教廷大使的謝壽康先生，夏先生手中提著一瓶酒，一起搖搖擺擺地橫跨新生南路，就要踏上瑠公圳的木橋。我趕忙進去，才穿好鞋子，就聽到門鈴響。我衝出大門口，孔老師說：「喝酒去！」我說，我已料到老師們是來找我的。我很高興地陪老師們走到附近的「鄉村小館」。起先大家分斟夏先生手中的金門大麯，後來夏先生緊緊地掌握酒瓶說：你們改喝紹興，剩下的我和年輕人喝！夏先生說話算話，其他老師也沒有異議。席間戴老師特別問我是否還作詩填詞，因為他記得我念大學時，在系刊《新潮》上發表過詩詞，曾在課堂上鼓勵過我。戴老師也是夏先生筵宴中「行俠仗義」的對象。

夏先生向我說：別看你們臺老師平常喝酒，一派悠然儒雅的樣子；真喝起來，照樣醉得非到我家浴缸睡覺不可。

莊尚嚴（嚴）先生小公子攝影名家莊靈，向我說過：他為他父親攝製與友人間的行誼紀錄，夏先生「猛然驚覺」，急促地將手中正噴煙吐雲的香菸「消滅」，命他這段重錄。因為當年夏師母答應嫁給他的唯一條件是：「只准喝酒，不許抽菸。」數十年來「執法甚嚴」，如果莊靈鏡頭不重來，豈不是留下「鐵的證據」。據說素有「菸槍」之名的夏先生，只好偷偷躲在廁所「過癮」。

8 孫震

孫震（一九三四—），山東平度人。美國奧克拉荷馬大學經濟學博士，長年任教臺灣大學經濟系，曾為經建會副主委，一九八四年任臺大校長，一九九三年轉任國防部長。後任行政院政務委員、工業技術研究院董事長、元智大學講座教授。

我認識孫校長是一九六八年在哈燕社訪問時，他任行政院經建會副主委，到過哈佛大學。他為臺大校長九年之間，由於黃啟方做過訓導長和文學院長，我也「叅緣」和孫校長、教務長羅銅壁、主任秘書彭振綱較接近，與於杯勺之際。我路過校長室偶爾會去看他，覺得他公務繁忙勞累有點捨不得。他總要我小坐，喝杯茶、聊幾句。我也安排過，陪他和朱炎、啟方等在陽明山山家面對夕陽小酌；有次我更「大張旗鼓」呼朋引伴地南下鎮瀾宮觀覽我主持的五十年大醮宗教搭配百藝競陳的慶典活動；然後到員林觀賞黃俊雄風靡一時的電視木偶劇《史艷文》，特為我們示範演出，並受筵開數席的熱烈接待；更到臺南歸仁訪視黃順仁的傳統布袋戲。臺南水利會為我們在烏山頭珊瑚潭湖心蔣公別墅設宴，讓我們吃山產土菜和潭中魚、六甲臺灣大蟋蟀，酒後，酣歌響透寂靜的山水，盤旋在煙林之中，校長夫人的歌韻贏得最多掌聲；而婆娑舞影也起於寬敞的客廳之中。六甲是我的故鄉，我浸潤在山環水抱的桃花源之中成長。

據朱炎大哥私下向我透露，他卸任文學院長時，孫校長有意要我承接；但朋友說，我生性不適合行政；我迄今仍是一位「陽春教授」的典型。

9 張榮義

張榮義（一九二八—）先生早年過的是日人統治剝削、戰爭惶恐的歲月，伴隨他的只是佃農家庭賴以維生的一頭老牛，而他體悟了「像牛一樣，直直犁下去」，耐其勞而堅其苦的精神。他長大後創業，認為做人做事要無愧無憾，「創業要做別人沒做過的」，最起碼也要在既有的模式中創新。於是他邁出自創品牌第一步——新型外殼「歌王牌收音機」。接著他看到婦女在灶前為家人三餐的辛苦，生發了他改善她們勞作的「夢想」，創出了現代化廚具「婦友牌流理臺」；他又看到了谷關攝人魂魄的風景在人跡難至的懸崖瀑布，他又引發一個「夢想」，他要使國人都能享受到這大自然的靈妙山水，他開闢了龍谷步道，建設了「龍谷觀光大飯店」，打造了全臺首座主題遊樂區，他用的是谷關泰雅族的本土文化來迎接全球化的潮流。他更因緣際會地要實踐和實現另一個非常遠大的「夢想」，在榛狉未啟的山谷叢林中，親身篳路藍縷的，開創一個以臺灣九族為中心，陪襯世界觀光遊樂構建的主題文化王國，那就是現在與日月潭連結成一氣的「九族文化村」，迄今已經三十有餘年。而「村中」不只不停地對「九族文化」核心在調適、充實和更新；同樣的也對種種投合遊客喜好的休閒設施在出奇制勝。而今榮義先生以九十高齡又創發了一個「新夢想」，成立「榮義事業公司」，嚮往西班牙建築界泰斗高第的藝術特色，要用來完成他時髦的招商構想。以他一向的行事為人，當然很快就會實現。

榮義先生稟性真摯、宅心仁厚，不諱言開創事業之初，只為賺錢改善生活，但他能夠為主中饋的婦女設想，為碌碌紅塵的群眾謀劃。他的「婦友」和「龍谷」也因之亮麗異常，即因他既利己又能利於人。他更宏圖大展地成就全臺第一個主題文化園區「九族文化村」，使得失落的原住民文化獲得保存再現風華，而這「風華」耀其輝光於絡繹不絕的中外嘉賓之前。若此，豈不將其創業擴而廣之地利於文化、利於國家。只今口稱「愛臺灣」、「為臺灣打拚」者比比皆是，但衡其所為，幾人能望榮義先生之項背。

我於榮義先生未有杖履之緣，只因為曾隨陳奇祿主委於九族闢園之初參與探勘，即蒙賜命撰述開幕與建村十周年紀念碑記，前年又為其三十周年大慶賦七律勒石。乃今日拜讀先生傳記，對先生崇敬效法之衷，油然而起，深欲追隨先生做一位永不停歇的夢想家，永不停歇的實踐者和實現者，因為那正是永不停歇的利人利己而利群眾、利文化、利國家的偉大事業。

10 梅貽琦

近世學人文化人飲酒有名號者，予所知者始梅貽琦（一八八九—一九六二），有「酒聖」之譽。余生也晚，年輕時未及仰望。

梅先生字月涵，天津市人。中研院院士，任教育部長、清華大學校長。對教育貢獻影響甚大，認為「所謂大學者，非謂有大樓之謂也，有大師之謂也。」主張「通才教育」，培養學生「全面人格」，「師生從遊」，「學術自由」。禮聘王國維、梁啟超、陳寅恪、趙元任為國學院四大導師。

梅先生嗜酒，考古學家李濟說他和蔡元培一樣，未見過他們醉酒和鬧酒，有孔子「唯酒無量，不及亂」的境界。酒友因稱他為「酒聖」。據說他的酒量在清華師生員工中應屬第一，他最和藹可親也在他喝酒的時候；他沒拒絕過向他敬酒的人。一九四七年抗戰勝利後，清華第一次校慶，在體育館擺酒席，由教職員到學生輪番向他敬酒，他老老實實地乾了四十多杯。

11 莊嚴

莊嚴（一八九九－一九八〇）和昌彼得兩位先生都做過故宮博物院副院長。

莊嚴先生，字尚嚴，號慕陵，晚號六一翁。因他六十一歲時，仿歐陽修之六一，每日做六件事：寫字、散步、喝酒、靜坐、打拳，以奉行自己，自己居其一，故云。

莊先生祖籍江蘇，生於吉林長春。在二十世紀流離動盪中，自北京大學哲學系畢業，進入「清宮善後委員會」工作後，便與故宮結下一輩子「生死與共」的緣分。無論是清宮清點文物、故宮博物院正式成立，日本顯露侵略野心，故宮文物南遷，抗戰興起繼而西移重慶，又於抗戰勝利後，東歸復原南京。一九四八年底國共內戰方熾，又押國寶渡海來臺，從臺中糖廠、霧峰北溝，最後落腳於外雙溪，無一不有他參與的身影。他也從協助清宮清點的事務員，到古物館科員、科長、館長，最後成為故宮博物院副院長。回顧他這一生，可說就是一部「故宮文物播遷史」，故宮文物得以躲避二十世紀接二連三的戰亂，使文物無恙完好，成為世界上的四大博物館，考其原因，實有賴於像莊先生那樣一群生死相隨、捨命護寶的老故宮人。

莊先生以藝術史學者、古文物專家、瘦金體書法家著稱於世。他在北大國學門任助教，與國學門同學臺靜農、董作賓為知交，終於先後來臺更成為一生摯友，詩酒唱和之餘，董作賓的甲骨書作、臺老師之行隸書法，與莊先生之宋徽宗瘦金體，在書壇上各領風騷。我與啟方、景明於臺老師、孔老師、莊先生飲宴時，偶得與於几席之末；莊靈為其父攝錄平居生活，我們三人曾充任其弟子入鏡。

12 陳奇祿

陳奇祿（一九二三—二〇一四），臺灣臺南將軍人。三歲與父母到大陸居住，一九四八年上海聖約翰大學畢業，返臺灣，任《公論報》國際版與「臺灣風土」主編。一九四九年入臺大歷史系為助教，後到美國新墨西哥大學、英國倫敦大學亞非學院深造；一九六六年獲日本東京大學社會學博士，歷任考古人類學系主任、文學院院長。一九七四年任中研院美國文化研究所所長，一九七六年當選中央研究院院士，一九八一年至一九八八年為首任行政院文化建設主任委員。治學方向以文化人類學為主，著重臺灣原住民之調查與研究，著有《臺灣土著文化研究》、《臺灣風土》等。

奇祿先生以臺大文學院長推薦我到美國哈佛大學燕京社訪學一年。任文建會主委六年中，命我為第一處、第三處委員，而第二處處長柯基良那邊也因交情常走動，以致申學庸教授說，真該給曾永義在文建會設一間辦公室。陳主委還委我為「國建會」文化組召集人，我乃將藝文團體出國交流，政府應當大力資助，列為重要建言，納入文化政策執行。我為文建會執行許多文化工作，包括臺灣民俗技藝調查研究、高雄民俗技藝園規劃、兩岸或國際學術藝術研討會、戲曲大展、率領布袋戲、南管古樂、國樂、歌仔戲、民族舞團、民俗雜技等表演藝術團巡演列國，十餘年間，不下四十次，打著「以民族藝術作文化輸出」的理念，努力以赴，效果頗為彰顯。而最值得一提的是在青年公園於中秋前後一連五天五夜，由我規劃主持盛演的「民間劇場」，接續四年（一九八三—一九八六）。節目一年比一年增多，參與演出團體，多達一百零九萬二千餘人；觀賞民眾高至百萬餘人次。此項活動，我稱之為「暫時性動態民間藝術文化櫥窗」，可以說是我規劃「民俗技藝園」落實為今日「傳藝中心宜蘭園區」作為「永久性動態民間藝術文化櫥窗」的藍本，而且引發各級學校、政府、社會對民俗藝術薪傳發揚的熱潮。我在一九八五年九月二十九日發表在《聯副》的〈雨灑「民間劇場」〉記述那一年「民間劇場」的演出：

> 近日冷鋒過境，天氣陰陰沉沉，寒雨飄飄灑灑。「民間劇場」的工作人員莫不翹首望天，文建會第三處的周科長更是日夜祈禱，希望「民間劇場」開鑼那一天九月二十六日能夠雨過天青、秋陽普照；因為今年「民間劇場」從構想、籌劃到執行，歷時十個月，結合大專院校教授十人的心力和體力，內容包括九十七種不同的藝能和工藝，演出人員多達一百三十七個團體一千五百餘人；如此盛大的「民藝大埕集」，足為「動態文化櫥窗」功能的「廣場奏技、百藝競陳」，不能因為「天公不作美」而為之減色。
>
> 而天公真的不作美，九月二十四、五日兩天，連續豪雨，今天二十六日依然如故，使得「民間劇場」到處泥濘，八十幾個工藝攤位的帳篷濕漉漉；然而上午十點鐘，來自南北各地的手工藝家已經在攤位上擺好各自的藝品，雕刻的、刺繡的、裁製的、編織的……開始動起他們的絕活，而富樂軒小朋友的北管演奏也在小舞臺上吹吹打打，養興堂的興化八樂更在大舞臺上說說唱唱，他們簡直無視於眼前的風雨，他們眼中只有那些撐著傘的熱情觀眾。
>
> 下午雨停了，天邊也露出一抹藍天，「民間劇場」因此好像要活躍起來似的，大舞臺前的宜蘭英四平戲、小舞臺前的玉泉閣布袋戲，以及廣場上彰化海埔國小的舞獅、棍術，都吸引了千百位觀眾，民藝棚上像製墨更被觀眾重重地包圍了。

只是那一抹藍天，不久又被陰霾縫合，黃昏時絲雨又復飄瀟，七點多鐘聲勢轉急，雨線如射而下；而大舞臺的明華園仍做最後一刻的排練，而文建會陳主委穿著雨鞋仍是依時而至，他的三聲響鑼，不，應觀眾要求，他敲了七、八下；於是廣場上東南工專的兩條巨龍，鱗甲閃閃，在雨中遊行，更是神采風發；而小舞臺張天寶的皮影戲應時而啟；而明華園的「大捕快與馬車夫」亦從空飛翔而至；而觀眾密密麻麻的傘在夜幕下開著一朵朵的花，他們對陳主委的致意聲，他們對明華園的喝采聲，彷彿要與嘩啦啦的雨聲一爭短長。雨時大時小不停地下著，而「民間劇場」的燈亮著，舞臺上的鑼鼓響著，舞臺下的觀眾坐著站著，直到時近十時戲已終了。

今天早上與明德、伯和、騰達「遊行」劇場，向來參加的藝人致謝，我逢人便說：「你們知道什麼叫泡湯嗎？」而子夜歸來，我反省深思，「民間劇場」不只沒有「泡湯」，更因此顯現它堅忍樸實可愛的特質，這應當也就是我們所以能締造五千年歷史文化的民族性吧！

陳主委年年都會為「民間劇場」「開鑼」。那些年我真是獻身臺灣民俗技藝維護發揚的「運動」，寫過諸如〈百藝競陳〉、〈沐著清風、浴著明月〉、〈過一個民藝的中秋〉、〈南北兩個民間劇場〉、〈民間劇場的對聯〉、〈歌仔戲的故鄉宜蘭〉、〈民謠的魅力〉、〈布袋戲放洋〉、〈摩娑這塊民族藝術的瑰寶〉、〈民族藝術的保存與推展〉、〈南管、布袋戲、中國結〉、〈臺灣地區民俗技藝的探討與民俗技藝園的規劃〉、〈「民間劇場」的製作與感想〉、〈民俗技藝進入校園〉、〈報國何須定科技〉等文章加以大張鼓吹。

陳主委為我《說民藝》作序，肯定鼓勵地說：

七十一年之民間劇場，委託文化大學教授邱坤良先生策劃製作；七十二至七十五年，則均委託臺灣大學教授曾永義先生策劃製作。五年來民間劇場引起各界相當關注，迴響熱烈，公私團體，及各級學校，頗多配合；或自行規劃各種活動，或邀請民間藝人展演教學，已收得推廣之實效。曾教授更以其四年來為民間劇場所撰鴻文，及有關民藝叢談之作，裒輯成冊，都十餘萬言，照片七十張，出版問世，用心之誠，良可欽佩！尤以〈臺灣地區民俗技藝的探討與民俗技藝園的規劃〉一文，闡發民間劇場之理念，融匯本會多年統籌策訂之目標與方針，殊為難得。民俗技藝園之設置，現正由高雄市政府依照此項規劃進行中。民間劇藝，薈萃於此，相聚發展，已在指顧之間，至堪慰藉，樂而為之序。

可嘆的是「高雄民俗技藝園」因地方勢力利益紛爭、三任市長許水德、蘇南成、吳敦義有口無心，延宕推諉。終為游錫堃主政的宜蘭縣政府移作「東北民俗技藝園」，實現為今日文化部傳藝中心之宜蘭園區。

我也陪過陳主委為「九族文化村」之創立，踏過山地部落，訪視文物。在卑南族篝火晚會中，陳主委和我都被拉下去參加圍著篝火手牽手的「踏謠」舞蹈。陳主委馬上進入情況，我則因為沒有節奏感，人家抬左腳我卻抬右腿；人家腳向前踢，我卻腿往後縮，結果被身邊的姑娘推出場外。

有一次我在陳主委辦公室，他指著報紙向我說：像這樣扭曲的報導，「文化部」怎能成立得了？我知道他想趁成立文化部的熱議，當上部長，好能進一步發揮他的文化理念和文化建樹的實現。

奇祿先生是別具一格的書法家，我在為臺北武昌街城隍廟牌樓大門口和諸司神座所撰的對聯，以及烏山頭珊瑚潭水庫和幾座重修古廟所寫的如〈二級古蹟鳳山龍山寺碑記〉，都榮幸地與他的法書同署。

奇祿先生七十榮慶時，我到他的家鄉臺南將軍鎮祝賀，作嵌字聯為他頌祝：

奇韻涵趣，毫端飛舞龍蛇，宿學宏猷為當今國士。

祿命揚輝，才識運籌機務，高行偉業作文化導師。

13 陳修武

陳修武由師大國文系考進臺大中研所，年輩比我大十歲左右，是張亨先生和彭毅先生的同儕；但班級比我小。我博士班時和我交往較多，會在校園椰林下杜鵑花叢前和我談心事，尤其在他與某一女研究生談戀愛的時候。在兩人疏離之際，他在我面前逮到機會，居然對她說了幾句不中聽的話。他和系裡兩位比我少幾歲的同仁，有一陣子，有遊說我入國民黨的企圖，被我「顧左右而言他」，沒有陪他去參加他們組織的聚會。

14 陳捷先

陳捷先（一九三二－二〇一九）先生擔任過臺大歷史系教授兼系主任，是我們酒党要員；他一手紅燒獅子頭，景明、啟方和我不知在他家吃過多少次。他後來移居溫哥華，和瘂弦、黃永武同一時潮下，到加拿大以避中美建交、臺灣退出聯合國之時局。我在哈佛那一年，還有機會與他杯酒言歡，後來就音問漸稀了。

15 劉振強

一九六四年九月，我進入臺灣大學中國文學研究所碩士班，開始研究戲曲；後來因主持整理中央研究院史語所所藏的俗文學資料，接著又參預民俗技藝之調查研究而涉入俗文學和民俗技藝的探討，終於形成了以戲曲為主軸，以俗文學、民俗技藝為之羽翼的學術研究網絡。於是逐漸認定：《俗文學概論》和《戲曲演進史》是我這輩子要完成的兩部書。而今不只《俗文學概論》已於二〇〇三年六月在三民書局出版，即在二〇二〇年努力撰著完成的《戲曲演進史》也早已和三民書局定約，而且迄今（二〇二二）已出版九冊中的前四冊。如此一來，我自許為平生志業的兩部「大著」，都是三民書局為我實現的，我內心的感激，自是難於言喻。然而何止如此！在這期間，於二〇一一年十一月，三民書局又為我出版《地方戲曲概論》上下兩冊；二〇一六年三月更陸續為我出版《戲曲學》四冊。它們從表象看來，仍都是龐然「大著」，我很擔心這樣冷門的學問，是否會教三民書局血本難歸。

然而三民書局負責人劉振強（一九三二—二〇一七）先生一點也不以為意，他對讀書人始終非常的信任、厚愛和禮遇，他襟懷的寬廣熱誠，尤其教人感到無比的溫馨，熱誠溫馨得使你的著作能在三民書局出版，實是莫大的榮寵。

而我不禁感念到：此生以讀書自許，以教書為業，以著述自娛，以飲酒為樂。而在勤勤勉勉、庸庸碌碌、愉愉快快之中，進入耄耋之年，而檢點所著所述，居然將有總計五、六百萬言在三民書局出版！我多麼感激三民書局給我的鼓勵和提攜；何況這份鼓勵和提攜，是來自三民書局的典範劉振強先生的厚愛和禮遇。我相信，凡與先生相處過的讀書人，永遠都會對他無比的感念。

劉振強先生，廣東人。一九五三年，與何君欽、范守仁集資新臺幣五千元，取「三個小民」之義，創立「三民書局」，以「傳播學術思想，延續文化發展」為宗旨。後來由振強先生獨立經營，備極艱苦。他認為書店最好能做到像圖書館一樣，力求書種齊全，不分冷熱門。又認為每家書店都得有一部鎮店辭典，所以一九七一年起，費時十四年編纂出版《中文大辭典》，對於考查原典，力求精準，更耗資新臺幣數億元，以七十萬噸鉛製字模力求字體完美統一。

貳 天涯若比鄰

一 國際友人

1 田仲一成

田仲一成（たなかいっせい，一九三二—），日本東京人，畢業於東京大學法學部。一九八三年以《中國祭祀戲劇研究》獲東京大學文學博士，二〇〇〇年退休被選為日本學士院會員，為日本於世紀之交最具代表性之中國戲劇研究之前輩學者。

田仲在大陸深入西南調查儀式戲劇，主張戲曲源生於祭祀，未考察鄉土踏謠、雜技、宮廷優伶亦為重要源起，尤其踏謠更為戲曲之根本，所見不免執於一隅而難舉三隅反。

我在大陸戲曲國際研討會上多次見到他。一次是廣州大學百人以上盛會，解玉峰和傅謹當場批評他，他言辭頗露激動，從此不再接受邀請，連我請他到臺北來，他也冷漠地回應。他《中國祭祀戲劇研究》新出，即簽名送我。

2 伊維德

伊維德（Wilt. L. Idema，一九四四—），荷蘭人，留學日本、香港。一九七四年獲萊頓大學博士學位，精通荷、英、法、德、中、日語文。留校任教，兩度擔任萊頓大學文學院長。二〇〇〇年任美國哈佛大學教授，為荷蘭皇家藝術與科學學院院士。

伊維德是歐洲最著稱、最有成就的漢學家，以元雜劇為主要，兼及明人雜劇，論學以版本為基礎，探討其異同，以見其與劇團、場合與劇本一再被改編之關係。可謂別具識見，所編輯之大型元雜劇選本，即緣其元刊、朱有燉、宮廷內府、萬曆、臧懋循《元曲選》之不同版本系列選錄並英譯。厥事甚大、其功甚偉。

我與伊維德相識相知已近五十年，緣於他研究明代朱有燉雜劇，引述我在博士論文《明雜劇概論》中相關篇章，從而留意我在戲曲學上的相關著作。他不只請我去參加他在萊頓大學、哈佛大學所主持的學術會議，還請我於一九九五年在萊頓大學短期講學三個月，給我優厚的待遇和旅費，使我與媛和大衡有愉快的萊頓小城遍布運河的愉快歲月，更有一趟愛琴海環海放眼之旅。他也應我及門弟子、戲劇系所所長林鶴宜之邀來臺大講學半年，我也邀他來開會。可是二〇二一年九月要召開的「二〇二一年戲曲國際學術研討會暨祝賀曾永義院士八十榮慶」，我雖致以商務艙往返機票，他卻因新冠疫情而使他不能蒞臨大會作專題講演。

3 吳秀卿

吳秀卿（一九五七—），韓國人。留學臺大中文系所，獲學士、碩士；首爾大學中文系博士。歷任漢陽大學教授、系主任、所長，於美臺間戲曲學術交流頻繁、相當活躍；以學會會長推動韓國民眾對中國戲曲的認識與欣賞。學術以南戲為主要範圍，重視文獻與田野互補印證。著有《海內外戲劇史家自選集．吳秀卿卷》，是韓國最具代表性的戲曲專家。

秀卿在臺大因出張師清徽（敬）門下，但由於我年紀長她十六歲，又聽過我的課，客氣地稱我為師；我則親切地以她為師妹。她曾在臺大、政大客座，與我及門徒常有聚會小酌。我常請她代表韓國來參加學術會議，她也常請我到漢陽大學講演和出席學術研討會。

4 金文京

金文京（一九五二—），日籍韓人，出生於東京。在京都大學中國語文學科，完成博士課程。現任京都大學人文科學研究所教授。曾來臺大訪學，在林文月和我的課堂上聽過課。

他治中國古代小說、戲曲。他兩度發表論文，一次在臺大論《西遊記》沙和尚，認為造型取自蘇俄相同類型之傳說。我講評時強調不可憑蛛絲馬跡就斷定中國某某人物或現象傳自西方，譬如「洪水神話」、「酒的起源」、「食用米麥」、「蓄養牲畜」等等，都有人類共同的需求，便很難說是誰傳繼誰，何況沙和尚故事孰先孰後未有確據可以定位。另一次在中研院史語所，他大肆批評學者多誤以元雜劇正末獨唱，其實由劇本正末可以改扮二、三種人物，一個劇團不止一個正末，可以分攤四折唱演。我評論說，遺憾我三十年前寫的文章〈元人雜劇的搬演〉已論述清楚，他至今未及閱讀，如果他能像馮沅君考述元人雜劇戲班，只有一位正末，像我的老師鄭因百（騫）考據元人雜劇搬演，每折獨立演出，中間墊以音樂歌舞偶戲雜耍等，就不會誤以腳色改扮之人物為不同正末所充任。

這兩次講評，我純就學術而論，說出我的看法。我請他到臺北開會有兩次，都不見回覆，未知收到邀請函否？

金文京是吉川幸次郎弟子，治中國戲曲逐字逐句師生討論，非常精細。他是日本中生代研究戲曲的佼佼者。

5 金學主

金學主（一九三四—），韓國人。在臺灣大學中文系所獲學士、碩士，在首爾大學獲中國文學博士。任首爾大學教授、中國文化研究所所長。

金學主是我臺大中研所的學長，頗有交情，我每次訪首爾，他和許壁、李東廂幾位老同學一定聚會。許壁在我一次大醉後陪我遊板門店，東廂陪我遊首爾、講演、照顧起居。學主曾在我上場講演之前，在他家喝了半打啤酒。他得第二十九屆仁村獎，我專程去為他祝賀，和他及他的弟子們大飲一番。他治學以戲曲為主，翻譯《詩經》、《書經》及先秦儒家諸子書為韓文，是韓國漢學界的泰斗。他曾推薦我為大韓學術院院士，可是沒有下文。

6 奚如谷

奚如谷（Stephen H. West，一九四四—），美國人。一九七二年密西根大學博士，留校任教，又任加州大學柏克萊分校教授，現任亞利桑那大學教授兼亞洲研究中心主任。研究中國中古史、中西比較文學及元明戲曲，與伊維德合譯《北西廂》雜劇、《竇娥冤》雜劇等，強調版本選擇對翻譯之密切關聯。著有《海內外中國戲曲史家・奚如谷卷》。

奚如谷與我結識於一九六八年我在哈佛燕京社訪問柏克萊之際。我和他在校園露天啤酒屋「乾喝」好幾瓶啤酒，他上課時用我的《說戲曲》作教材，我們彼此邀請對方出席戲曲學術會議。二〇一四年中研院文哲所徵聘所長，我在推薦名單之中，他的評審意見中，揄揚我為戲曲學術界的「king」而被抬舉為首位侯選人。他一向對我恭敬有加，在學術會議上請我作開幕專題講演，也在閉幕時要我作總結講評。

二　大陸同道

1 卜鍵

卜鍵（一九五五—），雖然我長他十四歲，但卻一見如故，成為最知心的朋友。他於二〇〇四年和我熟識後，即取我已出版的幾本散文集，重新選編，仍以我倡導的「人間愉快」為題，並以〈直取性情真〉為序，說我是一個「重感情、負責任、能擔荷的人，一個充滿激情和活力的人」，「是性情中人」，更是一個「快樂的人」。二〇〇八年又為我的《戲曲源流新論》（增訂版）作序。二〇一九年又為我的百餘萬字大書《戲曲劇種演進史考述》，在序中談論「永義先生的道與義」。三書皆由他安排，分別在人民文學出版社、中華書局、現代出版社與人民文學出版社印行。

我每次到北京，必定要見的人就是卜鍵。他無不偕夫人、召集好友，盛筵款待。而歡然相顧之際，無不充滿溫馨與慰貼。我也常請他到臺灣來參加會議或演講。我在日記裡特別寫到他的兩件事：一是所謂〈魁辰記〉，一是舟遊珊瑚潭。

二〇一八年十一月八日至九日，歲次戊戌九秋。臺灣戲曲學院舉行年度「國際戲曲學術研討會」，余邀薛若琳、周秦、卜鍵、白寧，跨海與會。卜鍵開幕專題講演，由我主持。大會結束次日，若琳先歸，余為三子設午宴於東北海象鼻岩側巨石下。巨石背負媽祖廟，面向太平洋與東澳灣，基隆嶼在望。煙波浩渺，爽氣橫流，蒼翠山林，清新眼目。請來劉元立、施德玉伉儷，及門曾子良、詹金娘、張文美、吳佩熏同席。飲陳年高粱、啖生鮮海味，啜烏龍香茗。披襟開懷，縱談高論；胸中為之浩浩焉。卜鍵曰：「人間之樂，無過於此，而此巨石與焉，當為之名。」眾推我命之。余曰：「党魁屏坐此石，包攬宇宙，命之曰：『党魁宸』。」元立曰：「莫若『魁宸』簡潔。」余曰：「甚善，即此定之。」乃賦詩云：

布席魁宸巨石旁，開襟擁入太平洋。煙波浩渺迷鴻鵠，淑氣絪緼播馥芳。
美饌生鮮烹海味，醇醪珠玉潤高粱。及門至友聯翩飲，一嘯雲天萬里長。

■

二〇一八年十一月十一日，與卜鍵南下訪元立、德玉，下午釣於荷塘，得臺灣鯛數條，炭烤佐樽。夜宴布席庭院。大姊德君、小弟德華夫人法人安祺，各治美饌，飲陳釀。一彎新月，涼颸飄拂。極盡清歡，子夜而罷。夜宿元立家。次日同遊珊瑚潭，所謂「夢之湖」，吾鄉勝地，真仙境也。賦七律一首：

山環水折舊家鄉，一片澄潭西子妝。船過無痕明曉鏡，雲遊有韻豔初陽。
清風送爽周遭綠，摯友尋幽雅興長。久落紅塵人世裡，今朝共作武陵航。

午宴於湖邊旅館。面湖而坐，湖水澄澈，倒影如鏡，光景盡入眼目。

次日我陪卜鍵在成大中文系和藝研所講演，講題為「《金瓶梅》之世情」，甚受歡迎。晚宴設於雨荷舞水。

與於席者有元立、德玉、蘇偉貞，而陳貞吟從高雄來、王偉勇自臺北趕來。

卜鍵也在為我寫的《戲曲源流新論》序中提到：

說我一會兒「人間愉快」，一會兒「愉快人間」。在大多數人的印象裡，永義先生的生活應該是快樂無邊的，事實也相去不遠。一次他來京參會，我與田青、慶善等邀他去箭扣長城，在山下一個農家小院高談快飲，不覺而至沉酣。其夜一天繁星，城臺隱約，嵐氣煙霏。永義先生興奮地與遠在臺北的夫人通話，訴說面對夜長城的感受，那一刻的他，真像一個熱戀中的青年。

我還記得那天下午，我們本來要「攻上」箭扣城頂，但聽一位迎面而來的小姐說，新雨才過，日昏路滑，危險。只好半途折返，即如水滸豪傑般地暢飲起來。我們共臥一木床，無人不醉，張慶善還從床上滾下來。

卜鍵，江蘇徐州人，中央戲劇學院碩士班畢業。入文教機構，我曾鼓勵他出任國家清史編纂委員會常務副主任，因為那有如紀曉嵐的事業。他的學問興趣頗廣，於祭賽、戲曲傳奇、小說《金瓶梅》，到李開先、王鼎、嘉靖皇帝，都有研究，而寫出的書，本本扎實。因為他治學聚精會神，寫作手到筆隨。他到臺灣來還上圖書館，與我夜宿元立家，凌晨起床即在德玉書房撰寫評論我剛上演過的崑劇《二子乘舟》。

2 丁永祥

丁永祥（一九六五—），河南武涉人。為河南師範大學教授兼中原非物質文化遺產保護中心主任。著有

《懷梆文化生態研究》、《中原非物質文化遺產系列調查研究》，均足見其篤學務實，甚見佳績。

永祥為人如治學，樸厚踏實，經河大的張大新介紹，即到鄭州看我，那時我正隨臺灣豫劇團巡演，他熱情陪我偕王瓊玲到新鄉觀覽古蹟、訪視懷梆劇團，我捐助兩千元人民幣，據說是他們收到最大的一筆。瓊玲和我也被安排在河師大作講演，瓊玲能說善道，令學生洗耳恭聽。我在夜晚主講的那一場在大禮堂，場面太盛大，有點失控，久未安定，使我不禁說幾句較重的話才平靜下來。我請永祥到臺北開會，他卻昧於手續，自付來往機票費。

3 王永健

蘇州大學王永健（一九三四—）教授在戲曲研究論題上與我諸多類同，雖然我與他相知有限，但我對他景仰已久。他的一本鉅著《中國戲劇文學的瑰寶：明清傳奇》（一九八九）不是篇幅上的龐然大物，卻能將「明清傳奇」這隻我心目中的「狂暴巨獸」處理得服服貼貼，在他的學術筆下，條理井然，言簡意賅，深入淺出，諸多創發；不但可作初學之津梁，而且為學者必讀之書。在蘇大一次座談會上，我提到《牡丹亭》「裙衫兒茜」，說「茜」指綠羅裙，他遞條子給我，說「茜」是「紅色」之意，我即拜他為「一字師」。

4 王安葵

王安葵（一九三九—），本名王安奎，遼寧藝州人。曾任中國藝術研究院戲曲研究所所長、《戲曲研究》主編，研究方向為中國古代戲曲史、戲劇戲曲理論。主張戲曲研究應與義理考據結合，才能做「有學術的思想，有思想的學術」。

他為我安排過一趟湘鄂三峽的戲曲劇團訪視之旅，提供臺北要舉行的「兩岸小戲大展暨學術研討會」展演。途中杯酒談心，我以「酒党党魁」冊封他為「葵安王」領長城巡閱使，以酬他「護駕」之功，他抱怨長城廢置數百年，有什麼好管的。我說長城穿越北疆九省，等同華北總督，領域可大呢！並說：外賜直升機三架，美女秘書一名。他說一架就夠了，我說：不行，你的扈從坐一架，你和美女秘書坐一架，另一架備用；如此才有派頭巡視。為此他常向朋友說，他在「酒党」的地位相當高。

5 王廷信

王廷信（一九六二—），山西河津人，文學博士。曾任東南大學藝術學院院長，研究藝術傳播，被教育部「中國大學視頻公開課」二十門中選入其「戲曲史話」，很受歡迎。他多次邀請我在東南大學講演。二〇一六年四月，臺大中文系為我主辦「曾永義先生學術成就與薪傳國際學術研討會」，他應邀來參加，所提交之論文謂我對戲曲之源生，因身處臺灣，未能涉及大陸地方戲曲，所以觀點有誤。可是我出版和施德玉合著的《地方戲曲概論》兩巨冊，不只臺灣全島「走透透」，還深入大陸閩西閩南、雲黔桂川湘陝晉江浙做地方戲曲田野調查。

6 王馗

王馗（一九七五—），山西忻州人。二〇〇二年獲中山大學文學博士，二〇〇五年任中國藝術研究院戲曲研究所副研究員，現為該所所長，《戲曲研究》主編。

王馗秉非物質文化遺產風潮，特別留意目連戲的研究，我將其成果收入「國家戲曲研究叢書」。他性情溫雅，一副讀書君子的模樣。為了尊重我，在他所主持的學術會議之外，周到地安排我在國家圖書館講演，聽眾之熱情，使我幾乎脫不了身。

7 王衛民

王衛民（一九三六—），河南西平縣人。一九六二年天津南開大學中文系畢業，任中國社科院文學研究所研究員，一九九六年退休。他研究吳梅，編輯其全集，並著《吳梅評傳》。我認識衛民兄相當早，一九九三年五月，我主持「關漢卿國際學術研討會」也請他從北京到臺北來參加。他為人非常謙和，協助我和我的學生不遺餘力；我到北京每勞煩他帶我訪尋圖書，跑遍大街小巷。衛民兄經歷大陸政治局勢的動盪和文革十年的浩劫，始終堅持信念，不為權貴折腰，幸而因禍得福，躋身中國社會科學院文學研究所，得以安身立命，從事研究工作。而三十年來學術成績輝煌，專書十餘種，論文四十餘篇；尤以編校《吳梅全集》獲得二〇〇三年國家出版總署「國家圖書獎」和中國社科院優秀成果追加獎，專著《吳梅評傳》亦獲中國社科院文學所優秀成果獎，從而蜚聲學界。我為他出版《古今戲曲論》，收入「國家戲曲研究叢書」。

8 司徒秀英

司徒秀英（一九六七—），廣東開平人。一九九〇年香港大學中文系畢業，現任嶺南大學中文系副教授。研究戲曲和佛教文學，在香港與古兆中等推廣崑曲。二〇〇〇年，我在香港大學為客座教授，她擔任助教，襄理我課堂教務，並在座旁聽。我也在錢穆所創設的新亞研究所開設戲曲課程，她也來旁聽。

事隔多年，有次我到香港開會，她重提往事，並要拜我為師，成為入門弟子，我這好為人師的，自表同意。從此我來去香港，她幾乎都接送機場，帶我遊覽景點，陪我理事。然後劉紹銘這位文學大師，總會拿一瓶好酒來暢飲。他說一九八二年我在密西根大學訪問，曾在一個風雪的夜晚與莊喆去看他，把他家裡的酒都喝光了。這份「酒債」，非要我參加他主辦的嶺南大學學術會議，重新「計算」不可。

秀英好學敏求，論文在香港、大陸、臺灣期刊發表。我也將她的《明代教化劇群觀》，收入臺北國家出版社「國家戲曲研究叢書」，也屢次請她到臺北參加學術會議。她和劉紹銘一齊來，我都請鄭清茂、秋鴻來小聚，暢敘平生。

9 左鵬軍

左鵬軍（一九六二—），吉林梅河口市人。一九九九年獲廣州中山大學文學博士，現為華南師範大學嶺南文化研究中心主任。研究中國戲曲史，以近代傳奇雜劇為主要範圍。我為他出版《晚清民國傳奇雜劇史稿》、《近代曲家與曲史考論》，收入「國家戲曲研究叢書」。

我每到廣州中山大學，他都會和陳建森、劉曉明等安排我作講演。

10 田青

田青（一九四六—），文革期間高中畢業，「上山下鄉」，在黑龍江農村勞作五年。一九八一年考入中國藝術研究院研究生部音樂系，留院任職，曾任中國藝術研究院音樂研究所所長。致力佛教音樂、非物質文化遺產之維護與發揚，其音樂評論對樂界影響頗大。其學術態度服膺楊蔭瀏之理論與實務結合，以治律學。田青擔任中國崑劇古琴研究會會長，屢次找我參加學術會議，他每將會場選在北京附近的名勝，別感優雅。

他性情與我相當投合。有次藝術研究院院長王文章請我吃飯，由張善慶副院長和三位所長劉禎（戲研所）、卜鍵（紅學所）和田青（音研所）作陪，我們開懷暢談，喝掉四瓶茅台，只有主人滴酒不沾。

二〇一八年，我在漳州古琴村訪問，村長說他很想請田青來指導，幾次都請不動。我即席掛電話給田青，約他來年四月在古琴村小聚，趁便到廈門閩南大戲院看我新編崑劇《蔡文姬》上演。他果然實現諾言，我也從蘇州請來周秦陪他。我們都攜家帶眷，在優雅的古琴山村裡釣魚飲酒。

田青在音樂界享有盛名，臺灣各大學常請他來講演，大陸同行更以他「馬首是瞻」。有位在雲南昆明倡導古樂的宣科，將明清民間絲竹樂硬向觀光客說是唐宋千年古樂，田青指出錯誤。宣科竟一狀告到雲南法院，法院為雲南文化面子，判決宣科勝訴。我和蔡欣欣好奇地去觀賞所謂唐宋古樂，當場按捺不住，要即席糾舉宣科，不要自欺欺人，欣欣見狀拉住我，使我免於也成了被告。

11 白寧

白寧（一九八〇—），滿族，瀋陽音樂學院碩士。現任學院民族音樂系教授。專攻民族聲樂研究。幾年前施德玉轉交白寧贈我的著作《燕南芝庵〈唱論〉研究》，我讀後大為嘆賞，沒想一位研究聲樂的，有如此精深的古文獻剖析和詮釋能力。我一向引以為詰屈難解的都被她一一解開了；而且還將芝庵唱曲的理論建構成有條不紊的體系，使人一目了然。於是我一連請她到臺北參加學術會議，她的表現都令人刮目相看。

二〇一八年四月間，我在山東大學講學，於十九日至二十一日訪察遊覽大連，她得知訊息，即從瀋陽開車四小時來拜候，使我很感動。

二〇一八年十月十四日，我們都在蘇州參加第八屆崑劇節由周秦主持的座談會。是夜白寧特設酒席，向我行三鞠躬禮，正式拜我為師，從此執弟子之禮甚恭。她的名著還有《元明唱論研究》。她性情溫雅，宜於治學，成就可以預期。

12 伏滌修

伏滌修（一九六三—），二〇〇六年獲南京大學文學博士學位。一九九八年即在淮海工學院東港學院任教，現為教授，勤於戲曲著述，尤以《西廂記》為主要。

他很用心地為我寫過〈老驥骨奇心尚壯，青松歲久色逾新：曾永義教授訪談錄〉，發表在《文藝研究》二〇一三年第四期，對我學習過程、治學態度方法和重要見解，記述得周延詳審。我請過他來世新大學開過學術會議，在其他會議場合也會碰到他。他是一天不讀書寫作，就會自責虛度時光的學者。

13 曲六乙

在中國大陸上世紀興起的儺學研究中，曲六乙（一九三〇—）、庹修明、葉明生三位可說是代表性人物。曲六乙先生年輩較高，在北京，又任儺戲學會理事長，可以說是儺學研究的領導者和集大成者，他舉辦多次相關會議，其集大成的論著為與錢茀合著，於二〇〇三年出版之《中國儺文化通論》，成為經典之作，而「儺」研究也躋入近代顯學，我也為他出版《曲六乙戲曲論集》，收入「國家戲曲研究叢書」。

14 朱恆夫

朱恆夫（一九五九—），江蘇濱海人。南京大學藝術博士，任上海大學教授。一九九七年被評為江蘇省跨世紀學術帶頭人。二〇〇三年被同濟大學推舉為「十佳教師」。

恆夫到過臺師大講學，二〇一一年來臺灣戲曲學院參加我主持的學術會議，一見投合，飲酒幾於醉。十一月又在首爾會場上相遇，倍感親切。我與媛到上海，他請我在上海、同濟大學講演，與其夫人竭誠接待我們。我在首爾以詩唱和留別，錄之如下：

十月蓬萊相見歡，汪洋一路傍青山。飛杯不覺情深滿，傲嘯卻知天地寬。

嘉會欣逢漢陽苑，壯遊當出玉門關。異邦論學兼為學，莫道天寒別亦寒。

恆夫〈步韻曾公永義教授韓國留別〉：

美酒高論滿筵歡，大纛引領攻書山。獨飲劉伶意落拓，長醉張旭心不寬。

玉京漢卿只寫劇，蘭溪笠翁方可勘。感君忘年攜後學，首爾冷冬卻不寒。

恆夫於二〇一三年十二月二十一日在上海大學講演之後，飲我窖子口高粱三瓶。二〇一三年十二月二十二日他主編的《後六十種曲》收入「近現代人劇作四種」，我新編崑劇《梁祝》收入其中，在上海復旦大學發表首發會，我被邀出席。

15 朱偉明

在我受武漢大學聘為「客座教授」，作系列講演之際，鄭傳寅教授陪我到黃州大學講演，認識朱偉明教授，並為她出版《中國古典戲曲論稿》，收入「國家戲曲研究叢書」。

16 朱萬曙

朱萬曙（一九六二―），安徽潛山人，一九九九年獲南京大學文學博士，歷任安徽大學徽學研究中心主任、文學院長、中文系主任。現為北京中國人民大學教授、博士生導師。二〇一七年四月，入選為二〇一六年度教育部「長江學者獎勵計畫」特聘教授。致力戲曲與徽學研究。

他在酒党與卜鍵同級，而豪邁過之。酒過三巡，無限爵、無限量，他必高唱黃梅戲《打豬草》唱段〈對花〉接二連三。所以卜鍵和我一看到他攘臂而起，放聲朗吟，就知道他「差不多」了。

他的《明代戲曲評點研究》，是戲曲評點學的經典名著。他在《明清戲曲論稿》裡，發難所謂湯沈「流派說」根本不能成立，我首先以〈散曲、戲曲「流派說」之溯源、建構與檢討〉予以呼應。他曾在擔任安徽大學文學院長時，帶我到桐城訪尋桐城派風華，然後返回合肥安大作了一場盛大的講演。他轉任北京人大以後，也請過我去專題講座，在酒席上與卜鍵更常見面，兩人一見就互相調侃。有次我在南京大學，孫書磊邀他，他不遠千里而來，令我感動。二〇一五年四月，臺大中文系為我舉辦「曾永義先生學術成就與薪傳國際學術研討會」，他在閉幕晚宴時，表現得非常興高采烈。

二〇二一年九月間，忽聞他中風，正在安徽靜養，希望他趕緊康復。

17 江巨榮

在兩岸戲曲學術會議上見過江巨榮（一九三八—）先生；雖認識很早，但互動不多，他研究成果豐碩，令我佩服。我為他出版《劇史考論》，收入「國家戲曲研究叢書」。

18 吳書蔭

吳書蔭（一九三八—），一九七八年考入中國藝術研究院，師從張庚研修中國戲曲史，一九八二年獲碩士，留戲曲研究所任職。長年勤於戲曲文獻之整理與研究，得徐朔方、王季思之嘉許。於北京圖書館發現塵封已久之梁辰魚《鹿城集》，輯校《梁辰魚集》，與其《曲品校注》、《湯顯祖及明代戲曲家研究》，皆考證翔實、細密謹嚴，為學界所推崇。又與李修生主編《古代戲曲劇目提要》，與華瑋、江巨榮主編《清代古典戲曲總目》，與陳慶浩編輯《全清戲曲》，對戲曲研究均有極大貢獻。曾於一九九七年、二〇〇四年赴臺北，參加「明清戲曲」和「湯顯祖與《牡丹亭》」國際學術會議。二〇〇四年赴美探親時，應哈佛大學費正清中國研究所中心主任伊維德邀請，訪問哈佛作學術講座。二〇〇五年應香港城市大學中國文化研究中心主任鄭培凱邀請訪問講學。

我和吳書蔭的交情建立在學術上，我很佩服他的治學為人，和他在學術會中見面，感受到他的優雅，在案頭讀他的書，每覺受益良多。他和華瑋主編《清代戲曲總目》，我指導的新竹清華大學博士生陸方龍作他們的助理，方龍很敬業，他們引為得力。只是性情遲緩，不注意輕重本末，因要照顧家中長輩，一再休學，迄今十數年，未提交論文。

二〇一八年十月十四日至二十五日，我的科技部博士後研究助理及門吳佩熏隨同赴蘇州、崑山、南京、北京參會講學。二十四日上午參加國家圖書館召開由吳書蔭主其事之《古本戲曲叢刊第八集》編纂委員會議，我才知道我已被書蔭延攬為委員之一。

19 吳乾浩、譚志湘

吳乾浩（一九三九—），浙江餘姚人。一九六三年南開大學中文系，與王衛民同班。師從張庚，一九八九年任北京中國藝術研究院戲曲研究所副所長，夫人譚志湘（一九四一—）為戲曲研究所宗教戲劇研究中心秘書。二〇〇四年七月，我帶領施德玉、李佳蓮等幾位學生到青海參加學術會議，認識他夫妻倆甜伉儷，施德玉和我都與他夫妻倆一見如故，青海之後還追隨他們回北京，在家備筵接待，領受他倆的熱情和溫馨。

「甜伉儷」為「酒党新語」，與「鹹伉儷」（賢伉儷）對稱。因為夫人譚志湘和他在戲曲研究上「婦唱夫隨」，於是婦研究著作《元代藝術與元代戲曲》，夫也就著手評傳白樸、鄭光祖；或聯手探討京劇，評論演出，文章輯編為《彩虹集》；或合力撰著《二十世紀中國戲劇舞臺》。有時也互相激勵，她開發了少數民族的習俗和戲曲，他則專注於戲曲美學特徵的凝聚變換；從而相得益彰，如神仙眷屬。我為吳乾浩出版《白樸、鄭光祖評傳》，為潭志湘出版《元代藝術與元代戲曲》，收入「國家戲曲研究叢書」。

20 吳新雷

吳新雷（一九三二—），江蘇江陰人。一九五三年南京大學中文系畢業，一九八六年為南京大學教授。曾任南京大學中國思想家研究中心主任，獲全國戲劇文化獎戲曲教學與研究終身成就獎。

新雷先生研究戲曲，尤以崑劇探討，舉世無雙。他深受陳中凡、俞振飛兩先生啟迪，體悟理論與實務結合，努力學習崑曲歌唱與身段，在北京由傅惜華先生指引而閱讀到路工家所藏的魏良輔《南詞引正》；在北大圖書館看到《明心鑑》和多種版本的《明心鑑》，於戲曲史料開發不少貢獻，很受趙景深先生激賞。

我在臺北國家出版社為他出版《吳新雷崑曲論集》，為其書所寫的序中有這樣的話語：

> 吳新雷先生是我很敬佩喜愛的學者，和他見面，幾乎都在學術會議的場合，他總是笑容滿面，殷勤有加，使人倍感親切。他的鄉音很重，聽他言談和發表論文，不免吃力，但吃力之餘，無不佩服他的見解，深深感受到一位真正的學者是如何精勤地治理學問，如何不凡地建構理念。
>
> 「崑曲研究」為當今戲曲界之顯學，吳先生主編《中國崑劇大辭典》，為海內外所周知。這部《大辭典》就像一位大師，為你解決有關崑劇的任何問題。而吳先生化身其間，他其實就是一位活生生的崑劇大師。他對崑劇廣博而深厚的學問，也都反映在《大辭典》之中。他研究崑劇從唱曲看戲和關愛藝人入手，結合文獻探討，就更能相得益彰。他曾向我說，為了《大辭典》，他辭去行政職務，用了兩年時間，仔細

專心校閱。這和某些主編，只是彙集條目而成，真不可以道里計。也因此，我寫作〈論說「折子戲」〉時，便很放心地引用他的《大辭典》。

吳先生這部《崑曲論集》是薈萃他十幾年來崑曲研究的菁華。從其「劇論曲評」，讀者可以學到對論題和劇作家及其劇作探討的方法；從其「崑班流播」，讀者可以深切體悟到如何運用最堅實的內容來論證難以具現的情事；從其「文獻鉤沉」，讀者可以感佩到學問顛撲不破的基礎，是從最笨拙的功夫處梳理然後所得的累積；從其「演唱研討」，讀者更可以清楚地認識到戲曲捨舞臺，便沒有真正的生命力，而其關鍵處，尤其是崑劇，便是演唱。總而言之，在我心目中，吳先生這十六篇論述崑曲的文章，篇篇都可以作為我們研究崑曲的典範。

除了治學以外，吳先生性情的樂觀明朗，也是我要多加學習的。吳先生飲酒「瞇瞇」的一小口一小口，沾唇為止。二〇一三年癸巳暮春，先生惠賜〈簡訊〉問候，余隔海望風，報以七律：

先生一唱牡丹亭，海色天容處處青。學界蜚聲崑曲典，等身著作斗牛星。
闊論高談春滿座，縱橫捭闔口傳銘。逍遙宇內行期耄，茂盛楩楠君子庭。

21 李曉

認識李曉（一九四四—）已經好久。雖然見面不多，但每次見面，總有相顧莫逆的感覺。他做學問一絲不苟，做人也一樣，就顯得樸實耿介。他初從兩位老師趙景深、徐扶明先生，後在南京大學從吳白匋先生；名師出高徒，所以在學問上，他也是我的畏友。我為他出版《古典戲曲與崑曲藝術論》，收入「國家戲曲研究叢書」。在南京的一次學術會議裡，吳新雷和他陪我閒聊，言及兩岸《崑曲大辭典》和《崑曲辭典》一齊出版，他不諱言新雷先生主編得極精審，而另一部則以我的〈導論〉最可讀。

22 李鴻良

李鴻良（一九六六—），江蘇崑山人。一九八五年江蘇戲劇學校崑劇科畢業，師從周傳滄、范繼信、姚繼蓀、劉世龍、王世瑤、張寄蝶等丑色名腳，表演細膩傳神、詼諧幽默。二〇一一年獲第二十屆中國戲劇梅花獎，繼柯軍之後為江蘇崑劇院院長，二〇一九年為江蘇省演藝集團副總經理。他曾執行「崑劇故鄉行」系列活動，希望將崑劇重新扎根在它的故鄉崑山。他也參預在崑山成立崑劇團的籌劃工作。

二〇一四年十月，我訪問揚州大學講演時，他專程從南京來看我，送我兩萬元人民幣作為訂金，要我為即將成立的崑山崑劇團編撰《韓非、李斯、秦始皇》，說他和柯軍及上崑的張軍志同道合，情如兄弟，要為將來的崑山崑劇團，三人就各自行當特色專長，同臺演出成團新創的招牌戲。我們都很興奮，言明翌年交稿。可是後來傳聞三人有所糾葛，張軍首先自行發展，他和柯軍的金石交情也起了變化。我到南京，和他在友人如孫書磊的筵席上見面，他總是說《韓非、李斯、秦始皇》原定腳色已經破局，但他一定設法演出。二〇二〇年已過了五個寒暑，猶未見動靜，我只好改由臺灣戲曲學院京崑劇團演出，而且定於二〇二一年六月二十七日、二十八兩日假臺北國家戲劇院公演，但因新冠疫情，臨時取消，延至二〇二二年五月二十八日假桃園展演中心演出，再次因疫情而取消。

23 杜桂萍、張政文

杜桂萍（一九六三—）教授，在學術上她是知音，在交情上是我的妹子。我請她為正由臺北三民書局為我陸續出版將有九大冊的「龐然大物」《戲曲演進史》作序，題為〈曾永義先生戲曲研究的當代學術史意義〉。她一開頭就說：「二十世紀以來的戲曲研究，曾先生自己都沒意識到，個人的學術貢獻如此之大，人格魅力如此奪目；以致海內外學人『對他無比尊敬』。」在分析《戲曲演進史》全書架構內涵後說：此書「具有全新之體貌，體現了中國特色，時代價值，回歸了戲曲之本體，又具有了當代學術史的意義」。她又彰顯我全書的資料運用、綱領布局、態度方法之後說：「這部戲曲史又較曾先生以往的研究成果，表現出更為突出的才識豐贍、思慮縝密的特點；而其治學之嚴謹，述作之宏富，成就之突出，乃為其獲得海內外學人高度關注和好評如潮之原因，再度獲得了印證。」真是對我揄揚備至。

杜桂萍，黑龍江伊春人，具北京師大博士後學位，曾任教黑龍江大學，現為北京師大教授、博士班導師，治學以清代戲曲為重點範圍，參預主持之學術研究課題接二連三，其成果皆獲好評，以故獲「長江學者」之殊榮。我認識欽佩桂萍的是緣於她在歷次學術會議所發表的論文。她著作宏富，我為她出版過《清代雜劇作家創作論考》，收入臺北國家出版社之「國家戲曲研究叢書」。她又倡導「明清戲曲宗元思想」之研究，尤見其慧心慧眼。

桂萍在黑龍江大學時，她夫婿張政文任校長。於二〇一〇年六月七日至十六日，安排我巡迴訪問黑大、哈爾濱師大、牡丹江師大、黑龍江師範幼教專校，作專題講演。遊覽名勝古蹟，松花江畔、鏡泊湖、金代上京博物館等均為遊屐所涉。張校長亦性情中人，盛宴熱情，每有不醉不歸之態勢。他還頒授「黑大客座教授證書」給我。我也冊封他為酒党「東北總督」。

二〇一二年十二月二十五日至三十一日，黑龍江大學以杜桂萍和我的名義召開「古典戲曲辨疑與新說國際學術研討會」，與會學者五十六人。張政文校長很客氣，不止開幕式要我高居中央，起先致詞；筵席更非推我為首座不可。那時值北國嚴冬，氣溫在華氏三十度（攝氏零下一度）以下，冰天雪地，是我平生所僅見；

而我在左右扶持之下，也飽覽了「國際冰雕世界」，以冰塊建構各色各樣琳琅滿目之閣樓大廈；也安排了世新大學賴鼎銘校長與黑大張政文校長簽訂「姊妹校」。

我也多次邀請杜桂萍來臺灣訪問，參加學術會議。她常帶領所指導的博碩士生與會觀摩，和我以前的「做法」一樣。她轉任北京師大以後，我每次「晉京」，她一定要我專題講座，或與研究生座談，讓他們質疑問難。二〇一九年我所出版的《戲曲劇種演進史考述》，她教研究生逐章閱讀，並在課堂上一一討論。桂萍方富於春秋，她的學術前途和成就是不可限量的。

張政文（一九六〇—），二〇〇三年獲山東大學文藝學博士。二〇〇七年九月至二〇一四年二月任黑龍江黨委副書記校長，二〇一九年轉任中國社科院大學校長、研究生院副校長。從事文藝學與美學研究。

24 沈不沉

沈不沉（一九三一—）先生是溫州南戲研究的專家，長年從事，甚受學界重視，我為他出版《溫州近百年戲劇史》，他曾寫信揭發某著名學者抄襲他的著作，令我很詫異，不敢相信，但他言之鑿鑿，對方始終未予回應。

25 車文明

車文明（一九六一—），山西山陰人。一九九七年獲華東師範大學博士，師從齊森華。一九八八年山西師範大學中文系畢業，留校任教，在戲曲文物研究所工作，受黃竹三所長之調教，從事山西古戲臺之調查研究嶄露頭角。二〇〇二年任戲曲文物研究所所長。二〇〇四年為山西師大戲劇與影視學學院院長、黨委書記。二〇一六年晉任山西師大副校長。

車文明年輕得志，意氣風發，酒筵豪邁。我數度訪問山西師大，他是我對杯的好手。我冊封他為「西北總督」，他在全國唯一的以戲曲文物為對象的研究所工作，繼創辦人黃竹三先生之後主其事，可以說得其所又得天獨厚。所著《中國古戲臺研究》甚受重視，我請他到臺北開會，旅遊時還留意臺灣寺廟戲臺，要去做田野考察。

26 車錫倫

車錫倫（一九三七—），山東泰安人。一九六〇年升入復旦大學中國文學史專業研究班，師從趙景深教授治中國俗文學、戲曲學，兼治文獻學。一九六四年到內蒙大學任教，又從關德棟從事俗文學研究。一九八一年調揚州師範學院任任訥（字中敏、號半塘、別號二北）教授助理。一九八七年晉升為副教授，一九九七年退休，遊走社科院、山東大學、浙江傳媒學院講席。

錫倫與我認識和相知非常早。一九九一年九月，我參加揚州師範學院的「散曲國際會議」，他就陪我和李殿魁、洪惟助尋書訪書，後來他知道我到南京、上海，也會專程來見面。他研究的學問是冷中之冷、僻中之僻，費了三十年的時間，鍥而不捨地從事「寶卷」資料的蒐羅、訪尋，彙成總目，進行考索。他的《中國寶卷總目》成為「龐然大物」，在大陸無人理會，沒有出版社願意血本無歸。我極力向中研院文哲所推介，很快獲得以所內專刊發行，頓時受到兩岸學術界青睞；我也透過臺大中文系邀請他來參加學術會議，並為中研院文哲所的訪問學人，臺灣的眾多大學更爭相延攬講演，對治俗文學的年輕學者影響甚大。我的及門弟子丁肇琴寫博士論文《俗文學中包公形象之探討》和升等教授論文《五嶽民間傳說之研究》，實質上是由他指導出來的，而肇琴執弟子之禮，長年以來都甚為恭敬。

錫倫老哥守正不阿，臧否人物充分流露「讀書人」本色。我請他為我在北京中華書局出版的《曾永義學術論文自選集》的甲編「學術理論」作序。他論述近代中國俗文學研究的源流和現況，對我在臺北三民書局發行的《俗文學概論》中的「民族故事」新說，頗為肯定。

二〇一四年十月二十三日，我由北京訪問揚州大學，許建中院長安排講演，遊揚州瘦西湖、漢廣陵王墓、鹽商个園及歐陽修守揚勝蹟平山堂，並至錫倫老哥家探望。老哥大病方癒，僻居斗室，抱我而泣。我感慨之餘，賦七律一首：

廿五年來金石交，只緣學術與情操。（時錫倫兄七十有九，余七十有四。）
俗文寶卷稱冠冕，人棄我取獨寂寥。
一介書生真本色，千秋傲骨實雄豪。
我今跨海相存問，老淚相看忍不拋。

二〇一一年四月，我七十一初度所賦的〈詠流蘇〉，錫倫兄也有所唱和。其〈小序〉云：「永義兄賜示七十覽揆之作，兩岸情親，半生交契，今皆垂老矣！思之悵然，有不能已於言者，因以原韻打油卻寄。」詩云：

拂眼花飛獨悵神，嵐光海氣壓熙春。
銷殘心事紅氍冷，負盡狂名白髮新。
功狀雕蟲終不悔，生涯芻狗已先陳。
相逢一笑樽罍在，大患惟嗟有此身。

他寫我也寫自己。

二〇一八年十月二十二日，我赴北京參加「東方西方——梅蘭芳、斯坦尼斯拉夫斯基、布萊希特國際學術研討會」，並到北京師大為杜桂萍門下研究生所作學位論文題目，一一質疑剖析指引。桂萍筵開兩席，下午參觀梅蘭芳紀念館，館長劉禎設晚宴，我都請錫倫兄杯酒同歡，老友相見，大嫂照顧有加，陪他來。他酒興高昂，意氣縱橫，言語間涉及是非，我予以勸阻。

27 周育德

周育德（一九三八—），山東平度人。杭州大學中國語言文學系，中國藝術研究院進修。從事戲曲史、理論之研究與教學。曾任中國戲曲學院院長，現為湯顯祖研究學會理事長。所著《中國戲曲文化》、《崑曲與明清社會》，皆為受矚目之論著。我在臺北國家出版社，將他所著《周育德戲曲論集》收入「國家戲曲研究叢書」，並為之序，在序中有云：

> 對周育德我直呼「老哥」，因為他大我三歲。我很喜歡周老哥，因為他嘴角常掛著微笑；他雖長得高，但即之也溫，不會令人有高高在上的壓迫感。他言語時露機趣，連上臺發表論文也不例外；為此我常常「語無倫次」地逗他，希望把相見的愉快提到最高點。
>
> 只是二〇〇六年六月間，我們一起在杭州浙崑「崑劇《十五貫》晉京五十周年座談會」上，他避重就輕地，如數家珍般地，對《十五貫》背景侃侃而談；沒能像我說出：「《十五貫》不能說是崑劇。不過乘著政治的翅膀飛翔而已。」我藉此調侃他，說他圓滑。他當然不圓滑，否則怎會是我敬愛的周老哥？
>
> 他也為我的《戲曲腔調新探》作序，他卻說他不懂腔調，但記得他訪臺時，我陪他在臺大生態池看鴨

子。他言語幽默，如以「無中生有」、「弄虛作假」、「得意忘形」來標舉戲曲藝術的質性，堪稱風趣貼切的絕妙好辭。

他擔任中國戲曲學院院長時，我到過學院訪問他。我也邀請他參加二〇一五年臺大中文系為我舉辦的「曾永義先生學術成就與薪傳國際學術研討會」。我們在各種學術會議上常「不期而遇」。二〇一一年五月，我們同到北京參加「崑劇論壇」，與周老哥同看江西撫州採茶戲演《牡丹亭》。周老哥即興賦七絕：

牡丹賞罷意若何，花放百種不厭多。最喜採茶光景好，俗曲偏能奏雅歌。

其自注云：「撫州採茶戲演《牡丹亭》，竟能傳得顯祖原詞，改調歌之。」我也即「步老哥韻」：

俗曲偏能奏雅歌，真聲滿發欲如何？人間若有情難訴，唱徹牡丹餘幾多。

同時我又用京劇「十三道轍」即興賦此八句：

霓裳羽衣傳太真，人間為此重音聲。幾多俊彥輸心血，不盡江河洗垢塵。
曲聖誰能魏良輔，玉編首重《牡丹亭》。而今巨擘稱寰世，一派流波到海瀛。

老哥讀後批云：「仁兄高才，把新『薛蟠體』，竟改成『寶玉傳』了。」

二〇一四年二月二十一日，我與周老哥、日本田仲一成，同到韓國首爾漢陽大學參加由韓國「中國戲曲學會」會長吳秀卿教授所主辦，為慶祝金學主教授八秩之「新世紀戲曲研究新方向國際學術研討會」，時老哥七十有六，田仲八十有三，我七十有三，堪稱「戲曲界三老」矣！

28 周秦

周秦（一九四九—），江蘇蘇州人，幼承家學，熟諳崑曲，能擫笛、能唱曲、能訂譜。一九八二年畢業於江蘇師範學院中文系。師從錢仲聯教授治明清文學，為入室弟子。一九八九年主持蘇州大學崑曲藝術本科班教務，被譽為繼「崑曲傳習所」之新篇章。又主持蘇大業餘「東吳曲社」，二〇〇一年任中國崑曲研究中心常務副主任，主持實施歷屆中國崑曲學術研討會。主編《中國崑曲論壇》，著有《蘇州崑曲》、《寸心書屋曲譜》，現為蘇州大學文學院教授、博士生導師。

周秦可以說自幼與崑曲「為伍」，也以崑曲「為命」；他的崑曲修為，在我心目中是不作第二人想的大師。他不只精研崑曲學術，尤將擫笛、唱曲、譜曲等藝能集於一身。他繼吳梅先生一九〇五年於蘇大前身之東吳大學講授詞曲，而「指點宮商，攜笛上課唱曲」之後，更將崑曲藝術納入高等教育，開啟令人讚嘆的教育史新紀元。二〇〇〇年十月，中斷了二百餘年的虎丘曲會重開，他帶領他創辦的「東吳曲社」學生首先登臺，以一曲《琵琶記・賞秋》博得曲家激賞。他認為崑曲歷經六百年流傳，幾經沉浮波折而能迄今屹立不搖，主要取決於三支「強心針」，一支是來源「民間」，即一九二一年蘇州地方賢達籌創「崑曲研習所」，培養一批崑曲人才；二是來自「政治」，即一九五六年《十五貫》在北京公演，內容反貪，與時政相合，被毛澤東、周恩來好評青睞，而以一齣戲救活一個劇種；三是來自「國際」，即二〇〇一年五月崑曲入選聯合國教科文組織評定「首批人類口頭和非物質文化遺產」，使崑曲界大為振奮。所以此時此際應是推動、振興、發揚崑曲藝術的時候，使這種集中國最優雅可歌的文學和最精緻可賞的表演，融而為一的最具代表性的藝術文化再度成為人民的日常生活。

我認識周秦雖然早在一九九二年「崑曲之旅」，專程到蘇大參訪他為崑曲專科班學生上課，但彼此「相知恨晚」，是二〇〇二年十一月與洪惟助去拜訪他開始。記得我為臺北國光劇團編撰崑劇《梁山伯與祝英台》後，即赴蘇州拜望他，邀他共同合作承擔譜曲。他在〈守法與翻新——關於《梁祝》崑唱的追記與思考〉提到我們初會面的情況：

> 二〇〇二年十一月，臺灣曾永義、洪惟助二先生相偕渡海過訪。霜露初降，落木蒹葭，正是對菊持螯的賞秋時節。夜宿太湖三山島農家，波光月色，涼透衣衫。剪燭長談，偵知曾先生來意，乃專就為臺北國光劇團編創崑曲劇本事徵求我的合作意向。曾先生是享譽海峽兩岸的著名學者、詩人和劇作家，此番不遠千里，折節枉顧，至有「不作第二人想」之企許。深情厚誼，況又關乎弘揚崑曲藝術、推進兩岸文化交流，茲事體大，豈容作態推辭？因而不揣譾陋，勉力應承。於是三人就此商討至丙夜，內容涉及戲劇觀念、崑曲精神、案頭與場上關係以及當今傳統戲曲發展趨向，直至與國光合作的一些具體細節問題，茶色漸淡而談興益濃。

又說：

> 曾先生在編劇過程中很好地遵守了依腔填詞、聯牌成套的崑腔傳奇傳統形式規範，這為《梁祝》崑唱

提供了不可或缺的先決條件。以尊重原著為前提，在反覆分析、仔細研究曲詞內容意境和曲牌音樂框架的基礎上，我小心翼翼地按照腔格要求打譜就字，偶爾就個別拗律的上、去聲字作必要的調整，對南曲中過多的襯字加以刪減，相反對北曲中襯字過少之處加以添補。同時，依據曲牌的音樂風格和細曲在前、粗曲在後的聯套原則，精心設計安排板式節奏，使樂曲的聲情和詞情在較高水準上得到統一，以求合乎法度，和諧可聽。

從此我和他接連又合作了《孟姜女》、《李香君》、《楊妃夢》、《蔡文姬》、《吳起》、《二子乘舟》、《韓非、李斯、秦始皇》七個崑劇劇本。前五種二〇一六年由文化部傳統藝術中心結集為《蓬瀛五弄》出版，以配合《曾永義先生學術成就與薪傳國際學術研討會論文集》發行。最後一個劇本，本來定於二〇二一年六月假臺北國家戲劇院首演，但因新冠疫情猖獗而延後。可見十九年來，我們合作無間，相欣相賞而相顧相成，彼此也成為好兄弟。

周秦在〈借崑腔宛轉譜新詞——新編崑劇《孟姜女》編演追記〉又說：

曾先生以學界聞人，餘事填詞……他的劇作努力接續曲學傳統和藝術精神。……同時一種憂患時弊的文人積習，時時縈繞筆端，有所表現。所謂「借古人盃酒，澆胸中壘塊」，非曾先生之謂乎？嘗記……《孟姜女》第一齣〈查拿逃犯〉終了，當軍吏們押解著被抓捕的儒生、農夫緩緩下場時，幕後響起委婉悲涼的女聲獨唱：「一人有慶，兆民賴之；惟紂獨夫，千古詬之；古為今鑑，阿誰知之？」開端兩句見於《尚書．呂刑》；後四句接續無痕，渾然一體，再好不過地道出了天下百姓的心聲。如此無奈，又如此執著，誰能對此無動於衷呢？長夜度曲至此，四顧寂寥，悲從中來。彌漫耳際的是結句的反覆詠嘆，以及發天地深處的震撼嘆息。「古為今鑑，阿誰知之？」古往今來為人主者，你們聽見了嗎？

他又說有關楊貴妃、李香君、蔡文姬為題材的戲曲創作，已經有洪昇《長生殿》、孔尚任、曹寅《續琵琶》等經典名著，一般人必認為很難超越；但我都能別出機杼，集中筆力，化繁為簡；時出新奇，引人入勝。周秦每譜一個劇本，不只要翻成五線譜，而且要到臺北為演出的劇團教唱。還寫下諸如〈別題紈扇唱香君——新編崑劇《李香君》編演追記〉，對劇本中【二犯漁家傲】、【滴滴金】、【駐雲飛】套諸曲分析讚賞，如《李香君》第六齣生扮侯方域探院所唱【二犯漁家傲】，第四齣丑扮鄭妥娘、老旦扮卞玉京、小旦扮寇白門唱【滴溜子】，或雅或俗，或淒涼纏綿，或直白滑稽，無不切合腳色劇情，堪稱可聽之曲。又如第五齣旦扮李香君罵殿所唱三支【駐雲飛】，始猶強按悲憤，意存諷勸，稍顧身分場合；無奈君瞶臣奸，醉死夢生，直如一堆行屍走肉，終於怒不可遏，破口大罵。訂譜時依據崑唱聯曲前細後粗，自緩趨急的規矩，將三曲的節拍依次處理為一板三眼帶贈板、一板三眼和一板一眼，透過再度編板抽緊節奏，將劇情推向高潮。

周秦又謂《桃花扇》以張道士當頭棒喝，侯、李二人幡然醒悟，斬斷情根，雙雙入道結局，東塘頗以「脫去離合悲歡之熟徑」自負。吳梅先生亦頗為稱許。一九四七年，歐陽予倩將《桃花扇》改編成話劇，結局為侯、李二人劫後重逢，香君發現侯方域薙髮留辮，改著清裝，憤而撕碎桃花扇，咯血抱恨而終。而曾先生的《李香君》則教侯、李二人在思想發生嚴重衝突：香君要守民族氣節，返鄉歸隱；方域則要不負才華，出仕用世。香君最後說：「人各有志，予欲無言。」乃分道揚鑣，留下令人省思的餘韻，則是「別出心裁」了。

又在〈前身太白非耶是——新編《楊妃夢》編演追記〉中為我賦兩首七絕：

曾公興至筆生花，洪孔以還能幾家。醉墨斜行才寫定，笛聲傳唱已天涯。

薄霧纖雲欲曙天，芳魂入夢叩塵緣。前身太白非耶是？鑼鼓悠悠且醉眠。

周秦的詩韻味深厚而出語瀟灑，我們也有所唱和。〈還弄蓬瀛第五聲——新編崑劇《蔡文姬》編演瑣記〉，題七絕一首：

孤雁飛鳴向北庭，悲笳落日古長城。壁間長笛應無恙，還弄蓬瀛第五聲。

二〇一四年五月，周秦為湘崑羅豔團長召開「湘崑藝術與湖湘文化」座談會，我作詩數首，其中〈郴江吟〉：

秦觀昔日貶郴州，不勝郴江萬古愁。今日我來視山水，郴江裊綠繞山流。

二十四日上午座談會後，下午遊便江，登嶼觀一千兩百年古樟木。晚上崑曲晚會，羅豔壓軸歌我〈郴江吟〉，由該團樂師新譜。我所作詩三首，皆由洪惟助墨書。湘崑團員紛紛求我即興為他們製「嵌名聯」，包括永興縣長康豔芝女士，惟助亦接連應接揮灑。

二〇一八年三月我邀集田青、周秦兩家伉儷偕媛會聚漳州龍人古琴村，村長謝建東熱情款待。十七日夜，《蔡文姬》在閩南大戲院演出。二〇一八年十月，周秦和我同參加崑山巴城之「重陽曲會」，十八日我有〈戊戌重陽巴城曲會贈別周秦兄弟〉七律一首：

六弄蓬瀛動九州，大江南北足風流。孟姜梁祝楊妃夢，蔡琰香君二子舟。

曾子三思才置筆，周郎一笛已橫秋。與君相顧還相賞，二十年來兩白頭。

周秦於十月二十日〈次韻贈答永義先生〉：

年年橐笛下瀛州，來訪曾郎洪孔流。海月山風總宜酒，秦皇漢帝一扁舟。

童心未許時光老，落葉偏催鬢髮秋。古調而今幾人會，與君高唱立潮頭。

沒想周秦和我的酬唱，被大陸各地詩友次韻相贈者達六、七十人。我因此有〈跋戊戌重陽巴城曲會贈答詩鈔〉：

不意古人風雅復現今日，而盛況幾於過之。不意以拙詩七律〈戊戌重陽巴城曲會贈別周秦兄弟〉蒙顧曲周郎次韻贈答，而迭獲神州吟友廣為賡和，玉句錦章，聯翩而至；雖非蘭亭高會，曲水流觴；而意趣華采豈遑多讓。此人間至樂也，敢與諸君同享。

周秦雖說「海月山風總宜酒」，但他與我同席飲宴不知凡幾，卻不說也不喝，不像洪國樑只喝不說，我則不只大吃大喝，還高談闊論。我「訓練」他飲酒，終歸無效，只好讓他「杯中有物，皆酒也」。所以他在酒党，沒有響亮的名分和地位。

二〇二〇年四月三日，贈我一闋【醉花陰】，小題為〈永義先生八秩壽誕（三月初九）〉：

桃花重，李花重，時雨和風送。持盞酹青山。謫入紅塵夢。　般憂誰與共，材大難為用。明日理琴簫，
再續蓬瀛弄。

他在臺灣崑曲界同樣是名師「領導」，在各大學講演，圍繞他的人很多。慈濟大學還請他為「駐校作家」。

29 周華斌

周華斌（一九四四—）戲曲家學極淵博，他就是近代繼王國維之後最令人景仰的戲曲史名家周貽白先生的哲嗣。我到北京，曾請我到他任教的傳媒大學講演，陪我逛校園。我請他來臺北開會，他因故不能成行。他能飲，但菸癮甚大，我難以招架他的「薰陶」。

30 周傳家

周傳家（一九四四—），江蘇沛縣人。畢業於北京大學中文系，中國藝術研究院文學碩士、博士。一九九二年任中國戲曲學院戲文系主任，一九九八年起任職北京聯合大學套用文理學院人文系教授、副系主任與新聞傳播系系主任等職。

他是北京劇壇著名的評論家，二〇一〇年我在北京大學短期客座作八次系列講演時來看過我，他是位勤勉的學者，我為他出版自一九九八年至二〇〇七年這十年間，他對北京劇壇評論所著之《東籬採菊集：近現代戲曲散論》，收入「國家戲曲研究叢書」。

31 季國平

季國平（一九五六—），江蘇泰興市人。一九九一年獲文學博士學位，任戲曲名家任訥（中敏）助理兩年有半，為任氏畢生名著《唐戲弄》整理出版，所受影響甚大。又師從徐沁君撰博士論文《元雜劇發展史》著稱學界。擔任中國戲曲學會副會長、中國劇協副主席，主持多項戲曲獎項評審，包括中國戲劇梅花獎評委會主任。

我於二〇〇七年率臺灣京崑劇團赴北京演出，他代為推介電視臺訪問播出《孟姜女》。二〇一六年十月，中國戲劇家協會、福建省文化廳和泉州市人民政府共同主辦的「戲曲保護傳承和創新發展研討會」在泉州市舉行，文化部副部長丁偉致詞之前，先問曾教授是否在座，我舉手呼應。丁副部長即對季國平說：你已是「酒党中常委，我仍只是党員」。我即席宣示：「著以丁副部長為本党榮譽党魁，但有名譽無實權。」

32 俞為民

俞為民（一九五一—），浙江餘杭人。一九八一年獲南京大學古典戲曲專業碩士，留校任教，研究講授戲曲與小說。師從錢南揚研究南戲。由於著作等身，蜚聲學界。二〇一二年溫州大學以高薪特聘教授禮遇。為民與夫人孫蓉蓉伉儷相得，不只出雙入對，而且著述相從。門下弟子眾多，戲曲界有「天下半壁出俞門」之諺。與吳新雷先生私交甚篤，其門下亦於網路結社為「吳俞萃雅」，傳為美談。

為民曾邀我到南京大學、溫州大學開會講演。二〇一五年十月，他和弟子孫書磊陪我參觀南唐二陵（李璟、李煜）；其徒王寧邦，豪士也，又領往參觀其所考證之東吳孫堅陵。下午我在南京師大主講「聲情與詞情」，晚宴盛大，朱恆失、朱萬曙亦與焉。而在為民所主持的溫大「南戲會議」，我不只與胡忌先生同瞻高則誠故居；與內子、華瑋等同登雁蕩山之餘，更饜飫溫州美饌佳餚，餘味無窮。

我因詫異於為民之為人與學養，卻未嘗來過寶島，乃設法邀請他和夫人及時訪問成功大學。後來洪惟助也請他到中壢中大客座一年，我有機會便請他參與「酒党筵席」，也請他來評論我科技部的「行遠計畫」。他飲酒止於「應酬」，不具「特色」。

所著南戲及傳奇領域之考論專書，所編《南戲大典》與《歷代曲話彙編》嘉惠學界甚鉅。

33 柯軍

認識柯軍（一九六五—）在二十幾年前，他是江蘇崑劇團傑出的院長，更是崑曲舞臺上一顆亮麗的明星。武生行當，一齣《林沖夜奔》不作第二人想。自律極嚴，鍥而不捨，精益求精，贏得大師鄭傳鑑主動收為關門弟子，於是老生、文武老生兼而抱之，年才不惑，即譽滿菊壇。

再優秀的藝術也難抗拒時代的潮流。作為「南崑旗艦」的江蘇省崑劇院，居然曾經也有臺上二十幾人、臺下三人的時候，居然也有被劇場經理拒演的尷尬，崑劇看來真是「時不我與」了。在這種情況下，江蘇省崑劇院又由事業單位改為企業，也就是由吃公糧變成自力謀生，這對江蘇省崑劇院而言更是一種新的挑戰。而誰料到，柯軍在接任院長後六年，竟然被業內人士、圈外觀眾驚嘆為「柯軍現象」。這種「現象」，誠如《柯軍評傳》作者顧聆森所說的是「夜奔向黎明」、「不只是能力、魄力或管理得法的象徵，更代表了一種精神力量，一種思想意志，一種對文化遺產全身心的投入與付出。」

二〇〇五年五月，白先勇挾其青春版《牡丹亭》所向披靡之強勢，前來南京市人民大會堂公演時，柯軍竟敢效法韓信用兵，背水為陣，將江蘇省崑劇院看家戲菁華版《牡丹亭》，假僻處一隅的東南大學大會場，與之「對壘」。結果各領風騷，各自一票難求，圓滿收場。

二〇〇八年五月十二日，四川汶川發生了舉世驚懼的大地震，災情慘重有待救援，激起了柯軍不可遏抑的情懷，「難道崑劇演員無法奉獻同胞以大愛嗎？」於是他在匆促的時間裡，製作了一齣《1428》，親任腳色，感動無數觀眾，藉此發動募捐，獲得一百五十多萬元的賑災款項，作為救濟的「及時雨」。

二〇〇五年七月十六日，南京大學、中國戲劇學院共同舉辦「中國戲劇——從傳統到現代國際學術研討會」。十八日上午，張寄蝶開公安部門的一輛「破車」領我遊雨花臺，午宴東方食府，有石小梅、胡錦芳和柯軍、龔隱雷伉儷等省崑名腳陪我，寄蝶認為我們現代不爭氣，是「雞的傳人」，不是「龍的傳人」，我十分認同，寫成文章在《聯副》發表。寄蝶沒付錢就走，服務生還列隊歡送，原來飯店墨寶招牌是他寫的，言明不收「潤筆」，偶然吃頓飯不付費。那天下午寄蝶又帶我遊夫子廟邊烏衣巷口、秦淮河李香君媚香樓。是夜劉致中先生宴我於樂園，觀賞省崑彩排《永樂大典．小孫屠》，我因疲累，座中入睡，忽然一陣騷亂：原來柯軍飾朱邦傑，不慎折斷手臂，全場愕然，戲為之中止。午夜，王斌導演來電謂已診斷，病情治療中，我乃心安就寢，次日留下三千元人民幣為慰問醫費。十九日寄蝶又陪我與石小梅、胡錦芳等遊燕子磯，午宴於燕江樓。

二〇一八年十月，我參加在崑山巴城「重陽曲會」，與欣欣、明仁伉儷抽空前往蘇州觀賞省崑演出改編自《羅密歐與茱麗葉》之《醉心花》，為當時蜚聲兩岸編劇家羅丹新作，其語言力求雅麗而失諸自然，其體製規矩無視宮調南北曲牌與協韻律，以假亂真是那時「大陸新編崑劇之大厄」，於柯軍、龔隱雷熱情接待之際，又幾乎要直言不諱。但想到我曾在浙崑「《十五貫》晉京五十年」的紀念座談會，和對北崑偽製曲牌大場面獲大獎在臺北國父紀念館演出的《紅樓夢》，誠懇坦率地揭穿其「偽作」之弊，但卻引來浙崑的不諒解，以及北崑與我訂約崑曲《蔡文姬》終至毀約。所以我及時住口，免除我不獎掖年輕人的口實。

34 洛地

洛地（一九三〇—二〇一五），祖籍浙江諸暨，生於上海。一九四九年高中畢業，即在省屬文化機構擔任工作，期間（一九五一—一九五三）在上海音樂學院專修班學習。以理論、詞曲、音樂、戲劇為研究範圍。曾受聘為中國藝術學院及大學客座教授、博士生導師。

洛地去世，其子〈訃告〉謂其父「文史戲曲詞樂才，超凡脫俗傲骨身；堅強而樂觀，獨我天下」。可以概括其生平寫照。

二〇〇五年七月，我與蔡欣欣參加南京大學舉辦的學術會議，洛地殷勤接待，酒酣之際，我表達為他出書，而且書名已替他擬好為《洛地戲曲論集》，收入「國家戲曲研究叢書」，他隨即答允，翌年把稿子交給我，還命我為書作序，我在序中說到：

> 人與人之間會有一種「莫名其妙」的感覺，我對洛地先生的感覺是「一見如故」。我很欣賞他的性情為人，正直坦率，敢言人所不敢言者。這一點我多少有些相像，所以雖然以年輩學養論，他足以為我師，但我們一見面就要彼此擁抱一下，我也就僭越地稱他一聲「老哥」，以示親切。
>
> 洛老哥曾任職於浙江藝術研究所，對於戲曲史論、名義辨析、本質探索與詞曲音樂等課題涉獵很深，始終把戲曲作為「立體的場上藝術」來進行研究，所以其論學是「綜合趨於渾成」，從文獻到舞臺演出都能夠隨手拈來。這是由於不僅對於古典詞曲下過苦功，且曾在劇團「滾」過很長時間，又曾參與組織調演以及劇團、劇種田野調查研究等工作，尤其對於浙江本地的戲曲生態與劇種藝術特為關注。
>
> 洛地老哥其他所著《詞樂曲唱》、《戲曲與浙江》、《戲弄、戲文、戲曲》、《中國戲曲音樂類種》諸書，每以「奇思妙想」發詞曲歌樂戲曲中潛在現象，言人所未嘗言地予以探討和詮釋。如謂先秦音樂源於祭祀，由商之「樂至禮至」，至周則「禮至樂至」。又謂文樂關係，可分為以文為主、樂為從的「南北曲腔」，唱調板套的「亂彈諸調」和仄起平落的「灘簧唱說」三大類，又將戲劇別為「戲弄」、「戲文」、「戲曲」

三類型。凡此都要言不凡，慧眼獨具。

35 流沙

戲曲界無人不知流沙（一九二五—二〇一二）先生和他的弟子蘇子裕先生在「戲曲聲腔劇種」研究上的高難度成就。其成就之所以為「高難度」，是因為相關資料要鉅細靡遺，而且要深入田野調查，要懂方言懂音樂，然後才能理出地方腔調和腔系聲腔的來龍去脈。而他們師徒都做到了。

流沙先生，對於戲曲腔調之研究，不只遍及各種腔調，而且考索其源生與流播之來龍去脈，對戲曲研究根本問題之解決，功莫大焉。王安祈將其所著輯為《明代南戲聲腔源流考述》，嘉惠學者亦甚多，拙著《戲曲腔調新探》獲益自該書甚多。我在中研院《文哲學報》發表之〈論說「腔調」〉雖然用新觀念有新見解，譬如定位「腔調」為方音以方言為載體之語言旋律，「腔調」藝術性之提升，緣於方言所形成之文學載體之為歌謠、小調、詩讚齊言、曲牌長短。若以刀之鋒利度為比喻，則「刀刃」猶如「腔調」，而刀之利度，則緣於刀體為木石鉛銅鐵鋼鑽之材質。如此一來，只要有一群人長居某地，便自然形成「土腔」，及至流播他方，為文獻所記載，則此「腔調」已具生命力與影響力矣。此等觀念為流沙所未及；但流沙研究的菁華見解我都採擷於九萬餘言的〈論說「腔調」〉之中，和其後由北京文化出版社出版的《戲曲腔調新探》。

流沙先生曾被鄭榮興請來苗栗參加客家採茶戲學術會議，我對他甚為景仰，曾在會場上拜見過他和夫人。他是那麼和藹可親，讀書人的味道十足。我為他出版《清代亂彈皮黃考》，收入「國家戲曲研究叢書」。

36 胡世厚

胡世厚（一九三二—），我為他出版《白樸著作生平論考》，他是著名學者，參預許多戲曲活動，尤其獎項評審。可惜我與他互動不多。

37 胡忌

胡忌（一九三一—二〇〇五），字仲平，浙江奉化人，生於紹興。受業於趙景深，為中山大學董每戡、王季思教授助理。任職中國戲劇出版社編輯。江蘇省崑劇院編劇，在南京過三十年書齋生活，樂崑曲不疲，由唱曲、與曲友切磋到為江蘇省崑編修《牡丹亭》、《千忠戮》、《鳴鳳記》等經典劇目。起居簡樸不假修飾，曾身著已發白之中山裝出現在上海逸夫劇院，自嘲為「出土文物」。

我因甫入戲曲之門，即得拜讀他所著的《宋金雜劇考》，此書一九五七年由古典文學出版社出版，那時他才二十七歲，即寫出迄今猶為經典之鉅著，解除了戲曲史上最曖昧難明的劇種「宋金雜劇」的層層面紗。對他不禁地讚嘆佩服萬分。我後來發表的〈參軍戲及其演化之探討〉，便諸多發揮和補充他的見解。

一九八四年夏，他應耶魯大學之邀訪問一年並講學。一九八八年，揚州師範學院聘他為博士生導師。一九八九年六月，中國戲劇出版社發行他和劉致中合著的《崑劇發展史》，與陸蕚庭《崑曲演出史稿》並為崑曲研究「雙璧」。一九九二年，他自江蘇省崑劇院退休，與夫人黃綺靜相依為命。

一九九二年前後，我到南京，他陪我漫步市街，一起吃小館子，對飲談心。一九九三年，我舉辦「關漢卿國際學術研討會」，到南京邀請他，很高興他能夠出席宣讀論文。一九九七年元月，我率隊錄製大陸六大崑劇團代表性劇目，錄製江蘇省崑時，到他家探望。他雖居斗室，但一向怡然自得，室中書籍塞爆書桌以外的空間。他說最近身體孱弱，頗感不適，又指著一萬多冊的藏書說，其中頗有善本，希望將來在臺灣為這些書尋找安頓之處。他確實骨瘦如柴，我回應說，這時不要談這些，你可以恢復健康如昔。十數年後，他的這一大批藏書，由他的好友洛地代為捐贈遂昌縣湯顯祖紀念館。

38 胡雪岡

胡雪岡（一九二五—）先生，溫州人。他在溫州南戲研究上有傑出之成就，我雖未曾與他謀面，但為他出版《溫州南戲論稿》，收入「國家戲曲研究叢書」。

39 苗懷明

苗懷明（一九六八—），河南平輿人。一九九九年北京師範大學中文系博士，現為南京大學文學院教授、博士生導師、古代小說網創辦人及主持人。研究方向及著作為古代小說、戲曲、說唱方面，著有《中國古代公案小說史論》、《話說紅樓夢》、《從傳統文人到現代學者：戲曲研究十四家》、《二十世紀戲曲文獻學述略》、《二十世紀中國小說文獻學述略》等書，後二書對於小說戲曲文獻的研究現況進行系統的梳理，分析熱點課題何在，薄弱環節何在，對學界推進研究成果助益甚大。

懷明曾經撰寫〈曾永義先生和他的俗文學研究〉一文，歸納我對俗文學文獻的梳理和研究，以及俗文學研究學科的整體建構，肯定我從民族故事、戲曲與說唱文學的關係來探討俗文學。近年懷明主持「古代小說網」微信公眾號，對我新出著作即連番大幅報導，如二〇一八年十二月推介我在臺北三民書局出版的《戲曲學》（一）、（二）、（三）三冊；另外我於二〇一九年在北京現代出版社與人民文學出版社聯合出版的三冊《戲曲劇種演進史考述》，和二〇二一年臺北三民書局陸續發行的《戲曲演進史》九冊二百七十餘萬言，尤加青睞，以不同形式做多面向報導，令我十分感動。

40 孫星群、曾憲林

我與孫星群（一九三八—）止於認識，很少互動。我為他倆出版《福建戲曲音樂史稿》，收入「國家戲曲研究叢書」。

41 孫書磊

孫書磊（一九六六—），江蘇連雲港人。二〇〇〇年獲南京大學中文系博士學位。一九九六年至二〇二〇年任職南京師範大學中文系，二〇二〇年十二月任職南京大學教授、博士生導師。二〇一一年赴韓國漢陽大學合作研究一年，翌年在臺北中研院文哲所訪問兩個月。主張「戲曲通史」，當融文獻考證、文本分析、舞臺藝術、田野調查為一爐，方能周延縝密。著有《中國古代歷史劇研究》、《明末清初戲劇研究》等。

書磊為人誠懇，有乃師俞為民之風。我每到南京，他都竭誠接待。二〇一五年，我參加「第十一屆全國戲曲學術研討會暨中國古戲曲學會二〇一五年年會」，他領我和俞為民參觀南唐二陵，呼朋引伴共享盛筵，還安排對南師大學生作講演。於十月十八日更親自開車赴蘇州參加崑劇節，沿途遊覽湯山之陽山碑及長江邊之金山寺與北固樓，我雖尚能登階數百級，而有賴書磊、朱芳慧、吳秀卿左右扶持。二〇一八年十月十九日，吳佩熏陪我到南師大講演，兩場都盛大而熱烈，馬容璟聞訊提行李自上海來。席間李鴻良、朱萬曙、馬容璟、解玉峰、老哥吳新雷輪番唱曲，老哥與我相見，歡甚，相擁而行。

42 孫崇濤

孫崇濤（一九三九—），浙江瑞安人。一九六一年杭州大學中文系畢業，一九八一年首屆中國藝術研究院碩士，留任戲曲研究所研究員。沉潛戲曲史研究，尤以南戲為領域所長，治明人改本戲文，重視文獻版本之考證，深入精審，我受益良多，我請過他到臺北參加學術會議。

他私下請王季思指點學術，但勇於對王氏權威之論說《北西廂》為王實甫所著，提出看法，為王氏所賞識。早期著作，以《風月錦囊考釋》及與他人合著之《戲曲優伶史》、《青樓集箋注》嶄露頭角，後以《戲曲十論》、《戲曲文獻學》為同行所推崇。

我佩服孫崇濤之治學謹嚴，創發頗多，將他所著《戲曲十論》、《南戲論叢》二書收入「國家戲曲研究叢書」。其通俗著作《戲緣》一書，深入淺出，為能誘導初學者走入戲曲研究之津梁。

43 徐宏圖

徐宏圖（一九四五—）、趙義山、左鵬軍、王廷信四人也都是戲曲界任教大學的中生代學者，所著均具學術意義與價值。

徐宏圖先後任浙江省藝術研究所、浙江省藝術職業學院研究員。他的戲曲研究功底，得自參與《中國戲曲志·浙江卷》編輯定稿工作，執行全省戲曲大普查，蒐羅巨大資料，進入《戲曲優伶史》（與孫崇濤合著）、《浙江戲曲史》、《南宋戲曲史》之研究，又重視民間目連戲、儺戲之調查研究。真正學富五車、才高八斗，兼以著述不輟，鴻篇鉅論，擲地有聲。他與我有所來往，有詩唱和，而卻有其鄉里同道散發具名信，謂其書涵容其見解殊多，卻不予注明，甚覺可怪。

44 徐扶明

徐扶明（一九二一—），湖北浠水人，一九四一年浙江大學中文系畢業，師從趙景深為首席弟子。曾在華東戲曲研究院、上海市戲曲學校任職。文革期間因對「樣板戲」和同行閒談時，說了一句「《紅燈記》、《智取威虎山》不錯，《海港》不太行」，被人揭發，關押了一年多。

我佩服徐先生治學的態度、方法和能力。一九九三年，我舉辦「關漢卿國際學術研討會」，到上海當面邀請他參加，可惜他因身體不適，未能成行。我讀他的《元代雜劇藝術》、《元明清戲曲探索》、《牡丹亭研究資料考釋》都受益良多。他讀了王安祈博士論文，臺灣學生書局為她出版的《明代傳奇之劇場及其藝術》，甚為激賞，當面向我稱讚她。

45 徐朔方

徐朔方（一九二三—二〇〇七），原名徐步奎，浙江東陽人。一九四七年畢業於浙江大學師範學院英文系，研究西方戲劇，又專精明清戲曲，堪稱學貫中西。任浙江大學教授，曾為美國普林斯頓大學客座教授，獲選為第六屆全國人大代表、第七屆浙江省人大常委。所著匯為《徐朔方集》，含《晚明曲家年譜》、《湯顯祖評傳》等四十餘種，發表論文二百餘篇，迭獲國家省級大獎三十餘項。我讀他的鉅著鴻篇，每因其細密謹嚴、見解深入而受益匪淺。

朔方先生豁達開朗，喜歡與友朋一邊走路運動，一邊討論學術，也愛穿襯衫牛仔褲，以逾越古稀之齡，在校園騎自行車。一九九三年五月，我邀請他到臺北參加「關漢卿國際學術研討會」，也請他到我家喝酒聊天。那天我穿著短褲襯衫，與他合照。他八十榮慶的紀念論文集，還收入這張照片。我到浙江大學講演，都會去看他。

46 海震

海震（一九五八—），中國藝術研究院研究生部博士。海震在中國戲曲學院和傅謹同事，曾任中國戲曲學院音樂系主任，轉為圖書館館長，造詣在戲曲音樂，尤致力腔調探討。幾次請我講演。

海震為人溫雅，好學敏求，客座臺灣中壢中央大學與臺灣藝術大學各一年，很用功，浸泡臺北國家圖書館，還到臺大旁聽我的課。他為人謙和，我門下女弟子，與他頗有互動，在師生聚會飲宴場合，我每和他「不期而遇」，我和及門弟子會餐，常被林鶴宜、陳芳等邀為貴賓。他飲酒如女生，與我格調大不同。

他的學術理念與我不盡相合，譬如腔調的源生流播，元刊雜劇不錄賓白，他用力探討過「腔調」，以他的戲曲音樂詮釋，但我認為他未弄清楚「腔調」最根本的概念。但我們是切磋的好對象，更是長年的好友；我到北京，他對我殷勤照拂款待，都使我銘感於心。

47 秦華生

我為他出版《戲曲文化論》，收入「國家戲曲研究叢書」。他是北京戲曲史的權威學者，曾任「梅蘭芳紀念館館長」，對我殷勤接待。他非常爽快，與我頗為投合。

48 郜積意

二〇一〇年九月八日至十一月一日，北京大學中文系主任陳平原以所設基金聘海外著名學者講學，致電於我，謂我是他心目中第一人。我即應聘，設計八講題，每週二、四各一講，為期一個月。平原給我「優厚」禮金，人民幣三萬八千元。期間於九月二十三日天津南開大學教授郜積意（一九六六—）來接，搭高鐵，時速達二百二十九公里，訝異大陸已非「吳下阿蒙」。次日積意領我遊天津舊租界、梁啟超飲冰室、曹禺故居、廣東會館、溥儀靜園，是夜講演「從西施說到梁祝」。使我認識南開許多友人、飽覽天津古蹟。

二〇一九年六月十一日至十五日，我在福師大文學院作系列講演，積意自南開返閩任教福師大。十四日夜宴敘舊，不意河邊小館食物不潔，使我半夜大瀉。

49 高國藩

高國藩（一九三三—），南京人。山東大學中文系畢業，入北京大學文學研究所，師從鄭振鐸，研究俗文學。任三江學院東亞文化研究中心教授兼主任。著作等身，有學術專著十五種，論文二百餘篇。

一九八九年，臺大中文系同仁王保珍大姊交給我她小學同學、南京大學教授高國藩所著《敦煌民間文學》推薦出版，臺北聯經出版公司因此多了一本好書。一九九一年，我趁揚州師院學術會議之便，到南京，他陪我暢遊心目中的名勝古蹟。

50 康保成

康保成（一九五二—），河南鄭州人，一九八七年中山大學博士，留中文系任教。師從王季思、黃天驥。二〇二〇年十月任職湖北大學戲曲研究中心。他著作等身，力學敏求，所著為學界推崇，而以戲曲、非物質遺產研究近似於我，著有《儺戲藝術源流》、《中國古代戲劇形態與佛教》等十餘部。國外大學訪問講學經歷豐富，出入歐美亞洲列國交流。主編《海內外中國戲曲史家自選集》，把我列入首卷。

保成和我來往頻密，相見於學術會場外，彼此亦時相邀約訪問，他還聘我為中山大學非物質文化中心學術委員。康保成小我十一歲，客氣地稱我為「老師」，其實無論交情或學問都屬「兄弟」。我門下弟子皆敬重他，向他請益。他不是「飲者」，只能應付幾杯。我每次訪問廣州中山大學，他都殷勤接待，一定為我聯絡廣州大學劉曉明、左鵬軍、華南師範大學陳建森為我設講席、歡宴，安頓我住中大孫中山先生與宋慶齡駐足之館舍。保成每宴必與我同座，他會酒後陪我校園漫步，享受清風明月的中大夜晚，而次日，又與歐陽光陪我飲於珠江邊的小館，為我餞行。

我也一再請他到臺北來開會。二〇一〇年在中壢中央大學客座一年，被洪惟助「私藏」起來，反而不易見面。洪惟助這種「德性」，包括對待葉長海和俞為民、劉致中都一樣。

二〇一六年十月十二日，保成開了四個多小時的車，帶著我由廣州出發到中山大學所附屬遠在邊陲的南方學院講演，到達時已教學院師生乾等個把小時。我的講題是「盡信書不如無書」，我足足講了兩個小時，師生發問連連，幾近子夜方休，令我十分感動。而次日上午即在中山大學講「詞情與聲情」，下午講「戲曲流派說平議」；十四日又赴廣州大學講「論說戲曲腳色」。由此可以見出我「木鐸」巡行大陸大學的「一斑」。

51 康潔

康潔是我「好為人師」的性格之下，在大陸所收的第一位女徒弟。緣起於二〇〇五年九月七日我隨國光豫劇隊赴北京，參加由河南文化廳主辦，於十日舉行的「兩岸河洛文化與豫劇前途座談會」。我先於八日在中國戲曲學院講演，河南文化廳對外處長康潔聽完之後，很誠摯地對我說，她油然有入我門下之意。十九日，康潔正式設席於商丘，行禮如儀地拜我為師，那時她兼任商丘市睢陽區副區長。

從此康潔和我的師生之情，隨著兩岸文化交流日趨密切，她賢淑美麗，任事幹練明達，大家都很喜歡她。她對我的敬愛，也都流露在對我的言語和接待上。

二〇〇六年十月十二日我到鄭州，康潔事先安排我在河南省藝術研究院對研究員座談「腔調與作曲」，在河南藝術職業學院講「從戲曲本質論現代劇場因應之道」，請對我自稱「屠夫（徒夫）」的呂偉民教授親自開車接我到鄭州大學講演「中國詩歌的音樂美」。康潔更從商丘趕來參加晚宴，雖然她正感冒發燒。十四日更命河南曲劇團團長倪建偉駕駛、副處長張占標作陪，帶我遊覽河南名勝古蹟，而且所經當地文化單位皆熱情接待，「唯酒無量」。我們抵嵩縣，飲宋河酒。盤迴而上天池，觀「仰臥偉人」、「飛來石」、「石鷹峰」

三景點。時秋高氣爽，群山已見斑斕，立峰項而環顧，氣象昂然。夜宿伊川，飲杜康酒，此宋程氏兄弟與杜康之鄉也。市中心有杜康像。十五日上午參觀伊川程氏墓園，有程顥、程頤及其父並家族等。中午返抵鄭州。

我每次到鄭州，康潔都類似這般地使我心快神怡。她也幾次到臺灣來交流，我或陪她到高雄參訪豫劇團；或請及門施德玉、曾子良和觀光局陳梅嵐處長陪她遊臺灣東北角風景景點，如鼻頭角、龍洞等等。

康潔後來升任河南省文化廳副廳長，對河南文化之維護與對外交流貢獻很大。而日月居諸，現在也已退休了。

52 庹修明

庹修明（一九三五—）在貴州儺文化研究中心為主任，使貴州民族學院成為舉世儺文化研究的重鎮，貴州也成為儺文化研究成果最豐碩的地方。中國儺戲學研究會會長曲六乙先生，對於他在儺學理論研究、田野考察和編選論文三方面，都肯定他高度的貢獻，更認為他是儺學界最熱心、最活躍的人。

自從王國維《宋元戲曲考》對於戲曲起源，提出「巫覡說」之後，經過五、六〇年代各地儺戲、目連戲和法事戲的被發掘，至八〇年代宗教與戲曲之關係的研究，才有突破性的發展，今日則儼然已成為一門顯學。

這期間大陸方面舉辦多次儺戲、目連戲學術會議，發表為數可觀的論文，出版為論文集；區域性研究也有多種成果刊行，如雲南、湖南、巴渝、廣西，而以貴州為盛。臺灣方面則王秋桂組織兩岸學者，出版相關調查報告和論著八十餘種，堪稱集大成。而英國牛津大學龍彼得、日本東京大學田仲一成等也都有重要著作，使得這門新學問成為國際性研究的學科。

雖然我不完全贊成「儺戲界」的共識——「戲劇產生於儺儀」、「儺戲是中國戲曲活化石」，將戲劇、戲曲之源生單一直指古儺，但也認為從儺儀中產生戲劇和戲曲小戲是一條既古老又重要的途徑。對此，已有

〈先秦至唐代「戲劇」與「戲曲小戲」劇目考述〉詳論其事。

二〇〇三年，我曾經率領學生施德玉、李佳蓮、陸方龍等到貴州參加儺文化會議並做田野考察，多承庹先生的照顧和接待，當時對他深厚的學養就極為景仰。二〇〇六年又相遇於香港浸會大學，那時他答允我為他出版《儺文化與儀式戲劇》，已被收入「國家戲曲研究叢書」。

53 張大新

張大新（一九四九—），河南遂平人，出身貧苦農家。一九八一年河南大學中文系畢業。現任河南大學教授，兼河南地方戲研究所所長，親歷田野調查，實踐研究和保存工作。所編《樊粹文集》、所著《中國戲劇演進史》為學界所推崇。

大新性情溫厚樂觀，凡事替別人著想，視學生如子弟，尊親朋為長者。力學勤讀，長年不輟。我認識大新，在各種場合的學術會議，時日既久，成為莫逆之交。我每次到河南，都會安排我為研究生和青年教師開講。

二〇〇九年七月，我率臺灣戲曲學院京崑劇團在商丘、鄭州演出我所編撰的崑劇《李香君》，大新邀我到河大主講「從戲曲論治學」，並代學校頒我「兼職教授證書」。

二〇一一年四月，我為七秩晉一初度，賦詠流蘇一首，大新寄來〈讀曾永義先生「詠流蘇」詩〉：

含英咀蕊童心在，遠紹旁搜七秩春。白髮滿頭稱党魁，觥籌交錯儼如神。
酒酣筆落搖五嶽，興至膽張唱九鈞。待到詩翁賀百歲，攜壺跨海醉良辰。

二〇一二年十一月，我與及門施德玉、曾昭薰兩教授，參加大新所主持的「中原戲劇文化國際學術研討會」。期間河師大的丁永祥教授領我等觀覽朱仙鎮越王廟、龍亭菊花展、開封博物館戲曲碑刻。後來丁教授還帶過我到河師大講演，並到新鄉做戲曲田野訪視。

大新酒量不錯，能陪我多喝幾杯，但他每找學生「助陣」。

54 張庚

張庚（一九一一—二〇〇三），原名姚禹弦，湖南長沙人。他早年即投入左翼的戲劇運動，涉及方面兼及表演、導演、音樂。他獻身戲曲，認真貫徹「百花齊放、推陳出新」，對編演現代戲、歷史劇和改編傳統劇深入探討和實踐，主張研究戲曲理論，必先研究戲曲史，兼以曾任中國戲曲學院院長、中國藝術研究院副院長，門徒甚多。所著有《戲曲藝術論》，尤與郭漢城合力主編之《中國戲曲通史》，被認為別創格局，為治戲曲者所必讀之書，影響很大；但我則以為充滿馬列主義思想、關鍵問題多未解決，非戲曲史可傳世之經典論著。

一九九五年八月，我在臺北舉辦「關漢卿國際學術研討會」，親到北京邀請他和郭漢城連袂參加，可有看護隨行。結果告知我未克如願成行。

55 張福海

張福海（一九六四—），別署末尼，上海戲劇學院博士，師從葉長海，現為該校教授。研究旨趣為中國戲曲史和理論，主張實踐中國戲曲的現代性。他也編劇，撰有崑劇《南柯夢》，讓上崑巡演全國。

福海曾將我論說戲曲曲牌的「長篇大論」，分上中下刊載於《劇作家》（二〇一四年第二期、二〇一五年第一期、二〇一六年第一期），還將我的「大頭照」做封面，據說有些高校把它當教材。感謝他對我學術見解的推廣。

56 張慶善

張慶善（一九五二—），遼寧大連人。上海復旦大學中文系畢業，治中國古典小說，尤其《紅樓夢》研究最為傑出。任中國藝術研究院《紅樓夢》研究所所長黨委書記、副院長、中國《紅樓夢》學會會長。多次策劃主持《紅樓夢》學術會議，曾赴臺舉辦《紅樓夢》文化藝術展與《三國演義》文化藝術展。

我與張慶善交情雖不深，學術亦無切磋；但因為卜鍵關係，常與於杯酒之間，他性格豪爽，不顧酒後。他曾與卜鍵和我等飲於長城下農家，同睡一張大床，他大醉如泥，從床上滾跌地上，上床翻身再睡。他向我說過：「直到現在，沒聽到有人說你不好。」

57 莊永平

莊永平（一九四五—）先生是當今兩岸極負聲名的音樂家，對於戲曲音樂、京戲腔樂、傳統聲腔音樂等，都有極深入的研究和令人刮目相看的著作。我為他出版《音樂詞曲關係史》，收入「國家戲曲研究叢書」。我與他雖有詩唱和，但接觸不多，彼此少有切磋機會。

58 莊長江

我為他出版《泉南戲曲鉤沉》，並說：這是一部不可多得的著作。莊先生（一九三八—）在戲曲世界裡，數十年如一日，集演編導於一身，遊藝於梨園、戈甲、木偶三個閩南主要劇種，深入了解劇種生態與藝人生活，所以才能寫出戲曲班社史跡，記錄戲班禮儀習俗，敘述戲曲相關掌故傳說，描繪親眼目睹的戲曲繁盛流風餘韻，更難得的是為藝人立傳。這些極具價值的工作，若無長年從事的沉潛功夫和獻身地方戲曲的無比熱忱是無法達成的。我未曾與他見過面，謹在此向莊先生致以無上的敬意。

59 許建中

許建中（一九五七—），山東海陽人。一九九六年獲文學博士學位，研究中國戲曲小說和文獻。二〇一四年邀我至揚州大學訪問講演時，任揚州大學文學院院長，殷勤接待，日日筵席盛會，遊覽瘦西湖等古蹟。

60 郭英德

郭英德（一九五四—）的《明代傳奇史》和《明代傳奇綜論》蜚聲學界，我為他出版《中國戲曲的藝術精神》。我到北師大講演，他和杜桂萍一齊接待我，有次他正好外出，還特地請他夫人為我安排筵席。我們初認識在西安的學術會議，意見有些不相合，而我對他閱讀明傳奇數百種佩服不置。他重讀我博士論文，特地寫了一篇〈「本色當行」的中國古典戲曲研究〉，說：「作為中國古代戲曲史研究的經典著作，曾永義的《明雜劇概論》，堪稱『本色當行』，在文本語言、舞臺演出、觀眾欣賞三個層面體現出豐富的意蘊和豐厚的價值，值得人們仔細品味和長久汲取。」

61 郭漢城

郭漢城（一九一七—二〇二一），浙江蕭山人。一九三八年入延安陝北公學學唱，曾任文化部藝術研究院副院長兼戲曲研究所所長。他能詩詞，編劇本，而主要和張庚合編《中國戲曲通史》和《戲曲通論》為一時戲曲學者必讀之書，同時又共同以領導人身分，建立「前海學派」戲曲研究團隊，主張「戲曲現代化」理論與實踐並重。對戲曲之學術和藝術走向影響甚大。

漢城先生和我年輩差很大，又未能與於几席之末。只在學術會議上偶然看到他，和他較「親近」的也只有兩次。一次是一九九三年五月，我在臺北舉辦「關漢卿國際學術研討會」，事先我到北京拜望張庚、郭漢城兩位先生，誠摯邀請參加會議，可與陪同照護人員一起來。他們當面未置可否。臨會之際，傳來訊息：「未克成行。」一次是一九九九年八月，我參加「千禧之交——兩岸戲曲回顧與展望學術研討會」，在哈爾濱，有一場由我主持，施德玉發表她新出爐的《中國地方小戲及其音樂之研究》，用了許多《中國戲曲志》的資料。《中國戲曲志》是全國由縣市到中央統籌完成，以省和直轄市為單位分冊，那時「全志」尚有三冊在編撰之中。我禮貌性的請在主席臺上的郭漢城先生發言，沒想郭先生藉由德玉發表的論文，大大數落大陸學者，光會蒐集編輯資料，不會運用這一大批成果為基礎寫成論文，同時很肯定德玉的學術眼光和能力。他滔滔不絕地說，我仔細聆聽，發現幾十分鐘還不結束，只好側身在他耳朵邊說：「郭老！請暫告一段落，等會再請您繼續。」才解除了當下的尷尬。

62 陳世雄

陳世雄（一九四四—），福建廈門人。留學蘇聯，精通俄文，任廈門大學中文系教授。早期學術偏向西方，所著多為劃時代新作，如一九八三年《西方現代戲劇性研究》，為大陸改革開放時期最早之外國戲劇研究專著。一九九四年七十餘萬言之《現代歐美戲劇》，迄今尚稱最完備；一九九六年《戲劇思維》亦為首屈一指。近二十年來關切閩臺地方戲曲，尤其歌仔戲。

與世雄認識，緣於一九九五年十月，我主持中華民俗藝術基金會承辦的首度「兩岸歌仔戲學術研討會」，連帶舉行「創作討論」、「聯合實驗劇展」、「共生共榮」、「交流合作」等演出和座談會，內容豐富，場面盛大。世雄以領隊身分率團參加。

由於性情投合，一見如故，從此交往頻繁。我到廈門，他幾乎都為我在廈大安排講座。一九九七年五月、二〇〇一年九月、二〇〇四年八月、二〇〇六年四月、二〇〇八年十月、二〇〇九年十一月、十二月，我一連串到廈門，不是領隊作閩臺歌仔戲交流，就是參加學術會議，就會趁便訪問廈大，看看世雄。我最喜歡在清風明月的夜晚，於廈大世雄宿舍的海濱小館，他陪我披襟揚杯。

我把及門楊馥菱託付他指導歌仔戲調查研究，馥菱住他家，他和弟妹都視同女兒一般地照顧，他也推薦廈大年輕學者楊慧玲趁訪問中研院文哲所之際，到臺大旁聽我戲曲課一年，同樣傾囊相授。

世雄平生最大的災難，應是脊椎病變，使他纏綿病榻多年。我曾經帶學生一起探望，真是為他難受。所幸已恢復正常，多次跨海開會講演、客座東吳，受教其門下的為數不少。

63 陳多

陳多（一九二八—二〇〇六），福建福州人。一九五〇年上海戲專畢業，在學期間已是學校地下黨負責人。留校任教，擔任學校黨的領導工作，以及戲文系主任、上海戲曲學會會長，致力戲曲史和理論研究，尤其戲曲美學獨樹一幟。桃李滿天下，其中葉長海、王仁傑、羅懷臻俱為門下佼佼者，已在戲曲理論、劇本創作方面，極具成就。

陳多先生雖曾受「不公平待遇」二十多年，但生性謙和達觀，始終鍥而不捨地從事教學和研究工作。二〇〇六年，我為他出版《陳多戲曲美學論：由媒介論看戲曲美的構成》，收入「國家戲曲研究叢書」。他非常關心，可惜未能趕在他「不起」之前出書，讓他親眼目睹，深覺遺憾。我寫作〈論中國戲曲之質性〉，羅列十六家見解，而最具體系和創見的是他的〈戲曲美學〉。

64 陳建森

陳建森（一九五七—），華南師範大學教授、中文系主任、博士班導師，治戲曲，專精元雜劇。著有《元雜劇演述形態探究》、《宋元戲曲本體論》等。

我到廣州，他總和劉曉明連袂接待我，請我講演。我請他到臺北開會，我所編撰的崑劇《楊妃夢》於二〇一一年九月二十三日至二十五日在臺北城市舞臺首演，翌年仲春，他寫了長篇深入的評論〈千年四入楊妃夢、邀月舉杯戲春秋——曾永義教授新編崑劇《楊妃夢》觀後〉。

65 陸林

陸林（一九五七—二〇一六），我為他出版《曲論與曲史：元明清戲曲釋考》。和他初認識是在二〇一五年十月南京東南大學主辦「第十一屆全國戲曲學術研討會暨中國古代戲曲學會二〇一五年年會」，我作開幕大會首位發言，講題為「魏良輔之『水磨調』及其《南詞引正》與《曲律》」，他是坐輪椅進場的。

66 陸萼庭

陸先生（一九二四—二〇〇三）之《崑曲演出史稿》，為學者所必讀，但我對他有關「折子戲」的論述並不相同，見諸拙著〈論說「折子戲」〉。我為他出版《清代戲曲與崑劇》，收入「國家戲曲研究叢書」。

67 傅剛

傅剛（一九五六—），一九九六年中國社科院文學博士。一九九六年至一九九八年在北大中文系完成博士後研究，任北京大學特聘教授、中國古代詩歌研究中心主任、中國《文選》學研究會理事長。曾在日本東京大學、臺灣大學、韓國外國語大學任客座教授。研究專精於南北朝文學，著有《魏晉南北朝詩歌史論》、《昭明文選研究》等一、二十種。

二〇一〇年十月，我在北大中文系一個月作系列講演。朋友中傅剛照顧我最多，不只主持講座，還陪我赴朋友邀宴。北京黃昏，交通特別擁擠，帶我搭地鐵轉公車搶搭計程車。我返臺之前，邀北京友人「回宴」略表謝意，他為我打點一大桌二十人座的酒席。他在臺灣，自然是「酒党」貴賓。

68 傅謹

傅謹（一九五六—）、海震、朱恆夫、鄒元江是戲曲界中生代較傑出的學者。

傅謹，浙江衢州人。獲山東大學文藝學博士。二〇〇四年八月為中國戲曲學院教授，也在南方幾所大學「遊走」。研究美學與戲劇，近十年以中國戲劇為專業。勤於著作，有論文二百餘篇為戲曲界所重視。傅謹重新關注「國劇」這一概念，也從事浙江台州地方戲曲和二十世紀中國戲劇發展之探討。

傅謹小我十五歲，他英年早發，視為兄弟行。我們在學術場合常會碰面，每次在學術會議上聽傅謹發言，就感受到他思維的敏銳、見解的不俗，言人所不敢言，發人所不敢發。二〇一八年，劉禎以「梅蘭芳紀念館館長」主辦梅蘭芳與布萊希特和斯坦尼斯拉夫斯基世界戲劇三大理論體系的國際研討會，我作主題發言，提出德、俄兩位之主張，實不出梅蘭芳戲曲舞臺藝術實踐的看法，傅謹在臺下對我比大拇指，此文次日即被文化部《文化報》轉載。但他對我戲曲源生的見解和小戲、大戲的觀念不表認同，可是也沒見過他相關論述。

我到北京每找他的麻煩，陪我買書、陪我喝酒並照顧我；有他在旁邊，學術的領域就無所不通達。有次在西安，看他迫不及待地要返京享受舐犢之樂，因為那時他新獲麟兒；也使我感染到那份天性本然的溫馨。只是他酒量微薄、酒興差、酒膽小，也看不出美好的酒德，因此在「本党」地位不高。我為他出版《二十世紀中國戲劇的現代性與本土性》、《戲曲史論新傳》，收入「國家戲曲研究叢書」。

69 黃天驥

二〇二〇年元宵，我有〈庚子元夜懷大陸友朋門弟〉一詩：

情意思君切，天涯各一方。奈何逢大疫，舉世遽倉惶。
為問平安否？殷勤託懇腸。自然能起復，明月正如霜。

那時新冠疫情乍起，在廣州中山大學的老哥黃天驥（一九三五—）讀後回贈二首：

其一
妖霧籠天宇，橫眉向莽蒼。一江流血淚，四海繫肝腸。
碩鼠縱狂虐，神州當自強。感君情義重，隔岸與飛觴。
其二
百粵風初暖，心頭尚怯霜。生涯知浪擲，昆弟幸安康。
掩口防飛沫，登樓望遠方。何時跨海峽，相擁說衷腸。

老哥唱和的詩情深意厚，但他說要隔岸與我「飛觴」只是在詩裡說說而已；因為他幾乎滴酒不沾，只在初次和我見面，硬喝半杯紅酒，就算「紀錄」了。

他為此還寫了一篇〈明月正如霜〉的散文，用來「記和臺灣學者曾永義交往的點滴」。他提到一九九八年北大百年校慶，我們初識，邀他到我寢室飲酒「夜譚」。我即告以我寫作《戲曲演進史》的大型構思，直呼他「老弟」；他說「乘著酒興」，告訴我他大六歲，我馬上改口尊稱看起來比我俊逸年輕的他為「老哥」。他又寫到二〇〇四年我們一起參加中山大學在北京所舉辦的「非物質文化會議」，他和歐陽光、康保成陪我逛天安門，我看到廣場的「中華氣象」，他說：「這時候，永義教授忽然停住了腳步，伸展雙臂，大呼：『泱泱大國呀！泱泱大國呀！』」次日，他們為我餞行，我大談「酒党」，當面任命老哥為「西南總督」，康保成為廣西巡撫，歐陽光為雲南巡撫。我並且起立高唱〈酒党党歌〉，他說我「感情激動，歌聲飛揚」，「如果對祖國沒有深厚的感情，是不會也寫不出、唱不出這樣豪雄壯闊的歌的。」他到臺北來，我在接待他的筵席上稱呼女學生的夫婿為「徒夫」（屠夫），甚感「妙語如珠」。而最難忘懷的是二〇〇七年七月二十八日至八月三日，因內人和我參加山西師大黃竹三教授七秩壽慶而一起遊歷晉中晉北的情景。

那次「壯遊」，我們登五台山上，經佛光寺，在五台縣河邊鎮踐踏閻錫山府邸。攀緣應縣木塔、鑽行恆山懸空寺、探察雲崗石窟；遊華嚴寺、觀九龍壁、出雁門關、謁太原晉祠。沿途我皆口占絕句以記其事，老哥亦多有所作以示我。我看似「詩才敏捷」，而老哥則首首精煉渾厚。就像上面所錄的〈庚子元夜〉詩，我雖然骨子屬五律，但率爾成篇，而老哥兩首和詩則謹嚴中矩。黃竹三兄領我們遊罷歸來也以詩記「壯遊」，並將老哥和我的詩都一起發表。

黃天驥老哥八秩大壽時，我以陳年佳釀登府拜賀，未知他嘗一口否？還是分享他徒兒們「蒸發」了。而往後我一再殷切地邀他到臺北來，且安排最高規格禮遇，但他都以陪伴行動不便的老妻為辭。我雖然欽佩他「老來伴」的伉儷情篤，仍不免略感遺憾。

70 黃仕忠

黃仕忠（一九六〇—）在中山大學，我和他也算較密切地交往，屬中壯輩。就酒党而言，他是中山大學的代表性「要員」。他身體健碩，酒量好，尤其對党魁「忠心耿耿」，有「一夫當關，萬眾莫開」之勢。因此我特簡拔為「二品帶刀侍衛」，有他在場，我們酒興更為飛騰，談笑更為風生。

仕忠，浙江諸暨人，師從徐朔方獲碩士學位，從王季思、黃天驥獲博士學位，治戲曲與俗文學，尤以對戲曲文獻之窮搜博採，整理出版，嘉惠學者甚鉅。嘗言：「學術要真正有進展，先得知道我們有多少遺產。」此其所以戲曲研究而從文獻學入手之故也。今其所著已等身，來日方多，不可限量。

71 黃竹三

黃竹三（一九三八—二〇二二）先生，廣東開平人。廣州中山大學碩士，師從王季思，文革時下鄉當農夫。得吳曉鈴、寧宗一影響，專事山西戲曲文物之調查研究，任山西師範大學戲曲文物研究所所長，主編《中華戲曲》。所著《宋金元戲曲文物圖錄》為經典之作，所主編之《六十種曲評注》為戲曲入門必讀之書。二〇一三年獲第八屆全國戲劇文化獎「戲曲教學與研究終身成就獎」。

二〇〇七年七月二十九日，內子陳媛與我到山西師大，同黃天驥、車文明等友人祝賀先生七十華誕。先生領我們暢遊晉北；登五台山、經佛光寺、五台縣河邊鎮閻錫山府邸、應縣西遼木塔、恆山懸空寺、雲崗石窟、華嚴寺、大同九龍壁、雁門關、太原晉祠等地飽覽風物。沿途兩位黃老哥和我都隨興賦詩。我有七律一首〈奉呈黃竹三教授〉：

竹三教授古來稀，桃李春風捷足馳。文物開成為劇學，神思妙諦創新知。
天涯嚮往來蓬島，海內深交捧玉卮。同上靈峰齊獻壽，五台勝事介龐眉。

二〇一五年，我七十五歲，臺灣大學中文系為我舉辦「曾永義先生學術成就與薪傳國際學術研討會」，邀請他來參加。他先到醫院檢查身體，不小心跌破了腦袋，遺憾未能跨海。翌年我到北師大講演，在杜桂萍安排的筵席上，我與車錫倫、黃竹三兩位老哥小聚；黃老哥由他女兒從郊外接來。三老相顧，形影皆老邁，不免唏噓。

二〇二二年一月二十三日接北京訃聞，黃老哥逝世，難寐，枕上成七言排律十二句以弔之：

陰雲海峽鬱塵煙，舉世瘟情復蔓延。噩耗驚聞難入寐，死生無奈望長天。
博通劇曲精文物，創立學門傳雅言。絳帳春風豔桃李，上庠喬木植柟楩。
鳳城嘉會存杯酒，山大論衡皆俊賢。杖履追隨巡晉北，新詩一路唱聯翩。

黃老哥逝世於二〇二二年元月二十二日十七時五十七分。

72 黃芝岡

黃芝岡（一八九五—一九七一），我為他出版《湯顯祖與牡丹亭》。他是戲曲界前輩，余生也晚，只讀過他的著作。

73 黃科安

黃科安（一九六六—），福建安溪人。二〇〇二年獲福師大文學博士，破格升教授，任福師大中國散文研究中心主任。於二〇一九年六月十一日至十五日邀我至福師大作五天系列講座，聽講者為教授、研究生。友人音樂研究名家黃耀華教授，場場在座。

74 楊守松

二〇一四年八月四日，赴崑山巴城鎮玉山草堂參加我所編崑劇劇本《曲聖魏良輔》修編意見座談會。江蘇原崑劇院院長時任江蘇演藝集團常務副總柯軍、時任院長李鴻良，上崑生腳臺柱張軍、上崑老團長蔡正仁、省崑曲師孫建安，以及梁泓鈞、楊守松（一九四三—）、祁學明等學者皆與會。次日楊守松開車、祈學明作陪，領媛與我遊覽巴城湖、陽澄湖、傀儡湖、雉城湖。陽澄湖盛產大閘蟹，遠近聞名。又到綽墩村唐樂工黃幡綽墓、明梁辰魚故居，與元代顧阿瑛所植銀杏觀覽。晚宴於巴城古街。媛甚愛古城風調。有〈留題楊守松〉五律一首：

> 太倉魏良輔，曲聖自天聲。創發水磨調，恢弘古巴城。
> 伯龍譜崑劇，昉思作長生。今日守松子，傳揚博令名。

二〇一五年十月一日，《曲聖魏良輔》於南京江南劇院首演。守松縱使嚴重眼疾，亦來觀賞。

二〇一八年十月十六日，我趁所編崑劇《蔡文姬》參加蘇州崑劇節演出之便，赴崑山巴城與於古鎮曲會，重訪楊守松，留七律一首呈守松：

白雪傳音磨調名，重陽曲會動巴城。淺斟低唱繞梁韻，刻羽引商天樂聲。
小鎮千秋存大雅，高才絕藝奮群英。我來閬苑紅塵隔，無待遊心物外情。

守松用心研究崑曲，寫作當今崑曲人物事蹟。我榮幸亦被列名其中。

75 葉明生

上世紀八〇年代，海內外興起「儺戲」、「目連戲」、「宗教儀式戲劇」的調查和研究，就中成就佼佼者，並進一步倡導「宗教戲劇學」研究之思路方法的，是葉明生（一九四六—）教授。他畢業於中國藝術研究院，親炙於張庚、郭漢城兩位大師之門下，服務於福建省藝術研究院，為研究員兼藝術理論研究室主任，長年從事宗教與戲劇的研究。親近民間藝人，建立友誼，從而以文獻為前提，進入精準的田野調查，因此研究所得創發獨多，他已踏遍福建每個角落，著作等身，早為學界所重。

他又從我國廣西、四川、重慶、貴州、湖南、湖北、陝西、安徽、山西、江蘇、浙江、福建、江西等十三省市的儺戲中，獲得這樣的結論：「儺儀與儺的藝術是中國地方戲以及宗教劇種發生的重要源頭。」這樣的結論已為儺戲研究者所認同，因此如曲六乙、錢茀合著的《中國儺文化通論》也有「儺戲是中國戲曲活化石」之語。我為他出版《宗教與戲劇研究叢稿》，收入「國家戲曲研究叢書」。

葉明生曾請我於二〇〇八年去參加他所召開的學術會議，主要在闡釋他田野發現的一個劇團是「宋雜劇的活化石」。我舉出「宋雜劇」最基本的特徵比對，認為那是一些流傳過程中留下的殘跡而已。

76 葉長海

葉長海（一九四四—），浙江永嘉人，以優異成績考入上海戲劇學院，留校任教。著《王驥德曲律研究》，甚受趙景深先生之激賞，為之撰寫七千字之序言；又著《中國戲劇學史稿》等，蜚聲戲曲學術界，被任命為「國家級重點學科『戲劇戲曲學』帶頭人」。二〇〇六年當選「中國古代戲曲學會」會長。現任上海戲劇學院教授、博士生導師兼校學術委員會主任。

長海在大陸友人中，我認識最早。一九九〇年我在港大、新亞，他寫信給我，說任二北（訥）先生希望我到揚州師範學院參加學術會議。遺憾得很，翌年春間我到揚州，九十二歲高齡的二北先生已經犯上老人失智症，我雖然「隨侍左右」已視若無睹，不能言語。我和李殿魁、汪志勇，請長海領我們雇車從揚州到上海做了愉快的「江南之旅」。後來我也和內子陳媛帶學生郝譽翔到他所住的宿舍訪問，我們坐在床緣午餐，長海正巧不在家，葉大嫂殷勤備至，手藝絕佳，口感甚美，為此我還寫了一篇散文〈長海家的臘肉〉。長海陪我們遊走上海街弄，家家戶戶都還燒爐烹飪，下午西斜夕陽，就搶著搬出藤椅到戶外或街邊占據空間，光背露肘乘涼，景況比父親在二戰日軍侵華時帶回來的照片還不如。

一九九二年元月，我請長海安排黔桂之旅，陪我從事戲曲田野考察。他的學生多，在地方藝文界工作，所以我們一站接一站，無論交通、訪視、觀劇、遊覽都教我們安適如意。歷經貴州普定上官屯地戲、貴陽城郊龍宮、黃菓樹瀑布、貴黃公路、貴陽城郊花溪公園、入伏波山還珠洞、舟遊灕江山水、摩娑桂林碑林、憑弔靖江王陵和章亞若墓。我沿途有詩記其事。如：

暖日清風新麥場，山村地戲正高昂。踏謠鑼鼓喧天響，面具羅衣雉尾妝。
泥牆泥路泥村坊，老幼團團看作場。風俗宛然明故國，居民不改舊時裝。

上官屯是朱元璋派往鎮壓胡元梁王的後裔，所演「地戲」屬說唱體的「軍儺」。

桂林山水甲天下，陽朔山水甲桂林。我看灕江明似鏡，靈巖秀石映波心。
異水奇山陽朔城，山自為林水自清。山護水環天作美，吟哦山水苦難名。
伏波山下還珠洞，倚傍漓江望秀峰。石刻摩崖閒古佛，千秋薏苡但秋風。
山隱水濛瀧，桂林煙雨中。靖江百里墓，何處不悲風。

長海舊詩工整深味，偶然也會和我唱和。譬如我二〇一一年四月七十歲生日，寫了一首〈詠流蘇〉，得大陸友人唱和者不少。詩云：

流蘇勝雪燦精神，華蓋亭亭倚暮春。似我白頭還矍鑠，誰能綠酒見清新。
燈前昧色三分曉，筆下情思任意陳。學術千秋焉可待，逍遙宇內百年身。

長海所和的一首，自注：「辛卯年作，壬辰初夏書於香港城市大學中國文化中心，時與曾教授參加崑曲學術研討會」，詩云：

結侶年年如有神，等閒詩酒醉長春。曲填湯沈岸頭雅，戲演玉關場上新。
揚子臨江花爛漫，峨嵋登頂雪橫陳。九州風月揮毫過，管領人間自在春。

一九九三年春節期間，我和媛陪岳母攜大衡，同李哥等友人，由葉長海安排，做四川之旅，曾同登峨嵋山，故葉長海詩中有「峨嵋登頂雪橫陳」之句。長海也能飲，但不以此相逞，在臺北，我推介他出過三本書：《曲律與曲學》（一九九三，學海出版社）、《中國藝術虛實論》（一九九七，學海出版社）、《葉長海曲論自選集》（二〇一一，國家出版社）。我到上海幾乎都會去看他。有次他和研究生因我飛機誤點，等我到達才開講座談，直到夜晚十時還不罷休。他來臺灣時，洪惟助請他到中央大學為他校正《崑曲辭典》，卻把他藏在崑曲研究室。我知道後把惟助大大數落一番。

77 解玉峰

解玉峰（一九六九—二〇二〇），山東日照人。南京大學博士，留校任教，為教授、博士生導師。師從俞為民，亦遊走胡忌、洛地之門。著有《二十世紀中國戲劇學史研究》、《花雅爭勝》。雲程方駕，可惜英年早逝。

玉峰尊師重道，關愛學生。二〇一八年我在南師大講演，由他主持，晚宴特別設席於五十六層大廈，旋轉鳥瞰市容，酒興談興俱佳。我亦請他到臺北開世新大學韻文學會議，為他與大陸友人宴於臺大水源會館。

78 鄒元江

鄒元江，山東泰安人，生於武漢。武漢大學哲學博士，留校任教授。其學術深入《牡丹亭》與梅蘭芳之美學研究，極為活躍，遊走臺、日、德、法、港、澳各高等學府、研究機構，參加學術會議一百二十餘次、百餘場學術講演。獲全國「田漢戲劇獎」。

認識鄒元江是二〇〇三年歲末在香港嶺南大學的明清戲曲小說國際研討會之上。我佩服鄒教授發言擲地有聲，向他約稿，為他出版《湯顯祖新論》。二〇〇四年三月中旬，我訪問武漢大學，接受校長頒發客座教授證書，他和鄭傳寅院長一起接待我。我常和他在學術會場相遇，他勇於發言，聲調逐次高亢，言必激昂慷慨，語驚四座，對虛偽文化傳承持鮮明之批判態度，認為杜麗娘「夢即生存」、「因情成夢」，才照亮人生，真正地活著。我為他出版《牡丹亭新論》，收入「國家戲曲研究叢書」，也邀請他來臺北開學術會議。

79 廖奔

廖奔（一九五三—），中國社科院文學博士，美國柏克萊加州大學博士後，中國作家協會副主席、書記處書記之一、全國政協委員，在多所名校任博士指導、講座教授。從政、學術地位崇高，又多才多藝，古詩詞歌賦古文均出口成章，書法亦別具一格。所編撰之話劇、舞劇、音樂劇見諸場上。與夫人合著之《中國戲曲發展史》，以開擴視野、創設格局、於戲曲淵源、劇場、文物、聲腔、宗教、搬演作綜合性之探討，為二十年來最為權威可讀之書，為第三代戲曲研究之「領軍人物」。我對此大著仔細閱讀，幾近「雞蛋挑骨頭」，提出十三條觀念上可資商榷之意見，載於拙著《戲曲演進史》「導論編」。我於其所著《宋元戲曲文物與民俗》、《中國古代劇場史》甚為折服，認為其才識敏捷，以考古戲曲文物，證據古文獻，言之切當，謹嚴扎實。

我曾致以散文〈酒党旨趣縱橫〉，他報以書法〈酒党党歌〉，翰墨淋漓，瀟灑有致。我屢次請他到臺北與會，他因身分關係，未克成行。等他退休，又格外付予來往機票，乃能滿口應允，預定二〇二一年九月間來參加「二〇二一年戲曲國際學術研討會暨祝賀曾永義院士八十榮慶」，可嘆新冠疫情流行兩岸，仍舊不能親臨。

80 趙山林

趙山林（一九四七—），江蘇揚州人。華東大學中文系教授，曾任華東大學文學院副院長。研究戲曲史與戲曲學，著作豐富，我為他出版《戲曲縱橫論》、《戲曲藝術與傳播接受論集》、《戲曲散論》。我們在許多兩岸學術或國際會議場合相遇，也於美國哈佛大學見過他。

我與山林偶有詩唱和，二〇二一年十月間寄來〈寒露前一日晨懷曾永義先生〉五律一首：

一陣平明雨，秋花帶露妍。風琴黃葉樹，雁字碧雲天。
本性秋山愛，真知弟子傳。欣聞開絳帳，一笑正怡然。

我也和其詩步其韻：

秋雨何瀟灑，秋花泛酒妍。秋聲盈耳目，秋思在雲天。
海峽波濤闊，新詩遠近傳。感君情意重，相顧盡怡然。

81 趙義山

趙義山（一九五三—），四川南充縣人，一九八二年南充師範學院畢業，獲碩士。一九九七年獲四川師範學院中文系教授，為中文系重點學科帶頭人。亦曾任南充政協市委委員。二〇〇四年獲四川大學文學博士。

趙義山曾將所著有關宋代戲曲論文，請我批閱，那時我正值二〇一四年大病中，我為人「直截了當」，抱持病體在其論文上寫出我的意見。從此略有往來，他也唱和我的詩。

他和王陽合寫〈曲、劇、演密切結合的典範之作——曾永義先生新編崑劇《良將與魔鬼：雙面吳起》用套特色初探〉，仔細探索，多所揄揚。

82 劉文峰

劉文峰（一九五三—），任職中國藝術研究院戲曲研究所研究員、副所長，是本本分分的戲曲學者，我為他出版《戲曲之傳承與保護》、《戲曲史志研究》，收入「國家戲曲研究叢書」。

83 劉致中

劉致中（一九三一—二〇一六）、王衛民、吳乾浩、周傳家，是我來往大陸早期所認識的同輩戲曲界朋友。劉致中在中學任教多年，一九八七年任江蘇省第二師範學院副教授兼歷史系副主任。著有《明代戲曲考論》，與胡忌合著《崑劇發展史》。曾陪我在南京逛書店買圖書。他來臺灣時，洪惟助請他到中央大學幫他修訂《崑曲辭典》，把他「藏」在中壢，直到他要返南京，我才得請他吃一頓飯。

84 劉禎

劉禎（一九六三—），內蒙古土默特左旗察素齊鎮人。一九九一年獲中國藝術研究院戲劇學博士學位，留任戲曲研究所。二〇〇〇年九月升研究員，任戲曲研究所所長，轉任梅蘭芳紀念館館長。治學專攻戲曲，以「戲曲歷史與理論」、「目連戲與民間戲曲」、「崑曲研究」、「非物質文化遺產保護與批評」為課題，發表論文百餘篇，其〈目連與地藏源流關係及文化內涵〉，獲一九九七年中國藝術研究院第四屆優秀科研成果一等獎。

劉禎為人溫恭謙和，但學術組織推動能力非常活躍，不知策劃主持過多少次全國或國際的學術研討會，自己更不知參加過海內外各種學術會議總計有幾回。他擔當文化部的重點工程《崑曲藝術大典》之副總主編，對學界之貢獻尤大。

我認識劉禎在兩岸交流不久。二〇〇〇年由我策劃主持的「兩岸小戲大展暨學術研討會」在臺北舉行，由中國藝術研究院副院長薛若琳帶隊的大陸學者，以劉禎最年輕。從此他稱呼我為「曾老師」，我則待之以兄弟。我到北京，他得便就接待我。譬如二〇一〇年九月，我在北大以「海外高級客座教授」講學一個月，他和薛若琳所在的「中國戲曲協會」為我擺筵席。二〇一三年三月二十七日、二十八日，我編撰的崑劇《李香君》北崑版首演，劉禎不只邀我到中國藝術研究院對研究員和博碩生主講「論說『戲曲音樂』之建構」，並安排「《李香君》觀後座談會」，他以戲曲研究所長身分主持，對我揄揚備至。午宴甚豐盛，惜我染恙未癒不能飲，請朱民玲、吳嫣然「代打」。二〇一八年十月二十二日，他舉辦「梅蘭芳、斯坦尼斯拉夫斯基、布萊希特國際學術研討會」，次日文化部的《文化報》就刊登我提出的論文〈戲曲質性與投入、疏離說〉。

在《崑曲藝術大典》編撰進行之際，劉禎帶領工作人員在臺灣調查訪視，我為他們規劃行程和對象。離臺之際，我請高雄市文化局設宴接待，親自南下與宴送行。

85 劉曉明

劉曉明（一九五五—），江西吉安人。中山大學文學博士，曾任廣州大學城市文化研究院院長，現為嶺南師範學院特聘教授。以中國戲曲史和非物質文化遺產為研究主要對象，所著《雜劇形成史》、《中國符咒文化大觀》等，均為令人矚目之作。

我每到廣州，曉明幾乎都請我去為學生講演，不只殷勤接待，而且講演酬勞格外豐厚。他能與我「對杯」，但不「貪杯」，我命他為黃天驥西南總督麾下之貴州巡撫。

86 歐陽光

歐陽光（一九五三—），一九八一年獲中山大學古代文學碩士，師從王季思、黃天驥，留校任教。學術專長以中國戲曲史、元明清文學為主要。

二〇〇六年三月，我赴中大參加「紀念王季思、董每戡百年誕辰暨中國傳統戲曲國際學術研討會」，時歐陽光任中文系主任，開車陪我和朱芳慧赴韶關市韶關學院講演。參觀南華寺，見禪宗六祖慧能真身，已歷一千三百二十七年。二十八日晨赴丹陽山，經曲江梅關古道、珠璣古巷，山中有陰陽石。二十九日遊雲門寺，步武東坡當年被貶由江西入嶺南的足跡，登臨之際不無感慨。

又有一次我偕蔡欣欣到中大參加國際學術會議，歐陽光以主任身分與我同日本能飲學者「對幹」，我當晚左手掌腫痛，欣欣的類固醇無效，他和黃天驥頗為緊張，即帶我求醫，結果一位院長診治為「痛風」發作，對症下藥，即見好轉。

歐陽光治學實務敏求。我寫作〈宋元瓦舍勾欄及其樂戶書會〉，讀到他在二〇〇三年二月發表於《文史》的〈書會別解〉，從河南寶豐縣城南十五里的馬街村，至今每年農曆正月十三日所舉行的「書會」活動，正是「宋元書會的活化石」。據新編《寶封縣志》，此「書會」始於元代延祐年間（一三一六），已歷七百餘年，他於二〇〇一年五月和二〇〇二年二月兩度調查，證據確鑿，那是一種民間技藝的大匯演，我將之納入宋元書會名實演化的第三階段性意義，使論文更為周延。

87 蔡正仁

蔡正仁（一九四一—），浙江吳興人。一九五四年考入華東戲曲研究院崑曲演員訓練班，師從俞振飛、沈傳正習老生、小生。一九八六年獲第四屆中國戲劇梅花獎，一九九〇年任上海崑劇團團長。他嗓音寬厚明亮，演唱感情真摯，人物栩栩如己身，獲獎無數，擅長戲齣繁多，可稱當今崑界演員之最傑出典範。

我認識蔡正仁，緣於一九九二年由賈馨園所辦的「上崑之旅」，使我大為「驚豔」，他將《長生殿．雨夢》唐明皇的獨角戲，唱得高潮迭起、餘韻無窮，使我認識到原來中華藝術文化之美薈萃崑劇。那天我設午宴款待他和資深演員，都感嘆他們正值藝術巔峰，而崑曲式微，有力無處使，連絕活戲齣都無法錄影。我即當場答應，回臺灣一定為他們設法。因此我才假中華民俗藝術基金會，由洪惟助協助，錄製上崑等六大崑劇團經典折子戲一百三十五齣為《崑劇選粹》兩輯，並舉辦「崑曲演習計畫」，前後十年邀請大陸名家傳授戲曲演員和大專院校師生數百人，並培養笛師。賈馨園、蔡欣欣都在洪惟助的「總執行」下，努力參與其事。使崑曲藝術真正東傳海隅臺灣。

有次惟助和我同訪上崑，在他們的「新址」座談崑劇的發展。「正仁兄弟」和我比過年齡，我長他三個月，從此我稱他「兄弟」。他客氣地請我們到他家午餐，雖然「八仙桌」被擠在角落，但弟妹的手藝和他們的熱情，使惟助和我倍感溫馨。他旗下的岳美緹、張靜嫻、計鎮華、張銘榮、劉世榮都是名腳，而上崑在臺灣名氣最大，交往也最密。

只是崑曲被聯合國列為「人類口述和非物質文化遺產」首批名單之後，造成一時風潮，公部門也大加支持，於是「創新」演出興起。上崑也趕上時麾，大搞舞臺裝置，請來歌舞劇、舞臺劇導演，演出《牡丹亭．遊園》，但見重重幽門瑣戶、小橋流水，只聞杜麗娘歌聲而不見身段舞容；又在蘇州崑劇節與諸團競賽獎賞，演出《一片桃花紅》，但有紅彩光影錯落飛舞，而不見腳色人物主從，亦不聞名腳歌韻抑揚！我很不客氣地當他的面說：團長！是否經費太多了，編演這樣的「非崑劇」來消耗？他只有苦笑。

國光巡演我所編撰的崑劇《梁祝》，他和魏海敏分飾梁祝，在杭州他客串那一場，不只塞爆一千四百個座位的劇場，而且使浙大師生詫異：居然有比紹興戲、黃梅戲更好看的崑劇《梁祝》，在座的名劇作家羅懷臻、王人杰，也讚賞不已。

二〇一五年，我為江蘇崑劇院編撰《曲聖魏良輔》由他主演，參加蘇州崑劇節，我為他「量身訂製」，應是他唱新編崑劇的「封箱之作」，演完謝幕，全場起立致敬，掌聲幾於不止。我為他即席演說數分鐘，我們都已七十五歲。

88 鄭杰文

鄭杰文（一九五一——）先生，山東臨淄人。從事先秦諸子研究，自云離不開「三書」：讀書、寫書、找書。他學術聲望很高，歐美臺灣日本的名校都請他去講演或客座；他主持的研究計畫接二連三，尤以山東大學關鍵崗位特聘教授身分為「《子海》整理與研究」首席專家，並由此而擴展成「全球漢籍合璧工作」，所領導的成員到世界二十餘所著名圖書館，蒐羅流落在域外的漢籍文獻。其「工程」之浩大，不難想像，而也因此成果非常豐富，飲譽海內外。

二〇一八年四月十二日至二十三日，杰文因我為山東大學客座教授，安排到山大講學，期間殷勤接待，並使我和媛有一趟兩千四百餘公里的遼東渤海灣之旅。

四月十三日，上午山大博士生陪我和內人遊大明湖、坐遊艇。下午對山大漢學中心博碩生講「我對俗文學的看法」。十四日，劉博陪遊百花公園，遊人扶老攜幼，小學生作畫寫生，民眾歌舞，歡樂洋溢；而碧桃花、牡丹花、繡球花、流蘇、黃玫正爾盛開，好不一片祥和。下午對山大研究生講「詩歌的語言旋律」。是夜，宋開玉教授伉儷，設宴大明湖畔四合院，古色古香，菜色別具風味，漫步巷弄，戶戶泉水、家家垂楊；此為濟南之盛也。十五日上午，王承堯教授開車遊覽黃河堤上風景，瓜田摘羊角瓜和瓠瓜，好不暢快。下午講演「論戲曲史之建構」，晚上王承略請吃火鍋。劉博刻印贈我，他能書能笛，頗具古風，連日作陪，殷勤備至。

四月十六日八時許，鄭杰文伉儷備車同往秦皇島，中途駐足北戴河，此為中共國政決策之所，華廈整飭，繁花盛開，滄海無極。杰文學生、燕山大學中文系主任王天彤來迎。十七日，王天彤導覽秦皇島老龍頭、山海關、孟姜女廟。老龍頭為萬里長城起點，城堞入海。昔為把總駐防，有署，其上立澄海樓，階梯數百級。山海關，高峻雄闊，果天下第一關也。姜女廟在山上，有階一百八級，周遭松濤，梅林盛放，可觀也。是夜在燕山大學講演「詩歌的語言旋律」。十八日，沿膠州灣往遼東大連奔馳，是夜在大連民族大學講演「從西施說到梁祝」。十九日，華潤小學校長于燕飛請旅行社導覽旅順，其星海廣場為薄熙來任大連書記所建，時為世界最大廣場，有銅鑄百人足印以記建市百年。其棒棰島建毛澤東及其將相周恩來、林彪等之別墅，毛未嘗住宿，其序號為五，以示九五之尊也；今猶為中共領導人休憩之所。白寧開車四小時，自遼陽音樂學院來看我。二十日，參觀汽車博物館，車行黃金海岸，海岸本為石礫，薄熙來為江澤民巡視小住，特鋪沙，並從日本購置更衣別墅。二十一日，搭渡輪由大連灣往煙台，人車同渡。又驅車往威海，山大威海校區東北亞學院院長牛林杰「郊迎」，是夜講演「我對俗文學的看法」。二十二日，本欲過海上劉公島，因天候陰霾，渡船停駛作罷。我連日疲勞，夜來轉側難眠。下午兩點出發返濟南山大，已夜晚十時。途程七百公里，於淄博休息站簡餐，一路風雨飄瀟。二十三日下午講演「治學的態度與方法」。我設晚宴於學校餐廳答謝山大鄭杰文、王培元、王承略、宋開玉四教授與秘書孫紅苑、博士生劉博。劉博扶我行走校園，氣溫很低，胸口頗感壓迫。媛稱讚劉博之才華與為人。

此次「壯遊」，巡行大學講演，反應均極熱烈，使我佩服大陸青年之好學。我每經一地即隨興口占律絕，寫景抒感。錄三首如下：

其一：黃河之遊
萬里隄防萬里河，湯湯滾滾滾煙波。岸楊吹絮飄為雪，放蕊櫻林散作羅。
逝者如斯長激盪，英雄起陸莫蹉跎。誰教烈士耽吟詠，一嘯長天只浩歌。
其二：老龍頭
雄襟不盡海澄樓，冷冽長風冽勝秋。城堞滄桑千古事，碧波望眼老龍頭。
其三：山海關
天下雄踞第一關，千軍萬里馬能還。仲尼夷夏分辨後，更有長城山外山。

杰文一路照顧，他雖飲酒，但有節制分寸，不像我每露「党魁本色」，而終至「強弩之末」也。

二〇二一年八月六日，山東大學舉辦「全球漢籍合璧工程二〇二一年度推進會」（線上會議），我以顧問身分，代表臺灣學界發言致賀。

89 鄭國權

鄭國權（一九三二—），福建泉州市人。曾任晉江地區文化局副局長、泉州市文聯常務副主席、泉州地方戲曲研究社社長。一九九六年退休，致力戲曲弦管資料的徵集整理和編輯出版工作。

一九九三年，他看到國際著名漢學家、英國牛津大學教授龍彼得的《明刊閩南戲曲絃管選本三種》，深受震撼。萌生蒐羅彙編泉州明清戲曲叢書。二〇〇〇年年底，十五卷本、六百多萬字的《泉州傳統戲曲叢書》果然成套出版，收有明嘉靖丙寅（一五六六）《荔鏡記》、清順治辛卯（一六五一）《荔枝記》、清光緒甲申（一八八四）《荔枝記》等三種校訂本和梨園戲劇團保存的蔡尤本口述紀錄本《陳三》，以及據之整理改編，而於一九五四年華東戲曲匯演榮獲劇本一等獎的《陳三五娘》；此外，與「陳三五娘」故事相關的一百五十幾首南音曲詞也收入其中。但出人意料的是，近日居然有人提供了一部刻於道光辛卯（一八三一）年、出諸「泉州見古堂」的《荔枝記》書影，於是素以研究泉州戲曲蜚聲海內外的吾友鄭國權，見獵心喜，乃予以題校，合上述嘉靖、順治、光緒三種，彙編為明清刊本《荔鏡記、荔枝記四種》，務使鄉土傳奇「陳三五娘」之劇目五百年一脈相承；而此《四種》既成系列，又是經過戲臺演出實踐再經不斷修改完善的戲文，則自是「一部活的戲曲史」，可以看出源於溫州的南曲戲文，流播到泉州後，在明清自嘉靖丙寅以後五百年間的舞臺演出情形，則其所蘊涵的藝術文化的意義是何等重大，而其可資為學術研究的內容又是何等豐富。

我於二〇〇九年八月為其《荔鏡記、荔枝記四種》寫過序，二〇一一年七月，更為他的《明萬曆荔枝記校讀》、《荔鏡奇緣古今談》寫過長序。他真是一位為地方文獻保護不遺餘力的文化人。為此泉州市頒與他「市長特別獎」，榮獲文化部文化藝術成果一等獎。

龍彼得教授當時在歐洲執漢學研究之牛耳。王秋桂留學英倫，以《孟姜女傳說研究》為博士論文，即拜他為門下弟子。一九八六年我訪學荷蘭萊頓大學，參加伊德瑪（Wilt L. Idema）教授主辦的戲曲國際學術會議。他對我宣讀的論文「精挑細剔」，還和我論及「戲曲劇種」的概念。我說大陸學者只以「腔調」作分野基礎，忽略以體製而有宋元南曲戲文、元明北曲雜劇、明清傳奇、明清南雜劇、清代詩讚體等地方戲的不同，以及以戲曲文學藝術之源生為小戲、完成為大戲之差別。他對大陸學者嗤之以鼻，對我之看法亦置若罔聞。我的感覺是他太有大師的尊嚴乃至傲慢，在他眼裡，中國人不會治中國學問。我問身邊認識的荷蘭學者，他們不敢有所批評。

90 鄭傳寅

鄭傳寅（一九四六—），湖北陽新人。一九七〇年七月武漢大學中文系畢業，留校任教，一九九三年至一九九九年先後任中文系主任文學院長。其後改任藝術學系主任，研究元明清戲曲文學，從中國文化學與美學入手，提出戲曲源生、成熟與分期、晚出及藝術程式性的看法，頗能「獨創矩矱，力破陳言」。所著《傳統文化與古典戲曲》、《中國戲曲文化概論》、《古代戲曲與東方文化》，皆從文化以審視戲曲文學藝術，別樹一幟。

二〇〇三年春間，我忽然接到鄭傳寅傳來訊息，要我將著作寄給他。不久就邀請我到武漢大學分別對教師、研究生、本科生作了三場講演，於三月十五日隆重地頒聘我為武漢大學客席教授證書給我。原來武大已對我論著審查，又以三場講演考驗我。那時坐落東湖之濱、珞珈山上的武大校園，正爾吉野櫻盛開。我於獲頒證書時，口占七絕：

跨海求經到武昌，櫻林燦爛珞珈莊。焉將學術孚聲望，俊彥名儒在上庠。

傳寅專程陪我到黃州大學作一場盛大的夜晚講演，並遊黃州赤壁，瞻仰瀏覽東坡紀念館，登黃石西塞山，夜觀楚劇。遊赤壁，我賦七律：

一從蘇子泛輕舟，斗煥文章千百秋。赤壁空餘浮地水，長江遠去接天流。

夕陽紅暖黃花路，明月蒼涼白玉樓。步武東坡知寂寞，古今如夢卻悠悠。

在黃石西塞山，也有七絕：

迴擁大江西塞山，登臨颯颯透體寒。桃花滿樹飄紅雨，多少英雄戰虎關。

返臺後，我在《中時》人間副刊發表〈東坡赤壁遊〉，沒想〈赤壁〉一詩，被張以仁、林恭祖、楊君潛諸先生唱和。

二〇〇五年七月，我由蘭州飛北京返臺途中，又駐足武漢。傳寅專車陪我遊武漢東湖、磨山、長江灘，安排對武漢戲劇界「武漢文藝沙龍」講演「戲曲傳統與創新」。期間武漢大學藝術系主任彭萬榮、文學院盧洪院長亦熱情接待，飲黃鶴樓、五糧液動輒一、二瓶，在傳寅家更使我醉意深濃，惹得他們伉儷十分緊張，打電話到臺北給內人陳媛。媛說沒問題，他們才放心。翌日返臺班機上讀到《長江日報》與《楚天日報》大幅報導我講演的內容和見解。

我也為傳寅推介到中研院文哲所為訪問學者幾個月，期間他輪流到各大學講學。

91 戴不凡

戴不凡（一九二二—一九八〇），我為他出版《古典戲曲作家與作品論集》。他是戲曲界前輩，對於他所論述的「餘姚腔」，我持「見仁見智」的態度。

92 薛若琳

薛若琳（一九三九—二〇二一），遼寧興城市人。一九六三年中國戲曲學院戲曲文學系畢業，曾任《中國戲曲志》編輯部主任副主編、中國藝術研究院副院長，師從張庚，研究歷史劇、儀式劇、明末清初戲曲。

我早期從事兩岸戲曲交流，得到他的幫助很大。二〇〇〇年我在臺北舉辦「兩岸小戲大展暨學術研討會」，其前置作業須赴大陸考察劇團和觀摩演出，他費心安排外，還率領學者來參加。他和我專業相同，又杯酒論交，很快就相顧莫逆，我曾以他為酒党第七副党魁。近年我忽然想念他，就請他於二〇一八年十一月到臺北來開會。沒想這是我和他最後一次見面。他已在近日因病去世，乍聞噩耗，悲痛不已。

93 謝建東

在我結交的大陸友人中，謝建東之於古琴、楊守松之於崑曲、鄭國權之於南樂，這三位友人皆有極大之貢獻。尤其謝建東更是完美古琴斫製與弘揚古琴藝術的集大成者。謝建東以「十年磨一劍」的精神毅力，沉浸古琴世界，研究其手工「龍琴」之斫製，每一床均歷經選材、定型、琴面、槽腹、合琴、配件、灰胎、打磨、定徽、安足、面漆、上弦等上百道工序，費時七年始克完成。二〇一〇年起，謝建東在風光秀麗、四圍山色的漳州長泰縣國家森林公園天柱山腳下創建「龍人古琴文化村」，自任村長。二〇一一年，古琴村被福建省府列為「重點產業園區」，二〇一三年被文化部認定為「中國重點文化產業」。謝建東更將業務往學術發展，設立「龍人古琴研究院」、「福建省龍人書院」，並自任院長。

二〇一七年十一月十日，龍人書院學術委員會主任、廈大教授陳支平，安排媛和我訪古琴村。村長謝建東、副村長張錦冰、學術企劃宗曦竭誠接待，午晚餐飲茅台及宗曦自釀美酒，並陪我雅座於村中景點品茗聽琴，使我得山林悠韻。我賦詩多首，錄其三首如下：

其一：贈鍾曦

鍾家小弟曰初曦，能酒能文能賦詩。勝似杜康釀醽醁，一身瀟灑不趁時。

其二：古樟小築聽錦冰撫琴

小亭輕拂古琴音，紫氣飄揚翠竹林。六百年來老樟樹，馬洋溪畔識琴心。

其三：留別謝建東村長

四圍山嶽雨籠煙，響應雞鳴未曉天。一片祥和人本色，數灣澄澈水清泉。荷香十里搖青蓋，白雪陽春播七絃。琴韻攸揚黌舍裡，教君彷彿武陵仙。

他們要我為書院題匾額，並為古琴村大門題楹聯：

其匾額：

樂以成禮，藝本游心。

其楹聯：

龍彩彰鳳姿高山流水知琴韻

人文成錦地碩學宗師植藝林

另作：

龍翥鳳翔高山流水識琴韻

我在古琴村盤桓五天，下午必與村長飲茶。他說，屢次請田青都被拒絕，我即掛電話，來年春日陪他在古琴村小聚，並同到廈門看我新編崑劇《蔡文姬》上演。田青亦隨口答應。

於是二〇一八年三月十六日我偕媛與田青、周秦兩家伉儷會於古琴村，村長殷勤接待，酒多話亦多。周秦清唱崑曲，田青乘興揮毫。我賦詩七絕四首，錄其一：

弟兄連袂古琴村，剩得詩魂共酒魂。一嘯擎天老樟樹，桐花任與落繽紛。

二〇一九年六月八日率及門吳佩熏、詹金娘、楊惠玲三訪古琴村，我已被聘為書院學術委員。十日往福師大作系列講演，鍾曦護我高鐵同行，情深意厚，錦冰亦成好友。新收弟子宗秀琴、程謙伉儷亦禮敬有加。

94 謝柏梁

謝柏梁（一九五八—），湖北天門人。一九八九年獲中山大學文學博士。歷任上海戲劇學院教授、交通大學中文系主任、南京大學特聘教授、中國戲曲學院戲文系主任。曾在美國佛薩、加州、史丹佛等大學訪問講座。從事東西方戲劇、戲曲研究，著重中國悲劇史、世界悲劇史之探討，亦及中國當代戲曲文學史。也能創作一系列小戲，搬上舞臺。

柏梁在戲曲藝文界，相當活躍，參與事務繁多。為人積極進取，待我如兄長。他居上海時，夫人為企業總經理，他以轎車帶我出入、吃館子。在北京，我訪問中國戲曲學院，他和海震都會為我安排講座，熱情接待。二〇一五年十一月十三日，我隨國光劇團到北京國家大劇院演出我所撰的新版崑劇《梁祝》，滿場掌聲雷動。柏梁除請我講演並以盛宴接待外，還代表學校頒我客座教授證書。我在「國家戲曲研究叢書」裡也為他出版兩部皇皇鉅著《世界悲劇史》和《世界喜劇史》。

我和他曾在北崑院長楊鳳一邀約下，要為北崑編撰崑劇《蔡文姬》，可是因為我對北崑演出的《紅樓夢》自欺欺人、根本不是崑劇，提出批評，終於編好的劇本未能被北崑演出，改由臺灣戲曲學院京崑劇團在臺北和廈門展演。

95 韓芸霞

韓芸霞（一九七八—）是蒙古族人。獲中國藝術研究院戲曲學碩士學位，中國傳媒大學戲曲學博士學位，分別師從友人劉文峰與路應昆。二〇一〇年於新疆大學中國語言文學博士後流動站從事維吾爾民俗戲劇文化研究，跨海拜我為師，以訪問學人名義在世新大學與臺灣大學旁聽我的課一學期。

芸霞性情豪爽，飲起高粱來，隨口而盡，豈止不讓鬚眉。我常請她參與酒党盛會，無不因她在場而酒興高昂、倍感歡樂。只是二〇一八年十一月，我請她來臺參加戲曲學院年度國際戲曲研討會，晚宴後，她又和國樑等友人去卡拉ＯＫ「續攤」，醉得次日無法參與我為卜鍵等至交所設的「魁㞗」之宴。

我每次到北京，她總和任職中國音樂學院副院長的夫婿蕭俊熱誠接待，呼朋引伴、大宴盛筵外，芸霞幾乎成為我司機，還隨身保護我。

二〇一五年十一月十日，我隨國光劇團到北京國家大劇院公演我所編的崑劇《梁祝》，劇場爆滿，佳評如潮。我趁便在中國藝術研究院、首都師範大學、國家圖書館講演。沒想圖書館那一場，聽眾數百人，結束時，蜂擁而上，把我團團圍住，手中拿的都是我的著作，要我為他們簽名，我簽到手都軟了。芸霞及時煞住，說：「到此為止，曾教授累了。」隨即護持我出場。我心想還好，我不是什麼明星。

二〇一三年八月二十二日至二十七日，我參加北京首都師範大學「樂府學會成立大會暨第四屆樂府歌詩國際學術研討會」。二十五日大會安排赴烏蘭察布市卓資縣，參觀九十九泉草原。二十六日赴輝騰錫勒草原參觀窩闊台宮、北魏御苑遺地、輝騰錫勒原始部落遺址。這些都是芸霞的家鄉，如果她也同遊，該有多好。而期間芸霞皆趁我空檔，隨侍左右，接風宴外，還在我返北的前一夜晚，攜來一只皮箱，裝滿禮物。

芸霞逢年過節及賤降之日，常掛電話給我，無論她在北京、烏魯木齊，或二〇二〇年「逃疫」，避居緬甸。

96 蘇子裕

蘇子裕（一九四四—）是流沙的弟子，研究並維護江西弋陽腔。他是江蘇江寧人。曾任南昌市文化局副局長、旅遊局副局長、江西省藝術研究所所長。他為我在圖書館找到湯顯祖友人的兩首詩，證實湯氏《牡丹亭》原為宜黃子弟而創作，因而有「湯詞端合唱宜黃」之句。徐朔方、蘇子裕和我的看法是正確的，並非如一般學者所主張的原本《牡丹亭》也用崑山腔演唱。

二〇〇六年十月在福建屏南縣「中國四平腔學術研討會」上得識子裕先生，深知其《戲曲聲腔劇種叢考》蜚聲海內外，可彌流沙先生之所未及，乃徵得同意補訂。二〇〇九年六月，我為蘇子裕出版《戲曲聲腔劇種叢考》並為之作序，收入「國家戲曲研究叢書」以增光彩。

97 顧聆森

顧聆森（一九四三—），江蘇蘇州人。專心致力崑腔曲劇之研究提倡與創作。任蘇州中國崑曲博物館副館長、《中國崑劇大辭典》副主編，發表崑劇論文三百餘萬言。早年創作武俠小說，風行一時。為蘇州蘇崑劇團編撰劇本，如《哪吒鬧海》、《唐伯虎智救崔素霞》、《賴債廟》、《一九二八》等。

我在崑曲相關的場合常會碰到他。他將我《梁山伯與祝英台》崑劇劇本仔細閱讀，一字一句地核對曲律，寫了一篇評論〈新編崑劇的典範之作——評曾永義的原創崑劇《梁山伯與祝英台》〉，刊載於江蘇《劇影月報》二〇〇九年第六期。二〇一四年八月四日，在崑山巴城鎮玉山草堂有一場以我編撰之崑劇劇本《曲聖魏良輔》為論題的座談會，出席的都是崑曲界名家，顧聆森也在其中，他頗有建言。

二〇〇九年十一月，江蘇崑劇院版《梁山伯與祝英台》在南京首演，次日舉行座談會檢討得失，導演是丑行名腳范繼信，他沒有崑劇體製規律的基本修養，假導演的權威，對原創文本「盲刪瞎改」，弄得面目全非，劇情聲情大大走樣，弄得在座的專家蔡正仁、顧聆森等哭笑不得，他自己也尷尬難安，於是決議將此舞臺劇本重新修訂再演。但「受創」已深，縱使兩度在南京和北大重演，也覺彆扭不自然。

崑劇在大陸一般都說迄今六百年，顧聆森於二〇一三年六月十三日在《文學報》，發表質疑〈何來崑曲六百年？——央視紀錄片「崑曲六百年的歷史臆造」〉，頗受矚目。但我認為其前提要先定位何謂「崑曲」，如果以崑山土腔流播在外，被初步改良算起，那就應始自元末明初的顧堅，迄目前應有六百年；如果以嘉靖間魏良輔以崑山腔創發「水磨調」，那麼直到現在就只有四百六十年；而若就現在指稱的狹義「崑劇」而言，自應以魏良輔的「水磨調」為起點才是。

98 龔和德

龔和德（一九三一—）在戲曲界是受推崇的學者，較重視現代戲曲研究。我為他出版《龔和德戲曲文集》。

三 香港友人

1 李鴻烈

李鴻烈（一九三六—），廣東寶安人，齋號風遠樓，其在臺北出版之詩集即署《風遠樓詩稿》。他是名著兩岸三地的舊詩人，存詩千餘首，早歲遊學臺灣，八二三砲戰期間登金門以觀戰爭場面；三十年來漫遊神州大陸，所至山川風物、名勝古蹟，莫不用詩筆寫景抒感，或發為議論，關切家國時局；而其詩眾體皆備，近體高雅謹嚴，古體雄奇奔放，故時人以李白譽之；臺北「四海同心聯誼會」頒贈「愛國詩人」榮銜，又近似杜甫。

我到香港，在黃坤堯安排下，也和鴻烈詩酒唱和，總覺得他出口成章，詩才敏捷。一九九二年四月三日，他來臺北，我於寧福樓設席，口占七絕示鴻烈：

人生得意幾多時，多少知音有所思。最記香江風雨夜，通宵對酒更吟詩。

他也即席口占〈醉和永義老弟有懷〉：

無限豪情記此時，如今相對更何思。愛從物外尋知己，把酒求君誦我詩。

2 常宗豪

常宗豪（一九三七—二〇一〇），山東煙台牟平縣人。十歲移居香港，六〇年代考入香港中文大學，以優異成績留校任教，主持中文系系務近十年。傳統涵養甚為深厚，能詩能詞能書能畫。善飲酒，喜美食。一九九〇年我客座港大，他不知請我喝多少次酒，吃過多少次館子。我每次到香港，他都召來鴻烈、坤堯陪我，照例與他吟詩唱和，聽他大談烹飪之道。他飲酒對「不老茅台」和「百年孤獨」格外偏好；他為美食尋訪港澳大小餐廳。

宗豪和他夫人曉明都很優雅，我說他們伉儷並座，就是一個優雅傍著一個優雅，有如「雙渠相溉灌，佳本繞通川」相得益彰一般。可是二〇〇一年四月他們伉儷連袂所舉辦的書畫展，卻以「木老土石頑」命名。「木老土石頑」出諸東坡〈書王定國所藏王晉卿畫著色山〉：

> 煩君紙上影，照我胸中山。山中亦何有？木老土石頑。
> 正賴天日光，澗谷紛爛斑。我心空無物，斯文定何間。

宗豪甚愛其「木老土石頑」之句，為之作〈木老土石頑圖〉。我為之甚詫異，因為宗豪逍遙自適，沒有東坡三貶落拓的遭遇。

然而我發現宗豪曾書伊墨卿聯語：「詩到老年唯有辣，書如佳酒不宜甜。」而鴻烈亦主張「詩辣方籐老，撼之不可倒」，並謂宗豪心醉於「頑老盤屈筋骨奇」之境界。而我於宗豪繪贈鴻烈之〈咫尺相思圖〉，卷首有宗豪題端的語句：「浮生一瞥風花過，閱世千場意興闌。翻愛酒入三盞後，笑談歌哭自心肝。」則此時此際宗豪果然由優雅瀟灑轉趨奇拗盤屈了。難道奇拗盤屈有如土石之頑，才是他的真筋骨嗎？我仔細品會〈咫尺相思圖〉，則蕭疏牢落中，何嘗掩其優雅瀟灑！所以優雅瀟灑也好，奇拗盤屈也好，都不失宗豪的性情襟抱。想想東坡不也正如此嗎？

3 麥堅城

麥堅城（一九四〇—），廣東鶴山縣人，出生九龍，居香港，大我一歲，是我大學同窗，至交好友。畢業後，仍互通音問，我每次到香港必看他，他也為我打點，召集香港同學聚會。

一九九一年四月四日，我五十一初度，寫了這樣一首詩：

忽然五十鬢霜風，莫道華年志氣雄。無可奈何竿影裡，飛揚跋扈酒杯中。
文章瀝血空堂話，學術殫心何所從。肯與莊生論人世，沖霄一嘯望秋鴻。

堅城用毛筆寫一首〈奉和永義兄五十感懷詩步原韻〉：

滿園桃李沐春風，五十揮杯氣更雄。酒國未妨千日醉，神州可愛一壺中。
投竿秋水難多獲，藏叟名山何所從。才弱詩成人已倦，斜天銀漢見秋鴻。

他在頸聯對句加小注：「兄許我十年著成《中國戲曲史》」，末聯尾句加注：「永義兄來港講學一年，日內返臺」，末署「辛未初夏弟堅城呈稿」。

我那時已決定終身教學，不再有其他「志業」之想，並當面向堅城許下十年完成《中國戲曲史》，而歲月匆匆，十年一瞬，未見書影；但親諾摯友，耿耿於懷。直到二〇二一年五月七日，始在國家圖書館發表九大冊、凡二百七十萬字的《戲曲演進史》首冊《導論與淵源小戲編》，預計二〇二二年出齊，總算對吾兄堅城有了交代；他也為我高興。

堅城和我大學時代就一起喝酒，直喝到白髮婆娑。他雖然喝到有酒意，但不像我「飛揚跋扈」。他有嫉惡如仇的君子操持，但溫文謙退，守住他在中學的教書生活，不與任何世事，形同隱居。退休後以寫詩自娛。二〇二一年生肖屬牛，他寄給我一首〈頌牛詩．賀新禧〉：

> 牛牛牛牛，戮力田疇。挨鞭挨罵，無怨無仇。
> 暮得所宿，樂亦悠悠。寄語豎子，一事相求。
> 吹吹吾後，勿牽我頭。

4 黃坤堯

黃坤堯（一九五〇—），廣東中山人，臺灣師範大學國文系畢業，香港大學中文系博士，留校任教。能詩擅詞，與友人酬贈賦詠。

一九九〇年我在香港大學和新亞研究所客座，坤堯照顧我非常周到。每次在香港的聚會，他都先到碼頭車站等候，再領我前往。他為了請我，常會在餐廳預約老鼠斑，備好三星白蘭地。我們每與李鴻烈、林樹衡光顧小館名菜，飲酒論詩、賦詩，酒興一高，賡相聯句，起承轉合、屈折有致。在風雨之夜，不知夜已深沉。我曾醉意朦朧，他和一位教育部駐港女士送我回新亞宿舍，女士為我脫落的鞋穿上，他填一闋詞調侃我醉享

「美人恩」。他也常帶我到新界挑海鮮現煮現吃，同時觀覽海景和郊野風光。我喜歡釣魚。他就與他兒子陪我拋竿海濱。

坤堯為人謙和，至性至情，他把尊崇老師的誠摯，用在我這被吳璵、陳新雄等稱作老弟的「師叔」身上，使我在香港一年很愉快。他到臺北來，我再忙碌也要呼朋引伴陪他「暢飲」，只是他酒一多常忘了吃菜，話也重複起來。

我偶然也會將所寫詩寄給友人，譬如七十歲時的〈詠流蘇〉和近年的〈梅花〉七絕四首，都贏得兩岸詩人唱和，坤堯都有文情並茂之作。

5 黃德偉

黃德偉（一九四六—二〇二二），香港人。中學時即寫詩，升學臺大，受詩壇影響，更努力創作。留學西雅圖華盛頓大學，獲比較文學博士。

一九九〇年我在香港大學為客座教授，黃德偉為高級講師。我常在他擁有四個衛生間的寬敞宿舍喝酒，他喜食鵝腸，即使痛風發作嗚嗚叫亦不稍止。他任性不拘，臧否人物直截了當；喜歡他的人，說他爽快不造作；討厭他的人嗤之以鼻。我也在他後院的池塘釣過魚，拉上竿，卻是烏龜，向他說，念牠叫「黃德偉」，放了牠吧，他也不以為忤。我的女學生到香港，我一通電話請他照顧，他都極盡地主父執之誼。

後來他到宜蘭佛光大學為中文系主任，他對我指導的學生施秀芬、許美玲格外協助。他和泥塑大師傳人結婚定居澳門之後，我曾趁澳大講演之便，與內人在他府上住了幾個日子，他夫妻陪我們遊遍整個澳門。他為窮苦的學生，尤其是大陸的，主動募集資助，每年定額，我自然在伸出援手之列。

叁 學術為業，藝文游心

一 學術界

1 丁邦新

丁邦新（一九三六—），臺灣大學中研所畢業，美國西雅圖華盛頓大學博士，為中央研究院研究員、史語所所長。當選中央研究院院士，任美國加州大學柏克萊分校教授、香港科技大學教授。他專精語言學，為董同龢入室弟子，為語言學門領袖人物。

他講究語言與文學的關係，我曾以〈中國詩歌的語言旋律〉向他請教，他所主張的「明律」、「暗律」之說，與我文中所論述之「人工音律」與「自然音律」不謀而合。在臺大中文系的一次系務會議中，張健先生因聽信閒言，劍指於我，連林文月先生都發覺，提醒於我。丁先生在會後找我二人說，同仁無須如此；我當即不論「彼此是非」與事由之「青紅皂白」，當他面伸手向張健致歉，從此一握而解，不再心存芥蒂地交往。

心感丁先生熱心的化解。

我在第三度院士被提名之前，他在一次由他作東的筵席上，要我把著作寄給他。他掛來電話，說我很夠格，主動聯絡李壬癸共同為我提名。在投票的分組會上，有人不知多少度地在我身為「酒党党魁」上作文章，他反駁道：曾先生以酒為名是人人皆知的事，可否請你就其學術來討論，才堵住該先生的嘴。香港的丁耀基院士也說：曾先生既著稱國際，我們豈可一而再失落他。我對丁先生的見義勇為是感激於心的。二〇一四年我當選那年的十二月，我因大病住臺大病房，丁先生要返柏克萊，我特為請假找李壬癸、何大安等餞行，他很捨不得，我說這趟酒席早就安排了，豈可爽約，內人陪兩位大嫂，好友洪國樑陪三位老哥暢飲。

2 王汎森

王汎森（一九五八—），臺灣雲林北港鎮人。臺灣大學歷史學系碩士、美國普林斯頓大學博士，師從余英時院士。曾任中研院史語所所長，二〇一〇年任中研院副院長。從事思想文化史、學術史、史學史研究。亦好書藝書法，曾在海內外各大學展覽。

二〇一四年選院士時，為我美言，說當今中文學界以林文月和曾永義出類佼佼，而林先生偏向創作，曾先生論學術不選他還能選誰，我自然感激在心。他還推薦我這位新院士為本地院士會議發表講演，參與首屆唐獎評審和頒獎，並在圓山大飯店筵席上吟唐詩助興。我請過他在寧福樓吃飯，以表謝忱。

3 王靖宇

王靖宇（？—二〇一八），河南林縣人。臺大外文系畢業，康乃爾大學博士。歷任美國密西根大學、史丹佛大學教授，香港大學、香港中文大學、新加坡大學客座教授，以及北京大學榮譽客座教授、中研院文哲所特聘講座、香港大學講座教授兼人文學學部主任。後退休於史丹佛大學，為名譽人文講座教授。精研《左傳》、《史記》。

王靖宇我敬愛如大哥，他關照我似小弟，我們同在中研院文哲所任諮詢委員。他在文哲所客座時，我們酒党登山，我都請郭守成開車接他和大嫂一起郊遊，吃山產野蔬；他不善飲，但也把酒臨風。他以史丹佛亞洲語文系主任，邀我於一九九七年訪問史大三個月，參加所主辦的學術會議多次，我因肥胖，一開會就入睡，他坐在我身邊，用腿碰我醒來。在上海復旦大學那次國際明代小說的會議上，我在主講人發表論文時，無不入睡，卻於討論首先提出「三問題」切磋，如是者亦「不過三」，而已使舉座「驚訝」。

二〇〇一年十一月，新加坡大學有意聘他為中文系主任。王大哥要我循程序以我「臺大講座教授」名義，為他寫封推薦信給新大江院長。雖然王大哥另有高就不果行，但由此信可以看出王大哥的為人和學術地位，錄之如下：

> 我們初識於香港，那時我們都是港大的客座教授，其後又同為中央研究院文哲研究所籌備處的諮詢委員。這兩年王先生為中央研究院特聘講座，在臺期間，或一起研討疑問，或一起參與會議，交往轉密，相知轉深。在我心目中，王先生是位溫文儒雅、博學廣識、見解精深的讀書人。
>
> 和他相處，使人如坐春風、如沐春陽。他談論問題，考慮周詳，井井有條，又能循循善誘，令人首肯心服。也因此他擔任行政職務，無論在史丹佛大學或香港科技大學，都能使同仁和諧發揮所長，學生進取知所向上。而和他來往的學者，莫不對他心生感佩，視為知己。
>
> 王先生受人感佩的不只他的為人，更在他的學養。在中國文學的範圍中，散文、詩詞、戲曲、小說，乃至文學批評、神話傳說，他都發表論文、著為專書、開設課程。他在學術會議上的發言，每每受到很

大的重視，即以今年八月間貴校與復旦大學所舉辦的「明代小說國際會議」而言，他針對《三國演義》所作的專題講演，豈不引起新加坡媒體熱烈的迴響。他中英文俱佳，古今兼顧，如果說他學貫中西、通達今古亦不為過。也因此世界許多著名的大學和學術機構爭相聘他講學、邀他訪問，或作為校外評鑑委員；重要的著作也以能受到他的評論和推薦為榮。

就因為王先生性情真摯自然、任事有守有為、治學博大精深，所以在國際學術領域上，已經建立廣闊的網絡，普受崇高的信任和尊重。而我更要強調的是，他始終秉持著孔子「學不厭、教不倦」的精神，長年顯著其豐沛的教學熱忱和研究活力，尤其不斷地開創新的研究園地，最為人所不及。

王大哥在我率布袋戲、歌仔戲巡演於舊金山時，都會見面。我到過他家，真是花木扶疏，神仙洞府。他晚年因脊椎病變，苦不堪言。二〇一八年八月六日凌晨四時，驚聞仙逝，悲痛之餘，賦輓詩七律乙首：

> 死生之際渺蒼煙，隔海招魂只淚漣。顧我殷勤逾手足，感兄情義望雲天。
> 中西學養蜚聲譽，木鐸巡行振管絃。一瓣心香報知己，望風惆悵年復年。

4 王德威

中央研究院有四位院士，王德威（一九五四—）、李壬癸、丁邦新、王汎森都是我當選院士的「恩人」，其中王、李、丁還是提名人。我感謝他們對我的提攜。

王德威，祖籍東北，生長臺灣。臺灣大學外文系畢業，美國威斯康辛大學比較文學博士。曾任哥倫比亞大學講座教授，現任哈佛大學東亞系與文明系講座教授。學術聲望極高，有中央研究院士、大陸長江學者、香港嶺南大學中文名譽博士等名銜，獲《聯合報》最佳圖書獎、國家文藝獎。以近現代中國小說研究為舉世所推崇，高才讜論，教人折服。論著甚為宏富，為學界喜讀之書。

德威為人平實溫和，發人所長而予與推薦。我兩度提名院士他參與其事，並親自審定英文資料；我落選，他代為不平，略敘緣故。他在中央研究院院士人文社會組，堪稱領袖群倫，每次發言，擲地有聲。他返臺之際，我每邀請鄭毓瑜、胡曉真、梅家玲作陪小聚。

5 白芝

白芝（Cyril Birch，或譯作西里爾．伯奇，一九二五—），柏克萊加州大學教授。我認識他是在我三十五歲剛升教授的時候，他受邀在臺大文學院講演，說到中國人治學不太講究態度方法；他以戲曲為例，舉出他認為評論應注意的方向有四。我提出異議，認為應有八端，我在數年前寫過〈評騭中國古典戲劇的態度與方法〉，言之已詳，而且他所說的四方向，可以合併為二。

他講完後主動約我，請我午餐；我說「遠來是客」，在僑光堂一起飲酒，暢論所學，他說我很能吃也很能喝。從此我到柏克萊，他說有課很緊張，但還是親自開車，陪我逛學校周邊風景。白芝教授將我收在聯經出版《說戲曲》的那篇論文，當作教材傳授奚如谷（Stephen H. West，一九四四—）他們，奚如谷又將之用作講義給華瑋班上。這篇文章竟是有關戲曲批評理論的「首發稿」，難怪在臺灣獲得年度「金筆獎」，也被柯慶明選入其文學批評理論的《文選》之中。

6 何大安

何大安（一九四八—），福建廈門人。臺灣大學文學博士，任職中研院史語所，後為語言所籌備處主任、所長，二〇一〇年為中研院院士。研究漢語音韻史、方言學、南島語言學。三度獲國科會傑出獎及特約研究獎。

大安與我為兄弟行。研究所時，他看上楊秀芳，帶我到秀芳上課的班上「偷窺」，我鼓勵他這樣秀外慧中的女生難得，不可「放過」。那時我為清徽（敬）師「詩選課」習作閱稿，秀芳頗具詩才，以示大安，予以「敲邊鼓」，他們終於締結鴛盟。我推薦他入《國語日報》為董事，每發言，尤與出賣報社之董事長林昭賢對談，理路清明，每令同仁欽佩。我曾請他分析院士選舉我勝算有多大，他審度情況，判定「烏鴉與喜鵲同行」，我在戲曲演出的國家戲劇院，在淨丑科諢上有嘲弄某當道之嫌，而該當道臨時取消他預約觀賞的六個貴賓席；在投票時也反對我，因此我很難在本組得三分之二票通過，但支持我的「公正」之士也不少；果然不出所料。幸運的是我在全體院士最後決選時，獲得其他組院士的普遍肯定支持，得超過三分之二的多數票通過。

大安兒時遊戲被同儕弄瞎一隻眼，飲酒眼壓高就不舒服，但他與齊大哥益壽、許進雄、黃啟方和我在臺大水源會館飲酒時，常把珍藏多年幾被遺忘的金門高粱拿出來與我們共享。那時我已身體不宜，沒敢多喝，進雄量淺，也只有乾瞪眼。看他和齊兄、啟方舉杯過招，不禁酒蟲大動，卻無可如何。回想當年侍酒達生師，我與大安相擁，對主人高喊「六和萬歲」，大安假牙掉落馬桶，我順手為他撈起，兩人在會賓樓椅上便呼呼大睡，如何不有今昔之感。

7 吳哲夫

吳哲夫，政治大學中研所畢業，服務故宮博物院，為研究員兼圖書文獻處處長。退休後為淡江大學中文系教授。為圖書版本目錄名家。

哲夫與我為兄弟行，我在東吳大學兼課時，中午常與他在故宮餐廳呼朋引伴，杯酒暢飲之後才去上課。近年我到東吳大學口考研究生後之餐敘，都請他和黃登山敘舊。如此交情，數十年如一日。但朋友有事，他義不容辭。我從密西根大學訪學歸來，因所寄「匪區資料」落入情報局，幸得哲夫出面將之由故宮圖書文獻處接管，才免除麻煩。

8 李壬癸

李壬癸（一九三六—），出身臺灣宜蘭冬山鄉詔安客家農戶。小學時做過牧童，幫家種田，經輟學才念完初中。一九五五年臺師大英語系畢業，一九七三年取得夏威夷大學博士。受李方桂院士賞識，任職中研院史語所，二〇〇六年獲選中研院院士。學術榮譽之犖犖大者指不勝屈，如四度獲國科會傑出獎、教育部學術獎、總統科學獎。

二〇〇九年方其榮獲總統科學獎時，特請我觀禮。他每日規律運動，在研究室矻矻孜孜，有如上下班。被公認為南島語學之父，為人本分正義熱情，我稱之為「老哥哥」，並引為典範。我三不五時約他和夫人同何大安伉儷喝喝酒、說些閒話，他酒量有限，又止於所當止。他夫人念臺大外文系博士班時選修過我的課，我戲稱他為「屠夫」，屠夫者徒兒之丈夫也。他寫過小學時代在田地裡爬泥巴除草的經驗，非常生動感人。我把它選注在《國語日報》「古今文選」，以激勵清苦的孩子們。

9 李殿魁

李殿魁（一九三三—），年少時隨長輩遊覽臺灣，國共鬥爭，不得返上海。文化大學中文所博士，與我同出鄭師因百（騫）之門，我年紀小他九歲，但取得學位比他早。在文大頗受創辦人張其昀重用，為董事系主任。後不容於張鏡湖，改任花蓮師範學院教授兼系主任，聘用所指導之臺師大博士楊振良，師生失和，勢同水火。

殿魁博覽強記，開講滔滔不絕，但述而不作，藏書甚多。我與他既為同門師兄弟，也常與於杯酒。他也頗支持我在中華民俗藝術基金會的工作，我請他為董事，主持調查保存計畫。他曾評我在中研院《中國文哲研究集刊》發表〈論說「腔調」〉近十萬言的文章，說我「不懂音樂」，只用五十幾個字就予以否決，所幸大陸葉長海教授十分肯定，才使之「起死回生」。他晚年「失智」，但身體健康，見人只是微笑。

10 李歐梵

李歐梵（一九四二—）先生是著名的現代文學評論家，在美國大學任教，也到香港科技大學長期為教授。他與夫人的戀愛，見諸他生動的文筆，為文壇所豔羨。他為我院士候選之首列提名人，但由於隔行如隔山，對我學術成就未能深入了解，所以為我推薦發言時，稍難中其肯綮。另一位為我簽署的提名人余英時先生名望重士林，惜未能與會助我。

二〇一四年四月，李歐梵先生同我在香港中文大學參加「小說戲曲國際學術研討會」，我作開幕首場主題講演「論說戲曲之內外在結構」，強調治中國學問，不能硬套西方理論以自炫。次日下午一場李先生主持之座談會討論文學批評，參與者來自韓日歐美學者。有位巴黎的安必諾教授說，美國人推銷的理論觀念，譯自法國哲學家，本身已難索解，而又由亞洲列國重譯傳播，如予採信，實在很危險。這種情況尤以臺灣最嚴重。李先生也說他對此頗為重視，注意學生引據根源的可信度。

李先生和夫人返臺，我每請好友作陪，與他小聚清歡。他夫人很重視「甩手運動」，我是她得意的「弟子」。

11 沈謙

沈謙（一九四七—二〇〇六）教授是我在副刊寫作散文的「啟蒙師」。一九七八年六月，我將首度踏出國門，赴美國哈佛大學燕京社為訪問學人，行前寫了一篇短文〈行將萬里〉，請當時學術界名作家沈謙過目，他交給瘂弦主編的《聯副》，開啟我以散文抒情寫景記感的「脾胃」。那一年加上一九八二年在密西根大學，為陳篤弘主編的《臺灣日報》副刊寫每週一篇的專欄，我第一本散文集《蓮花步步生》，即於一九八四年八月由正中書局出版問世。一九九三年九月，正中書局又為我出版第三本散文集《飛揚跋扈酒杯中》，沈謙都仔細閱讀，為我作序。前序說我「走向更寬廣的講壇」；後序謂我「情趣自得」，還說我集「虎背、猿腰、象腿、熊掌、獅子頭、猩唇」於一身，是「天生異相」，引來雕塑家郭清治和攝影大師柯錫杰，用他們的銳眼和妙手，來雕鏤來汲取我這集森林野獸為一體的奇形異貌和合眾靈於微軀的魂魄。

沈謙菸癮大，酒量小，金門高粱不過三杯。所有好酒，毫不吝嗇捐給酒党中央党部，所以在酒党地位頗高，已晉身中常委。他身材高大，微挺小腹，後來出任中興大學中文系主任，變瘦了。我很羨慕地對他說，我也很想謀個系主任幹幹，他說，雜事一堆，煩人哪！你還要自跳火坑！我說，從你身上我看到減肥良方，你自己看看，來年你是否「沈腰潘鬢」，褲帶消圍一圈？因為那時我們正值壯年，我既大吃又大喝，一天到晚自詡：老天爺要我胖，我焉敢不胖？君不見「君子不重則不威」，哪個「偉人」是瘦巴巴的！如果要從減肥改形換貌，那麼時價是一公斤十萬元。只要像沈謙那樣，當上系主任，就可以省好幾十萬元了。

誰能料得到，沈謙卻在英年有為的六十之齡，以心臟病突發去世，文壇巨星隕落，令人感傷不已。

12 林慶彰

林慶彰（一九四八—），東吳大學文學博士，中研院文哲所甫成立「中國文哲所籌備處」即被聘任，成所後，以研究員主持「經學組」，整理點校經學文獻，系列出版，嘉惠兩岸及中日學者甚鉅，學者仰為宗師，以他名義召開之國際學術會議非常盛大。他榮退時，他所創辦之萬卷樓，聯合文哲所，為他獻壽之筵宴，集臺灣中文學界一二百人，被嘆為空前。我對於慶彰孜矻於經學研究，非常佩服，曾以文哲所諮詢委員身分，追薦他為「特聘研究員」，又曾兩度聯名其他院士四人推舉他為院士候選人。不知是我「人微言輕」，還是因他所成就的是「為天下讀書人所不耐的前瞻治學之畢業」，以致不合時宜地遭遇摒諸「傑出」之外，我一直為他不平而無可如何。儘管如此，慶彰還是嚴守「經學家」本色，毫不以未得虛名為意。

因我臺大退休後，改世新中文系專任。慶彰夫人陳美雪得便，旁聽我戲曲學、韻文學、俗文學相關課程多年。我把「戲曲選」交經她開設，她近年已從世新屆齡退休。但既尊我為師，年年仍不斷饋贈各色水果，使我甜在心頭。慶彰身體情況不佳，美雪用心呵護，伉儷情深。

13 柯迂儒

柯迂儒（James Irving Crump, Jr.，或譯作柯潤璞，一九二一—二〇〇二），在密西根大學和我最相過從的是柯迂儒教授和林順夫教授。林教授與我年齡彷彿，為弟兄行，杯酒在手，就可以治學心得、天南地北地談個不休。柯教授行年「七十尚不足，六十頗有餘」，而神采矍鑠，舉座風生，是一位教人景仰而可親近的師長。

柯教授的英文名字是James Irving Crump, Jr.，我想他取「柯」為姓的緣故，是因為和「Crump」諧音；取「迂儒」為名的緣故，是因為他一直研究中國學問，而從「迂儒」也可以看出他謙虛中透露著幾分詼諧。如果說每個人身上都掛有一「招牌」，那麼那把山羊鬍子應當就是他的「招牌」吧！它雖然臨風不飄不拂，但修飾得很雅致，配合他高高的個子，顯得既兀岸又俊逸。他一見有人進入他的研究室，總是含著笑臉說：

「歡迎！歡迎！」

當我第一次進入他的研究室，看到滿室滿架重重疊疊的書時，不禁嘖嘖稱賞，他說：「這是累積了三十有六年的成果。」三十六年來，柯教授鍥而不捨地攻治中國文學，從先秦古文到明清小說；他讀過的每一本書都加注加批，對於版本異同的資料都做整理比對的功夫；他的書一本一本地問世，其中《戰國策》的翻譯、研究和《忽必略時代的中國戲劇》三書，更獲得學術界很高的評價，林教授很推崇他的譯筆，說將雜劇的精神面貌傳達得栩栩如生。一九八三年，他要出版的一本新書叫《上都樂府》，是他研究元人散曲的著作，林教授說：「他翻譯的元人散曲就像一首首優美的英文詩。」我曾把一九八一年出版的《元人散曲選詳注》一書送給他作見面禮，他很快地就細讀一遍，而且還指出我抄錄資料時筆誤的地方。他不厭其煩的將我的書納入他正排版的新著中，還很客氣地要我為他的新著題端，要我參加他在博士班開設的討論課，並希望我協助博士班學生的專題研究指導。他說：「趁著你在這裡一年，可以從你腦中挖出些東西。」

我參加柯教授的討論課，上學期是中國戲劇，下學期是中國小說。他對於相關的論著一一介紹，對於主題內容近似的作品總要比較批評一番；對於研究生要求的是「堂下功夫」與「堂上論點」，所以上他課的學生非要「車載斗量」似地讀書不可。當研究生的口頭報告令他滿意時，他就顯得「即之也溫」，同時加上幾句感謝的話語；當他覺得頗為「歉然」時，他就指正又指正，那時就要教人「望之也嚴」。我在他的課堂上可以說是「觀摩學習」，但由於我畢竟是教中國文學的，所以也「備作顧問」；我從柯教授那裡學了不少治學和教學的方法，而當柯教授有問題時，我也都能言所欲言。

有一次柯教授請林教授伉儷和我們去晚餐，我發現了教我不敢相信的「稀奇事」。柯教授家裡的櫥櫃和客廳的一架鋼琴，居然都是他一手製成的，其「功夫」之精湛，即使是第一流木匠都不能比擬；不只如此，在地下室的工作間裡，更有一架即將完成的滑翔機，機上尾翼題著「翔空老翁」，柯教授說：「我這個『翔空老翁』為了它已進入第八個年頭。」他顯得很高興又很得意，我們趕緊請他坐在「翔空老翁」裡，和他攝影留念。我知道工作間裡大大小小的工具都是他的「興趣」，他「工欲善其事，必先利其器」，它們和他研究室裡「充棟」的書本並沒有兩樣。他自製釣竿，釣起十來斤的大魚；他愛滑翔，就自做滑翔機，也同樣「鍥而不捨」地進入第八個年頭。他不只深愛學問的趣味，更熱愛生活的趣味，所以他是位十足有「趣味」的人。

這頓飯吃得我們興高采烈，墨西哥口味固然別致，而我由此更了解了課堂之外的柯教授，我禁不住對他更加地景仰起來。

柯教授於二〇〇四年八月七日逝世，我有〈悼念柯迂儒教授〉七律：

昔年密大識荊州，杖履追隨長者遊。學術殿堂高仰目，功名場屋作清流。
等身著作傳中外，譯筆縱橫千百秋。契闊死生多恨苦，天涯望斷淚難收。

柯教授的門弟子如彭鏡禧等，在檀香山開學術會議紀念他，我也專程參加。而他的《上都樂府》出版，我也如約為他作序。

14 胡嘉陽、王國櫻

胡嘉陽是我大學同班同學，留校任助教，協助許世瑛老師上聲韻學和語法學。許老師高度近視近於盲。嘉陽曾向臺靜農老師說我生活簡陋，臺老師即用我為助教。她到哈佛大學進修，在哈佛燕京社圖書館任中文部門主任，圖書館為世界中文學者所嚮往。我在哈佛一年，她不只深夜與洪金富接機，更在日常裡與其弟妹歡聚，帶我同往紐約等地遊覽。她很少返臺，一返臺必與我和國櫻敘同學之情。

王國櫻（一九四一—）是王叔岷老師的女兒。大專聯考，她排名第二，但我是第一志願，她是第二志願，分數差我許多。她嫁中央研究院院士蕭啟慶（一九三七—二〇一二），留學美國，在新加坡大學任教授。我和啟方、景明率南管「漢唐樂府」赴澳洲，中途站在新加坡，他們伉儷鄭重其事地在五星級飯店請我們飲「寡酒」威士忌加冰塊，很不過癮。後來我帶臺灣民藝團隊到新加坡「春到河畔」表演，這次請我午餐就喝了五百西西「約翰走路」，讓我喝得到位了。

王老師也在新加坡教書好一陣，以接濟當年國共鬥爭時未及帶出滯留四川的長子，晚年返臺定居中研院史語所宿舍。每星期三在臺大上課，課後一群老學生陪他和張敬老師在僑光堂「鹿鳴宴」午餐，謂之「三中全會」。國櫻也因要照顧老師而返臺受聘臺大中文系任教，受系上不成文「陋規」所拘，擔任大一國文，開設一門「中國文學史」，她後來皇皇鉅著的《中國文學史》也出書，嘉惠學林。

國櫻和啟慶家居羅斯福路二段，在一次由三民書局創辦人劉振強先生設宴的「寧福樓」見面後不久，就傳出蕭先生半夜起床跌落樓梯死亡，國櫻清晨才發現，其內心之愧疚哀痛可想。她不久老人失智症日趨加重，不能上課，清醒時如常人，在系上系務會議後偶然如我等退休教授一般，被請為座上賓，相見時不禁今昔之感，惆悵萬分；而我在去年（二〇二〇）十一月心臟大手術，僥倖撿回一命，又何勝唏噓！

15 陳義芝

陳義芝（一九五三—），四川忠縣人，生於臺灣花蓮，長於彰化。於臺灣師範大學、香港新亞研究所、高雄師範大學分別獲學士、碩士、博士學位。任職中小學教師，《聯合報》副刊主任，臺師大教授。他是著名的新詩人、散文家及文學評論家。我很喜愛讀他的詩，因為我讀得懂，覺得有幽深而又超脫的情味流動字裡行間。他的語言能鎔鑄古今，意象哲思渾然，使人感同身受；不像以意識亂流、錯亂時空，以晦澀自我標高者可比。楊牧說：「我讀陳義芝的詩，特別為他之能肯定古典傳統並且面對現代社會，為他出入從容、不徐不疾的筆路情感而覺得感動。」瘂弦說：「陳義芝寫盡了情愛世界的一切細微感覺、聲音、氣味和顏色。」陳芳明說：「他可能是同輩詩人中最具浪漫特質的一位。」

義芝中年有喪子之痛，與夫人紅媛徹悟轉入佛門，「以創作為修行」，詩作更加呈現生命的旨趣和依歸。

義芝對我編撰的戲曲劇本頗為肯定，認為比我寫散文更有意義，一再將全文登載《聯副》，直到總編輯干涉，說那是「過了時的東西」為止。

在《聯副》，義芝也採用我不少散文，使我能結集為《蓮花步步生》、《清風．明月．春陽》、《飛揚跋扈酒杯中》、《愉快人間》、《椰林大道五十年》等五種出版。二〇一七年還從中選了一百二十五篇，分「生活感悟」、「人間情誼」、「天涯行腳」、「故國山河」四卷，由臺北國家出版社出版發行，義芝將書名命為《中流自在》，他說：

> 既能以理性清明的思維，掌握古典與形式規範；又能以詩酒情懷，解除創造力的束縛。此即學者作家曾永義的文章風格。
>
> 清代學人劉熙載論孟子之文，「至簡至易，如舟師執柁，中流自在。」曾氏散文，有相近似的表現——人間事物千變萬化，幽情雅韻經他體察，發自於心，結構成文，寓含歷史識見，稱得上是探本之言。所謂「中流」，即指身在散文大傳統中；所謂自在，指其筆下敘事有條，氣體自然。

義芝因我長他十二歲，都客氣地稱我「曾老師」，其實是知己兄弟。他不以能飲為名，只是東坡似的淺斟低酌而已。我曾鼓勵他去香港新亞研究所進修，因成績優異，同學忌他取得博士生名額，他和我一樣，都有「不爭」的性格，乃改考高師大，獲博士學位。我也推薦他到《國語日報》董事會，由董事而常務董事，每次發言都懇切中肯，極受到同仁的敬重。二〇二一年他也自臺灣師大退休了，正忙碌於各色各樣的藝文活動，給後進熱心的指導。東海大學還聘他為駐校教授。

16 程元敏

程元敏（一九三一—）是景明、啟方同班，年紀大我們十歲，不必服預官役，所以研究所便和我同年級。他師從屈翼鵬先生治經學，極其用功勤勉，功底非常扎實，論文皇皇鉅著。他和我與鄭良樹同年畢業，均為臺大第一屆博士生，我們須經教育部口試通過，才能算國家文學博士。我的指導教授鄭騫老師向我說：系裡原想以我為臺大首位國家文學博士，但在系裡口試成績，你先考，王叔岷老師指導的僑生鄭良樹其次，程元敏最後；而成績你九十五，鄭良樹九十六，程元敏九十七，則依序遞增，所以也就按此順序報教育部。我說：沒關係，他們兩位年紀都比我大，何況我還兼任助教。後來我糊裡糊塗地在系裡聘任留校教職，只有一個缺。鄭良樹回馬來西亞大學，屈老師安排程元敏到中興大學擔任系主任。他向屈老師表明他不願離開臺大，願繼續追隨老師治經學，屈老師為系主任，從人事室爭取出另一個缺，將他留下。我們數十年同事，關係頗具情誼。我當選院士，他懇切向我祝賀。

17 逯耀東

逯耀東（一九三三—二〇〇六）為臺大歷史系首屆博士生，年紀大我十歲左右，畢業時較我晚些，他和我與程元敏向嚴振興校長爭取土洋博士「一視同仁」，擠進長興街八角樓「博士村」。他在「大學黨務」的活躍不讓政大、師大、救國團等「同道」。主編《中華文化復興月刊》，我在其中發表過幾篇文章。他常把我拉在身邊，以壯大聲勢，在「博士聯誼會」中，唯他「馬首是瞻」。他到香港中文大學賺高薪，我在香港大學和新亞研究所客座時，如同在臺北，杯酒在手，說個沒完沒了。他認為香港很愜意，要什麼就有什麼。最後還是回到臺大歷史系，但已「非公之天下矣」。

18 黃登山

黃登山，東吳大學中文系教授，任東吳夜間部主任多年，時黃啟方亦任臺大夜間部主任，友人戲稱為「夜間二黃」。

登山長我數歲，我待之如小哥。他所記滑稽諧謔之笑談掌故極多，有他在座，無不笑聲連連。我曾邀他在臺大「俗文學」課上講演，他講的都是《論語》題材，沒帶點「葷味」，機趣就難以「橫生」了。

登山能飲，也不吝於飲。有次他喝醉了，我送他回家，把他交給大嫂才放心離去。他精研《老子》，深入淺出，學生很喜歡。我為他的書寫序，題為〈登山與老子〉，他很喜歡，近日打電話問候我，還提到這篇序。

我們「酒党」將登山與齊益壽兩位老哥的名字合起來，而有「登山齊益壽」之上聯，爭取下聯對偶，迄未見天衣無縫者。

登山與劉兆祐原是東吳中文系的兩位「系柱」，情感也交好如兄弟；但不知何故，兆祐對登山有所不滿，令我感到遺憾。

19 楊牧

楊牧（一九四〇—二〇二〇），本名王靖獻，臺灣花蓮人，柏克萊加州大學比較文學博士。小即喜詩，中學即以「葉珊」為筆名發表作品於《現代詩》、《藍星詩刊》、《創世紀》等新詩著名刊物，聲名開始鵲起。

一九六四年東海大學外文系畢業，赴美國愛荷華大學參加由保羅．安格爾與其妻聶華苓創辦之「國際寫作計畫．詩創作班」，與日後引領臺灣文壇的作家余光中、葉維廉、白先勇、王文興為前後期同學，受世界大詩人葉慈浪漫精神影響頗大。肄業柏克萊大學博士班時，越戰方酣，反戰大起。他有感世局，於一九七一年改筆名為「楊牧」，詩風亦隨之一變，在原有浪漫抒情之外，多一份冷靜含蓄，並關懷社會，批判社會，以憂鬱沉靜抒一己之懷。一九七〇年代任教西雅圖華盛頓大學比較文學系和東亞系，我曾在赴華大發表論文之際，登門拜望，所居望海，開闊幽雅。一九九六年應牟宗燦校長剛籌辦成立的花蓮東華大學之邀，回國擔任文學院院長，於英美文學系設創作研究所，一時人才薈萃，文風鼎盛。其後歷任臺大客座教授、中研院文哲所所長，以及政大、臺師大講座教授。

楊牧是名滿天下的大詩人，以葉珊為筆名的詩集有五種，以楊牧為筆名的有十四種；另有散文十九種、論著七種、譯著八種。詩作被譯成英、法、德、日、義、瑞典、荷蘭、捷克文，文壇盛傳被提名為諾貝爾文學獎的可能性極高。所獲文學大獎有十種之多。二〇二〇年十二月二十九日楊牧去世，總統蔡英文頒發褒揚令。

楊牧在猶疑是否接受文哲所所長時，從西雅圖掛電話給我，我說你的詩將來必在文苑傳中耀彩揚輝，為什麼不接受中央研究院這麼崇高的學術名位，使你的論著學養更為彰顯，同樣在儒林傳中舉足輕重呢？他就回國就任了。他以所長身分，我以文哲所諮議委員名義隨他所率領的同仁到日本東京大學開學術會議，暢遊東大和周邊城市的名勝古蹟。我倡議「酒党楊牧例會」，由何寄澎、陳義芝、曹復永等陪他飲啤酒，他的夫人夏盈盈和復永夫人萬裕民是劇校同學，都會參與。夏盈盈十分賢淑，在菊壇是美人，專精刀馬旦。因此楊牧追求她成為佳偶時，文壇趣談「楊牧擄獲刀馬旦」。楊牧只喝啤酒，慢條斯理，很少超過一瓶，但無日不以為常。我和內子陳媛曾數次在他們敦化南路的家，品嘗盈盈的絕佳手藝料理。楊牧向我說，有人說你以酒為名，連中央研究院院士落選都不在乎。楊牧回應說：「他笑傲江湖。」我以王孝廉久居日本，不與酒党中央聯絡，免職，請楊牧繼任為「海工會主委」。

楊牧去世後的追思會，夏盈盈只請親友參加，坐滿國家圖書館國際會議廳，由已經成名的詩人輪番朗誦楊牧詩篇，引人無限景仰緬懷。朗誦的詩人有陳義芝、羅智成、陳育虹、向陽、廖咸浩、曾淑美、楊佳嫻、陳怡蓁等，由劇場藝術工作者徐堰鈴主持，穿插演員、歌手表演，以「愛是我嚮導」為題，場面尤增生動感人。

20 楊晉龍

楊晉龍，臺大夜間部中文系畢業，是李惠綿同班同學，兩人成績優異，都取得臺大中研所博士學位。惠綿留校，晉龍到中研院文哲所。晉龍經學研究很到家，已屆齡，尚延退。他生性明朗，在所裡開會，勇於發言。

晉龍每年都在農曆過年時，從家鄉寄贈冬筍給我，口感爽脆。惠綿協助趙國瑞老師，每在除夕前都要精細地做一道「十香菜」，說這樣才是她家鄉的年景。而「冬筍」是其上好妙品，所以每年我們都在等待晉龍家鄉的「冬筍」。

21 劉兆祐

劉兆祐，我在東吳兼課時，他為中文系主任，他努力把系務辦好，與我等酒党亦時有杯勺之歡。有次和哲夫、登山送他回家，沒想午夜裡劉大嫂掛電話給哲夫，說兆祐還不見人。哲夫趕忙從故宮宿舍下山到鄰近兆祐家的巷弄查看，才發現他躺在小溝裡睡著了。

我在東吳上課，不喜教務處「查堂」，一聲令下解散學生，弄得兆祐關心說明，校長端木愷還站在我課堂後門口旁聽半小時，結果對我都頗為「禮遇」，「查堂」先生只站在走廊上偷偷查點，不再進課堂干擾我。

端木校長還向臺老師說，你的學生曾永義課講得好。

22 謝信一

謝信一（一九三九—），彰化縣人。臺大外文系畢業，考入中文研究所，得碩士，赴美國加州柏克萊大學獲語言學博士，為夏威夷大學東亞語言系教授。

信一在中文研究所與我成為好友，一起選修黃仲圖先生道地的日文，使我日文接近能翻譯的程度。如果我不謙讓由屈師翼鵬（萬里）推薦到日本東京大學進修一年，日文可以成為我的第二外國語文。信一日文比我更好，有次他幫女生，沒理會我的疑難，我說他「見色忘友」。他確實很花心，幾乎不停有新對象在戀愛之中。而也因此激揚他的詩情，筆名夏威，著有《無淚船》、《小碼頭》，充滿他「戀愛的心路歷程」。我喜歡讀他的詩，因為其詩諧美而細膩纏綿，涵蘊典雅的古詩詞曲韻味。有一陣子和《秋水詩刊》關係密切，還擔任編委及檀香山代表，因為他對女主編其人其詩很癡迷。他幾乎是個永遠不成熟的年輕人。

我四、五十歲盛年，飛越太平洋往還二十餘度，有九次居停信一家。他已和由紀離婚。他整天陪我遊夏威夷文化園區，在觀光旅館椰林下，手執杯酒觀大洋看草裙舞、肚皮舞，在他家廚房烹煮而飲於屋後屋簷下，對青山仰白雲沐夕陽，行走海灘入躺臥的人群窺視「曬人乾」玉體橫陳，用報紙包住啤酒在海濱邊走邊飲，而夜深人靜則對杯傾訴心情，那是許多教我難忘的日子。

信一曾返臺任清華大學中文系客座教授、臺灣大學外文系兼任教授。他在我家也於杯酒之際，對陳媛「歷數他的戀愛史」，他很容易沉入「往日情懷」。我寫一首七律請薛平南書法送給他，他裱褙掛在牆上，詩中洋溢他與我的友情。我已忘記整首，只記得開頭兩句是：「壯歲橫飛兩大洋，每因謝子過檀香。」不知信一尚保存否，許多年未見了，他連去年我心臟大動手術入死出生也不知道；我同樣許久沒他消息了，不知他健康否?

23 魏淑珠

我為魏淑珠出版《中西比較戲劇:劇場、劇本與演出》。我曾推薦郝譽翔到美國她任教的大學任她助理一年。我到她返臺後任教的東海大學講演,她和李佳蓮接待我,我請她口考我指導的博士生論文,她治學嚴謹,使我這位學生多念了幾年書才獲得學位。她視我為兄長,但鮮少往來。她為美國柯迂儒教授翻譯《上都樂府》,由我作序。

二 藝文界

1 向明

向明(一九二八—)本名董平,湖南長沙人,美國空軍電子學校畢業,以空軍上校退伍。其詩作被譯成英、法、德、日、義、印度等國文字,獲國家文藝獎等多項獎項。一九八八年,世界藝術與文化學院授予榮譽文學博士學位。他為人儒雅溫和,輕聲細語,詩如其人,被稱為「儒家美學的躬行者」。

2 朱宗慶

朱宗慶(一九五四—),臺中大雅人。臺灣藝專畢業,負笈奧地利維也納音樂學院深造。一九八六年創立朱宗慶打擊樂團任藝術總監,一九九七年任臺北藝術大學音樂系主任、研究所所長,二〇〇四年為中正文化中心藝術總監，二〇〇六年至二〇一三年為臺北藝術大學校長，二〇一三年至二〇一四年為中正文化中心董事長。獲國家文藝獎、行政院文化獎等獎項頗多，著有《打擊樂演奏的探討》等。他是臺灣打擊樂的「領頭人」，培養許多後起之秀，赴歐美亞澳多國演出。

我為北京中國京劇團編撰京劇《卓文君與司馬相如》，那是專為大陸當前京劇皇后李勝素專門量身訂製，由我和王瓊玲共同完成的，也是我在「牆頭馬上」餐廳設宴為她來臺演出洗塵的席上，她當面委託我的。我為了配合中國京劇院在國家戲劇院檔期，請朱宗慶在國家戲劇院設法安排。朱宗慶向文化部長洪孟啟表示，說曾永義未曾向他求過，他盡力玉成。結果他因處事公正，只弄到同屬他轄下的高雄衛武營；而中國京劇團導演諸多刁難，大陸文化部提出與臺灣合作，經費各出一半，我只好作罷。二〇二〇年臺灣戲曲學院京崑劇團獲得城市舞臺檔期，本訂於二〇二一年三月演出，但因六月又要國家戲劇院演出同樣由我和王瓊玲合作的崑劇《韓非、李斯、秦始皇》，只好暫捨京劇《卓文君與司馬相如》。

洪孟啟、朱宗慶和我筵宴同席，朱宗慶能與我們「對杯」，我任命他為第十四副党魁，地位在有次吳敦義以行政院長身分宴於官邸，被我冊封為第十五副党魁之上。

3 朱振南

朱振南（一九五二─），臺灣藝專畢業，美國林登沃德大學藝術學院碩士。一九九六年公費留學法國。他是著名的大書法家、繪畫家，其書法納碑版於行草中，朴茂自然，獨成格調。作品以臺灣桃園國際機場第一航廈走道之巨型書法現代裝置最為人稱道，其他如北市政府大廳、臺北車站、臺北藝術大學音樂學院、東部鐵路站名均見其題字；並在臺灣、大陸、美國、法國、日本舉辦書畫個展。他可說是一位刻鏤深層中華文化氣質，具現代創意的傑出藝術家。

振南為我的詩費了許多筆墨，用心地寫成書法。二〇〇六年十月，我和他參加在杭州西湖的兩岸藝術家聯誼活動，在面對良辰美景，藝術家或書法或繪畫即興創作，切磋觀摩。我只能喝酒、作對聯，也湊和了幾首詩和一副對聯。聯云：

千頃夢幻煙波，騷動詩腸皆墨客
萬古風流人物，留存勝蹟遍西湖

振南以行草揮灑，氣韻不凡。現在還掛在我森觀寓所客廳的牆上。平常振南也參與酒党，與孫大川、林清財等聯歡杯酒。他還特意請我到他工作室參訪，並受他夫妻倆的熱情款待。

4 吳靜吉

吳靜吉（一九三九—），臺灣宜蘭縣壯圍鄉人。美國明尼蘇達大學教育心理學博士，政治大學教授。他是多學多能的人，集心理學者、作家、演說家、企業管理顧問、表演藝術工作者於一身，參與「蘭陵劇坊」之創立。曾為學術交流基金會執行長、總統府國策顧問，於臺灣教育藝文界影響頗大。

吳靜吉活躍於藝文界，他言語機趣，有時隱含幾根小刺。有次國建會文化組大會，由我主持，別組的在相關部會首長發言時沒有節制好，以致過午一點鐘，猶未結束。我則「分秒必爭」，只要某位首長「言過其時」，我即遞條子請停止，所以只有我們那一組能在正午用餐。而當我宣布大會告一段落之際，靜吉卻舉手要發言，我說：「下午由你開頭。」宣布散會；他叫了一聲「曾永義」。

5 辛鬱

在痖弦那一輩的軍中新詩人中，和我比較熟、杯酒為歡的尚有辛鬱（一九三三—二〇一五）、鄭愁予、管管、向明、張默等。辛鬱、鄭愁予、管管都屬「能飲」，向明、張默大抵看人飲酒的多。

辛鬱本名宓世森，別號冷公，浙江慈谿人。一九五〇年由舟山隨軍撤退來臺，結識詩人紀弦、覃子豪，加入「現代派」，又加入「創世紀」。一九六九年退伍後，推廣科學普及工作。寫詩外，還寫小說、雜文、電視劇本。

當時詩壇調謔，辛鬱以冷肅少言稱「冷公」，商禽以嘴角歪斜稱「歪公」，楚戈以溫吞親和稱「溫公」，向明以儒雅閒適稱「儒公」。

6 林載爵

林載爵（一九五一—），臺灣臺東大麻里鄉人。一九六九年考取東海大學歷史系，在學期間，他發現臺灣文壇左派前輩楊逵，在學校對面的東海花園隱居耕讀，他便與楊逵先生談他閱讀其作品的心得，並發表文章論述訪談「花園主人」及其與鍾理和之比較，涉入日據時期臺灣文學的探討。研一時更是搬去與楊逵先生同住。

一九七七年，他在著名雜誌《夏潮》開闢主筆「臺灣史料選讀」。同年年底，他加入《聯合報》創辦人王惕吾先生創立的「聯經出版公司」，由編輯而總編輯，二〇〇四年五月從劉國瑞先生手中接任發行人，迄今四十四年如一日，成為出版界的「達人」，二〇一二年獲第三十六屆金鼎獎圖書類特別貢獻獎，肯定他大半輩子的成就。

王愓吾先生和業師臺靜農、孔德成是好友，常會以盛筵歡聚。劉國瑞先生和我是居中「跑腿人」，所以也能與於几席之末，而忽忽三、四十年矣。我有五律一首憶其事：

憶昔侍從游，先師未白頭。豪門尊上客，錦席列珍饈。
瀟灑雲煙外，典型白鷺洲。而今追往事，誰與逐風流。

又因國瑞先生而與載爵熟識，於是我早期的書都在聯經出版。其中《中國古典戲劇論集》（一九七五）是我升等教授的著作，《說戲曲》（一九七六）甫出版三個月即銷售再版，其〈評騭中國古典戲劇的態度和方法〉獲第三屆「金筆獎」，《臺灣歌仔戲的發展與變遷》（一九八八）及《論說戲曲》（一九九七）之〈論說「五花爨弄」〉均得國科會「傑出著作獎」；《說俗文學》（一九八〇）更獲國家文藝獎。我第四度得「傑出」是立緒出版的《戲曲源流新論》（二〇〇〇）之〈梨園戲之淵源形成與所蘊含之古樂古劇成分〉，至此便被認為「得獎太多」，而於第五度「傑出」名單中被剔除。可見我的學術榮寵，大部分是「聯經」賜予的，而那隻大力的推手則來自載爵。

我在港大和新亞客座時，閒極無聊，閱讀歷代帝王傳記消遣，好玩地統計其享壽、在位年數及其登基死亡方式；載爵知道以後，要我加上導言，然後將題目改作〈帝王的命運〉，在他主編的《歷史月刊》發表，立即令人刮目相看。這就好像他從我的《詩歌與戲曲》中，別出其〈臺灣歌仔戲的發展與變遷〉，配搭多幅彩色圖版，獨立成書，因而長年暢銷一般的慧眼獨具、手法高明。

我當選院士，劉國瑞和載爵邀集吳璵、黃登山、許進雄、章景明、黃啟方等友朋，在春申樓設筵祝賀。二〇二一年六月，我在《聯副》刊出的〈我以臺大中文系為第一志願〉，載爵看到，掛來電話問候，說我許久沒在聯經出書，彼此就敲定《酒党党魁經眼錄》稿成之後，即交由聯經出版。

7 林懷民

林懷民（一九四七—），臺灣嘉義新港人。美國愛荷華大學藝術碩士，開始習舞，一九七三年創立雲門舞集。一九八三年創立國立藝術學院舞蹈系，為系主任，一九九九年創立雲門二。他從亞洲傳統文化與美學汲取靈感，編創充滿當代藝術的舞作；兼以他有一枝引人入勝的筆，於是他執臺灣舞界牛耳，更宣揚國際，聲名滿天下。從一九七四年至二〇一九年，三十五年間編舞三十三部，獲獎指不勝屈，均為海內外大獎，所獲海內外贈與之榮譽博士和院士名位，亦難計其數。真是為國爭光，集榮耀於一身。

我很欣賞他說過的一句話「把思想舞出來」。我想這是雲門舞者之所以不同凡響的根本原因，也因此我中衍他的話語，要學生用聲音把詞情的思想情感吟誦出來。

一九九三年，他編舞劇《九歌》，文建會原推我編劇並參與其事，我自量力所不及，敦請他好友吳靜吉擔當。二〇〇一年元旦，許常惠辭世，在國家文藝基金會董事會上，漢寶德任主席，他臨時動議，改選董事長，如此一來就不能以董事長身分為許常惠辦理喪事。我提出異議，終於議決許常惠喪事之後才改選。二〇一八年中央研究院院士季會，我推薦他擔任專題演講，但不是由我直接聯絡。他口才好，暢敘其「豐功偉業」，舉座傾耳佩服。

8 施文炳

「俠士通儒文炳先，登山涉水賦詩篇。」這首詩是我將《施文炳詩文集》翻閱一遍，油然有感，用來奉呈我的「老友」「文炳先」的。

文炳（一九三一—二〇一四）先生大我十歲，但我們一見如故，相談甚歡。我每次到鹿港，如果不找他「帶路」，將鹿港風華如數家珍，就覺得「空虛」；如果沒能和他「把酒」，就覺得「白來」。也因此我每次要到鹿港，一定先「知會」他。我們自然很親近，形同弟兄，沒有長幼的距離。所以他是我的老友、我的老哥。

鹿港人都稱呼我的老哥為「文炳先」，那是閩南語對所尊敬人的暱稱，應當就是「文炳先生」的省語。他大半輩子在鹿港這塊鄉土，經商讀書、訪耆宿、拜名師、勤讀古籍、賦詩作文；對於鹿港的風景勝蹟、逸聞掌故非常關愛和留心；而其為人，見公義即著先鞭，與人莫不竭誠相交。進一步地說，他長年養成了博通古今的學養、揮灑自如的詩文造詣、維護發揚藝文的熱誠、捍衛鄉土不容工業汙染的堅持。這些都可以從他遍及各方面的著述、擊缽限韻的詩社聯吟、如火如荼的文化活動，和數十年鍥而不捨的民俗文化村的奉獻和執著，以及聯合各界反杜邦設廠運動的宣言立說，看出具體的事功。總結地說，他被尊為「通儒」、被稱為「俠士」，不是平白而來的。

而我對文炳老哥的欽佩和讚賞，卻是從他的詩開始的。我根本不知道他的詩在詩社裡聯吟，每每「掄元」；我更不知道他在全國詩人大會乃至世界詩人大會，每每獨占鼇頭、摘戴桂冠。只因為我讀了他的七言律絕詩，聲韻鏗鏘而古雅深厚。其內容雖不涉杜甫的家國之思與民生之憂，也沒有李白意氣的飛揚與失志的跋扈，但卻多的是鄉土的風韻、自然的樸質，給人的是優美的親切和共鳴的觀感。譬如其〈鹿港懷古〉四首之三：

> 江渺帆檣夢已賒，炊煙夕照萬人家。楊公橋上頻回首，蘆管秋風冷岸花。

其間今昔交織，情景在目，而悠然緬懷，自然洋溢其間。詩人也用古文描寫「鹿港八景」，他敘事寫景，如詩如畫，很引人入勝。譬如他寫改建「楊橋」之後的「福鹿橋」云：

> 福鹿橋比昔長而壯麗，橋下溪水澄澈，其深數丈。北以紅磚為堤，南則綠草如茵；碧水長天，虹橋倒影。或望軍山朝霞東湧，或挹鯤海爽氣西來。景色優絕，儼然圖畫一幅，每逢秋夜，皓月當頭，橋下波光瀲灩，漁燈閃爍，蔚成奇觀。閒來邀朋三五優游其間，或橋上尋詩、堤邊坐月，或垂釣苔磯、泛舟溪上，無限詩情畫意，不遜揚州二十四橋。

像這樣教人悠然神往的情境，他用的是晚明小品的筆墨。如果他不是飽讀古文、含茹英華，何能克此？文炳先就是用這樣的詩筆和文筆，悠遊他的蓬萊歲月、點綴他的鹿港生活。他不知為多少宮觀寺廟、名勝古蹟撰寫碑記、題作對聯，以此彰顯鄉土文物歷史，也為鄰里容貌增光。譬如他為「臺灣民俗村」入口牌樓寫下的兩副對聯：

> 功溯前朝闢地開天懷華路
> 根留本土宏文正俗展雄圖
> 賞勝客重來無邊風月詩情麗
> 騎鯨人已渺依舊江山霸氣雄

「臺灣民俗村」是一九八八年文炳先協助施金山先生在花壇開發的事業。從聯語中可以看出他對民俗文化維護弘揚的憧憬，和對國姓爺開臺功業的追思。而他對文化工作的理想也隨著「臺灣民俗村」十餘年間的起落而興滅。

然而他對鄉土和文化的熱情是始終不懈的。他在一九八六年、一九八七年間「反杜邦運動」中，被傳播界稱為「精神支柱」、「意見領袖」；他於一九九〇年四月到福建莆田參加「國際媽祖學術會議」，提出了擲地有聲、令人刮目相看的論文，他用流利的白話文書寫，可見他不只治「舊學」，而且治「新學」，他的思想觀念是隨著歲月而日日新的。

而我於老哥的通儒學養之外，尤賞老哥為人行事與為文化打拚的俠士氣概。茲引其〈阿里山神木〉一詩，庶幾可以相為形容。詩云：

鐵幹孤高歲幾千，化龍氣勢獨巍然。頻經雷火滄桑劫，依舊雄姿翠插天。

9 柯錫杰

柯錫杰（一九二九—二〇二〇），臺灣臺南人。一九五九年赴日本東京寫真專門學校學習攝影，一九六一年與高雄市長陳啟川等發起創立「高雄市攝影學會」，一九六七年前往紐約擔任攝影助理。一九七九年獨自於印度、南歐、北非自駕旅行拍攝八個月，開創風格獨特的「心象風景」，以精確技術與美感，傳達「詩的意境」與「畫的質感」，運用「轉染法」大幅提升彩色攝影的藝術，被稱為「臺灣現代攝影第一人」。一九八五年與舞蹈家樊潔兮結婚，一九九三年自紐約返臺久居，創辦「潔兮杰舞團」，我曾觀賞其仿唐樂舞的精采演出。其作品兩度在紐約個展，並廣為海內外各大美術館典藏。其代表作〈等待維納斯〉，分別於佳士得與羅芙奧兩公司拍賣，以攝影項目最高價成交。諾貝爾文學獎得主高行健，說「他用相機作畫」，詩人瘂弦說「他的影象如詩」、「肉體撤退，人的精神與心靈出來」。

我和柯錫杰熟識，在他為中華民俗藝術基金會董事之後，那時我為基金會執行長。他把我找到他的攝影坊，像郭清治那樣用鏡頭要呈現我的「異相」，攝取我的靈魂。我擺盡各種姿勢，飲了不知多少杯酒，潔兮還從旁「獻舞」，使我墜入情境之中，以助錫杰獵取鏡頭。

我在一九九七年十月二十五日《聯副》發表〈柯錫杰為我拍照〉，錄之如下，以見柯錫杰攝影藝術之「聚精會神」和他與我的交情。

以前我總認為照相機或錄影機，至多只刻板地再現曾經有過的事蹟，雖經眼而未必入於心，唯獨經眼入心的，才會永駐胸中。於是想到古人旅途中所以記錄所以敘寫，必然經眼入心乃能流布筆墨之間。因此，我喜歡寫遊記，為自己的浮生留下心中的雪泥鴻爪。但是，自從認識柯錫杰以後，我的觀念改變了。因為仔細地「閱讀」他這個人，仔細地「閱讀」他的作品，誠如論者所說的：鏡頭是他的筆、攝影是他的詩。他的攝影機四十年來捕捉有生命的感情、無生命的感覺，展現了清明的心象世界和至情至性的風景。也因此他累積的「豐功偉業」，蜚聲海內外，成為世界級的「攝影大師」。非常榮幸的，在他的工作室只喝了幾次酒，他就要為我「拍專集」。多年前沈謙曾經公開「恭維」我，說我具有「虎背猿腰象腿熊掌猩唇獅子頭」，是世間少有的「奇才」；柯錫杰也說我「天生異稟，相貌不凡」，值得他的鏡頭為我現形。我既然已集山林野獸於一身，則何妨充當「模樣」，好使我的藝術家朋友能夠成就一件「稀世奇珍」。為此在一個午後，我奉柯錫杰之命，穿著襯衫夾克牛仔褲到他的工作室。他拿出一瓶皇家禮砲，他的夫人樊潔兮擺上幾碟小菜，要我先自斟自酌，引發一些我的「本色」，他則指揮助手安置燈光和器材。柯錫杰的工作室雖在公寓之中，但相當寬敞，所以也用來作為樊潔兮「舞出敦煌」的舞坊。我坐在一只高腳可以轉動的椅子上，左腿伸直，右足踏著椅子下邊的橫木。然後柯錫杰為我擺好角度，要我作「自在狀」。我在幾面大小不等的反射傘下，臉上身上應當匯聚著深淺不等的光影；我發現柯錫杰正凝注睛采直對著我，他滿頭的白髮和滿臉的紅光，雖然相映成趣，但是「老頑童」的神色不知哪裡去了，只覺得他用銳利的睛采在觀照我什麼、要攫取我什麼，我不禁有受到「壓迫」的感覺了。有「壓迫」的感覺，怎能流露「自在」的神情呢？於是我想起「視若無睹」，眼前的柯錫杰，就好像戲曲舞臺上的「檢場人」一般，於我何有哉！而就在這剎那中，猶如冷不防的，但聞喀嚓一聲，我的魂魄好似倏地被攝取了。我的這種「自在狀」，柯錫杰又安排了幾個角度，有時也用快門連續攝影。接著又要我換個姿勢，作「杯酒在手狀」。「杯酒在手，人間愉快」是我常掛在嘴邊而且身體力行的話語，所以神態自若，柯錫杰也說杯酒與我果是歡然相持、顧視莫逆。為此他就順我情、遂我意般地將我的魂魄納入他的鏡頭之中。拍攝到這裡，柯錫杰說，休息一下，喝杯酒吧！潔兮也在此時展示一下她的「敦煌舞藝」，令我讚嘆不已。酒喝得有幾分了，柯錫杰說，最後我們來拍党魁「飛揚跋扈狀」，他要我「杯酒在手」對潔兮高談闊論，如酒党聚會時之對酒徒一般。這種「演出」，儘管「不切實際」，但其經驗既老到，也就很自然了。這次我的「魂魄」是在得意忘形中被他不知不覺地攝取的。當我又被柯錫杰召喚到他家時，則是杯酒在手地觀賞他為我顯現的形影，大小不等的相片中，經他挑取出來的，果然那「自在」、那「愉快」、那「跋扈」栩栩地躍然欲動，而我知道其中正潛在著我的七魂六魄，是被柯錫杰凝聚的睛采注入他手中所攫取而來的。從柯錫杰為我拍照，我真正體會了「聚精會神」的道理；從他與潔兮，我也領略了「相得益彰」的情境。因為在攝影與舞蹈的藝術裡，他們莫不聚其精爽、會其神理，有時如師生之傳授、有時如朋友之切磋，而他們更是兩相追隨的情人和夫妻，天長地久地，彼此煥發了身命的華采。

10 洛夫

洛夫（一九二八—二〇一八），原名莫運端，因初中三年級時，閱讀大量俄國文學作品，改名為具俄國風味的「莫洛夫」，而以筆名「洛夫」行世。一九七三年以中校退伍，轉任東吳外文系副教授。一九九六年移居加拿大溫哥華，二〇一六年夏返臺北定居。中興大學頒贈名譽文學博士。

一九五四年，洛夫與張默、瘂弦創辦《創世紀》詩刊，任總編輯多年。其詩被譯成英、法、日、韓、荷蘭、瑞典等國文字，收入各種大型詩選，獲獎屈指難數。二〇〇一年以長詩〈漂木〉獲諾貝爾文學獎提名，被評選為臺灣十大詩人，排名首位。

我與洛夫交情不深，偶然與出身軍中詩人瘂弦等喝杯酒外，最記得上世紀七〇年代，《中國時報》「人間副刊」和《創世紀詩人》嘗試「圖畫寫詩」，輪番在副刊發表作品。我則認為詩是語言文字符號藝術，圖畫是平面意象造型藝術；兩者藝術根本不同，兩者無法交融。因此我以洪淑苓那一屆研究生，組成「詩歌吟唱隊」，將我在課堂上講授的「中國詩歌語言旋律」運用到新詩，「以聲情詮釋詞情」，當吟誦洛夫〈雨中過辛亥隧道〉時，用音節單雙形式變化長短節奏，使洛夫這首詩抑揚頓挫、鏗鏘動人。洛夫激情地抓住我的手掌，說：「我的詩，有這麼好嗎？」我說：「有，但是因為被她們用來詮釋的聲情，把你詩潛在的詞情給觸發出來了。這一來就詞情聲情相得益彰了。」而當朗誦管管為他母親寫的詩時，他情不自禁地聲淚俱下。

他去世時，總統蔡英文頒予褒揚令。

11 馬水龍

馬水龍（一九三九—二〇一五），臺灣基隆人。他喜愛音樂是天生自然的，小學時聽人彈琴就被迷住。受到他老師許常惠「製樂小集」影響，藝專畢業就和前後期同學賴德和、游昌發等組成「向日葵樂會」，發表作品，互相切磋。一九七二年赴德留學三年後，更體會音樂須融會中西向鄉土傳統尋根探源的重要。他擔任過藝專音樂科主任、臺北藝術學院籌備處主任。一九九七年八月當選中華民國作曲家協會理事長，二〇〇二年當選亞洲作曲家聯盟副主席。他的樂曲創作，運用西方手法，融入傳統音樂特色與樂器演奏，襯托出當代聲音的新品貌，喚發三〇、四〇年代臺灣人的鄉愁情懷。他是第一位在美國紐約林肯藝術中心以整場形式發表個人作品的臺灣作曲家。其所獲獎項頗多，二〇〇〇年，總統頒授二等景星勳章。二〇〇八年，臺灣大學八十周年校慶，特贈與名譽博士學位，他的〈嗩吶與人聲〉、〈廖添丁〉，尤其是〈梆笛協奏曲〉更膾炙人口。他從小跟隨以中醫濟世的父親習武，骨子裡浸潤一股「俠義」，陳漢金稱他為「音樂獨行俠」。

但我和他做朋友多年，一點也沒有看出他有「俠氣」，倒是明顯地呈現一位音樂教育家和創作家的精神和修為。

當我已經身躋「酒党党魁」的時候，他請我到他藝專音樂課上講演。事前和游昌發、黃啟方三人喝了兩瓶紹興酒，酒氣熏天地上了講臺。我問同學說：「聞到什麼？」坐在前面的齊聲說：「酒味撲鼻。」我說：「請放心，我照講不誤。」我大談音樂與語言的密切關係。沒想馬水龍不止不見怪，還拉住我在籌備中的臺北音樂學院兼課。也因此有很長一段日子，與瘂弦和薛平南同在赴關渡的校車上聊天，下課就同飲於山坳海濱，興盡才返家。

一九九七年五月間，我和水龍兄合作的「中國現代歌劇」《霸王虞姬》在基隆文化中心的亞洲藝術節演出。我在五月十七日《聯副》寫的文章，有這樣的話語：

> 說起《霸王虞姬》，必須追溯到民國七十五年。那時馬水龍教授受文建會委託創作一部歌劇或清唱劇，找我商量劇本的題材，我們不約而同地想到「霸王虞姬」。因為楚漢之際是個大時代，而轉動這個大時

代的英雄人物項羽和劉邦，他們的人格和是非功過很值得我們省思。

同時我們又很欣賞李清照說項羽「生當作人傑，死亦為鬼雄；至今思項羽，不肯過江東」，認為一個有真性情的真英雄，一定要有一位真美人來配他。恰好《史記》說項羽「有美人名虞，常幸從」，項羽四面楚歌之際，還為她唱了句「虞兮虞兮奈若何」，她也相應和。雖然《史記正義》引《楚漢春秋》說她應和的歌是「漢兵已略地，四面楚歌聲；大王意氣盡，賤妾何聊生」，但我們知道這必是小說家言，因為那時哪會有近似絕句的五言詩呢？然而虞姬為此就成了貞烈女子。也因為虞姬的歷史形象很模糊，她可以加油添醋的地方就很多，而我也把她和項羽妝點成心目中「英雄美人」的樣子，甚至於教他們「烏江同殉」。因此我寫的是「霸王虞姬」而不是「霸王別姬」。

為了編寫《霸王虞姬》，我首先做了些學術的功夫，考索史事之外，還探討歷代史家如何論劉項，詩人如何詠劉項，戲曲如何演劉項。綜此為基礎，序曲之外，編為〈分我一杯羹〉、〈十面埋伏〉、〈四面楚歌〉、〈烏江同殉〉四幕歌劇。因為楚漢之際的人物和事件實在太多太紛繁了，所以我只取劉項「對決」的關鍵時刻來編寫，而把兩人一生事蹟融入其中。

對於「中國現代歌劇」，我不只從田漢、歐陽予倩考其來龍，也從兩岸三地四十年來觀其去脈，從而也有一些看法，大意是：要使之既是中國的，也是現代的；因此除了要汲取中國傳統戲曲語言音樂和分場流轉等優美的特質之外，也要同時考量現代的戲劇結構和劇場理念，使之調適自然，《霸王虞姬》是往這方面在努力的。雖然水龍兄只取劇本的二分之一內容和唱詞，也將「歌劇」改為「說唱劇」，但其輪廓精神俱在，而能付諸演出，我已經非常滿意了，只是我還是盼望果然有全本演為歌劇的一天。

《霸王虞姬》演出前，水龍兄和我都寫了〈導言〉，瘂弦主編的《聯副》還以預告方式推出全文，因為那是我的第一部戲劇創作。而此劇之所以事隔十年之後才登場，是因為水龍兄在臺北藝術學院，由音樂系主任而教務長而院長，公務縈身，使他不能靜心創作。他一再向我說，他一向以創作為生命旨趣，為此內心很煎熬。我曾囑託他為〈酒党党歌〉譜曲，他也未能成編。

我為撰編《霸王虞姬》不只做研究功夫，而且倡議中國現代歌劇的走向。前者在「第三屆中國域外漢籍國際學術會議」發表論文〈從〈項王祠記〉的劉項論說起〉考述「《史記》所見的劉項成敗論」、「歷代名家論劉項」、「歷代詩人論劉項」、「戲曲中的劉項」。後者在《聯副》一九九七年七月二十六日、二十七日連載〈中國現代歌劇芻議〉，從「語言旋律與音樂旋律的融合」、「歌舞樂合一的適然性」、「主題思想的發人省思與情節布局的引人入勝」、「排場處理與舞臺藝術的相得益彰」、「期待妙手」等方面論說看法與主張。

於是我在《霸王虞姬》的〈序曲〉這樣揭開大幕：

（男聲唱）滾滾煙塵沖大風，世間原是一鴻蒙。日月隨星轉，雲霞逐夢空。看那青山依舊隱隱在，夕陽千古一樣紅。更有長江後浪推前浪，九曲黃河竟朝東。炎黃瞬息，而今五千歲，歷朝歷代、更迭似旋蓬。

（女聲唱）其間多少佳人與才子，多少豪傑共英雄。妝點成綺麗，奮鬥似爭鋒。龍蛇起陸風雲會，都在這江山萬里錦繡中。

（男女聲合唱）錦繡中，思想起；始皇有始不克終。殘暴不仁積怨恨，屍骨未寒，天下騷動。揭竿而起皆百姓，高才捷足似雲湧。似雲湧，最是楚項王、漢沛公，東征西戰為一統。五載瀝盡壯士血，一朝成就帝王功。帝王功，成敗英雄。英雄有成敗，誰是真英雄？今日重展楚漢史，頓覺榮辱轉頭空。勸英雄，說英雄，人間禍患休多種。烏江雲夢，秦宮漢冢，緣何無樹起秋風。

而在最後一場〈烏江同殉〉裡，項羽有這樣的唱詞：

天道無親定是非，天欲亡我怨他誰！想我大小七十戰，無敵不克、無堅不摧。不意九里山前十方埋伏，夜半垓下四面楚歌悲。想我使天下父子肝腦塗地，殺已降、屠圍城、無遺類。單只為成帝成王成霸業，八年日月無光、煙塵亂飛。而今吾罪已盈、悟而不迷，更渡江東欲何為？可憐烏騅解人意、兩足似風追；可憐美人十年恩愛苦相隨。英雄氣已短，兒女情正長，茫茫宙宇將何歸！

而在項羽自刎之後，劉邦憑弔項羽的唱詞是：

當日你我峙立爭天下，曾落君手未加殺。非是君仁我為暴，自古道兵不厭詐。想我泗水一亭長，與君並世砥礪相磨戛。淘盡心思、瀝盡心血，迸放生命最燦爛之火花。君既已矣我帝業成就，登峰造極轉咨嗟。英雄更無用武之地，臣民俯首待我皆虛假。項王你死矣而為鬼雄，而我則寂寞孤獨漸周匝。

最後則假借烏江亭長之口唱出這樣的句子：

一場事旋乾又轉坤，眼前歷歷看分明。嘆那霸王暗噁叱吒終氣短，嘆那虞姬蘭性蕙質枉用心，嘆那功人功狗分封鬧攘攘，嘆那劉邦帝業轉成寂寞情。想他蓋世英雄有成敗，想我高才偉志守江亭。看穿是非成敗轉頭盡，只有那英雄美人至意至性永長生。堪湛江水、皎皎白日，悲鴻斷雁、何事更長征。

從這些唱詞，也許就可以看出筆者個人的歷史觀、英雄觀，乃至於對楚漢爭戰、劉項成敗的看法。

對於我這樣的「歌劇」主張和「劇本」呈現，水龍兄因為忙碌，無暇與我完全溝通。他又以己意刪節唱詞，影響語言自然與人工旋律，以致使我感覺不夠到味；而此劇在水龍兄等身創作的花粲果蕃中，似乎也較為遜色。

後來此劇由榮興客家採茶戲團，以客家、歌仔、皮黃「三下鍋」的方式，二〇一三年演於國家戲劇院，自成一番新面貌。

12 高陽

高陽（一九二二—一九九二），本名許晏駢，譜名儒鴻，表字雁冰。筆名高陽、郡望、史魚、孺洪等，以筆名「高陽」行世，蓋取「高陽酒徒」之義。

高陽是舉世公認的歷史小說家，目前為止，無人能出其右。他精熟清代歷史掌故，用細膩如繪的筆觸，呈現情境，使人有置身其中的感覺。

他才情之高，教你不可想像。有次他請李哥（善馨）和我到他家裡晚餐。我看他的書房沒幾本書，書桌的抽屜個個擺有稿紙。大家都知道在「高陽旋風」的時代，報紙副刊如果沒有高陽小說連載，銷路準會下降，所以他的小說，每天在各報刊上都以不同的主題內容和讀者見面。他抽屜裡的稿紙，即以此來作為分類，也就是一個抽屜一部小說。他這樣的情況，在我們看來，應當忙碌得應接不暇才是。可是他酒照喝，無日無餐不飲，醉了就睡，有時弄得報社拿不到稿子，就派人守候在他家，他寫了幾頁就往報社送，直到次日可以見報的篇幅。

高陽於一九九二年六月去世，我作了兩副輓聯，其一是：

文章憎命達，詩酒風流李太白。
才學著書多，古今殷鑑羅貫中。

其二是：

紫府謫仙來，樽酒前，自有彩筆。
玉樓赴召去，公身後，更無文人。

《聯副》一九九三年十月三日載一則吳存義寫的〈文壇簡訊〉：

歷史小說家高陽生前曾有一紅粉知己吳菊芬，照應高陽生活。高陽逝世後，吳女士經營康寧餐廳，文友也常去餐廳小聚。吳菊芬月前輕生，文友們聞訊均感遺憾。臺灣大學曾永義教授特作輓辭如下：

可憐紅粉十分俠氣、十分柔情，情到深時生死相許。
落拓才人滿腹詩書、滿腹文史，史寄小說古今同悲。

這樣的話語算是我個人對高陽的「蓋棺論定」。
高陽對我來說，係屬長輩，但因為李善馨的關係，也成了「忘年之交」。多年來，偶爾杯酒相聚，微醺之際，每好談詩論史。我很嘆賞高陽的詩，以學養為骨力，以身命為精髓；我很佩服高陽滿腹掌故，如數家珍，雖然他方音濃重，而我無不樂於「洗耳恭聽」。

高陽寫詩、填詞、製聯，只是偶發即興，江澄格先生為他蒐羅編輯的《高陽詩詞聯》，詩不過六十幾首，詞只六闋，聯亦只十餘副，而從中洋溢著他憂時憂世的襟懷，更見其性情之真摯自然。

他有一首七絕〈無題〉：

文字相知同骨肉，最難消受美人恩。今生且訂來生約，卿在閨中我未婚。

他的詩一再提到「最難消受美人恩」，可見他有一位仰慕他甚深的美人，遺憾他們談的是沒有結果的戀情。

他另有一首七絕〈題自攝像〉：

酒子書妻車是奴，嘉餚如妾老堪娛。偶然興發子皮相，孤鶴寒潭照影癯。

宋仁宗時，林逋不娶無子，隱於西湖，所居植梅蓄鶴，人因謂「梅妻鶴子」，清人又加上「橘奴」；但高陽的「酒子書妻車奴餚妾」且以寒潭照映下的孤鶴清瘦之影，形容自己的「出塵拔世」，則更顯得撒漫瀟灑和風雅。大書法篆刻家王壯為先生激賞得為他製「閒章」一方，文壇也以此為「佳話」。有一次他到日本神田淘書，隨身帶著三瓶酒，有人戲之「攜子訪妻」。

我看過高陽給他三哥書信的封面上，題為〈七十生日翌朝感賦〉七律一首：

七十年來憂患隨，餘生安樂未能期。熙寧變法情難測，元祐正人志或移。
白日當天三月半，赤燄照海百憂滋。欲歸何處蕪園在，惆悵去來靖節辭。

從這首詩可以看出，高陽縱使是一位詩酒風流、不折不扣的文人；但骨子裡傳統知識分子欲有為而不能為的百般無奈也是溢於字裡行間的。詩中「白日當天三月半」，出諸李義山〈無題〉四首之四：

何處哀箏隨急管，櫻花永巷垂楊岸。東家老女嫁不售，白日當天三月半。
溧陽公主年十四，清明暖後同牆看。歸來展轉到五更，梁間燕子聞長嘆。

義山詩明顯以「白日當天三月半」，謂東家老女歲月居諸，青春已暮，只因身分不似溧陽公主而空閨獨守，猶如志士仁人出身寒素，抱負難於施展。那麼高陽何以一再借用這句詩呢？

親近高陽的朋友都知道，他的生日正是陰曆三月十五日，陽曆四月間，所以在一九八二年六十歲那天，他感嘆臺灣正是「黃鐘毀棄，瓦釜雷鳴」的時候；在八十一年七十歲生日那天臨去世近兩個月，他還憂心共黨隨時威脅。海峽風浪未能平靜，而這種情懷，早在六十歲生日酬王家文先生的詩中也已經有過「白日當天三月半，玄陰籠海眾憂屯」。

然而「白日當天」是多麼的光輝亮麗，高陽心中在遭逢亂離之餘，是否也有堯天舜日的企慕？三月半雖青春將暮，而初夏的暖意與萬物的繁盛也隨即到來；高陽心中早在深受國貧民窮之煎熬，是否也有國泰民安的嚮往？這或許也是他借用義山詩句所要觸發引申的另一層意義吧！

高陽去世後，我常選擇康寧餐廳與友朋小聚，因為三月間最後一次和高陽同席就在這裡。那時他已不能飲酒，還教吳菊芬拿瓶好酒來看我們喝。那晚大家興高采烈，繼之「以樂侑酒」，我也乘興朗誦〈酒党党歌〉，不慎弄破眼鏡，張佛千先生為此有〈酒党党魁、跌破眼鏡〉一文記其事。

暑假期間，朋友們再度在康寧聚會，吳菊芬拿出一瓶酒，說是高陽遺留下來的。於是我們談高陽，而在酒酣耳熱之際，我不禁油然有感，賦下這樣一首詩：

酒酣耳熱弔高陽，白玉樓中空渺茫。誰道人間重才子，酒徒到底止淒涼。

這位當今才子，固然沒有李賀美麗的傳說，更比不上令劉邦「兩女輟洗來趨風」的高陽酒徒酈食其所得到的榮寵，他在人世間畢竟是淒涼無限的。

吳菊芬在一次梅新和我訪談她時說：大家都知道高陽不會理財，錢永遠不夠花，永遠東借西挪。而他又是講究生活品質的人，穿著必須名牌，鞋子是香港的，領帶是法國的。高陽喜歡照相，他不惜花三萬元買一部照相機。為了向她道歉，討她回心轉意，也捨得買巴黎綠色狗標皮包送她，因他愛綠色，他是屬狗的。今年除夕她回娘家，高陽就獨自去住凱悅飯店，一天五千元，在房間吃碗麵六百元，均在所不惜，只為了舒舒服服地寫稿，因此《聯合報》給他的四萬元紅包很快就被他用光了。而那時，高陽的身體情況已經很不好，單是每天灌腸，泡肛門的用具和丸藥就一大包，他卻可以不厭其煩地把它們隨身帶到凱悅飯店去。

高陽的任性還表現在他的飲食和菸酒。吳菊芬說他是個美食家，常吃館子，平日在家，頗挑剔她做的菜，菜要到南門市場買最好的，有所不如意，還會責備她。他一天一瓶洋酒兩包菸，但他認為女人喝酒風韻頓失，所以在他面前，吳菊芬不敢半滴沾唇。高陽在館子喝酒有三部曲：起先好像喝悶酒，不言不語；酒意一上來便滔滔地說個沒完沒了。最後就會瞇著眼縫兒看人，尤其盯著美女不放，要吳菊芬推他一把才暫休。他喝酒時菜吃得很少，酒後回家，吳菊芬每為他做消夜。

一九九一年元月，高陽大病住院榮總，我們探望他時，看他滿身管線，耳已不能聞，口已不能語，猶與我們作筆談，謂某道菜當如何作法，等病癒出院，當作東道主。可見他在生死關頭，猶不失他的認真與豁達。

高陽有一副對聯：

豈有文章驚海內，料無富貴逼人來。

高陽在其〈我寫歷史小說的心路歷程〉中說：

有一年《聯合報》系董事長王惕吾說：應當給高陽一個特別獎，但某大學文學院長說：高陽寫的是通俗讀物，不能算是文學作品。我的「特別獎」因而告吹。

他感慨之餘，乃集杜子美和龔定庵的詩句寫下此聯。我的老師臺靜農教授甚為欣賞，謂能自寫性情境遇，又能出語奇警，占盡身分，乃親筆書贈高陽。

《聯合報》系董事長王惕吾先生禮遇高陽、濟助高陽，是文壇熟知的事。高陽與吳菊芬的辛亥路所居，是王先生供他住的。他於一九九一年元月那次大病，他於病榻中臥寫〈病中雜感〉，有云：

《聯合報》系董事長王惕老，不待我乞援，便請劉國瑞兄來告訴我，住院一切花費都歸他負擔，囑我安心養病，到完全好了再出院。不能不感謝惕老為我請了三位特別護士。少年狂妄，曾有句：「生成傲骨難諧俗，養就雄心不受憐。」惕老之憐我，不是恤老憐貧之憐，而是愛才愛士之憐。興念及此，熱淚盈眶。

試想一個大病之人，滿身醫療器材，尚能寫出如此知遇之感，是多麼的動人。而他「生成傲骨難諧俗，養就雄心不受憐」，「孤鶴寒塘照影癯」，「豈有文章驚海內」，「已力倘餘思濟物，未嘗不富尚多文」，倘追根究柢，豈不都由他「白日當天三月半」所生發出來的性情襟抱所使然！

13 張默

張默（一九三一—）本名張德中，安徽無為人。一九四九年自南京抵臺從戎，加入海軍。一九五四年與洛夫、瘂弦在左營籌組「創世紀詩社」，出版《創世紀》詩刊。其詩作被譯為英、法、德、荷、比、韓、日、南斯拉夫、羅馬尼亞等國文字，獲五四獎、金鼎獎、中山文藝獎等。世界藝術文化學院授予文學博士學位。他見證臺灣現代詩的發展歷史，是臺灣「詩壇行動派」。

14 梅新

梅新（一九三七—一九九七）本名章益新，浙江縉雲人。文化大學新聞系畢業，從事藝文相關工作，擔任《臺灣時報》、《中央日報》副刊主編。主編《中副》十年間，以企劃編輯設計專題、專欄方式，清楚展現其理念對文學媒體的宏觀思考，在各報副刊爭勝的時代，獨具特色。四度榮獲新聞局金鼎獎。

梅新在一九五六年加入由紀弦創立的「現代派」，同商禽、鄭愁予等為現代詩而努力。他也是熱心催生文學雜誌的先鋒，參與規劃《中外文學》、《國文天地》、《聯合文學》和《中國現代文學大系》、《中國現代文學年選》、《詩學》等編輯出版工作。一九八二年促成《現代詩》復刊，《年度詩選》亦在他奔走之下不墜。一九九六年他以《中副》舉辦「百年來中國文學學術研討會」，更轟動兩岸藝文學術界。可惜他只活了六十歲。

梅新在酒党不出色，他對我散文寫作多所提攜，主編《臺灣時報》副刊時，連載我〈哈佛一年〉八篇文章，我的散文雜文也每見於《中副》。我向他推薦及門弟子郝譽翔，梅新、瘂弦都予賞識，鼓勵有加，我為此命她從戲曲專業，改走現代文學創作和研究的路途。她獲獎連連，早成名著遐邇的作家。

15 莊因

莊因（一九三三—）是莊喆、莊靈二哥，我認識於哈佛燕京社訪學那一年（一九七九）。他臺大中研所肄業時，值美國人學習中國語言風潮，被聘為史丹佛大學語文教師。他以散文推尊文壇，好客樂友，由臺北赴美者，過往拜訪，絡繹不絕，頗有孟嘗之雅。他的岳父夏承楹、岳母林海音。夏先生時任《國語日報》執行副社長，我為「古今文選」專欄主編，他的夫人夏祖美曾與我在報社同事。夏先生囑我到史丹佛時去看莊因，我在一個寒夜裡獨自抵舊金山，就在機場掛電話給他。他因過客頻繁，與我又素昧平生，有點不耐煩的拒絕了我。次日在一位史丹佛大學名教授劉若愚先生為我設的午宴上，與我飲酒高談，很快地就成為朋友。一九九七年，我應史丹佛大學東亞系主任王靖宇大哥邀請，短期偕媛攜子大衡客座三個月，和莊因的互動就多了些。有次攜家帶眷和莊喆到他家吃美饌飲美酒，酒酣，我出示對聯：

美酒如美人，當仁不讓，

好書似好友，莫逆於心。

他看了喜歡，當場揮毫，以他俊逸的書法贈我。

16 莊喆

前故宮博物院副院長莊嚴先生，字尚嚴，其瘦金體書法，為書界崇重。生有莊申、莊因、莊喆（一九三四—）、莊靈四位佳公子。一九四八年，四兄弟隨父親護理故宮國寶到臺灣。長子從事學術，任職中央研究院史語所；莊因、莊喆、莊靈與我皆稱好友。他們祖籍北京，莊靈出生貴州貴陽。莊因蜚聲散文，莊喆繪畫名家，莊靈攝影著稱。出自書香門第，自幼薰陶，而其藝術文學成就各自有別。

莊喆於一九五八年臺師大藝術系畢業，為「五月畫會」主要成員，經歷歐美，與繪畫諸泰斗學習切磋，融中國書法於西洋畫藝之中，獨創一格，別立門戶。作品展覽於各大城市，被收藏於巴黎龐畢度中心、美國克利夫蘭美術館、底特律美術館、中國上海美術館、北京中央美術院美術館。二〇一五年臺北市立美術館為他舉辦「莊喆回顧展：鴻濛與酣暢」，我和媛去參加開幕式，真個「冠蓋雲集」，藝術盛事。

莊喆和擅長陶藝的馬浩賢伉儷，在密西根安雅堡、紐約市郊的畫室、陶藝工作室的半畝園裡過著安逸舒適的生活。我和媛旅美時，與他們過從頗密，許多愉快的陳年往事，已見諸〈酒党党魁自傳〉記事之中。

17 莊靈

莊靈（一九三八—），一九六一年中興大學森林系畢業，就讀臺中一中時就熱愛攝影。曾任臺灣電視公司攝影記者、新聞行政部副經理，先後在藝術大學、中國文化大學及銘傳大學講授攝影課程，舉辦個展與聯展達三十餘次。作品以家族系列最具特色，充滿兩代傳承的異彩與溫煦慈愛的人性光輝。

莊靈夫人陳夏生長於編織手工藝，以「中國結」為世所稱。我為文建會所主持之「民間劇場」每年都邀她現場展示授藝。莊靈於任攝影記者之際，於一九七〇年為臺靜農、孔德成兩位老師之「儀禮復原實驗小組」拍攝十六釐米之《士昏禮》，成為史上第一部經書電影，我們充任演員，我還以臺孔二師助理打雜總理，與莊靈成為好友，同莊伯和、張瓊慧好兄弟好妹子，自有杯酒之歡。莊靈以藝術家被臺灣多所大學延攬講學。近年每以先輩臺、孔二師及乃父事蹟憶述其書酒風雅，結集成書，必可資之以見一代典型。

18 許常惠

一九八一年九月，許常惠（一九二九—二〇〇一）教授在鹿港舉辦「國際南管學術會議」，我發表一篇〈南管中古樂與古劇的成分〉。我們性情投合，一見如故，從此成了「忘年之交」，我喊他大哥，他叫我兄弟。翌年四月，我建議他舉辦「南管音樂全省巡迴演奏與講座」，新竹、鹿港、臺南、高雄、臺北循序定期，他和我輪流主持和講解。一九八五年國家文藝季，我又協助他製作「南管音樂與戲劇示範講座」，在臺北、高雄各舉辦一場。記得臺北那一場由沈冬主持，把社教館擠得水泄不通，連走道都坐滿了人。

為了這三次展演南管活動，我也在《聯副》寫過〈探索古旋律〉、〈重按霓裳歌遍徹〉、〈摩挲這塊民族藝術的瑰寶〉等三篇文章，來為我的許大哥所鼓吹的南管音樂戲劇、崇高的歷史地位和珍貴的藝術價值敲打邊鼓。

南管學術會議之後，許大哥推薦我加入他創立的「中華民俗藝術基金會」為董事，共同為傳統和鄉土藝術的維護發揚竭盡所能。我們為文建會製作「民間劇場」一連四屆，其盛者集藝能、工藝百數十種展演，在中秋前後五天五夜，吸引觀眾百萬餘人次。我們為高雄市規劃「民俗技藝園」，希望使之成為永久性的「動態文化櫥窗」。他為舞劇《桃花姑娘》譜曲，我也為之編寫分場綱領。他為了撫慰二二八餘下的悲情，要我作詞，他來譜寫〈二二八紀念歌〉。他舉辦「許常惠鋼琴樂展」，就囑我在《聯副》寫篇〈通向中國的音樂歷程〉。文建會委託他創作中國現代歌劇，他選定《國姓爺鄭成功》，更找我編劇。他卸下基金會執行長，便把職務交給我，而他任董事長，我也成了副董事長。

和許大哥相交一、二十年，雖然不是亦步亦趨地追隨他，但他確實給我不少鼓勵和提攜。他鼓勵我愛傳統愛鄉土，為現代社會走出一條藝術文化的康莊大道；他提攜我在適當的場合發揮我所長。長久的相處，我感受到他對我的潛移默化，是他的性情襟抱和為人處事的態度。

在許大哥留法歸來，意氣風發地揭櫫聲聞、著諸文字地為臺灣民族音樂的前途而奔走的時候；在付諸行動，發起民歌採集，如火如荼的時候；乃至為愛情婚姻而苦惱而拚鬥而轟轟烈烈的時候；我都未能與於「几席之末」。當我認識他時，他已經年過半百，和我「永遠的大嫂」李致慧相為廝守。他在師大音樂研究所倡導民族音樂學，他在基金會主持民俗藝術的調查研究，我逐漸發現，他以一顆稚子的心靈在為人處事，由此而真摯自然地展開了他博大均衡的襟抱。

和許大哥相處的人都覺得他很溫煦，沒有人見過他發脾氣。他表達意見很平和，從不矯揉不造作，更不與人爭執，只是言所欲言。他的主張縱使落了空，也不會憤懣或埋怨。但是只要他認為是正確的，對社會國家都是好的，他就有「水磨」的功夫，鍥而不捨地使之完成；譬如「民族音樂中心」，他費了十年，終於成立籌備處。他致辭時說出他的理想，要使它像漢武帝的「樂府」一般。儘管他用了不少心血地在「為而不有」，但籌備處揭牌營運的那一刻，他是燦然愉快的。

許多人都知道他喝酒的樣子。每次和朋友和學生無不酣然自適，然後陶醉在他喜歡的老歌裡。他有「二次會」的習慣，我總是加以阻擋，硬把他送回家，但他視之如子弟的呂錘寬總隨順他再去喝三杯才算過癮。

然而許大哥的學生非常尊敬他，成名者布滿樂壇；他的專著近三十種，得過國科會的傑出著作獎；報刊文章兩百篇，對藝術文化的影響很大；音樂創作、舞臺劇、清唱劇、管弦樂、室內樂、獨奏曲、獨唱曲難計其數，早已蜚聲海內外。所以酒只給他愉快，使他在愉快中充滿活力，現世種福田，也現世享福果。

在許大哥六十出頭時，擔任師大音樂系所主任，那是他首次做行政。雖然他有不得不做的背景，我還是調侃他「臨老膺大任，殺雞用牛刀」。但仍嗅覺到他其實頗有用世之心，尤其對音樂更不遺餘力。

他曾不惜委屈地要就任兩廳院音樂總監，卻被官僚說結婚太多次太浪漫而作罷。「太浪漫」對他來說其實不過率性而為，《中庸》說：「率性之謂道。」率性有什麼不好？須知這個「性」是純任自然的「真摯」。許大哥就是依循自然真摯在為人處事，怎能被扭曲人性的官僚所看重？所以「學而優則仕」，對他來說是不可能的了。可是也由於他率性而歸於真摯的特質，卻使得他的心湖澄然如明鏡，可以照映綠樹青山，也可以徘徊天光雲影。

他早在一九六一年就說：「走上中國音樂的大路，要兼蓄並容國粹派與國際派。」他執此而往數十年如一日，成為公認的「樂界龍頭」，許多獎項接踵而來，許多榮銜推向他身上。請問「亞洲作曲家聯盟主席」、「亞太民族音樂學會主席」，是否更眾望所歸？「教育部講座教授」、「法國文化部軍官勳章」，是否更受到肯定？而這也由於他性情襟抱使然。為此使我想到，如果李白杜甫官場得意平步青雲，絕不會是千百年迄於今的詩仙與詩聖。

後來許大哥擔任國家文藝基金會董事長，我接替他為中華民俗藝術基金會董事長。二〇〇一年十二月，民俗藝術基金會舉辦「兩岸小戲大展暨學術研討會」，場面盛大；晚宴時，許大哥還溫煦和藹愉快地與兩岸友人周旋，他總要帶幾分酒意才過癮。我因為是會議主持人，雖然我和他同桌，但忙進忙出，不知他何時離席。直到次日下午他沒來那場他主持的會議，才知道他前一晚離開寧福樓宴會後，大嫂李致慧接他返士林的家，沒想進入門口時「跌落」在鋼板上，醫生診斷，由於腦瘤破裂，導向昏眩所致。腦出血相當嚴重，縱使挽回一命，也是個植物人。許大哥終於在二〇〇一年跨越了新世紀的元旦凌晨四時五十分辭世。

二〇〇一年元月十九日那天，許大哥的親友學生在懷恩堂，以〈懷念的樂章〉作為追思儀式，好讓他在自己創作的樂歌中，好好地安息。他逝世周年，他的親友學生同樣舉辦紀念音樂會，請他「聽聽自己的曲子」。開弔念會時，我寫的輓聯是：

樂界喪宗師，泰嶽其頹梁木折。
人間留雋雅，瑤章永奏玉樓春。

二〇一〇年九月三日夜，與許大哥弟子莊文達教授等宴於臺大「鹿鳴宴」，酒中念及許大哥，即席口占：

一去十年何渺茫，人間無事不滄桑。思君自是千秋事，一念恩情一感傷。

文達翌日將此詩譜成曲，九月六日由陳姿秀再傳弟子，歌於許大哥金寶山墓園，聞者莫不動容。

二〇一七年八月十七日晨，我又撰寫〈許常惠民歌採集組曲〉，由鄭榮興譜曲，江彥瑮伉儷以客家語演出於臺灣戲曲中心「紀念許常惠音樂會」。

序曲

（1）登山涉水入荒村，蹭蹬窮途欲斷魂。天籟忽然飄遠近，心花朵朵賽紅雲。

（2）滿心而發肆口成，小調山歌黎庶情。採擷人間真肺腑，一彈一唱盡天聲。

恆春民歌

（3）牛尾擺來四季春，聲聲韻韻愴人神。可憐陳達思想起，一把月琴千古新。

福佬民歌

（4）農家樂業駛犁歌，車鼓踏謠舞婆娑。教化高臺七字曲，聯翩哭調卻緣何。

客家山歌

（5）茶郎茶妹豔朝霞，妙語相褒競採茶。唱徹九腔十八調，受恩身處便為家。

原住民歌謠

（6）幽谿峻嶺葛天民，複合聲腔轉調新。篝火騰歡連袂舞，何人對此不精神。

南北管

（7）南音緩曲已千年，四節一聲和管絃。福路秦腔大鑼鼓，悲歌亢響入雲天。

尾聲

（8）書生報國一顆心，莫使民歌不再吟。仰望樂神許常惠，薪傳奕代盡知音。

總結（嗽念）

民歌！民歌！民族藝術的根，民族音樂的魂。

音樂大師許常惠，不准它就要沉淪。

帶隊伍，越山涉水入荒村，採集錄音弘揚並保存。

賽夏布農卑南阿美達悟排灣族，唱出動人的天韻，他們都是臺灣原住民。

福佬客家鹿港臺南與恆春，南管北管什音與八音，都因他持續傳唱子子孫孫。

陳慶松、邱火榮與陳達，廖瓊枝、潘玉嬌與賴碧霞，更有楊秀卿與陳冠華，

都因他一一推薦提拔，綻開民族藝術燦爛的花。

許常惠！許常惠！怎不教人仰望他！想念他！怎不教人仰望他！想念他！

這套組曲帶唱帶身段，效果很好，大嫂也喜愛，所以一再被派上用場。

我陪許大哥到大陸兩次邊疆之旅。其一為一九九〇年八月開放赴大陸，即從臺北經香港至北京，直飛新疆烏魯木齊，許大哥友人周齊安排導引，訪問維吾爾民居，調查木卡姆音樂，與文獻上所記之唐宋大曲如出一轍，宛然相似。我因以論斷唐大曲應是維吾爾木卡姆之東傳也。又由烏魯木齊沿塔里木沙漠邊緣西行，經高昌、庫車諸古國，下海拔低於三百餘公尺之吐魯番盆地，直至帕米爾高原山陲之喀什噶爾，我有〈喀什的黃昏〉記其事。一路觀覽古蹟，登千佛洞，見諸神斷頭斷腳挖眼截手者十之八九，足見其宗教鬥爭之慘烈。同行者大嫂李致慧與內人陳媛外，尚有學生王維真、林清采伉儷和新象董事長樊曼儂。

另一次是二〇〇〇年八月七日，我與內人參加「兩岸西域傳統藝術學術交流活動」，此為文建會傳藝中

心主辦，我與許大哥為顧問，副主委劉萬航領隊，七日夜抵西安，八日至十四日在西寧及附近景點旅遊。往同仁縣參隆務寺，觀浪加村「柴祭」，在宗喀巴塔爾寺見「活佛」，於明和縣看「納頓節」，至青海湖邊行「海祭」，登日月山想望文成公主。真是一趟暢遊，大開胸襟眼目。

許大哥，臺灣彰化和美人，曾赴日本、法國留學。我和他交往二十年，既達「忘年」，又親如兄弟。他為我《臺灣歌仔戲的發展與變遷》寫過序，他對我由他提攜起來的民俗藝術的維護與發揚，製作「民間劇場」和規劃「高雄民俗技藝團」的工作極為鼓勵和肯定。

19 郭清治

郭清治（一九三九—），臺中大甲人。他承續父親工藝品的好手藝，畢業於臺灣藝專雕塑組，一年中獲得全省美展特選第一獎、全國美展金尊獎、臺陽美展雕塑首獎，在美術團中聲名大噪，系主任李梅樹記他兩個大功。二〇〇四年他又獲得吳三連文藝獎。

一九九〇年代我和郭清治過往比較繁密。因為沈謙曾在《聯副》說我「天生異稟，相貌不凡」，具有「虎背猿腰象腿熊掌猩唇獅子頭」，是世間少有的「奇才」，郭清治為此拉著我到他工作室去「雕塑」。我想在朋友眼裡，我既已集山林野獸於一身，則何妨充當「模樣」，使之能夠成就一件「稀世奇珍」，於是在炎熱的暑假裡，我好像上班那樣，一連串的日子都準時向郭清治報到。郭清治一根菸接著一根菸，慢條斯理地和我閒聊；我則一杯酒接著一杯酒地盡由他去「擺布」；只是當他揚起另一隻手以泥土和刀筆要「塑」我「雕」我時，我就感到他那極端精神的眼光，似乎要攫取我靈魂般地射過來。

郭清治雖然這樣悠閒自在而又用心用力地要「雕塑」我，但終於「失敗」了。「失敗」的原因完全在我。起初我還興致勃勃地任由他去「洞燭」，但時日一久，他射過來的眼光，對我逐漸產生一種循環的壓迫；而每當我對著那個簡直就是我的塑像問他：「很可以了吧？」他總是說：「還差一些。」於是我因事又因耐心不繼而中斷了，於是郭清治心目中未完成的塑像崩毀了。過了一年的暑假，郭清治說，我們重新來。而最後重蹈覆轍，又毀在我的「無耐」裡，也因此我深切體認為什麼我是個藝術的凡夫，而郭清治為什麼是個雕塑名家！他不只聚精會神地要把對象的「身命」觀照出來，而且用水磨的功夫要完整地把對象的「身命」顯現出來。我雖然不能有始有終地來和他配合完成，但對他藝術的執著和理念已頗為了然，從而興起無限的欽佩之意。因此我也更加了解，為什麼當他「初試啼聲」時，他能夠受到建築大師貝聿銘的賞識，委託製作大阪萬國博覽會中國館的浮雕；而同時所塑造的陳故副總統銅像，獨得陳夫人與履安先生的激賞。

近年郭清治除了持續地雕塑「身命」外，創作的視野和題材也有逐漸開展的趨勢，譬如所標題的〈聽泉〉、〈山居歲月〉、〈千山我獨行〉、〈我自坐臥雲自飛〉等作品，便是利用石材的自然特性、充分表現極為現代的中國精神；至於〈環〉、〈哺〉、〈對話〉、〈俯仰之間〉等，則運用西方新潮的造型技法，表現中國傳統對石頭及器物的美學觀念，從而賦予作品情意自如的境界。於此我所看到的郭清治，就好像突破莊周夢的蝴蝶，兩翅駕著東風，逍遙於廣漠之野、無何有之鄉。

郭清治說：「創作和推展石雕藝術都不是喊口號、搞活動所能成事，唯有完全投入工作，拿出具體成果，才是唯一的正確途徑。」我非常信服我這位憨厚樸質的老友所說的話語。

20 陳鄭港

陳鄭港，自幼以鑼鼓八音、弓弦胡琴為樂。政治大學民族學博士。具有大型職業劇團專業經理人逾二十年的工作資歷，長期同學者專家藝文人士，協力表演藝術與非物質文化遺產之維護發揚工作，熱心坦誠，甚受讚譽。現任臺北市國樂團團長，要引領樂團以「藝術實踐」和「社會參與」，相輔相成地走向「亞洲第一、世界一流」的指標。

我認識鄭港，說來有趣，緣於酒党要員任臺北社教館館長的邱建發，要我規劃一年的「戲曲示範講座課程」，我發動及門弟子「共襄盛舉」，在乃師半命令之下，無人敢不答應。鄭港夫人時任企劃組長，不只將名單與課程有所改動，而且刪除由我主講的開場和總結中的一場。我向建發說，你兄弟付託我的事只有盡心盡力，並不為了講演費。建發就把鄭港夫人訓幾句，沒想鄭港就陪他夫人在醉紅小酌設席向我致歉，而他夫人沒說半句話。

二〇一九年我在實踐大學講演後，鄭港參與由我及門弟子美玲、大衛伉儷在陽明山風味小館所設的午宴，說他長久以來有個心願，希望將我所編撰演出的戲曲劇目，用國樂重新詮釋，配合現代多媒體實驗演出。他隨即規劃，請及門施德玉任製作。本來以文化部傳藝中心年度節目，配合中心與臺灣戲曲學院聯合舉辦的「二〇二〇年戲曲國際研討會暨祝賀曾永義院士八十榮慶」中，以《蓬瀛詠弄人間戲》為名演出，但因新冠疫情嚴峻而延期至二〇二一年九月，所幸疫情減緩，才在戲曲中心以「梅花座」演出一場。

近日施德玉和鄭榮興、游素凰為乃師八十歲，又發想將我舊詩選擇若干首，邀請作曲家譜曲，名家歌唱，由國樂伴奏，實踐「歌樂融合、相得益彰」的境界。起先由素凰和榮興向有關單位洽談，但因條件不佳遲不能決。德玉即接手找鄭港商量，鄭港滿口答應，列入二〇二二年市立國樂團的年度節目，而且決定檔期，在五月二十七日於臺北市中山堂展演，後因疫情再起而取消。

21 陳篤弘

陳篤弘畢業於政工幹校新聞系（今國防大學政治作戰學院），在新聞傳播媒體工作，歷經廣播、雜誌、報紙、電影、電視等五大類型崗位。

陳篤弘主編《臺灣日報》副刊多年，使《臺副》成為全國性的文學副刊。一九八〇年代，我因東海、中興、靜宜大學友人，為「党魁巡狩」而設大筵小宴，趁便講演，認識了陳篤弘，一見義氣投合，成為好友。我每次到臺中，他無不與於席次；他到臺北來，「酒党」無不熱情盛會。我們南來北往，幾於無醉不歸。有一次深夜酒後，我陪他漫步街頭，直到凌晨，送他搭頭班火車返臺中。

又有一次，篤弘來自臺中，我為他設席在中山北路「紅玉」，可以通宵達旦點菜飲酒的館子。預備團圓一桌十二人，沒想朋友又帶朋友，篤弘的馬來西亞朋友也帶他臺北的女朋友來，人數暴增二十數人，不得不以長桌開通另一房門序列，使我這作主人的「鞭長莫及」，招呼不周。於是朋友分群，「各自為政」。一位女生因愛慕王孝廉，喝得「玉體橫陳」。坐在我鄰近的馬來西亞友人女伴，我禮貌地敬她酒，說：「這位大姊請。」沒想她瞪著眼驚詫地說：「我看起來那麼老嗎？」儘管我用臺大中文系講書的口吻向她解釋：大姊不算大、老師不定老、小王不必小，那只是口語「詞頭」，可是她每隔半小時就向我反問：「我真的看起來老了嗎？」其實她已「徐娘風韻」。

另有一次，我到東海和靜宜講演，包括篤弘和薛順雄等朋友，照樣陪我晚宴快飲，那晚連餐廳女老闆和一位服務員打烊後都入席。興高采烈之際，不免行「五拳憲法」，輸一回合，男生還得脫去衣服一件，有人輸到只剩下內衣褲。深夜二時許，篤弘送我，找不到計程車，就攔下一部轎車，言明油料費由我付。沒想這個小伙子，要我一起到桃園找有粉味的飲酒，我說粉味沒興趣，結果侍候他好幾瓶啤酒後再啟程，一到臺北就要教我下車。我說一路上我們不是談得很好嗎？送我回家才夠義氣，他才送我到長興街的宿舍門口。

也因為和陳篤弘的「至友」關係，我在《臺副》寫了許多散文。尤其一九八二年我與媛在密西根大學，更在《臺副》開專欄，每週一篇，激揚我的文思、磨礪我的筆端，所以我散文集中收錄不少在《臺副》寫的文章。

22 游昌發

游昌發（一九四二—），廣東潮陽人。畢業於臺北師範、國立藝專音樂系、奧地利維也納音樂學院。自歐返臺，意氣風發，於報刊著文評論樂壇，以音樂教育與曲樂創作為志業，先後執教臺北藝專與臺北藝術大學，亦遍及各大學音樂科系講席。

他創作曲樂，題材廣涉，類型多樣，有民歌、古詩詞、新詩、自我作詞、戲劇、室內樂及大型舞劇和歌劇。他創作的手法，大抵將中國音樂的傳承，透過西方作曲的修為，交融為一己之獨特風格，傳達對人生深切的體會，往往別開境界。譬如由我編撰的《桃花扇》，他融合京劇、崑曲、歌仔戲、梆子戲等傳統戲材料，將之與西方曲樂融為一體，開創了中文現代歌劇的新風貌。

昌發在音樂界是我如同許常惠一樣的至交，四十幾年前我們就一見莫逆。記得一九八〇年代初，我們同去實踐堂聆聽剛從美國回來的音樂著名學者韓國鐄演講先秦古樂。講後問題討論，我和昌發「竊竊私語」，他慫恿我提出，我就寫在便條遞出，問他「樂懸」的組織和作用、指出漢族「八音」革樂屬革鼓，非西南少數民族之銅鼓，弄得韓先生尷尬難以回答。但後來我們和韓先生都成了好朋友。

以下所錄七絕四首、詞一闋，是我贈內子陳媛的「情詩」，都由昌發譜曲，傳唱歌場：

其一：憐伊

鄰伊清瘦似梅花，玉作精神月為華。椰樹春風良夜裡，鬢雲依約泛明霞。

其二

椰林大道星月秋，月是容華星是眸。卻道鵑叢花失影，綠楊拂面幾多羞。

其三
椰林大道憶韶年，不盡相思不盡天。最是清風飄夢影，舉頭明月亦堪憐。
其四
椰林大道醉月湖，如煙往事夢如酥。只今同踏相思路，白髮婆娑語未殊。
【水調歌頭】
憶昔見卿面，彷彿識平生。心魂從此縈繾，長望月空明。不意嫦娥顧我，肺腑肝膽朗照，指日作鴛盟。山水自環抱，千古證雙星。　攜素手，相並舉，步盈盈。秦樓弄玉蕭史，鸞鳳和銀笙。至意唯卿能解，身命唯卿堪託，奮志展鵬程，一嘯浩然氣，萬里海天青。

其【水調歌頭】是一九八二年媛和我婚後所寫的，昌發將在臺北市立國樂團為我舉辦的「曾永義詩詞曲」演唱會發表。而四首七絕，則呈現媛和我五十年來的感情。第一首〈憐伊〉，昌發於一九八二年在作品音樂會上由陳榮貴歌唱，另一首是〈賞春花〉，開頭二句是「攜來我媛賞春花，杜鵑庭院夕陽斜」，我還請媛的母親和阿姨一同聆賞。第二、第三首寫戀愛過程的情思纏綿。第四首是我心臟大動手術後，在休養期間，二〇二一年春天媛陪我在臺大椰林大道漫步有感口占的。昌發隨即將第四首譜成曲，趕在陳明哲為他策劃主辦、於五月二日假國家音樂廳演唱的「詩人之歌系列之三——不和春天說再見」，作為額外壓軸之曲。那天雖在新冠疫情之中，人人必須戴口罩，但座無虛席。昌發上臺致詞，還特別提出〈憐伊〉和〈椰林大道〉這兩首，將它們的曲詞樂譜，附在節目冊後面。

〈憐伊〉傳唱已久，陳榮貴、劉塞雲和任蓉、范婷玉都唱過。〈椰林大道〉也由范婷玉於五月二日的音樂會才演唱過。【水調歌頭】，昌發也屬意范婷玉，他們都是極負聲望的歌唱家，音色風格都不同，而無不以昌發樂譜所詮釋之聲情，透過各自的口法和行腔煥發其詞情所涵蘊之品味。

昌發、麗淑和媛與我，常通音問，互相鼓勵。只要許久不見想念，就會找郭清治伉儷一起小聚。清治是雕塑名家，酒如其人，慢條斯理；昌發也非貪杯之人，不過藉杯酒在手暢所欲言。昌發曾向我說，為《桃花扇》譜寫歌劇，是他極大的願望，而我們於二〇〇八年也在國家音樂廳展演了。

23 黃輔棠

黃輔棠（一九四八—），筆名阿鏜，廣州人。美國KSU音樂碩士。他「轉益多師」，集小提琴演奏、作曲、指揮於一身。曾任臺灣藝術學院實驗樂團首席、臺南應用科技大學教授。代表品是《神鵰俠侶交響樂》與歌劇《西施》。為其《神鵰俠侶》指揮過深圳、廣州、湖南、亞美尼亞、昆明等地之交響樂團。

一九七八年，我客座德國波鴻魯爾大學，返國取道美國紐約，因菲律賓航空誤送行李，在輔棠家住了一星期，他陪我喝酒，說他在哥哥開設的工廠當廠長，離開音樂，心情鬱卒，實非所願。我鼓勵他返臺重拾舊業，會為他留意，他果然很快就任教臺南家政專科學校。我到臺南，他和周理悧、林清財都會盛筵款待。他尊我為兄，每當他的作品音樂會，我必然到場。他曾為我的〈二二八紀念歌〉和〈為老師唱的歌〉歌詞譜成曲、演出過，只是他改動歌詞以就己意，就不免有些「失真」。他將自廣東、澳門、美國、臺灣的生命經歷，融入對中國古典文學和繪畫的涵養，成為獨樹的音樂風格。他又勤於筆耕，著有《阿鏜樂論》等書。常到海外交流，散播他的音樂芬芳。

24 瘂弦

瘂弦（一九三二—）本名王慶麟，河南南陽人。青年隨軍來臺，留學美國威斯康辛大學，獲碩士學位，亦曾應愛荷華大學邀請，在國際創作中心研究二年。與洛夫、張默創立《創世紀》詩刊，主編《幼獅文藝》，擔任《聯合報》副總編輯，主編副刊，栽培獎掖後進詩人、作家，不知凡幾，為文壇素所仰望。

一九七八年，我赴哈佛大學燕京社訪問之前，在《聯副》發表一篇由沈謙引介的短文〈行將萬里〉，是我在報上寫文章的「處女作」，並開始向報刊投稿。那時我文字不夠「簡捷練達」，瘂弦認為可用的，常不厭其煩地予以修飾刪訂，有時還替我改擬題目，使之豁然耀眼。譬如我一篇原題為〈中研院史語所所藏俗文學資料的整理編目〉，瘂弦加了主標題〈掘下俗文學的第一鋤〉便大大不同。我於歐美大學訪學講學之際，每以散文記所見所聞，曾一口氣寄六篇給他，沒想他一一留用發表，這對我「業餘以散文自娛」的寫作起了不少鼓勵作用。他為我第二本散文集《清風．明月．春陽》（春暉版）寫序，題為〈櫽括乎雅俗之際——曾永義學術研究與社會參與的兩個世界〉，他說：

> 曾永義曾自謙不是「作家」，也從不有心「創作」，寫散文，他只是任意抒發，言所欲言，言盡而止。但當我們讀了本書所選〈杖倚而行的背影〉、〈我鄉——山水交融的珊瑚潭〉諸篇，和他不久前出版的散文集《蓮花步步生》，就會發現，曾永義筆下功力深厚，與文壇專業散文家相比，亦不遑多讓。
>
> 我覺得曾永義散文的最大特色是理趣與情趣兼容，不論在抒情中說理、或在說理中抒情，均流露一種博大均衡、真摯自然的性情，以及屬於知識分子的淑世襟抱，也就是沈謙評他時所說的文化與文學傳統的投射，和比較性、啟發性思考的流露。而他振筆揮灑、不事藻飾的文字風格，於勁邁英發之外，更別具一份詩人的細緻與溫柔，這是頗為難得的。
>
> 「忽與一樽酒，日夕歡相持」，這是永義兄最喜歡引用的詩句；我很高興由於自己在「文壇行走」的關係，於本書一些篇章未在《聯副》見報之前成為他第一個讀者，並成為他的酒友，而他也喜歡我「酒

是我們唯一的飲料」那句「豪語」。這篇序言，聊且作為我們在文字行跡之外，樽俎醒醉之間一段友誼的紀念吧。

瘂弦還在《幼獅文藝》刊登我生平唯一的「新詩」〈登紐約貿易大樓〉，我認為元人散曲的曲味太濃，難以標榜當代，也就從此擱筆了。

在酒党，我給瘂弦的「封號」是「組工會主委」，他自比為國民黨的「李煥」。我們酒党起初的党歌只有兩句，取自流行歌曲〈何日君再來〉中的「人生難得幾回醉，不歡更何待」。當我們興致高昂的時候，照例由文工會主委林明德起音，大家齊聲唱嘆。因為党魁五音不全，只有這兩句唱得有模有樣。有天，我說，酒党漪歟盛哉，豈可再唱靡靡之音！於是瘂弦左顧紹興，右視啤酒，出口成章：

酒是我們唯一的飲料！
酒是黃河浪，
酒是錢塘潮。

其起句豪情勝概，氣勢逼人；次句以黃河浪喻紹興酒色澤及其無盡藏，三句以錢塘潮比啤酒氣派及飲時之滾滾連杯。言簡意賅，充分彰顯「酒党本色」。党徒聞之，莫不起立歡呼！可惜那晚「党歌」只此三句，未及完成。次日我與馬水龍餐敘，說到此事，並拜託他譜曲，而且靈機一動，就瘂弦開頭所營造的詩情詩意，即興接續其後，完成這樣一首〈酒党党歌〉：

酒是我們唯一的飲料。
酒是黃河浪，酒是錢塘潮。
酒是洞庭水，酒是長江嘯。
黃河滾滾，錢塘浩浩，洞庭渺渺，長江滔滔。
滾滾浩浩，渺渺滔滔，滔滔滾滾，浩浩渺渺。
一氣彌漫了太平洋的波濤。

因為那時兩岸未通，不知洞庭湖已被中共「圍湖造田」政策，弄得比鄱陽湖還小，所以仍以其為第一大湖來形容「酒量」；而長江橫貫中國，自以其後浪推前浪、一洩萬里來模擬其氣勢不可遏抑的綿長；而其後的疊字複沓，則是運用聲情來促進全詩的「氣壯山河」。李白曾說：「遙看漢水鴨頭綠，恰似葡萄初醱醅。」用漢江之水來寫新釀成的葡萄酒，而我則以「一氣彌漫了太平洋的波濤」，誇大其辭地以太平洋不盡之水來比喻酒的浩瀚無邊，而且也可以和瘂弦的起句呼應，「旗鼓相當」地結束整首歌詞。

〈酒党歌〉見報以後，收到一些熱情「好事者」的青睞，將之譜成歌曲。我們曾請第一副党魁章景明教授夫人，她在中學教音樂，於「酒党四中全會」時一一試唱這些寄來的曲譜，但都覺得氣韻不足，無以承載歌詞。而臺灣樂壇大將如馬水龍也黃牛，久久交不出譜稿，游昌發只譜了一句，張己任則說要有十部鼓吹和交響樂才能撐住歌詞字裡行間的豪雄。大陸任教中央音樂學院和中國音樂學院的朋友也都寄來他們的作品。倒是及門白玉光所譜的朗朗上口，隨著他的足跡流傳大江南北；施德玉所譜能切合聲韻以描摹詞情，成為在臺灣席間歌唱的「常用曲」。然而我認為辛鬱用西北民歌腔調吟唱最具党歌精神面貌；管管歌以京劇西皮腔，也頗可傳達意境，因為都具有梆子高亢悲涼的色澤。而上崑笛師顧兆麟用北曲弋陽腔詮釋，亦有颯爽雄邁的韻致。可惜党歌曲韻，迄今尚未能定於一尊。我想這樣也好，讓「党徒」各彈各的號，各吹各的調，反而合乎「酒党」「人間愉快」、自然灑脫的宗旨。

瘂弦在文壇導引風向，舉足輕重，又樂於培掖後起之秀。他長得俊逸高雅，如玉樹臨風，曾在舞臺上扮演國父孫中山，仰慕他的人很多，包括才情橫溢的女作家，不免也有「兩情相悅」的事發生。我覺得他應在大學「絳帳」燃起薪火，介紹他到臺中靜宜大學專任，講授現代文學課程。

二〇二一年九月二十二日，詩人張騰蛟在《聯副》上發表〈瘂弦語粹編輯〉，說：「瘂弦的語言，有獨特的風格，創新的魅力，很詩很哲很文學。」他舉了好些「語粹」，如被嬌妻橋橋數落後他說：「怎麼罵得這麼好聽，再罵一次讓我聽聽。」瘂弦於一九六五年主演《國父傳》舞臺劇維妙維肖，很是成功，獲國父哲嗣、考試院院長孫科當面致謝，人問何以能臻此境界，瘂弦說舞臺美術家聶光炎在他臉上畫了國父遺像。瘂弦和洛夫、張默創辦《創世紀》詩刊，迄今猶領風騷。瘂弦說：「創世紀詩人的第二代長得瘦小，因為他們的奶粉錢被拿去辦詩刊了。」瘂弦主編《幼獅文藝》和《聯副》多年，說：「創作是功勞，辦活動是苦勞，編副刊是疲勞。」瘂弦在溫哥華的居家，布置得很古董很中華，他說他一出門就國外，一入門是國內。俊語如珠，不一而足。

我偶然會透過瘂弦安排他新詩界的老友，如辛鬱、管管、向明等人小聚暢飲。向明曾在《聯副》寫文章，說我到他家，把酒都喝光了。我糾正他沒這回事，他說文章寫到酒，不抬出党魁來，怎能煞得住。我說你這「筆法」簡直和瘂弦「如出一轍」，明明我未穿過唐衫、功夫褲、納底鞋，瘂弦卻說我以此在我為文建會全國文藝季舉辦的「民間劇場」「指揮若定」。有一次我選在臺大附近、羅斯福路的巷子裡宴客，由一對夫婦經營調製的「風味菜」。瘂弦夫人橋橋也參加，說「酒党寒酸」。

瘂弦旅居溫哥華時，我不告而到他家探望，他正巧不在，橋橋和她女兒接待我。橋橋有點虛弱，她和瘂弦談戀愛時，瘂弦為她寫不少詩篇，傳遍遐邇。

二〇二〇年春節之後，瘂弦從溫哥華掛來電話，說老朋友許久不通音問了；他最近已覺得許多字都忘記，哪還談得上寫作。他大我九歲，而去年（二〇二〇）十一月我不是心臟動「大刀」嗎！

25 管管

管管（一九二九－二〇二一）本名管運龍，山東青島人，十七歲時被抓伕強迫入伍，一九四九年隨軍撤退來臺灣。在鳳山受訓時結識瘂弦、張默，加入「創世紀詩社」，擔任社長。

管管曾得兩個詩的首獎。他多才多藝多能，是詩人、散文家、畫家，新詩朗誦、裝置景觀設計，「既編撰劇本，也上臺充任演員」。詩人白靈說他「詩絕、人絕、髮絕、衣絕、裝扮絕、表情絕、說話絕、唱腔絕、服體動作絕、七十歲得子絕，書陶畫詩，佳作迭出，更是一絕」。曾談起夫妻相處祕訣，說六字箴言「聾啞瞎、好是對」。

26 鄭清茂

鄭清茂（一九三三－），臺灣人。畢業於臺大中文所，留學日本，精通日文，是林文月同班同學，為人老實，「望月樓」仰慕者，稱他為最安全的「護花使者」。他翻譯吉川幸次郎的《元雜劇研究》，精審引人入勝。曾隨侍孔德成老師訪日。他在美國麻州大學任教；我在哈燕社那年，他到劍橋來接我往他家，發現他頭髮驟然蒼蒼，簡直認不出來。在他家雪景中很舒適，有個大雪飄灑的夜晚，他冒雪開車，帶我到遠在耶魯的鄭愁予家聚會，聽到許多文壇名人趣聞。

他返臺後，牟宗燦校長聘他籌備花蓮東華大學中文系為主任，經他與楊牧打理，中文系和文學院頓時成為現代文學創作中心和研究重鎮。那時我的及門弟子、名作家郝譽翔，我認為不宜在臺北工作；許子漢、游宗蓉這對夫妻為使他們夫唱婦隨地同在東華中文系任教，我和鄭大哥商量謀劃，好不容易順理成章地如願以償。但他們未必知道我們這番苦心。

鄭大哥飲酒點到為止，何況有美麗明朗的大嫂隨身照護，稍微放縱些有何不可。有機緣，我就從桃園請他們來臺北聚會。只要劉紹銘從香港嶺南大學來，他準會和秋鴻嫂來見老朋友。

27 鄭愁予

鄭愁予（一九三三—）本名鄭文韜，山東濟南人，為鄭成功十五代裔孫。童年跟隨父親走遍大江南北、長城內外。一九四九年舉家赴臺，十五歲開始寫詩。一九五六年與紀弦、林泠、季紅、林亨泰等九人創立「現代詩社」，一九七〇年獲愛荷華大學英文系創作班碩士，一九八五年獲耶魯大學無限期續聘，二〇〇三年加州世界文藝學院頒贈榮譽學位。

一九七八年，我為哈佛大學燕京社訪問學人。一個風雪飄瀟的夜晚，鄭清茂帶我到耶魯鄭愁予家飲酒小聚。酒酣耳熱之際，在座的話題都圍繞在白先勇身上，使我耳聞「文壇祕辛」。二〇〇五年，鄭愁予返臺任東華大學駐校作家、金門大學講座教授，我便有機會和他杯酒聯歡。崇拜他的乾女兒是「酒党」巾幗之豪逑迪，常侍候他和夫人臺中、臺北往返。他的酒興、酒量、酒德都好。

他的詩婉約如李義山，豪縱似李太白。被翻譯成八國文字，在臺灣尤其受歡迎。賴芳伶曾在席上朗朗上口地誦他的〈錯誤〉一首。有人稱他為「浪子詩人」，因他每以旅人為抒情對象，他則自認更具傳統的「仁俠精神」。他在八〇年代多次被選為「最受歡迎作家」之榜首，曾獲國家文藝獎、全球生命文學創作獎等。

28 鄭瑜雯

鄭瑜雯（一九六四—），筆名宇文正，福建林森人，出生於臺灣基隆。東海大學中文系畢業，美國南加大東亞語文研究所碩士。現為《聯合報》副刊組主任，兼《聯副》主編。

文正博覽中外名家小說，其作品有小說、散文外，兼及傳記、童書。曾任風尚雜誌主編、漢光文化編輯部主任、電臺「民族樂風」主持、《中國時報》記者。二〇〇七年八月，接續陳義芝主編《聯副》。所業皆與文字有關，從小喜愛寫作，遂成文壇著作家。但她不受「閨閣文學」局限，小說擅寫都會男女愛情。文筆乾淨俐落，於徐徐情節中帶出淡淡哀愁。描寫人物，宛然在目。她最喜歡的作家為錢鍾書、張愛玲、金庸。散文寫人物、寫生活，亦清新可喜。

文正主編《聯副》，我一年總有幾篇稿子刊出，多數為藝文演出活動或於「週末書房」序新書而寫；也偶爾寫散文，如二〇二一年六月三十日刊出的大篇〈我以臺大中文系為第一志願〉和十月六日的〈新營中學師生情〉，便受廣大讀者青睞。但數量已大不如瘂弦、義芝主編之時，畢竟年及耄耋，無復昔日筆力矣！但我一輩子以讀書寫作自娛，如不讀不寫，日子也難過。

三 崑劇界

1 王志萍

王志萍（一九六六—）是蘭庭崑劇團團長，她愛好崑腔曲劇，即使身罹癌症，亦傾心盡力投入薪傳和演出。說也奇妙，她因此擺脫病魔不藥而癒了。她頗具創意，曾經改編《牡丹亭・遊園驚夢》在閒置劇場公演，很受矚目，頗有現代崑劇的走向。我曾協助她向有關單位申請補助，並率領蘭庭崑劇團到蘇州崑劇節參演，獲得好評，認為具臺灣崑劇的新風格。還藉此筵宴大陸崑團領導人，以便交流的管道。

2 朱民玲、趙揚強

朱民玲是臺灣優秀的戲曲演員，在臺灣戲曲學院京崑兩門跨，為附屬劇團臺柱。她演過我新編的崑劇《孟姜女》、《楊妃夢》、《蔡文姬》、《李香君》和京劇《射天》、《青白蛇》，以及王瓊玲曲目劇情建構、由我選調填詞的崑劇《二子乘舟》，縱使扮相非臻第一流，但其音色口法行腔之流利甜美、身段之融會歌樂，均不作第二人想。她一直與謙和不爭的趙揚強合演，我雖一向以女主男從為劇情排場，但揚強從不計較，配搭得非常好，如天生的一對。

3 徐炎之

徐炎之（一八九八—一九八九）先生和他的夫人張善薌女士（一九〇八—一九八〇）是為臺灣崑曲付出一生精力、貢獻最大的「祖師爺」。我一九九六年四月十日於《聯副》為炎之先生寫了一篇〈一笛横吹八十年——寫在水磨曲集「紀念徐炎之、張善薌伉儷」崑劇演出之前〉，全文如下：

我曾在一篇題作〈傻子做傻事〉的文章裡說道：世俗把不聰明的人叫「傻子」，傻子做出來的事也盡是聰明的人不做的事，所以俗語才會說「傻子做傻事」。更因為舉世充滿聰明之人，所以傻子越來越少，必須「披沙揀金」那樣的「篩選」才可以獲得；尤其今日「衣冠之徒」，要找個傻子，真比在礦脈中要找顆鑽石還難。也因此傻子當今之世，實在「物以稀為貴」。每當我發現一個傻子，我就高興異常，簡直要為之頂禮膜拜。

打從一九五九年我上大學，就知道有位徐炎之先生，三十幾年來對他了解越來越多，不禁喟然而嘆：他真是個十足的傻子，為崑曲崑劇充滿十足的傻勁，做了十足的傻事。他一騎單車，懷抱崑笛崑譜，在北一女、臺大、政大、文化、東吳、中央、中興、藝專、銘傳、西湖、復興、華岡等校園中，無阻風雨、來往奔波。只因為他篤定地認為：崑曲崑劇是我國現存最精緻最高雅的音樂和戲曲，其歌舞樂完全融合無間的戲曲藝術，更使得一個成功的演員必須集戲劇家、歌唱家、舞蹈家於一身；必須深切領會曲詞，將其意義情境，透過肢體語言和音樂歌聲的詮釋與襯托，在虛擬、象徵、誇張的表演程式中，同時淋漓盡致地展現出來。日本之「歌舞伎」，乃至西方之「歌劇」，何能望其項背。遺憾的是，國人昧於此而盲目的崇外，於是徐先生與志同道合的夫人張善薌女士，乃矢志為崑曲崑劇的薪傳奉獻全心全力。夫人出身酷愛崑劇的名門，擅長身段做表，傳情達意，絲絲入扣，收放自如；徐先生的笛藝，於十歲時即得之母舅傾囊相授，運轉音色，掌握風味，終無出其右，因有「笛王」之譽。於是乎賢伉儷不計名尤不計利，學校之外，踵其門而受教者不知凡幾。其循循善誘，使弟子不只視之為師傅，亦奉之如父母。於是乎崑曲崑劇一脈東傳，而有「崑曲同期」清唱雅集迄今一千一百餘期，而有「水磨曲集」業餘劇團時作演出。所栽培之弟子，以笛名者有蕭本耀、林逢源，登上舞臺可觀可賞者有陳彬、詹媛、周蕙蘋、朱惠良、張惠新、張啟超。他們不只成為臺灣崑曲界的中堅，而且在中華民俗藝術基金會的「崑曲傳習班」秉承他們老師、師母的遺志，繼續薪傳。

徐先生享年逾於耄耋，而逝世已屆六年，其夫人更早十年仙逝。賢伉儷一生不以蝸居斗室為苦，只為崑曲崑劇之薪傳孜孜矻矻，四十年不稍衰，其較之滔滔者欲一夜成名、一日致富，何啻天壤！若此，豈非是十足的「傻子做傻事」！然而他夫妻倆為人所不欲為，為人所不能為，其德澤風範畢竟永在其門徒心目之中。而今其弟子徒孫為紀念他們的老師和師母，將於四月十一日、十二日兩天，假南海路藝術教育館公演他們老師和師母所口傳親授的崑劇名篇，相信他們的老師和師母會含笑九泉。而此時此際，我卻恍然目睹著徐老先生清癯的身影，猶然橫笛在手，高吟著「一笛橫吹八十年，繁華如夢了如煙」那樣的詩句。

4 溫宇航

溫宇航（一九七一—）原是北崑的主要小生演員，旅居美國，被對其扮相和演技極欣賞的國光劇團藝術總監王安祈請回臺灣，除偶爾演崑劇，也常演京劇劇目，雖非掛頭牌，也為要角。他曾為我新編崑劇《梁祝》三度扮飾梁山伯，都是王安祈修編過的「國光版」，兩度與他在北崑時的老搭檔魏春榮扮飾祝英台連袂同臺，一次在臺北城市舞臺，一次在北京國家戲劇院，都非常受歡迎，尤其北京那一場更歡聲雷動，幾於不能罷休。又一次國光為配搭臺大中文系於二〇一五年為我舉辦的「曾永義先生學術成就與薪傳國際學術研討會」而上演。由於魏春榮不能履約，祝英台改由國光會唱崑曲的女演員充任，就見遜色了。

而近日（二〇二二年二月）我和王瓊玲為他和唐文華編撰京崑大戲《虎符風雲》，由他演信陵君主唱崑曲，唐文華一人兼二腳，演魏王和侯生。劇本二稿已交國光藝術總監王安祈和團長張育華，未知何時何月能演出。

5 賈馨園

賈馨園是一九九〇年推展臺灣崑曲的先驅，她組織「上崑訪視觀摩團」，洪惟助與我都參加，「驚豔宴飲」崑劇表演藝術之餘，返臺後即推動經典劇目之錄製與崑曲研習班之薪傳。賈馨園於錄製經典劇目上輯《霓裳舞千秋》時，在大陸與上崑和導演周至剛等協調，完成艱難瑣碎的字幕工作。後來她也自組公司、發行崑曲雜誌，為臺灣崑曲用心用力，但為時不長。後來她和支持她的夫婿移居上海，就逐漸淡出了臺北。

6 樊曼儂

樊曼儂（一九四六—），是創立「新象藝術公司」的董事長，如果說她是振興崑劇在臺灣盛行之功，首屈一指，毫不為過。除邀請上崑、浙崑、蘇崑、江蘇省崑、北崑來臺演出外，還大魄力地舉辦《崑劇大匯演》和《跨世紀全球崑劇大展》那樣的「壯舉」，使國家戲劇院崑劇票房節節高升。我也向省教育廳取得補助，與她在中學巡迴示範講座，使學生滿堂采，愛不罷休。我更在報上撰文二十幾篇為她敲邊鼓。她與多才多藝多能的夫婿許博允同心協力數十年，交流過難計其數的列國藝文團體，真正執藝術文化建設之牛耳。我曾向許博允說：如果「本党」執政，我一定任命她為「文化部長」。他們賢伉儷都是許常惠的得意門生，也在課堂上緣定終身。許博允生性浪漫，樊曼儂臨事謹嚴。許博允在酒党算能飲，我請他到臺大作系列講演，佩服他縱橫捭闔，學養貫通。只是請他在臺大任藝文中心委員，沒一次準時，他發言侃侃有物，講完就離席，筵宴之中也常遲到早退，好像很忙的樣子，不像我接到他的電話就如約分秒不差地上他主持的廣播節目。他為我在新象辦過一場當代新詩名家，由我學生演出的「吟誦會」，彰顯我歌樂聲情詞情相得益彰的主張，使得現場的洛夫、管管十分感動。

7 韓昌雲

韓昌雲是我世新大學指導的博士生，二〇二一年七月甫獲博士學位。她在臺大戲劇研究所畢業，即赴美結婚生子，勞碌地為生活打拚，返臺後，又在旅行社工作，忙進忙出。五年前（二〇一七）又重入師門，我要她以長年對崑曲唱念的心得探討「建構崑腔曲劇歌樂關係」。雖然五年間課堂上常遲到早退，但終以《當代崑曲曲唱理論建構問題之探討》取得博士學位，又繼續不缺席地聽我二〇二一年開的「韻文學專題」討論課，多所發言，而且鍥而不捨，更辦崑班研習，在世新開課傳授。擔任臺北崑曲研習社社長，累漸積年，已頗能領略我治戲曲歌樂之旨趣。希望她執此以往，果然有成。而今年（二〇二二）元月，她受聘臺灣戲曲學院民俗技藝系助教，為的是一份固定薪水，幫助先生養家活口。

四 京劇界

1 吳興國

吳興國（一九五三—），生於高雄市旗津區，原名吳國秋，臺灣演員、劇作家、導演、當代傳奇劇場藝術總監，乃少數橫跨電影、電視、傳統戲曲、現代劇場以及舞蹈之表演藝術家；他目前於國立臺灣藝術大學表演藝術研究所專任教授。曾獲美國傅爾．布萊特獎學金、亞洲文化協會獎學金赴紐約大學戲劇研究所選修理查．謝喜納環境劇場課程。

吳興國曾經榮獲金馬獎最佳男主角提名和香港電影金像獎最佳男主角提名，並連續三度榮獲國軍文藝金像獎最佳生角獎以及香港電影金像獎最佳新演員；二〇一一年更獲法蘭西藝術與文學勳章騎士勳位（Chevalier）。電影代表作有：《十八》、《誘僧》、《青蛇》、《賭神二》、《宋家皇朝》、《特務迷城》等。

復興劇校坐科八年期間，吳興國專攻武生，因成績優異，保送中國文化大學戲劇系；就讀文化大學期間加入雲門舞集，開啟對當代表演藝術的初步探索。一九八〇年，他與雲門舞集巡演歐洲，九十日演出七十三場。

一九七八年，吳興國退伍之後即加入中華民國陸軍陸光國劇隊，拜師臺灣四大老生之一周正榮先生（一九二五—二〇〇〇），正式由武生跨行文武老生。吳興國拜師後，並沒有將其重心放在向周正榮問藝，卻致力於將京劇結合西方舞臺劇以及舞蹈，師徒二人衝突日多，爾後被周正榮逐出師門。

一九八六年，吳興國結合一群青年京劇演員，創立「當代傳奇劇場」，導演及主演多齣融合舞臺劇及京劇的作品。創團作品《慾望城國》改編自莎士比亞四大悲劇之一《馬克白》，多次受邀於各大國際藝術節與重要劇院演出，包括英國皇家劇院、法國亞維儂藝術節、美國史帕雷多藝術節等；其後，又創作了六齣自西方莎士比亞與希臘悲劇經典改編的戲劇作品，成為傳統戲曲藝術發展與創新掌旗的「先鋒」人物，每推出新作皆引起熱烈的迴響與討論。

吳興國曾受到英國《泰晤士報》褒揚：「他使我們想起英國著名演員勞倫斯・奧立佛。」而日本《讀賣新聞》也曾讚賞：「作品深厚有力，吳興國演出層次豐富，技巧高超。」

二〇〇一年當代傳奇劇場復團作品《李爾在此》，吳興國一人飾演十角，跨越生、旦、淨、丑行當，獨力挑戰高難度的舞臺表演極限，德國《明鏡報》以「偉大」稱讚之，該劇頻受國際邀約，足跡遍及法國、德國、丹麥、捷克、英國、美國、日本、韓國、新加坡、香港、澳門等多處。

二〇〇四年至二〇〇五年跨年度和國際電影導演徐克合作舞臺戲曲《暴風雨》，創下場場爆滿、一票難求的票房紀錄。

二〇〇五年執導、主演諾貝爾文學獎得主塞繆爾・貝克特作品、荒謬劇場經典之作《等待果陀》，極具特色，獲戲劇學者鍾明德先生讚譽為「是個了不起的成就」。

吳興國曾赴英國皇家國家劇院、法國亞維儂藝術節教廷大劇院、巴黎夏日藝術節、歐洲文化首都藝術節、西班牙聖地牙哥藝術節、香港藝術節、新加坡藝術節、韓國國家劇院、澳門藝術節、丹麥歐丁劇場四十周年慶、美國史帕雷多藝術節、林肯中心藝術節等表演活動演出，還曾至日本東京、大阪、神戶巡演。

吳興國在我心目中是一位多才多藝的表演藝術家，他融東西方戲劇為一爐，產生別開生面的新劇種，領導一代新風騷，是位不世出的國士。也因此當臺灣藝術大學要聘他為專任教授時，我評以九十五高分，極力推薦和肯定。對他的新作演出，也必觀賞，還請他到我世新大學的課堂上「現身說法」，以導引學生進入他的戲曲理念。

2 俞大綱、魏子雲

俞大綱（一九〇八－一九七七）先生被張其昀禮聘到文化大學任教，創辦戲劇系，培養許多人才。他是位儒雅的學者，為郭小莊的「雅音小集」改編過好幾齣叫座的傳統戲，促進「雅音」所倡導的京劇改良現代化運動，鼓勵年輕人不遺餘力。林懷民、吳靜吉常進出家門請益。業師孔達生（德成）向我說過，要多向大綱先生學習，步武追隨其後。我到過他在臺北火車站附近一家旅行社負責人的辦公室拜望他；他因讀過我發表於《中外文學》的論文〈明代雜劇演進的趨勢〉，向他文大副系主任林鋒雄說過：這樣的文章，我們文大的就寫不出來；臺靜農老師請他在臺大中文系開設「李商隱詩」，我旁聽過；所以大綱先生對我並非完全陌生。他對我說藏在中研院史語所傅斯年圖書館，由劉半農、李家瑞師生收藏的一大批俗文學資料是舉世難得的寶庫，現在已從封存幾十年中被哈佛趙元任女公子趙如蘭教授開箱，可惜未經編目整理，使用極不便。他有向中研院申請整理編目的計畫，如果我有意願，希望和我合作。我受寵若驚，滿口答應。他要我草擬計畫，可是很遺憾，在我為他安排臺大講演時，他在計程車上心臟病突發而去世。所幸我在屈師翼鵬（萬里）託付下，於一九七三年組成「中研院史語所傅斯年圖書館所藏俗文學資料分類編目工作小組」歷經四年，完成一萬餘種、分六大部屬、一百三十八類綱舉目張的細目，也算為大綱先生繼述他未及得遂的宿願。

與大綱先生同時的「老劇作家」，著名的是魏子雲（一九一八—二〇〇五）先生，經他手改編的舊戲京劇在三軍京劇隊陸光、海光、大鵬演出的相當多，他的劇本集也頗為「龐然大物」。他常和我談論《金瓶梅》，尤其作者問題他別立一說，為同好所注目。他喜愛提攜後進，我的及門弟子施德玉曾受他教導過。

而在俞、魏兩老之後的青年編劇大家，應屬我及門大弟子王安祈。

3 唐文華

唐文華（一九六一—）是國光劇團當家文武老生，享譽至今不衰。他扮相俊美，揣摩人物特質，演活各色人物，嗓音深厚、餘韻悠揚，引人入勝。

他演過我所編的京劇《鄭成功與臺灣》飾鄭成功、《牛郎織女天狼星》飾牛郎。其中前者〈運籌帷幄〉和〈蟠桃訴情〉的唱段，都為他發揮唱功而作，也成為一再演出的折子。他能陪我喝幾杯，沒見他過量。他碰到我總是說：曾老師再為我編齣戲。我說：你們國光沒再請我，我怎麼編？我確實有為他編寫京崑大戲《虎符風雲》的意願，由他和溫宇航主演，劇本二稿已交給王安祈，應當可以實現。

4 曹復永

每為藝文界喉舌，言論鏗鏘有力的林谷芳教授，曾號召文化界與學界，策劃了令人矚目的演出節目，用來向「傑出表演藝術家致敬」，使長年以來被社會公認的表演藝術家，有特為製作的專場，有給他們使出渾身解數的機會，來一展其各自絕活。林教授委請對臺灣本土藝術有深入研究的蔡欣欣教授擔任製作人，自己則擔任藝術總監。他們第一位選定要來致敬的傑出表演藝術家是曹復永（一九四七—）先生。

在京劇界，無人不知曹復永，那時正任臺灣戲曲學院京劇團團長，是復興劇校國劇科首屆高材生，一九五八年正式加入復興國劇團擔綱當家文武小生。雖然他常自謙他是「備位小生」，但其表演細膩傳神，扮相俊逸英武，嗓音高亢深厚，所演劇目已逾百齣，早為京劇界所稱道和肯定。他曾與郭小莊合作，參與「雅音小集」，十餘年間為京劇之創新而努力，賦予傳統小生別具之新風貌，贏得觀眾的熱愛。近年更為多齣新編京劇導演，並參與歌仔戲和崑劇的演出，進一步開展自己的演藝生涯。因此迭獲獎項，尤以榮獲第四屆全球中華文化藝術薪傳獎為最。

二〇〇五年，我首度為曹復永的京劇團編寫京劇《射天》，其後崑劇《孟姜女》、京劇《青白蛇》、歌劇《桃花扇》也跟著被推出。我很欽佩他的包容力，勇於接納，勇於實驗。他為人宅心仁厚，處事疾徐有度而樂於進取，故其劇團以微薄人力而能擔當年度大型的公演。

二〇〇九年三月十日在新舞臺的專場展演，曹復永為自己挑選四齣劇目：《呂布與貂蟬》的〈小宴〉，用以表現其「雄姿英發」；《陸文龍》中的「車輪戰」，用以展露出其「武術功底」；《販馬記》的〈寫狀〉，用以彰顯其「風流瀟灑」；而〈羅成叫關〉，則以唱功見英雄的悲涼。這四齣戲，可以看出他所具的文武小生全能的修為，也可以驗證他所以能被選為第一位讓眾人致敬的傑出京劇表演藝術家，不只在於他長年對京劇薪傳推展的貢獻，更在於他精湛的藝術修為。

此後曹復永繼續委託我創作京劇《陶侃賢母》和崑劇《楊妃夢》、《李香君》、《孟姜女》。周秦來傳授演員唱崑曲，他身為團長，以身作則，既自己參與學習，也監督團員不可懈怠。他又不計「名位」，扮飾劇中人物，充任次要腳色。但《射天》他飾文武小生韓朋，極為出色，美國華僑還為此請他去巡迴講座。

他的夫人萬裕民原是復興劇校同學，亦專擅小生。後來在戲曲學院任京劇系主任，逐漸脫離本業。他的「復」字輩同學曲復民、葉復潤都演過我所編的京劇《陶侃賢母》分飾陶母和陶侃。果然「老將出馬」，不同凡響。

復永為人極謙和，戲曲界都喜歡他。每年我們都有幾次飯局，由吳嫣然安排，將復永伉儷、朱民玲、曾漢壽和我聚在一起。他們酒量都好，無不快飲。嫣然當過劇團經理，漢壽淨角入木三分，也導過我編的崑劇《吳起》、《二子乘舟》，都由復永掛「藝術指導」。

5 郭小莊

郭小莊（一九五一—）和吳興國對京劇在臺灣而言，都是重要改革者，使京劇面目一新。但京劇改革之倡導早在晚清民初。

回顧京劇成立發展史，清乾隆五十五年（一七九〇）至道光、咸豐間（一八四一—一八六一），可以說是京劇孕育形成期，歷經同治、光緒、宣統三朝，至民初逐漸進入成熟繁盛期（一八六一—一九一八）。隨後改良之聲即起，轉型之跡亦顯，而有光緒三十年（一九〇四）《二十世紀大舞臺》京劇專門期刊之倡言著論，影響所及乃有「時裝新戲」、革命宣傳「幕表戲」，實已脫離「虛擬、象徵、程式」之戲曲表演藝術原理與「歌舞樂」融為一體之菁華。所幸四大名旦之改革得道有方，乃能別開生面。

京劇在臺灣，早在光緒十二年（一八八六）建省劉銘傳任巡撫之時。日據時期五十年間，亦有京劇二十餘團來臺公演。

一九四九年國民政府遷臺，翌年空軍大鵬國劇隊、一九五八年海軍海光國劇隊、陸軍陸光國劇隊、一九六六年復興國劇團陸續成立。三軍劇團，年年皆有競賽戲，鼓勵精益求精。

京劇在臺灣，於一九七九年郭小莊小姐成立「雅音小集」，開啟了京劇轉型之契機，於臺灣首開「引進導演觀念、聘請專業劇場工作者設計舞臺、國樂團與京劇文武場合作」之風氣，帶動一九八〇年代「傳統與創新」的雙向思考方式，不僅直接影響同時期軍中劇隊的演出風格，對於其他劇種（如歌仔戲）進入現代劇場的製作方向亦有相當大的影響力，而深入校園示範解說、主動出擊以推廣京劇的做法，不僅確定了往後各劇團的宣傳方式，更顯示了「傳媒、行銷」時代的來臨。最主要的貢獻，即是使得京劇由「前一時代大眾娛樂在現今的殘存」轉型為「當代新興精緻藝術」，此一性格的轉型，使京劇觀眾由「傳統戲迷」擴大至「藝文界人士、青年知識分子」。

一九七九年「雅音」首演《白蛇與許仙》、《林沖夜奔》、《思凡下山》；一九八〇年首演新編京劇《感天動地竇娥冤》及《木蘭從軍》；一九八一年演新編《梁山伯與祝英台》，嘗試融京劇與歌劇於一爐，同時演出傳統劇《楊八妹》；一九八三年演新編《韓夫人》、《紅娘》；一九八五年演新編《劉蘭芝與焦仲卿》和傳統名劇《紅樓二尤》；一九八六年演新編《再生緣》；一九八八年演新編《孔雀膽》；一九八九年演新編《紅綾恨》；一九九〇年演新編《問天》。

綜觀「雅音」創新京劇的成就是：擺脫說唱文學的冗煩，使情節顯得乾淨俐落；講求結構的緊湊和氣氛的營造，而將高潮置於矛盾與衝突的關鍵時刻；突破腳色行當的限制，使人物的塑造更為生動；在不妨礙虛擬象徵的表現原理之下，適度地運用布景與燈光，以渲染舞臺情境，強化演出效果；加人國樂以充實文武場陣容，因劇情帶出合唱曲以表明時空與情境的流轉，從而循循導引以激起濃厚的感染力。就因為「雅音小集」能不「故步自封」，講求現代劇場藝術的理念和精神，所以能「扎根傳統，更予創新」，將京劇的經濟劇場所具有的藝術特質，不只有更美好更充分的發揮，而且別開境界，從而再度融入人們的藝術生活，其受到廣大的迴響和擁護，絕不是平白得來的。

如果說「雅音小集」的興起是在京劇本身的創新，那麼「當代傳奇」則企圖由京劇脫殼而蛻變為另一種新劇種。由吳興國、林秀偉夫婦於一九八五年創立「當代傳奇」，在「雅音小集」的基礎上，更進一步提出京劇「蛻變」之議題。對京劇傳統而言，這或許是一種破壞；但對藝術的創發而言，「當代傳奇」累積的經驗值得參考。

一九八六年「當代傳奇劇場」首演《慾望城國》、一九九〇年《王子復仇記》、一九九一年《陰陽河》、一九九二年《無限江山》、一九九三年《樓蘭女》、一九九五年《奧瑞斯提亞》。

由於「當代傳奇」所揭櫫的是「以京劇的表演為基礎，運用現代劇場的觀念，借用西方戲劇的素材以刺激並強化思想內涵」，因此較諸「雅音」，更進一步突破京劇腳色行當間藝術特質和人物類型的局限，而予以巧妙的融通，由此更生動地塑造人物，更深刻地詮釋人性。譬如吳興國所飾演的馬克白，是武生、也是老生，而當他最後被自己的慾望操縱支配而幾近瘋狂時，無論在性格上或表演上，都更接近花臉；所以吳興國的表演是必須融合武生、老生與花臉的特質和人物類型於一爐的，如此一來，京劇花臉所特具的「臉譜」也就非破除不可了。

另外，「當代傳奇劇場」較諸「雅音」更為「前進」的是慢動作的處理，擴大鏡頭式的表演手法，幻燈的特寫效果呈現，及用聲光製造風雨雷電，使真實與夢幻交錯，都是「當代傳奇」製造「坐在劇院看電影」的奇異效果。演員們的服裝扮相、演法，也都與京劇似是而非。在傳統與創新的轉換中，正如《王子復仇記》編劇王安祈所言：「當代傳奇是藉由慾劇與王劇的實驗，考慮創一新劇種的可能性。」（見一九九〇年七月三日，《中國時報》趙雅芬〈話說：京劇現代化〉）也因此，「當代傳奇劇場」所演出的兩齣戲，已經不被視作京劇，而被定位為「現代舞臺劇」了。

郭小莊，生於臺北縣，祖籍河南滑縣。中國文化大學畢業。小時進入空軍大鵬劇隊附設之學生班，學京劇、工旦行。拜在俞大綱門下，曾以演員活躍於中視《一代紅顏》電視劇，與電影《秋瑾》之演出。一九七七年俞大綱過世，發願繼乃師遺志，將京劇迎向現代社會；乃於一九七九年由畫壇大師張大千命名成立「雅音小集」。曾獲頒十大傑出女青年。我評定她獲得新聞局所頒授之「民族藝術戲曲獎」，並以委員身分推薦她獲得國家文藝獎特別貢獻獎。

她這兩次得大獎，獎金不少，榮譽也高，在決選時刻，我是關鍵性人物。因為新聞局公布的獎項是「民間藝術」，而宋楚瑜局長屬意得獎人是郭小莊，就申請人名單，我也認為她最合適。但我提出疑問，說郭小姐是「國劇」，不能算「民間藝術」，宋局長也一時語塞；我接著說，如果把「民間」換成「民族」而獎項易為「民族藝術」，郭小姐獲獎就順理成章了。於是新聞局發布改名，也沒人有異議。而其國家文藝獎，有人反對說，以郭小莊的國劇表演造詣，超出她的還不少。我說，郭小莊努力國劇改革，深入年輕族群，其所造成的風潮和貢獻，非他人所能比，宜另立「特別貢獻獎」以資肯定和鼓勵；乃獲得評委投票通過。

當郭小莊在推動「雅音小集」改革京劇之初，她演完爭論一時的《竇娥冤》，請戲曲界座談。在一片肯定的恭維聲中，我說：郭小姐演二天在國父紀念館座無虛席，不代表妳京劇改革的理念就算成功，因為觀眾中固然有支持妳，但也有不少是來看妳是怎麼改革的，何況戲曲改革歷代皆有，京劇改良，晚清迄今何止三兩次，妳的成功之路還早得很呢！沒想「忠言逆耳」，她不再理我。直到得知她所獲得的獎項都是出諸我這「烏鴉嘴」，才又到我家來探望。我家大衡只一兩歲，還在地板打滾娛樂嘉賓。

6 魏海敏

魏海敏（一九五七—）是國光劇團當家女主角，長久居「菊壇皇后」。她師承梅派藝術，專程到北京拜梅蘭芳哲嗣梅葆玖為師；在我看來她的藝術境界實不下於乃師。她嗓音甜美，情韻悠長。裝龍像龍，裝鳳像鳳，演活各種人物。她主動要求飾演我所編崑劇《梁祝》，飾演祝英台，在杭州演出時，與客串扮飾梁山伯的崑劇泰斗蔡正仁演對手戲〈十八相送〉，謝幕時，一千四百餘位滿座的觀眾叫好，不想離去。而當《梁祝》

在臺北國家戲劇院首演，十九天之前，票房即銷售一空。魏海敏演末齣〈哭墓化蝶〉唱三支【三仙橋】，如怨如訴，悽楚感人，場面寂然中漸聞觀眾席上有啜泣之聲。而她沒掉下一滴眼淚，充分發揮戲曲，尤其是崑劇虛擬、象徵、程式性所形成的表演基本原理，及其所產生的既疏離又投入的藝術特質，更顯現腳色的功底和形神為一的至高境界。魏海敏對自己表現也頗為自得，而這是她演藝生涯中唯一一次唱崑曲。

魏海敏既為名牌大腳，對劇目和腳色主從，乃至搭演對象，就不會隨便。她曾向我抱怨《梁祝》首演，與她同演〈十八相送〉的演員不稱職。我為國光編撰京劇《鄭成功與臺灣》，唐文華飾鄭成功，她拒絕演鄭夫人董氏。我推薦她獲得國家文藝獎，在團長陳兆虎再三催促之下，才掛給我一通致謝的電話。

五 豫劇界

王海玲、蕭揚玲

歷史上河南梆子傳到臺灣有兩次：一次在乾隆年間，即今北管亂彈的福路，由於傳自河洛，而音轉訛變為「福祿」為「福路」。這次傳入，造就了北管音樂和亂彈戲曲的主體。一次在一九五三年，於國軍陸戰隊成立飛馬豫劇隊，使得豫劇在臺灣生枝長葉，蔚成奇樹，而造就了豫劇皇后王海玲（一九五二—）。

王海玲從藝五十年，不僅汲取豫劇菁華於一身，而且將之發揚光大，集兩岸豫劇藝術之大成。其贏得「豫劇皇后」之美譽，其獲得最高之表演藝術獎「國家文藝獎」，均是實至名歸。我在她身上看到了兼抱旦腳各門藝術的至高境界，塑造人物無不恰如其分、淋漓盡致。其融唱做念打於一身，無不聲情詞情相得益彰，歌舞樂相煥相發。其運用自如，臻於化境，每教人嘆為觀止。

我曾經為豫劇編撰《慈禧與珍妃》，可以說是為王海玲師徒量身打造。她所栽培的徒弟蕭揚玲（一九七三—），已經是熠燿之星；她的女兒劉建華堪稱雛鳳清啼。揚玲演珍妃，建華演光緒，與王海玲演的慈禧，共同承擔了這一齣晚清的宮廷大戲。二〇〇七年十月演出於城市舞臺時，已是有口皆碑；二〇〇八年六月巡迴北京、烏魯木齊、鄭州演出，更教大陸觀眾刮目相看。而《慈禧與珍妃》也獲得了傳統戲曲的最高榮譽「金鐘獎」，我感到與有榮焉。

豫劇團本來於二〇二一年五月要再度推出《慈禧與珍妃》，假臺灣戲曲中心演出，但因新冠疫情猖獗延後檔期，於二〇二二年一月一日、二日假臺灣戲曲中心，二月十二日、十三日假高雄文化中心搬演，都座無虛席，反應熱烈。

六　民間藝術工作者

當我大力維護研究發揚傳統鄉土藝術的年代，經過全臺普查後，將之分為工藝、藝能兩大類。工藝即手工藝術有七十餘項；藝能即表演藝術，有五十六項，又分民樂、歌謠、踏謠小戲、雜技、說唱、偶戲、大戲等七項。使之展演在臺北市青年公園，由我為文建會國家文藝季委託規劃執行的「民間劇場」，於一九八二年至一九八六年四年間每年中秋前後五天逐次遞增團體與節目，吸引廣大群眾參與，引發各級學校與文教機構之民俗技藝熱潮；我稱之為「暫時性民俗藝術文化櫥窗」，並從而進一步為文建會主持「高雄民俗技藝園規劃案」，最後落實為文建會「傳統藝術中心」，位在宜蘭冬山河畔，成為我心目中「永久性的動態藝術文化中心」。其間所認識接觸乃至推薦而成為長年夥伴的民間藝術從業者難計其數，其協力推動者亦所在多人。茲舉其要者簡述如下：

歌謠界陳達恆春調【思想起】；陳冠華「十八般武藝，樣樣皆能」，在紐約街頭邊走邊吹邊打邊唱，引得洋人羨慕跟隨；還有賴碧霞客家歌謠，都是許常惠從民間「挖掘」出來的能手。而我發現了宜蘭陳健民先生對鄉土歌謠的調查研究，成績斐然。

早期說唱藝術很發達，楊錦池先生「吳韻集說唱彈詞」，其軟語之細膩餘韻，超過我在蘇州戲曲博物館所聽到的演唱，優雅精緻得多；我奉他們為南方唱口說唱的圭臬。

張天玉「京韻大鼓書團」，兼具八角鼓、快板書、子弟書等技藝，與夫人傳授中小學老師，創新群唱、對唱表演方式，我極為肯定與推崇。

王友蘭、王友梅姊妹組「大漢玉集說唱團」，在舞臺、電臺、電視「蜚聲」。我因友蘭好學，勸她趁年紀未老，趕緊修習博士，可是「掌聲悅耳迷人」、一再蹉跎；及至入我門下取得學位，臺灣藝術大學只能聘她為兼任助理教授，因為已超過聘為專任的年齡。她姊妹倆曾被我邀請和楊錦池先生與陳美娥在陽明山「聽雨軒」與臺大孫震校長、文學院長朱炎大哥、景明、啟方兄弟「雅集」，酒筵歌席南管、鼓書、彈詞交響於朱大哥〈掌聲響起〉、〈榕樹下〉的高亢聲中，迴響於「一雨青山綠」的林木之梢。友蘭在世新上我課多年，接送我來往家裡和學校。

王振全「漢霖民俗說唱藝術團」在上世紀八〇年代後三十年也相當活躍。他開班授課，培養不少「能說善道」的中小學生。他到臺大旁聽我課，假日參加「酒党登山隊」，二〇〇五年五月間帶我們郊遊灣潭古道，在北部深山中，有村名太平。我途中口占七絕一首：

> 灣潭古道傍山谿，藉葉青苔徑轉迷。亂石爭喧餘素響，碧林門色媚枝低。

那天中午，振全託太平村長老夫婦設宴農舍，飲金門陳高，食溪中苦花魚。振全也參加「酒党四中全會」，因經濟拮据退出，我送他兩萬元以濟一時之需。

吳樂天在電臺講《廖添丁》，情節離奇，非常動聽，可以說個「沒完沒了」。我請他在「民間劇場」主講一場，因助理約錯時間，他遲至八點才來，我只好「代打」一小時，聽眾對我講的梁祝、昭君、西施也頗感興趣。

我更安排協助我的朋友莊伯和主持「民藝講座」、林明德、張國男「燈謎」、許王和我「布袋戲」、李殿魁和田士林「說唱」、熊衛「太極導引」、戴綺霞和王安祈「國劇身段」、許常惠、沈冬「南管」，各就專精所學，透過學術通俗化之示範講解，都奉獻出來。同時也推介民間藝術從業者親臨各級學校和社會機構作「現身說法」，一者提升其社會地位，二者將其藝術打入人們的心目和生活之中，效果都非常好。

1 南管界：陳美娥、王心心、李祥石、吳素霞、周逸昌、王仁杰、曾靜萍

臺灣之南管即福建泉州之南音，亦稱「南樂」、「郎君樂」；郎君以其樂神為後蜀孟昶，故云。用之演為戲曲，在泉州稱「梨園戲」，分大、小梨園，大梨園又有「上路」、「下南」之別，在臺灣則稱「南管戲」，含七子班、高甲戲、白字戲。據我考證，南樂為唐代維吾爾之木卡姆，入唐宋稱「大曲」，南宋流播閩南，隨移民傳播臺灣；梨園戲則具南宋溫州戲文之面貌；臺灣之七子班即其小梨園；高甲戲實為戈甲戲，明其吸收宋江陣武術而為名；白字戲則對官音戲而言，言其以方言唱念之地方戲曲。因此南樂堪稱現存世上最古老之音樂，梨園戲亦可稱為現存最久遠之戲曲劇種；其歷史地位與文化藝術價值最為崇高與貴重。

一九八一年年底，許常惠大哥在鹿港召開「國際南管學術會議」，我考述「南管」的古老性，與他成為「忘年之交」。他將我引進「中華民俗藝術基金會」為董事，走上民俗技藝維護發揚的工作。一九八三年，

我自哈佛大學燕京社訪問返國，即再和許大哥談論南管的重要性，以為南管原是臺灣社會各階層的日常娛樂，而時過境遷，理應設法再喚起國人的注意。乃與基隆、新竹、鹿港、臺南、高雄等尚存的南管樂團合作，舉辦我哥倆輪番上陣的「南管示範演奏」，一路由北到南，使得臺北閩南樂府、鹿港雅正齋、臺南南聲社再現昔日風華。尤其在臺北社教館城市舞臺由及門沈冬主持導聆的一場，更造成連走道臺階都擠滿聽眾的現象。我也乘勢推展南管，引進臺大校園。南管耆宿余承堯先生，曾官拜中將，為蔣介石左右手，他對於其家鄉泉州古樂，每次都侃侃而談，難以罷休，並將南管提升為漢代相和歌之遺響。我並展開兩岸南樂、南管，梨園戲、南管戲之學術會議與展演，在《聯副》寫諸如〈宋元南戲的「活標本」〉、〈古老的劇種、亮麗的表演〉、〈認識最古老的劇種〉、〈不可錯過「梨園盛筵」〉來呼籲鼓吹，而在臺北與我關係最密切的是陳美娥（一九五四—）、陳守俊兄妹的「漢唐樂府」，在泉州是曾靜萍任團長的「福建省梨園戲實驗劇團」。

陳美娥學南管，師出臺南南聲社，因理念不合，「背叛師門」，由於胞兄陳守俊經商頗有積蓄，乃鼓勵美娥北上創立「漢唐樂府」，奉養余承堯為師為義父。余老山水畫給李鑄晉、石守謙等名家賞識，市價節節高升，於「漢唐」亦有所助益。我於陳守俊杯酒投合，即使有些齟齬，一杯就可泯然言歡。我欣賞美娥「嫁給南管」，全心全力投入而思路新穎；雖然她背負「叛離」之名，為南管界所不容，但我協助他們兄妹建立藝文界關係，引請許常惠也予支持關注。我率領他們於一九八九年九月兩岸始通，即赴陝西參拜黃帝陵、通宵達旦祭軒轅廟，與西安師大教授座談交流，與北京民族樂團同臺演奏，於中秋南下泉州參加南音匯演，我被選為南管協會名譽會長；更進一步出國做「藝術文化之輸出」，經印尼、新加坡至澳洲。

美娥兄妹往來泉州、臺北頗為頻繁，認識泉州姑娘王心心（一九六六—），心心得過南樂歌唱銀屏獎，又長得好看。守俊對她甚為癡迷，在他以為「無望」之際，我出馬「遊說」，終使心心相許，遠嫁臺北。「漢唐樂府」添加生力軍，業務快速成長，藝文名人、官吏要員，如中研院院士李亦遠曾為座上賓。其演出節目內容不再止於「上四管」、「下四管」、「十番樂」，也不再拘於散序、排遍、入破那樣的演奏程序。

陳家兄妹的「南管事業」開始在基隆路二段一棟橘黃色的公寓裡，定期會集弦友切磋技藝，運用陳美娥所體悟出來的新方法培植後進。慢慢的，漢唐樂府也成為藝文界雅集的地方，優雅的布置中懸掛著余承堯老先生的一副對聯：「漢房中魏清商五音十二律至今弦管依舊；唐法曲宋詞調六代一千年從此雅流重新。」

「漢唐樂府」最盛時，演出一場《梨園樂舞豔歌行》，我在一九九六年元月十九日於《聯副》寫下這樣讚美的文字：

> 「漢唐樂府」所創設的「梨園舞坊」所以使人讚嘆的是創意出人意表，取材結撰妙於巧思，融會古今天衣無縫。
>
> 我很欽佩陳美娥能從南管上下四管指譜曲的歌樂中，和梨園戲「糕人身」、「三節手」、「四顧眼」、「垂手行」的科步裡，取其菁華，輸入現代藝術的新血，從而開出這樣一朵藝壇奇葩。
>
> 我很欣賞吳素君以一位現代舞名家，能沉潛於南管，能將晉代傅玄〈豔歌行〉的詩意，運用梨園戲小旦婀娜嬌俏的身段來描述秀麗佳人踏青嬉春的萬種風情。
>
> 我也欣賞藝術學院剛畢業的幾位舞者，跨海到泉州去苦學南管和梨園戲的各種技能，而且融會了現代舞的功底，使得優雅柔媚中充溢著引人入勝的神采。
>
> 而最令現場觀眾屏氣凝神的一場，則莫過於《夜未央》。王心心一襲仿唐古裝，彩麗耀眼，懷中的琵琶唱出了《高文舉》一劇玉貞的閨怨與尋夫的苦楚。而〈玉貞行〉最能表現梨園樂舞沉斂溫柔、古雅細緻之美，我在泉州看過旦腳在數尺見方的小舞臺上，姿態曼妙之極；而眼前舞蹈的秀蓉、蔓菁，猶能相彷彿地與王心心的歌聲相得益彰，也難怪在柔和的燈光下，全場只迴盪在一個旋律裡。

此外，「梨園舞坊」的這次演出，在在都教人看出用心用力的地方。不必說仿唐古裝的華美、燈光營造的得體，即使是起於【西江月】、終於【滿堂春】的節目安排，都不失南管樂次；而以《豔歌行》為創團公演之名，是有意地取其古樂府首段之義；所以漢唐這次「壯舉」，自然是要有口皆碑的。

可惜好景不常，王心心在南管界聲譽日隆，卻引發「姑嫂勃谿」，「夫妻恩愛」也起了變化，我為此請守俊和美娥勸說「家和萬事興」，他兄妹倆未置可否，後來聽啟方夫人張美和說，守俊兄妹用「非常」方式和心心協議離婚。守俊不久英年早逝，心心另立門戶，續作她的「南管事業」，美娥則到北京另謀發展。從此我和美娥見面很少，她和女兒從北京回臺北，我雖請她們在寧福樓吃飯，但已覺「生分」，沒有往日情懷。

臺灣南管界有一位僑居菲律賓的李祥石（一九一二—二〇〇三）先生到臺灣授藝，將古老的南管戲身段傳遞下來。我帶他出國作團隊顧問，旅遊景點時，他每坐在遊覽車上不參與觀光，我問他，他說到處都一樣是花草綠樹，有什麼可看的。

另一位是臺中的吳素霞（一九四七—），她十來歲時被送到菲律賓學藝，與同學有「十二金釵」之稱。她一直沒有放開南管藝術，四十八歲時，我推薦她參加教育部「薪傳獎」，和廖瓊枝一樣，遭林衡道和施翠峰兩老以年輕否決。我照樣據理舌戰力爭，仍舊通過審查，也只有兩老兩票反對。她一直主持南管館閣「合和藝苑」，在彰化南北管音樂戲曲館培養後進，每年「郎君祭」都來函邀我參加，我以路遠，只去過一次。

另一位是周逸昌（一九四八—二〇一六）先生，他臺大畢業後到法國巴黎法蘭西學院研究導演和剪接，返國後擔任「當代臺北劇場實驗室」召集人和「零場 121.25 實驗劇團」團長，堪稱是八〇年代臺灣小劇場運動的先驅之一。而像他這種現代戲場的藝術鬥士，居然「有感於傳統藝術內蘊精神之豐富，決心以南管現代化及傳統藝術之承傳為目標」，從而創立了「江之翠劇場」。

「江之翠」於二〇〇二年七月四日至十三日在板橋林家花園，演出十場《後花園絮語》，結合現代劇場工作者，使南管戲樂在「水榭舞影、樓臺戲夢」中展現了令人陶醉的新風華。

而泉州之「福建省梨園戲實驗劇團」，乃當地政府為維護梨園戲而設之公立劇團，已融梨園戲大梨園上路、下南和小梨園三派為一爐。

一九九〇年十一月創辦《雅韻雜誌》的賈馨園，也是重要的崑曲推手，當她知道梨園戲更是了不起的劇種，她立即劍及履及，獨力邀請泉州梨園劇團來臺公演。她選定的「折子戲」都是膾炙人口的經典；其《高文舉》的〈玉真行〉、〈冷房會〉，出自《荔鏡記》的〈賞花〉，出自《呂蒙正》的〈打趕〉、〈入窯〉，見於《朱弁》的〈裁衣〉，見於《郭華》的〈買胭脂〉。凡此均為小梨園之經典劇目，其歌舞樂已融而為一，其古樸之特色尤見於傀儡化之科步。而〈玉真行〉之「一句曲一步科」，唱做細膩，為旦行所必修；其傳諸高甲戲中，亦自可觀。其他若〈賞花〉之見閨門旦功底，〈打趕〉之跌宕，〈入窯〉之詼諧，〈裁衣〉之高雅，〈買胭脂〉之繾綣，無不以特殊風調引人入勝。

此外賈小姐還安排〈十朋猜〉（出自《王十朋》）和〈太平錢〉（出自《朱文》）兩齣上路折子和兩場本戲《蘇秦》、《董生與李氏》。〈十朋猜〉情節關鍵全劇，是為「劇眼」，有精采而高難度的表演；〈太平錢〉為新發現古老劇目，保持宋元南戲的面貌，甚為珍貴。《蘇秦》與元末明初蘇復之《金印記》相似，為上路、下南大梨園之代表劇目。

至於「全本戲」《董生與李氏》，則為福建才子屢獲大獎之王仁杰（一九四二—二〇二〇）新編。仁杰與我係多年好友，他常感嘆自己「有色心無色膽」，書房署為「三畏齋」，取孔子「君子有三畏：畏天命、畏大人、畏賢人之言」命義。而其劇中之董生乃名「四畏」，謂「三畏」之外多一畏為「畏婦人」，我看此劇實為仁杰現身說法，自我寫照，所以順手拈來，自然貼切，文采煥然而機趣橫生，允為壓軸好戲。

仁杰雖是我好友，但兩人相聚，故作「頗不相能」之態，以酒後取樂。他很受上崑當家花旦梁谷音青睞，一再要求替她編崑劇，情溢於表。梁谷音在臺北國家戲劇院與劉異龍演〈活捉〉時，我坐首排，她見我睡著了，謝幕之際，即直指我說：我演得滿身大汗，你居然見周公。我說：妳的戲我看多了，每句唱詞、每個身段都可閉目冥想！

仁杰學而優則仕，官拜省人大副主席，出入有車代步。

泉州梨園實驗劇團團長曾靜萍（一九六三—）與我同姓，視我為宗兄。仁杰還為她編過《節婦吟》，我在劇團的劇場看過演出。他們只花五十元人民幣即將舞臺裝置美術，畫龍點睛般地使虛擬象徵頓成「夢幻式的寫實」，充分彰顯「經濟劇場」的高度水準。就因為和靜萍、仁杰的關係，我每次到泉州都去劇團看他們，並享受「梨園盛筵」。我曾著文呼籲，應使泉州成舉世矚目的「南音之都」、「梨園故鄉」。

我的《梁祝》在杭州演出時，仁杰特地去觀賞，朋友還調侃他「有色心無色膽」，十足的「董生之流」。

2 鄭榮興客家採茶戲

客家採茶戲雖自江西入閩西而渡海東流，但其成長完成在臺灣客家庄。以「三腳採茶戲」、「相褒」，滿心而發、肆口而成之「踏謠」娛樂民間。近年有鄭榮興（一九五三—）教授傳「陳氏客家八音」五代之藝術。他師大音樂研究所畢業之後，又負笈香港新亞研究所取得博士學位，以此涵養而全身全力投入鄉土戲曲中，以「榮興客家採茶劇團」從事薪傳和演出，其薪傳則開班授徒、製作節目，其演出則遊走城鄉。內臺外臺兼具，務使此易於脈動民族心靈之表演藝術永生不息，從而重新豐富人們的生活。

而鄭榮興更要胼足所學以提升採茶戲的文學和藝術，於是親自編修劇本，務使劇情曲折耐人尋味，務使主題新穎富於省思，而曲詞賓白則講究語言與音樂旋律的融合；同時又廣為招攬耆宿，同心協力，仔細琢磨，務使節目緊湊、排場得宜，以引人入勝、不覺終場。數年來，其努力之成績，已屢次在國家戲劇院和社教館展現於國人面前。

我的兩個京劇劇本《霸王虞姬》和《牛郎織女天狼星》都被榮興「改調歌之」，榮興製作我所編《霸王虞姬》，融採茶戲、京劇、歌仔戲「三下鍋」為一爐。其《牛郎》一劇由王瓊玲修編，改題《天上・人間・桃花源》，二〇二一年十一月演於臺北國家戲劇院。

鄭榮興，臺灣師範大學音樂研究所碩士，師從許常惠；於新亞研究所獲博士，我為其指導教授。曾任臺灣戲曲專科與改制後之學院校長多年。

3 偶戲界

偶戲包括布袋戲、傀儡戲、皮影戲三種。

在布袋戲界，如許王「小西園」、黃海岱「五洲園」、黃海岱之子黃俊雄「黃俊雄木偶劇團」、李天祿「亦宛然」、鍾任壁「新興閣掌中劇團」等。如果以音樂腔調論派別，那麼許王是北管福祿、李天祿是皮黃、鍾任壁是潮調、黃海岱是改良綜合，黃順仁是歌仔調。

傀儡戲在高雄地區保留南管系統，傳自泉州。造型小，只由演師一人做儀式性操弄，絲線只八條。其皮影戲團和傀儡戲團一樣沒落，在高雄只存兩團，一為張德成之「東華」，一為許福能「復興閣」。張德成去世，後繼無人。我帶「復興閣」參與新加坡「春到河畔」展演，演師六人，皆在花甲以上。

❶許王「小西園」

許王（一九三六—）和他的「小西園」是偶戲界和我交情最深、關係最密的演師和劇團。我欣賞許王掌中的布偶和他「形神合一」，簡直到出神入化的境界。他和後場樂師的默契，幾同手足之應心，團隊精神十足發揮。許王為人，有分有寸，言而有信，敬業樂群，所以我推薦他為教育部首屆薪傳獎，有機會演出「文化場」或首度出國巡演交流，都不作第二人想。

一九八二年，我在美國安雅堡密西根大學，因為同學陳真愛教授推介，東蘭辛州立密西根大學的中國研究中心希望我返國後選一個民間表演藝術團體，到美國巡迴演出。翌年果然寄來邀請函，我向太平洋文化基金會請求支持，美國主其事的傑克．威廉教授為我們安排十二州、十三所大學以及當地的文教機構和中小學作演出的場所。我選擇小西園布袋戲團作為表演團隊，我認為他們具有國家榮譽的觀念、團隊一體的精神、高妙的藝術水準、健康愉快的身心，必能圓滿達成任務。我也請臺大外文系教授彭鏡禧為副領隊，基金會副執行長賴玉人為顧問，以強化「陣容」。沒想到一九八四年九月臨行的前一星期，基金會所召開的協調說明會上，外交部、警備總司令部、情報局、調查局的與會官員皆持反對態度，共同理由是臺灣鄉土劇團到美國一定會被臺獨和中共所利用。外交部的科長甚至說，我們尚未出國就被打敗了，須知邀請單位是傾共的，如果我們真要演出，就得扛著國旗進場；警總的官員也要求布袋戲的彩樓要漆成紅白藍三色。所幸基金會執行長李鍾桂、教育部科長陳守讓有不同的看法，才沒有被完全擋住。兩天後，國家安全局擺了一桌酒席，宴請賴玉人和我以及相關單位官員，沒等主人開口，我即簡報四十分鐘，說明此行的緣由意義和目的，以及小西園的藝術水準，我們的經驗能力足以應付任何突發情況；如果此次赴美交流臨時打住，對國家恐有不利。我話一說完，主人即回應，說已被我「統戰」，於是杯酒盡歡，我們也順利出國。

一九八五年國建會在臺北舉行，我被推為文化組召集人，因為有感於自己經驗過的「艱難」，乃將「以民族藝術作文化輸出」，列為我們對「文化政策」的重要建言，幸蒙政府採納。從此藝術團體應邀出國作文化交流，政府就有義務補助經費，也因此民間藝術團體出國表演，就頻繁起來。而我也以「領隊」的身分，將自己的理念「身體力行」，在積極投入的二十幾年之間，率領布袋戲、傀儡戲、皮影戲、雜耍特技、手工藝、南管、國樂、民族舞團、歌仔戲團出國作藝術文化交流，實現「以民族藝術作文化輸出」的主張，總計不下四十餘次，歷經美國、加拿大、中美尼加拉瓜、哥斯大黎加、巴拿馬、韓國、日本、菲律賓、印尼、澳洲、德國、法國、南非、匈牙利、奧地利，以及檀香山。所至無不受當地媒體大幅報導，同行之偶戲團體奉我們為上賓，邀請單位接待有加，充分達成國民外交的使命，較諸官方特派的團隊之將「文化當公務辦」大異其趣。而就中小西園我就率領他們十六次，動輒個把月。一九八七年德法南非之行六十幾天，使得一向支持我投入社會文化工作、視我如友朋的臺大孫震校長勉強同意，也因此馬上引起「後遺症」，有臺大同仁以我為例，也要上課期間「超時」出國。

小西園在我首度率他們出國之際，由於情治單位不支持，經費有限，為省錢而轉折空中飛行。許王的搭檔、李天祿的兒子李傳燦，因出國三十五天期間沒有收入的保證，棄他而去，連帶也有幾位團員附從，使得許王不能不從「死忠」裡重組團隊。而我因能利用機緣，由許王先生夫人管帳，每人尚能獲得三萬元的報酬；德法南非之行，更使他們平分可得十餘萬元，甚至所得補助沒用完，我都繳還文建會。

小西園總共出國交流三十餘次，遠及北歐。因為許王長公子許國良於中興大學法律系畢業後，即投入布袋戲事業，開展小西園的門路，也在泉州設立木偶製作公司，收集老師傅雕刻傳統精美的木偶。可惜英年早逝，許王不久中風，其次子也因中風不治，真是一門不幸。小西園的擔子就落在女兒許真真和他得意門生的身上。許國良留下的遺孤，我發動民俗藝術基金會同仁捐助七十萬元作他們的教育基金。幾乎每年春節，國良的孩子們都會掛來電話。

一九八五年三月六日，我在《臺灣日報》副刊開設的「專欄」寫了一篇〈報國何須定科技〉：

蕭蕭海嶽駕長空，誰道功名掌上中。報國何須定科技，天涯展轉氣如虹。

去年九月十九日至十月二十五日，我率領以小西園掌中劇團為主體的「中華民國訪問團」巡迴美國十二州、十三大城，表演四十場。而這首詩是雙十國慶日在芝加哥時，清晨醒來，有感而發，寫給小西園團主許王先生兼示副領隊彭鏡禧教授的。回國後，太平洋文化基金會執行長李鍾桂教授頒獎給我們，在典禮上，許王先生吟了這首詩；上月七日教育部更須發獎狀給我們，在典禮上，許王先生又吟了這首詩，可見許王先生對這首詩是非常感動的。我想使許王先生感動的緣故，並非「功名掌上中」，而是「報國何須定科技」。

在四十場的演出裡，幾乎場場轟動，觀眾反應的熱烈，幾乎場場起立鼓掌致敬。這時的許王先生手托著木偶，笑逐顏開地走到臺前，面對著滿場的歡聲雷動，他感到的不只是個人的光采，更是國家的榮耀；而當夜晚回到旅館，看到電視新聞對我們演出的報導，螢光幕中出現滿場揮舞的國旗，我們整天的疲倦就頓然消除了。而次日當地報紙，每每以巨幅報導，給予極高的評價，我們更為之奮發異常。因為我們每個人心目中所要爭取的就是這一份「來自中華民國」的榮譽。

我們在「美國中國委員會」和「密西根華美文教中心」的邀請與安排下，不只在中國委員會分支機構所在的大學演出，而且也到當地中小學和文教機構以及偶戲中心演出，我們甚至在匹茲堡的商業中心作露天演出，更在北卡羅萊納州瑞利城的醫院裡演出慰問病童；我們還應僑胞之請，在芝加哥、在聖路易為他們加演數場。每場演完之後，我們邀請觀眾上臺觀賞舞臺、操弄木偶、吹奏樂器，我們全體團員則周旋其間，或示範操演、或解答問題，此時此刻，沒有國界、沒有人際，最是融合溫馨。為此，我們敢說，我們此行不只達成了藝術文化交流的目的，而且也增進了中美兩國國民的友誼。只是遺憾的是，我們不能為僑胞多作演出，為此招來一些善意的「責難」。

回國後，我接到不少感謝的信，太平洋文化基金會也接到許多美國小朋友所繪畫的「布袋戲」，匹茲堡大學的教授四月間更帶領「海上大學」的學生到臺北來看小西園的演出，海工會的劉先生還告訴我，美國各地僑胞紛紛來信要求派遣布袋戲團去作宣慰演出。由這些迴響來看，我們真的是「不虛此行」了。「布袋戲」在一般人心目中，不過草野民藝，登不了大雅之堂，但是只要你聚精會神地觀賞，你便會發現一個成功的演師如許王先生者，若非具有絕頂的才情和積年的功力是無法能夠造就的。所以我們的布袋戲在世界偶戲藝術中的地位堪稱最為崇高，也因此，在我們以藝術解析式、趨菁取華的導引表演下，美國觀眾即能由了解而欣賞而熱烈共鳴嘆為觀止。「報國何須定科技」，近年國內高唱「科技報國」，其實只要有心，哪有不能報國的？豈獨布袋戲的「掌中功名」而已！

二〇〇四年九月二十五日，我以〈序「西園偶戲英雄會」——永遠的許王和小西園〉寫道：

小西園園長許王先生與我如兄如弟，想當年我倆共開布袋戲事業與以民族藝術作文化輸出的「同甘共苦」，迄今二十年，猶然相顧莫逆，相顧莞爾。

所謂「共開布袋戲事業」，是指布袋戲在政府忽然重視鄉土與傳統藝術文化的維護與發揚之始，我們如何將布袋戲藝術奉獻國人、薪傳子弟、教育群眾；而所謂「以民族藝術作文化輸出」是指將我們的鄉土和傳統藝術文化介紹到外國去，透過展演和示範講解，將我們民族藝術的菁華讓外國人因認識、了解、欣賞而感動而共鳴，從而達成增進國際情誼的使命。

如果說作一個國民，理當為社會國家略盡綿薄，那麼我們可以算是無愧於心了。

然而許王先生是一位精益求精，上而又上之，廣而又廣之，執其善而鍥而不捨的人，也因此許王佳弟子分布臺灣南北，小西園行腳幾遍寰宇，其本人也獲致國家文藝獎的最高榮譽。

而今小西園創團已屆九十一周年，去年因SARS疫情影響，無法舉辦「創團九十周年慶展演」，乃延至今年十月八日起特假國家二級古蹟臺北市大龍峒保安宮作為期一連三天的「西園偶戲英雄會」，由許王和他的得意弟子共展絕活。這是何等令人興奮的事！而許王先生「從藝一甲子，主演半世紀」，會聚西園群英，將維護、推展、發揚布袋戲藝術的成果公諸於世，則又是藝文界何等重要的大事！

偶戲是世界共同的藝術文化，臺灣布袋戲藝術更是出類拔萃，位居翹楚；而許王聲名早已遠播國際，則許王為國寶級的藝術家已是不爭的事實，他將名垂青史，成為永遠的許王。我既忝為許王知交，自然感到與有榮焉。謹在小西園九秩晉一團慶之日，獻上我無上的祝福。

小西園原在新莊，以唱北管亂彈籠底戲著稱。小西園和我輾轉天涯，團員能飲的自然成為我這位「酒党党魁」的党徒。我們在德法兩國馳騁三十座大城小鎮山鄉野村之時，在親切的德國司機密雪兒所駕的大型遊覽車上，我總備置啤酒兩箱、白蘭地和威士忌各半打；沿途賞風觀景之際，以啤酒當可樂喝，助長興會。而駐足旅館，每選擇帶廚房的，由許王夫人操持，做一桌可口的家鄉菜，大快朵頤之餘，酒興特別高，而委屈為副領隊的莎士比亞專家好友彭鏡禧教授。我一路上訓練他起碼有個「党徒」的樣子，但他號稱「彭不喝」，所以毫無進長。但他卻有一晚，爆發「狂舉」，乾盡六杯，就很快地「裝乖」、「玉體橫陳」地睡著了。

❷傀儡戲與皮影戲：許建勳、林讚成、許福能、張德成

臺灣傀儡戲只有懸絲（提線）傀儡一種，分兩派：一是以臺南、高雄為中心的泉州派，一是以宜蘭為中

心的漳州派。北部宜蘭地區為北管皮黃系統，傳自漳州，造型較大，演師二人，一主一副，主演控弦十三，語言歌唱，除煞儀式外，可演出戲劇；有林讚成（一九一七—）、許建勳（一九三四—一九九八）之「新福軒」與「福龍軒」二團。其劇團與我有關係者有二，一是「福龍軒」，已傳五代一、二百年。一九八六年我率該團與其他民藝團隊十有餘團赴新加坡參加「春到河畔」與列國團隊一起展演，由於其成員年富力強又臨時湊合，多屬地方角頭，在旅館飲XO白蘭地至天亮，次日八時許我集合團隊將同出觀光旅遊，他們睡意正濃，一個也下不來。我責成其團長許建勳一個個硬拉下來，不可破壞團隊規矩，他們雖不免抱怨，但畢竟下來列隊出訪了。當天夜晚十一時，他們在演出場合還能引吭高唱亂彈北管，我高興之餘，說：「演後我請你們喝啤酒消夜。」我不只一個個和他們乾杯對飲，還大行「五拳憲法」，也使他們一個個敗下陣來。他們從此和我頗為親近，認為我這位臺大教授與他們心目中想像的不同，返臺後常邀請我去宜蘭看他們。

其二是林讚成的「新福軒」，我邀他們參加「民間劇場」的演出，他們也應邀到歐洲法、荷、義三國巡演交流。林讚成能演出午夜後的「除煞儀式劇」。

這兩個傀儡戲團我都推薦為教育部「薪傳獎」得主。

皮影戲至遲在清嘉慶已在南臺灣流行，是由漳州經潮州傳入，用潮調演唱，其演進可分野臺戲、內臺戲、文化戲三時期。一九六七年華視繼臺視、中視開播之後，皮影戲幾乎銷聲匿跡，所幸一九七八年許常惠舉辦「民間藝人音樂會」，倡導鄉土傳統藝術，乃促使皮影戲藝師如張德成（一九二〇—一九九五）東華皮影戲團、永興樂、復興閣「重拾舊業」。我亦於一九八三年起為文建會所製作之「民間劇場」連續四年邀請演出，更見「起色」，亦於一九八五年率包括許福能（一九二三—二〇〇二）之「復興閣皮影戲團」之民藝團隊赴新加坡參加「春到河畔」之列國表演活動。而從此皮影戲也到過美加歐日巡演，如我所倡導之「以民族藝術作文化輸出」。

❸黃奕缺、王景賢

泉州的黃奕缺（一九二八—二〇〇七）先生是兩岸乃至世界最傑出的傀儡戲大師。我在一九九三年九月二十三日的《民生報》「文化新聞」上，寫了一篇我親眼目睹看他及其團隊精采絕倫的演出情況和感想。文云：

偶戲是世界的共同藝術文化，咱們中國更是偶戲的王國和古國。就中懸絲傀儡已見漢代文獻和出土文物，唐代極為盛行，宋代幾於登峰造極。福建在宋代素有「海濱鄒魯」之稱，傀儡藝術亦代代相傳，迄今則出神入化、爐火純青，薈萃而集中於黃奕缺老先生之身。因之，黃老先生不只為中國「文化財」中的「國寶」，而且是世界級的藝術大師。他的藝術不只讓國民嘆為觀止，尤使異邦人士瞠目結舌，他真是蜚聲海內外的表演藝術家。

我曾在泉州數度觀賞他所領導的傀儡劇團演出，二、三十根絲線在他手中，如捻佛珠、如數家珍，將身心與絲線與偶人融而為一，於是展現眼前的小猴兒翻騰跳躍、頑皮可愛，車上雜技、花樣百出，其栩栩如生，豈止難辨真假而已。而泉州傀儡劇團的一齣《火焰山》，早已馳名國際，可以說將中國偶戲現代化並推向了至高的境界。

傳統的中國偶戲，無論傀儡戲、皮影戲、布袋戲，一般只有主演和助演兩個演師，由主演擔任口白，因此場面難於壯觀、腳色不易掌握。而黃老先生運用「腳色專業化」的方法教導訓練他的學生，所以學生各有專攻，好像精擅某種腳色行當的大戲演員一般。於是懸絲傀儡所可以演出的內容就和大戲不相上下，而其藝術也簡直成為大戲的「縮影」。

尤有進者，在黃老先生指導下的泉州傀儡劇團在「懸絲」的基礎上，更巧妙地運用了「杖頭」、「掌中」的技法，甚至於皮影偶和真人扮飾的「肉傀儡」也上場了。所以他們的藝術，實是汲取了偶戲的各種菁華，將《孫悟空三調芭蕉扇》演得既琳琅滿目又如火如荼。當我從後臺看到在樂師的急管繁弦下，一、二十位男女青年藝師各展絕活的神采，不禁深深感動，也深深為黃老先生高興，從此「薪傳有人」。

我也曾經多次帶領偶戲團到美日歐非東南亞去做文化交流，在與各國偶戲界切磋之餘，對於我國為世界偶戲發祥地的認知和執世界偶戲藝術牛耳的信心更加堅定不移。而今欣喜於臺灣布袋戲大師李天祿老先生邀請大陸傀儡戲大師黃奕缺老先生來作系列公演，一飽國人眼福。兩老惺惺相惜，不只是劇壇盛事，也是藝界韻事。年前黃老先生曾以絕藝遊歷臺灣，我曾請他在臺大作示範演出，反應之熱烈，難以形容。而黃老先生即將再度蒞臨，完全地展現他不世出的藝術造詣，我在此希望國人珍重他，珍重他也就等於珍重我們令外國人刮目相看的傳統民族藝術。

而繼黃奕缺老先生之後的泉州木偶戲劇團團長王景賢（一九五五—）是「酒党要員」，我每到泉州或他帶團來臺灣，都「酒量通海」，深夜酩酊。

我於一九九〇年二月間在楊梅附近的埔心農場，觀賞由景賢率領的「泉州木偶劇團」於「中華少數民族博覽會」的大型展演活動。這個「博覽會」將散處大江南北和邊疆雪地高原山區的五十五個少數民族集中在一起，以展示其文物風情、居家環境和歌舞藝術。只要花一天的時間進入其中，即可將我國少數民族的文化一覽無遺，我認為那實在是一個極富學術性、教育性和娛樂性、同時兼具動靜兩態的「文化大櫥窗」。

「泉州木偶劇團」演出的是《相公爺大出蘇》，相公爺即皮黃腔劇種信奉的戲神，造型為幼童，因他被棄田野，由蘇姓農夫收養，因亦以「蘇」代稱。

據閩南風俗，新居落成喬遷之時或壽慶大典之日，必須先請懸絲傀儡（或稱提線木偶）來開場演出，以鎮凶煞而延吉慶，否則不能有任何鼓樂之聲。大陸淪陷以前，閩南地區如果一時請不到相公爺來開場，則必須請小梨園來「提蘇」，其演出形式是：小梨園生腳扮飾相公爺，站立紅毯布前，老藝師站在紅毯布後的椅子上，模仿傀儡戲提線，以操縱下面幕布前的生腳，上提下放，合演「相公模」，亦即所有動作完全模擬「相公爺踏棚」，這種由人扮飾傀儡的演出方式，就是宋代《都城紀勝》所記載的「肉傀儡」，極具藝術文化的歷史價值。

❹黃海岱及其子黃俊雄等布袋戲群英

布袋戲亦稱「掌中戲」，亦以此名其團。一般學者皆據傳說，認為出諸泉州不第書生梁炳麟或孫巧仁之手，時在清嘉慶年間。但據我看法，乾隆間李斗《揚州畫舫錄》所記的「肩擔戲」，與「布袋戲」最為相近。

據江武昌《臺灣布袋戲簡史》，可分籠底戲、北管戲、章回歷史古冊戲、劍俠戲、皇民化戲、金光布袋戲、廣播布袋戲、電視布袋戲、近代情況等十個時期。

其籠底戲是指唐山師傅所傳或來臺所演之早期劇目。皇民化是指日據時期被日政府所強迫下之政治工具劇目。金光布袋戲緣由一九四八年李天祿從上海帶回之小說《清宮三百年》，敘述少林寺洪熙官、方世玉等俗家弟子三建少林寺的故事，其後經黃海岱（一九〇一—二〇〇七）加大布偶，以五洲園弟子三百多團傳播南北，其子黃俊雄（一九三三—）等更踵事增華，達到「光怪陸離」的程度，從而推進電視媒體。

黃海岱子弟兵滿臺灣，影響最大。我在二〇〇〇年十月五日《聯合報》文化版有一篇〈偶戲完人，曠絕古今——為黃大師海岱期頤之慶而寫〉，文云：

「偶戲完人，曠絕古今」是我用來為黃大師海岱老先生百歲榮慶的賀詞，我認為自有偶戲以來，只有黃大師能當此稱美。

「完人」和「聖人」都必須具備至高無上的完全人格，在道德學行上更要毫無瑕疵，這恐怕只能在理念中達成，現世中其實並無其人。然而如果就「偶戲人格」而言，那麼黃大師可以說不作第二人想，而且不只是「前不見古人」，後亦將不見來者。

因為就偶戲藝術的修為而言，黃大師繼承父親黃馬傳授的「家學」，拜王滿源為師精研北管，與友儕切磋揣摩技藝，學習漢文詩詞，熟讀演義小說；於是在他身上，人與偶形神相親，木偶在他掌中栩栩如生。他編的劇目無不膾炙人口，情節環環相扣，懸疑百端、高潮迭起，引人入勝而不覺終場。

在黃大師精湛的藝術修為之前提下，他兼融古今、薈萃諸家，以南管音樂、籠底戲、古冊戲為基礎，而能與時推移，勇於創發。於是由文戲而武戲而文武兼擅；由南管而北管而後場鑼鼓皆能；由鼻唇齒舌喉與丹田的音氣掌控，體會操弄小生小旦小花大花公末的分音聲口；由傳統劇目而自編公案戲、劍俠戲、金光戲，從而塑造了一個頂天立地的大英雄「史艷文」。他更在科技聲光的有利條件下，調整戲偶尺寸，變更劇場形式，從而吸引更多觀眾的眼目。黃大師於一九二五年，也是他二十五歲時創立「五洲園」。那時臺灣行政區分為五州三廳，可見他欲名揚全臺的心志。他開班授徒，弟子與再傳弟子達數百人之多，組成三百個班團，遍及南北，而莫不以其師承與「五洲園派」為榮。尤其其長子黃俊卿、次子黃俊雄克紹箕裘，黃俊雄更能開疆闢土，他的電視布袋戲《雲州大儒俠史艷文》，連演五百八十三集，使全臺觀眾如醉如癡。而今他的孫輩黃強華、黃文擇所發展的電視布袋戲，又颳起陣陣強而有力的「霹靂旋風」，所謂「霹靂裝」在青少年中流行，其主要人物也成為青少年偶像。

面對著子孫和徒子徒孫為他所造成的浩大聲勢和開展不停的成就，黃大師說：「傳統的不能滅，現代創新的要跑給觀眾追，三分古典、七分現代最好。」由此可見他勇於創新的精神和開宗立派的不二法門。黃大師又說：「放去則通往六合，退之則奧祕深藏；其味無窮矣。」我想這正是他掌上絕技的現身說法，也是他持以薪傳萬世的「三昧真火」！

我有幸在文建會傳藝中心的委託之下，主持黃大師布袋戲藝術保存計畫。他雖年逾耄耋，而耳聰目明，口齒清朗。為他錄影時，在彩樓背後、在鑼鼓聲中，我看到的是猶然矯健、一似被暱稱為「紅岱仔」時的壯年身影。他那藹然的長者風範，使我即之也溫；餐聚時他為我布菜夾肉，使我受寵若驚；他為徒子徒孫，尚且遊走四方。我仔細地「閱讀」他，獲得薪傳獎、民族藝師的榮銜和高齡率團赴歐美作文化輸出的勞績都是餘事；在他身上所呈現的，彷彿是一部臺灣百年布袋戲史；在他手中所傳遞綿延廣遠的則是布袋戲藝術薪火，如此加上他性情的溫厚、識見的通達、胸懷的開闊，以及開創精神和掌中絕藝，總體而言，請問古今，無論兩岸，有誰堪與倫比？所以在黃大師子孫門徒遵從民俗，於重陽節為老先生舉行百歲榮慶之餘，我除了祝福老人家步履康健、精神矍鑠外，更要獻上衷心的頌辭：黃大師是曠絕古今的偶戲完人，無論在中國偶戲史或世界偶戲史，都有他最耀眼的一章。

黃海岱次子黃俊雄在電視布袋戲出現之前，曾自資拍攝一部電影布袋戲《西遊記》，用寫實布景，非常賣座；但一九六八年黃俊雄又集資拍了兩部電影布袋戲《大飛龍》和《大相殺》，那時已是臺語電影的末期，所以兩部都賣座奇慘。一九六九年臺灣電視公司開播之後，李天祿「亦宛然」、王炎「哈哈笑」、林添盛「明虛實」都在臺視演過布袋戲，都不叫座。直到一九七〇年，黃俊雄在臺視演出《雲州大儒俠史艷文》，竟一舉轟動，從每週一集，增加到兩集、三集而至於每天中午都有布袋戲演出。當時全臺灣民眾幾乎為之瘋狂，男女老幼、士農工商都為「史艷文」著迷，甚至於造成小學生不上學、公務員不辦公的現象。黃俊雄又陸續推出《六合三俠傳》、《大唐五虎將》、《三國演義》、《西遊記》、《雲州四俠傳》、《雲州英雄傳》，也都很轟動。在這期間，黃俊雄之長兄黃俊卿也曾在臺視演出《劍王子》和《少林寺》；中國電視公司開播後，於一九七〇年三月也聘請鍾任祥、鍾任壁演出《小神童李三保》，之後也請黃秋藤的「玉泉閣」演出《揚州十三俠》和《武王伐紂》、許王的「小西園」演出《金簫客》，但都沒有黃俊雄轟動。其故是黃俊雄能博採眾家之長，其口技又是布袋戲界無人可比，也因此諸演師就難於望其項背。可是欲加之罪何患無辭，一九七四年新聞局竟以「妨害農工正常作息」的莫須有罪名硬逼黃俊雄走上被禁演的境地。這一禁演前後達八年之久，直到一九八一年方始開禁，但盛況已不如前了。此後縱使出現電視布袋戲有如被黃俊雄斥為「背師」的洪連生和黃俊雄之子黃文擇、黃文耀，也都等同強弩之末了。然而有誰料想得到，黃文擇、文耀兄弟在九〇年代以後竟以「霹靂電視木偶戲」吸引青少年，造成另一股霹靂風潮，盛況雖不及乃父當年，但已足稱克紹箕裘了！

我在為文建會製作執行「民間劇場」時，邀黃俊雄演出，他辭謝演出費，說：「曾先生是為我們打拚的學者，我們理當奉獻、共襄盛舉。」經我「遊說」後，他只收取將龐大的舞臺和珍貴的戲偶由員林到臺北的運費六萬元，而那時他在「文化場」演出之價碼，每場四十萬元。我曾陪臺大孫震校長等一行人到他的電視錄製室訪視，他不只向我們展現他在《雲州大儒俠史艷文》演出的各門腳色人物之不同絕妙口技，還在我們一下車時即鞭炮歡迎，午餐並筵開三席，熱情款待。他的佳公子黃文擇我聘他為中華民俗藝術基金會董事。

布袋戲團尚有鍾任壁的潮調新興閣布袋戲，他曾解除演師「交關屏」，直接面對觀眾演出，以展現人偶之間的關係，我曾推薦他獲薪傳獎；另有以歌仔調著稱的臺南歸仁鄉玉泉閣的黃順仁（一九三九—二〇〇〇），我兩度邀他在「民間劇場」演出。

李天祿（一九一〇—一九九八）的「亦宛然」在布袋戲界名氣不下小西園，其薪傳有成，在文化大學有

「小宛然」，在莒光國小有「微宛然」，更有法籍弟子向他學藝，在巴黎開班演出。我曾為李天祿親撰推薦書，並在教育部審查會上極力爭取，使他當選「民族藝師」，在家父母金婚之慶時，也與許王同臺祝賀演出。他的聲名日隆，開會時文建會主委郭為藩以他為首席，甚至可以直達「天聽」李登輝總統，可惜後來他及其子李傳燦認為我太照顧許王小西園，逐漸疏遠了。

4 歌仔戲界

❶小咪、許亞芬、唐美雲、石惠君

小咪（一九五〇—）、許亞芬（一九六五—）、唐美雲（一九六四—）是我心目中所敬佩、與我頗具關係的歌仔戲表演藝術家。因為她們既能融入腳色，忘此身之有我，充分展現人物之性情品格，謦欬舉止，生動感人；亦能疏離腳色，清楚覺察人物之類型特色，從而用心體會，塑造人物。也因此，她們妝龍像龍，妝鳳像鳳，幾乎能兼抱各種行當，妝扮人間百態。其所以能如此，就是她們「敬德修業」，長年積累，於是她們的歌聲能字正腔圓地詮釋詞情的意象情趣和思想，她們的身段能充分發揮肢體語言的效用而與聲情相應。所以在她們的表演裡，能令人享受到爐火純青的歌舞樂融而為一的藝術之美。

我欣賞小咪，更在她藝術人格的襟度寬廣和與人為善的情義。她與人相處從不疑有它，甚至近於憨厚。多年前我看到她身邊的友人，行跡江湖而狡猾，真想見義勇為地勸她小心謹慎，但「交淺言深」，實非人情所宜。不久就聽說她被騙取不少錢財。

以小咪的藝術修為和劇壇名氣，她絕對可以自組劇團，掛頭牌演主角。但她頗有老二精神，為同行拔刀相助，每每遊走劇團之間，為歌仔戲界添加許多「良辰美景」。

小咪幾乎是個全能的演員，小丑、老生、小旦這三門行當，其差別是何等大，而她卻無不勝任愉快，能緊緊抓住觀眾的眼目心靈；我還欣賞她舞臺下的為人，是那麼靜如處子，溫順善良，如秋桂魄影，與舞臺上判若兩人。翠娥則戲裡戲外都給人一種喜感，她是甘草人物，沒有她，就失掉了導引、滑潤和愉快。

一九九〇年五月，我率領「黃香蓮歌仔戲團」赴美巡演紐約、芝加哥、休斯頓、舊金山等大城，她與黃香蓮搭檔演出《前世今生蝴蝶夢》。二〇一四年我嘗試以「榮興客家採茶劇團」實驗劇種「三下鍋」，集客家戲、京劇、歌仔戲，同場演出《霸王虞姬》。小咪滿口答應我的請求，飾演烏江亭長，「兩肋插刀」的義氣，使得她最為顯眼，獲得滿堂采。

我欣賞許亞芬，更在她藝術的執著和犧牲。她執著於力求完好，務使關目緊湊、排場新穎、腳色合宜、旨趣動人、音律諧美、賓白醒豁、人物鮮明、科諢自然。只是猶不能免俗地追求歌仔戲舞臺時尚，令人炫眼奪目，以致「犧牲」了不少經費。她演佛教劇，為要淋漓盡致地發揮戲齣蘊涵的精神，不惜「犧牲」俊美的色相，削髮潛修，作佛的弟子，務期體悟真如，弘法有成。雖然編撰和搬演佛教劇自古以來就頗為艱難，但她執著的犧牲精神，卻使她鍥而不捨地一而再再而三。

亞芬繼《慈悲三昧水懺》、《良辰遇灶神》之後，又推出《阿闍世王》，用來三度弘法。她同樣和小咪演對手戲，同樣找來名腳石惠君（一九六六—）和吳安琪搭檔。石惠君是歌仔戲名導演石文戶的千金，家學淵源極為深厚，是當今極負盛名的旦角。吳安琪則是唯一公立蘭陽歌仔戲劇團的當家小生，堪稱「雛鳳清於老鳳」。

許亞芬把我掛在她劇團為「顧問」，我也每在她新劇目公演之前，為她在《聯副》作推介宣傳。

我欣賞唐美雲，因為她一直以歌仔戲為榮，每年總有一兩齣新劇目，長年活躍舞臺，觀眾熱烈歡迎，每次演完謝幕後，她一定使臺上臺下打成一片，交流對歌仔戲的關懷。她積極培養新秀，給予許多機會，嶄露頭角。「唐美雲歌仔戲團」雖然經營維持得辛苦，但她樂此不疲，執著以往。

二〇〇九年廖瓊枝要我為她編「封箱戲」，在《陶侃賢母》中她飾演「陶侃」，由少年、壯年到功成名就，廖瓊枝是她姑母，姑侄對手同臺，她格外用心用力，表現絕佳，使《陶侃賢母》成為歌仔戲「經典」之作。

❷陳勝福「明華園」、孫翠鳳、陳勝國、陳勝在

一九二九年陳明吉先生創立「明華園歌仔戲團」，明華園是唯一到現在（二〇二一）還極活躍的家族劇團，已歷三代。其第二代，團長陳勝福（一九五三—）經營，陳勝國（一九五四—）主編導，陳勝在（一九五四—）演丑腳，孫翠鳳（一九五八—）為小生、鄭雅升為旦腳，俱為歌仔戲明星。我在四十幾年前，方其初露頭角時，力排評審會上眾議之菲薄其為「金光歌仔戲」，大力提攜，認為歌仔戲走傳統鄉土藝術之道，明華園既能守住傳統，又能扎根傳統以創新，從而再度融入人們現代生活，其道正確，豈是「金光歌仔戲」所能一語抹煞者。於是不只陳明吉與劇團先後獲得教育部薪傳獎，孫翠鳳更迭獲諸多榮譽，我均為推薦人。我曾隨團赴北京於亞運開幕式演出，赴新加坡、馬尼拉宣慰僑胞。其第三代陳昭婷、陳昭賢、李郁真、陳子豪，早已臻水準，擔綱主演。我於二〇一五年與內子陳媛觀其新秀表演《流星》，欣賞之餘，慶其薪傳有人矣，賦五律：

臺灣歌仔戲，第一明華園。公演遍寰宇，蜚聲數十年。
家人作團隊，力協更薪傳。請看廣場秀，歡聲欲震天。

所以如果說歌仔戲界中，與我關係最密切者，應屬明華園。

我任中華民俗藝術基金會執行長，邀勝福為董事，他即捐款三百萬元，對基金會助益很大；我請他負責基金會的歌仔戲「事業」。二〇〇四年八月，海峽兩岸歌仔戲學術研討會和匯演在廈門大規模舉行，曾學文希望我率一百五十人與會；因當時民進黨政府以「去中」為政策，我大為反對，在文建會的「文化會議」嚴厲批評，震撼當局，不只中研院李院長遠哲停聘我任文哲所所長，凡我申請藝術文化活動的補助，有關單位也都藉故斷絕。此時勝福所組織的五個歌仔戲團，由他奔走設法安頓，我也好不容易募集湊合九十餘萬元，雖然我把團員有意地減成一百零八位，但無論如何也不夠空中旅費。和勝福商決，改由金門「小三通」，可是只准宗教團體，未開放藝文團隊。所幸「絕處逢生」，只因勝福拜託同鄉為國民黨立院總召的曾永權到陸委會「說項」，承辦主管的官員問他一句話，領隊曾永義是你什麼人，他回說是我的老哥，就一切ＯＫ了。當我們浩浩蕩蕩出發那一天，《聯合報》藝文版以頭條標題「曾永義率一〇八人開啟藝文小三通」。大陸的朋友都說：只要曾子一諾，沒有辦不到的事。

明華園演出的劇目如《劍神呂洞賓》、《逐鹿天下》、《濟公活佛》、《乘願再來》等，都能在排場關目上引人入勝。由明華園的第二代，我稱之為「鬼才」的陳勝國編導，他每能寓省思、哲思於劇情之中。在演員方面，陳勝在之喜感，教人忍俊不禁，也能發寓意於滑稽詼諧之中，頗有先秦宮優之致，如他在《濟公活佛》的擔綱主演；其他以《劍神呂洞賓》為例，幾位主角的演出都可圈可點。當家臺柱孫翠鳳仍不失大將之風，尤其在音樂唱腔設計轉折上複雜又高亢，她均能勝任，足見其深厚功力；飾演「李佛妃」的鄭雅升，性格剛強敢愛敢恨，與以往她扮飾端莊溫和的腳色特性大不相同，但照樣表現突出；飾演白牡丹的第三代新秀孫詩雯音質甜美，水袖的身段及飾青鸞的陳靖怡，武功俐落，嗓音也嘹亮。幾位新秀雖上場時間不多，但表現稱職，就連跳舞的丫鬟，也發揮了最佳的綠葉效果。

只是一路觀賞下來，氣勢萬千的舞臺效果和運用現代科技的雷射燈光，想必所費不貲。中國劇場講究的是「經濟劇場」，舞臺燈光布景服裝排場固然可為戲劇包裝、演出加分，但觀眾最重要的還是欣賞表演、體驗劇情，這應是每個劇團及創作者應當思考之處。然而總體說來，小瑕不足掩大瑜，《劍神呂洞賓》已經突破作為鄉土戲曲的許多制限，可以說真的將歌仔戲在觀眾的心目中飛躍起來。而如果他們能在唱腔上進一步琢磨提升，會更加完好。

而陳勝福是明華園的靈魂人物，他不演戲，卻是經營的高才，他使明華園躋入國家戲劇院的藝術殿堂，保留廣場奏技、萬眾熱烈、趨之若鶩的景象，在各種藝文匯演中突出表現，深入社會各階層表演，監獄、養老院亦所不辭。遊走海內外，蜚聲遐邇，為國家元首所垂顧。而明華園蒸蒸日上。

一九九二年十月六日至十七日，我隨明華園訪問東京、新加坡、馬尼拉。有感於明華園三代長年之事功，以「弘揚明華園歌劇團」八字製鳳頂嵌字聯，以呈老團主陳明吉左右並示明華園諸老友，詩云：

弘道何須作聖人，揚揚優孟樂斯民。明光閃灼當空照，華嶽崇高亙古新。
園囿百花成燦爛，歌詩三奏自芳春。劇談世界無常事，團轉天涯不住身。

這首嵌字詩，由大書法家摯友薛平南教授行草揮毫。

我屢次聽陳勝福說，明華園不培養唯我獨尊的明星，團員展現才華的機會均相等，因此使我覺得，團裡的每個成員就好像園囿中的百花一般，各逞其姿而盡其妍，來共同成就一個光輝燦爛的園林。也因此每次演出，無不發揮最高度的團隊精神、拚足最精采的技藝絕活、贏得最美好的成果；這也好像百花一齊綻放的林園，自然會造就一個芬芳的春天。我們都知道，戲劇可以反映、妝點、嘲弄、批判社會人生，其所演出的劇目如上文所云，無不深刻主題思想、新穎的關目排場，好像在高談闊論裡，把大千世界的百般無常之事，揮灑於麈尾之間；而我們也知道，一個劇團是會衝州撞府、歷盡城鄉的，尤其明華園更作國際文化交流，輾轉於天涯海角，雖然不得安定，但豈不也因此無所羈絆而遊於放任逍遙的境界嗎？

嵌字詩是一種文字遊戲，民間常見的是嵌於句首的對聯。我之所以嵌此八字作成此詩，一方面是從俗，一方面也是對明華園長年的努力和成就致以崇敬，同時也致以厚望。

❸黃香蓮

黃香蓮（一九五四—）的父母親是野臺歌仔戲演員，生活困苦，深感這一行沒有前途，非常反對她學戲。但是出身戲曲家庭的黃香蓮，身上的每一個細胞早就蘊涵著歌舞的基因，所以她為家計，輟學走唱餐廳或晚會。中視成立時，拜歌仔戲耆宿名導演陳聰明為師，也在劉鐘元、石文戶等前輩指導下，從事歌仔戲藝術的磨礪，五、六年主演過十幾部電視歌仔戲；得過金鐘獎，口碑甚好。

一九九七年五月在廈門舉辦「海峽兩岸歌仔戲創作研討會」，為了助長大會「聲色」，乃有「華山論劍」之舉，以觀人之善而揣摩之，安排「聯誼演出」、「唱腔欣賞」，前者由廈門歌仔戲團演出《君子亭》、漳州薌劇團演出《十八相送》；臺灣方面，分別由黃香蓮電視歌仔戲團演出《樓臺會》、陳美雲歌仔戲團演出《遊西湖》，集兩岸歌仔戲界菁英同臺輪番匯演。

這次兩岸匯演，大陸得過梅花獎的紀招治等用西方「美聲唱法」唱歌仔戲，那是當時廈門一群具洋樂修為的音樂人改良歌仔戲唱腔的成果；而臺灣的黃香蓮、陳美雲則保留歌仔曲調【七字仔】、【都馬調】的原汁原味。加上黃香蓮在歌仔戲界中小生扮相最俊美，極具敬業精神，演技絕佳，長年在中視擔綱演出，蜚聲海內外。所以當她謝幕時，觀眾蜂擁而上，說：臺灣唱的才是歌仔戲，我們唱的到底是什麼，一句也聽不懂；把黃香蓮熱情地團團圍住，恭維讚美她，要求她簽名，黃香蓮的兩百多張名片，一下子就用光了。坐在我身邊的福建文化廳長王鳳章對我說：「臺灣歌仔戲一聽就懂，我們的真不知在唱什麼。」

一九九〇年五月我率領由我向文建會推薦的「黃香蓮歌仔戲團」赴美演出，於五月十四日至二十一日登上紐約文化中心演出梁祝故事改編的《前世今生蝴蝶夢》，然後又赴芝加哥、休斯頓、舊金山巡演，無不轟動臺灣華僑社會，受到無比的歡迎和接待。

當黃香蓮在國家戲劇院演出《鄭元和與李亞仙》、《青天難斷》、《江南第一風流才子》之前，我都在《聯副》為她「前奏」、「敲邊鼓」，尤其《風流才子》演「唐伯虎點秋香」最合她的戲路。那是建國百年（二〇一一），在馬英九總統的敦請下，重披戲衫，又有她的老搭檔小咪、翠娥、石惠君、呂雪鳳助陣，在城市舞臺演出，幾於萬人空巷。

她嫁作中研院院士夫人，院士大會攜眷參加，她成為最美麗亮眼的「嬌點」。她還請先生在圈選院士時，助我一票。

❹楊麗花

楊麗花（一九四四—）被國家戲劇院邀請演出《雙槍陸文龍》，是一九九五年慶祝臺灣光復五十年的特製節目。我於演出之前，寫了〈楊麗花．歌仔戲的象徵〉：

> 「楊麗花」這三個字，在臺灣就是「歌仔戲」的象徵，其意義比起「韓昌黎」、「柳柳州」有過之而無不及。因為韓愈、柳宗元，只或以文名、或以治績，而藉籍貫、藉任所顯於世。而楊麗花則等於歌仔戲，歌仔戲與楊麗花已渾然為一體。歌仔戲從她展現登峰造極的藝術，從她脈動民族的心靈、流露鄉土的情懷。以故婦孺莫不知有楊麗花，其聲名之噪於時、之親於人，豈是大官貴人、富商巨賈所能比擬。
>
> 然而楊麗花之於歌仔戲，並非一蹴可幾，實由家學淵源、廣汲博取，經數十年之聚精會神，砥礪切磋，

乃至於爐火純青而無懈可擊。以故無論歌仔戲如何轉型，由舞臺、廣播而電視，楊麗花一直以小生領袖群倫。尤其電視歌仔戲因她而「鴻圖大展」，因她而首度躋身金鐘獎，因她而開創以鄉土藝術作文化輸出的先河，所以一九九三年新聞局頒給她「特別貢獻獎」來表彰她長年的整體成就。金鐘獎或許年年可得，而這個獎則是從事廣播電視者的最高榮譽，必須經所有評審委員的公決才能獲得，而且終生只能一次，可見楊麗花所受到的完全肯定和推崇。

然而楊麗花在舉世欽羨的輝煌業績裡，絲毫沒有自得與自滿，仍舊鍥而不捨地竭盡所能。今年更為了肩負歌仔戲薪傳的任務，成立了專門的傳播公司；同時應國家戲劇院邀請，為慶祝臺灣光復五十周年，公演四場《雙槍陸文龍》。

《雙槍陸文龍》是一九五七年楊麗花在宜春園歌仔戲團的成名之作，她外型的英挺俊秀，做表的精湛傳神，歌聲的甜美圓潤，不由得使萬眾癡迷、舉國若狂。而三十幾年來的歷練，她更要藉著陸文龍來展現少年英雄的俊逸英發，來詮釋愛情、親情、恩情糾葛如盤如結的情愫，同時又將以歌舞樂融於一身的藝術絕活來告訴觀眾：楊麗花歌仔戲是一棵奪人眼目的長青樹！楊麗花永遠是歌仔戲的象徵！

我還指導及門弟子楊馥菱以《楊麗花及其歌仔戲藝術》寫成碩士論文。

而楊麗花成就最高和影響最大，成為家喻戶曉的「歌仔戲象徵」，是她於一九七九年打著「電視改良歌仔戲」的招牌，以一齣《俠影秋霜》受到觀眾熱烈的歡迎。此劇由狄珊編劇、楊麗花製作兼主演、陳聰明指導，演員包括許多名噪一時的明星。此劇可說是楊麗花和狄珊「投石問路」之作。推出之後既然反應極佳，於是狄珊乃倍加信心地致力於電視歌仔戲的改革。狄珊認為從前歌仔戲電視劇沒落的原因，在於「無法跟上社會進步的腳步」，題材永遠在才子佳人、婆媳糾紛、姑嫂不和等老掉牙的情節上打轉，一般人只要提到歌仔戲就立刻會聯想到「哭調」，戲中的旦角從上場哭到下場，似乎永遠有無限的辛酸事，而在現代社會中，此類情節卻無法獲得多數人的認同。因此從一九七九年十一月間的《蓮花鐵三郎》開始，她使電視歌仔戲改走「新潮武俠」的路線。在內容上以愛情為主，兼論武林問題，劇中男主角必定風流瀟灑、武功蓋世而且家境富裕；在形式上為避免情節鬆散，因此減少唱腔的分量並取消「哭調」，使對話精簡、節奏加快，以緊湊曲折的劇情來吸引觀眾。於是面目一新，不只與舞臺歌仔戲相距十萬八千里，而且與以往的電視歌仔戲也大異其趣，它所保存的歌仔戲特質真是寥寥可數了。然而它卻受到前所未有的歡迎，根據一九七九年十一月十四日《民生報》所載，益利市場調查公司的收視率統計，《蓮花鐵三郎》的開機率曾高達百分之五十，收視層面則由中等學歷以下居住鄉村的中年本省籍家庭主婦，擴展到從兒童到三十五歲的外省籍男女觀眾。

成功的果實是誘人的，於是緊接在《蓮》劇之後，又推出《青山綠水情》，廣告的佳績又使得歌仔戲成為最賺錢的節目，臺視公司又在一九八〇年恢復「臺視歌仔戲團」，仍由楊麗花擔任團長。楊麗花在劇團成立的記者會中，談到日後的主要工作共有三項：一是提高歌仔戲製作和演出水準，對於劇本的選擇和演出陣容的調配，將做最好的安排，並配合劇情需要添製新的服裝、布景和道具。二是加強研究發展工作，請專家收集歌仔戲即將失傳的原始曲調，加以整理改編成新的插曲和新的唱腔。三是設立歌仔戲演員訓練班，對外公開招考，培植新人，使歌仔戲得以注入新血輪繼續保存和發揚臺灣的民間藝術。

楊麗花的這些理念是非常正確的，所以在劇團成立後，又陸續推出不少叫座的電視歌仔戲連續劇，如《薛平貴》、《俠骨英雄傳》、《龍鳳再生緣》、《鐵扇留香》、《情海斷腸花》、《鐵漢金鷹》等，並在臺視的支持下，於一九八一年七月成立「歌仔戲演員訓練班」，對外公開招考演員，訓練時間為一年，為歌仔戲培養新血輪。

在臺視的刺激下，華視也力圖振作歌仔戲，於一九八〇年底組成了歌仔戲團，由小明明和小豔秋擔綱。

而當時電視歌仔戲另一紅星葉青，因在臺視不得發展，乃打破「三臺默契」，轉而投效華視，於一九八二年九月成立「華視神仙歌仔戲團」，並擔任團長之職；歌仔戲編劇狄姍亦因個人理由離開臺視至華視與葉青合作。在她們共同的努力下，華視的歌仔戲節目也相當受歡迎。不過原本為「華視歌仔戲團」團長的小明明卻因此被擠到午間檔，且礙於新聞局對閩南語節目播出時間的限制，只好改作「國語歌仔戲」，此舉和布袋戲一度被改作「國語布袋戲」一樣，被譏為「老太婆穿迷你裙，不倫不類」。

至於中視，則僅在開播時播過兩三年歌仔戲，後來因為缺乏適當的成員，十餘年未再播出歌仔戲節目。小明明離開華視後，一度至中視尋求發展，於一九八四年演出《李十郎》，可惜未成氣候。中視後來又陸續找過活躍於舞臺的「屏東明華園歌仔戲團」和其他一、二私人歌仔戲團，但明華園無心戀棧螢光幕，其他團體表現則未盡理想，歌仔戲在中視又成為曇花一現。

自《俠影秋霜》之後，電視歌仔戲基本上都走「新潮武俠」的路線，直到一九八五年三月，華視神仙歌劇團推出《周公與桃花女》，為狄姍所謂的「第二波改良」開始，在內容上以民間傳說或神話故事為主，在形式上加上所謂「DPE」的電子特殊效果，這樣的「第二波改良劇」，可以稱之為「神話特技奇情歌仔戲」，其情節中頗有《聊齋》的影子。《周》劇之外，其他戲碼尚有《描金扇》、《巫山一段雲》等，其新奇而千變萬化的特殊效果，很能引起觀眾的好奇心，造成收視的佳績，於是電視歌仔戲吹起一陣「神話特技」旋風，影響所及，連其他各類型連續劇亦競相模仿，使電視上一時充斥五彩繽紛的神話特技。喜歡別出心裁的狄姍，又在一九八六年四月，於華視神仙歌仔戲團推出《趙匡胤》一劇中，進行她的「第三波改良」，走的是「復古創新」的路線，完全捨棄DPE電子特殊效果，服裝造型亦循復古樣式翻新，而且適度地加入傳統身段，如馬鞭的動作等。《趙匡胤》之後的《新七俠五義》亦是如此。

然而歌仔戲畢竟是戲曲的一環，又生根於鄉土，廣行於閭里，所以必須具歌舞樂融而為一的美學基礎、講究虛擬、象徵、程式的表演藝術基本原理，而又不失庶民性格，才能脈動呼應群眾的性靈。而電視歌仔戲畢竟是螢光幕劇場，與戲曲的舞臺劇場相較，無論其藝術、演員修為，乃至劇目內容、演出場合、觀賞群眾，其間之殊異，何止霄壤，卻又捨不得「歌仔戲」名號，不過是虛有其表、以假亂真。所以狄珊縱有高超之才華，也只能假藉電視媒體，運用現代科技，借助千篇一律投觀眾所好的劇目內容情節，肆行其「花樣百出」而已，一旦其技已窮，觀眾也就捨棄不顧了。而一九八七年五月以後，電視歌仔戲就忽然銷聲匿跡了，連楊麗花也於一九八六年七月推出由弟子擔綱的《鐵漢柔情》，因不成氣候而「收山」了。楊麗花和狄珊所造成的「電視歌仔戲旋風」，至此也雲散煙消。

楊麗花名氣很大，與我在一九八五年以前是「素昧平生」。我為文建會製作主持「民間劇場」時，邀請她參與，她沒能答應，記者就在報上渲染，弄得她和當立委的骨科名醫夫婿洪文棟先生都不高興。

一九九五年，我以中華民俗藝術基金會執行長策劃舉辦「兩岸歌仔戲研討會與聯合劇展」，其中有一場「兩岸歌仔戲交流合作之展望」，由時任復興劇校校長陳守讓主持，邀請演員、導演和劇團團長來座談。演員出席的有廖瓊枝、葉青、黃香蓮、唐美雲、孫翠鳳，只有楊麗花在我徒兒李惠綿打了三通電話都尚未答應。我親自掛電話給她，她才接。我說：「這是大陸與臺灣歌仔戲界的重要場合，如果妳不參加，臺灣就失去象徵性人物，對妳也不好。」她同意了，與葉青等並排而坐，但她發言時話不多；倒是次日她掛來電話，說了許久，對圈內人有所不滿和批評，我不知我的回應能否化解她，但起碼她總有個對象「傾訴」了。

那時她在中山北路開「欣葉餐廳」，請我去吃過午餐。我發現她的經理和屬員，都對她頗為敬畏，她儼然有戲中君王的威嚴。據邱坤良說，她的酒量很好，但因我和她還較「生分」，她的手下也謹慎應命，我們酒都沒喝得好。家父去世，她送來一萬元的奠儀。她在國家戲劇院演出《雙槍陸文龍》，我為她在節目冊上寫了本文開頭引錄的那篇文章，那是我對她歌仔戲藝術的觀感，以及她在臺灣歌仔戲地位的肯定。

❺廖瓊枝

廖瓊枝（一九三五—），童年家境窮苦，十二歲在歌仔戲子弟班學戲，十六歲參加職業劇團，歷經歌仔戲的變遷。臺灣光復後，流行「哭調」，有「宜蘭哭」、「臺南哭」等等可以串連成套曲。廖瓊枝以嗓音獨特，被許常惠賞識而翹楚菊壇。她四十八歲時，教育部首屆傳統藝術「薪傳獎」評審她時，臺灣史蹟名家林衡道和著名畫家施翠峰教授兩位前輩反對，理由只是：日本的「人間國寶」哪有這麼年輕的！我說日本是日本，臺灣是臺灣，廖女士已從藝三十六年，正是「薪傳最佳人選」。結果以十二票通過，反對的只有兩票。從此廖瓊枝更黽勉於她的歌仔戲事業，深恐有負國家給她名銜的榮寵。於是她「上山下海」、「全臺走透透」，孜孜矻矻，執著以往地從事她歌仔戲的教學工作，更進一步成立「廖瓊枝歌仔戲文教基金會」，創辦「廖瓊枝歌仔戲薪傳劇團」，更於一九九四年為臺灣戲曲專科學校創設歌仔戲科，邀請石文戶、王金櫻、唐美雲、陳昇琳等耆宿名腳；也請柯銘峰、游素凰、林顯源、劉秀庭等具歌仔戲學養的年輕學者來壯大陣容，為歌仔戲薪傳教育培養新人才。聲譽日隆，獲獎連連，由國家文藝獎而行政院文化獎而為民族藝師，而被肯定為全球最具貢獻的華人藝術家。

二〇〇九年，廖瓊枝要我為她編一齣「封箱戲」，我為她「量身訂製」，編撰《陶侃賢母》，使她由唱哭調的青衣演到福壽雙全、子孫滿堂，又敢於縱橫捭闔，為救子心切而雄辯權貴、「智勇並具」的老旦。由於我閩南語尚不足以編寫歌仔戲唱詞，請及門蔡欣欣教授與廖瓊枝逐句調整，以切合廖瓊枝的歌仔口吻，花了大半年的時間才「改編」完成。於十一月間假臺北國家戲劇院與飾陶侃的唐美雲演出三場，座無虛席；又演於高雄衛武營廣場，造成萬人空巷。從此廖瓊枝雖不再「粉墨登場」，但名望盛大，難擋藝文活動的熱情邀約，不免還是上場清唱，或簡單表演。

二〇〇五年十一月十三日廖瓊枝七秩榮慶，我以自己名義和中華民俗藝術基金會名義，為她作了兩副壽聯，前者用嵌字「鳳頂格」，寫她一己：

瓊韻鄉音，菊部蓬萊稱領袖。

枝繁葉茂，三千桃李慶古稀。

次聯則寫她的事功：

薪傳子弟，鄉土歌子情，戲曲為心志。

民族藝師，國家文藝獎，古稀慶有餘。

廖瓊枝是多情多義、感恩圖報的人。在家父母金婚之慶時，我在臺大僑光堂「鹿鳴宴」包場，請來臺靜農、鄭騫、孔德成、張敬、葉慶炳等老師和親朋好友，筵開三十餘席。民間藝文團體，如陳美娥之南管「漢唐樂府」以古樂為導引並演奏、許王之「小西園布袋戲團」演出《狀元及第》，廖瓊枝的歌仔戲唱演尤獲得滿堂采，賓主盡歡，我也借助「共襄盛舉」，使父母親大為高興。

廖瓊枝幾乎逢年過節就到李殿魁和我家送禮致意；平常則擺設筵席，向幫過她的人表示感謝。二〇一四年八月三十一日，她為我榮膺中研院院士，就邀請林明德、洪惟助、柯基良、呂鍾寬、陳兆虎、邱建發、游素凰、徐亞湘等與宴，在寧福樓為我祝賀。我為她賦五律：

臺灣歌仔戲，萬眾發心聲。苦旦何悽楚，瓊枝最善鳴。
為人著情義，藝業在精誠。矍鑠而彌篤，輝光萬古名。

二〇二一年十月，文化部「金曲獎」又頒授她終身「特別貢獻獎」，她希望由我頒授，但我怕枯坐二小時，體力不支，予以婉辭。可是她在《蓬瀛詠弄人間戲》，則不辭辛苦地演唱，因為那是傳藝中心臺灣國樂團用我所編劇目以國樂詮釋的節目。

❻劉鍾元

劉鍾元（？—二〇一九）先生我稱他為臺灣歌仔戲的「推手」，幾乎在舞臺上活躍的名腳，沒有一位不出自他的栽培。他歷經歌仔戲野臺、電臺、舞臺乃至現代劇場各階段，造就許多人才。但因他的性格和不善經營，最後只有王金櫻一人不惜資金在支持他。

他認識我，起於他創立「河洛歌仔戲團」，企圖改良歌仔戲由野臺進入劇場。恰好我正主張歌仔戲要進入國家戲劇院，並親自製作，促使宜蘭建國歌劇團首登國家戲劇院那樣的藝術殿堂，造成擠爆劇場、有數百人不得其門而入的現象，我又在《聯副》寫〈從野臺到國家劇院〉，提出「精緻歌仔戲」的六大訴求。所以劉鍾元和我在臺大附近的日本大學料理館會面，彼此理念就「一拍即合」，我也在「河洛」掛「頭牌」，號稱「藝術總監」有好長一段日子。「河洛」所演出的劇目：《鳳凰蛋》、《浮沉紗帽》、《秋風辭》、《臺灣．我的母親》、《山寨情仇》都深具時代性、思想性、啟發性，且關目緊湊，排場新穎，演員不乏是由他新栽培的閃亮明星，如小咪、唐美雲、許亞芬等擔綱主演，造成盛極一時的「河洛」風潮。

我曾為「河洛」要在電視臺播出的「河洛大舞臺」節目寫「片頭曲」（「兮」義同「的」）：

歌仔戲是咱臺灣文化兮大本營，
描寫咱兮生活，流露咱兮心聲。
阮為伊打拚，用好劇情、好主題、好技藝、好歌聲，
來演出咱臺灣美麗兮形影。

這首閩南語歌詞已請曾仲影先生譜曲，可惜「河洛大舞臺」終究沒能推出，這首歌也沒人傳唱。但它的內容不只是我對歌仔戲的看法，而且也是河洛劇團在我心目中的寫照。

劉先生後來因生意失敗，負債累累，向我告貸二十萬，朋友勸說要考慮，我說和鍾元朋友一場，哪有困頓不伸援手的道理。事隔多年，我小弟永福缺錢，找他分期按月付款，總算還清。

七 醫學界

1 王丹江

王丹江（一九四四—），河南光山縣人。五歲隨父母來臺，一九六八年國防醫學院醫學系畢業，即分發戍守金門。一九七一年調三軍總醫院，一九七六年升任心臟科主治軍醫，一九八七年為心臟科主任，一九九〇年元月調陸軍第八〇二總醫院院長、三軍總醫院院長。

認識王丹江是他為三軍總院院長期間，與林蜀平、林明德有杯酒聯歡；因為他，父母親和我都在三總看

病。父親七十九歲時患了一種讓群醫束手的大病，我陪父親夜間急診三總，被拒收。我掛電話給丹江，他即派了少校副官將父親安置二等特別保留性之病房，但只住父親一人，以節省住院費。父親許久診不出病因，丹江就以「醫療小組」會診，包括以他的特支費請來臺大醫生加入，說：「曾先生把他父親安排在這裡醫療，如果連病因都找不到，怎能交代？」後經多方觀察，終於發現是紅斑性狼瘡，那是年輕婦女患的病，怎會出現在父親身上？但病因既明，父親也很快安然出院了。

因為丹江的關係，我也和陳維廉、廖元智成為好友，同是酒党「老弱殘登山隊」老將軍羅聯添教授麾下的成員。維廉在我到三總做健康檢查時，陪我「一關一關」地過，一個上午就全部做完，而且很快知道檢驗的結果。有次我召集臺師大國文系的朋友，夜間部下課後飲酒消夜，沒想朋友又帶同時下課的朋友，使得三總旁邊的風味小館，搬上「最大圓桌」還要人人向外延伸，才能團團坐下。一位外文系的喝多了，臉色蒼白，胸口很不舒服，幸而維廉在場，緊急施以援手，才化解大家的緊張。

2 紀乃新、吳卓鍇

二〇二〇年十月間上課時即感體氣衰弱，呼吸困難，乃在陳錦澤大夫的建議下，住院臺大，由吳卓鍇為主治醫師進行各項檢查。吳卓鍇為心臟內科中壯輩名醫，為我做心導管置一支架，認為心臟瓣膜為病癥所在，乃與我心臟外科紀乃新醫師會診，決定開刀，置換人工心臟主瓣膜與二瓣膜，並修補小瓣膜，原擬以「微創」施之，後改用十字剖分傳統手術法以策安全。於十一月十日上午進入開刀房，四小時始被推出進入加護病房，媛和湘珍始稍放心。但從此幾近死死生生，痛苦難名，十一月二十四日由外科病房轉入內科病房。期間十三天，周遭光影浮動扭曲，種種奇異不可思議之景象呈現，甚至墜入被陷害謀殺之深淵與恐懼，有不欲生行咬舌之企圖。十二月九日獲准出院返家，歷半個月後，夜晚無法入眠，凡二十七天，乃赴臺大醫院急診，終於發現肺部含碳量過高，對症治療。直至元月三十日始得出院返家休養，以迄於今（二〇二一年十月十三日），而我已能在世新大學上課三小時矣。

紀乃新大夫也是心臟科名醫，近年在臺大醫院主持瓣膜手術，經驗豐富而老到，我一條老命實是他為我撿回來的，他已經明言告訴我，人工動物瓣膜只能用上七、八年。他為了減免我手術後其後遺症之身心痛苦，我也不惜花三十萬打了一針新發明的特效藥。他來查病房時，每次都只說些安慰話，而我卻在神智非常時，出現他和他助理對我極不友善的言語和動作。是耶非耶？但無論如何，他是我的救命恩人，我會找機會謝謝他。

吳卓鍇十個月以來，是我心臟內科的主治大夫，他教學門診外，還不停獲得研究計畫接二連三。我每一個月或兩個月都要向他報到回診，他會說明病情和診療方向，媛一有問題，手機ＬＩＮＥ諮詢，他都快速回答，所以我們都很信任他。我在他的用藥調理之下，也逐漸好轉，寫作、讀書已如常，上課也能勝任些，已有興致小酌威士忌二十西西，真是要感謝他。

3 陳培哲

陳培哲（一九五五—），臺中沙鹿人。小時在祖父陳五常的調教下，學習書法，傳承祖父書法名家之衣缽。一九八一年臺大醫學系畢業，一九八六年取得賓夕法尼亞大學博士。為肝病學權威，二〇〇六年獲選中研院院士、二〇一一年獲選為世界科學院院士。二〇〇三年，ＳＡＲＳ疫情爆發，參與收治病患，代表臺灣出席世界衛生大會。

在政治上，陳培哲和他親兄弟三人都公開支持陳水扁和蔡英文，聯署呼籲身在囹圄的陳水扁保外就醫。但他也體會到政黨執政稍久就會腐敗，所以他不挺藍也不挺綠，只挺民主。

二〇二一年五月臺灣由於防疫政策失當，爆發新冠大疫，蔡英文於五月十八日公開表示，七月要供應高端國產疫苗以及國際認可之疫苗進口臺灣，而卻對首倡協助捐獻之郭台銘，藉口經由大陸上海之公司不合法而百般阻攔，為的其實只是等待高端而昧心。

而今蔡英文不理會一向支持她的陳培哲院士的讀書人宏論，仍舊在二〇二一年八月間下令施打高端，一群年輕人甚至口喊「打高端愛臺灣」，結果有人急診，有幾位不幸死亡。國人乃紛紛視為「畏途」，勇敢登記施打的人已寥若晨星。

培哲與我認識是在洪國樑所設筵席上，我對他的言談為人頗為投合。內人陳媛在北市萬芳醫院檢查，醫生判讀她肝臟有兩公分腫瘤，我們都很緊張，但我要媛去掛陳培哲門診，請他先看X光片。培哲說，肝臟指數高，但絕不是癌症，媛和我才比較放心。我去年在臺大醫院大動心臟手術，他探訪我病房好幾次，並要媛請吳卓鍇為我的主治大夫，關切我的病情，鼓勵我一定會恢復健康。這次他對高端諸多不可信賴發言撥正，雖然違逆「當朝」，但極受社會肯定，我掛電話給他，說他是當今少見的「讀書人」，鏗鏗然有勁節勃發之風。我為此約他和國樑杯酒小聚。

4 楊泮池、李源德、曾淵如、陳錦澤、胡芳蓉

❶楊泮池

楊泮池（一九五四—），臺灣大學醫學院臨床醫學研究所博士，曾任臺大醫學院院長。二〇〇六年當選中研院院士，二〇一三年選上臺大校長，兼臺大、臺師大、臺科大三校聯盟校長。二〇一七年任滿一屆，不再續任臺大校長，改任臺大永齡健康研究院院長。是治肺癌的權威。

楊校長與我同時被臺大推薦為中研院院士候選人，他一選就上；我折騰於「酒党党魁」與「大中國主義」

之列，晚他十年後才僥倖當選。還虧楊校長支持，並聘我為「特聘研究講座教授」和三校聯盟基金會的董事。他酒量佳，開給我治痛風最時新的藥，他自己也是「帶藥喝酒的人」。

❷李源德

李源德（一九三九—）、曾淵如、陳錦澤都是臺大心臟科名醫教授。我自小就有心臟問題，他們三位都是主治我心臟的醫生。

李源德任臺大醫院內科主任和院長時，很重視新進醫生的培植和訓練，都要我去為年輕醫師、全院醫師作「人文講座」。有次我從上午八點講到九點結束，醫師們紛紛披上白色外衣各就「門診」，原來他們每天早晨七點就得到醫院開會。

❸曾淵如

曾淵如是我的老同學。說「老」，從一九五七年臺南一中高一同班算起，迄今（二〇二一）已經六十四年。我們同時進入臺大，他保送醫學系，我考上中文系，畢業後都留校，都當了教授。他成為臺大內科的名教授、臺大醫院的好醫生、國際知名的心臟科權威；我則成為他長期的病人，醫治我的高血壓和高尿酸。

我們臺南一中當年分班，按照姓氏筆劃，姓曾姓黃的都被分在丁班。淵如以成績第一，保送臺大醫科，那是高中生人人夢寐的榮寵。在我們的時代，一般是「來來來來臺大，去去去去美國」，就我們丁班而言，就有過半依循這路途。我因英文不佳，根本沒這念頭；淵如卻「非不能也，是不為也」，本本分分地留在臺大的科系裡。然而「內行人」都知道，臺大醫科的學生被留在學校是最不容易的事。

也因此我在臺大就有位「朋友醫生」，每次我去找他看病，都油然地受到感動，他額外加掛的號最多，別人中午就得休息，他卻要到一兩點鐘才得「罷休」。他不厭其煩地為病患解說病情，對待病患有如朋友。他說薪水足夠生活，志在醫學研究，只有不停地研究、不停地進步，才能真正「濟世救人」。因此我為他寫了一篇〈仁心仁術〉在報上發表，那已是一九八四年四月間的事。淵如因為不停地研究，常被邀請到國外發表論文；他偶然寄給我看的文章，也都是和醫學相關的見解，長年以來我也總以為他浸潤醫學領域裡，更不知人生別有境界，縱使我掛在嘴邊的「人間愉快、愉快人間」，對他恐怕也不過東風吹馬耳。沒想某日我接到他一口氣寄來的十五篇文章，居然篇篇是散文，沒有絲毫的醫藥味，而當我迫不及待地一篇篇讀完之後，不禁由詫異、由感動而終於佩服不置。回想當年同學，我唯一能和淵如比高下的是國文成績；而讀了他的文章，無論宅心之仁厚、人間之愉快，乃至對社會之針砭、鄉土之關愛，無不比我暇時所撰寫的更為精深而奮揚，即就文字而言，其暢所欲言與淋漓奔騰，亦使我瞠乎其後。至此也才使我更加肯定，我們這一輩的人才，幾乎都集中在臺大醫學院裡，因為他們無論「文」，無論「武」，莫不綽有餘裕。

而淵如以《彌勒笑口常開》署為書名，標幟旨趣，正是他宅心仁厚、人間愉快的具體表現。他在〈解憂的彌勒佛〉裡，說到朋友送給他一尊彌勒佛，他從佛的造型感到如沐春風，從此對祂「晨昏定省」，祂也成為全家人歡欣的活源，「當家人遇到困難或感覺鬱悶不樂時，凝視他的笑容，或摸他的頭頂或大腹後，所有的鬱卒或不快頓然消跡無蹤，精神煥然大振」。由於這樣的神奇，收藏彌勒佛也成為淵如的嗜好之一。現在他已收集不少，擺置家中的許多地方，「因此，家中到處有彌勒佛及家人的笑容」。而當他的孩子們成家時，他說：「我都送給每一家庭一尊彌勒佛，希望他們的家庭永遠籠罩著歡樂。」

而淵如長期在彌勒佛的薰陶下，自己不僅也心寬體胖，活像彌勒佛，而且也將這種襟懷實踐在他作為醫生的「仁心仁術」之上。所以他在法蘭克福國際機場、在臺北市的馬路上、在洛杉磯環球影城裡、在嘉義市文化路的夜市場、在西班牙的馬德里、澳洲的雪梨、法國的巴黎，以及國內外的許多地方，都會碰到「陌生人」

親切地叫他一聲「曾醫師！」並說：「沒有你的醫治，我無法活到今天！」他認為這是「讓醫生感到最欣慰的話」。雖然淵如作為牙醫的父親，服務鄉親過於熱忱，英年早逝，他自己也有過奮不顧身急救病人，致使迄今食指彎曲的經驗，但他篤信「不為良相，必為良醫」的古訓，體會「行醫自有樂趣在」，他也矢志作一個「快樂的醫師」。而「快樂的醫師」也成為他的名號！

在淵如的字裡行間，我們還可看到他「血性」的一面。他熱愛臺灣，溢於言表；他為此熟知臺灣的歷史，推崇許多臺灣人的成就。他關懷政治社會，勇於聲討「利委」、「造謠者」，乃至「搖頭丸」和「多妻行為」。這表面看起來和他彌勒佛的修為背道而馳，而其實是一體之兩面，因為那也是悲天憫人的另一種表現。淵如從臺大退休，到中部醫院去開展他的「第二春」。許多年沒有音問了，我們都年過八十了。

❹陳錦澤

陳錦澤直到二〇二〇年還是我的心臟科醫師，二十幾年和他也成為好朋友。我七十歲、七十四歲、八十歲三度住臺大醫院，都由他安排，他退休在中研院主持重要研究工作，知道我已入住臺大病房，曾從中研院趕回來，擔心我已成「植物人」。

我例行回診，會和他閒話，問他可否飲酒，只要檢驗報告沒多大問題，他就說：這把年紀了，能喝就喝！對於看我病的臺大醫師，每年我請他們在臺大水源會館吃飯，以略表謝忱。我都會先徵求陳醫師時間，並請他攜夫人參加。我有京崑新編劇目上演，他和夫人都會來觀賞。他待病人和氣，加掛號的很多，他也來者不拒；還好他眼明手快，不致逾中午太久。

❺胡芳蓉

胡芳蓉是我二、三十年來的眼科大夫。我六十歲時視力只剩〇．二，在國家戲劇院非坐首排不可。前一級上將軍、被李登輝命以行政院長巧奪兵權的郝伯村，常是我鄰座，使我被誤以為也屬「大人物」。其實我視茫茫，甚以為苦。所幸胡芳蓉以當時新技術為我雷射，清除白內障，使我世界又從眼中大放光明；不只媛的髮絲偶露斑白、潘大姊染過的髮根藏不住白頭，我看得一清二楚；連臺大中文系我坐在教授的前頭，新升任的鄭毓瑜坐在最後頭，當我轉身，不禁說出：「毓瑜，我看到妳臉上的黑斑。」她羞得臉紅。我二〇一〇年十一月在紐約林洋慈家小住數日，洋慈天天陪我和媛遊覽。返臺後，右眼很不舒服，胡芳蓉診後說是「疱疹」，我的視網膜已被吃掉三分之一，不發現治療會失明的。而胡芳蓉請假，我看過她鄰診的醫師，說我只是一般性發炎，我才放心出國。

胡芳蓉兩度使我眼睛「妙手回春」，我在《中國時報》「人間副刊」寫了篇連載兩天的〈開眼養眠記〉揄揚她。她是眼科名醫，曾任臺大眼科主任、臺大醫院副院長。去年我入住臺大醫院，她來關切，鼓勵我開刀，並向心臟內科主治我的吳卓鍇醫師和心臟外科為我主刀的紀乃新大夫囑咐多關照。

她夫婿張上淳曾任臺大醫學院院長，現任臺大副校長。二〇二〇年新冠大疫暴起，擔任指揮中心醫療顧問召集人。我宴請臺大醫生的感謝宴上，他也陪同胡芳蓉參加。胡芳蓉說，你這麼一來，不是大家都知道你「百病叢生」嗎？我說，有何不可！你們都是我的恩人，使我好好地活到現在。

肆 飛揚跋扈酒杯中

1 中華民俗藝術基金會同仁

「民俗藝術」是指在鄉土長久傳承，與群眾生活息息相關，具有類型化、集體化和實踐性、特殊性、變易性等特質的手工藝術和表演藝術而言。它實質上是民俗文化最具體的表徵，由於它扎根生活，屬於群眾所有，所以也最能體現群眾的意識、思想和情感，發揮群眾的精神，流露群眾的心聲。又由於它與時推移，所以既是一切藝術文化的根源，同時也是現代藝術文化的先機；它不只可以使一個民族世代相傳、綿延不絕，同時也可以使當代國民的生活內容豐富、品質提高。

但是我中華民族自從鴉片戰爭以來的百數十年間，由於民族自尊心的喪失，引發了民族文化的式微，就中以民俗藝術文化為甚。而臺灣更在日人統治下煎熬五十年，民俗藝術文化所受到的摧殘，尤為慘重。所幸一九七八年，有一群對臺灣本土和傳統藝術文化深為覺醒的有志之士，他們包括學者專家、社會賢達，如丑輝英、徐瀛洲、辜偉甫、許常惠、郭東星等，成立「中華民俗藝術基金會」，以「維護中華民俗藝術，以期我國民間藝人的優良傳統得以保存與繼承，民俗藝術文化的學術價值得以肯定，中華民俗藝術無論在國內外得以發揚光大」為宗旨，以許常惠為執行秘書，負責推動業務。

許常惠是海內外負盛名的音樂家，一九六〇年代發起「民歌採集運動」，一九七〇年代舉辦「民間樂人音樂會」，已造成很大的影響。至此，復假基金會出版《民俗音樂專輯》、《民俗藝術叢書》，完成「雅美族民歌採集」，舉辦「南管國際學術會議」。

我認識許常惠緣於他邀請我參加南管會議，我們一見如故、相顧莫逆，從此我稱他為「許大哥」。他於一九八〇年南管學術會議之後，推薦我為基金會董事，那是基金會成立的第二年。

許大哥以「篳路藍縷」的精神擔任基金會執行長十餘年，引導我參與已經起步的「民俗藝術運動」。那時我由於為文建會連續製作四屆「民間劇場」（一九八三—一九八六）、規劃「高雄市民俗技藝園」（一九八六），乃結合友朋、及門弟子做臺灣民俗藝術之全面調查與鑑定，而許大哥亦參與其事，多所顧問和指導。一九九〇年，許大哥把基金會執行長的職務交付予我，我只有一個想法——「不負所託」，我請來立委陳癸淼擔任董事長。我一方面把民俗藝術分作「藝能」與「工藝」，前者為表演藝術，有民樂、歌謠、說唱、雜技、小戲、大戲、偶戲七大類，各有所屬，品類繁多；後者為手工藝術，以製作手法分有雕、塑、繪、製、裁、燒、編、染、織等類別，如再副之材質，則「雕藝」，即有紙、皮、木、石、金、玉、冰、竹、瓠、果、蔬、毫芒等多種。將如此林林總總的民俗藝術作全面的關懷和從事，更從而主張「以民俗藝術作文化輸出」、「現身說法」，多次率領團隊赴歐、亞、美、非、澳列國巡迴展演。另一方面發動熱心人士捐獻基金，曾以「背水為陣」的心情，貿然購買基金會基隆路二段之現址，使基金為之枯竭，但也因此同心協力，別開生面，不再有「流浪之苦」。

一九九五年，我央求林明德教授接任執行長，許大哥被推為董事長，我為副董事長。明德點子多、幹勁足，首先建立制度，重新安排工作人員，將會址布置得煥然燦然，使人刮目相看。他積極推展業務，主動探索資訊，提出計畫，執行期間親自監督，成果務使充實，尤其出版品更講究精美。而展演活動則以學術理念為基礎，配合媒體宣導，必使參與者感到「豐收」的愉快，也因此基金會更加受到有關單位的信賴和藝文界的肯定。於是基金累積逐年增多，圖書錄音錄影帶琳琅滿目，有如瑯嬛福地，是故租賃隔壁樓房，闢為會議室與講演廳；研究助理埋首案頭，成行成列。

二〇〇〇年由於許常惠出任國家文化基金會董事長，乃由我繼任中華民俗藝術基金會董事長。我主張董事分工主導業務，使之皆能參與，發揮所長，因為基金會集合了不少學有專長的董事，如徐瀛洲之山地藝術文化、莊伯和之手工藝術、李乾朗之傳統建築、李豐楙之宗教文化、蔡麗華之民族舞蹈、施德玉之戲曲音樂、陳勝福之歌仔戲、呂錘寬之南北管，以及柯錫杰之攝影、洪惟助之崑曲、周理俐之西樂、吳騰達之雜技、吳明德之偶戲等；執行長林明德則以民俗小吃和藝文，我則以戲曲、俗文學。我們都各就專長主持調查研究和展演，並藉此培養後生晚輩。也因此使得基金會幾乎成為「全方位」的民俗藝術中心。而我又主張將隔壁租賃的樓房購買下來，因為基金會的財力已足以辦此。而許大哥不幸於二十一世紀元旦凌晨去世，我們就將它闢為「創辦人許常惠教授紀念室」。

二〇〇八年六月我辭董事長職務，以便接任的新班底能展現新猷。在我擔任董事長期間，非常感謝三位執行長：林明德建樹許多業績，因任教彰師大又擔當系主任、院長，乃至於副校長，難於兼顧基金會而辭職；洪淑苓任教臺大，也因難於兼顧家務，未逾年而辭職；曾子良任教海大，兩年間任勞任怨，完整而鉅細靡遺地將基金會交付新執行長張瓊慧。

回顧我在基金會整整二十八年，由董事十年而執行長五年而副董事長五年而董事長八年，總體的感覺是我以一介書生除教學研究培養學生外，基金會的工作是我這輩子對社會國家最大的奉獻，它是難於見實效的文化事業，而我心中則領受到同仁共同努力的愉快，時時有無愧無憾的感覺。

我們的具體成果有：民俗技藝團規劃報告書凡三十五萬餘言，實質環境設計圖共六十餘張，另附錄藝人資料卡一千餘張、相片四百餘張、幻燈片一千三百餘張。其中活動內容規劃又分民樂歌謠說唱、雜技小戲、偶戲、大戲、工藝、民俗小吃與土產六部分，每部分均先就學術立場作導論，然後再作調查、分類介紹和鑑定。

其次，在國內展演方面，以一九八六年中秋前後之第五屆「民間劇場」內容最為豐富，場面最為盛大，五天五夜裡觀眾超過百萬人次，其工藝棚六十三項、一百棚；其大戲八場、偶戲十一場、民樂六場、歌謠五場、小戲雜技國術二十五場；另有說唱七場、燈謎二場，共四十一項六十四場。此屆「民間劇場」總計一百零九項，一百六十九場，參加演出人員超過兩千人。

其三，在兩岸學術與展演方面，以二〇〇二年七月之「兩岸戲曲大展」為最。

「兩岸戲曲大展」是文建會傳統藝術中心七月間慶祝宜蘭開園的盛大活動，有多采多姿的踩街、開幕儀式、園遊會、戲曲展演，還有戲曲音樂會、戲曲研習營、兩岸戲曲學術研討會，其在藝術文化上的意義是非常重大的。

我們請來的劇團有大陸七團、本地四團，共十一個劇團演出十個劇種，劇目四十二，含小戲十目、大戲折子二十四目、本戲八目。

其四，以民族藝術作文化輸出，率領團隊到國外展演，就中以「民族樂舞在匈牙利」最值得一記。

二〇〇二年匈牙利國際民俗藝術節自八月十二日至八月二十二日在首都布達佩斯南方的三個城鎮特科爾（Tököl）、拉茨凱韋（Ráckeve）、薩茲豪隆包陶（Százhalombatta），輪番巡迴演出。由中華民俗藝術基金會組成的「民族樂舞團」，是從蔡麗華教授的「臺北民族舞團」和黃春興的「草山樂坊」搭配而成的。他們都具有嚴格的專業訓練。樂團以國樂為基礎，演奏鄉土味濃厚的樂歌；舞團從賽會中汲取八家將、跳鼓陣、十二婆姊的雜技菁華，從歌謠中吸收〈白牡丹〉的情境，從小戲中變化〈桃花過渡〉的機趣，從少數民族舞蹈模擬孔雀舞的柔美，從武術技法聚會健身的操練，而無不融入藝術的精神呈現自然抒發的思想情感，所以能夠受到最高評價。

其五，留下人類共同的文化資產，錄製影帶保存珍貴的藝術文化資產，以一九九二年、一九九五年兩度所錄製之《崑劇選輯》一百三十三齣經典劇目影響最為廣遠，皆為大陸六大崑劇團盛年、藝術巔峰期的代表作。可供崑劇之觀賞、教學、研究之用，我主張將之收入北京藝術研究院主編之《崑曲大典》，成為人類共同的文化資產，但為臺灣不敢負責之官僚所阻，終於被封存於傳藝中心之數位典藏。

其六，李乾朗以他建築藝術的專長，為修護臺灣古蹟做了不少事。他每修護一座寺廟，常要我作碑記或題對聯，也會請求陳奇祿院士的墨寶來「呈現」。記憶中臺北武昌街城隍廟牌樓對聯，和廟內楹聯、諸司神龕對聯，以及清水祖師廟和重修鳳山二級古蹟龍山寺的碑記，以及南鯤鯓五王廟的牌樓對聯等都出自我的手筆。乾朗由於對文化貢獻良多，行政院頒給他文化獎，他數十年的奉獻，真是實至名歸。

以上所舉，不過為犖犖大者，如果要詳述其事，不只非篇幅所能容，還要費一番心思。但記憶所及，二十八年間所主持之調查研究計畫，總有十數種；率領團隊出國，不下四十次，錄製之影音資料多達數百種；至於學術與展演活動，更屈指難數。期間還主張「精緻歌仔戲」，將歌仔戲、南管、布袋戲等躋入國家兩廳院演出；與馬水龍、許常惠、游昌發三大音樂家合作，嘗試「中國現代歌劇」之探索，還為京劇、崑劇、豫劇、歌仔戲等編寫劇本，展演於兩岸重要劇場。撫今追昔，真是可以無憾無愧了。而這些「成就」大部分是基金會幫我完成的，我怎能不對這全國唯一由學者專家、社會賢達所組成、具有永久會址的「中華民俗藝術基金會」充滿感激之情呢？我怎能不對長年如兄如弟如姊如妹的同仁滿懷溫馨眷戀呢？

而我在這裡要特別提到林茂賢。

林茂賢在文化大學哲學系畢業後，向我說他熱愛民俗藝術，我就留他為我執行長秘書，他果然熱心賣力奔走，令我激賞信任。他常午夜過後從基金會掛電話給我，討論申請案和相關事宜，我關切他夜太深了，不宜過度勞累。他生病，我還會陪他上醫院看友人醫生。他在我往返國內外，都會機場接送。原來他白天多半在睡覺，是個「夜貓子」。

他一再嘀咕，表示他很想到大學教書，好能栽培民俗技藝的後進，我果然費了九牛二虎之力「勒令」我指導的博士生、時任靜宜文理學院中文系主任鄭邦鎮，硬把他塞進去當專任講師；東吳大學的王國良也看我面子給他兼任兩個鐘頭。這樣一來，他不只自稱基金會「執行秘書」，而且翅膀也忽地硬了起來。在教育部會議桌上，我推薦明華園為家族傳承的典型歌仔戲優秀團體，他公然衝我反對，說是「金光歌仔戲」，使李殿魁隨口應和。我向許常惠大哥說：「你何時任命他為執行秘書？」許大哥說：「你是執行長，我還以為是你任命的。」我原本很器重林茂賢，推薦他為基金會最年輕董事，打算把基金會傳繼給他，沒想他只顧參加政府部門採購計畫評審，在民間藝人中顯出他的專業和地位，他也因此名聞遐邇。基金會董事會他大搖大擺進出，遲到早退，但我還為他升等副教授的有關歌仔戲的書寫過序，多加肯定和鼓勵。所幸他還能一直在民俗藝術圈裡黽勉從事，盛名中也頗具貢獻。

簡惠如在我執行長任內，掌管會計，在基金會「主內」，林茂賢「主外」。久之，她連蔡欣欣都不放在眼裡。董事會的會計年收入報告，很奇妙地都「收支平衡」，我雖然感覺基金會如此昌盛，怎的一點盈餘也沒有。但總以為能不虧本，能還清因擴充會址而生的銀行貸款，也就好了。有一天，洪惟助和蔡欣欣追查他們主持計畫的三十萬元，怎的一直不進帳，結果在簡惠如存款簿上發現，尚未被「變造」。我一進執行長室，看到簡惠如臉色蒼白，汗流滿面，半句話也答不出來，實在尷尬之極而可憐，說了句：「不追究！妳辭職吧！」她改投廖瓊枝老師的薪傳歌仔戲團，起先也被倚重，後來也因行為不被看好而離開；那時她以一位高職畢業生，不數年即能購置一棟五百萬元的房子。

我擔任基金會董事長、林明德為執行長任內，另一位女會計在林明德嚴密的掌控之下，居然也捲走二百六十萬元逃逸。弄得明德焦慮不安一個多月，終在律師鑑證下找到她父親「和解」，由她父親分期償清贓款，明德才把事情原委告訴我。

基金會董事同仁和在大學任教的工作夥伴，可感可愛的很多。如明華園團長陳勝福，一口氣捐贈三百萬，小人國朱鍾宏捐百萬，新東陽麥寬成董事不時捐贈，和成牌少東邱弘茂董事也時有濟急。

基金會購置新址，舉辦募款餐會，三十來桌，每桌酒菜費五千元，收入三萬元。外加明華園臺柱孫翠鳳一襲戲服，現場拍賣十萬元，許常惠一首民謠三萬，林明德捏酒蓋一只兩萬，李豐楙運氣使寒毛豎立三萬……董事同仁各展「絕活」為基金會不惜博取賞金，正爾進入高潮之際，可惡的林茂賢不知奉誰之命，驟然喊停。連我的唯一招牌歌〈霸王垓下別姬〉和震撼兩岸的〈酒党党歌〉朗誦都來不及上場。

基金會同仁，如遠在臺東大學的吳騰達，以其「陣頭小戲」為基金會不知風靡多少人。民族舞團的蔡麗華教授找我指導她升等教授論文，她脖子癱瘓多年，猶將她的舞團在國際展演，為基金會增添交流榮光。莊伯和手工藝古文物如數家珍，李乾朗古蹟修護不作第二人想……真是群英翹楚，「風雲聚會」，為民俗藝術而效書生報國之忱。

2 仇鼎財

仇鼎財，他是開在金山南路和和平東路交口「寧福樓」餐廳的董事長，我們酒党「四中全會」在他那裡就有三十幾年。我家「少党魁」曾大衡曾在席上趁我沒留意，把一大半杯紹興當茶喝，頓時滿臉通紅。我大宴小酌，幾乎都選在寧福樓。寧福樓每間套房，都由我命名，大廳門口掛我的詩和對聯，由薛平南書寫。SARS疫情猖獗時，我堅持「四中全會」照常舉行。酒党以李哥為首的登山分隊常到富基漁港購買整箱活魚，中午在寧福樓現烹現吃。所以有分隊，是因為酒党老弱殘登山隊過於龐大，星期日清晨在我住的長興街大門口會聚六、七部車子再浩浩蕩蕩出發，停車就是個問題。我們稱老仇為仇董，每獻上他親手做的「搶蟹」、「醬牛肉」和他家鄉寧波的「鹹牡蠣」下酒，滋味很美。

老仇晚景不佳，因他兒子生意失敗，使他不得不把經營權讓給他的廚師，退居「空心董事長」。他重情重義，尤其感念我在SARS疫情時，使他度過難關。直到現在新冠大疫爆發以前，我們每兩星期都見面一次。我都領導党徒向他致意敬酒。

3 文幸福

文幸福（一九四九—），香港僑生，臺師大國文所博士。為文天祥後人，為其先祖奔走建祠。任臺師大教授，退休後受聘玄奘大學中文系主任，曾兩度客韓為交換教授。研究《詩經》，能作詩填詞，出版詩詞集多本，手腳敏捷，詩名很盛，我每賦一詩，他即隨手唱和。他早年即獲評為「中華民國十大特優詩人」之一。我在港大、新亞客座時，他陪我到郊外的文家村，遊賞文家故居。他在酒党「四中全會」中，與陳錫勇對上就酒興大發，喜歡調侃小兒科醫師陳政義。

4 毛治國、張學勞、賴瑟珍、鍾福松、曾國基

❶毛治國

毛治國（一九四八—）是我所識可稱之為朋友的最高官。浙江奉化人，美國麻省理工學院博士，為交通大學教授兼管理學院院長。曾任交通部觀光局局長、部長，創辦「臺灣燈會」，被尊為「燈會之父」；行政院副院長，馬英九總統後期為行政院院長，以政局變動、堅請辭職，不理會總統親自造訪而「閉門謝客」。

我率領四十六個民間藝人，由各種偶戲和手工藝團體十六種組成，到新加坡參加「春到河畔」國際民藝匯演。行前在保安宮廣場與於廟會「先行實驗彩排」。毛局長說：「你真膽大又有本事，這樣的雜牌軍你都敢帶。」所幸「党魁」頗具統御力，完滿達成。

當他不在官場，在交大執教，由於其夫人錢盈盈坦誠好助人成事，媛與她交往頗為契厚。我們兩家於二〇〇七年二月四日至十六日一起參加南投魚池鄉基督學院臺安醫院之「新起點」活動，人人吃素，「面有菜色」。按表聽課，講求養生之道，包括學習烹煮素齋。毛治國是好學生，我則躲在書房。有個夜晚，我極力慫恿他夫妻倆到日月潭邊「偷吃」一條草魚和「偷飲」一瓶威士忌，有詩云：

日光湖畔月光明，日月同潭混太清。山色朦朧微酒後，但聞岑寂草蟲鳴。

結業時，我體重由九十三點七公斤降為九十一點四，頗具「成效」，朋友說我十二天之中甩肉兩公斤才花四萬元，很合算。而現在才五十五、五十六公斤上下，回顧昔日「雄姿英發」，簡直「恍如隔世」。治國先生擅書法，「結業」時員工求字，由我製「嵌名聯」配搭分贈。

❷張學勞

我獲選中研院院士，時從觀光局局長退休、改任圓山大飯店董事長的張學勞先生，為我在國宴廳擺設盛筵，邀集燈會同仁同賀，治國先生亦曾任交通部長，主管國家燈會，而我按生肖為年度燈會命名主燈、寫對聯和開燈六步驟，凡三十餘年。

張學勞，任主任秘書，我贈以嵌名聯，預言他升任觀光局長，果然應驗，他把我信手「草稿」的對聯裱褙裝框，擺在他寶座桌上。他幾乎以我為文字顧問，時常諮詢於我。首屆國家燈會，我不在國內，馬年而主燈命名為「飛龍在天」，此後直到前年（二〇一九）為止，三十年來皆由我命名，其最有趣的有兩次，一次是虎年，我命之「飛虎展雄圖」，碰上不幸的華航大園空難和空軍戰機墜落事件，立委指責觀光局謂那隻飛虎祭上天沒祭下地，既吃掉華航班機，也吃掉空軍戰機。本來我要寫「飛虎防空論」，主張觀光局將此「飛虎」祭上海峽中線，二十四小時巡邏，中共戰機飛越即吃掉它，如此我們就可以省掉大幅國防預算，使百姓安康樂利。張局長怕得罪立委，把「飛虎」連座遷到海濱，並由我寫大意仿韓愈〈祭鱷魚文〉的有韻祭文刻石立碑，予以「鎮壓」。

另一次是謝長廷主政高雄，不理觀光局循往例以「生肖」命名燈會主燈，要具有高雄特色。我命之為「鰲躍龍翔」，以象徵高雄之為國際海港，必發展躋身世界首要。沒想高雄中山大學中文系某教授，謂主燈以海中「大烏龜」汙辱高雄人，市議員在市議會質詢，電視新聞播出；某教授甚至說他要率學生去拆毀。我在《聯副》寫了一篇〈鰲躍龍翔〉，說明此「鰲」非彼「鼇」；彼「鼇」指龍生九子之「贔屭」，此「鰲」為海中大魚，為「獨占鰲頭」之「鰲」，還附故宮「鰲魚花插」為證，才平息此「節外生枝」。

張局長對我很「禮遇」，不只看我為國光新編京劇《牛郎織女天狼星》後，在圓山大館店擺上祝賀的大筵席，宴請演出團隊；又在我當選院士，邀我及家人、歷任觀光局局長，和參與國家燈會之觀光局相關人員及學者顧問，假圓山大飯店大肆慶賀；更以百萬元交「中華民俗藝術基金會」，出版我圖文並茂的《戲曲經眼錄》，餘款捐助基金會。

❸賴瑟珍

張局長退休改任觀光協會理事長，由賴瑟珍升任局長。他和張局長一樣對我禮遇，國家燈會合作得很好。

❹鍾福松

鍾福松為觀光局負責國家燈會的組長。二〇〇七年三月四日受觀光局接待至嘉義參觀國家燈會，劉桂鴻自美返臺，既觀賞崑劇我所新編之《孟姜女》，並同受時任觀光局開創阿里山管理處之處長鍾福松邀往阿里山。日出，乘森林小火車，遊走奮起湖、杉林棧道、鄒族塔山、圓豁瀑布、圓豁鵲橋、星光森林，午餐於來吉，有〈阿里山雜詠〉七絕九首，其〈奉鍾處長福松〉云：

處長擘開阿里山，登山涉水本艱難。只今風景美如畫，引得遊人帶笑看。

鍾福松在任觀光局東北角風景管理處處長時，曾邀我由元立、德玉陪同，酒酣後，一起巡覽每個轄區風景點，或停車飲咖啡，或駐足以縱目，我即興賦五七絕，由其秘書筆記之，將這些詩請書家寫成中堂，懸展於管理處，並製成書籤為宣傳品贈送旅客。在任阿里山管理處長時，邀我和林明德去參加鄒族「生命豆祭」，我同樣為阿里山的景點題詩。

我和他在國家燈會共事十七年，我為主燈命名，兩度雞年題「一鳴天下白」，一名「鳳鳴玉山」；兩度狗年，一為「忠義定乾坤」，一為「盤瓠再開天」；兩度豬年，一作「富而好禮」，一作「風調雨順」。

「鳳鳴玉山」那年，臺南市長堅持主燈置於運河之上，其部屬皆以為不可行，要我出面。我向市長說，主燈置臺南名勝運河之上，群眾兩岸觀賞，燈光月光水光互為掩映，美則美矣，奈何燈基高聳，變成「落湯雞」就不好。他馬上改口說：「是誰的主意？」才打消「他的主意」。

而「槃瓠再開天」那年，國家燈會在嘉義，為陳水扁總統任內末年，我用西南神話有如中國中原「盤古」

掌故，暗諷政權即將轉移。而陳總統在燈會致詞時「照稿宣讀」。

❺曾國基

曾國基在觀光局服務和任日月潭風景區管理處處長時，與我交情頗佳。他將請我寫的〈日月潭雜詠〉製成數套茶具，在茶壺上書法，作為贈送海內外貴賓的禮物。如張局長也同樣請我為馬祖酒廠開發的名酒瓶上題詩，作為觀光局贈貴賓的禮物，至今我還視如「拱璧」般的儲藏一箱。國基還不止一次為我帶往日月潭的嘉賓良友設宴。他即使已調升部會，只要我掛電話，他都會為我盡力。

5 朱小瑄

朱小瑄，東吳大學商業數學系畢業。漢珍數位圖書創辦人，曾在國際書展中，請我作專題講演。待人篤誠，對我尊敬。酒党出版協會支党部例行餐敘後，如無人送我，他必親送到我家門口。

6 江武昌

江武昌（一九六一—），員林人，文化大學戲劇系畢業，即從事臺灣布袋戲、傀儡戲的調查研究工作。因田野調查，與藝人交情深厚，所得影音、文字資料甚豐，著有《臺灣的傀儡戲》、《臺灣布袋戲概說》，言簡意賅、修理井然，我大量引用入我的論文。他曾於一九九六年六月率民間藝人四十餘，至立法院要求廢除不合理之演藝規章及設立臺灣戲劇學校而請願。九月見效後，即離開臺北文化圈回員林「隱居」，仍辛勤於調查研究。他為人樸實無華，生活亦簡淡，不為五斗米謀一職；而勇於發言，為傳統藝術效命，又主動推舉相關具高度成就者爭取榮譽。二〇二〇年我獲文化部頒贈金曲特別獎，表彰終身文化貢獻，即出諸他在評審會議的臨場推舉，獲得全票通過。他在大學時代做過我為文建會策劃主持的「民間劇場」大型民藝活動助理，率領同學布置巡行會場。他每年都會寄給我臺東釋迦嘗鮮。

一九八六年他在臺北藝術學院參預研究工作，後來攻讀碩士學位，曾求我為師，我也樂於接受。但他以碩士班規程繁文縟節不耐而放棄，我也只好遂其心志。

7 牟宗燦校長及世新大學諸同仁

❶牟宗燦

我二〇一四年八月自臺大未屆齡即退休，轉任世新大學，完全是為了幫洪國樑在世新中文系「別開天地」。那時我是臺大始設講座教授居胡佛之後的第二位，為此臺大校長陳維昭還關切地找我談了半個小時，說有人在他和世新牟宗燦（一九三九—）校長面前揶揄他，說我被牟校長「挖走」，令他尷尬。

牟校長，美國加州大學戴維斯分校經濟學博士，為美國加州大學洛杉磯分校首任華裔副校長。自美返臺，創辦東華大學，任首二屆校長，任期屆滿後，受聘世新校長。他胸襟博大，國樑向他建議禮遇名師，他完全同意。國樑就放手邀請中文學界名儒碩彥到世新為客座教授，使中文系快速成為公認最頂尖優良的科系，學校每年還特撥二百五十萬元為中文系教師出國研究之經費。世新初設「講座教授」，牟校長親送聘書，說：「這聘書你編號『第一』。」我和國樑向他推薦許進雄專任，他滿口答應。後來他做滿六年返美定居，他回臺灣，會約啟方、國樑和我小聚。

❷賴鼎銘

接任牟校長的是教務長賴鼎銘，他在輔大上過林明德的課，與我在師友輩之間，較為親近，一口氣發給我連三年的「講座教授」聘書，被接續其任的吳永乾校長說，那是「破例」。賴校長因疾治療不飲烈酒，紅酒、啤酒還能應酬。他夫人任圖書館館長，我得中研院院士，為我舉辦盛大的圖書捐贈儀式和展覽，展覽陳列許久。我偶然請他們夫妻小聚，到石碇九寮坡吃土產，吃我小時隨祖母野外採擷的苦薇菜，那是伯夷叔齊餓死前所唱「登彼西山兮採其薇矣」的「薇」。

❸吳永乾

吳永乾校長同樣對我禮重。世新年終大會餐，他安排我與他和董事貴賓同桌，使我「孤單」，不能與系上同仁快飲，還得不停作禮貌性的應酬。我心臟大動手術後，他一再表達來探訪之意。二〇二一年五月，我約他在校長室會面，他說學校很需要我，不要考慮退休；只是如果身體真撐不住，也不要勉強。他還說明他的治校理念和許多困難中的建樹，為中文系的年輕教師不思與時俱進，還「故步自封」，頗為失望。

❹成天明

成天明為世新教授兼董事，他拜媛姨爹為師，對師門講情義、很照顧，我喜他之為人，頗為投合。

❺邱淑華

邱淑華頗受董事長成嘉玲信用，協助賴鼎銘為副校長，主管總務；為人熱誠知進退。我每年設大席宴董事長、校長及同仁，都請她代為決定時間和人選。李燕鳳和她是姊妹淘，又是成董事長貼身機要，比較有來往，在杯酒之中，她與邱淑華都稱「能飲」。

❻梁世武

梁世武為終身學院院長，他每年都會找我對海外學生講演，也常請我和國樑為他席上貴賓。他所作選舉民調精準度頗高，和國民黨要角吳敦義頗有交情，我每坐在吳敦義身旁，看他也是能飲豪傑，力邀他加入本「酒党」，在他一次以行政院長身分在官邸宴藝文界人士，我為首座時，趁機任命他為「第十五副党魁」，位次我身邊的臺藝大校長朱宗慶。

❼葉明勳

葉明勳先生是世新大學創辦人成舍我先生好友。成先生病危時，託付他為董事長。他是著名報人，將世新由專科升為學院，升為大學。他能飲，以黃啟方為世新酒党党魁，杯酒之間，使同仁歡樂，九十四歲退休。我來世新後，自然取啟方而代之。

❽成嘉玲、周成虎

成嘉玲繼葉明勳先生為董事長，她是世新創辦人成舍我先生的大女兒。繼承父業篳路藍縷之艱難，在葉明勳先生之基礎上，更使世新發展為完整大學，為臺灣私大中排名前茅之名校。她喜聽京劇，亦能接受崑曲，我推出新劇目上演，她都會與邱淑華和李燕鳳同坐貴賓席觀賞。看到字幕打出「編劇：世新大學講座教授曾永義」，她說：「很過癮。」

五年前成董事長退休，由公子周成虎接班。周董在美國做股票，吳校長說他每年為世新在股票上賺取不少錢；但他畢竟是生意人，治校計較利益成本，多方節制，不敢為學術和教育多給「餘裕」。他喜歡在歲末同仁聯歡晚宴上玩「剪刀石頭布」分系「對壘」，給予高額獎賞，以助清歡。

❾郭鶴鳴

中文系同仁郭鶴鳴、蔡芳定、莊耀郎都出身臺師大，被國樑聘到世新專任。鶴鳴為人謙和誠懇，二〇一二年四月唱和我〈勝雪流蘇〉，一口氣寫了五首。他任系主任三年，為照顧夫人而辭職。

現在郭鶴鳴加入本党「四中全會」，我喜歡他的格調。與國樑、啟方小聚每請他一起小酌，他每次都不惜珍藏，獻上陳年佳釀與友朋共享。

❿蔡芳定

蔡芳定接續任滿六年。頭五年，年年經費無虞，所辦「兩岸韻文學學術會議」皆盛大順利，到第六年說不辦了，要辦也只能縮減為半天。他說曾老師所捐的傑出研究三十萬和教育國家講座一百五十萬已經用完了，還得我向「酒党出版協會文党部」友人朱小瑄等募十萬元，加上我名下科技部「行遠計畫」補足才又圓滿召開。芳定愛貓愛狗，成群結隊，視之如子女。他說搭飛機擔心失事，這大群貓狗怎麼辦。

⓫莊耀郎

莊耀郎，能詩能書法，送我墨寶，唱和詩作。他兒子結婚，鄭重其事找我福證，沒想我一上場把最重要的新郎、新娘名字給忘了。這是我在「檯面上」最出醜的一次。

⓬陳美雪

陳美雪，輔仁大學中文系碩士，任教世新大學直至教授退休。自我轉任世新，即長年旁聽我所開課程，以我為師，我催她撰寫升等教授論文，並將大學部「戲曲選」由她開課。

⓭張雪媃

張雪媃，繼蔡芳定為世新中文系主任，留學美國獲博士學位，原在通識中心任課，黃啟方聘入中文系。由於專長在現代文學，舊學基礎不佳。任中文系主任後，變動必修課程，並將洪國樑蒐羅建立之圖書任由師生取為私有。在我設法協助經費下，「兩岸韻文學學術會議」照常舉行。

⓮蘇怡如

蘇怡如，為齊益壽指導之臺大中文系博士。繼張雪媃為主任，以未能配合學校轉型措施而離職。酒量好，治學亦有成績。

⓯洪逸柔

洪逸柔為師大國文研究所博士，為陳芳與我共同指導其《西廂記》崑曲演出之研究，長年選修、旁聽我課，獵取我學，雲程始軔，未可限量，現為世新中文系助理教授。

8 吳榮順

吳榮順（一九五五—）生於花蓮縣玉里鎮傳統客家庄。臺師大音樂系、所畢業，深受指導教授許常惠影響，赴法國巴黎第十大學，為臺灣獲民族音樂學博士之第一人，極重視田野調查和音樂採集工作。偕同美麗的妻子帶領學生，足跡遍臺灣，收錄許多原住民和客家音樂紀錄影音資料，並執行文建會、客委會、國家文化資料等單位之計畫。任臺北藝大教授兼傳統音樂主任、學務長，出為文化部傳統藝術中心主任，曾在中心文藝季裡納入我的新編崑劇《蔡文姬》。其秘書王玉玲與薛平南夫人同姓同名，嫻靜溫雅，拜我為師。

9 吳璵

吳璵（一九三二—）字仲寶，酒党皆稱他為「二哥」。在臺師大講授古文字甲骨學，曾任成大中文系主任。將年高老母從大陸接來奉養，其母百歲時賀客盈門，看他侍候備至，令人十分感動。他能做一手好菜，我不時享受，嘖嘖稱美。他酒後七分醉意，就滔滔不絕，一直反覆同樣的話語。他常在酒席上坐我身旁，我總安排一位半生不熟的女生聽他絮絮言語。他大我九歲，近年已有不清楚現象，已從酒党「四中全會」退出，不免惆悵。他很喜歡我為他寫的一篇書序，一再於酒後提及。

10 呂鍾寬

呂鍾寬（一九五二—），彰化人，文化大學音樂作曲組畢業，赴法國巴黎第七大學、法國高等學院研究，獲法國巴黎第四大學高等學院高級研究文憑。曾任臺師大民族音樂研究所所長、臺北藝大傳統藝術研究所所長。研究專長為南管、北管、道教儀式音樂，從事田野調查採集整理，所獲資料極豐碩，編輯為套書，在大陸出版。

鍾寬為許常惠得意弟子，視為傳人。我與許大哥在一九七〇年宣揚南管曲劇之歷史地位與藝術價值之崇高與貴重。許大哥乃指導鍾寬以《臺灣南管音樂之調查與研究》，我則指導沈冬《南管歷史初探》為碩士論文，使南管躋入學術殿堂。

有次我們和許大哥在會賓樓喝完酒，邱坤良、洪惟助、林明德還要陪他去中山北路二次會。許大嫂李致慧說，許大哥在外飲酒，只要有曾永義她就放心。我看那晚許大哥酒意已七、八分，乃把他塞進計程車，送到他金華街的公寓街口，正好堵車，我請他下車自己回家。我自己一到家，又覺不放心，掛電話給許大嫂，大嫂說準又在青田街和呂錘寬喝紅酒了。我馬上去看個究竟，果然如此。錘寬對師命是一呼百諾的！

錘寬在中華民俗藝術基金會任董事，我請他負責南北管業務，貢獻頗多。他酒量不差，起初沉默喝悶酒，及到酒氣上湧就「多言多語」，而且如乃師，須找人「二次會」才過癮。曾在成大學術會議晚宴後，找我和德玉「續攤」，我們都沒接受。他就雇計程車直接到官田，找劉元立陪他喝到深夜兩三點。

今年（二〇二二）元月，他獲得臺師大「名譽教授」榮銜，擺一桌在水源會館謝我和施德玉「玉成其事」。洪孟啟、劉元立、游素凰都參加，結果臺師大藝術學院院長陳郁秀替他買單。

11 李天任

李天任（一九五六—），中國文化大學傳播系畢業，美國加州大學洛杉磯分校視覺藝術碩士，紐約大學博士，曾任文化大學與華梵大學校長。認識他是因為他與前文化部長洪孟啟同為「酒党出版協會」每月一次之例行餐會貴賓。他酒量好，又坦誠有禮，很受歡迎。酒後，他每用座車送我返家。

12 李善馨

李善馨與汪中同鄉，在師大和平東路開學海出版社，發行中國典籍。師大國文系老師及臺大中文系如景明、啟方、我等常在他那裡走動聊天。他待我非常好，關心體貼，大我十六歲，我們都稱他「李哥」。

李哥慷慨好客，不善理財，入不敷出。有次我看到高陽枯坐在店裡，原來是等他收取銀子好能借用。我們「酒党」有「老弱殘登山隊」，他與師大黃錦鋐教授、臺大羅聯添教授都屬「老」字輩，但他猶不失喜看美女之心。有次酒党「四中全會」，他居然遲到許久，原來他是尾隨一位美女，從公車下車到馬路上跟蹤要看她個究竟，結果當他超前回顧之際令他大失所望；我為他寫了一篇〈李哥之美〉來「揄揚」他。他對我愛護出諸「老大哥」的自然關切，令我感到溫馨，我常向他請教處事為人。在登山路徑上，我好即興口占吟詠，他就記下來。有天他從背包裡取出一疊詩稿示我，說：「這些都是你登山時即興之作，不要隨寫隨丟，集下來，學海為你出版。」我好不感動，為此今天才有一本《舊詩日記稿》三十餘萬言由國家出版社出版，今書名作《一位陽春教授的生活》。

李哥飲酒酒量奇佳，每在席上即殷勤為大家點菜招呼，他品味很高，教人也享盡口福。他身上揹的大包包，裝著茶具和茶點，我們隊伍在羅聯添老將軍指揮下，抵中途站，王哥民信就召來他在救千宮的住持臺大圖書館同事，設桌布椅，好讓李哥大展茶藝絕活，一夥兒圍繞他大擺龍門鎮。我好即興舞文弄墨，在救千宮門額兩柱上留下以「救千」為鳳頂的嵌字對聯。

李哥晚年八十出頭時，非常落拓，妻子兒子和友朋漸行疏遠，我照樣約他到羅斯福路臺電大樓巷邊，酒党常駐的大本營之一「醉紅」小聚。他身邊常跟著一位在香港負債逃離的新亞研究所兼任教授。此公我客座港大新亞時，就沒和他深交。在臺灣，吃的喝的都靠李哥，而當李哥死於居所時，他卻蒐羅李哥古董，藏在身上，他後來跳樓自殺，了結殘生。我為李哥不明不白的死，悲痛萬分，和大嫂一樣莫可奈何；但他的平生形影和謦欬，每在耳際迴響，眼前浮現。

13 李隆獻

李隆獻（一九五一—），臺大中研所博士，他和洪國樑同為臺大夜間部最傑出的中文人才，以教授兼中文系主任。長於經學、史學，為系務貢獻很大。

他擔任系主任的後兩年，一再遊說我同意他舉辦「曾永義先生學術成就與薪傳國際學術研討會」；我再三推辭，說：「我的老師都在八十歲時才舉行，我不宜以七十五歲破例，自取不安。」他最後說：「你為系榮膺院士，正是時候，否則時過境遷也不甚好，請趁我在其位時，能為老師玉成此事。」結果在二〇一六年配合我生日，召來海內外九十八位學者共聚一堂、分兩個場地進行論文發表，參與學者達兩三百人。廣州中山大學的康保成說：「這樣的盛況在大陸未曾見過。」論文集配我的生活照，兩大冊各有數百頁。我從科技部我名下的「行遠專書寫作計畫」和內人陳媛捐出的十萬元，計三十餘萬元貼補中文系開銷，因為光將此龐然大物海運國外各大圖書館所費郵資就不少。而文化部傳統藝術中心，也為我出版戲曲劇本創作集《蓬瀛五弄》和《續弄》兩巨冊。萬卷樓圖書公司所屬的《國文天地》為我兩期出專刊，並集新舊由及門與友朋之祝賀文章數十萬言，匯為《醉月春風翠谷裏》，以翠谷象徵我臺大退休，繼續任教世新大學迄今十七年，而醉月湖則用以象徵我在臺大畢業後執教母系三十三年。

隆獻上夜間部時，有個夜晚在臺大校門口，啟方所設的導生宴，媛也在場，我喝得酩酊大醉，然後為他們上曹操〈短歌行〉「對酒當歌」；縱橫捭闔，意氣飛揚，隆獻他們最記得的是我那時居然才情奮發。但當我行將赴哈佛訪學時，由於接受餞行，連日飲酒，上起杜詩來意識朦朧而口中喃喃，驚覺之際，學生說我不知所云，甚至忘了考試時間，幸虧夜間部秘書為本党弟兄，代為處理。

14 李豐楙

李豐楙（一九四七—），雲林縣人。政治大學中文博士，曾任政大中文系教授、中研院史語所研究員。回任政大講座教授。我在中華民俗藝術基金會為執行長，主持「民間劇場」展演，他以董事參與策劃。大甲鎮瀾宮五十年建醮大典由基金會承辦，他負責所有科儀，與道士同吃同睡共事一星期。他師事禮學大師王夢鷗，深入道教文學經典科儀之研究，拜基隆廣壇道長李松溪為師，正式成為大學教授難得一見之道士，藉此廣涉田野調查，了解科儀中之義理。著作等身，提出「常與非常」之理論，在其宗教文學義理研究範圍中，無人出其右。二〇一九年三月二十六日，我以校外公正人士，推舉他為政大傑出校友。這次因疫情一再延後的中研院院士選舉，在五位推舉人中我名列首位，希能使他順利當選。（編按：李豐楙於二〇二二年七月當選為第三十三屆中研院院士。）

15 汪中

汪中（一九二五—二〇一〇），字履安，號雨盦，安徽桐城人，臺灣省立師範學院國文專修科畢業。任臺師大國文系教授，退休後轉任東海大學講座教授，講授古典詩，非常叫座。為臺灣重要書法家、古典詩人。

汪中先生與學海出版社李善馨老哥為同鄉，頗相過從。他因我是「酒党党魁」，以他骨秀清奇的書法題贈「君子乾乾之室」，迄今猶掛在我家客廳。他又稱賞我一副對聯：

好書分些別人讀，
美酒留點自己喝。

他也主動以書法送我，只是將「喝」字改為「乾」，以切合上下聯「平仄聲」句末聲調相反之常規。但我認為此聯在俗中帶雅趣，將「喝」以入聲作平聲，似較自然。

我師大的朋友像沈秋雄、陳文華、文幸福都是汪門得意弟子，我也尊稱他為老師。師母王安寧燒得好菜，汪老師從來講究好菜、好酒、好茶，作好詩、寫好字、交好友，樣樣都有「研究」，生活多采多姿。他年輕時受溥儒賞識、傾囊相授；受潘重提拔得任教師大，皆因其書法與古典詩之出類拔萃。後得與臺靜農老師書法切磋，江兆申書畫影響，尤有進境。以致兩岸書法家啟功，稱賞其書法「虛靈挺拔」，並求其為《啟功論書百首絕句》題簽。

汪老師酒量極佳，喜歡金門高粱。在師大組織「酒會」為會長，規定與會者必具起碼之酒量以類定若干。我亦入會為會員，但因與我飲酒旨趣大相逕庭，我主張「人間愉快」，「唯酒無量，不及亂」，能喝多少算多少，甚至「杯中有物皆酒也」也無所謂，乃自組「酒党」，被推為「党魁」。汪老師後來「酒會」零落，也與酒党李善馨、章景明、黃啟方在一起大宴小酌。有次在師大附近一條巷子裡小聚，吃一位老兵所開小館的風味菜，那時公賣局最好的紹興酒大大缺貨，我和李哥好不容易購得兩瓶，章景明得意說他輕易地在他家巷口雜貨店買到半打。兩瓶在中午，很快被我們五人乾掉，輪到開章景明的，我說，讓我嘗嘗是真是假，我抿了抿即說：「是假。」然後輪流品嘗，皆說「假的」！

我到過汪老師家吃飯，享用汪師母的美食，看到汪老師四個兒女，以「昭」、「明」、「文」、「選」命名，難怪他在美國的朋友寫信問他「昭明文選」出齊了沒有。

16 汪志勇

汪志勇（？—二〇〇四），高雄師大國文系教授，治戲曲與俗文學，與我同道。我曾在高師大每學期講演兩次，志勇莫不設「全牛宴」邀來党徒與善飲紅妝作陪，我每酒意甚濃。有次飲至深夜，次晨，陳貞吟叩門接我上火車，我未及洗臉，只在車上盥梳，中午在臺中又與江清柳飲金門陳高一瓶，晚上講演，居然「半途而廢」；而《臺灣日報》副刊主編陳篤弘早已候坐場上，等我消夜。我既已向聽講者大表致歉，實在也無力再「續攤」，這是「党魁」平生少有的「丟臉事」。

二〇〇五年十月二十三日晨，枕上不寐，念及與志勇交情，賦〈悼念〉七律一首：

州年情誼定知交，北往南來意氣豪。戲曲商量堪擊節，俗文論證亦相高。
全牛大宴邀紅袖，舉座歡欣飲綠醪。夢裡猶疑顏色好，依然啖蟹讀離騷。

那時志勇已逝世年餘。他於二〇〇四年八月偕李哥善馨返安徽探親，九月二日返臺途中，於汽車上心臟病突發驟逝。聞之寧福樓席上，口占七絕悼之：

返鄉途路返鄉魂，何處死生何處村。誰道悲歡人世界，應須泉下酒盈樽。

志勇女兒汪詩珮，我指導她碩士論文，現為臺大中文系教授兼副學務長，亦屬「克紹箕裘」。

17 沈毅

沈毅是我至交，酒党名之為「沈哥」。總統府參議。年輕時混過「江湖」，道中頗具名氣。

沈哥在酒党登山隊，最喜歡邊「走山」，邊吹噓他昔日制服「群雄」的「豐功偉業」，不厭其煩地反覆，同行的劉元立都聽膩，只有新隊友或偶然來「點綴」的党徒津津有味。而我則「溫習」再三，觀察沈哥追訴時的神情舉止，已經到了每次分毫不差節拍的程度。譬如他如何憑一根扁擔，由樓下打到樓上，在哪一階撂倒誰，如何突破圍攻，讓對他妹妹不敬的傢伙跪地求饒；他說得情景畢現時，啟齒展唇橫眉舉眼投足起手，無不每次都維妙維肖。所以他向別人說得口沫橫飛時，我在其前後只要聽其一言半語，也就知道他正進行哪個「細節」，也跟著樂起來了。

沈哥在軍中，只幹得上尉，看上詹媛，展開包抄追求法，使目標人物不「輕舉妄動」，然後由巴結詹媛父母親歡心入手，使得詹媛小妹成為他的幫手。於是美麗溫雅的詹媛，就逐漸墜入其彀中，雖年紀差一截，猶能抱得佳人歸。

在酒党老哥中，李哥（善馨）和沈哥最照顧我，真把我像兄弟般地呵護。有次登山途中，我內急，進入路旁草木拉野矢，沈哥陪我在身邊協助。

我喜愛他的坦誠率真，和他相處就覺得很愉快。

二〇一八年丁酉除日，大衡開車帶媛和我去木柵看沈哥。他已多年染患巴金森氏症，形容枯槁，飲食以鼻胃管，悵然心悲。幸詹媛照拂無微不至，謂她年輕歲月，迷上崑曲，未能多陪沈哥，現在理當隨侍在側，以為彌補。二〇二〇年我心臟開大刀之前，又去看沈哥，他見我來，直從臥床立起，互相擁抱。詹媛說，這是沈哥大病以來的第一次如此舉動。那天中午，有幾位詹媛曲友，可是沈哥未能同桌共食。在他尚能飲食時，我每和郭守成、許進雄從餐廳備菜，陪他稍事飲宴。而我動大刀，死裡逃生，已知在家養病之況味矣。而我幸而也有陳媛。兩「媛」是好友，常通音問，但所得沈哥消息，盡在出入醫院。

18 周學武

周學武（一九四〇—），江蘇南京市人。因嚮往清代詞人項鴻祚「不為無益之事，何以遣有涯之生」，自號「無益齋主」。一九七五年獲臺大中研所文學博士，由講師升副教授而教授。研究學術史、老子、修辭學。著有《唐說齋研究》、《修辭學與古籍解讀》、《老子雜記》、《周濂溪太極圖說考辨》、《偽關尹子補證》、《通書朱子疑義舉例》等。擔任系主任，禮重本系退休教師，設立典藏紀念價值文物之「紀念研討室」。

他在酒党「四中全會」幾於滴酒不沾，以白水一杯實踐我「杯中有物皆酒也」。他當系主任發聘書給我，我稱他為「飯票」，他離任後，我改稱為「廢票」。他言語機趣，我喜與他調侃為樂，他從不像洪惟助那樣「見縫插針」，只以「党魁」為核心，替我吹捧，令我「魁心大悅」。我感動於他對其亡妻的摯愛深情和與子女孫兒的平居之樂，不只將其新詩集選注《國語日報》「古今文選」，並為其詩集作長序發表於《文訊》，事先並未告知，讓他乍然一睹而激動。

他退休後，遊山玩水，行走大陸名勝古蹟、世界封都大邑。一人飲食，能自製可口家常菜，堪稱逍遙自在，只是未知孤獨寂寞否？

19 林明德、賴芳伶

林明德（一九四六—），高雄市人。政治大學中文博士，輔仁大學教授，於一九九六年轉任彰師大教授，二〇〇六年任副校長，推動地區文學，策劃編輯「彰化學叢書」，八年間出版六十冊。一九六〇年代開始寫新詩，一九八〇年我將他引進中華民俗藝術基金會為董事，負責土產小吃、飲食與寺廟匾額對聯之調查研究，所調查研究之範圍，如《臺澎金馬匾聯調查研究》之全面探討外，其他如《臺中市飲食地圖》、《大溪豆腐系列文化研究》、《彰化縣飲食文化》及《臺灣工藝地圖》亦皆圖文並茂、裒然成冊。

明德在基金會，續任我為執行長和董事長。二〇〇八年我退居基金會「名譽董事長」，由明德承當董事長，迄今已十四年。

早年明德與我創立「酒党」時，即以他為文工會主委。禮拜四我臺大課後，慣常呼朋引伴，在臺大側門新生南路的「大聲公」會餐，啤酒瓶子必須擺滿牆梁才結束。每酒酣之際即由明德起音帶領，高唱「人生難得幾回醉，不歡更何待」，聲震屋宇，因為党魁只會唱這兩句。

一九八七年明德為我在聯經出版公司的《臺灣歌仔戲的發展與變遷》寫序。我也在一九九二年十一月一日《臺灣日報》副刊為明德《開拓生命情境》作序，記下我們共事民俗藝術基金會、明德散文小說的創作，以及對書香社會、生命回顧、讀書心得的探索和體悟。

景明和啟方以研究生監考中文所碩班入學筆試，向我說，今年我們所上會出美女。原來是指賴芳伶，我一看，豈止「驚豔」，簡直粉雕玉琢，容光照人。後來看到一位俊逸小子陪她坐最後一排，參加中文系教師定期學術發表會。真是一對璧人，也只有這小子的品貌，足以匹配這位絕色佳人。打聽之下，這小子是輔大葉慶炳老師指導的研究生林明德，居然「侵略」到臺大了。但這可「冤枉」明德，因為賴芳伶也是葉老師門下，葉老師愛護他們，安排在老師家「餃子宴」，明德和芳伶就這麼「包」出了愛苗，締結姻緣，成為文壇學界人人羨慕的佳偶。

芳伶冰雪聰慧，在臺中中興大學長年擔任講師，因為系上陋規，幾個「安於其位」、年輩在她之前的「老骨頭」擋在她之前，她無法「僭越」升等。我一九九〇年受聘港大客座教授，系主任趙令揚教授與我酒後閒聊，我提起芳伶有多好和久滯不升等情況。我推薦並建議，讓芳伶到港大來攻讀博士，得學位返臺，中興大學就順理成章地改聘她為副教授了。趙主任認為可行，我即說「一言為定」！當他面馬上掛電話給賴芳伶，她就成了港大博士生，很快畢業，如願而升等。芳伶在港大讀博士，我又為明德安排臺灣教育部提供經費、錢穆先生所創辦的新亞研究所客座一年，明德以輔大教授在新亞教書，可以留職留薪，如同我一般。明德起先答應，卻轉猶疑，我說：「已經為你說定了，不可反悔！何況可以陪芳伶。」

明德飲酒，樂於招呼朋友，可以與人盡興，雖酒意已足，未至於亂。他的「文工會主委」迄今（二〇二二）仍然。

20 林清財

林清財（一九五七—），出生於花蓮縣富里鄉東里村，古稱「大庄」，村民百分之九十為原住民。從小就喜愛音樂，演奏各種樂器。因生長花東縱谷，環境影響，一九八六年起開始研究，專精平埔族音樂。就讀臺師大音樂系所，師從許常惠學習樂曲分析與民族音樂，為樂界公認在原住民平埔音樂研究中最有成就的人。

由於許常惠的關係，我充任他研究所入學和畢業口試委員，在他研究生期間，有好幾次在他家陪許大哥晚餐，師生照樣喝得酒酣耳熱。他曾邀我到所任教的臺東大學講演，陪我暢遊空氣最新鮮的海濱風光。許大哥去世後，他回臺北都會約我與他臺東大學同仁和原住民友人及朱振南、孫大川聚會，他酒量好，能使賓主盡歡。他早期在臺南女子技術學院音樂系與我妹子系主任周理琍同事，我到臺南，他就集蔣醫師和系上能飲的同仁陪我，有次酒沒喝足，他離席不久就捎來兩瓶上好茅台，使我當晚回不了臺北。臺大葉慶炳老師發現自己得肺癌，以「托孤」的口吻交代我照顧小師妹。我為師妹安排全省巡迴演奏數場，使葉老師親睹他最寶貝的女兒演奏風采。而清財和理琍更費心費力地使師妹進入該系為專任講師。

21 林暉

林暉，領飛無限文創集團總裁。多才博學，創意獨多，開展性極強。任條碼策進會（GS1 Taiwan Council）執行長，為臺灣商品條碼之父，暨臺灣商業現代化第一推手。近年統籌規劃國際商演音樂舞蹈劇《莎韻之蝶》，以北藝大、臺藝大、南藝大及戲曲學院校長為委員，而以我為「主任委員」，做了許多音樂舞蹈的相關工作，自任編劇，所寫唱詞可賞可聽。但似已停頓，未見積極進行。他對我頗尊重，凡盛筵盛會，必請我開場致詞。他參加酒党「四中全會」，但常忙碌缺席。他的秘書胡安怡，大家都歡迎她，她頗能飲，曾幫我出版《劉桂鴻書畫集：桂鴻的鄉土夢》。

22 邱坤良

邱坤良（一九四九—），宜蘭蘇澳鎮南方澳人，文化大學歷史研究所博士班研究，留學巴黎。指導教授施博爾說他在法文方面協助他取得第七大學博士學位。

他在文大留校任教，即留意鄉土藝術，領導學生演傀儡戲、北管戲，開一時風氣。他長相俊雅，與人親近，得民間藝人之敬重與報社女記者之青睞，聲譽鵲起。為文建會舉辦第一屆「民間劇場」集南北管、歌仔戲、布袋戲於青年公園匯演，儼然有重振民俗藝術之勢，為社會所重。一九七四年赴法國深造，由我接續主持策劃「民間劇場」，乃逐年擴展其範圍內容，增加其展演之項目方式。至一九八六年第五屆參演者達二千餘人，含項目一百零九，團體一百三十七，在中秋前後五天五夜演出，風雨無止，觀眾百萬人次以上。因我赴德國魯爾大學任客座教授，又以文建會主管處第三處處長陳康順擔心「黨外人士」藉此大活動鬧事，早在第五屆舉辦時就藉口故意延宕，企圖停辦。則我一出國，「民間劇場」就自然「壽終正寢」。

臺北藝術學院甫成立，邱坤良就被包院長和教務長姚一葦老師聘去，開創以南北管教學研究的傳統戲劇系。藝術學院選院長，邱坤良以最高票當選，但教育部長郭為藩接見時，認為他言語態度不夠莊重，圈選第二名劉思量，為此藝術學院支持他的人為他「打抱不平」。三年後，他同樣「眾望所歸」，就任時行民俗之禮，鑼鼓喧天大陣仗地把他抬進校門裡，他連任三屆。蘇貞昌以同鄉又同屬「愛臺灣」，延攬他入閣擔任文建會主委。他做不到三年就離職，回到臺北藝術大學。藝術學院改制升格在他手上完成，他畢竟是讀書人，解脫官場，應當也比較安穩。

他退休時，臺北藝術大學為他舉辦學術會議，邀我於開幕時講述他對臺灣藝術文化的貢獻。他確實有許多貢獻，讓我言之有物。他筆下快，學術散文均佳，有多種，也編鄉土劇，自任導演，真是多學多才多藝。

一九八三年，他自美國取道赴法國，我和莊喆等友人既接家父母也接他，車行橫貫美中西到達密西根大學安雅堡，就在那時他把「民間劇場」託付於我。他嫁女兒，我充任介紹人，我辦學術會議，請他首場主持。他說我飲酒飲到「酒党党魁」，做學問做到院士，真了不起。我說他在學術為大學校長，在官職為部會首長，令許多讀書人豔羨。

23 邱建發

建發在酒党人緣很好，大家叫他「邱胖子」，酒量好，講義氣，為朋友賣力，不逾分寸。畢業於中正理工學院，歷任文建會傳藝中心組長、臺北市社教館館長、文化部文化資產局副局長。在館長任內，與臺灣戲曲學院合作，推動我新編之京劇《陶侃賢母》和崑劇《李香君》演出。二〇二一年九月下旬，冒疫情召開的「二〇二一年戲曲國際學術研討會暨祝賀曾永義院士八十榮慶」，也由他和施德玉共同策劃文資局出資參預。洪孟啟、劉元立和我等友人，都常會預約他從臺中公出或假日返臺北時相聚。他起初很「怕」太太說他飲酒過分，我為他「打通關節」，說：「建發喝酒就是與我們這些朋友，妳怕什麼？」

24 柯基良、方芷絮、林秋芳、陳永模

❶柯基良

柯基良（一九四六—二〇一七），彰化人。淡江大學中文系畢業，政治大學行政管理研究班結業。歷任文建會第三處處長、秘書主任。重組三軍劇團為國光劇團與劇校，籌組成立傳統藝術中心，任團長、校長與主任。推動文藝與戲劇政策之規劃執行，成效卓著，為相關學者專家乃至民間藝人所肯定與尊重。他沒有「官

架子」，人緣很好。

柯基良酒量不錯，在酒党「從政同志」中，與我係屬好友，我到文建會，會與他在辦公室聊聊。我為他策劃主持過許多民間藝術維護研究與展演發揚的工作，諸如「小戲大展」、「地方戲曲大展」等等，他對我非常信任，每一案子需多少錢，他都盡力配合，從不過問挑剔，而我也盡心盡力，「物超所值」地來報效他，共同為文化建設而努力。

他盡忠職守，在文建會服務達三十年，可惜年才逾古稀未幾，竟以癌症去世。他早年寫作散文小說，在他去世後一兩年由夫人苦心編輯，裒集成書出版，我為之寫一篇長序，在《聯副》發表。他病重時，我到他家探望，他勉力接見，我為之心酸。

❷方芷絮

方芷絮在文建會一直跟隨在柯基良身邊為副手，柯基良退休，她也繼任為傳藝中心主任。她視我如大哥，極尊重我。二〇一六年臺大中文系為我舉辦「曾永義先生學術成就與薪傳國際學術研討會」，她同時為我出版戲曲崑劇、京劇、歌仔戲、豫劇劇本集《蓬瀛五弄》和《蓬瀛續弄》兩巨冊，並命所屬國光劇團演出崑劇《梁祝》，令我十分感動。她酒量尚佳，我任命他為酒党「長公主」。

❸林秋芳、陳永模

林秋芳，宜蘭人，臺師大美術系藝術管理碩士。曾任職文建會、宜蘭美術館開館館長、宜蘭縣立蘭陽劇團團長、宜蘭縣政府文化局長、輔仁大學博物館學教授兼所長。對宜蘭藝文之貢獻極大。

秋芳在二〇一二年任宜蘭文化局長之前，邀媛和我到宜蘭，陪我們訪勝尋幽。在家備盛宴，她的畫家夫婿陳永模與我一見如故，快飲暢談，直到橫躺地板上而不知旭日東昇，但依稀聞鳥鵲噪高林。秋芳和媛是博物館同仁，交情投合，秋芳偶會寄來宜蘭名產，與我們分享。君子之交淡如水而其情長遠。

25 洪孟啟

洪孟啟（一九四七—），遼寧瀋陽市人。政治大學東亞研究所畢業，曾任臺灣省政府文化處代理處長、文建會一處處長、臺北縣政府秘書長、文化部政務次長。二〇一四年至二〇一六年任文化部長。

洪孟啟在任省文化處長時，我所負責的「中華民俗藝術基金會」為之辦理大型文化活動，情誼隨同他官職與日提升，我稱他為「部長兄弟」。他任文化部政務次長時，有次要赴酒党雅集，他途中來電，說龍應台部長急如星火，立刻要見他。我嘲弄：「這樣的官我不會幹。」他酒量很好，沒官架子，言語又機趣，禮數又好。所以酒党出版支部大會餐輪番作東時，大家都請他為座上賓。我獲得馬英九總統卸任時頒授二等景星勳章，肯定我在文化藝術上對社會國家的貢獻，應當和他部長任內推薦有關。

馬總統居所和我所住興隆公園附近之森観公寓同屬一條巷子，他住巷口，我住巷尾。晨運時相遇，稱我為「曾老師」。有次他和隨扈在公園蔣介石銅像前做伏地挺身，我路過看到，即起身和我握手。不知是否與在哈佛大學時，他是博士生，而我是訪問教授有關。

26 洪泰雄

洪泰雄，久任臺大註冊組主任。他在酒党，只是「杯中有物」，虛與委蛇，常遲到早退。他很講究養生之道，有套理論和主張，逢人便加以宣揚，講演出書，有許多「粉絲」仰慕他、相信他。他的書也一版一版地暢銷，財源滾滾。

泰雄行政關係也良好，和學校校車司機、校警如同竇松林一樣都打交道，好些位也加入酒党為党徒。我在椰林大道行走，校車司機會為我停車，問我要不要搭便車。有次我在臺大福利社理髮，司機阿祿為我偷偷付錢。我沒拒絕，為他擺了一桌，要他找朋友聯歡。臺大醫院校警隊小隊長代我招呼鄉親六甲人看診，殷勤周到，使鄉親傳頌我的「義行」。

27 洪國樑

洪國樑（一九四九—），臺北縣人。及門李惠綿為國樑《醉月春風翠谷裏：曾永義院士之學術薪傳與研究》作推薦序，選注於《國語日報》「古今文選」二〇二一年九月十二日、二十六日刊登；其作者欄敘國樑生平，簡要周詳，錄之如下：

洪國樑先生，生於一九四九年，祖籍福建南安，現任《國語日報》董事。治學素以嚴謹著稱，講方法，重理據，善推論，精辨析。鑽研王國維的詩書學、經史學等，成就斐然。學術研究領域及其方法，以小學、史學貫通經學，其近著《詩經訓詁與史學》（二〇一五），即呈現三位一體的研究成果。

先生秉性純孝，為減輕家庭負擔，於一九六三年考入師範學校，畢業後任教小學。一九七二年考取臺灣大學夜間部中文系，半工半讀，協助家計。因無力在外租賃住處，利用任教學校教室樓梯下的空間，砌成一個小房間，擺上幾張課桌，鋪上草蓆，自喻為安樂窩。先生自述：「房間外面，種有幾株芭蕉，月光下寫意畫般的葉影，雨中打在葉上或急或徐的樂音，是視覺和聽覺的無上享受。逐漸地，我學會享受寂寞的況味……」

先生進入大學後，即立志繼續深造。一九八〇年考取臺灣大學中國文學系博士班，並擔任助教；兩年後改聘講師，開始授課。一路攀越高峰，順利升等副教授、教授。其教學頗受學生景仰愛戴，研究深獲學界讚譽推崇。嚴以律己，寬以待人，尤受同仁賞識知重。不想，一九九九年，因困於人事紛擾，常靜夜星空，登樓仰望，苦思進退，惆悵無冀。想起唐傳奇〈虯髯客傳〉所說：「此世界非公世界，他方可也。」先生從這兩句話獲得契機，決定急流勇退，另開生命棋局，遂轉任甫成立中文系的世新大學。

先生先後接掌系主任和人文社會學院院長，八年期間發揮行政長才，大力為圖書館擴充中文藏書，同時為建置中文系書庫，積極向外界勸募圖書。繼而設計課程、禮聘師資，成立研究所碩博士班，培育英才，成就人文鼎盛的學風。

先生認為軍士戰死沙場，教師累倒講臺，是責任，也是榮耀。原本規劃任教到七十歲，鞠躬盡瘁。因感慨大環境的人事變化，遂展現功成身退的智慧。二〇一六年退休之後，每天騎車、爬山、散步，累計四、五小時，風雨無阻。其餘時間讀書著述，目前正撰著《俞樾《古書疑義舉例》疏證辨疑》，全書預估約一百六十萬言，已完成大半。退而不休的定靜功夫及其堅忍毅力，意欲為學術立言，為生命立德，為後學立功。

惠綿所提及國樑一次「急流勇退」，因同仁同行視他為競爭對象，明裡暗裡有所動作，國樑與我同樣，有不爭之質性，毅然離開臺大，此君也春風得意。另一次「功成身退」，感慨昔年堅持不徇私，人家既當道，有所藉口，國樑即捨繼續報效專業之心，這也是他不與人爭的「素行」。國樑雖甫入中文系夜間部，二年級上過我「詩選」課，我功力尚差，沒給他們班上多少助益。他年紀只差我八歲，書讀得好，有深厚的舊學底子，寫得一手難有人出其右的文言。為人本分篤實誠懇，事老師裴普賢、葉慶炳如業師，而兩先生亦視之如親炙子弟。他為葉老師料理後事，為裴老師大小事務盡心盡力。朱炎大哥晚年喜歡找國樑在臺大僑光堂附設之啤酒咖啡屋唱「卡拉ＯＫ」，國樑無不「一呼而應」，朱大哥去世時，他為之傳記，讀者莫不讚嘆傳誦。他為我也寫過〈酒党党魁外傳〉和這篇推薦序，都流播兩岸，選入「古今文選」。我之所以提早自臺大退休，完全是為協助國樑在世新中文系所立下的「志業」，因為我與國樑情如兄弟。他主動為我填寫表格，申請「教育部學術獎」和教育部「國家講座」，使我不勞而獲地獲得崇高的榮譽。當《國語日報》林昭賢以不改選而抗拒不辭董事長，且向教育部「輸誠」說《國語日報》是屬於教育部而大起風波時，他在各方面，尤其是文書上助我領頭抗爭，有莫大助力。

在林昭賢的《國語日報》事件時，工會理事長王福均率領員工包圍林昭賢，要他引咎辭職，林昭賢「老神在在」。工會好幾位幹部都視國樑為「大哥」，直到現在，交情依舊好，可見國樑在同儕中有一股「老大」的魅力。

每年教師節和我初度之辰，及門弟子聚會歡慶，都會請國樑為貴賓。

國樑為我寫的兩篇文章，其〈酒党党魁外傳〉，已附錄於本書「党魁自傳」之次。其《醉月春風翠谷裏：曾永義院士之學術薪傳與研究》推薦序，被《國語日報》選注於「古今文選」專欄，此文一則可以概見國樑古文之美、用語之切；一則雖對我有不少過於揄揚，而亦屬「知人論事」。故錄見於此：

> 曾院士永義先生為一代戲曲宗師。其戲曲研究，兼理論與創作，又廣及俗文學，為當今戲曲、俗文學研究不祧之祖。
>
> 戲曲為文學美極致之呈現。王靜安先生於其《曲錄．自序》中曾說：「追原戲曲之作，實亦古詩之流。所以窮品性之纖微，極遭遇之變化，激蕩物態，抉發人心，舒軫哀樂之餘，摹寫聲容之末，婉轉附物，怊悵切情。」惟前代學者，多視為閭巷談餘之資，未遑專力於此。自靜安導夫先路，扃途既開，鑽研者眾，

乃躋學術之林，寖而蔚為顯學。至院士曾先生，窮畢生之力，擷芳曲苑，衡古鑑今，探賾發祕，灼照幽微，溯源循流，別白疑似，然後波瀾始闊，流衍愈廣，金聲玉振，允集斯學大成。

先生之治學，植基於樸學，而益以新觀念、新方法。其學術精神與方法略為：主實證，戒臆說，闢蹊徑，融古今，精分析，善裁斷，察流變，觀會通，倡調查，重傳揚。每著一說，輒論斷精覈，方法新穎，如黃鐘正聲，發聾振聵。其學術成就，可以四目概之：一、解決戲曲理論與戲曲史之根本性、爭議性問題；二、開發戲曲研究之新領域，並揭示研究方法；三、開啟俗文學資料之整理與研究；四、引領臺灣鄉土傳統藝術之調查與研究，並將民族藝術文化傳揚國際。

昔隋末大儒王通，曾於河、汾之間設帳授徒，其門人甚眾，均一時瑜亮，房玄齡、魏徵、李靖輩皆出其門下，時人譽為「河汾門下」。先生敷教上庠五十載，其陶熔鼓鑄之功，化育人才之眾，不讓王通。孟子說：「大匠誨人，必以規矩，學者亦必以規矩。」先生教學，除傳授知識外，尤重精神與方法之傳承，經其口授指畫而斐然成章者，屈指難數。昔有「河汾門下」之美譽，今有「曾門弟子」之盛稱，洵杏壇之偉業，千古之佳話。清人鄭板橋〈新竹〉詩說：「新竹高於舊竹枝，全憑老幹為扶持。明年再有新生者，十丈龍孫繞鳳池。」先生經年累歲、苦心孤詣所扶持之「曾門弟子」，均已成「十丈龍孫」，拔地擎天而「繞鳳池」矣。

先生才氣縱橫，除學術研究外，又雅好創作。其作品，兼及戲曲、古詩與散文，質量豐碩，內容多元，獨樹一格，允稱大家。於戲曲，則帝王將相、英雄美人、貞婦烈士、民間傳奇，要以彰顯情義無價、真理不爽、眾生平等之旨，聲情詞情兼至，氣勢磅礴，酣暢淋漓。計撰京劇、崑劇、豫劇、歌劇、歌仔戲等劇本十八種，於兩岸各大城市演出，眾口交譽，盛極一時。於詩，則遊蹤旅次，名山勝跡，觸目興懷；悲歡離合，把酒論交，生活隨感。輒詩思泉湧，形諸吟詠；即席口占，渾然天成，警句迭出，機趣橫生，境界高遠，風調醇雅。於文，則旅遊見聞，生命感悟，生活情趣，人物憶往等，皆其性情襟抱之發露，多彩人生之寫照，真率瀟灑，清新脫俗，文思細膩，氣象博大。

先生之名山著作，固已馳聲當代，而其性行狷介，孤標勁節，如山峙淵渟而不可及。其剛正不阿，有為有守，直言無隱之風骨，於當今社會已邈乎難尋。又特重情義，於師長、友朋甚至後生晚輩，莫不如此。而此「情義」二字，即其長年所倡「人間愉快」生命境界及生活情調之基石。

先生於二〇一四年榮膺中央研究院院士之殊榮，為史上首位戲曲院士。萬卷樓圖書公司所屬《國文天地》雜誌社為慶祝此一中文學界盛事，於二〇一五年、二〇一六年先後出刊兩專輯，集錄先生門人所撰先生之學術研究成績及師生情緣文章二十八篇。二〇一六年，臺灣大學中國文學系舉辦「曾永義先生學術成就與薪傳國際學術研討會」，計發表論文九十六篇，國內外參與學者數百人，分兩天、兩場地、共十四場次舉行，其規模之大，參與之熱烈，為歷來此類研討會所僅見。萬卷樓圖書公司長年致力於學術、文化之弘揚，又特尊崇碩學鴻儒，思輯《國文天地》舊刊文章二十八篇，並選錄臺大中文系所辦研討會論文二十三篇，另曾院士特稿一篇，都五十二篇，總為一集，為先生壽。書名《醉月春風翠谷裏：曾永義院士之學術薪傳與研究》，實能妙喻先生之平生志業與精神風貌。所收錄文章，或論述先生之學術成就，或文化工作，或文學創作，或師生情緣，內容既典重厚實，又繽紛多彩。

猶憶四十餘年前曾受教於先生，四十餘年來，有幸時聞謦欬，侍坐追陪。承先生榮寵，命為序。余於戲曲，懵無所知，於先生學術惟仰之彌高而已，不能妄贊一辭，但師命不可違，雖不敏，又焉敢辭。謹贅數言，並感念此受教因緣，恭祝先生福壽康寧。（二〇一六年十二月洪國樑於臺北劍潭）

對此文李惠綿於「古今文選」選注之題解與賞析，同樣有過分抬舉之詞，而亦屬「好文字」，且可以呈現其心目中乃師之薪傳與研究情況，故附見於此，以與國樑鴻文相得益彰：

【題解】本文是洪國樑先生為曾院士《醉月春風翠谷裏》撰寫的推薦序。一九七三年，先生就讀臺灣大學時，曾受業於院士的「詩選」課程，四十餘年後，學術殿堂各領風騷。二人雖為師生，因性情契合，相知相賞，情深義重，方能寫就這篇詞采華茂、情韻兼至的序文。

《醉月春風翠谷裏》出版於二〇一七年四月，內容包含「椰林翠谷沐春風——薪傳卷」和「論說創作兩相得——評論卷」兩部分。前者輯錄門生故舊書寫與曾院士的師生情緣，後者輯錄學者論述曾院士戲曲與創作的成就，故副題為「曾永義院士之學術薪傳與研究」，是一本結合抒情散文與學術論文的獨特選集。

曾院士有一首即興的七言絕句：「塞北江南任我行，飄洋過海亦縱橫。春風醉月椰林裡，步步蓮花步步生。」首句寫其在大陸作戲曲之調查研究、講學會議與兩岸之學術文化合作交流。次句寫其在歐美大學之訪問教學與率領藝術團隊進行國際之輸出展演。三句寫其在臺灣大學四十七年來之教學、研究、創作與文化工作。末句總括其生命旨趣與情懷，亦即隨時隨地皆「人間愉快」。本書原取第三句為書名，因曾院士於二〇〇四年從臺灣大學退休後，轉任世新大學，而世新坐落於山谷之中，周圍綠樹成蔭，校園素有「翠谷」之稱，猶臺大有「醉月湖」之勝。「醉月」既能彰顯其文壇「酒党党魁」醉月飛觴之情趣，而「翠谷」亦契合鍾情自然之雅興，故改作《醉月春風翠谷裏》。

【賞析】曾院士永義先生自一九七一年在大學任教後，即未嘗離開教職，亦未嘗離開戲曲之研究與創作，筆耕歲月長達五十年以上，著作等身。學術專著有十六種，期刊論文結集成書有十四種。按照年代排列，平均一年半出版一本專書論集，研究成果質量驚人。

《醉月春風翠谷裏》以院士為核心，洪國樑先生撰寫推薦序，在將近兩千字的篇幅中，以高度精煉之筆，包羅院士的戲曲學術成就與創作文類。開篇確立院士為當今戲曲宗師的地位；繼而追溯晚清民國以來，戲曲研究成為顯學，院士堪稱集戲曲研究之大成。以下分論其治學方法和學術成就、學術薪傳和作育英才、劇本和詩文創作之藝術特色；轉筆論其直言不隱的風骨與重情重義的性情，烘托院士「人品文品」合一的境界。再由「戲曲宗師」推及門生故舊眾星拱月的「戲曲論集」，略述該書的內容大要；最後提及作序因緣，切合序跋文體。誠然是一篇結構嚴謹、層次井然的書序。

這篇序文從史學家獨具的眼光，觀照院士在戲曲研究史上的定位。先生引用王國維《曲錄》自序，彰顯多元的意義。首先，清代雖將「詞曲類」列為《四庫全書總目》的集部，卻評論「詞曲二體在文章、技藝之間」，猶視為文苑附庸。王國維強調戲曲實亦具有詩歌「抒情言志」的本質，乃將戲曲提升為古詩之流亞。復次，王國維在一九〇八年到一九一二年之間，完成八本戲曲相關論著，包括歷史源流、作品輯錄校注、古劇腳色考原等，實踐其提升戲曲文學地位的眼界。再者，王國維成為近代戲曲研究的開拓者，同時代有王季烈、許之衡、吳梅、任中敏等人，各有不同的曲學成就，印證序文所謂「鑽研者眾，乃躋學術之林，寖而蔚為顯學。」至於大陸來臺的文學大師，在臺大中文系研究戲曲卓然成家者，有鄭騫先生和張敬先生。院士有幸拜師，根柢深厚，由兩位先生共同指導，完成碩士論文《洪昇及其長生殿研究》與博士論文《明雜劇研究》，是臺灣大學第一位以清傳奇、明雜劇為論題的研究生，兩本論文是戲曲作家作品與斷代體製劇種研究之先河。

在這個歷史視野之下，不僅呈現院士繼往開來的定位，同時暗合院士一直以王國維《宋元戲曲考》的撰述方法為典範。近五年來全心投入撰寫《戲曲演進史》，於二〇二〇年秋天完成約兩百七十萬字的初稿，擬分九冊陸續出版。這是史上首位戲曲學者獨立完成的中國戲曲史，院士以八秩之齡攀登學術志業的高峰。

推薦序固有稱頌讚揚之屬性，仍須言之有物、論之有據。先生運用「以少總多」的筆法，歸納院士的學術成就，約有四類：

第一，解決戲曲理論與戲曲史之根本性、爭議性問題。例如掌握戲曲的源流，首當釐清「戲劇」與「戲曲」之分，析辨「戲曲」有「小戲」、「大戲」之別。梳理小戲、大戲的斷代與藝術分野，對「北劇」與「南戲」之淵源、形成、流播，及其體製規律之淵源與形成等，方能一以貫之。

第二，開發戲曲研究之新領域，並揭示研究方法。院士認為古先哲與今時賢所論「歌樂之關係」，大抵止於「選詞配樂」和「倚聲填詞」兩種；乃提出誦讀、吟詠、依腔傳字、依聲行腔、依字定腔等五種類型。「歌樂」本質原是抽象而難以言說，院士將之理論化、系統化，擴大戲曲音樂論述的視野，完成《戲曲歌樂基礎之建構》，體大思精。

第三，開啟俗文學資料之整理與研究。例如一九七三年，院士主持「中央研究院歷史語言研究所所藏俗文學資料分類編目工作」，開啟俗文學研究之門，成為其戲曲研究的羽翼之一。

第四，引領臺灣鄉土傳統藝術之調查與研究，並將民族藝術文化傳揚國際。例如一九八六年，主持最大規模「臺灣地區民俗技藝之調查與民俗技藝園的規劃」，翌年出版三十五萬餘言《臺灣的民俗技藝》。又主張「以民俗技藝作文化輸出」，率領表演藝術團隊從事兩岸和國際交流，使民俗藝術文化在國際發揚光大。院士對民俗藝術的維護與發揚，成為其戲曲研究的羽翼之二。

至於讚揚院士的學術薪傳，則以隋朝王通「河汾門下」對照「曾門弟子」，古今相輝映，典型在夙昔。院士經常對弟子說：「要站在老師的肩膀上，看得更高更遠。」先生引用鄭板橋的詩作，切合院士提攜後進的博大氣象。惟咀嚼「新竹高於舊竹枝，全憑老幹為扶持」，寄寓之情，尤覺意蘊深長。可見先生博覽群書，多識故實，運用典故，精闢巧妙。

序文之體，可用散文或駢文。先生詞藻雅麗、文采燦然，散文中往往運用渾然天成的對偶；尤其擅長鋪排一連串整齊的句式。稱頌院士之治學精神與方法則連續使用十次的三字句，讚賞院士之詩文創作則重複使用連續的四字句，遣詞用字講求變化。前者為雄壯敏捷、剛健激昂的單式音節，呼應院士論斷精覈的磅礴氣勢；後者為平緩和順、從容不迫的雙式音節，照應院士詩文吟詠山水景物、抒發情性的悠然自得。

院士擲地有聲、豐沛多元的戲曲成就，唯有瑰麗鏗鏘、筆意縱橫的推薦文字，方能相得益彰。

28 洪惟助

洪惟助（一九四三－），嘉義縣新港鄉人。政治大學碩士。為中央大學中文系教授，創設中研所戲曲組。一九九二年主持中央大學戲曲研究室，以此為基礎，於二〇一七年成立中央大學崑曲博物館，為該校特色之一。曾執行「崑曲傳習計畫」，徵集大陸崑曲界稿件，主持「崑曲辭典編纂計畫」，均長達十年以上。另外尚有「亂彈戲保留計畫」、「臺灣北管崑腔調查研究」、「臺灣崑曲活動史調查研究」等。二〇〇〇年又集崑劇演員為「臺灣崑劇團」，自任團長，二〇〇五年以來，每年演出。更為國家出版社出版「崑曲叢書」，已收二十餘種。改編《浣紗記》為《范蠡與西施》，首演於臺北，並至德國演出。著有《詞曲四論》、《清真詞訂校注評》、《崑曲宮調與曲牌》。

惟助與我同治戲曲學，一九九三年，我為文建會主持「崑曲經典劇目錄存與傳習計畫」，邀惟助為中華民俗藝術基金會董事，責成他執行。我並於董事長任內，主張董事發揮所長，為基金會開展業務，而以惟助專司崑曲事業。這應是惟助以崑曲為終生志趣的基礎，他在崑曲方面的努力和成就有目共睹。

我和惟助成為好友，緣於年輕時一起在東吳大學中文系兼課，他講詞曲我論戲曲，課後同飲半打啤酒才回家。我和他性情為人處事判若兩極，他有傲骨卻謙虛，我有柔情卻跋扈，他慢工出細活而持之以恆，我一揮成就即不顧好歹。他小心謹慎能忍能受，我粗枝大葉隨口噴發。

當他主編的《崑曲辭典》成書發表會在中央大學舉行時，鄭重其事，由校長主持，要我這惟助好友首先發言，在學校教授研究生擠滿校長周圍的大堂上，我說：惟助和我就像烏龜和小白兔。龜兔總要賽跑，我這隻小白兔活蹦亂跳，直衝在前，不見烏龜跟來，乾脆先睡一覺。一覺醒來，卻發現烏龜撐起勝利的旗幟，已經到達目標，只見龜背上好像承載兩塊大石頭，近前一看，原來是《崑曲辭典》兩巨冊。校長亦不覺笑出聲音來。

我和惟助在兩岸學界聚會飲宴之際，常見我們「針鋒相對」。總由我發難「挑撥」他，說些「以大欺小」的話來出他的醜，他起先裝傻不吭聲，猛然一吭聲，無不擊中我要害，使大家忍俊不禁。數十年來如一日，相嘲相弄，「樂此不疲」。了解的朋友，習以為常，藉此為歡；初見面的人，見此場景則說我不能包容惟助，謂學術會議，請曾就不可以請洪，反之亦然；因為我和惟助間有「瑜亮情結」。

而惟助每在他舉辦的場面中，如「崑曲博物館開幕」，如《范蠡與西施》演出後座談等，都要我開場致詞；因為他知道我最了解他的「豐功偉業」，會「鉅細靡遺」、「善頌善禱」地為他揄揚備至。我好像看他尾巴翹得高高的，但我一下臺，和我及門弟子餐敘，惟助一進來，我就說：「是誰請你來的？」他馬上回應：「是你的學生，你請我，我還懶得來。」其實他也心知肚明，是我囑咐學生邀他的。

惟助酒後迷糊，卻娶得賢妻秋桂，其來龍去脈我寫了一篇〈電話與酒〉。在他新婚時，要將惟助「私密」出賣給秋桂，要價三萬元，秋桂只願出五千，我以落差太大拒絕。經「討價還價」，我的「利市」越來越低，秋桂說，我嫁給他已三個月，不想知道這些事了。我只好填充在我《臺灣日報》的專欄，只得稿費一千兩百元，這是我生平唯一一次使出的「敲詐」手段，卻沒有成功。

惟助由於崑曲事業很盛大，我冊封他為「崑曲之父」，但一有閃失，即貶為「崑曲之孫」，自居「崑曲之祖」，使他與我之間是「祖孫」三代。他說：「祖即將過去；孫，前途無量。」

在「酒党」，惟助地位很低，只給他居住地「內湖區服務站站長」，不能與於「酒党四中全會」，偶然奉党魁之命「述職」也只能敬陪末座、沾點餘瀝，因為他從未有心悅誠服之心。文建會副主委劉萬航脫党成立「親酒党」，我批准其為羽翼友党。劉萬航即任命洪惟助為秘書長，並指寧福樓窗外一位美女開的賓士車說：「惟助！那是你的座車和女秘書。」

29 茅增榮

茅增榮，臺大夜間部外文系畢業，在校服務，任總務處事務組長。竇松林娶酒党一朵花毓璁為妻，他不能飲而令同儕眼紅；增榮能飲，意氣昂揚而尊師。他們因國樑關係，尊我為師，在業務上諸多幫忙。

國樑另有一群朋友陳錫龍、美華、美玉、美美、阿寬等在一起飲酒唱「卡拉ＯＫ」，仍以國樑為「大哥」。美玉在臺大僑光堂「鹿鳴宴」背後「經營」啤酒咖啡館，成為臺大老師休閒之所，我陪他們也只能在旁聽唱和飲酒。美華原在「鹿鳴宴」服務，因她而生意興隆，但老闆娶了位東北姑娘入駐後，因嫉妒美華人緣「聲勢」超過她許多，把她辭退了。本「酒党」也就不再去光顧那幾乎天天原本最受歡迎的餐廳了。

30 孫大川

孫大川（一九五三—），卑南族，臺東縣下賓朗部落人。臺大中文系畢業，輔仁大學哲學所碩士、比利時魯汶大學漢學碩士，一九九四年與金恆煒等籌備「臺灣原住民文化會議」，一九九六年出任「原住民族委員會政務副主委」，一九九九年九二一大地震後負責原鄉重建業務。二〇〇九年出任「原委會主委」。二〇一四年七月獲立院同意，為監察院副院長。在酒党党員中，位居最高官之一。

和大川認識起於杯勺，早就和他在花蓮山中溪邊傲嘯放歌。林清財請他一家在臺大水源會館，筵席上都會有我作陪。

他出任監察院副院長前夕，林清財特設盛會，我於日記中寫道：

二〇一四年七月三十一日夜，林清財設宴於臺大水源會館，邀集友人洪國樑、朱振南、許明鐘、張承睿、林敏輝、何卓飛、王瑞盈、李玉璿等同賀孫大川當選監察委員，明朝宣誓就任監察院副院長，囑我賦詩。因有「入監」之謔與「右都御史」之語，詩用五古，韻協中華，以志今宵盛會。

西天散霞彩，萬丈射光輝。大鵬一展翅，扶搖雲四垂。
今古卓絕士，心志必不違。孫子明入監，乙夜暢行杯。
良朋作佳會，不醉焉可歸。施展經綸手，官箴在德威。
右都為御史，國人望春雷。驊騮方獨步，眾馬盡追隨。

這首詩朱振南用行草將它掛在大川辦公室背後的牆面上。

大川人前人後都說我長年對臺灣傳統鄉土藝術貢獻之大，不作第二人想。兩度和何寄澎教授聯合以委員身分為我「行政院文化獎」提名，但被一群藝文界女生視若無睹，兩次都「滑鐵盧」。寄澎說，你的得意弟子沉默無語，連一句贊助乃師的話都沒有。我說，不會吧！

31 徐富昌

徐富昌，臺大中文所博士。他與蕭麗華同年級，他們在系上留任投票時，他的指導教授是張以仁先生。我們兩位指導教授有默契，都設法將他們倆「挺進」，結果都過關。散會之際，以仁先生和我握了一下手，同表慶賀。

富昌教文字學，大一通識課程，開設武俠小說，選修學生數百人之多。在文學院歷任四屆副院長、語文中心主任，與校方行政人員關係良好；遊走兩岸，在著名高校講座，結交學界朋友。他待人熱誠，都喜和他交往。他都叫我「党魁」或「曾老師」，我則待以兄弟行。我與臺大行政單位關係或參預臺大、師大、臺科大三校聯盟文教基金會董事，都經由他幫忙。去年十一月間住臺大醫院大動心臟三瓣膜手術，虧他熱心打點院長等之關照。他和同儕茅增榮、竇松林、徐復生、游若萩等以洪國樑為大哥，義結金蘭。我選中研院院士，他請臺大校長醫學生化組楊泮池院士多予關照。

32 徐瀛洲、朱鍾宏、麥寬成、邱弘茂

他們都是中華民俗藝術基金會董事，都不在我以「董事專業發展基金會」的名單之內，但對基金會貢獻都很大。

❶徐瀛洲

徐瀛洲先生和許常惠、辜偉甫都是基金會創始人。徐先生對臺灣原住民部族藝術文化的研究和文物收藏不作第二人想，日本學者都欽敬佩服他。他的住家寬大，但簡直是山地藝術文化的博物館和文物典藏館，絕

非用「琳琅滿目」就可以形容。他曾一再向我說，他要成立「博物館」公諸於世，未知結果如何。我當選中研院院士，他以為是基金會盛美之事，特將所藏陳釀，為我舉辦海鮮大宴，與基金會同仁歡然為慶。

❷朱鍾宏

朱鍾宏為「小人國企業」董事長，我們都稱他為「國王」。我引他入基金會為董事，他即捐助一百萬元。他經常參加董事會，會後聚宴，可以喝到半醉。有一年我攜全家返鄉「避壽」，返程特別參訪「小人國」，觀其內容與呈現，知其為開創現代觀光事業之能手。他以美酒華筵之「蔣家宴」款待我們全家，我賦詩作「秀才人情」。

❸麥寬成

麥寬成，他是「新東陽食品企業」董事長，其食品為海內外親友彼此間饋贈之最佳「伴手禮」，生意興隆。他為人慷慨，年年捐助基金會數十萬元。小西園許國良猝逝，我為其子女募教育基金，他即捐三十萬合為七十餘萬。現國良子女均已長大成人，年年春節都還向我電話拜年。現在基金會經費入不敷出，董事長林明德苦撐，幸得麥董持續捐助。基金會往昔會後聚餐，麥董總提供美酒兩瓶。

❹邱弘茂

邱弘茂是「和成牌免治馬桶」創製公司的諸公子之一，家道富足，往常聚朋友於府邸，我亦為座上賓。他是景明、啟方同年，我引進基金會，他捐助七十萬元，每年亦有所捐助。他忽然建議基金會改名為「臺灣民俗藝術基金會」，並改變基金會財團法人為企業化經營，約我「單獨會面」，曉我以企業化經營的必然開展性。我堅持不能改，因為那是許常惠創立的，何況「中華」比「臺灣」偉大得多；但同意我階段性任務既已達成，為基金會購買兩間比鄰辦公室，收購圖書萬餘冊，影印資料難計數，銀行可動用存款二百多萬，可以告退矣！乃由林明德繼任，十數年來未見「企業經營」的蛛絲馬跡，所幸基金會不致被改名。因為我宣布辭職時強調列入紀錄，有任何人擅自改名，我就不客氣。

33 翁政義、廖美玉

❶翁政義

翁政義（一九四四—），臺南鹽水人，畢業於臺南成功大學工程學系，獲美國羅徹斯特機械工程博士。歷任成大教務長、臺灣機械公司董事長。一九九七年任成大校長，二〇〇〇年任國科會主任委員，亦曾任工研院董事長，退休後受聘佛光大學校長。學術研究極為卓著，五度得國科會「傑出著作獎」、中山學術獎、教育部學術獎。在政府官員中，不因行政而荒廢學術者，恐唯他一人。

我認識翁政義在他任工研院院長之時，我到臺南，他設席與我見面，杯酒間即意氣投合，亦行「五拳憲法」，我先贏後輸，從此以後，我因長他三歲，稱他為「校長兄弟」，他請我到工研院講演，所有所屬所長均來聽講〈從西施說到梁祝〉，並參加接待我的午宴。後來他在臺南崑山大學為講座教授，開設「通識課程」強化工科學生人文常識，聘請名家主講，致以豐厚演講費，我每學期幾乎都要去講一次。校長兄弟知道我喜與元立、德玉乃至美華、芳慧小聚，都會晚宴於成大「雨荷舞水」。他愛看戲曲表演，許亞芬是他欣賞的歌仔戲演員，我有新戲上演，一定請他觀賞。他上臺北，我党兄弟也都熱情接待。朱芳慧聽我課多年，我誤以為她女生怯於飲酒，哪知有一次和校長兄弟共聚，居然在他令下，不知乾掉多少杯高粱，令我出乎意外。

❷廖美玉

廖美玉與我是張清徽（敬）師同門，亦即我師妹，她由成大轉逢甲大學任文學院長，夫婿王鼎定是翁政義任佛光大學校長時的教務長，所以我和政義在臺南或臺北，請他們夫妻相聚，都會自臺中趕來。美玉酒量不讓鬚眉，有她在座，容易盡歡。我在成大中文系當一星期的「駐校教授」，系列講演之外，餐餐接受飲宴。結束時請陳益源替我打點，感謝連日所受接待，沒想其中有一道豬蹄不新鮮，陳昌明、廖美玉和我都因不小心吃了，當天晚上上吐下瀉，急診就醫。陳昌明時任文學院長，陳益源任臺灣文學館長轉回成大中文系主任。昌明因當年與淑苓選臺大助教沒選上，一直在成大中文系，更能發揮所長。

34 張志銘

張志銘（一九五三—），一九七八年臺灣大學法律系畢業。一九八四年獲德國慕尼黑大學法學博士，任德國馬克斯—普朗克研究院國際社會福利法研究所研究員，一九八六年返國任臺灣大學社會系暨三民主義研究所副教授。一九八八年升教授，一九九〇年任三民主義研究所所長，一九九八年任行政院二二八基金會執行長，二〇〇一年任臺灣大學國家發展研究所所長。研究領域為社會學、勞工法、社會福利法。

我認識志銘已一、二十年，覺得他性情熱誠豪放，樂於幫助朋友，殷勤送我大陸醫藥治療我宿疾，與他杯酒交往，可以開懷，頗相投合。已有好長一段日子未謀面，前年他忽來參加「酒党四中全會」，大家都喜歡他，只是他還是忙碌得很，不是缺席，就是遲到早退，因為他常遊走國外。

35 梁錦興

梁錦興，一九九七年始任萬卷樓圖書公司總經理。他把這家由林慶彰及師大等中文界教授合資設立的出版社經營得盈利累累，對學者尤其禮敬有加。他與福師大合作出版經銷兩岸的文史哲書籍，福師大與臺師大亦因緣他的策劃安排，每年都有福師大年輕教師來臺聽取系列講演。梁總要我協助或充當門面，我都樂於效命。我曾將寫作的大女兒曾湘綾囑託給他，用為編輯。湘綾「作家習氣」不少，不耐上下班的刻板職場工作，在我不知情下，驟然離職，有負老父一片為她安定生活的苦心，以及梁總為她的諸多關照和周詳考慮。但湘綾離職的主要原因，在總編輯待人的態度。

36 章景明

章景明，雲林斗六人。臺灣大學文學博士，為孔子七十七代孫孔達生（德成）嫡傳弟子。一九六八年參加臺靜農老師主持、孔老師指導之「儀禮復原實驗小組」，所撰論文《先秦喪禮制度考》被翻成日文。他到中央大學中文系專任教授，在臺大中文系兼任，講授《禮記》，傳孔老師衣缽，不作第二人想。

只是他生性疏懶，才情雖大，卻有乃師之風，不輕易動筆；而只要動筆，皆為擲地鏗鏘之作。我們兄弟莫不希望他改任臺大。我商請國立編譯館《館刊》主編，名專欄作家寒爵先生為他留論文版位。敦促他完成一篇新著，好能向臺大中文系申請聘任，他說：「還有一點尾巴未寫完。」我再三催促還是這麼說，直到寒爵說不能再等了，只好作罷。

景明平居最大嗜好莫過於酒後打打麻將，這也算當時教書人間交誼的一種娛樂。景明、啟方、潘大姊美月，都練就功夫，相聚時也以此「切磋」。我雖知其基本道理，有如數學之排列組合，但以行動魯鈍，不被認可，免於臨場攪局。所以當他們「雀戰」時，我作壁上觀，也能自得其樂。有次他們四缺一，潘大姊建議我上場「湊數」。我只能顧眼前、只能顧自己，不理上手或下家，逢吃便吃，逢碰便碰，縱橫隨意，毫無章法，讓他們三人不知如何「對付」我。結果我在打出三張八筒之後，還獨聽自摸八筒，一吃三，大贏特贏，如有神助，他們都「服」了。為了安慰他們，我以「象徵性」贏得的二千六百元請客，同時也宣布從此「金盆洗手」，永退「江湖」，我也一直堅守「諾言」。直到近年外孫、外孫女、女兒、女婿週末來看我，為我備就麻將牌並桌椅，祖孫三代，「遊戲一番」。我知功力最淺，他們「手下留情」，反而沒意思，因此宣布：「雀戰如大戰廝殺，無親情友情。」我雖不致屢戰屢敗，而最喜看美麗的小外孫女勝利，開心得意得合不上口來的樣子。

景明在酒党雖貴為第二副党魁，我曾在其第一副党魁任內讓位與他，後來我捨不得「党魁」這名號，又效法蔣介石宣告「復行視事」，景明也不以為意。他能飲，但不逞強，適可而止，沒見他醉過。他恬淡自適，與世無爭，是我們兄弟中最逍遙自在的人，絕不像我管親人、管朋友、管學生，還管社會、管不平的事；雖倡導「人間愉快」、「身體力行」，但哪能真正忘我忘形，遊於物外？

景明家那口子蔡陽明，教音樂，我們愛聽她唱〈酒党歌〉，她愛貓愛狗，簡直是「貓狗保母」，收養流浪，「來者不拒」。丟失一隻她心愛的狗，為牠寫三萬字的文章，要我看並發表。她是個極具悲憫、明朗而簡單的人。

37 莊文達、劉塞雲

❶莊文達

莊文達，臺師大音研所碩士，考取教育部公費留學獎學金，留學美國北科羅拉多大學獲音樂藝術博士。師事許常惠，作品範圍含管弦樂、室內樂、獨奏、聲樂曲、合唱曲，發表於美國、日本、澳洲、韓國、大陸及臺灣。其作品特色融合臺灣南北管韻味，塑造新穎之和聲與管弦色彩。

許常惠為臺師大系主任，文達為其助教，我常因講演、口試進出辦公室，與他陪許大哥飲宴的場合頗多。

他執教臺師大，每學年都會請我在他課堂上為學生講授語言、音樂旋律、詞情、聲情的互動關係。在許大哥逝世十年的某個夜晚，他和我在臺大僑光堂鹿鳴宴飲酒，我忽然感念許大哥，即席賦〈酒中懷許大哥常惠〉七絕：

一去十年何渺茫，人間無事不滄桑。思君自是千秋事，一念恩情一感傷。

文達次日即譜成曲，請一位善歌的美麗研究生，在許大哥長眠的金寶山墓園唱給他聽，在旁邊的親朋門弟都很感動。這首歌也每在為許大哥舉辦的音樂會上被傳唱。

二〇二二年五月七日，臺北市立國樂團假中山堂舉辦一場「歌樂相得」、由國樂伴奏的歌唱音樂會，以我歷年所作的詩詞曲為歌詞，由施德玉製作，找著名作曲家譜曲。文達「認領」〈愛琴海雜詠〉數首。

他是作曲能手，但愛情卻不怎麼高明，婚姻失敗後，粉絲難覓、知己尤其難得，已數次「有始無終」。他其實長得不賴，人品好、學問好，大學教授也屬中產階級，未知何故，已多年沒有「紅鸞高照」。

❷劉塞雲

劉塞雲，當莊文達在許常惠主持臺師大系所時擔任助教時，我稱許大哥「臨老入花叢」，因他已近花甲；而文達為「園丁」。許大哥要我為研究生系列講授「語言與音樂」，中國聲樂協會理事長劉塞雲教授來聽講，因而也請我在協會為會員作幾場講演。有次好兄弟、客居維也納原想以唱歌劇為業的曾乾一正好返臺，與我一唱一搭，讓我現場以他的口法、音色、行腔分析語言旋律與歌者唱腔的關係，效果極良好。「中國音樂作曲家理事長」劉大中也同樣邀請我。我這個五音不全的人，居然大受音樂界「抬舉」。

38 莊伯和、張瓊慧

莊伯和（一九四七—），高雄人。臺灣師範大學美術系畢業，文化大學藝研所碩士，日本京都大學人文科學研究所研修員。曾在彰化銀行工作，學非所用，任教輔仁大學，為中華民俗藝術基金會副董事長、公共電視文化事業基金會董事。精研美學與工藝，著有《臺灣民藝造型》、《民俗美術探訪錄》、《民間美術巡禮》、《慶典裝置與景觀美化》、《審美的趣味》、《永遠的童顏》、《佛像之美》、《臺灣傳統工藝》等，在美術界極負聲望。

張瓊慧，臺北人。英國伯明罕中央英格蘭大學藝術教育碩士，長期從事藝術文化工作。執行主編《臺灣美術全集》，由藝術家出版社發行，另有多種叢書出諸其手。著有《臺灣美術家——江兆申》、《十位美術家的故事》。

張瓊慧任《中國時報》藝文記者，美麗明朗能飲，文筆又好，紅遍媒體。她夜晚從報社下班後，我和伯和、振昌、啟方、莊喆等友人，常在臺大對面的「西北」二次會。那時冰箱不普及，服務人員一看到我們，即把整箱啤酒冰鎮在洗澡的大臉盆裡，一箱不足，再來第二箱，因為公賣局給國民最普及的酒是米酒、紹興和啤酒。夏天喝啤酒配流行口味「炒蛤」，喝起啤酒來，可以「通海」，我每請伯和掛電話給瓊慧，請她一起「通海」。我以瓊慧為「党花」，她很在乎這個頭銜，她不只要作第一「党花」，而且是唯一的「党花」。縱使現在已年逾花甲，她都說：「雖然我已變成塑膠花，還是唯一的党花。」她一來，場面就興高采烈起來，她風頭十足，「指揮若定」，人人唯命是從，連我這個党魁也不例外。酒後，我總請伯和送她回家，久而久之，兩人談起戀愛來了。

我在萊頓大學訪學，要和學生到北歐三國旅遊，在阿姆斯特丹火車站邂逅伯和與瓊慧也正旅遊荷蘭，瓊慧自英國學成，伯和專程去接她，並同行閱歷西歐，返國後不久就結了婚。

直到現在，我們酒党大會，我常請伯和、瓊慧與席。瓊慧同樣「擅場」，使舉座騰歡；伯和雖貴為酒党創党「秘書長」，也只能坐看太座的「場上風采」。林明德接替我為董事長，瓊慧任中華民俗藝術基金會執行長三年，每位秘書必須套裝高跟鞋，辦公室整飭雅致，煥然一新。基金會擺設筵席接待貴賓，更使出酒党「風範」，使賓主不醉「烏龜」。文化部長洪孟啟為本党高階「從政同志」，也請她為省文化基金會執行長，她同樣做得很好。伯和、孟啟和我三家常小聚，伯和、瓊慧總安排在他們家附近法國人開設的「酒莊」裡，匯集附近小吃館最美味的下酒菜，一瓶接一瓶地開啟紅酒，介紹其特殊來歷與品質，總得七、八瓶才罷休。

39 許牧民

許牧民，康軒集團公關長。陳益源借調金門大學文學院長，請我講演，許牧民特返金門故鄉接待我，陪我參訪藝文機構與當地文化界耆宿。他任金門同鄉會會長，請我在年終餐會致辭。他在「酒党出版協會支党部」，也屬能飲。

40 許進雄

許進雄（一九四一－），高雄人。在臺大中文系與章景明、黃啟方同班，結為金蘭，號稱「三劍客」。低我一班，與我情篤如弟兄，自研究所開始。進雄於碩二，繼我為助教。碩士畢業，其甲骨文研究已蜚聲文字學界。一九六八年屈師翼鵬（萬里）推薦，受聘加拿大多倫多市皇家安大略博物館遠東部，整理館藏商代甲骨文，並於期間攻讀多倫多大學東亞系，一九七四年取得博士學位。任博物館遠東部部長，沉潛博物館、古器物研究。一九七七年起在多倫多大學講授中國文字學、經學史、中國古代社會等課程。曾代表博物館赴大陸考察，切磋著名甲骨金石學者，並在博物館接待貴賓，不乏元首、女王、貴族、政要、名流。一九九六年退休，返臺任教。

我在哈佛大學為訪問學人，進雄利用休假來看我，喜與正攻讀博士學位之洪金富在廣場上或查理士河畔看洋人比基尼曝日，謂之「曬人乾」。安排過我偕陳媛在多倫多大學講演，風雪之中同往尼加拉瀑布。我訪學美國密西根大學，帶領布袋戲團、歌仔戲團，實踐我所主張之「以民族藝術作文化輸出」巡迴美加之際，六度駐足他家。發現他《甲骨上鑿鑽形態的研究》、《中國古代社會：文字與人類學的透視》兩部影響深遠的著作之後，說他不再做學問，整日迷戀電動遊戲。其至我在他家作客，他因不能飲，也只讓弟妹杏花陪我暢飲到子夜。

我返臺後，即積極為他申請國科會海外學人歸國講學，在臺大客座一年。因他曾赴大陸，有「通匪」紀錄，還得時任臺大訓導長的黃啟方委請沈君山同做保證，才得順利成行。我又要他返臺定居，回報母系任教，更為他辦理受聘手續，當他以全票通過的那一天，我掛電話給他，說：「一切都辦妥了，請盡速回來。」他只回應：「好！」就馬上從多大和博物館退休，一九九六年返臺，任中文系教授十年。中文系「膠柱鼓瑟」，沒讓他完全發揮所長，和同時由新加坡大學返國陪侍其父親王師叔岷與我同班同學的王國櫻一樣，負擔一門「大一國文」；這是臺大中文系不成文法的「陋規」。

進雄真是「殺雞用牛刀」，我勸他將學術通俗化，可以使更多人受益，乃商請梅新，為他在《中央日報》「長河版」圖文並茂地介紹古文物。

因為進雄回來，我和他們「三劍客」的關係也起了些微「變化」。我既為「酒党党魁」，進雄在加拿大，雖滴酒不沾，但以爵比親王，還是任命他為「南北美總督」。有次在啟方家，弟妹張美和一手好料理，酒酣耳熱，我想起「杯酒釋兵權」，說：進雄回來了，依兄弟行，當為第一副党魁，景明、啟方降為第二第三副党魁。進雄在本党地位驟升。本党某次「四中全會」，党魁在金門訪酒，電話傳來，說進雄坐上党魁寶座，正三呼萬歲擁戴他「篡位」。第二聲之後，我電話及時遏止，喝斥：「誰敢造反！」他們非常詫異，何以党魁如此「神明」。進雄逢人便說，由於不「安分」，使他屁股痛三個月，再也不敢心存覬覦了。我也效法蔣介石對待張學良那樣——「軟禁」，罰他每次聚會先致歉三杯。一方面讓他徹底明白，酒這種「玩意兒」，要躋身為眾党徒服膺的「党魁」談何容易；二方面也想藉此訓練他酒膽酒量，使之接近吾道中人。而我明知他只是對我虛應一招，也不以為意。

進雄六十五歲又自臺大退休。我和洪國樑、黃啟方都已在世新大學「第二春」，黃啟方任人文學院院長、國樑任中文系主任，我為講座教授，建議一起向牟宗燦校長推薦聘進雄為客座教授。啟方有所不便。我和國樑見牟校長，我說：「許進雄是同儕中我最佩服的人，他的學養和學術超過我許多；他被安陽博物館甲骨展覽廳評為甲骨學最有貢獻的二十五名學者之一。」國樑也說：「中文系正需要這種人才。」牟校長說：「永義都那麼說了！好！我馬上發聘書。」不到一星期，進雄就接到聘函。

進雄又在世新五年，與我和啟方、李哥等經常假日登山郊遊。他寫些較通俗的文字、古器物成書，頗受讀者歡迎。而七十歲，除我這「講座教授」可以破例續聘專任外，按教育部規定都要退休。啟方怕杏花怪罪他，對他是否繼續留臺，未明確表達。我則認為進雄十五年的臺北歲月，友朋歡聚，不宜再返多倫多「索居」，應把杏花帶回來，並要為進雄想方設法，留任世新專職，足夠生活。

當我在臺大僑光堂鹿鳴宴與進雄午餐後，問進雄說：「你到底聽我的留臺北，還是回多倫多？」他說聽他兄弟啟方的，回多倫多。我說：「難道我不是你兄弟？」他說：「你不是，你是朋友。」我不禁有被澆冷水的感覺，說：「那就聽你兄弟的；我這個朋友就不必多事了。」

進雄回多倫多半年，與杏花返臺，說全身發癢。杏花已露「老人失智症」，不久就住進養護中心，折磨多年病逝。近年在馮季眉的催促下，出版六冊《字字有來頭》，在商務印書館策劃下重新刊行《中國古代社會》、《博物館的文字學家》，和國家出版社出的《中華古文物導覽》，銷售量都很大，尤其前二種更使他賺取大筆稿費，他與友朋同享，「千金散盡還復來」，一而再，再而三，三而四地大設筵席。

進雄被朋友公認是最直腸子，最老實，說一就是一、說二就是二，表裡「廝應」的人。他愛說的笑話是，他有六個女朋友，只有星期天自由。

不要小看進雄長相和我「同等級」，不及景明、啟方英俊，他的「女人緣」都比我們好，我們酒党中有女生就想和他約會。他也有過三段戀愛史。第一次是他和日本女孩書信來往以磨礪他的日文，沒想這女孩越洋到多倫多找他，在他家住了相當長的日子，直到這女孩有天帶男友來，他猛然震怒，把她趕出家門，他才發現自己吃醋了。被胸襟大如天的杏花說他：「過於殘忍，違背人情。」第二次是他被安大略博物館的女同事看上了，為他茶不思、飯不想，連她先生都向進雄請求：讓他太太愛一愛；他太太實在太可憐了。進雄只說：「這怎麼可以。」第三次是他返臺後不久，他用情甚深地談戀愛，沒想對象是他兄弟的女朋友，只好傷心地分手了。

他去年又有返多倫多「終老」之意，因新冠大疫猖獗，「行不也哥哥」！

進雄和我有個大毛病：不愛惜身體。我胖嘟嘟時，自解道：「老天爺要我胖，我焉能不胖，何況『君子不重則不威。』」生病了，說：「我是帶藥喝酒的人。」患上慢性病了說：「與病作朋友，不離不棄。」心臟大動手術，撿回一條老命，說：「天將降大任於斯人也，焉能速其死。」而進雄則在遷移住所時，將冰箱中的西瓜可樂等一起塞爆肚子，血糖頓時飆升至五百六十五，差點就昏眩倒地，所幸及時診活，否則不堪設想。從此糖尿高度隨身，理應控制飲食，但他有醫生的藥，甜食照吃；我屢次勸止，他總是說，眼前美食不享受，更待何時。

41 陳政義

陳政義（一九四〇—）是內科小兒科醫師，他慷慨時很慷慨，慳吝時也很慳吝。大家就以其所短戲稱「小兒科」。我和他認識，緣於林洋慈介紹，稱兄道弟已三十八年。往年每次出國，我只掛個電話給他，他就會很周全地為我配好旅途中應急的藥物。有次我在他家午宴，血壓已高，他說沒關係照喝不誤，盡歡而罷。他幾乎是我們的家庭醫師，照顧家父母特別殷勤。

42 陳益源

陳益源，彰化人。中國文化大學博士。曾任中正大學教授、成功大學中文系主任及人文社會中心主任、臺灣文學館館長、金門大學人文社會學院院長。治古典小說、民俗學、民間文學、閩南文化、越南漢文學，著作豐碩為學界所重。在越南出版《越南阮朝所藏中國漢籍與使華詩文》，越南社會科學翰林院頒予「越南社會文化貢獻獎章」。

益源初出道，我即高度肯定其學術論文，支持其執行研究計畫，推舉他為中正大學傑出教授。我到臺南，他把好酒給我喝，要我在成大中文系、臺灣文學館、金門大學作講演，在學術會議上為主持人。他安排我到金門、越南河內，都為了陪我「壯遊」，陳媛和他夫人林揄文成為好友。二〇二〇年臺南一中頒我「傑出校友」，我大病休養，他代我領取證書。

益源領我與媛在越南河內參加越南國家大學主辦的「亞洲觀音與女神信仰國際學術研討會」之行，值得一記。會議於二〇一九年九月五日上午開幕，由中研院院士于君方主題講演「我如何研究觀音信仰」。我為主持人，建議觀音由男性變為女性，由宋代開始，當以宋代諸背景探討其在民間引發之作用與影響，譬如宋代理學之桎梏人心、宋代俗文學之發達，乃至元明兩代政治之黑暗，而「觀音之名號」，乃謂其觀照關懷生民之痛苦、聽聞生民呻吟傾訴之聲音，無處不在，無時不聞，則猶母愛之於親子。則觀音之女性化，實由其時代生民之困苦也，發於「觀世音」名號之慰貼人心，廣播於說唱塑繪之流傳。

九月六日上午參觀河內博物館。下午赴北寧省參觀越南佛教發祥地「筆塔寺」，其千手觀音最具特色。

九月七日赴下龍灣，「下龍灣」列世界第七之觀光勝地也。群山鬥異爭奇，各極其致，錯落海中，果然絕逸超凡。我所經歷挪威奧斯陸海濱、加拿大維多利亞港口，皆宛然相似，而桂林山水則彷彿在眼。有七律二首：

其一：示弟妹揄文本党長公主

當空麗日下龍灣，一舸清風逐汗漫。海上桂林競韶秀，人間閬苑作奇觀。

水晶影瀉涵沉碧，湘錦裙開舞翠盤。我自蓬萊巡至此，卻驚南國列仙巒。

其二

群山錯海矗纏綿，各領風騷億萬年。競異爭奇誰翹楚，清姿逸韻本天然。

晴光月影遠迷近，玉府瑤池雲動煙。卻道紅塵翻滾急，武陵一入便神仙。

43 陳新雄

陳新雄（一九三五—二〇一二），師大教授，是師大早年國文系主任林尹先生的入室弟子。講授聲韻學，晚年研究蘇東坡，開設課程很叫座。他性格豪爽，古典詩人氣息很重。有次我和他在師大餐廳午宴酒後，又到他家吟詩論詞，「續攤暢飲」，醉意朦朧，我每朗吟他詩句一首，即對乾一杯，計量不下於二十數杯，即相互跪倒客廳，結為金蘭。從此我親切地呼他為「老哥」，他呼我為「老弟」。他曾因身上重要部位生長一粒小豆，醫生說是癌，要一刀切割它。所幸他告知在美國的夫人，因她反對而找名醫「重診」，否則真是庸醫害人不淺了。

二〇一二年七月三十一日，新雄老哥於美國逝世，我以詩弔之：

魂兮異國渺孤煙，望極遊雲悵遠天。學術蜚聲鳴宇內，胸懷磊落嘯杯前。
東坡曉夢莊周蝶，太白風華杜甫賢。灑脫人間無愧赧，宗師一代錦聯翩。

44 陳德新

陳德新（一九五二—）為文化大學法學博士，任職公務機構，由基層歷練起。任文建會第一處處長時，與我認識。我在文化會上大肆批評政府推動「去中國化」政策之錯誤，言詞激烈，指責教育部、文建會等職司部會，連什麼是「文化」都不懂；如果懂，就起碼知道「文化」不是你今日想要就要得到，想拋就一時拋得開。如果有種，就下令百姓不許拜關公、不許拜媽祖，因為關公、媽祖都是「中國人」；如果不敢，那不過是一群不學而有術的人才幹得出來的事。他時任行政院第六組組長，告訴我說，我的言論「震撼」行政院，於是李遠哲叫我不須上任文哲所所長了；申請政府單位有關推動藝術文化工作案，都被當作「拒絕往來戶」了，院士選舉時再加上「酒党党魁」等其他原因，也就更選不上了。可是我照樣和陳勝福率領因經費短缺、由一百五十人減為一百零八人、設法走金門「小三通」的劇團，去參加兩岸歌仔戲學術會議和盛大的劇團演出交流。

德新與我「君子之交」，但我於友朋聚會時，如與洪孟啟、方芷絮等，也偶爾找他出來敘敘。他任科技部常務次長時很支持我的「行遠計畫」，使我的《論說戲曲「歌樂基礎」之建構》如期出版，並將稿費百分之三十交科技部，百分之十六交世新大學的第一位計畫執行者，而今我又執行《戲曲演進史》五年之長期寫作計畫，已進行三年。

45 陳錫勇

陳錫勇，文化大學教授，以《老子》研究受矚目，國家出版社林洋慈社長帶他到北京書展上演講，風光一時。我為他的《老子研究》作序，讚賞其治學謹嚴，鍥而不捨地以《老子》為此生學術的依歸。他在酒党「四中全會」話多而聒噪，但太太有令他就捨酒党而就太座，陪她逛街。

46 曾子良

曾子良，臺南下營鄉人，我亦出生於下營鄉。他小時家境極為清寒，父親是長工，母親酗酒，生下智商極低的弟弟。他能幫助家計和照顧弟妹的事都做，所謂「孝悌」莫過如此。他於政大中研所得碩士學位，以同鄉之誼來看我，考上東吳大學博士班，鄭因百（騫）老師要我指導他博士論文，我要他參預我主持的「中研院史語所傅斯年圖書館所藏俗文學資料分類編目工作小組」，這一大批資料有一萬多目。他負責歌謠，並以「臺灣歌仔冊」為博士論文題目。

子良取得碩士學位，在北一女任教兼圖書館館長，深受學生敬愛、校長器重。我要他百尺竿頭更進一步，考上博士班，但校長不肯放人。我掛電話給校長「舌戰」四、五十分鐘，最後，她說：「我一放手，我們就失去一位好老師。」我說：「妳是大家仰望的教育家，難道要妨礙年輕人前途？」終於給子良免除兼職，專心讀博士。

我陪子良去相親，他和敏育結婚成家，獲博士學位在海洋大學教書，做過校長主秘、語文中心主任。退休後轉任大同大學，亦任通識中心主任；我請他為中華民俗藝術基金會執行長，後與我同時退出基金會。以研究臺灣俗文學為專長。

他在臺北虎林街購置公寓居住，翻修家鄉祖厝，並買農田數畝，闢為養豬場與養魚池，建築農舍數間為其妹養家活口而設。我返鄉，常帶孩子孫子到他的池塘釣魚，踩踩故鄉的泥土。他妹妹無不把它當作大事，做一大桌「鄉土菜」讓我們飽食家鄉味。

子良參加酒党「四中全會」，酒興一來，酒膽酒量就高漲，話也變多。現在成立「基隆文化工作室」，已長年為基隆中元慶典等文化事業打拚，積累許多成績。他待我如兄如父，常把所種的瓜果送給我品嘗。

47 曾乾一

曾乾一，臺灣藝專畢業，愛唱歌劇，到奧地利維也納謀求發展。想死後能葬在維也納音樂大師專用的墓園，卻因祖傳針灸功夫，因緣治癒奧地利前總統、名指揮家卡拉揚等人之痼疾，成為奧地利第一位獲得許可之針灸醫師，同時亦是歐盟認證之合格醫師，使針灸醫術在奧地利盛行。他看病，對於華人一律免費。他弟弟因嫌疑，被臺灣警備總司令部扣押；他到大使館說，如果不馬上釋放他兄弟，明天他就會牽頭豬寫上「蔣經國」名字，在維也納街頭遊行，使他弟弟很快就免於拷問受審的牢獄之災。

認識乾一，已經三、四十年了。初次見面是我當主人，朋友帶他一起來，說要「拜見党魁」。他一坐下來，直爽豪邁之情盡露，很快以他為核心，人人都傾耳聽他「吹噓」。他說他家是「小型聯合國」，兒女的母親包括上海人、首爾人、巴黎人、維也納人，令我們都很佩服，「刮目相看」。他五短身材，長得其實不怎麼樣，但英氣十足，男性的一股魅力，加上能言善道，確實可以使多情的女性一時迷倒。他說上海的妻子最難搞，他花了不少銀子才擺脫，但她所生的小女兒很會撒嬌，最得他鍾愛。他在朋友乃至兒女面前，從不諱言「談性說慾」，宣揚性之美妙，是人生的一大享受。

他說著說著，忽然以男高音唱起本來要使自己在維也納成名家的歌劇。真個聲震梁塵。我即席以五絕相贈：

遠來客為主，跋扈即高歌。歌韻撼天地，人間樂此多。

這首詩久到我忘記了，但乾一每逢朋友聚會，就會一再提及。他在我心目中堪稱「英雄豪傑」，他也尊我如兄。每次他自維也納歸來，我都呼朋引伴為他接風、為他送行，好讓他可以在快杯暢飲中「飛揚跋扈」一番。黃光南、賴鼎銘、薛平南、趙慶和都請他針灸，相聚的機會就更多了。

一九八六年我在德國波鴻魯爾大學有半年擔任客座教授，一九九七年在荷蘭萊頓大學有三個月訪學和講演，都和媛去維也納看他，他撥冗伴遊。我到萊頓參加學術會議，還特地去叨擾。他陪我在維也納森林漫步，說他近日在飛機上，坐在他身旁的臺灣女孩跟他談得很起勁，彼此留下聯絡電話，果然這女孩專程到維也納會他。他們也曾漫步這片森林，在洋溢史特勞斯舞曲的氛圍下，這位才逾三十芳齡、品貌端雅的女子琳達，忽然手握身旁已過花甲的男人曾乾一，看著他含情脈脈地說：「我要嫁給你。」他們就回臺灣結婚，要我充當「介紹人」。我說，這該是最後一次了吧！他肯定地說「是」。

在結婚典禮上，我在眾親友面前說：「各位請看，正走進來的新郎和新娘是多麼不『適配』。一個那麼綺年玉貌，一個又老又醜；一個高䠷婀娜，一個短矮硬拔。可是自古英雄愛美人，美人愛英雄。我們眼前容彩照人的新娘子琳達就是美人，醜陋不彰的更是我們大家公認的英雄；所以他們現在並立這裡，就是『天作之合』、『英雄美人』、『璧人一對』。」據說當時我「機趣十足」，現在寫來已難完全傳神。乾一也把這段錄影視如「拱珍插曲」，他們婚後十分相得，乾一也就「安定」了。

48 曾德仁、黃博明

曾德仁（一九三九—一九八七）和黃博明（一九四一—一九九〇）都來自我出生地，臺南縣下營鄉人。德仁大我兩歲，博明與我同年，都是我大學時到五十歲以前常在一起的朋友。他們都英年早逝，德仁只四十八，博明不過五十。

德仁和表兄黃惠隆是好友，但兩人同時同交一個長得楚楚可憐的女朋友，由於舅母不贊成，德仁自然獨得美人心。德仁新營高中畢業，考上國防醫學院醫學系，我常到宿舍去留宿，免費吃學生餐廳的大鍋飯，久之，引起宿舍教官起疑，德仁還侃侃然為我「強詞奪理」。寒暑假結伴返鄉，五人購兩張軍人半價票，趁車站擁擠「蒙混」進站，有次列車長查票，逃不過，被雙倍「賠款」。

德仁不忌諱抱著死人骷髏睡覺，為的是方便背住人體腦殼上頭蓋骨片的名稱，他也勇於解剖屍體，練習操刀技法。他行醫後，成為醫界馳名的外科大夫。他去世，我在一九八七年三月二十二日《臺灣日報》副刊，寫了一篇〈給在灰塵中的阿仁〉，可見出我和他的交情，錄之如下：

> 阿仁！你真的在灰塵中了，因為你已經成了灰塵。你再也不能一天到晚忙忙碌碌、無休無息地為你的病人祛苦解難了。
>
> 去年你好不容易得便到臺北來，咱們一見面，你就說日子過得很沒意思，你不知道一天賺那麼多錢為的是什麼。於是你喝了許多酒，你說要暢快一下，而臺南來的電話催你連夜趕緊回去，你說不回去就不回去。我也就「縱容」你，陪你「天南地北，海闊天空」的一整夜。

我每次到臺南總要掛個電話給你，你我見面只能在子夜，因為你的外科醫院「打烊」後，才有屬於你的時間。我們聊的盡是些「往日情懷，兒時糗事」，而杯酒相引，夜闌人靜，你總認為那是最暢快的時刻。

昨天我搭從臺北開來的第一趟自強號到嘉義，再轉往水上鄉的千光禪寺，對著你拈香行禮，而你只剩下香燭前的白紙黑字。聽大嫂說你回來過三次，囑咐她醫院裡要小心將事；你的兄弟也說你告訴他好疲倦好虛弱。阿仁！可見你「行行重行行」，你儘管瘦得皮包骨，氣若游絲，而你仍舊徘徘徊徊，牽腸掛肚！

阿仁！你行年四十有八，但望之若三十許人；你不高不瘦不矮不胖，是大家公認的美男子。你雖然「苦」，但事業正蒸蒸日上，因為你的手術刀拿得又穩又準，你一年到頭都在解除人家的病苦，錢財也因此滾滾而來，而你卻忘了你自己也可能有病苦。聽大嫂說那像老鷹叼小雞那樣叼走你的「肝癌」，只花了一個多月就使你骨瘦如柴。你走的那天你是迷迷糊糊的，你沒有留下一句遺言。

在千光禪寺修行的人，都非常慈祥非常和藹。阿仁！你在這裡養病，他們把你照顧得好好的，所以儘管你一向不信仰，你終於也皈依了三寶；在你病亟時，大嫂要你回去，你硬是不肯回去，不肯回去你一生經營起來的那所大醫院。於是你火葬了，你化成煙化成塵了，你永遠皈依在這清淨的佛堂之上。

阿仁！你生病時我不知道，因為你不告訴親友；你開弔時我不知道，因為你的訃聞寄到寒假裡的學校。昨天我兼程南下，站在你的面前，你是否知道呢？你已經走了一個多月，是否走得很遙遠了呢？阿仁！不只「人生如夢」，古今也一樣如夢。你的兩個兒子都長大成人了，大嫂的生活也無須憂慮，何況你解除過許許多多人的病苦，你這場夢是無愧無憾的，而今夢既然作完，你就好好地走吧！

黃博明的父親在二二八事變時任下營鄉長，被誤認叛逆分子槍斃，人才倒下，赦令即到，博明和他母親便成了孤兒寡婦。他沒好好讀書，曾金波勇敢地「替他代考」，他也沒敢去念高職。他長得很帥，嘴又甜，體貼人意，朋友喜歡和他一起「吃喝玩樂」，女孩子被他迷住的不少。可惜他年方五十，即因心臟病突發去世。表兄惠隆和景明、啟方與我都很不捨。

49 游若萩

游若萩，美國康乃爾大學食品科學博士，曾任臺灣大學食品科學研究所教授兼所長。腿部小兒麻痺症，所幸輕微。他任所長時，我每天清晨騎單車至臺大校園巡迴運動，自封為「臺大六門提督」，他已在研究室，我路過一定呼喚他，他常駕他的「三輪車」陪我逛校園。他常在酒席中或其同仁面前說我作詩寫對聯順手即成，便要我即席「表演」，我只好應命。他嫁女兒時，也要我寫對聯。

50 黃光男

黃光男（一九四四—），高雄人。臺灣藝專美術科畢業，臺師大美研所碩士、高師大文學博士，甲等特考教育文化優等及格。歷任臺北市立美術館館長、國立歷史博物館館長、臺灣藝術大學校長（二〇〇四—二〇一一），二〇一二年任行政院政務委員。其繪畫與雜文亦為藝文界所注目。

黃光男雖與我有所往來，與曾乾一、賴德和等亦與於杯酒之間，彼此尊重，我欣賞其坦誠。他識拔德玉為表演藝術學院院長，鼓勵並有意栽培她接替校長；德玉以家庭為重，退休而偕夫婿元立南下官田，又受聘成大藝研所教授。

51 黃啟方

黃啟方（一九四一—），福建莆田人。一九六八年臺大中研所畢業獲碩士學位，即留系任教，一九七九年升教授。曾任夜間部主任、中文系主任、文學院院長、訓導處訓導長。一九九八年自臺大退休，轉任世新大學中文系教授、人文社會科學院院長兼共同課程委員會主任委員，是我們酒党兄弟一直負擔大學行政要職的人。亦曾赴韓國首爾大學為客座教授一年，陪侍孔達生師訪問西歐八國。在財團法人「國語日報」社任董事長兼總主筆九年。

葉慶炳老師推薦啟方任夜間部主任，向我說，啟方有幹才，你性行不適合。我們酒党弟兄一大群人為啟方慶賀上任，酒後一起到他夜間部主任辦公室，我一屁股坐在他的寶座上，啟方說他尚未坐過。朋友們紛紛擾擾七嘴八舌之際，我拉啟方說到許常惠大哥那裡去，李致慧大嫂在天母買一棟房子，有喬遷之喜；原來我弄錯，不是新買而是新租。沒想這件事「十口相傳」，竟成為「曾永義岳母為他在天母買了一棟六百萬元的別墅」，那時六百萬元是何等天大數字。而這種「傳言」是一個月後輾轉由故宮到啟方耳裡，為友朋所樂道，而只有我一人不知。

朱炎的文學院長任滿，啟方不願平白承接，主張用最時髦的方式選舉，才算創舉而風光上任。而就「情勢而言」，外文系百餘人，中文系未及其半，票數落差很大。可是中文系同仁齊心協力，終使啟方順利當選。

一九六八年，林文月先生以我協理她編輯《國語日報》「古今文選」，一九七一年我博士班畢業，林先生就抬舉我接任主編。我即請啟方同為主編「古今文選」。

一九七六年我升任臺大中文系教授，《國語日報》社長洪炎秋老師推薦我任董事會董事。後來的羊汝德社長，為報社爭取相鄰土地，蓋十二層大樓，報務蒸蒸日上。

在羊汝德當社長時，我向他推薦啟方為董事，林良時為常務董事。林良先生以年屆八十退休，啟方在同仁的擁戴下當選董事長。

啟方事父孝順恭謹，他母親在他大學時就辭世，他念研究所時和張美和結婚，美和溫麗端雅，擅主中饋，留在家裡侍候公公，每晚陪公公吃飯、飲杯小酒，好讓啟方在臺北專心讀書。

啟方父親為彰化縣警察局主秘，豪情勝概，曾安排一席特別調製的可口素齋在尼姑庵，招待臺、孔二位老師和我們兄弟。孔老師酒喝很多，連起座都困難。

啟方大學時就以文才和俊美為女生所愛慕，他作的一首歌，詩意盎然，為班上所傳唱。我在香港教書，碰到啟方班上的宣麗華，猶嘖嘖稱道，喜悅憶戀之情溢於言表。啟方在友朋中公認是最不會生氣的人，溫和待人、理性處事，贏得最多的尊重；不像我直言不諱，喜怒當下，充分流露「飛揚跋扈」的模樣。啟方對待所屬如兄弟姊妹，關照學生如子弟，也贏得長年的情誼和尊敬。

啟方重視養生，日常持恆運動，是我們四兄弟身體最好的；看他和齊益壽、何大安飲金門陳釀，猶能舉杯而乾，非常羨慕。他和益壽、大安與我，近些年來彼此賦詩唱和；和許進雄、章景明交情已逾一甲子，尚能在酒党「四中全會」歡聚，雖我等三人飲酒不復當年，但交情溫馨滿懷。

啟方於一九九七年為我《論說戲曲》寫的〈不是序的序〉，肯定並揄揚我從事維護發揚民俗藝術的意義和績效。

我在二〇〇三年四月二十二日《中央日報》副刊所寫〈人間自是有情癡——序黃啟方《心情連結》〉云：

> 「情」這個字真是喜煞人、樂煞人，但也不免怒煞人、哀煞人。所以消極的人，每要棄情、絕情、忘情。棄情、絕情藉口一堆；忘情好像高尚，但在我看來，就不算是個人了。因為既是個人，誰能捨離人間？所謂「遺世獨立」，不過自欺欺人而已。若此，人在人間，自然有情，情無論喜怒哀樂，只要出之自然就是真。所以我認為能流露自然情感的人才是「真人」，也唯有「真人」，才能創作出文學和藝術來。
>
> 和啟方論交已四十有三年，歲月不可謂不長，而交情與日俱深，也越來越覺得：啟方確是個有情的「真

人」。情的本義是真與誠，誠之所至，金石為開。啟方的情已經達到這樣的境界。君不見「滿堂兮美人，忽獨與予兮目成」；君不見「眾裡尋他千百度，那人卻在燈火闌珊處」。啟方也就是透過這樣看來十分癡的情在為人處事作文，所以他朋友很多、很真，他勇於任事而敢於擔當，他文章不假造作、真情流露。

在臺大中文系有「四條蛇」，行年都將屆六十有二。這「四條蛇」倒過來數，依序是啟方、景明、進雄和我。「蛇」被許多人忌諱，而龍蛇本來也不分，所以被稱作「小龍」。而我說「高帝子孫皆龍種」，「龍年播的種」才是「真龍」，而「真」、「金」一聲之轉，我們是「四金龍」。啟方一再告誡我的口出大言、飛揚跋扈；但無論如何，三十年前我們創立「酒党」，以「尚人不尚黑，人間愉快」為宗旨，党魁、副党魁也就悠遊學林之中：啟方治兩宋之學，景明治三禮之學，進雄專攻甲骨、古代社會，我則料理戲曲俗文學。啟方排行最小，但為人處事我們常聽從於他，因為他對「人情」最能不偏不倚而平正通達。

啟方是我們「四金龍」中唯一「發跡」的，他在臺大當過夜間部主任、訓導長、中文系系主任、文學院院長；其系主任和文學院院長還開臺大「票選」之風。如果不是當時孫震校長留住他，他還會被徵調出任考試院秘書長。他從臺大退休後，也馬上被聘為世新大學人文社會學院院長。啟方這些職稱的意義，是他為大學教育做出了許多貢獻。他受師長信任付託，他和諧同仁部屬，因之業務無不蒸蒸日上。就以今日世新大學中文系而言，儼然已成為「重鎮」，此無他，還是他的「癡情」使然。他任於真又執於真，以絕對的誠懇待人，所以上上下下都喜歡他。每次我看到他和舊屬聚會，舊屬對他既恭敬又融洽歡樂的場面，我都為之感動得很；而我們「三金龍」也沾溉啟方的「德蔭」，同樣受到尊重，有事時，他們同樣竭誠盡力地協助我們。

啟方雖然公務忙碌，但不忘作為教授的職分。他的兩宋之學聲聞遐邇，首爾大學和香港大學都聘他為客座教授。他指導的研究生，學術有成而任教大學的已有多人。他更喜以餘暇寫作，迄今仍保有一顆敏銳的心，風雨晴晦都會觸動他的情懷；他無時無地不以汩汩然的生命之流流向宇宙萬物大自然高山大河平林廣野之中，而它們也林林總總地注入他的胸懷，激揚他的性靈，讓他形之於筆端。於是他步履所至、眼目所及，每每記其所欣、言其可感，其學養襟抱亦流露其間。而啟方是個篤於情、癡於情的人，無論塵境滄桑、人間緣會，他都會以真摯自然之筆，揮灑動人肺腑的語言；這其間有親情、友情、鄉情與人情，而情情莫不如其分。如果你閱讀了他〈一日思親十二時〉和〈嫁女兒的心情〉，你便會感受到一位孝子與慈父的情感竟是如此的美好，也許這正是維繫著這變動不居的大千世界一股永恆的力量吧！

而啟方的癡情近日更轉注於世道人心的關懷，他接受了《中央日報》副刊專欄寫作的邀請，到目前雖然才只有三十篇，雖然其中也有他慣常的清新小品，但令人詫異的是，他一反其常地大大地顯露了他的批判精神，而竟是如此的凌厲！難道這正是他「癡情」的另一種體現嗎？蓋「恨鐵不成鋼」、「愛之深責之切」，豈只對自己的學生子弟而已！大凡志士仁人，對自己所擁抱的社會國家，更是如此！雖然我有時也有憤然登車攬轡欲號召吾党兄弟揭竿而起的念頭，但形諸文字，則從未有過。可是啟方的情一至於「癡」時，則肆無忌憚地轉化為胸中翰墨的一股光熱；也因此，乃能言人所不敢言，發人所不敢發地對時弊痛下針砭！我「閱讀」啟方四十餘年，幾乎忽略了他這令友儕感到瞠乎其後的一面。

寫到這裡，忽然想起一九八〇年七月二十八日《中國時報》「人間副刊」我寫的一段〈寫作「座右銘」〉：「涵養學識，廣致深厚；洞燭大千，先見機微。通古今以觀變，達中外而立言。抒懷寫抱，任性真情；悲天憫人，光風霽月。自然清妙，無須雕蟲相高；趣味橫生，必能雅俗同賞。」

所謂「文章千古事，得失寸心知」。我縱使以此自期，但反躬自省，距離其所欲達成的境界，實在還很遙遠。但我的兄弟啟方，若也以此為準的，則可說確實實踐了。以上我所說的他種種高超的表現，正可拿來相印證。最後我要說的是：啟方的《心情連結》，正是結於「人間自是有情癡」的「真情」和「癡心」，也因為「真」而「癡」，所以能既自然又持之以恆而無怨無悔！

52 楊榮川

楊榮川，一九六六年在苗栗縣通霄鎮創辦「五南書廬」，一九九五年在臺中市建立門市，其後業務日上，門市紛紛於臺南臺北開張，並設有子公司「書泉」。曾為「中華民國出版協會理事長」。年輩大我幾歲，一再向我提及以未能出版我書為憾。在《聯副》讀到北師大杜桂萍為我《戲曲演進史》之序，對我推重極至，致電於我，說我學術地位如此崇高，更希望出版我書，我順口說，我有現成的《舊詩日記稿》，他雖表示要他五南的總編輯進一步和我聯絡，結果迄今（二〇二二）無下文，而此書我改題為《一位陽春教授的生活：曾永義詩文日記》，已由林洋慈的國家出版社簽約作業中，畢竟數十年的兄弟情是不先計較成本和銷路的。

53 詹惠登、牛川海

詹惠登，文化大學戲劇研究所碩士，一九九六年到美國，以傅爾．布萊特獎助計畫在耶魯大學劇場研究所進修一年。一九八二年任臺北藝術大學戲劇系副教授兼學務長及展演中心主任，擔任周凱劇場基金會董事長與中華民國國際文化藝術交流協會理事長。

惠登在九〇年代常以基金會偕同好友文化大學教授牛川海舉辦大陸戲曲劇種劇團訪視之旅，歷經川陝甘、安徽齊魯冀北、西藏之旅，浸潤於故國名山大川、勝蹟古都之餘，於戲曲之觀賞體會之收穫亦復不少。旅途中，記憶最深刻者有四次，一次是「目連戲演出」，一次是「洪洞之魚」、一次是「冏途困頓」、一次是「高原症候」。

「目連戲演出」是在四川綿竹，正值配合學術會議，依舊俗全面展現。除廟前舞臺演目連母親以葷腥齋僧遭遣下地獄，目連奉佛救母外，其他插入性雜技真刀真槍在廟口對陣、新郎騎馬之迎娶隊伍在鄉間道路排行，新娘家婦女群娶唱哭嫁歌與送嫁歌等，都按照真實生活禮儀搬演，使我真切體會目連戲其實是集宗教、民俗、雜技、小戲、戲曲折子的大雜燴，尚未合乎戲曲完整的文學藝術命義，也因此解釋了《東京夢華錄》所記載的每年中元節必演目連戲達十五天的記載，也可以印證明人目連戲文所以龐雜內容的原因。

「洪洞之魚」，山西洪洞縣是京劇蘇三的故鄉。我們到「蘇三監獄」去參觀，耳中迴盪著梅蘭芳《蘇三起解》所唱的「蘇三離了洪洞縣，來到大街前」。那是實人實事，歷史真實。午餐時，四個桌面各擺上一條只有手掌大的黃河鯉魚，肚子部位燒得「嫩熟」，但「死不瞑目」的嘴巴還一張一合，幾個女生當場嚇哭了，男生照吃不誤。而每條要價人民幣五十元，算是當時極高級的時鮮。吃完後，我們拍拍屁股走了，途中接待單位掛電話來要餐費。領隊戲劇學會理事長、文大戲劇系系主任王士儀認為既由接待單位安排，理當他們請客，不與同意。而我和許常惠在一九八九年訪新疆時，名義上由文化廳請客，實際是我們掏腰包，那個年代大陸尚屬貧困，百廢待興，怪不得他們。我向王老哥說明，由我代寫一封信將餐費附上，才化除彼此的「誤解」。我為此在《聯副》寫了一篇〈洪洞之魚〉。

「冏途困頓」是在安徽合肥與政府官員喝過了頭，到火車站要搭預約的包廂連夜趕到山東濟南時，我對於這甫落成的新站，廁所猶採無門可關、彼此可以對看的開放式老模樣大為不解的批評。沒想詹惠登說，現在已九點，火車早在八點就開走了。政府官員也感歉意，緊急調兩部汽車讓我們趕路。在路中，兩部車前後都拋錨了，所幸司機極力搶修，終於幫我們送達，而我們已饑寒交迫，整個夜晚十分疲倦。

「高原症候」，惠登、川海為了帶我們「攻入西藏」，早在一星期前就教我們吃「紅景天」以增強血氧。可是由於我和媛參加山西師大黃竹三七秩生日晉中晉北之旅，上五台山，出大同登應縣遼蕭太后木塔，攀恆山懸空寺，一星期已顯疲憊；乃又飛青海西寧與惠登團隊搭青康藏新建好之鐵路火車入西藏，連日在拉薩、日喀則之間大小城鎮採風、遊覽、看喇嘛寺。曾登上五千餘公尺之旅遊制高點，雖陽光耀眼而不減冷冽。我在行程結束之前兩日感冒發作了，加上高原症候，求助「西藏大夫」，毫無效用，夜晚難寐，苦不堪言，不敢參加次日凌晨之登山觀日出，但還勉力在曾子良步步扶持之下穿梭布達拉宮，幽如龍蛇之窟的達賴喇嘛禪房。而再次日搭機出西藏，飛往成都上空時，居然「不藥而癒」了。

惠登後來和大陸文化部聯合舉辦「兩岸情繫」之旅，除一兩次如河南我才剛去、沒參加之外，其餘都不放過。其中「情繫寧夏」，我當上臺灣藝文界九十八人的領隊。

現在惠登每年周凱基金會董事會後聚餐飲宴都會來接媛和我為貴賓。他有情有義，自然是我感念的好友。今年（二〇二二）二月二十六日、二十七日，惠登為他老師姚一葦先生舉辦百年紀念，演出姚先生唯一京劇劇本《左伯桃》，我為此在《聯副》寫〈典型宿昔——姚一葦先生百年紀念京劇演出〉。

54 齊益壽

齊益壽（一九三九—），福建福州人。一九六三年碩士班，任中文系助教，一九六六年獲碩士學位升講師，一九八八年升教授。一九七三年至一九七五年在英國劍橋大學為訪問學人，一九八七年赴香港中文大學講學一年，大學要聘他為高級講師，介紹他的人居然建議降他為講師。他治六朝文學，以陶淵明為重心。其文學批評，以《文心雕龍》、《文賦》、《文選》為主，近年留意臺灣鄉土文學之發展與臺靜農先生的詩文及葉嘉瑩先生的詩詞學之研究。二〇〇二年退休，受聘世新大學中文系客座教授。治學非常謹嚴，言必有物，創發獨多。

齊益壽於一九九〇年始任中文系主任，對大一國文教學非常重視，改革建樹良多，使大一國文內容活絡多元，增聘教師八名之多，減輕任課勞務。

我對益壽為人之嚴正不阿，誠摯從事，甚為佩服，事之以兄長。我心裡有任何不平之事，找他吐露。酒後喜與他走過椰林大道，送他回舟山路校園宿舍。有次他騎單車自行，結果在椰林道上跌得鼻青眼腫。後來只要有陳媛參加，我們都會在長興街基隆路口帶他上車。他曾請所指導的學生和我在他家吃飯，熱情的大嫂使我酒足而大快朵頤。我在讀博士班、他初任講師時，曾在基隆路巷中的校園分租簡陋的違章建築隔壁而居，一呼就相應，雖窮苦，卻回味無窮。

這十幾年來我們教學、飲酒、賦詩常與黃啟方、何大安在一起。他作詩慢工出細活，唱和之詩一改再改，直到滿意為止，對於所用掌故，和何大安一樣都注出原典，哪像我一揮而就，粗糙也罷，真率也好。

55 劉元立

劉元立，生於高雄。國立藝專影劇科畢業，佛光大學藝術碩士，香港新亞研究所博士。專長為廣告影片製作、商業電影短片。曾任著名之伊登國際廣告公司製作總監、瑞其有限公司總經理、野異智廣告公司總經理、臺灣藝術大學電影系兼任助理教授。曾獲美國PINNACLE三次銀項獎、五次佳作、《中國時報》金像獎、銀像獎、銅像獎。

元立在「酒党中央党部」，年輩較輕，為人又正義慷慨、謙恭禮讓兼而有之，我乃將「酒党權杖」交付予他；權杖者，酒瓶也。他每在「四中全會」時持瓶行酒，我謂之党魁將資源挹注党徒，其實「權柄」甚大。我命之為「實習党魁」，他說，永遠「實習」，不敢奢望「扶正」。他的另一任務是率先行「五拳憲法」，彼此猜拳，連輸五拳者為敗，若四比一猶可「翻轉」；四比四為「酒思」（duce）從三比三再比勝負。如此這般，如果「旗逢對手，將遇良才」，可以纏鬥二十幾拳，乃至數十拳。党徒獲勝者，乃有權利挑戰党魁，而幾皆在我手下敗北。因為當他們鬥拳時我已從「姿勢」、「數字」、「開拳」、「連續性」、「變化性」五方面分析，掌握住每位党徒自己不覺察的「拳路慣性」，我對他們有心，他們對我無意，所以我自然勝算累累。久而久之，我也覺得都是我贏沒意思，乃一一告知他們的「慣性」，譬如許常惠喜歡用食指喊一，李哥喜握拳頭「寶一對」，啟方開拳一定屈無名指叫「四」，陳政義小兒科要猜「全到」，必先將拳頭緊握過肩，然後放聲全放。只有當過成大校長和國科會主委的兄弟翁政義，開始雖輸我，很快就破解我的「拳路」。我這招絕活曾在新加坡對我率領的宜蘭北管團員，在慰勞他們於「春到河畔」的國際盛會表演之後，把這些「角頭兄弟」的年輕人「殺」得落花流水，說，教授不只酒量高，連猜拳也出神入化，令他們佩服得五體投地。元立在「四中全會」所行的「五拳憲法」常令「党徒」大醉者有之。而自從我把「奧祕洩底」後，党徒與我鬥勝負有來有往，我也樂在其中矣。請注意：猜拳時要聚精會神如真「戰鬥」，氣要高，力要足，才有勝算。

元立是施德玉夫婿，雖然德玉上我課七年，我指導他論文，幫他升等，但我從不以他為「屠夫」（徒兒之丈夫也），而待之逾兄弟好友。我曾和他與德玉、素凰等為「兩岸地方戲曲大展」，歷湘川訪視劇團，日飲瀘州特麴兩瓶，一路攜酒而行，好不愉快。德玉退休，元立舉家喬遷臺南官田鄉烏山頭珊瑚潭長堤下，與德玉姊德君、弟德華購農田一區營建庭園豪華別墅。荷塘垂柳，一片綠野平疇，山色蒼蒼，好不舒坦人也。官田緊鄰我鄉六甲，我返鄉即夜宿元立家，疑為桃源亦不過如此。而元立、德玉及其姊弟無不盛情款待，美酒佳餚，興高采烈，逾夜分凌晨一、二時猶不捨就寢。我在《詩文日記》中，不知記下多少個和他們歡聚的日子，茲舉其二三則以見吾等之交情：

二〇一五年五月二十七日，余南下桑梓六甲，為次日德華邀我南藝大講演也，元立兄弟陪我重臨故居。故居者，兒時父母建構，余弱冠前與父母弟妹生活之所也。一九八一年許，父母親北上，坐落街頭之樓房，即閒置至今。歷四十餘年，漸次毀壞，形同廢墟。幸元立兄弟協助鳩工清理，新置門面，方祛除流民與貓狗之窩藏。而今父母逝世有年。弟妹臺北定居，余一皤然老翁矣，徘徊瞻故，何勝今昔。是夜德玉備華筵，元立開一八年之金門高粱陳釀，邀來朱芳慧、禹彤作陪，德君、德華皆與於席。暢懷快飲，聲震屋宇，放浪形骸。

二〇一六年四月三日與媛率子女外孫、外孫女舉家返鄉，為我七秩晉六初度慶賀，入住烏山頭水庫大飯店。領大小漫步水庫長堤，瀏覽珊瑚潭夕照景觀，驅車訪元立府邸，而庭院中已布置長排桌椅。余釣於荷塘，錦鯉連續上鈎。而德玉大姊德君、小弟德明、德華各烹拿手餚饌，增添華筵。元立主持燒烤。盛宴開張，舉杯歡祝。元立亦開十八年金門高粱陳釀，溫潤滿喉。今日實為德君生日，我續其後，嵩壽同慶，不覺子夜矣。錄七律一首：

党魁避壽返家鄉，水碧山青白鷺翔。至友庭園陳玉饌，嵩呼萬壽舉高粱。
淨生此際歡何極，俗世無名樂可常。君覓桃源作潭府，一竿我愛釣夕陽。

二〇一八年十一月十日至十一日連兩夜陪卜鍵宿元立家，元立仍布席庭院，德玉、德君及德華妻法人安琪治饌，飲至子夜，余有七絕三首，其一云：

荷塘布席列珍饈，醽醁深杯不住酬。良夜良朋盡佳興，一彎新月掛清秋。

十一月十二日晨，與卜鍵、元立、德玉、德君，舟遊珊瑚潭有七律：

山環水折舊家鄉，一片澄潭西子妝。船過無痕明曉鏡，雲遊有韻豔初陽。
清風送爽周遭綠，摯友尋幽雅興長。久落紅塵人世裡，今朝共作武陵航。

真感謝元立、德玉給我許多這樣愉快的日子。

元立在我心目中是個男子漢，堂堂正正的大丈夫，我敢說如果德玉不是因為有元立這樣體貼入微而胸懷寬大的夫婿，德玉恐難有今天的成就。因為元立不只讓好學的德玉到北京去「遊學」，還讓她到美國取得碩士學位，到香港攻讀博士學位，而一人獨自留守臺灣，其孤獨寂寞可想。也因此本党兄弟在這期間，加倍找元立聚會，助代抒解。因為願意助成太太學業的男人，百中無一，而元立做到了，自己也奮發上進，繼德玉之後連續獲取碩博士學位。而幾年前德玉又被成大藝研所「挖去」作專任教授，由於她教學研究成績都有良好傑出的表現，改為「特聘教授」，享有更多津貼；她亦勤於民間傳統鄉土之歌樂雜耍小戲之田野調查研究。元立、德玉伉儷情深，元立以蜚聲當年之專業攝影技術，協助德玉現場影音紀錄，使德玉成果豐碩，研究委託案接二連三，新書一本一本出版，學術聲望一日一日提升。而夫妻一部車巡行鄉村僻壤，相顧相得，亦人間一大樂也。

56 劉萬航

劉萬航（一九三九—），江蘇豐縣人，出生重慶，一九四九年來臺灣。中興大學畢業，留學美國南伊利諾大學藝術系，專攻金屬工藝，任職故宮博物院科技室研究員兼主任，一九八五年轉文建會常務副主委，歷陳奇祿、郭為藩、申學庸、鄭淑敏、林澄枝、陳郁秀、陳其南七主委，實為文建會「七朝元老」，對文化事業頗具貢獻。

劉萬航在文建會，陳其南以他為「酒黨黨魁」，倡導以一杯高粱沉入一大杯啤酒、號稱「深水炸彈」之飲酒方式。此為本「酒党」所不取；何況彼「黨」「尚黑」與本「党」之「尚人」，一字之差即有霄壤之隔。他與部屬飲酒，好「指揮若定」，難免找人代喝。加入「本党」，常存覬覦之心，退休後，被我「貶為」駐加州代表；但我同意他成立「親酒党」，成為吾党「羽翼」，洪惟助馬上投靠他，官居「秘書長」。

57 蔡麗華、周理悧、李乾朗、吳騰達

以上四位都是我中華民俗藝術基金會同仁，都是獨當一面的藝術家。

❶蔡麗華

蔡麗華（一九四四—），臺南新化人。臺師大體育系畢業，美國德州ＴＣＭ大學舞蹈碩士，香港新亞研究所博士。在臺灣體育專科、臺北體育大學任教兼舞蹈系主任，創立「臺北民族舞團」任藝術總監。數十年如一日地為臺灣舞蹈奠定基礎，創作開展，研究調查，汲取傳統、融入鄉土、濟以新理念，建樹真正屬於臺灣的民族舞蹈，蜚聲海內外，歷經四十餘國，演出七百餘場，被國際肯定譽為「最具震撼力的東方舞團」。而這成就是她窮其時間、精力、學養和私人貲財所達成的。麗華在基金會負責舞蹈，亦有所捐助。我兩度率其舞團出國參與國際盛會，一次在美國紐澤西州，一次在匈牙利布達佩斯。看到其舞團成員兢兢其業、各極所能，發揮團隊精神，贏得最傑出表現，深為佩服和感動。

麗華在花甲之齡，頸部脊椎受傷，行動極為不便，而尚鍥而不捨完成論文獲取博士學位，我非常讚嘆鼓勵又很不捨地協助她。我帶過她下鄉去調查體會車鼓陣、八家將、公背婆等民間社火雜技，以作為她編舞的素材。

❷周理俐

周理俐（一九四一—），臺師大音樂系畢業，任教臺南女子技術學院音樂系副教授兼主任，對基金會時有捐獻。葉慶炳老師臨終託我照顧師妹思嘉，思嘉學鋼琴，競爭求職的人多，馬水龍愛莫能助，許常惠聘為研究助理一年。周理俐費心設法，終於聘她為專任講師。我每次到臺南，她和蔣醫師都找同仁作陪，使我暢飲而飛揚跋扈。一次嫌酒不足，蔣醫師還暗中請清財去弄兩瓶茅台。我二〇一四年當選中研院院士，她和蔣醫師特從臺南來設宴，邀基金會同仁共席，為我大為慶祝一番。

❸李乾朗

李乾朗（一九四九—），臺北市人，文化大學建築系畢業。請益民俗學者林衡道、畫家席德進，沉潛傳統建築、古蹟修護之研究與實務。任文化大學建築系及都市設計系教授，成就其為國內最具知名度之專業學者，獲行政院文化獎。乾朗所修護之古蹟遍及臺灣南北，曾三度請我為所修護之寺廟題門聯或作碑記。

❹吳騰達

吳騰達任教臺東大學，是臺灣雜技陣頭小戲的「領軍人物」。他和我初識於臺北青年公園，我所舉辦的「民間劇場」。我看他一身穿著和拿照相機的樣子，就知道是個「民俗技藝」的行家，很快就成為好友，引進他入中華民俗藝術基金會擔任董事。有次基金會舉辦全臺舞獅競賽，有兩個團隊起爭執，都是「角頭」，情勢「劍拔弩張」，幸而他請出臺北娶六位太太、我親眼見其妻妾間雁行有序、素孚江湖聲望的廖五常老先生才得平息。大甲鎮瀾宮建醮五十周年由基金會承辦的祭典盛會，其陣頭雜耍小戲團隊繁多，即由吳騰達指揮作井然有序的大遊行。他和林清財請我到臺東大學講演，並由騰達開車，沿途山光海色。看到景點「水往上流」，我在《聯副》寫了篇短文，「大嘆奇觀」，引來讀者五、六十封信糾正我，原來那是「水平衡」的自然現象。

58 蔣震

蔣震曾任國民黨中央黨部文工會總幹事，職司學校相關事宜。因他酒量好，與吾党如許常惠頗有來往。有次他代表文工會宴請吾党兄弟，光紹興酒就花三萬餘元，許久都難以報銷。他有三度為我「排難解套」：一次是我率領的「中華民國布袋戲訪問團」，一週內行將赴美十二所大學之中國文化中心演出，有關情治單位，如警總、情報局、安全局乃至外交部，皆認為邀請單位「傾共」，持反對意見，他從中協調，使我在情報局局長的「鴻門宴」上，侃侃然的四十分鐘說明中，得到局長一聲：「曾教授！被你統戰了！來！喝酒！」二次是為文建會在青年公園舉辦盛大的「民間劇場」活動，文建會三處處長陳康順因怕「黨外」人士藉機鬧事，畏首畏尾、故意拖延市府場地之申請；我急如星火，因為一百三十七個團體二千餘名表演者正等待中秋前後入園大展身手。蔣震知道後，掛電話給北市市長徐水德的機要秘書，秘書即一口答應，要我們「馬上進公園布置舞臺等事宜」，還說：「曾教授是我太太敬愛的授課老師。」三次是我為「高雄民俗技藝團」主持規劃事宜，因高雄市府對技藝園場地猶疑未決，要我暫緩提出規劃書，沒想接任的承辦人不明就裡，簽報我們違約拖延，要罰款四十萬元。我對此「蠻橫無理」力爭無效，正想揭穿市府自秘書長以下之無理處置之真相，事前向蔣震說明，他即掛電話給市府主秘，警告市府不可刁難為社會國家熱心奉獻的讀書人，破壞政府難以收拾的形象。於是小承辦人的一時大疏失才得以快速化解。

我對蔣震很感激。他轉任「中央日報」社長，與我過從頗密，常與他和郝士英、項紀台、林蜀平三位本党難得的女中豪傑一起。郝士英美麗大方，酒量出人意表，我以她為第四副党魁，蔣震為第三副党魁，在第二、第三副党魁章景明、黃啟方之下。項、林則分任婦工會正副主委。林明德以文工會主委也常與他們杯酒為歡。

59 賴德和、葉青青

賴德和（一九四三—），彰化員林人，一九六四年考取臺灣藝專，主修作曲，師從陳楙良、史惟亮、許常惠。一九七三年參加臺灣省立交響樂團，向俞大綱求教京劇藝術，向鼓王侯佑宗習京劇鑼鼓。一九七八年赴奧地利奧福學院習音樂教育，在莫札特音樂學院研習作曲。一九七五年受林懷民「雲門舞集」《白蛇傳》、一九八三年《紅樓》之委請，作曲配器。於一九八四年獲吳三連文藝獎，一九八七年與二〇一〇年兩度獲國家文藝獎，二〇一四年又獲金曲獎最佳創作獎。他以音樂創作為志業，認為「藝術所能者在天人之際，以企慕蒼茫之心，讚嘆人間之悲欣而已」。論者謂他融合東西傳統，技法洗練，圓融流暢，具當代藝術潮流之多元性。

賴德和是大作曲家，我請他為我詩〈相見〉和〈池塘子夜〉譜曲，再請譜第三首，他就以「譜約」已繁重為辭。他在「許常惠文教基金會」擔任執行長，我調教他飲酒，一點「長進」也沒有。他溫文優雅，但和他的學生葉青青談起戀愛來，兩人同心協力，堅持到底，真個「驚動學林，悚動樂界」也一往無悔。而今伉儷情深，德和專心作曲，青青每年製作一集「新詩人音樂譜曲發表會」。青青在臺北藝術學院時上過我課，我以此援例稱德和為「屠夫（徒夫）」，徒兒之丈夫也，他不同意。

60 戲曲學院張瑞濱、劉晉立、張文美、王學彥、梁月嬰

❶張瑞濱

張瑞濱（一九五〇—），彰化人。東吳大學中文系畢業，美國密蘇里州立中央大學碩士，高考及格，獲選為臺灣省及行政院績優人事人員。出身偏鄉貧農。任國父紀念館館長、彰化縣副縣長、臺灣戲曲學院校長。

我與張瑞濱認識在他任館長時，我到國父紀念館常藉他關係車停公務停車場。他任校長，由於他極尊重我，我也樂於將所學與能力奉獻戲曲學院，在校慶、畢業典禮等重要場合致詞，或隨學院京崑劇團巡迴大陸演出。當然以他之好客，我與於大宴小酌不知凡幾。

瑞濱不只酒興高、酒量好、酒膽也大。當他放懷暢飲，常不管自己身體情況。我在酒党聚會時，也常請他出席。他人脈好，學校大型活動必然貴賓雲集。他認真有作為，退休時學校出版一大冊《榮退紀念》，記載他八年的「豐功偉業」，他出版社友人也為他請人代寫口述自傳，我都為之作序。他榮退以後，特請他感念栽培的長官一起晚宴。我居然也被邀請而與於往昔的大官貴人之中。

❷劉晉立

劉晉立，臺灣藝專畢業，澳洲南威爾斯大學劇場藝術碩士、美國明尼蘇達州聖瑪麗大學教育博士，研究西洋戲劇。曾任臺灣藝術大學藝術學院院長，二〇一九年當選臺灣戲曲學院校長。極力支持施德玉策劃執行「二〇二一年戲曲國際學術研討會暨祝賀曾永義院士八十榮慶」。

❸張文美

張文美，復興劇校綜藝科畢業，為綜藝團團員，擅柔術轉毯、雜技編創。美國俄亥俄大學體育行政碩士。歷任臺灣戲曲學院研發長、藝文中心主任。就讀臺灣藝術大學博士班，我為指導教授，論題為《臺灣雜技教育之研究》，已通過資格考試，每星期四上午在臺大上我課並接送我，有時還陪我看山看海。她模樣可人，言語可聽，很討喜悅，行政亦有條有理。

❹王學彥

王學彥，任教臺灣戲曲學院音樂系。為主任秘書，現為研發長，每年帶學生到大陸交流、學習。施德玉指導其博士論文，已通過臺藝大資格考試，論題為《臺灣戲曲跨界與跨文化音樂研究》，見解明晰，我引述於《戲曲劇種演進史考述》之末章〈近現代戲曲〉。他曾隨我和素凰到大陸晉陝湖湘訪視地方小戲劇團，協助德玉辦理「二〇二一年戲曲國際學術研討會暨祝賀曾永義院士八十榮慶」，很敬業。

❺梁月嫚

梁月嫚，原在「榮興客家採茶劇團」任團長，鄭榮興為臺灣戲曲學院校長時受聘客家戲劇系，出為苗栗縣文化局局長。張瑞濱為戲曲學院校長時，回聘為有名無實之青年劇團團長。後接替偶樹瓊為京崑劇團團長，將我新編《楊妃夢》延宕幾近「胎死腹中」。後經我與周秦安排，以此劇參加蘇州崑劇節，其後合作良好，已演出《蔡文姬》、《二子乘舟》、《雙面吳起》，以及受疫情波及而延後至二〇二二年五月二十八日，假桃園展演中心的《韓非、李斯、秦始皇》，皆為新編崑劇。其後三種為王瓊玲情節創構，我為崑曲填詞。

61 薛平南

薛平南（一九四五—），高雄人。臺北師專、臺灣藝專畢業。曾為小學體育老師。愛書法篆刻，師承王壯為、李普同，深耕經典，積跬步以致千里，神交古人，含英咀華以厚植功底，自運揮灑以激發創意，由是而盡展筆情墨韻，功既深而「書風」自流露。所舉辦個展十餘次，均為博物館、美術館、文化中心之大型展覽。

曾任中國標準草書學會理事長、臺灣印社副社長。在臺灣藝術學院、臺北藝術學院與世新大學兼任，主授書法篆刻課程。多次應邀赴日韓菲及北京大學講學，蜚聲海內外，其書法篆刻尤為日人所喜之典藏。獲全國美展首獎、中興文藝獎、中山文藝獎、國家文藝獎。出版《薛平南書法集》、《薛平南篆書冊》、《薛平南印存》等。現專事書法篆刻創作，以此為業、以此自娛，逍遙歲月，乃自號「霞翁」。

平南早年家居臺大對面巷口，我臺大夜間部下課，常去他家喝酒，他有兩位可愛女兒，我曾帶還包尿布的小兒大衡去「相親」，兩位小女孩煞有介事地「檢閱」大衡，評頭論足，最後說：「耳朵太大。」我說，耳朵大，富貴命，就訂為大衡的「娥皇、女英」，從此我稱弟妹王玉玲為「親家母」。

王玉玲原是平南書法課來學習的武功國小老師，平南特別用心教導，手握其玉手，一筆一劃地勾勒，就「勾勒」出一輩子的姻緣。有次平南一口氣花二十萬元買下一方心愛的「雞血石」，二十萬元一塊石頭多冒險多昂貴啊！惹得玉玲已一星期不和他說話。我臺大夜間部下課，和洪國樑找薛平南在附近汀州路小館飲酒，平南說出這「小事」，我即掛電話給玉玲：「親家母！我們正想妳呢！請馬上來相聚。」她頭髮尚未吹乾就來了。大家說再見後，我和國樑尾隨他夫妻倆，已手牽手了。

平南的書法篆刻室後來設在羅斯福路的巷子裡，用為創作和教學之所，我一樣在臺大下課後去串門子喝茶飲酒。有次平南正書寫杜甫〈秋興〉八首，聽我按門鈴一聲，平南即「倒屣相迎」，奉上茶酒小食，同看他的書法，我發現他「蹤」字尚缺最後一筆，他說：還不是因「党魁」乍然駕臨，不敢怠慢！我為此在《聯副》寫了一篇短文〈「蹤」字少一捺〉，傳誦友朋。另一次，我在一九九三年四月二十六日《中華日報》副刊的〈一幅「別開生面」的書法〉寫道：

> 朋友在一起，總會找些口實，擺個場面喝喝酒。近日為賤降賀生就接二連三，先是啟方，接著李哥，

連黃叔也從香港趕回來舉辦一場。因為四月四日兒童節，容易記得，我又不拒人好意，自然口福貪多了。

二〇〇八年臺大八十周年校慶，平南受邀個展，甚受禮遇，我為他在二月四日《聯副》寫〈翰墨舞椰林〉：

臺灣大學藝文中心邀請薛平南教授，配合臺大八十周年慶，舉行他個人的書法展。中心主任洪淑苓教授要我為展覽「命名」，我義不容辭，理由有三：平南是我三十年好友，淑苓的博碩士論文都由我指導，我又忝為中心顧問。於是我想出這名字：「翰墨舞椰林」。

椰林大道是臺灣大學的象徵；翰墨即筆墨，引申其義為書法。平南如龍蛇般的書法在臺灣第一學府展覽，不只舞動了大道的椰林，更舞動了臺大八十周年慶的風華。

平南是臺灣少數能以翰墨篆刻悠遊歲月的名家。他自稱「無業遊民」，儘管他在大學任教，但他只願兼任，所以一直沒專職，為的是守住他的「心玉盦」，可以朝夕摩挲印石，揮灑素毫。他以此為樂事，也以此為功課。他的樂事是作品被海內外同道和鑑賞家所揄揚所收藏；他的功課是日積月累地在古今傳世名著名作中汲取菁華，從而使自己不斷地精進。也因此向他求學問道的人也就絡繹不絕，其中不乏社會名流。

有次平南向我說：「表面看起來我成天『遊於藝』，其實我和你們教書的一樣，也要研究，也要創作。只是我的研究在摸索竅門、在探求境界；我的創作在實現我的心得、我的理念。只有持續地研究、持續地創作，才能獲取真竅門和高境界，作品也才能日新月異地直向百尺竿頭。」他又說，他之所以甘於「無業遊民」，是因為不為物累，才能換得逍遙。而他的「逍遙」又與家人山水共盤桓。

我很喜歡平南的書法，每將所撰的對聯由他書寫，長年合作無間，笑稱「附驥尾以致千里」，兼以「永垂不朽」；我愛賞平南的篆刻，憑交情，已平白擁有私章和「蓮花步步生」、「永義藏書」和「酒党党魁」等閒章寶印多枚。我也常到「心玉盦」串門子，對著平南品茗品酒和閒話。

以酒向平南表達敬意和謝意的人遍及喜愛書法篆刻的各行各業人士，所以「心玉盦」的酒源源不絕。酒党聚會，平南在座，一定由他供酒，我因之任命他為「酒党文物供應社社長」。平南不以「官卑職小」為嫌，深知「側身樞機，浴日恩波」，實據「要津」。直到蔣震退休，久不行第四副党魁職務，忽然想到平南不忮不求，「安分守己」，忽然破格超拔，不由中常委、不經中評會，直接晉為第四副党魁，平南亦頌党魁英明，使他成為名實相符的要員。

平南被推薦國家文藝獎，已列初選名單，我參與複審。當進入討論他時，我率先鼓掌，在場委員也跟著鼓掌，無異議通過。因我擔心只要有人說句，書法已通過杜忠誥，是否還要第二位，那麻煩可大了。

平南筵席中飲酒優雅，不疾不徐，來者不拒，不主動挑戰。但只要他開唱〈菅芒花〉、〈河邊春夢〉等臺灣民謠，他就是酒意七、八分了。那時的「霞翁」別具一種「逍遙」。

62 竇松林

國樑有一群朋友以他為大哥，依序排行，如竇松林（一九五一—）、茅增榮、游若萩、徐富昌，有金蘭之契。

竇松林，臺大夜間部中文系畢業，留校服務，歷任教務處秘書、學務處簡任秘書、學生活動中心管理組長。現為臺大、臺師大、臺科大三校同盟系統營運長。對我諸多協助，及門吳佩熏任我科技部兼任研究助理及博士後研究員多年，曾隨他到大陸交流表演，亦多所照顧。他酒量差，太太是本党「公主」，美麗賢淑而又能飲，本党要員皆說，以松林之才貌居然乃能獨占党花毓璱，真是何德何能。

伍 桃李春風

我好為人師，執教上庠五十年，桃李春風，及門弟子不下百八十餘人。其中散居海內外，久疏音問者逾其大半。其在臺灣各大學任教，迄二〇一六年，包括論文指導教授正式名義、或長年旁聽我課，我助其升等而以我為師者，有以下諸人。

臺灣大學：王安祈、沈冬、林鶴宜、李惠綿、洪淑苓、汪詩珮。臺灣師範大學：蔡孟珍、陳芳。政治大學：蔡欣欣。東華大學：許子漢、游宗蓉、傅建益、張啟超。彰化師範大學：林逢源、臧汀生。成功大學：施德玉、高美華、朱芳慧、劉南芳。中央大學：李國俊。高雄師範大學：陳貞吟。臺中科技大學：廖藤葉。臺灣藝術大學：白玉光、王友蘭、朱之祥。臺北市立大學：楊馥菱、蕭君玲。臺北教育大學：郝譽翔。臺北商業大學：張谷良。大同大學：曾子良。嘉義大學：郭娟玉。國防大學：竹碧華。臺灣戲曲學院：鄭榮興、游素凰、林曉英、程育君、王麗嘉。世新大學：丁肇琴、吳淑慧、洪逸柔。東吳大學：鹿憶鹿、侯淑娟、沈惠如、羅麗容。文化大學：謝俐瑩。東海大學：李佳蓮。長庚大學：林美清。佛光大學：蕭麗華、康尹貞。中原大學：楊淑娟。慈濟大學：洪素貞。明志科技大學：林立仁。亞東技術學院：林智莉。嶺東科技大學：邱一峰。靜宜大學：鄭邦鎮、林宗毅。玄奘大學：施秀芬。銘傳大學：許美玲。臺北城市科技大學：諶湛。建國科技大學：

李孟君。經國管理暨健康學院：鄭黛瓊。中正大學：盧柏勳。

他們散布在三十四所大學之中。其中林智莉近年改任臺大戲劇系所，蕭麗華自臺大退休，轉為佛光大學文學院院長。茲就其尚保持較密切關係者列述如下：

1 王安祈

王安祈（一九五五—），出生於臺北市。是我指導的第一位博士生，一九八五年於臺大取得學位，在清華大學中文系任教，一九九二年為系主任。二〇〇九年轉任臺大戲劇系所，二〇一〇年為特聘教授。二〇一八年為講座教授，二〇一九年退休。二〇〇二年兼國光劇團藝術總監，迄於今。她以戲曲，尤其京劇為終身志業。

二〇〇五年我為她寫的《為京劇表演體系發聲》序中寫道：

京劇在臺灣有很長的日子被尊為國劇，由三軍劇隊和復興劇團維繫傳統。一九七九年郭小莊小姐成立「雅音小集」，以「傳統中的新生」為努力從事的原則，為國劇另闢許多蹊徑。一九八六年吳興國、林秀偉伉儷主持「當代傳奇劇場」，推出由莎翁名劇改編的《慾望城國》和《王子復仇記》，揭櫫「以國劇的表演為基礎，運用現代劇場的觀念，借用西方戲劇的素材以刺激並強化思想內容」。他們都有著輝煌的成績，使國劇為之改良轉型，融入現代國民的生活。

正在國劇新舊並驅的時候，一位青年劇作家崛起劇壇，她就是王安祈。她在四歲時，便被父母親抱著看京劇，一家三口平居以談京劇為樂。肄業臺灣大學中文所碩博士班時，也以戲曲為研究論題。戲曲尤其是京劇自然在安祈的血脈中流動，於是她編寫《紅樓夢》，初試啼聲即獲教育部國劇劇本創作首獎。

其後，《陸文龍》、《淝水之戰》、《通濟橋》、《袁崇煥》（與張啟超合編）四種皆為陸光國劇隊競賽戲而編寫，也都獲得編劇首獎；更為「雅音小集」編寫《劉蘭芝與焦仲卿》、《再生緣》、《孔雀膽》、《紅綾恨》、《問天》，也為「當代傳奇劇場」編寫《王子復仇記》。可以想見她在劇壇上是多麼光芒四射。

安祈在戲曲學術研究上同樣非常出色，她的博士論文《明代傳奇之劇場及其藝術》，被我所景仰的徐扶明先生大為讚賞；她已獲得兩度國科會傑出研究獎，今年國科會研究計畫主持人獎，她也被列為第一名。不只如此，她更獲得了國家文藝獎。至此，她可謂才學俱佳，實至名歸。

想當年安祈被清華大學中文系同仁推舉為主任，問我的意見，我說只要不以公務鬆懈研究就可以；而近兩三年來，安祈每週數天往返臺北新竹，擔任國立國光劇團藝術總監，使劇團聲譽鵲起，佳製連連，場場爆滿。她於學術創作外又能學以致用，使人格外尊敬。

安祈出版《明代傳奇五論》之後，在戲曲學研究方面，逐漸集中在京劇方面，她不只深入探討車王府所藏劇本，而且關照兩岸京劇，尤其京劇在臺灣全面的生態與發展；所以柯基良先生為國立傳統藝術中心主任之時，問我誰最適合撰寫臺灣京劇史，我說莫過於王安祈。安祈因此就有了《當代戲曲》和《臺灣京劇五十年》兩部令人刮目相看的鉅著。而今安祈更彙集了她有關京劇表演體系的論述和兩岸京劇交流之前的一段經歷，以及她的編劇經驗，總題為《為京劇表演體系發聲》，我將之收入「國家戲曲研究叢書」第二輯。我除了佩服她傑出的成就，早已青出於藍之外，也感受到我忝為人師的愉快。

以上我寫的是二〇〇五年我心目中的王安祈。此後她更「風雲際會」，將她的「戲曲志業」更充分地發揮，她集研究、評論、編劇於一身，從而提倡臺灣新京劇運動，其主張為菊壇新秀所服膺，實踐於舞臺搬演。由為三軍劇團名腳編劇，與郭小莊「雅音小集」、吳興國「當代傳奇劇場」協力「京劇現代化」到與羅伯·

威爾森合作，將英國吳爾芙小說以意象劇場呈現《歐蘭朵》，乃至為藝術總監，為魏海敏、唐文華、溫宇航、朱勝麗、陳美蘭、盛鑑等國光劇團一流演員「量身訂製」，使之各極所長。所編劇目連連，由狐仙愛情、同性情愫到舊戲重詮、名著改編到歷史人物再現，幾乎一兩年即有佳作，無不劇場滿座，有口皆碑。如《王有道休妻》、《三個人兒兩盞燈》、《十八羅漢》、《孝莊與多爾袞》、《夢紅樓．乾隆與和珅》等等。為兩岸戲曲界公認為當今京劇地位之崇高，無人能比倫。

以上這番話，我在二〇一九年她獲得年度金曲獎特別獎，我頒獎給她時同樣有類似肯定的話語。而我和許多學者都很喜歡聽安祈在學術會議發表論文、在座談會上陳述意見，她那溫雅的措辭、井然的理路，要言不煩、發人省思的見解，無不令人既欣賞又佩服。

安祈是我博班首位弟子，就人情而言，有如我親生的大閨女，視如「掌上明珠」。她的碩士論文是《藏園九種曲》，博士班入學口試前一小時，我找她到我研究室，揣摩情況，面授如何回答可能被問到的幾個問題，一方面為她碩論補充辯解，二方面使她能夠發揮自己的戲曲長才；果然不出我所料，安祈也能「如數家珍」回答，以榜眼錄取。

我把自己原先要研究的「明代傳奇之劇場及其藝術」，繼我〈元雜劇的搬演〉之後，對當時戲曲研究局限文本整理與評論為範圍，藉之以突破和開展。我在密西根大學著手蒐羅大陸相關資料，好些是經由一頁頁美金兩毛五的手抄影印稿。我返國後，即把所有資料悉數交給安祈，她用計程車載運回家，我命她以我預擬的論題，作為她的博士論文題目。她博士肄業期間，任教清大中文系，系主任梅廣特為她購置難得的《全明傳奇》，使她從中厭飫英華。我為她把博士論文《明代傳奇之劇場及其舞臺藝術》在學生書局出版，書甫一出，即驚豔學界，「雛鳳清於老鳳聲」。

安祈結婚前，攜邵錦昌見我，酒筵中與錦昌暢所欲言。結婚時我以女方主婚人挽著安祈進入禮堂。我於海內外人前人後讚賞安祈，贏得羨慕。感到有弟子如此，甚為榮耀。

安祈升教授時，我將它書名改題《明代戲曲五論》，並要她在開頭加〈緒論〉，末後加〈結論〉以自成體系。她的第一部劇本集《國劇新編：王安祈劇本集》是我推介文建會第二處才得出版，我曾嘗試過聯經、學生、正中等數家出版社，都以銷路不佳婉拒。她的學術著作我也收入兩種於我所策劃主編的「國家戲曲研究叢書」，連同她指導的優秀學生李元皓也一樣。

安祈獲獎無數，包括學術的國科會「傑出獎」、臺大講座教授、戲曲創作的國家文藝獎，和許多的編劇首獎等等。

在曾門之下，其學弟妹對安祈都很敬重，「馬首是瞻」。每年教師節和我生日的師生慶祝大宴，安祈一定領導大家先行集體向我敬酒。然後能喝酒的，陪我暢飲。安祈雖與我同桌，只是行禮如儀，點到為止。我也照例每一桌坐下閒話，師生無不暢快而溫馨如家人團聚。

2 王瓊玲

西元一九七〇、八〇年代，我奉屈師翼鵬（萬里）之命，在東吳大學中文系兼任，開設「戲曲選」課程。學生們常常自備佳餚，邀我和登山、哲夫、啟方赴宴。師生們沒大沒小地舉盞揚杯，不知夜已闌，有時不醉無歸。後來，學生路寒袖（王志誠）成為臺灣名詩人，任職高雄文化局局長，還幫我接待北京中國藝術研究院《崑曲藝術大典》編委訪問團。王瓊玲近十年來成為我新編崑京戲曲劇本的夥伴。

到目前，瓊玲已和我合編四本京崑劇本。其《韓非、李斯、秦始皇》收入二〇一五年傳藝中心為我出版、國家出版社發行的《蓬瀛續弄》，原訂二〇二一年六月二十六、二十七兩日由臺灣戲曲學院京崑劇團假國家戲劇院演出，因新冠疫情，只好延至二〇二二年五月。近日三民書局出版瓊玲和我合編的《人間至情》，含京崑劇本三種：其《卓文君與司馬相如》為京劇，本已預定二〇二一年三月間在臺北城市舞臺演出，因劇團難以承擔短期內既演出《韓非、李斯、秦始皇》又演出《卓文君與司馬相如》，所以隔年再議。其崑劇《二子乘舟》與《雙面吳起》，分別於二〇一八年十一月九日至十一日在城市舞臺，二〇一九年四月二十六日至二十八日假臺灣戲曲中心，皆由臺灣戲曲學院京崑劇團首演。

二〇二一年瓊玲又將她獨力編撰的京劇《齊大非偶》，客家精緻大戲《駝背漢與花姑娘》、《一夜新娘一世妻》、《花囤女》，歌仔戲《寒水潭春夢》等五種，匯集為劇本集《凡塵摯愛》，仍由三民書局出版。其京劇由戲曲學院京崑劇團於二〇一八年三月三十一日假城市舞臺；客家精緻大戲由榮興客家採茶劇團分別於二〇一七年十一月四日至五日在國家戲劇院、二〇二〇年六月二十八日於臺灣戲曲中心大表演廳、二〇二一年八月十五日於臺南市立文化中心首演後，巡迴全臺演出。歌仔戲由秀琴歌劇團，於二〇一九年七月五日至七日在大東文化藝術中心首演。綜觀瓊玲和我合編及她獨創的戲曲劇本，有兩種類型：一是從史傳取材，一是從鄉土蒐羅。前者含有我倆的共識，後者全憑瓊玲一己的能耐。

瓊玲出生嘉義縣梅山鄉太興村，那裡有「萬鷺朝鳳」的國際奇觀；有「太平雲梯」俯望嘉南平原、遠眺澎湖列島；有清水溪、寒水潭、大尖山、馬鞍山、牛薩腳和先人走過的旱路、早春盛開的梅林。她家裡食指浩繁，她生性活潑，排行老么第八，有「王半斤」、「長腳蚊」、「烏肉雞」之謔稱。為了協助家計，小時候她賣過春聯、做過女工、讀大學時打工當過公車的隨車服務員。其父則是隱居的寒儒，鄉人尊稱之為梅山十八村的「公道伯」。瓊玲即在這種風光勝境及家世背景下成長，自小「有耳無嘴」地旁聽父親裁決勸導村里人物間的是是非非，養就了她聽故事、說故事的能力；如此加上濃厚的鄉土浸染，考上東吳中文系後，走上文學創作之路，也就積漸而成為她寫散文、小說、劇本的素材。

而瓊玲創作鄉土小說如《美人尖》、《駝背漢與花姑娘》、《一夜新娘》、《待宵花》與地方戲曲劇本，無不從田野訪查著手，她周旋於三叔公、四嬸婆、七爺爺、八奶奶之中，聆聽他們平凡生命的艱苦歲月與奇聞異趣，探索他們心路、體會他們心靈，與他們同悲同喜，同笑同哭，然後再靈活地運用小說章法，雕龍畫鳳的妙筆，寫出入木三分、感人十分的名著。用設身處地、營造排場、反映現實人生的戲曲修為，使觀眾感同身受。她的小說風行海內外，譯成外語，使英國讀者長信致意，使日人重睹亡妻和服而嚎啕，使寒水潭春夢的當事人啜泣痛悔地提供她往日失足的細節，也使年邁期頤的「花姑娘」現身國家戲劇院。她的劇作不只本本演出，使現場觀眾如臨其境，爭相訴說同樣的鄉土遭遇，更有多種作廣播劇連續播出，影響層面亦復不少。如此一來，她於文學創作就兼跨散文、小說、劇作三界。其散文集有《人間小小說》、《人間小情事》，我讀來清新韶秀，善於寫景寫情，要言不煩地描繪人物，甚為雋永可喜；她的學術研究以清代長篇小說《野叟曝言》起家，是海峽兩岸全面研究「才學小說」的起始，而且沛然有成，蔚為主脈；其文獻上女兒國之探討，亦為論者所稱許。若此，則瓊玲堪稱才學兼具矣！她春秋尚富，將來必更有大成就。

3 白玉光、丁肇琴、王麗嘉、劉玉芝、林恆雄、皮晟、詹金娘

❶白玉光

白玉光，以上校自國軍陸軍藝工大隊長退休，文化大學藝術研究所碩士，年近七十始獲臺灣藝術大學博士學位，論文由我指導。為著名聲樂家及合唱團指揮。

❷丁肇琴

丁肇琴（一九五二—），臺大中文系學士、碩士，碩士論文由葉慶炳老師指導，博士論文研究包公民間造型，由我指導。在世新大學任教多年，其升等教授論文《五嶽民間傳說之研究》由老哥車錫倫和我催促，

並代為出版。

❸王麗嘉

王麗嘉，臺北市人。法國第三大學東方語言學院碩士。歷任臺北藝術學院主任秘書、展演中心主任，臺灣戲曲學院歌仔戲學系系主任。曾帶領學生與馬偕醫院合作，新編歌仔戲《大湧來拍岸：臺灣女婿．馬偕》，巡迴全臺灣內外臺演出三年。一九九二年國慶日，總統府前之「民間遊藝活動」，她為總策劃人。

❹劉玉芝

劉玉芝，大陸重慶外國語大學助理教授，跨海來臺拜我為師，為其博士論文指導教授。惜我近兩年身衰體弱，二〇二〇年十一月又大動心臟三瓣膜手術，未能善加指導；二〇二一年六月她博士論文初試，我亦未能出席主持，實在愧對於她。她明慧大方，甚為關懷我的健康情況。現在隔海相望，每週三上午都透過視訊上我的「韻文學專題」課。未知新冠疫情何時紓解，她可否順利來臺完成學業。

❺林恆雄

林恆雄，政戰學校藝術系畢業，以少將歷任駐外使館武官、政戰學校副校長。考入世新中文博士班時已年逾八十。二〇二〇年以李白詩戰爭意識研究獲文學博士學位。

我每星期三上午在世新中研所上課，長年以來，王麗嘉來旁聽並接送上下課；她中午有事，或偶爾有公務，就由白玉光替代。玉光在文大時即選修我課，二十幾年來，由臺大到世新從不間斷。林恆雄博士班上我兩年課，劉玉芝在課堂上兩年，在大陸則以視訊聽講。

❻皮晟

皮晟在深圳科技大學任藝文中心主任，也特地申請來臺入我門下，他隔海飛行，既費錢又費事，新冠疫情視訊上課，他反而能用心用力。

❼詹金娘

詹金娘，中央大學中文系博士，李國俊教授指導。她執弟子禮甚恭，常去照顧接近失智的李殿魁老師。她擅長揚琴，曾舉辦二〇一三年第十二屆「世界揚琴大會」與第一屆「臺灣揚琴論壇」。她被福建閩南師範大學藝術學院聘為助理教授前，有兩三年在我世新課堂「斷續遊走」，我指導她如何建構研究計畫和論文寫作。她和好友羅玉玲和我都喜山喜水喜海，便三不五時帶我出去「放風」，並享受美酒佳餚。

白玉光、丁肇琴、王麗嘉每在世新下課後，陪我午餐。劉玉芝、林恆雄、詹金娘也常加入。他們輪流在一家小餃子館，也以我喜食的小菜下酒。金娘在場，生性明朗，樂於招呼別人，都使場面輕鬆愉快些。玉光照例會購買水果分送大家。

我在世新，上自董事長成嘉玲、校長牟宗燦、賴鼎銘、吳永乾，下至院長、系主任無不對我禮重，聘我為講座教授。每星期只教一門課三小時，課程主要以戲曲、韻文學專題輪開。我也以世新為榮，在兩岸及國外參與學術活動，無不打出「世新」品牌。十七年來為世新贏得國科會特約研究人員、教育部學術獎、國家講座教授、傑出人才發展基金會傑出人才講座、中央研究院院士，兩度為科技部執行「人文行遠專書寫作計畫」等學術榮譽。中研所博士班因我而報考並受指導者不知凡幾，二〇二一年畢業的博士就有吳黎朔、葉思維、陳彥伶、韓昌雲等四位，使我在世新有讀書人的自在和學不厭、教不倦的情懷。

4 朱芳慧

朱芳慧，幼年入空軍大鵬劇藝學校，畢業後為大鵬國劇隊演員，為刀馬旦。自文化大學中國戲劇系畢業，負笈奧地利維也納大學得戲劇學博士學位。任甫成立之國立國光劇團演出組長、藝術總監，後轉文大副教授，受聘臺南成大藝研所，任所長。曾兩度獲國軍文藝金像獎、全國傑出青年獎章。

芳慧任國光藝術總監時，演過我所編的《鄭成功》，劇名猶疑未定，她建議以《鄭成功與臺灣》為劇目，甚得我心。她在文大任教，於臺大、世新我戲曲課上旁聽多年。我向王惟勇推薦她任教成大藝研所，鼓勵她以「跨文化戲曲研究」嶄露頭角，並以之為論題升等教授。竟以之為同儕同行所忌，我不得不出面平息。

我常帶朋友學生陪我到大陸高校講演或開會，芳慧在印象中有三次：一次二〇〇七年九月，和她一起參加香港浸會大學「國際宗教與戲曲研討會」，我作主題講演「戲曲與宗教的關係」。一次與丁肇琴同赴廣州中山大學。一次由北京赴揚州之旅，最為曲折辛苦，但也能享受友情與遊覽之樂。二〇一四年十月二十日晚抵北京，及門弟子韓芸霞及其夫婿、中國音樂學院副院長蕭俊傑即廣邀杜桂萍、路應崑、秦華生、劉禎等友人作陪，設宴下榻酒店，以國宴酒、茅台賀我新當選院士。二十一日在北大文學院講演「從西施說到梁祝」，傅剛設宴未名湖酒樓。下午芸霞送我和芳慧到首都師大，講演「論說『歌樂之關係』」，左東嶺設宴，卜鍵、吳湘洲、傅剛等友人與焉。二十二日夜宴後，卜鍵官車送我和芳慧到蟹島渡假村報到，參加次日舉行之「梅蘭芳表演體系國際學術研討會」，我代表學者坐主席臺，並作首位主題發言；芳慧下午參加分組討論。我連夜睡不安穩，體氣不佳。感賦五律：

京華節氣秋，學術廣行遊。論說皆心得，恢宏作美修。

上庠多彥士，絳帳望風流。白髮蕭蕭也，綠杯慚愧酬。

二十三日由北京赴揚州大學，許建中院長、及門趙林平來迎，下榻大學專家樓。拜訪老哥車錫倫，抱我而泣。午宴瘦西湖，劉嘉偉自徐州會我。下午參觀漢廣陵王墓，遊鹽商个園。江蘇省崑院長李鴻良偕其副院長由南京來會，為彼等所創設之「崑山崑劇團」開團首演劇目《韓非、李斯、秦始皇》委我編劇簽約，並先致訂金兩萬元人民幣。二十五日下午搭年輕姑娘所搖小船遊瘦西湖，由南門虹橋至西門二十四橋。二十六日許建中領來及門趙林平、楊紅光、李彩霞陪我和芳慧遊平山堂，此歐陽修守揚之勝蹟也。午後返臺北。次日即入住臺大醫院，我平生首度之大病，至十一月十四日始出院。以院內急性肺炎感染而拖延半個月也。

芳慧「跨文化戲曲」之說，頗著新意，我引述論文之中。其戲曲通俗之論述，可做入門之津梁。她明慧可人，有如其名。

5 吳佩熏

在我及門弟子中，擔任我助理，我倚為左右手的，莫過於吳佩熏（一九八七—）。她從碩士班開始，就幫我處置學術研究課題，還鉅細靡遺地為我打點對外關係和藝文活動。尤其是二〇一九年在北京現代出版社與人民文學出版社聯合出版的《戲曲劇種演進史考述》，以及現在正由臺北三民書局陸續出版、將有九大冊的《戲曲演進史》，用心用力最深。如果沒有佩熏「裡外通達」，起碼不會那麼順利。

佩熏雖已被聘為臺大中文系兼任助理教授，但主要身分是科技部「人文行遠專書寫作計畫」在我名下的「博士後研究」；所以打從二〇一〇年六月以來，她就一直追隨我的「杖履」。

而十餘年間，佩熏的治學處事為人自然受到我的影響。譬如我告以為人要不與人爭，要與人為善；處事如治學，須知輕重本末，也要講求步驟方法。

佩熏碩士班時，我給她的論題是《南管樂語、腔調及其體製之探討》，我一方面是「投其所好」，她學南管也唱南管；一方面是南管為現存最古老的中國音樂和戲曲，具有南宋大曲的遺響與溫州南戲的風華，歷史地位崇高，藝文價值貴重，佩熏也將之探討得相當深入。沒想她以此報考博士班，由於口試的教授委員在這方面毫無修為，「不知所云」地被摒之榜外。她只好離開母校臺大，報考政大中研所，就被錄取了。

佩熏在政治大學中國文學研究所，以《南戲「三化」蛻變為傳奇之探討》為博士論文題目。「三化說」是我「戲曲演進史」的重要見解，早已流播學界，但其論述只粗具綱領，未及深入舉證。佩熏有鑑於此，乃以我的見解為基礎，嚴密周詳地進一步加以梳理考索。她認為「北曲化」的時空背景是元代統一大江南北，促成南戲北劇的交會碰撞，而南戲進入「文士化」的歷史軌跡，從元末明初零星個案，到正德嘉靖年後南戲作家湧現的轉折點，應是正德末年武宗南巡欽點南戲南曲作家，抬升了南戲的藝文地位，環太湖流域的蘇州、南京、上海、浙江等地文人相繼從事南戲創作，興起了嘉隆萬曆年間吳中曲壇的盛況，有以致之，而吳中也成了孕育崑山水磨調的最佳溫床。

又說：「北曲化」的戲曲體製規律演進，在於北曲宮調、曲牌、聯套的挹注。但嘉隆間南戲的韻協，尚多採吳音系統；其最明顯轉變的是文人創作南劇劇本，無論題材關目、思想內涵、遣詞造句都趨向雅化，而導致濃厚的「文士化」；尤其萬曆間，魏良輔創發改良的崑山水磨調風行，南戲「崑曲化」更逐次達成了曲牌八律的成熟、聯曲套式的諸多定型、腳色排場處理建構的方式、韻協官話化和一字三節咬字吐音的行腔聲口，乃至劇本體製「開場」與「段落」也在此時之出版物中趨向整飭。

在這樣的剖析解說之下，佩熏舉證歷歷，絲絲入扣，將我許多「想當然耳」的看法，一一落實了，而且有條不紊、層次分明地「引人入勝」。也因此，我們師徒所共同主張的「南戲經三化蛻變為傳奇」之說，看來是更加堅實的「顛撲不破」了。我也把她這部書收入「國家戲曲研究叢書」。

佩熏在政大中研所，因為有蔡欣欣教授，蔡教授也是出諸我門下，蜚聲海內外，學有專精的名家；所以我請她聯合指導佩熏。她同樣以佩熏為研究助理，訓練她田野調查、訪問劇團，使佩熏的學術能量增長不少。我也告訴佩熏，學術不只要讀萬卷書，也同樣要行萬里路。為此我每在兩岸學術會議或巡迴講演之際，由佩熏「侍從」，使她有瞻仰學界泰斗風範的場合，使她有結交同儕學者切磋的機會。我也推薦她到廣州中山大學跟黃天驥教授和黃仕忠教授學習，打下文獻學的基礎。佩熏人緣很好，已經多次被邀請，在開拓她自己的「學術旅程」。也因此她的學術成績已有專書兩本，期刊論文十一篇，我感到很欣慰。

6 李惠綿

李惠綿（一九六〇—）與我同樣出生於臺南縣下營鄉。年幼即因未打疫苗，染患小兒痲痹症，用手在地上爬行。長大後，離不開輪椅。她母親原想讓她國小畢業，學打金子過活，所幸在蔣夫人宋美齡女士創辦的振興復健中心遇到趙國瑞老師，不厭其煩地一路教導栽培，情逾母女無微不至地貼身照拂，使她由小學而中學而臺大夜間部中文系而中文所碩士，以榜首考入博士班畢業，留校任教，逐漸成為聲著海內外的戲曲理論教授學者。迄今仍陪同趙老師相依為命，侍之敬愛如至親，趙老師也憐惜她如掌上明珠。我很欽重趙老師之為人，尊崇為「聖人」而不名。

惠綿念碩士班時，找我指導她論文，入我門下。我對她處事為人、治學態度方法的分際和訓練，基本上與其同門一樣用心用力，但卻非循循善誘，而是嚴加磨礪。她多愁善感，找我訴苦，我傾聽後，常斥之無謂、自我作苦，而委由內子陳媛為她款款化解。她主動要求為我整理臺大長興街宿舍，位處三樓滿牆滿室雜亂無章的書房，不顧她進出是否方便。她花了一個暑假，天天登三樓下三樓，請學生來幫她，她「指揮若定」，也將我所藏戲曲書目了然於胸中。她出版第一本散文集《用手走路的人》，非常暢銷，也令人非常感動。可是我卻在滿座的新書發表會上，很嚴肅地說：「希望這樣以形殘為苦、自憐自艾的書，是我看到的最後一本。」我一位作家朋友對我直嗆：「曾永義！你如此對待高足，不會太殘忍嗎？」可是我認為她已能比一般人更能做任何事，更能擔當任何責任，讀書教學研究尤不落人後，她已經忘殘忘形，何須再自陷陰影？果然她另一部散文集就獲得了「中山文藝獎」。

讀萬卷書也要行萬里路，我對惠綿也有這樣「不情」的期盼。我要帶她走出臺灣，乃於一九九七年五月安排王安祈和趙老師陪她到韓國光州廣域市全南大學參加「一九九七韓、中傳統劇國際學術大會」，特別囑咐吳秀卿留意處理她旅館的起居和照護。她發表的論文已教人刮目相看。二○○七年十月八日，突破颱風障礙，趙老師和我陪同惠綿取道韓國首爾，赴北京參加「崑曲與《牡丹亭》國際學術研討會」，那是大型的盛舉，集海內外學者專家於一堂。她在大會上贏得最多掌聲，葉長海教授對某臺灣知名教授說：「你論文和惠綿教授接近，內容怎能相比？」上崑團長蔡正仁說：「李教授用的珍本為上海圖書館典藏，我們卻不知道，幸而被李教授挖掘出來了。」我事先請主其事的劉禎所長為惠綿備置一部汽車，安排一位與她年齡相仿的朋友同車，華瑋也為她在會場、劇場上設上最適宜的座位，使惠綿於研討時，神采煥然，旅遊時飽覽古蹟勝景。她交上好些位知心朋友，使惠綿能夠再到北京、上海等大圖書館看書找資料。

近十年來，我對惠綿不再有裝模作樣的冷峻嘴臉，而是一副詼諧調謔的口吻，稱她為「寶貝徒兒」，她居然也「見風轉舵」，勇於不三不四地應答。趙老師巧妙機靈，見縫插針予以唱和，使浮生添趣，人間愉快。惠綿說：「您是我的『學術父親』，就是未送過我一首詩。」我乃隨筆賦贈：

寶貝徒兒索贈言，一意精誠感自天。劇論恢弘稱兩岸，散文瀟灑入瑤編。

形骸放浪神明理，義氣縱橫鐵玉肩。夢見莊生如有得，便教蝴蝶舞翩躚。

這首詩呈現出我心目中的李惠綿。

惠綿於二〇二〇年三月出版《明清崑腔音韻度曲考論》，其〈自序〉云：

> 猶記碩士班二年級，在臺灣大學拜識曾師永義為指導教授。老師溫婉言道：「惠綿不宜做田野調查，做文獻研究吧！心中有沒有方向？」我當下豪情壯志應答：「王驥德和李漁戲曲理論之比較研究。」老師頗為驚訝，隨即表示碩士階段恐難以駕馭明清兩個戲曲理論大家，於是以《王驥德曲論研究》，開啟戲曲專家理論之研究歷程（一九八六—一九八八）。面對王驥德論述音韻格律的篇章，初生之犢的我，撰寫「王驥德《南詞正韻》中的音韻觀」一節，其後以〈試析王驥德的南曲音韻論與實際運用〉為題，承蒙大安老師推薦刊登於《大陸雜誌》。
>
> 報考博士班時，曾師永義惠賜一個跨時代的研究計畫「元明清戲曲理論」，我又雄心壯志，擬定「戲曲文學理論」和「劇場藝術理論」兩大體系。期間，研讀當代戲曲理論著作，得知前輩學者多採用「敘錄性」的研究方法，且表演理論相對較少，乃以《元明清戲曲搬演論研究：以曲牌體戲曲為範疇》為題，完成博士論文（一九八九—一九九四）。

二〇二一年八月惠綿發表會議論文〈論沈寵綏運用鈐記符號辨正崑腔口法〉，其〈後記〉云：

> 自從二〇二〇年一月，新型冠狀病毒肺炎（COVID-19）肆虐全球，至今依然具有強大的傳染力和嚴

重的致命力。由國立臺灣戲曲學院舉辦「二〇二一年戲曲國際學術研討會暨祝賀曾永義院士八十榮慶」的活動，從去年秋天延期到今年。這一年，曾師永義因心臟手術與生命拔河，歷經千萬磨難，終於轉危為安。猶記今年初拜讀老師峰迴路轉之後，在醫院書寫的兩首詩作，淚眼盈眶：

死死生生死死生，半生半死半甦醒。人間萬種疾苦痛，刻骨鏤心難為名。

不知歲月失時空，處在渾濛一夢中。飄蕩豈是無地葉，忽然天際現明虹。

詩句流露老師刻骨銘心、歷經九死一生的心境，相當不捨。且喜風雨泥濘之後，重見天際的彩虹，在今年中秋佳節之後，迎接這一場慶賀八秩榮慶的盛會。

由惠綿專書〈自序〉及一篇論文〈後記〉，已可以概見她以我為師的緣由，和她在學術研究努力的情況。惠綿自己身體「病痛叢生」，但對我要她做的事無不奮力完美達成。因為我知道她「過程」常「自我作苦」，而其能力足夠、考慮周詳，結果比「身康體健」的人往往績效有過之而無不及。她在我心臟大動手術後休養，尤其關照備至，為我選擇合適的移工看護，一再觀察評量，最後在簡媜家服務過的 Yuni 最為合適。果然 Yuni 非常好，已在我們家三個月，助益極大；她視我和媛為賢主人，我們也視她為一家人。這真要感謝「寶貝」徒兒，對乃師的「孝心」。

每年我們師生教師節與賤降會餐，惠綿都「暗中」協助負責安排聯絡的師弟妹，並預點她認為最可口的菜餚。過農曆新年時，趙老師和惠綿必精心做「十香菜」來使我充滿年景的況味，平常也以應時水果與我分享。

7 沈冬

沈冬，臺大中文系學士、碩士、博士，負笈美國馬里蘭大學民族音樂研究所博士班肄業。大學時代即出類拔萃，留校任助教。碩士班找我為指導教授，同仁某公找她苦口婆心地勸導她，勿墜入我的研究領域。沈冬疑惑，向我提及。我說：「這位老師非常愛護器重妳，我給妳兩星期考慮，若以他為是，就改投他門下，我不會以為意。」一星期後，她回應，決定跟我學習。我說：「妳多才多藝，能彈奏古箏古琴，能上臺唱京劇，在年輕人是難得的，應就所長發揮所能，成就會更為突出。妳不必拘於戲曲，應擴及音樂文學。妳是好學生，我給妳一個『人棄我取』的題目，會很冷，但必有創發之功。南管音樂與戲曲，經我考證，為唐宋大曲之遺響與宋元南戲之面目宛然，頗有跡象可尋，為當今流傳之最老之古樂與古劇，而卻無人知曉無人顧及，任憑棄置泉州、臺灣，淪落漸盡。妳可以以此入手，成書之後，必然令學者刮目相看。」於是沈冬以《南管音樂體製及歷史初探》為論題，寫出了有關這種現在古樂古劇「活標本」的第一部學術專著。六年後在泉州舉行的「第二屆南戲國際會議」，以之為議題者所得結論，幾於符合沈冬和我之「英雄所見」。但當沈冬以此南管論題在系布告板被揭示時，許多同仁都訝異地說：什麼是南管？連林文月先生都猶疑，南管有什麼好研究的。

沈冬在博士班兼系講師時，其夫婿陳開憲在美國攻讀博士。沈冬追隨去PHT（Push husband through），我替她在國科會申請赴美進修三年，留職留薪。

沈冬在擔任助教時，我每星期四下課與酒党党徒兄弟在臺大側門口新生南路的「大聲公」午餐飲酒，要把酒瓶擺滿牆上突出橫壁才罷休，常帶沈冬同去。她容易臉紅，我總是說：「找陳開憲陪妳校園吹吹風，免得系主任葉慶炳老師說話。」陳開憲和沈冬都是政府訓練派出的赴美藝文訪問團的成員。他們的姻緣，也就由此萌發。

沈冬自美回系後，忙於教學。我給她的博士論題《唐代音樂文學研究》，既龐大且艱難。這是我一向訓練好學生的方式，由大取約，由複雜理精微，以此培養思辨和厚築基礎。沈冬在畢業期限的第八年又懷孕，論文只寫兩章，但分量已夠，我乃為之串合，改換題目，商請許常惠大哥和薛中敏兄弟兩位大音樂學者作她的校外口試委員，並一章一節地分送他們審閱，直到七月三十一日期限屆滿時考試通過，取得博士學位。

沈冬由中文系教授轉任音樂研究所所長，受李嗣涔校長與陳維昭校長器重，任國際關係事務長，因此交流經歷臺大世界姊妹學校百餘所。又任語文中心主任，為「托福」檢測機構。現為藝文中心主任，嘉謨遠猷，極具貢獻。學術興趣已由唐宋音樂，轉入近現代之唱片蒐集研究。

沈冬研究室在語文中心樓上，系主任葉國良向我說，同仁問他沈冬怎可一人獨占一間。我即從第七研究室移去和沈冬共用一室。

她很有組織執行力，我舉辦「關漢卿國際學術研討會」，發動「徒兒們」協助，由沈冬統理，她使大陸學者十人先集合於香港旅遊一天，再由旅行社帶領入臺，非常順利，不像有人請余秋雨，卻被「遣送」回去。我們會議場面盛大成功，我將製作費當成「紅包」，由沈冬分致「徒兒」們。

8 林鶴宜

林鶴宜在學術界為大家所熟知。她重視的是在教學上使學生愛戴，更在意的是研究上使學者感受創發。而經她長年的努力，她都做到了；也因此，我這個作老師的，也認為她秀外慧中，表裡如一，感到很高興。

我好為人師，喜歡稱我指導過的或長年師從我的學生為「徒兒」。在我的徒兒中，鶴宜最不「怕」我，最敢和我開玩笑，甚至忤逆我，因此她被同門稱作「忤逆侯」。我平常和鶴宜說話，也就沒大沒小，師生別有趣味在其中。由於鶴宜性格真率，往常我每要她幫我校對論文，並請她仔細挑毛病，鶴宜思辨敏銳，也就不客氣地對我說三道四；經過辯論後，我不免多有佩服的時候。也因此，政府審定文化藝術的案子，常請她去主持公道，她也就言人所未敢言。

「晚明劇壇研究」是我給鶴宜的博士論文題目，她沒做完，但《晚明戲曲劇種及聲腔研究》已足以使她獲得博士學位。我給我心目中好學生的論文題目，範圍都很大，目的都是要他們由寬廣入專精，先取其菁華再慢慢予以完成。而今鶴宜的戲曲研究，已由明代上至元人，下及有清到今日之兩岸與本土戲曲，涉獵的層面已經相當的廣闊。我常向學生說，治戲曲要兼顧文獻、劇場、田野、文物四方面資料。鶴宜對前三者已經運用得很好，這些年她常帶學生去廟會做調查，而且完成了《臺灣戲曲史》，使我感到很欣慰。而她的《從戲曲批評到理論建構》，更使我擊節稱賞。

鶴宜在成大中文系大學部肄業，好友王孝廉要我多照顧；她就讀東海大學中文碩士班，由張師清徽（敬）指導，考入臺大中文博士班則找我聯合指導。我說：「張老師年紀大了，妳好好陪她，論文指導，我幕後分勞。」

她畢業時申請留任臺大，我「舌戰群儒」，得票十比十，以一票之差落選。啟方和我請林文月先生向她在淡江中文系擔任主任的學生推薦，鶴宜乃得以有安身之教職。

臺大孫震校長想成立藝術學院，以我和胡耀恆、石守謙為籌劃委員，要我為召集人，我以年輩謙讓胡耀恆。我積極向教育部提出設置戲劇研究所於文學院，院長黃啟方極力認同。其間障礙，我到教育部申辯釋疑，始得順利通過。次年研究所將成立招生，討論所長人選，院長林耀福認為出諸我手，屬意於我。好友彭鏡禧當我面說：「曾永義幹不了行政。」而胡耀恆時任國家戲劇院和音樂廳主任，準備接任所長，一再向林耀福探詢何以所長聘書尚未發給他。我說：「耀恆兄為人圓融，行政經驗足夠，最為適宜。」

後來我和耀恆兄討論聘請教師人選，我大力推舉林鶴宜，並保證鶴宜無論學養為人都不會令人失望。耀恆兄則支持王安祈。我向安祈說：「妳在清華、夫婿錦昌在交大，可以隨侍老母，唱曲說戲。如果在臺大，新竹臺北間，一天得費四小時往返。何況清華同是名校，妳當過系主任，學術地位已經建立，如果改臺大專任，還得從大一國文教起。」我是衡量我兩位好學生的情況所做的安排，鶴宜的表現也教耀恆兄讚不絕口。沒想有人說我偏心，擋了安祈的路。

鶴宜結婚前，問我初安民如何？我說：「定了沒有？」她說：「嫁定了！」我下結論：「成事不說。」有次半夜我和朋友在小館「續攤」，碰到初安民，他即刻掛電話給鶴宜，說他正和曾老師一起喝酒。我雖知被作「擋箭牌」，卻喜鶴宜「治家有術」。

9 侯淑娟、羅麗容、沈惠如

侯淑娟，屏東人。二〇〇一年東吳大學博士，研究戲曲、俗文學、韻文學。現任東吳大學中文系所教授兼主任、所長。

沈惠如，東吳大學中文博士，現任該系副教授，研究戲曲，善於改編創作劇目，重視理論探討，參與國光編劇行列。

羅麗容，東吳大學中文博士，留任該系任教，已退休改兼任，研究戲曲理論與文物，用力辛勤，著作連連不絕。

她們三人同樣出身東吳中文系，同樣在系所教戲曲。侯淑娟、沈惠如的博士論文由我所指導，羅麗容碩士口考和博士班入學口試我皆為委員，她又到臺大旁聽我戲曲課三年，我給她題目並指導她以《清人序跋研究》升等教授。她同我都是張清徽（敬）門下，我視她為師妹，她則尊我為師。

侯淑娟在博士班肄業，已為故鄉臺東工專助理教授。但我規定凡我門下，必須在我課上起碼三年，碩士班也得要兩年。淑娟乃每星期搭飛機趕到我戲曲、韻文學或俗文學課上，下午到臺大或中央圖書館看書查資料。折騰她好幾年，直到畢業，但也因此打下基礎，盡得我學。她口試研究生論文，認真負責，指正明確，使學生受益匪淺。她逢年過節必向我問候，並饋送家鄉名產。她生性溫厚，安分守己，同仁催促她競選系主任，我因她與世無爭，頗有乃師「人棄我取」之格調，並不以為然；但她在擁戴下當選，卻能使系上和諧，步上多年來未有的正軌。

沈惠如能編劇、寫散文、作文藝評論，曾為我散文集《清風・明月・春陽》推薦亞細亞出版；我為國光劇團編撰的京劇《牛郎織女天狼星》，她寫過「觀後」，在《聯副》發表。二〇二一年五月，她擔任我在世新大學所指導的大陸四川外語大學助理教授劉玉芝，有關戲曲電影的論文為口考初試委員，甚為玉芝所折服，即請我同意我與惠如聯合指導，我欣然地致電惠如表達致謝之意。

羅麗容上我課開車，她知道我愛山愛水，就偶爾帶我到臺北郊外瀏覽。有次車子倒退，陷入路坑，幸得過往貨車司機及時伸出援手。她在東吳研究所，不知指導過多少碩博士生，她也像我一樣，喜把學生帶到大陸在學術會議觀摩學習。她找我擔任她指導研究生畢業口試委員也不知凡幾。每次她都先預訂上好館子，請她學弟妹和黃登山、吳哲夫和我親近的兄弟作陪，令我酒興勃發，大快朵頤，再送我回家。

她們三人和學姊鹿憶鹿聯合由系上向學校報請聘我為「端木愷講座教授」，每年為中文系師生作一次專題講演。我也義不容辭地參加她們系裡所舉辦的學術會議，或主持會議，或開幕作「主題講演」。

10 施德玉

施德玉（一九五九—），白族後裔，生長於屏東。自幼喜愛合唱。一九七五年考入臺灣藝專，主修柳葉琴、琵琶和二胡，進入文化大學國樂組專攻琵琶，後被藝專聘為助教。藝專改制為學院，她很順利地升等講師、副教授、教授。這期間因為她體悟到學無止境的知識渴望，認為要作一位好老師必須要不斷地進修、不停地學習；於是她問業於學界耆宿魏子雲教授、問業於碩學彥士李殿魁教授；兩岸交通後，更跨海到北京拜傅雪漪教授為師，利用寒暑假前往受教。雪漪先生精戲曲音樂，對德玉在學校所開的課程，幫助頗大。

一九九五年，德玉到臺大來旁聽我講授的「戲曲專題」，由於內容年年不同，她持續聽講。她希望我給她一個題目好有研究範圍和方向。我給她的題目是「中國地方小戲之研究」。那時學界對「小戲」概念尚未十分清楚，論題便於開發。而《中國戲曲志》、《中國戲曲音樂集成》、《中國民間歌曲集成》正陸續出版，如此加上六〇年代出版的《中國地方戲曲集成》和兩岸前輩時賢的著述，基本資料就算不缺乏。德玉果然「執此以往，不稍懈怠」，數年間勤勉閱讀探討，與我商量架構分綱布目，努力寫作，於一九九九年春天完成初稿。而我以為「戲曲音樂」是德玉的本行，其於全書所占分量頗重，何妨別出單行，另題作《中國地方小戲音樂之探討》，而其結論與探討歷程之一二例證則保留於原書作為一章：如此一來，德玉「一下子」就有兩本著作了。這年秋天，德玉隨同「戲曲訪問團」到東北沿途看戲遊覽，在瀋陽參加由文建會傳統藝術中心與北京藝術研究院聯合主辦的「兩岸戲曲回顧與展望研討會」，我也以大會顧問隨行。她在會上發表〈簡論地方小戲之特色及其現代之意義〉，為她講評的廣東省藝術研究所一級編劇謝彬籌先生說她資料豐富、態度認真，採取宏觀歸納與微觀剖析的方法，適切地闡明地方小戲的菁華所在。與張庚共同撰著《中國戲曲通史》的郭漢城老先生說大陸學者不知費盡多少力氣才編出《戲曲志》，但大陸青年卻不知利用，為此特別誇獎德玉善於運用新材料、開發新論題。是的，德玉對每一個地方的小戲劇種是仔細閱讀、仔細爬梳，詳為分析和歸納的，她數年晨昏鍥而不捨自見其毅力，乃能言人所未言、發人所未發，自有其識見。

二〇〇三年德玉負笈香港新亞研究所攻讀博士學位，我建議她以《板腔體與曲牌體之研究》為論題，經我稍加提點，以她長年從事戲曲音樂教學之修為，必可輕而易舉，完成論文，裨補戲曲研究久懸之罅漏。德玉乃孜孜矻矻，以一年時間密集修畢學分，以兩年時間撰具初稿，於二〇〇五年七月獲得博士學位。其後因膺任臺灣藝術大學中國音樂系系主任、學務長、表演藝術學院院長等職，公務煩劇，無暇重拾舊業。當她既已辦理退休，轉任私立中國文化大學音樂系教授，課餘多暇，乃將初稿重新刪定，交付我所主編之「國家戲曲研究叢書」，以饗讀者。而在這之前，她也赴美國林登伍德大學（Lindenwood University）進修音樂教育，獲碩士學位。

德玉在臺大上我戲曲相關課程七年，期間我常帶領助理李佳蓮、李湘美、陸方龍於臺灣地區及大陸之閩西閩南、雲貴、四川、湖北、湖南、陝甘晉、安徽、江浙等地做田野考查，德玉以協同主持人偕行，她也隨同我到杭州浙崑和湖南郴州錄製湘崑劇經典劇目，培養她於文獻之外，運用實物研究的能力。她後來參預主持多項研調計畫，如「新營竹馬陣」（一九九八）、「六甲鄉車鼓與車鼓戲」（二〇〇一）、「臺南縣車鼓陣」（二〇〇九）、「高雄地區歌車鼓陣」（二〇一〇）、「臺南市小戲類藝陣調查及影音數位典藏」（二〇一六），乃至「歌舞類」（二〇一七）、「牽亡陣」（二〇一八）等等，靡不用心用力，碩果纍纍，於臺灣鄉土與傳統藝術文化之維護發揚貢獻極大，而德玉之學術亦別立一幟。此外，她又積極熱絡藝文活動，她組織能力強，執行力高；以秘書長、副理事長名義，舉辦兩岸交流、國際會議，績效亦極為卓著。

德玉既能歌唱，奏琵琶，對戲曲音樂造詣尤深，掌握語言旋律與歌樂之磨合，使詞情聲情相為生發。我愛聽其所譜之歌曲。為〈酒党党歌〉群彥所譜之十六種版本，德玉一首最為「党徒」傳唱。我席間或旅途中即興所賦之短章亦每被她譜成雋永之小曲，如：

其一

花樣年華花樣容，芙蕖出水曳香風。更將綠蓋亭亭舞，多少嬌羞多少紅。

其二

看伊雙靨綻蓮花，抹麗春天一片霞。不盡青山歌韻裡，舉頭明月燦光華。

其三

蘇仙嶺上望郴州，山水不盡今古愁。何必郴山護郴水，人間離恨自悠悠。

其四

望美人兮天一方，懷佳人兮不能忘。覺巫夢兮落迷惘，悲兮痛兮使我張狂。

德玉還很喜歡我的一首七律，也被她譜成曲子：

萬里長天萬里風，高高暖日自當空。三春花月清吟裡，蓋世功名濁酒中。
綠水青山光燦爛，黃鸝白露雨朦朧。人間處處開心眼，一任江河不往東。

回想當年，塞北江南酒，飄洋過海詩的日子；我常攜妻帶兒，門下弟子也每跟隨在側，田野調查、學術會議，德玉亦參與多次。茲記其二三，以存雪泥鴻爪。

二〇〇三年十月二十六日，攜弟子施德玉、李佳蓮、陸方龍赴貴陽參加儺戲會議。二十八日德玉發表論文〈臺南縣車鼓音樂之探討〉，為大會極肯定，以其田調爐火純青。有三家電視臺、三家廣播電臺及新聞媒體爭相訪問，我亦有榮焉。大會安排夜宿黑河灣以觀星斗，於儺鄉銅仁晚宴，賞德江儺，我有詩二首：

其一

北斗今宵格外高，滿天星宿競嚎囂。美人同望銀河外，橋下清谿似浪潮。

其二

天涯探勝訪儺鄉，儺舞儺歌處處揚。彷彿葛天新世界，桃源即此不迷航。

我們又於十一月三日由貴陽飛西安，參加「二十一世紀中國戲曲發展論壇」，呂鍾寬、邱一峰亦自臺北來。沒想大會居然予以評定等第，我被尊為「榮譽獎第一名」，德玉、鍾寬被列為二等，一峰被列為三等。我始識久聞其名之郭英德教授。住宿西安半坡渡假村；六日遊華山。有詩：

其一

半坡三日駐行旌，不勝長安今古情。回顧灞橋楊柳色，蕭蕭已自放秋聲。

其二

霧鎖雲埋華嶽巔，師生把酒笑風前。千巖萬壑雙眸裡，此際誰人不似仙。

其三

華嶽登危棧，足下起風煙。坐擁清秋色，山蒼樹欲燃。

二〇一二年九月，澳洲布里斯本世界多元藝術文化協會會長陳秋燕，邀我與德玉、文達、慧玲參加九月二十二日所舉辦之臺灣音樂節。遊黃金海岸、布里斯本街頭，有詩：

其一

九月澄和布里斯，黃金海岸夕陽時。人間閬苑知何處，不在花開草木滋。

其二

布里昆士蘭，臺灣慶華年。新開金氏錄，播浪鼓聲喧。

其三

熙熙攘攘坐街頭，夕日紅光樓外樓。過盡千人皆不識，天涯浪跡為遨遊。

二〇一二年十一月一日，德玉、昭薰與我參加河大張大新主持之「中原戲劇文化國際學術研討會」。丁永祥教授領我等參觀朱仙鎮岳王廟、龍亭菊花展。有詩：

其一

岳王功在朱仙鎮，千古傷懷涕血流。我欲張弓問天日，英雄齎恨幾時休。

其二

九月汴梁賽菊花，五光十色在人家。卻道龍亭花似海，交輝煥彩作流霞。

德玉學識日長，著作積漸。其小戲研究為戲曲開創新論題，所著再版，風行兩岸。《板腔體與曲牌體》一書亦言人所未及，頗見創發。其田野鄉土小戲調查，碩果纍纍，甚見其愛鄉愛土愛民藝之熱誠。為南下安居，受聘南華大學，又受成功大學禮聘藝術研究所，為特聘教授。與夫婿劉元立，大姊德君、小弟德華，於我鄉山明水秀烏山頭珊瑚潭長堤下，營建毗鄰之田園別墅。青草綠地，山蒼水碧，雲白天藍，放眼平疇，垂釣於夕陽映照之荷塘柳色，人間至樂莫過此也。我每返六甲故鄉，必於此小住，飲酒賦詩而一竿在手，摯友元立陪伴，德玉與姊弟洗手作羹湯。

11 洪淑苓

洪淑苓（一九六二—），臺北市人。臺大中研所博士，任中文系與臺灣文學所教授。大學時代即以詩崛起文壇，作品屢獲大獎，被收入爾雅出版社、現代詩社、創世紀之《年度詩選》。

她研究所時，我正建立俗文學「民族故事」主題學理論，乃以《牛郎織女研究》為其碩士論文，以《關公民間造型之研究：以關公傳說為重心的考察》作其博士論文，落實民族故事之理論，開發俗文學研究之新門徑。

她碩士畢業時申請留任助教，博士班她考第三名，與第一名為林文月先生所指導之陳昌明爭取。我用了心思，稱許她刻苦勵學，步步為營，終以兩票險勝。

她和其學長王基倫結婚時，我為證婚人。基倫因淑苓已留任助教，系裡不容夫妻檔，我介紹他到嘉義大學，然後輾轉回他母系師大國文系任教授。夫妻相得，表現在淑苓傳誦的一首〈合婚〉詩中。

我擔任中華民俗藝術基金會董事長，舉淑苓為執行長，她新裁旗袍，正好派上用場。卻因基倫到歐洲進修，她教學、照顧三個子女，壓力甚大，堅辭執行長。臺大新設「藝文推廣室」，直屬副校長，我推薦她負責，後來她創立藝文中心為主任。我和許常惠合作〈二二八紀念歌〉，在國家戲劇院演唱，起首的七律和開幕詞即是淑苓上臺朗誦、宣言的。她幾乎成為我心中大場面的最佳主持人。

我們師生教師節和我生日，都會聚會為歡。我得院士那年（二〇一四），她精心設計了一長串有關乃師的逸聞瑣事，當場要大家作答，以考試對乃師的「了解度」與「忠誠度」。

淑苓也擔任過臺大臺灣文學所所長，所著除將民族故事擴及民間文學與俗文學之性別研究外，散文新詩之創作與評論結集成書者更有多種，如散文集《深情記事》、《傳鐘下的歌唱》、《扛一棵樹回家》，詩集《合婚》、《預約的幸福》、《洪淑苓短詩選》等。她可說是傑出的學者和作家，所獲獎項指不勝屈。

12 郝譽翔

郝譽翔（一九六九－），生於高雄，長於北投。由臺大政治系轉入中文系。我和內人曾帶她到雲桂旅遊和考察。她上我課時，我發現其創作才情，乃推介給《中副》梅新和《聯副》瘂弦，很快成為文壇新秀，連續獲獎。

譽翔秀外慧中，追求她的人不少。我要她放棄臺北可能的教職，乃請楊牧和鄭清茂幫忙，得聘東華中文系，時楊牧於東華加重文學創作，譽翔堪稱「得其所也」。我即向譽翔說：「妳既以《民間目連戲中庶民文化之探討》為碩士論文，今又以《儺：中國儀式戲劇之研究》為博士論文，學術已告一段落；妳的專長和興趣不在這方面，往後可以改行專治文學，尤其是現代文學的研究和創作。」譽翔果然聽我的話，成為獲獎連連的散文家、小說家。二〇一二年在中山文藝獎評審會上我即席推薦她，評審委員轉而票投她為散文獎得獎人。她寫過〈青春歲月〉，追憶在大學和研究所碩士班時受到我的種種影響；寫過〈努力愛春華，莫忘歡樂時〉，敘述讀我散文的感想；寫過〈對我影響最大的人〉，對象即寫我。她已安定地在臺北教育大學擔任教授，過著相夫教子、研究創作的愉快生活。

13 高美華、陳貞吟、陳玟惠

❶高美華

高美華，政治大學中文所博士。曾任嘉義師範學院中文系系主任、成大中文系系主任。為成大國劇社指導老師，亦粉墨登場，近年又沉浸崑曲藝術與理論，借助成大藝文中心推廣傳統戲曲。

❷陳貞吟

陳貞吟，高雄師範大學國文博士，現任該校教授，從事戲曲教學與研究。

❸陳玟惠

陳玟惠，高師大博士，論文由我指導，她上我課三年，每週四由高雄飛臺北，再搭夜班火車回去，她從小熱愛歌仔戲，「生旦雙全」，扮相既能俊逸瀟灑，又能嫻雅秀美。以歌仔戲為志業，從演出到推廣到研究都努力以赴，幾近癡迷。長年在中學為國文老師。

美華、貞吟皆多年旁聽我在臺大或世新的戲曲課。美華甚至清晨自臺南趕來。我好為人師，敦促她們升等教授，美華終以《李漁三論》、貞吟以《南北合套在明雜劇的劇情運用與演唱特色》通過評審。

我屢次到成大、高師大、臺文館講演或與會，玟惠和美華、貞吟，連同朱芳慧乃至施德玉都會聚於臺南或高雄，陪我歡宴，到海濱觀覽喝咖啡。我所以南下，「樂此不疲」，多半因有她們在。有次我和內人陳媛應一位典藏家之請南下高雄，並趁便參訪義守大學，貞吟和她先生為接待我，還事先「勘察」路線。

14 張育華

張育華，復興劇校畢業，出身演員。赴美國奧克拉荷馬州大學取得碩士學位，在中央大學獲中文所戲曲組博士。曾任國光劇團推廣組組長、演出組組長、傳統藝術中心臺灣音樂館主任。現任國光劇團團長，與藝術總監王安祈努力培養新秀，打造「國光文化品牌」為經營目標，發展戲曲「行銷、傳播、管理」新策略，實踐其理念。以故具「獨特性」、「客製化」之品牌戲曲劇目迭出，甚獲認同，團隊精神絕佳，場場爆滿，欣欣向榮。

育華在臺大旁聽我戲曲課四年，我鼓勵她報考中大博士班，預言一定考取，果然名登榜首。我曾為她徵得陳兆虎團長同意，每週四上我課，算進修，不算妨礙國光業務。她的指導教授洪惟助喜用學生參與他的崑曲研究計畫，育華沒有餘力參加，每日孜孜矻矻，弄得家庭失和；而惟助又要她多延長畢業時日，交給他審閱的論文半年沒批示，催促下，才改幾個字還給她，只說論文有問題，要她修改，卻沒說出在哪裡。她焦慮萬分，面對三十幾萬字的論文不知怎麼辦，乃到我家求助。我翻閱她論文後，說：「育華！我馬上使妳破涕為笑！」即將她論文題目改作《戲曲表演功法之研究：以京崑表演藝術為範疇》，使內容與論題表裡相應，並就其章節調整改動標目，使與論題環環相扣，如此一來全書就顯得章法結構井然。又由於其所舉之京崑劇目皆出諸育華舞臺經驗或製作，兼之大家耳熟能評，其論述就容易中其肯綮而引人入勝。育華為此順利畢業，但也得我向「慢工出細活」、行動慢十拍的洪惟助催促，才蒙允許。惟助與我四十幾年來情如兄弟，是共同努力「崑曲、戲曲事業」的夥伴，平常喜在酒筵上互相調謔，總由我「發難」，他猛然的一兩句「反撲」，引得舉座忍俊不禁，情況類如臺師靜農與孔師達生（德成）的「風韻」。有此交情，我才敢插手幫育華解除困頓。我一位師大的朋友，他指導一位程度頗高的韓國女生，也在我戲曲課上旁聽，我給她碩士論文題目，並指導她怎麼做，只忘了提醒她不要向她的指導教授提及。她請求同列我為她的指導教授，但不獲同意，說：「難道我一人不能指導妳嗎？」他可沒有惟助的交情和雅量。

當育華擔任傳藝中心臺灣音樂館主任時，中心主任方芷絮常由宜蘭本部駐臺北之音樂館督促。育華求好心切，又由於業務非她專長，弄得她焦慮不堪。我要她開車到海濱，訴說她的心結。我乃為她備置小酌，請來芷絮，代為說明育華對她是如何尊敬，想要為她效命，但所學不符，力不從心，非常緊張。芷絮在聽我為育華疏解後，很快就任命她為國光劇團團長。

育華的那本博士論文，我將之收入所策劃主編之「國家戲曲研究叢書」，風行海內外。我在哈佛大學燕京社圖書館看到她的書別出「叢書」，又醒目地別置書架。近年她以「國光品牌學」為論文多篇，在大學已升任副教授。

二〇一六年四月育華初任國光團長，配合臺大學術會議，為我所編劇目六齣折子戲專場，擔任主持串演，她俊俏自然的臺風和精要流利的說明，贏得海內外與會學者十分的激賞。她和王安祈將我崑劇《梁祝》帶到北京國家戲劇院演出，場場爆滿，佳評如潮。日常我和她及育敏、育菁兩妹子也偶爾小聚飲酒。育菁是上將軍夫人，育敏酒量頗佳，育華也能喝幾杯。座中或有洪孟啟部長、方芷絮主任、陳兆虎團長和游若萩所長、加上「崑曲之孫」洪惟助，場面就熱鬧多了。

15 張谷良

張谷良，東華大學中語系博士，我指導其論文《諸葛亮民間造型之研究》，現為臺北商業大學通識教育中心副教授。谷良稟性純良，處事恭謹，溫和待人，也因此不爭不競，遲緩而得過且過。我要他追求他喜歡的同門師妹，他雖然和她約會，卻不積極，結果別人捷足先登，結婚去了。從此他執著長長的頭髮才是他喜歡的。雖然我又兩度安排及門女弟子給他機會，他都興趣缺缺。直到最近（二〇二一年十月）才忽然向我「報喜」，說他已和一位小學同學結婚，而且一舉雙胞胎，我說真是「三喜臨門」。

谷良對我極敬愛，凡有關我的事都賣力以赴。同學每年教師節和賤降之日，他常主動聯絡安排。

16 郭娟玉、林曉英、康尹貞

郭娟玉，她是張以仁先生的學生，以溫庭筠詞為博士論文，以仁先生要我掛名聯合指導。以仁先生給她的論文批示很仔細。我雖止於「尸位」，但她執弟子之禮一樣恭謹，我到嘉義大學，她很用心接待。

林曉英，我指導她碩士論文。考入中央大學中文研究所戲曲組，「落入」洪惟助之門，專攻客家戲曲，在鄭榮興栽培下入臺灣戲曲學院客家學系為主任。現劉晉立校長用為主任秘書。

康尹貞，留學英國，我寫推薦信，指導其碩士論文。任教佛光大學。

17 陳芳

陳芳，以第一志願第一名考入臺大中文系，以第一名畢業。碩士班成績亦極優異，博士班入學筆試雖亦第一名，但以基本學科差兩分，未能錄取。她已在警專教書，她在眾聲喧譁的年代裡，謹守本分，默默耕耘著一方小小的清代戲曲園地，於是《晚清古典戲曲的歷史意義》、《清初雜劇研究》、《乾隆時期北京劇壇研究》、《清代戲曲研究五題》、《花部與雅部》等專書陸續出版。學界為之矚目，由於我在為她寫的序中對她肯定和揄揚，不意引發北京社科院以研究元雜劇著稱的么書儀，在《文學遺產》著文，就其乾隆北京劇壇三百數十幾頁中，單挑十幾頁與清宮檔相關，外人難得一見的資料為據，嚴厲批評，欲以此抹煞全書。陳芳平心靜氣予以反駁，對唯一的「半點」糾正，也致以謝意。一年後，《文學遺產》才登出陳芳的答辯文，連同么書儀再寫的文章也一併刊出。我請人轉告么書儀，到此也罷，告訴陳芳，不要為此小事而爭，就算她贏好了。

我在德國魯爾大學客座時，她寫信給我，字跡之娟秀和我在美國密大訪學時常給我寫信一般。她說已和一位她中意、父母看上眼的法官訂婚，等我回臺北找我為介紹人才結婚，我為她高興極了。

陳芳婚後，仍在警專教書，已升至副教授。膝下有子，丈夫又在外地法院，她為人妻為人母為人師，一身三顧，忙碌疲勞可想，卻一再向我表示報考博士班的意願，我說不是時候。有天我找她到我家，說：「妳可以報考輔大博士班了。」她詫異地說：「為什麼？」我說：「妳孩子大了，先生也調到臺北高院了。」於是她又以榜首考上並畢業，獲博士學位。

陳芳才學均臻上乘，念大學時所作舊詩即榮獲第二名。近年她興趣專移，師從好友外文系彭鏡禧教學治莎士比亞，編撰多部「豫莎劇」，擔任比較文學會理事長，另有一番作為。我為她的「豫莎劇」演出後主持座談會。

摯友洪國樑遭遇一件倒楣的事，他在公路上開車，對向發生車禍，一位機車騎士被撞，跌在他煞住的車前，而肇事車輛逃逸了。警察來也判定不關國樑。國樑拿兩萬元給受難家屬，說他親眼目睹，不能沒有惻隱之心。不意，家屬卻告到法院，還找立委，咬定要國樑多加賠償金，為此纏訟多年。幸而最後案子到陳芳先生手中，一眼定案無罪。

18 陳芳英

陳芳英與我同出張師清徽（敬）門下，誼屬師妹。她因在我主持的「中研院傅斯年圖書館所藏俗文學資料分類編目工作小組」一起從事，我又指導她從中提取「目連」相關資料寫成博士論文，所以也稱我為師。

她論文口試，系主任葉慶炳老師請來臺北藝術學院戲劇系主任姚一葦先生主考。我事先為芳英預擬題目，使她能好好回答，果然被姚老師賞識，聘她到系上任教。她好旅行，曾在印度旅途中出過事，對她大為損傷。丁邦新先生任史語所所長，請她再度審閱我們所編成的六大部屬、一百三十七類、一萬零八百條條目，她以一人之力，無法畢其事。

19 鹿憶鹿

鹿憶鹿（一九六〇—），研究俗文學，她同樣是東吳博士。在大陸還未發達的八〇年代，她即獨自輾轉艱困地旅行到雲南西雙版納等地蒐集民間傳說和神話資料，研究西南少數民族傳說神話，寫她的博士論文。友人王孝廉是神話名家，我任命他為酒党「海工會主委」，他極稱讚鹿憶鹿，我請他聯合指導。「鹿憶鹿」三字都入聲，閩南語過於短促勁捷，我喜歡故宮博物院副院長昌彼得先生用湖北口音呼叫她，特別好聽。

憶鹿在東吳，由於直爽、主持正義，言語與某系主任不相能，告她上法院，「纏訟多年」，真是「斯文掃地」。此公為拿掉我在東吳的兼課鐘點，有意假藉學校規定，求我將在臺大合班上課的學生，改到東吳教室上課。他明知我不可能，學生也喜歡臺大校園，與合班學生交朋友，卻又以學校付我三倍鐘點費相誘，居然還在我面前捕風捉影地搬弄鹿憶鹿和羅麗容的是非，誠如鄭師因百（騫）說過的，連「疏不間親」都不懂。我令他如願以償地將我的鐘點讓他好安排他的友人到東吳中文系。

憶鹿做得一手好菜，曾請我和內人陳媛到她家晚餐。他們住在東吳附近靠故宮的山坡上，風景秀異，使我印象深刻。

20 游素凰、楊淑娟、林麗玉、林惠美、竹碧華、許美玲、吳大衛、施秀芬、黃慧玲

❶游素凰

游素凰，臺師大音樂碩士，為許常惠大哥指導；香港新亞研究所博士，為我所指導。協助許大哥籌辦民族音樂中心，在文建會任職。曾任臺灣音樂系副教授兼系主任，以副校長代理臺灣戲曲學院校長。我責成她以《廖瓊枝歌仔戲唱腔之探討》升等副教授，現在又敦促她加緊提出升教授論文。提醒她行政工作固然重要，但站在大學講堂，應以讀書教學研究為主要。她旁聽我在臺大開的戲曲、韻文學、俗文學等課程多年。上課

來接我，與同學午餐後送我回家。我也常帶她去參加酒党「四中全會」，党徒都很歡迎她。

素凰在去年（二〇二一）十一月終於交給我她升等教授與歌仔戲相關的論文三十數萬言，國家出版社也及時予以出版，希望她順利。

和游素凰一起在臺大年年不缺席旁聽我課的還有楊淑娟、林惠美、林麗玉、竹碧華等。

❷楊淑娟

楊淑娟（一九六二—），我所指導之文化大學中文博士，以《南管與明初五大南戲文本之比較》為論題。我將之收入由我策劃主編之「國家戲曲研究叢書」。她在華僑大學任教。

❸林麗玉

林麗玉，能歌能舞能演奏能戲曲，多才多藝，廣拜名師；自夫婿華航空難後，與女兒相依為命，過著適情適意恬淡的藝術生活，每星期四到臺大來旁聽是她不可或缺的「功課」。她溫文嫻雅，大家都喜歡她。

❹林惠美

林惠美，臺北教育大學碩士，由我指導，長年往來臺北臺中，一則探望她母親、一則上我課，常將隨身行李帶到課堂上來。常寄臺中時令名產，使我一飽口福。

❺竹碧華

竹碧華，師大音研所碩士，由許常惠大哥和我聯合指導，任教政戰大學副教授兼音樂系主任。以腿傷拐杖支撐，難於再旁聽我課。

她們五位在我下課後，輪流請我在臺電巷子的「擱再來」午餐小酌，常會找游若萩作陪。我期末宴請全班選課同學，素凰總會替我打點，使師生杯酒愉快。

❻許美玲、吳大衛

許美玲和施秀芬都是佛光大學文學博士，論文都由我指導。我稱作大姊的潘美月，是系主任，很照顧她們，所以我們小聚時，有潘大姊就會有我。

美玲是畫家，夫婿吳大衛是文大教授、庭園設計名家。公婆吳永硯伉儷，是著名畫家。美玲習舞、能歌唱，尤擅繪畫，為我所編的戲曲戲齣作了好幾幅半抽象畫。展覽頻率很高，及於歐美。現任銘傳大學副教授。夫妻相得，常接我到陽明山等風景區溜達，在很幽雅的山中小館陪我飲酒。

❼施秀芬

施秀芬，為復興電臺節目主持人，盛名遠著，被金鐘獎提名二十二項，獲七項獎勵。藝名金笛，現任華梵大學副教授。夫婿空軍上校退伍，與我飲酒，頗具豪情。後因酗酒生疑，對妻女暴力相向以致離婚，但金笛依舊不棄不離，還推著輪椅陪他返大陸家鄉。金笛和美玲常會安排小聚，找我和大姊閒話。

❽黃慧玲

另一位黃慧玲，也曾在臺大旁聽我的課，為時不長。佛光大學文學博士，天韻箏樂團團長。自稱率領過包括我、施德玉、莊文達等教授團前往澳洲布里斯本參加臺灣嘉年華會。現在亦任教大學。

21 程育君、諶湛、洪素貞、臧汀生

程育君：我指導她取得碩士學位，以雜技為論題，即在戲曲學院民俗技藝系任教，為系主任。

諶湛：我早期學生，指導其碩士論文。畢業後，也在我課堂上旁聽過。

洪素貞：早期我在臺師大指導碩士生，畢業後未通音問。

臧汀生：我在政大指導的早期碩士生。

22 楊馥菱、謝俐瑩

❶楊馥菱

楊馥菱（一九七二—），宜蘭人。臺大同仁楊承祖轉任東海大學中研所所長，請我到東海為研究生講演。馥菱剛考上碩士班，希望我指導她論文。她真長得意態高雅、姿貌明秀。我還是搬出「曾門規矩」：碩士班起碼在我課堂上兩年，博士班三年。她每週四上午即由臺中搭高鐵來，課後上圖書館；碩士畢業，考上輔大博士班；前後在我戲曲、俗文學、韻文學、民俗藝術課堂上受我「親炙」八年，以她素所喜愛的家鄉歌仔戲為基礎，撰寫《臺閩歌仔戲之比較研究》取得博士學位（二〇〇一年學海出版社）。又由此在我進一步的鼓勵指導之下，著成《臺灣歌仔戲史》（二〇〇二年晨星出版社）。

馥菱和林以正結婚後，夫妻相得，但環境影響，有過精神困頓壓迫的時候。求診問醫，百般無效。她寫信給我，附有一篇長文，自訴心結。我推薦《聯副》，主編陳義芝，好兄弟也，亦覺其散文出諸肺腑，懇切感人，全文照登。這給在痛苦中即將沉淪的馥菱，有如一顆救命神丹，我藉勉勵她寫作，抗拒眼前無奈，稍釋心頭塊壘，她聽進去了，也接著發表數篇散文，度過她生命的難關。

她為以正生了兒子，接二連三地又生了一子一女。她八年中以「增產報國」為志業，所任教的臺北市立教育大學遵政府規定，准她持續請假哺兒養女。以正成為中醫界名醫，在東門開的診所，要排隊候診。他們一家五口，過得很平安舒坦。

師父師父，馥菱簡直視我如父。她和以正都很關照我的健康，用補藥滋養我。我有病，夫妻倆來看我並為我診治。中藥很貴，但以正都為我免費。而我不改「為師」之常，在馥菱假滿的前一年，即提醒她慢慢收心，「重拾舊業」，好能心無愧憾地再站上講臺。同時催促她要準備論文升等，重建學術地位。馥菱何等聰明，才學俱佳，精神一振作，不只上課受學生歡迎，也在兩年內完成萬卷樓為她出版之《歌仔戲跨文化研究》，晉為副教授。

❷謝俐瑩

謝俐瑩，東吳大學博士，由我指導。現任文化大學戲劇系助理教授。熱愛崑曲，習閨門旦，受教名師如王奉梅、朱曉瑜、周志剛等。扮相清秀，唱腔圓潤甜美，絕不下於職業演員，甚且有所過之。參加「水磨曲集」，能精演傳統折子多齣；亦參與實驗崑劇、NSO歌劇與小劇場之演出。

俐瑩和馥菱是好朋友，有時各攜帶兒子到我家看我。兩個小子哥兒，一見面就在地板上演「全武行」。俐瑩說：「男孩子就是野！」我說這種四、五歲小子野得好，長大才有大丈夫樣。俐瑩生性柔順，真是閨門旦中人物。

23 蔡欣欣

蔡欣欣（一九六五—），臺南人。政治大學中文所碩博士，論文由我指導。現任政大中文系教授。

一九八七年六月間，香港中文大學主辦「第四屆香港國際比較文學會議」，我提出的論文是〈臺灣歌仔戲的發展與變遷〉，寫作這篇文章的基礎是一九八三年至一九八六年間我為文建會製作「民間劇場」和規劃「民俗技藝園」，偕同友人和率領學生從事臺灣民俗技藝田野調查所獲得的一些成績，根據文獻資料，從閩南歌樂戲曲和臺灣歌樂戲曲的關係與狀況說起，然後說到臺灣歌仔戲的形成、發展、轉型、現況，以及今日應有的因應之道。其他有關歌仔戲的種種論題尚無暇顧及，此文架構雖頗有開創之舉，卻因費時只十六日寫成，難免「粗淺」之譏。沒想聯經出版公司卻要我配上些圖片，於翌年七月以專書出版。

為了彌補我的「粗淺」，我乃指導黃秀錦、林瑋儀、劉南芳、莊桂楷和林素春五位研究生分題深入探討，各以《歌仔戲劇團結構與經營》、《臺視歌仔戲》、《由拱樂社看臺灣歌仔戲之發展與變遷》、《歌仔戲唱腔即興方式之應用》、《宜蘭本地歌仔》為題作碩士論文。其後楊馥菱以《臺閩歌仔戲比較研究》為博士論文，近年更著有《臺灣歌仔戲史》。臺灣歌仔戲的研究，在我們師徒的接力下，總算有了較為扎實的成果。

然而在我的徒兒裡，以臺灣雜技和古劇雜技獲得碩博士學位的蔡欣欣教授，以其學問胃口之廣大，治學態度之謹嚴，以及對臺灣鄉土藝文之投入與關懷，乃旁出學術之觸角對歌仔戲「相欣相顧」、「不棄不離」地作了全面的觀照、推動和發揚，同時也從事兩岸歌仔戲藝術文化的交流工作。鍥而不捨，成績斐然。

對於欣欣這位徒兒，我還佩服她學術生命力的旺盛。她凌晨即起，伏案閱讀寫作，聚精會神，黽勉以赴。也難怪她數年沉潛，一口氣即可出版三本書，每本皆數十萬言。我作為老師的，不知要繼續鼓勵她「勇往直前」，還是要勸她「步伐且緩，注意身體」。欣欣對學術的熱忱實在太深太投入了。無論在殿堂、在文獻、在田野，都表現得淋漓盡致。

在我的「徒兒」中，欣欣最不聽我的話卻最肖似於我。我勸她身體第一學術第二，而她卻是凌晨即起，午夜方休，常常看到她「眼淚鼻涕橫流」，這裡病那裡痛，而論文則擲地有聲地一篇篇發表，書則琳琅滿目地一本本出版。即就「國家戲曲研究叢書」而言，三五年之內就被收錄了三種，每種均在三十萬言以上。「年紀輕輕就如此，不知將來伊於胡底。」我勸她到哈佛大學，遊覽觀八方第一，養身第二，讀書行有餘力即可。她卻「從接觸西方文化，觀察美國社會，欣賞外國劇藝，以及吸收理論新知中，增長了人生閱歷與豐富了學術視野」。其行事，仍舊不理會我的「教誨」。然而何以欣欣肖似於我？我為中華民俗藝術奉獻了三十年，她也一直為臺灣的戲曲藝術之研究維護發揚而努力前進。當年我帶領她從事陣頭小戲調查、從事兩岸藝術文化交流，現在她也帶領學生從事田野，從事兩岸，而行動比我更積極，效能比我大得多。最近她獲得海基會江丙坤頒授「兩岸交流貢獻獎」，便是明證。我主張戲曲學術資料要文獻、文物、田野、劇場兼顧，對此她掌握得比我還切實。我有許多民間藝術家朋友，她更把各行各業的藝人當作家人，會幫他們祝壽，會關照他們的疾苦。我主張「以民族藝術作文化輸出」，率領團隊遊走列國弘揚中華藝術文化，已有四十次之多；暇時以編劇為遊戲，雖不入時流，但演出於劇場，巡迴大陸，為數也不少。對此，欣欣尚在「亦步亦趨」。總而言之，我認為戲曲是綜合之文學和藝術，從事研究，就要多方面兼顧，欣欣顯然是我的「信徒」。

出版一本書，對學者而言，一方面是愉快的事，一方面也宣示某個研究的成果。欣欣對「臺灣戲曲」研究，成績已經出類拔萃，希望也能再「回眸」傳統戲曲，在那個「苑囿」裡，可以開創培育的花果還有很多。

欣欣對歌仔戲的研究和發揚，從文獻、田野、劇場，從臺灣本土到閩南漳泉，從東南亞新加坡到馬來西亞，從策劃學術會議到交流演出，靡不著為篇章，彙為專書，如《臺灣歌仔戲史論與演出述評》、《臺灣歌仔戲演出成果述論》、《雜技與戲曲》、《臺灣戲曲景觀》等；又為民族藝術歌仔戲完人廖瓊枝執行保存計畫、歌仔戲作曲家曾仲彰撰述生命史。如果說她是對歌仔戲最具貢獻的人，一點也不為過。

欣欣在我指導論文到初任政大教職期間，我擔任中華民俗藝術基金會執行長和董事長。她在基金會幫忙，常隨我做田野民俗技藝之調查，遊走兩岸，也帶她參加學術會議，認識許多藝人和學者。有此基礎她更加發揚，在臺灣戲曲學院副校長任內，為學校做了許多亮麗的成績。

欣欣婚姻美滿，先生明仁以上校自學校教官退休後，更加隨侍左右，呵護她無微不至。

24 蕭君玲、李國俊、劉南芳、廖藤葉、林立仁、鄭黛瓊

蕭君玲，她是蔡麗華民族舞團的臺柱，美麗善良。在我率他們舞團赴美國紐澤西州的飛機上拜我為師，我沿途指導其碩士論文。她的男朋友一刻不離，隨侍在側；我推薦她到蘇州大學跟周秦取得博士學位，他也跨海伴讀，博取芳心，同時也「功名有成」。

李國俊，畢業於文化大學，博士論文本為李殿魁指導。由於殿魁兄去職，請我掛名；其論文已完成，面臨口試，我未能盡半分力；他也未上過我課，徒具師生之名。

劉南芳（一九六三—），清華大學中國文學系博士，我指導其碩士論文，以歌仔戲為論題，開鄉土藝術進入大學講堂之門。她也新編歌仔戲《李亞仙》，在兩岸戲曲學術會議上配搭演出，創為交流之模式。

廖藤葉，治學篤實，只在需要我指導取得學位時，出現在我課堂上。我為她出版博士論文。

林立仁，碩士畢業教書，回輔大再讓我指導，獲博士學位，任明志科大副教授。

鄭黛瓊，美麗賢淑。男朋友小她八歲，竭誠窮追。黛瓊曾將他帶到我家，他緊張得發抖。有情人終成眷屬。

25 蕭麗華

蕭麗華，臺灣師大國文系畢業，報考臺大中文系博士班。口試時我欣賞她才華，指導她博士論文。我行事喜「人棄我取」，如此可以與人「無爭」，但也可從中發現人所未見，培養「開創」的精神。我認為麗華可以以「此道」調教她，乃給她《元詩研究》作為博士論文題目，那是冷之又冷、無人問津的論題。

恰好我在葉慶炳老師主持的《中國文學資料彙編》之下，負責南北朝和元代部分之蒐集整理，乃將元代資料提供她運用參考。她寫出了《元詩之社會性與藝術性基礎研究》，雖然國家出版社社長說銷路不佳，但卻是目前唯一有深度去探討元代詩歌內容底蘊的大著。

麗華研究古典詩，從杜甫擴及唐宋專家詩，從詩歌美學到王維、蘇軾的詩歌禪學交會；探索「文字禪」詩學發展的軌跡。幾年前她辭去臺大教授兼副主任，「登上」宜蘭山上濱海的佛光大學，由系主任而院長。因為學校給她年六十萬經費，讓她放手去研究著作《中國佛教文學史》，她組織工作團隊，正忙得不亦樂乎。她請我去作講演，看她一切得心應手的樣子，很欣慰、很高興。

她仔細讀過我的舊詩集，還寫了一篇評論文章〈人間有情・春陽煦煦——曾永義教授的古典詩〉。

陸 至親同伴

1 曾氏党魁至親

党魁家世極寒微，出身臺南縣下營鄉宅內村曾氏聚落。只能追述三代：祖父曾德是業農打魚擅竹編，祖母陳綢大屯村人，生五子二女。五子為明和、明修、明吉、明忠、明開。明修婚後早逝，遺一子一女，由父親撫養。除父親明忠小學畢業外，皆務農，不識之無。

父親明忠行四，母親黃緞為鄰村人，未就學，但明理善記憶，能說出兒女生辰與電話號碼。我髫年與父母親移居鄰鄉烏山頭珊瑚潭下之六甲甲南村，開一家竹器農具鋪。父母親生五子三女：

長子永義，文學博士、臺灣大學名譽教授、世新大學講座教授、中央研究院院士。

次子裞袾即夭折。

叁子永發，新營高中畢業。事業一度發達。

肆子永福，世新專科畢業，一婚再娶，幾無家業。近年為大樓保全人員，始見安穩。

長女金英，六甲國小畢業，夫婿王憲男，服務電力公司。

次女麗玉，新營高中畢業，夫婿黃鏡榮在深圳開工廠，生活最有餘裕而安穩。

叄女麗娥，六甲國中畢業，夫婿以癌症早逝，守寡，撫育一子一女，備極艱辛，余助以學費。

父母親所繁衍之子孫，裡裡外外，至其晚年，已達三十餘口。最喜逢年過節，兒孫四代同堂，彩衣繞膝，笑口常開。

余初娶下營鄉陳瑞玉，新營女子高職畢業，生三女：

長女湘綾，靜修女高畢業，能寫作，嫁泰雅族作家瓦歷斯．諾幹，分居返娘家已七八年（二〇一四—二〇二二）。

次女湘芸，北一女夜間部與臺大夜間部外文系畢業，為愛情而拒赴美留學；以夫婿不堪造就離異。現為臺灣大哥大處長，轄下數百餘人。

叄女湘珍，東山高中畢業，每逢考試必胃痛；生性伶俐，夫婿包一飛本分溫厚，開發保全裝置，生意興隆，兩人公司，忙得不亦樂乎！因未申請專利，被盜用；幸老顧客支持，尚能平穩。生一子一女，長子包煜弘，高雄師大機械系畢業，已在一家開發公司就職。長女包寧，世新大學法律系三年級。皆已長大成人，煜弘身高一百八十餘公分，高過乃父，俊偉有男子氣概；包寧已具美人輪廓，笑起來特別可愛。星期假日常與父母、「乾媽」湘芸來陪我三代「雀戰」之樂，使我知「蔗孫」之滋味。

余於一九八二年七月九日在安雅堡密西根大學與陳媛結婚。時媛為留學生，我為訪問學人。返臺後，於一九八五年元月四日生大衡，現為政大傳媒研究所博士生，從事電視電影編導工作；娶妻李凡萱，臺師大音樂研究所碩士，參與樂團演奏大提琴，亦於業餘收徒教習。大衡常以助理導演或總導演身分參加在上海之工作團隊，一次總要幾個月。

我父母所傳衍之子子孫孫，一門和樂。凡此已詳見〈党魁自傳〉，與描寫祖母、父母親諸篇章中。

我家弟妹，極為尊敬媛和我；因我本為長兄，現在又為家中族長；而媛則孝敬父母，頤養於所購置之紅葉山莊外，醫療與喪事皆由她一人照顧處理，她又善待弟妹，所以受到竭誠的敬愛。而三位女兒與大衡、凡萱，對我兩老亦孝敬有加，使我和媛感受莫大的幸福和愉快。

2 我妻陳媛

吾妻陳媛生於一九五二年十一月二日。父陳世義，上海人，母杭渡群安徽人。國共鬥爭時，父母親輾轉逃難來臺。有弟東海、東旭。與其外祖母、阿姨、姨爹，誼屬至親。

媛中山女高畢業，考入甫成立之臺大夜間部歷史系。時為一九七一年，余獲國家文學博士，留校為副教授，亦於夜間部授大一國文。媛坐第一排，軀體微斜，姿態嫻雅。大二時又來旁聽余於夜間部中文系所開「詩選」。方其不意出現課堂時，我恍如明月東山，皎光乍現。下課後，同步校園，同往舟山路搭二五四公車，她返光復路家，我返長興街宿舍，習以為常。

一九七三年五月八日夜詩選課後，余邀媛同行漫步。她以天晚為辭。我獨自穿行實驗農場相思樹林，忽聞步履急促，驚喜媛隨後趕來。而斜月半輪，流金林際，清風徐徐，攬媛入懷，一吻定情矣！爾後每攜媛留連於此，共享木棉花開之日，草際螢飛、蟲鳴鳥叫之時。

在學期間，媛在日間部也聽我「詞曲選」，她上課用心聽講，只記大要。她不再坐首排而是靠後。她在場，使我靈光格外閃灼，將一詩一詞一曲解說得更加淋漓盡致。譬如曹操〈短歌行〉、蘇軾【定風波】、馬致遠【天淨沙】。

一九七六年六月媛大學畢業，考入華航為空服員。服務四年。每次長途飛行歸來，必晚至午夜之後，余懸掛在心，必徘徊於華視附近光復路步道上，候媛下車，陪她返家，方能安然入眠。

一九七八年六月至次年六月，余為哈佛大學燕京社訪問學人，日日盼望來信，時時懷念，乃深知相思之苦。媛於飛行赴美，休假之際，一度到哈佛來看我；一度在多倫多與我會合，在許進雄安排下，陪我在多大講演，同遊尼加拉瀑布。我返臺之際，我們相約在紐約，同往英倫。可嘆她所持半價優惠票，因美國 DC-10 失事全部停飛，上不了飛機，我獨自到倫敦、牛津，再折返紐約和她相聚，取道日本東京、京都返臺。

一九八〇年媛參加教育部公費留學考試，口試時，我臨場授以機宜，不出所料，考官所問題目，皆與我設想幾於雷同。她以優異成績，在我安排下，託好友黃朝陽伉儷照顧，赴美國安雅堡密西根大學學習博物館，獲美術史和博物館學實務雙碩士學位。在這段別離日子裡，電話難通難以訴盡衷腸，我每天時時刻刻都用筆墨在描述我生活與相思之苦。曾因郵局郵務人員過失，使我們書斷音絕，彼此緊張失落萬分。

而一九八二年七月，我以訪問學人身分赴密大，於九日上午在其博物館老師瑪麗女士夫婦福證之下，與媛結婚，成就此生此世姻緣。我們住密大學生眷屬宿舍，一臥房、一廚房、一客廳。媛書桌在臥房，我書桌在客廳。她功課很繁重，每天我早上送她搭校車，傍晚等她回家。我「伴讀」，一年內也為林洋慈國家出版社詳注《戲曲選》六十餘萬字；為陳篤弘主編之《臺灣日報》副刊寫專欄，每週一篇，凡五萬餘言。媛在我沒來以前，獨自揹包，走山坡一段頗長的路購買每星期之日用與飲食所需，其辛苦可想。我來之後，二人同行；買了一部「破車」，就方便多了。我們一起做菜，我為幫手；我喜交友，常在客廳擺中國筵席，請媛的師長和常照顧我們的莊喆、馬浩、陳真愛、謝常彰伉儷。陳真愛教我們的「醬香牛肚」，物美價廉，更使柯迂儒、愛瑞慈教授讚不絕口。我和媛常到莊喆、常彰家叨擾，和莊喆飲酒論畫，和常彰憂國憂民。記得莊喆帶回一顆魚販不收費的大魚頭，馬浩使我們大快朵頤，享用一天一夜還吃不完；記得常彰召我飲酒，簷溜冰條垂掛，從黃昏逾午夜，飲盡真愛的 cooking wine 和最後兩碗蛋花湯，才堅持獨自開車返家，一入家門，酒意頓時使我酩酊，媛適從圖書館歸來，朦朧中感覺媛不高興的樣子。也記得某日清晨送媛上學，我撐的傘頂滴答作響，我將傘面上揚，粒粒冰珠，如絡而下，恰似「大珠小珠落玉盤」。然後我橫過鋪滿積雪的廣場，回看自己串連的足跡，想到蘇東坡為什麼感慨地說：「人生到處知何似，應似飛鴻踏雪泥；泥上偶然留趾爪，鴻飛那復計東西。」

我從小就喜歡釣魚，在密西根也一樣。有次北遊五大湖區，住在森林木屋裡，一大清早，就拉著媛往蘇必略湖拋擲長竿，湖面煙嵐陣陣，真如《莊子》所云：「野馬也，塵埃也，物之以息相吹也。」使我們眼目迷離，不辨竿影，我寫了一篇短文〈氣蒸雲夢澤〉，痖弦在《聯副》加框歪斜，突出版面。我們自從有部破車子，我常在斜陽裡到車程三十分鐘的休倫河畔垂釣，媛陪我時，總坐在我身旁看她的書。但秋山紅葉，雁陣起落，以及蒼翠周邊的高爾夫球場和頭頂上的藍天白雲，眼前一泓款款碧波，已足夠我們清新眼目，淘洗心胸。我也在斷雁一聲悽楚裡，恍惚在王勃「落霞與孤鶩齊飛，秋水共長天一色」裡。我們也喜歡看春雁在正爆裂的休倫冰河上接續降落滑行，而野鴨早在初融的雪水裡嬉遊了；我為此寫了〈春江水暖鴨先知〉。而我們最感溫馨愉快的是：一盞燈、一壺美酒、三五碟親烹菜餚，對坐舉杯，月影臨窗、玉樹婆娑，閒話家常的時刻。

在媛行將完成密大學業時，莊喆和我規劃美西美中長途旅行，邀來外交部派任紐約辦事處副處長好友吳子丹，和馬浩視如子弟的留學生彭海文參加；媛身體不適，但也同行。我們租一部可供十二人乘坐的中型旅遊車，從安雅堡出發，由馬浩「總司令」，輪流開車，連我這初學乍練、駕駛資歷最淺的，也讓我在大草原或沙磧邊陲的筆直大道上奔馳。我不喜大卡車或連結車擋住「前途」，無不「膽大心細」地超越而過，開展我們的「康莊大道」。

我們到大城小鎮，山川野地觀風賞景。在超級市場採購食品，在景點公園設帳露營，在營地裡野炊共食；飲酒揮星斗，高談對至友。我們也有深夜住汽車旅館的時候，但馬浩的隨身電鍋難不倒我們的飲食，照樣燉牛肉，照樣有下酒的好菜。只是七個人擠一個房間，女生睡床上，男生躺床下，以作「經濟之旅」。我們野地露營，男女分帳。人人說我躺下鼾聲大作，頗妨他們清眠。經我稍作「計較觀察」，使他們一一都「互相揭發」，哈哈大笑。我說：男人不打呼，哪能做英雄豪傑？君不見宋太祖趙匡胤說過：「臥榻之側，豈容他人鼾睡！」

我們一行在大峽谷讚嘆造物的壯麗，吳子丹和彭海文體驗峽谷的熱流，莊喆用鏡頭捕捉媛和我並坐遠眺的倩影。我們也在賭城「拉輸回家死」，住食宿廉價以引誘賭徒的旅館，我在「臨去秋波那一轉」，以兩毛五拉出二十五美元嘩啦啦的銀錢，見好即收。我們進入牛仔驅策的牧場，探訪印第安人保留地中可憐的部落。掠過鹽湖區，體驗猶太小城嚴肅的氛圍。橫穿洛杉磯連綿山巒，濯足於深谿澗谷的科羅拉多河。也曾被彭海文將鑰匙鎖住車內，幸馬浩身上有吳子丹備分的鑰匙，才化解半夜流落荒野的窘境；也在科羅拉多的「夏鹽」因彭海文加錯柴油，汽車「洗胃」而蹭蹬於五月八寸雪堆之中，長達二十四小時。我們抵達洛杉磯，將來自臺灣的家父母和經美國要赴法蘭西留學的邱坤良接上車，回頭再擇不同路線往安雅堡奔馳，雖然一路「浮光掠影」，但也使父母親感受大地之廣、馳騁之樂。我們這次「壯遊」，全程二十五天，達七千五百里，古人所謂「行萬里路」，足夠矣。

父母親在安雅堡住幾天之後，我又侍候父母親往美東旅遊，經波斯頓、華盛頓、紐約、舊金山等大城，參加城市觀光，讓父母親吃漢堡。母親因我幼小多病，向神明媽祖許願吃早齋，不食牛肉，保祐我平安。但在異國他鄉，我只好讓母親糊裡糊塗地不知忌口了。返國時又陪父母親取道首爾、東京。在首爾我被友朋學生的熱情灌醉了，有失孝順之道。在東京我請一位留學生開一部車始終導覽，只是在銀宿街頭，正值上下班，人擠人幾於水泄不通，我和父母親彼此手緊拉著手，還差一點被衝散。父母親這次「暢遊」有一個多月，對媳婦很滿意。媛留在密大「善後」，取得學位證書才返國。

媛返國不久，就被故宮博物院秦孝儀院長用為辦公室機要秘書，合乎她公費留學必須報效回饋的旨趣和義務。

媛服務故宮，每日上午八點在長興街口搭博物院交通車上班，下午返家已近傍晚。她的工作要負責院長辦公室庶務，還要應接訪客貴賓，她都分寸得宜，頗得秦院長稱許。我在東吳兼課，常陪她一起搭交通車到故宮，她進辦公室上班，我「溜進」博物館看展覽，日積月累，認識「國寶」，甚有收穫；也在圖書館特藏室閱讀我在密大所蒐羅寄回國內、被情報局沒收而典藏於此的「匪區資料」。中午便和吳哲夫等友人在餐廳「暢飲」，然後徒步到東吳站上講堂。起先女學生對我五、六分酒氣熏人，有所怨言，後來在我「意氣風發」的講授裡，甚覺能引人入勝，卻以不飲酒上課為反常無味了。上我「戲曲選」課的學生坐滿整個教室，使對開「小說選」的名作家必須由助教「遊說」，才能湊足開班人數。

我在學術界和文化界也逐漸嶄露頭角。我的論文傑出，連連獲獎，使我每個月薪水之外，多出兩萬五千元；而開會、講演、審查的報酬，有時不下於薪水；我投入民俗藝術調查研究維護發揚的工作，如火如荼，遍及全臺，深入大陸，交流兩岸。更發揮體氣嗜好的本能，於酒席筵宴中飛揚跋扈，浸假而雄踞「酒党党魁」，「統一兩岸」，党徒遍布海內外。而其背後，都是媛這位「賢內助」所給予的。

媛治家，應對親友得體，和諧大小由心。在深坑紅葉山莊購置別墅為父母親頤養之所，逢年過節會聚弟妹家族繞膝大宴，行彩衣之娛，使兩老笑不合口。屋旁空地闢為一區，蔬菜、絲瓜、香蕉，綠意盎然，使父母親暇時有種植自娛之所。湘綾、湘芸、湘珍在其照顧調教下成長，使我毫無後顧之憂。她非常尊重我，不干涉我只鼓勵化解我，使我為所欲為，能縱橫四海，「塞北江南酒，飄揚過海詩」，廣交同仁同道意氣投合之士，做一個堂堂正正、表裡如一的讀書人。

一九八五年元月六日大衡出生。母親喜獲長孫，高興地住在長興街宿舍，使大衡從襁褓餵奶、在大臉盆洗澡，到學走路，都是母親日夜呵護和照顧，也使媛下班後可以休息，不為撫育幼兒過分勞累。而在大衡可以騎在我肩膀時，最讓他盼望的是在基隆路、長興街交口等候媛從交通車下來，他一見母親，就躍躍然地要跳到媛的懷裡。大衡也在他二姑麗玉家與他表哥浩彰、博彰、表姊雅萱，有一段美好的童年歲月，他簡直是大家所愛的核心，他確實也討人喜歡。他念幼稚園時，我常用單車帶他在臺大椰林大道「馳騁」，中文系每星期三中午為王叔岷、張清徽兩位老師的「三中全會」，大衡也乖乖地為「座上賓」。他上小學時由他二姊湘芸陪他上下學，有次自己和同學邊走邊說話，跌入路上沒加蓋的涵洞，所幸跌在施工的工人身上。我是大衡和他二姊三姊就讀的公館國小家長會會長，校長和我成為朋友。媛和我對他們的教育，重在給予愉快的童年。湘芸代表畢業生致辭，大衡曾三科三百分居班上第一，固然好，但大衡四年級迷上足球，由熱心的計程車司機擔任教練，於是大衡球技大進，回家還得意洋洋地在我和媛的面前展示一番。可是學業成績直直滑落，跌入「中茅」，我們也沒有為此責備他。他一直這樣的學他想學的，直到現在熱衷於影視編導，肄業於政大傳播研究所博士班。

一九八六年下學期，我受聘為德國波鴻魯爾大學客座教授，臺灣大學孫震校長並命我代表臺大與歐洲姊妹學校「巡迴訪問」。我希望媛與我同行，她只能留職停薪中斷資歷，才獲批准。

我在魯爾大學只有星期四上午兩堂課，媛和我可以公私兩便大作講演和旅遊計畫。首先要辦理的是列國簽證，選擇城鎮景點和交通旅館，這些繁瑣事都由媛偏勞。媛也每備好行李，與我課後即搭接駁火車轉乘國際鐵路網出發。我們拎著行李走在大街小巷、乘坐當地公共交通工具、在超市買食物、住公共浴室的旅館，為的是為臺大要我申報的公費省錢，為此臺大會計主任大為驚嘆，天下哪有這樣的教授，已經少得可憐，還只要取其半數，特致電中文系秘書林碧珠轉告我，不要客氣，悉數申報，一毛錢也不要少。但這樣我才心安理得，才不辜負孫校長美意，而我在訪問荷比德法諸如萊頓、魯汶、科隆、柏林、特利爾、列日、巴黎等大學講演交流時，已受益良多；何況異國他鄉、客館孤燈，有媛對酌；山川風物、名勝古蹟，大都小邑，黑森林煙雲，路途風霜，秋風掃葉，劍橋瞬間晴雪；尤其藝術殿堂之無盡藏，王宮庭園之富麗堂皇，都與媛攜手同遊同觀同賞，又是多麼的令人陶醉，永不忘懷呀！

由於媛是學博物館的，所以博物館我們也看得最多。不要說法國巴黎羅浮宮、英國倫敦大英博物館、荷蘭阿姆斯特丹博物館，就連一些具有特色的主題展覽之類的，無論位處哪裡，媛也盡量不放過。我要媛蒐集資料，略記心得，鼓勵她撰寫《歐洲博物館巡禮》，她都做了。可是返國後，工作一忙碌，歲月蹉跎，就迄未成書了。而我跟在她身旁，聽她解析作品、說明畫中韻味，才恍然大悟她留學密大，擔任博物館導覽，何以喜愛藝術的人都會傾耳入神地聽她所揭發的底蘊。而我在觀看中世紀宗教畫耶穌受難的七家作品，居然也能寫出〈耶穌背負十字架〉，經藝術家詮釋的感悟，認為那幅耶穌眼目炯炯然，背負十字架昂首闊步前行最為傳神而得我心。如此的耶穌才值得信仰。

一九九〇年十月至翌年六月，我以香港大學客座教授在港大，也在錢穆創辦的新亞研究所任課。住在新亞唯一的宿舍，寫了一篇〈睡在馬路邊〉，將徹夜不止的車輛各式聲響，美化成種種流水地籟，才不由自覺地入夢。逯耀東在中文大學、左松超在浸會大學領高薪，請我飲酒敘舊，都說香港有多好，要什麼有什麼。可是我實在無法忍受其「逼促」，人走的路都「難行」，我習慣晚飯後到世界最繁忙、起降最危險的啟德機場看飛機升落，給自己一點舒坦。所幸尚有黃坤堯、麥堅城、黃德偉這些好友，否則日子更難過。試想縱橫交錯的高架馬路怎麼走，一張張星期假日就在小館搶位置「飲茶」泡上一整天的港人嘴臉怎麼交往？所以我新亞一下課就搭機返臺、有課再來港。也因此，媛和大衡只來新亞一次，和我在斗室裡熬一夜，我也沒有陪他母子倆「摩挲這東方明珠」。但香港的夜晚，如果從扯旗山鳥瞰，確是輝煌可觀的，我終於為它寫了〈璀璨的鑽石城〉。遺憾得很，沒來得及陪媛和大衡一飽眼福，因為它比從夜晚飛機上俯視東京，更有高低層次，水光四射；比從洛杉磯郊外高地看道衢燈龍交輝，更千姿百態，恍惚月殿瑤臺。

在香港一年，只做了兩件較有意義的事：其一為歷代帝王做各項統計，寫成〈帝王的命運〉，發表在聯經的《歷史月刊》；其二，推介賴芳伶給趙令揚為港大博士生，解決她在中興大學不得晉升副教授的障礙，同時也將其夫婿好友林明德，安排接替我在新亞教書，有一份等同臺灣教授的薪水，好能「婦唱夫隨」。

一九九六年暑假，我和媛帶大衡到荷蘭萊頓大學訪問講學兩個月。返國時經德國慕尼黑到維也納，參加一趟所費不貲的愛琴海遊輪之旅，登上希臘和土耳其東西隔海對望的伊斯坦堡，從斷牆殘壁中摸索古文明的光澤。沿著航線，周邊的好山好景、奇風異俗，以及西西里島的僻處簡陋，也都經眼入心。

而媛和我還是懷念布滿運河的萊頓小鎮，那裡靜如處子，雅致閒美，單車可行，步履可達。我喜在邀請我待我極優厚的伊德瑪（Iedma）教授家後，徐徐流動的「運河」垂釣，更愛與媛去採買便宜的大龍蝦頭和顆顆鮮甜的淡菜，親自烹來下酒。只有淵明採菊東籬的悠然，沒有他戴月荷鋤的辛勞。

一九九七年暑假，我又應史丹佛大學東亞系主任王靖宇大哥之邀，去訪問講學三個月，媛和我帶大衡同行，我們住在月租頗為昂貴的宿舍。史丹佛和傅爾．布萊特基金會都給我優厚的禮遇，眷屬機票和行李運費另計，每月還給我六、七千美元的生活補貼。我主動寫信說明，結果基金會減去我一千四百美元，使我更加自在。

大衡正值好動的年歲，早晚都要我陪他打籃球；他又嫌我笨手笨腳，沒有意思。媛乃安排他去參加國際兒童的戶外活動，使他得其所哉！

大衡開學早，媛須帶他先行回臺灣；在返國之前，媛報名我們一家三口作阿拉斯加遊輪之旅。我們在加拿大溫哥華上船，沿著加拿大和阿拉斯加沿岸北行。每逢可觀可覽的城鎮或奇景異致，就停泊下船賞玩，而最壯觀的是冰河崩裂滑落大洋的雪浪，隱隱然震動天地。而鮭魚滿溪滿流爭先恐後溯水洄游和捨命跳躑懸瀑的毅力和「壯烈」，也教人佩服與悲憫。我也喜歡一些小鎮的安寧優雅，在長年的冰天雪地裡，淘洗得潔淨無比。我要大衡站在船首船尾，看「乘風破浪」，感受「冰刀如割」，觀「船過水無痕」，領略「時空霎那間」。我也帶他登上船樓頂端，讓萬里長風颯颯狂吼，使不盡碧空吟嘯不聞。而遊輪一應俱全的設備和狹隘中堆滿的異國風情，雖是新鮮的體驗，但我請媛帶大衡多去參與，自己則獨坐倚欄望滄海。

媛和大衡返國後，我住在李武開、鍾慧娥伉儷家。他們待我親敬如大哥，日日飲宴，三五日一大聚會一高論。我和武開很談得來，他是創意發明家，取得專利證照，公司的研究就越昌盛。慧娥是位樸實無華、與人為善的舞蹈家。他們家寬敞，背負林木，面向山坡，環境開闊清爽。他們喜愛朋友，科學家、藝術家、文學界、教育界、工商界，兼而有之。因我「好吹好噓」而使之高堂滿座、俊彥畢至。此時此際，我常「得意忘形」，居然對科學家放言我的「宇宙觀」，對大畫家論「有形無形之道」。而他們最想聽我說：西施只是影子人物，王昭君沒那麼漂亮，楊貴妃不怎麼壞；梁祝集中國人愛情於一爐，牛郎織女是男耕女織的生活反映，孟姜女萬喜良充滿古人邊塞之苦悲，白蛇青蛇是物我如一至情至義的表現；關公臉不紅，包公臉不黑，他們原本都不非常了不起；還有觀音是從宋代才「變性」為女神，其「大慈大悲」是從其「法號觀世音」觸發聯想出來的。我用這些題材不知「吹噓」得口沫橫飛多少次，不知揮杯縱酒興會盎然多少回。而慧娥一人手腳俐落，大盤小盤、美餚佳饌，很快就布置滿席。

我在武開、慧娥家兩星期，為國光劇團編寫京劇劇本《鄭成功與臺灣》，他夫妻倆還三不五時帶我郊遊。媛和大衡未返臺之前，我們一起在黃石公園兩夜三天，我寫了七千餘言的〈夕陽下黃石〉刊載《聯副》，那投入大自然的情景，與武開、慧娥深摯的友誼，畢生難忘。

媛在故宮因中止年資，秦院長將其開展「近現代藝術館」的理念，交由媛去規劃實踐。媛憑她專業修為，很快就開館，「有聲有色」，與故宮館藏國寶古今輝映。雖然大家稱媛為「館長」，但有名無實，因為故宮根本沒這單位。而媛行事雖盡心盡力，但很低調，從不對媒體發言。近現代藝術工作者，對她則肯定和敬重。

媛後來改任故宮展覽組組長，又轉任登記組組長，考入臺師大社教所博士班獲取學位。這對媛來說，都是得心應手的事。她從不論人是非，與人和諧相處，家庭親友也一樣妥貼得當。尤其父母親相隔十年，因病去世，其進出醫院之照護操勞，辦理喪事之繁瑣任重，皆幾乎由她一人獨攬承當，弟妹弟媳對她感激、恭敬有加。而她還是任我遊走兩岸傳播學術，飛越大洋宣揚文化。只是她五十五歲就堅持退休了，到大學去開啟博物館教育的第二春都興趣缺缺。她要的是自由自在、無拘無束的生活。

一九九〇年政府開放公教人員可以赴大陸交流。許大哥常惠、大嫂李致慧，媛與我、樊曼儂、王惟真、林清財伉儷一行八人，即於八月間經香港、北京轉機，直飛新疆烏魯木齊調查木卡姆古樂和沿塔里木沙漠邊緣，歷高昌、沙車、吐魯番古國直至帕米爾高原南陲之喀什噶爾，作漫長的採風之旅。返程於西安率漢唐南管樂團於九月九日謁陝西黃陵縣黃帝陵，夜祭軒轅廟，中秋節赴泉州以臺灣三南管樂團總領隊名義與泉州南管界交流演奏，被選為兩岸南管音樂協會之名譽會長，從此開啟我三十幾年來頻繁從事的「兩岸學術藝術文化交流」的事業。媛任由我投入這認為極具意義的「書生工作」。她也多次陪我深入大陸，縱橫南北，傳響木鐸、厭飫河山：

一九九一年四月我們率學生郝譽翔、張啟超等至雲貴作戲曲考察、觀賞演出、座談交流。

一九九二年元月二十五日至二月二日在貴州、廣西，貴州普定縣縣長陪同參訪上官屯地戲演出。後遊覽貴陽城郊龍宮，至安順觀黃菓樹大瀑布，乘船逍遙灕江山水，入伏波山還珠洞，讚嘆碑林刻石，憑弔明代靖江王墓群，與章亞若由其子章孝嚴、章孝慈新修之孤墳。

一九九八年五月二十三日、二十四日應觀光局之邀，赴金門，入翟山隧道、中央隧道、擎天廳觀覽。

一九九八年在文建會劉萬航副主委的率領下，偕媛與許常惠同行，赴青海參加納頓節等民俗活動。

二〇〇四年七月參加大陸文化部舉辦之「情繫香格里拉」之旅，參訪雲南大理、麗江、瀘沽湖。瀘沽湖猶保留「走婚」習俗。

二〇〇七年七月二十七日赴山西臨汾師大參加「黃竹三教授七秩榮慶」，北上五台山，經佛光寺，登應縣遼蕭后木塔，穿過恆山懸空寺，摩挲雲崗石窟、大同九龍壁，出宋遼分界之雁門關，謁太原晉祠；於八月四日飛青海西寧，搭青康藏火車往西藏，沿途有青海塔爾寺、玉珠峰、唐古拉山、托居草原、錯那湖。八月六日由拉薩往日喀則，途經羊湖、雅魯藏布江、尼木縣、班禪寺、江孜、白居寺、羊卓雍錯湖、澤多、桑耶，登五千公尺之米拉山口，鳥瞰尼洋河。八月十日抱病賴曾子良扶助，穿梭布達拉宮；其幽深如龍蛇之窟，感嘆達賴何以為居？十三日飛四川成都，一出西藏，余之高原症候，即不藥而癒。

二〇〇八年六月十三日至二十九日隨國光豫劇隊至北京、新疆烏魯木齊、河南鄭州等城市演出余所編豫劇《慈禧與珍妃》，並於北京首都師大、清華大學、北師大、河南大學等高校作講演。赴烏魯木齊余與媛選擇搭火車，費四十幾小時，雖辛苦，但縱覽中國北疆，穿越西北高原，亦「壯遊」矣。

二〇〇九年七月十五日至二十二日參加大陸文化部主辦「情繫西安」關中之旅，進入漢景帝地宮陽陵，遊覽曲江池芙蓉樓、千年法門寺、唐高宗、武后乾陵、無字碑、謁定軍山武侯祠、武侯墓，辨涇渭之清濁，望終南山之捷徑，代團隊作祭文祀黃帝陵，北上延安於棗園看毛澤東等共黨群英舊居，於安塞縣廣場觀腰鼓匯演，聲勢震天。

二〇一〇年六月十日至十六日在哈爾濱，巡迴黑龍江大學、黑龍江師大、黑龍江幼教師專、牡丹江師範學院講演，遊鏡泊湖，觀大瀑布，飲宴韓裔社區。黑大校長張政文為杜桂萍教授夫婿，極盡主人殷勤之誼。六月十七日飛上海，參觀媛所熱望之「世界博覽會」，已見泱泱大國之氣象矣。中國、臺灣、沙烏地等館須排隊六小時，美國、日本須三小時，而揮汗成雨，只好挑些不必排隊的巴勒斯坦、敘利亞聊勝於無。而所住簡陋的「五星級旅館」，一碗麵要花三百五十一元人民幣，我們只熬了兩天即打道回府。

二〇一七年十一月十日於廈門大學講演後，至漳州長泰龍人古琴村盤桓數日，多所題贈，於十三日返臺。

二〇一八年四月十二日至二十四日在齊遼巡迴講學、觀光旅遊。期間在山東大學講演四場，東出濟南，赴秦皇島燕大、大連民大、威海衛山大分校各一場，行程凡二千四百餘公里，皆鄭杰文安排，伉儷同行，共乘一車，沿途照顧。於濟南博士生劉博陪遊百花公園、大明湖，宋開立教授設晚宴於古色古香之四合院，王承略教授驅車導遊黃河長堤與瓜田採擷。四月十六日出濟南，首途秦皇島，經北戴河。燕山大學中文系系主任王天彤導遊老龍頭、山海關、孟姜女廟。四月十九日大連民族大學李洲良教授與華潤小學校長于燕飛陪同前往旅順遊覽白玉山、星海廣場、棒棰島。二十一日由大連灣渡渤海往煙台，山大威海衛分校東北亞學院院長牛林杰「郊迎」於高速公路交口。

二〇一九年十月十二日赴深圳南方科大，應及門弟子、藝文中心主任皮晟之邀參加「美育研討會」。回想一九九〇年余客座港大，初訪甫從漁村創建之深圳，而今已為大陸第三大城，不勝滄桑之感。

媛亦陪我到國外作文化活動：

一九九七年四月二十六日，由教育部安排，赴馬來西亞大學、華人團體，南北縱橫作講演，訪視華僑社會，流覽當地風光。返國時經新加坡飛印尼峇里島暢遊三日。

一九九九年五月為慶祝華人在檀香山開拓兩百周年紀念，應國立歷史博物館之邀，率小西園布袋戲團赴夏威夷演出十場，媛隨行，主持「布袋戲文物展」。

二〇〇一年六月二十八日至七月十四日應行政院新聞局之邀，率小西園布袋戲團，赴中美洲尼加拉瓜、巴拿馬、哥斯大黎加三國巡迴公演六場，媛為秘書。三國元首及夫人皆來觀賞，大表讚揚。期間遊覽列國風物，觀巴拿馬運河之航行。

二〇一九年九月四日至八日赴越南河內參加「亞洲觀音與女神信仰國際學術研討會」，擔任主持人。陳益源策劃執行其事，伉儷一路照顧。會後，赴北寧省參觀越南佛教發祥地「筆塔寺」。九月七日赴列世界觀光勝地第七名之下龍灣，群山鬥異爭奇，錯落海中。余所經歷，挪威奧斯陸海濱、加拿大維多利亞島港口，皆宛然相似，而桂林山水，又彷彿在眼也。

在我大病以前的「健壯歲月」，總算與媛連袂踏過不少故國河山，攜手經歷許多異域風華。只是仔細省思，我雖認真教學，用心論著，賣力文化，但過分飛揚跋扈於杯勺，縱橫南征北討於域外，而把整個事親顧家責任交由媛一人承擔；我行事為人又粗心大意，不知反省，而媛亦從不明白發出怨言、露出憤懣之心，我也就得過且過地「自私」下去，只顧成就自己的虛名，而忽略她的感受，應當多給她慰貼。現在想來，實在慚愧。

媛在高中時上過教堂，慢慢淡然。退休後才又皈依信奉天主、耶穌，在教堂禮拜聚會外，還到醫院作義工，照顧癌末病人。媛本性善良，也不厭為人分憂解煩。對於媛的信仰與日虔誠，我一直尊重，兒子大衡也在母親影響下成為基督徒，而媛的教會「兄弟姊妹」也以我未能受洗感到遺憾。我的看法是：釋迦慈悲、耶穌博愛、仲尼倫常，各能淑世化民，皆為聖人；只有穆罕默德鄙刻婦女不可取。而我既知三教之所長，亦知先秦諸子之主張，對法家但有是非而泯人情，墨家之兼愛而忽略人倫，有所肯定亦有所不取，唯獨對唯勢利是務之縱橫說客最為不齒。而審視自己生性在「人棄我取」，在「尚人不尚黑」、在現世種福田現世享福果唯求「人間愉快」，則自有自家對身命之旨趣與主張，所以既不跪拜媽祖關公，也不頂禮釋迦觀音，亦不合十天主基督。

然而自我晚年，更加體會既與媛至情至愛身命相許而結褵，四、五十年來，雖相顧相欣於日常生活，雖相勵相成於異國天涯，但未真正給予最溫馨貼慰之心靈需求。直到去年（二〇二〇）秋天，媛和我坐在興隆公園，她希望我信靠天主耶穌，一起走上祂們所賜與的光影裡。我滿口同意了，因為媛是我此生此世的至愛，那有比這境界更美好的呢？而去年十一月我心臟大動手術，在媛裡裡外外不辭辛苦的打點和無微不至的照拂之下，我強度生死關頭。在我最脆弱、她最無助之際，但憑禱告祈求，化除了眼前的極端艱難。

而二〇二一年二月七日，我受洗了。從此我夫妻兩老每日第一件事即是讀經，由媛誦讀解說，我也能質疑問難。媛說這是我們最美好的時光。

二〇二一年九月二十四日上午

於「二〇二一年戲曲國際學術研討會暨祝賀曾永義院士八十榮慶」之次日

3 媛的至親

劉毅夫先生，空軍少將，抗戰期間任山東縣長。來臺為《青年日報》軍事記者，以他為師之門弟子眾多，後來成為我與國樑之世新大學好友成天明教授，即其「執禮甚恭」之弟子。他是媛的姨爹。

媛留學美國安雅堡密大時，他叫我到家裡吃飯。開了一瓶 XO 漢尼斯，我說：「好酒呀！」很快把它喝完，他見我泰然自若，好像頗為滿意。原來那晚我是被考驗是否合格可以作媛的夫婿。以後過年，我會陪媛回姨爹家團聚，家族聚會也會參加。有次筵開兩席，男女分座，我與初見面的親戚「高談闊論」，僭越長幼，不避風頭，姨爹說：「不要以為你是臺大教授，他們也是教授。」話雖簡短，但已指出我「好吹」的毛病；他喜歡我的率直，而告誡的是我「得意忘形」。他終老百歲，我於喪禮中口占五律：

生非能自主，死亦命由天。百歲如朝露，黃粱裊白煙。
功名隨氣散，勢力與時遷。檢閱人間世，逍遙做酒仙。

媛的父親陳世義是中學體育老師，母親杭渡群在公賣局管人事。媛生大衡時在信中說到他很高興，深覺有後。他七十歲生病住仁愛醫院，彌留之際，媛和內弟東海與我圍繞他床前，我仔細看著岳父，忽然一道靈光從他臉上浮現，很快就散發而逝，岳父的臉色也即刻蒼白了。這種情形在祖母忍死躺在下營家鄉曾家正廳，等我這她最寶貝的孫兒從臺北趕回去時，我所觀察到的完全一樣。果然這是生離死別那一剎那的「迴光返照」。

岳母很嫻靜優雅，媛的氣質可以說得自她的「真傳」。為了媛和我的婚姻，她「捐出」六十萬給我應用。我在《聯副》寫的文章她都看。八十歲時罹大腸癌，入住臺大醫院，在病榻上還說我今天寫的內容她很贊同，哪知道，三天後竟因院內急性肺炎感染而逝世了。

東海是媛的大弟，只小媛一歲，從事航運，經營得體，頗具貲財，而樂善好施，多所濟助。生性明朗簡率，不修邊幅，自奉簡薄，對媛極好，對大衡尤其照顧有加。我大病休養期間，新冠疫情猖獗之前，每星期皆由弟妹秀蘭燉煮牛肉一鍋，他親送我家給我滋補。他購買汽車一部花費近百萬供他姊姊使用。

東旭是媛二弟，大學畢業後為空服員，英年早逝。

劉姍姍是媛姨爹女兒，為媛至親表妹，辭去華航職務，全心全力照料母親。她婚姻失敗，待朋友至情至義，媛每在電話中與她姊妹情深，絮絮叨叨，起碼個把小時以上。新冠疫情之前，只要她得便，就到我家為我按摩，功夫不下於專業。

媛另有表弟家駒、家驊。家驊旅居美國洛杉磯，家駒與姨爹、姨媽同住，生兒養女，晨昏定省。

丁編

書寫党魁

壹 党魁自傳

一 家世背景與童年生活

余一九四一年四月五日陰曆三月初九卯時出生於臺灣臺南縣下營鄉宅內村。宅內為曾氏宗族之居落，蓋自嘉慶間自漳泉移民入臺。祖父諱德是，以打魚編竹為業，猶記童稚，因父母不在哭泣，祖父以手中竹條薄懲。祖父享年六十有餘。祖母賢淑溫和，克勤持家，未見疾言厲色。生五子二女。五男依次為明和、明修、明吉、明忠、明開，二伯明修青年早逝，留下一子一女，二伯母改嫁，由父親明忠照顧。伯叔均承父業為生，亦耕田養家。時日人統治，視臺人為次等國民，不以教育為重。故伯叔與母親、伯母、嬸母均文盲。

父親從小不好漁耕，爭取就讀小學，長大後帥哥一個，同鄉女孩據說有喜歡他的，但還是憑媒妁之言，與母親成為「牽手」。母親是么女，上有六位長兄，在娘家有嫂嫂，未入過廚房。嫁入曾門，就得與諸嫂娣輪番操持。母親守本分，很盡責。父親因讀過書，在水利會謀得職位，手頭較寬鬆，我又是長子，所以齠齔之年，不缺果餌。可是父親三十而立前後，染上當時流行之瘧疾，不得不辭去公職，生活頓現苦境。還記得母親揹著我在流過我們家宅後的溝渠，用竹杖翻採雨後的草菇，有時還會翻出蟠曲的蛇來。父親也常抱我在鄰近的水塘釣魚。其實那是「失業」的景況，如何為生。逼得父親連代步的腳踏車都在庭院中給賣了，氛圍很淒涼。

六舅黃錦文，也就是我最親近的表兄黃惠隆的父親，為紓解父母親的艱苦，在鄰鄉六甲為父親找到一家市場店面，以販售竹編為主的農具。我那時五歲，我們以牛車裝運家當，十公里走了一整夜。此後便成六甲鄉人。

父親真是胼手胝足，節吃省用，賣力經營農具店，到嘉義、臺南「補貨」，六甲到林鳳營四公里路，為省汽車費，來回皆走路；所賣竹掃把都經他「整治」，使用起來，特別俐落，生意為之大好，農民都稱他為「綁掃把的」。因而也積漸有成，在我十二歲初一那年，父親不只已買幾甲田地，而且蓋起雙店面兩層的房子，居然是六甲第一樓。

母親夫唱婦隨，創業時在狹隘的店面居家後水溝，鋪上木板當廚房，還得上赤坎山砍柴禾，挑井水煮飯。而我最喜歡吃放學後或嬉遊累了回家，母親所做的各種家常點心。我念新營中學初中部，由六甲搭破舊公車往林鳳營再換火車走路到學校，母親總在凌晨生火做早餐、備便當；父親也偶爾用腳踏車載我到林鳳營。我當班長，有次檢查班上同學便當盒是否未及中午就「偷吃」光了，發現我那「醬油荷包蛋外加醬菜」的便當是全班最好的。

我小學在楊栽、呂瑞仁、陳家銘等老師的調教下，尤是陳呂二師與同年級導師兩人結為金蘭，各以所長，使我們在遊藝、書法、音樂、繪畫多方面受益，得到最完美的小學教育。初中的趙景霖老師指示我捨師範就讀臺南一中，影響很大。我在小學和初中成績都名列前茅，小學畢業獲臺南縣長獎，初中也和至今七十幾年的好友梁聰明爭第一名。

我喜歡夏天，下課後才午後四時，就拿父親為我製作的竹竿，到村郊溝渠去釣魚，幾乎可以裝滿一大碗公，父親以此下酒，我也不免「沾溉餘瀝」。有次浮標正動，全神貫注，釣起一條小鯽魚，而耳聞草際沙沙作響，原來一條母蛇帶一群小蛇從我腳下的拖板邊滑行而過。臺灣雖非「榛狉未啟」，但實與蛇類「共存」，我在行走郊野差點踩到蛇，釣魚時蛇在水塘游動，乃是「司空渾見事」。有次我見溝中有物蕩起水紋，以為是鱔魚，和同學聯手「圍捕」，鑽進我指間，我一手抓住，一看，牠在我眼前吐蛇信。又有一次我在山中「野放」，猛然見一條蛇盤在我屁股邊，我趕緊使自己滾下山坡。然而我喜愛釣魚，大概是父親傳我入骨髓的。不要說寒暑假、或已擔任臺大教授返鄉，總要張文喜、周伯尚、劉元立等友人為我備置漁具釣於水庫或池塘垂楊下，尤其喜愛文喜的養豬「王國」，將最活刺刺的池魚及時烹煮下酒。而即使我在香港大學客座也要堅城、德偉、坤堯陪我釣於難得一見的飲用水塘。訪問密西根大學時，常攜著媛釣於休倫河邊，看雁群在夕陽下返航。

父親還傳給我瘧疾和飲酒。瘧疾使我小學時一發作就冷熱交加，熱時恨不得剝下皮來，冷時裹住棉被曬太陽都發抖。所幸奎寧特效藥一發明就絕根了。那個年代，臺灣又窮又苦，鄉間道路豬狗同行，泥濘不堪，衛生條件很差，只要被「瘋狗」一咬就準沒命。我們知道飯後要刷牙飯前要洗手的不多。我帶小學同學去村中「傳播」衛生常識十大信條，我將同學一字排開，輪番出列歌唱，我唱的歌詞是「衛生第六條，洗澡記得牢。至少每週一次，能多也更好」。

父親既好飲酒也抽菸。他和母親生我們兄弟七人：永義、永修、永發、永福和金英、麗玉、麗娥。永修襁褓即謝世。父親常與同儕友朋飲酒，有位種我家田地的伯父，幾乎都於晚餐時來陪父親喝幾杯，而「忘年會」過春節的火鍋宴中，父親每開懷暢飲公賣局米酒，有時醉得半夜呻吟，折騰母親不能安眠。他們把這種廉價酒稱作「甩頭仔」，意指飲醉就教人甩頭不停。我遺傳父親的飲酒，未必有他的酒量，而豪情勝概則有過之；而且大為發揚，成立「酒党」，被擁戴為「党魁」。三弟永發能酒能菸，都不為過；四弟永福，菸癮大，酒幾於不沾唇；我則學了幾次抽菸，沒有一次不被嗆得咳嗽不止。所以凡我「党徒」聚會，絕對「禁菸」。而大妹婿王憲男、二妹婿黃鏡榮都是「吾党中人」，可以陪父親增添情趣。

父親和母親組織了友朋間的金錢「互助會」，那是每日各繳若干元，合為一筆，每次由需要用錢的人寫出願出利息之金額，先行扣除，取其總額餘款，而其他與會者可以從中賺得利息現金。本來是「互助好事」，但日子一久，缺金孔急的人，便以高利獲取連番會款，終至「以會養會」、「積債難償」。父親兩位賣魚的朋友，因此共欠十餘萬元，宣告「倒閉」，而父母親為「會首」，必須代行還清，忽成眾會員討債的對象，父母親賣盡所有名下田地數甲也不足相抵，因為那時一甲地才值七千五百元新臺幣。如果讓會員逼上門來，就難以收拾了。還好父親靈機一動，故意加寬二樓後陽臺和樓下廁所，會員以為尚有餘力，才讓父親在艱苦中一次次地清理所負餘額。而這兩位賣魚的朋友，則以魚逐日償還。於是我們「家道中落」，我上大一時，註冊費還得六舅資助，在臺北還兼任家教，賺取生活費。

我小學時是個循規蹈矩的孩子，但不安靜沉默而能活躍樂群。父母親疼我，每天清晨要站在屋簷下吞個雞蛋，因雞蛋是難得的營養品；老師認為我有領導力，常命我維持班上秩序；同學操場上「騎馬」鬥爭時，總簇擁抬舉我為「主帥」，我能「一馬當先」，摘下對方的帽子。而不上學時，喜與同儕在山野奔走、爬樹釣魚。有次從樹上下來，發現釣竿浮標沉沒，被拖離岸邊，即涉水及腰才抓回竿子，而掛在鉤上的只是一條小「土殺魚」。可見我「患得患失」之心。

有次攜帶小我六歲的三弟永發一起在野外玩耍，揹他走在田間，不慎滑落田間，沾上一身水泥。更喜陪祖母到郊外割青草、挖蚯蚓、釣青蛙，看到青蛙咬住餌不放的貪婪。與祖母回家後，用青草餵鵝、用糙米餵雞、用蚯蚓餵鴨，用飼料餵火雞，看牠們爭食的樣子，才明白為什麼成語有「趨之若鶩」。母親孝養祖母，每日上午十時，總會為祖母煮碗「豬肝湯」，豬肝在市場可是「搶手貨」，都是父親的朋友「殺豬旺」特地為母親留下的。祖母享用時，總會呼喚我：「永義哦，快來！」一定要分幾塊看我吃下才高興。

而我也喜愛與同儕聚眾遊戲，看到現代的孩子與我「頑童」時的「童玩」大異其趣，不免「撫今追昔」，從小兒身上引發許多「往日情懷」：

我們家住的長興街臺大宿舍，進門口有個儲藏室，妻為了使小兒大衡有個屬於自己的房間，把它整理裝修得頗具「童心」的格局。沒想小兒照樣把他那「五花八門」的「小書」堆積在妻書桌旁他專屬的小桌上，說這樣在睡覺前媽媽講故事比較方便，而他自己的房間卻用來陳設玩具。說「陳設」，那只是開頭的幾天，眼前則可以說是「亂堆」了。大衡所亂堆的玩具間，可真「琳琅滿目」，有形形色色的人偶動物偶，有大大小小的電動玩具汽車火車和飛機，有造型逼真的刀劍槍枝，有益智的種種道具，乃至於小三輪車、小腳踏車和螢光幕電腦。這許許多多的玩具，代表了他外婆、舅舅等親友對他的疼愛。

面對小兒的玩具間，想起四十幾年前自己的童年，自然會有不勝今昔之感。在我童年的時候，臺灣才光復，百廢待舉，景況的蕭條可想而知，也因此我們玩的都是一些簡單而傳統的東西。譬如有一種叫「尪仔標」，那是彩繪各種圖像的紙牌，有兩個類型：其一是軟紙長方形，上繪十二生肖，大小不盈寸；其二是硬紙圓形，上繪民間故事人物。我們從這種紙牌固然也學會了十二生肖和認知一些傳說掌故，但事實上我們是把它當作「賭具」。我們從四個人到十個人不等圍著一個圈圈，把每人所出的十個軟型紙牌疊積一起，然後輪番摸牌，以「等待」自己手中隱藏的底牌再度出現。像這樣的「遊戲」也會教人沉迷得很，只要是星期假日或放學的午後，街上店鋪的走廊上就會布滿一圈又一圈聚精會神、煞有介事的「頑童」。如果把紙牌輸光了，準會向父母親要錢，再向同伴購買，所以同伴裡有的就成了「小富翁」。我雖然也好賭，但不著迷，倒喜歡與好友「合夥」，然後從旁觀輸贏。我想現代的父母親準不會教他們的孩子玩這種於身心無益，甚至有害的遊戲，可是在那時卻被看得很平常。

另一種硬型的紙牌，雖然也有「賭輸贏」的味道，但就好處多了。因為它的賭輸贏含有充分的體能運動，那是經過「剪刀石頭布」之後，輸的一方就設法將自己的紙牌穩住地面，贏的一方就拿著自己的紙牌，仔細觀察對方的「漏洞」，然後擺出最使勁的姿勢朝對方的紙牌猛力一搧，如果對方的紙牌被掀翻了，那麼就贏得這張紙牌；對方還得擺上另一張讓你重新來，直到不被你掀翻為止，才能輪到他。當然，他對付你的方式也是「依樣畫葫蘆」的。像這樣的「賭輸贏」，久而久之，使右臂的人，右臂就會變得粗壯；使左臂的人，左臂就會變得結實。我們把這種遊戲叫作「搧尪仔標」。

現在玩陀螺的，每以巨大取勝，有重達數公斤乃至於五十公斤的，也因此已成為民俗特技。一九八六年春節由我所率領的中華民俗技藝訪問團在新加坡，江阿青先生的三十公斤大陀螺就已贏得無數熱烈的掌聲。可是我們兒時所玩的陀螺，至大不過成人的拳頭，而每個陀螺的底部轉軸，則將鐵釘打扁並磨利，為的是要攻擊別人的陀螺。我們的玩法是：畫一個相當大的圓圈圈，然後輪番上陣打陀螺，打出圈外的就要倒楣，因為會被集中擺在圈子的中心遭受輪番攻擊，直到有人把你「帶出外」為止。所謂「帶出外」是指遭受攻擊時由於強烈碰撞被彈出圈外而言。一旦被「帶出外」就算復活了，就有權利攻擊別人了。而當你攻擊別人時，如果自己的陀螺轉出圈外，或因碰撞而彈出圈外，你也就要淪為被攻擊的對象了。也因此，陀螺技法打得不精、使得不猛的人是不適合玩這種遊戲的，否則不是容易出危險，就是只作被攻擊的目標。記得有一次我心愛的陀螺被「釘」得面目全非，還被「削」去一大片，傷心得使我流出了眼淚。於是我自己找來一塊堅硬的木頭，親手要為自己做一個「強壯的」以便「報仇」，卻一刀砍掉自己左手食指一塊肉，迄今傷痕猶在，指甲猶然缺一邊。

而我最記得一種叫「地雷」的童玩，將我們家附近的一塊空地耍得嗡嗡作響。嗡嗡作響的聲音，因為「地雷」的大小長短有沉著與清脆之分，而它的強度則隨著轉速的逐漸緩慢而遞減。所謂「地雷」是一種截竹為筒，上下覆以瓢片，在瓢片中心貫竹箸為軸，以膠密合，並於筒中開鑿狹長小洞，如此而纏絲繩於箸軸上，貫絲繩於竹片，猛力拉繩，「地雷」就會在地上快速旋轉發出悅耳的鳴響。許多孩童在一起玩，除了比誰的「模樣」好、「聲響」美之外，有時還玩起互相使之碰擊的遊戲，快速旋轉的地雷撞在一起，誰也討不到便宜，小的固然為之破損，大的多少也要受點傷。這實在是很無聊的勾當，一點好處也沒有，但「玩童」就是「頑童」，卻樂此不疲。

其他我們玩過的尚有玻璃珠、風箏、跳繩、毽子等。跳繩和毽子現在已被許多小學納入課外遊藝的項目，而且發展出許多令人讚嘆的技法，和我們兒時玩的簡單花樣比起來，可以說一個是「大巫」，一個是「小巫」了。這裡還值得提出來說說的是玻璃珠和風箏。

玩玻璃珠的玩法有兩種：一種是在地上挖幾個各自成距離的洞，然後大家在同一個立足點出發，以拇指和食指揑住玻璃珠用力彈出，看誰彈得準彈得恰到好處，看誰最先逐一地進入每個洞裡，誰就算贏家。另一種玩法是大家並排站在一條線上，一齊向設定的另一條線擲出手中的玻璃珠，然後按照接近線緣的程度定先後秩序，最接近的人最優先向其他在地上的玻璃珠攻擊，也就是拿起自己所屬的玻璃珠向其他在地上的玻璃珠擲去，如果擲中了，那麼這顆就屬於自己的了，如此可以繼續「攻擊」下去，直到不能擲中為止，再按秩序輪番下去。這兩種玩法，也都含有「賭」的意味，因為前者最先進完洞的人，就可以「沒收」其他人的玻璃珠。

放風箏的遊戲，起碼要小學中年級以上才玩得好。其實它是老少咸宜的戶外活動，而今更發展成為國際知名的民俗技藝。我很喜愛風箏，似乎在小小的心靈裡就已經能夠欣賞秋日原野的舒爽，也能領略風箏扶搖飛揚而上的愉悅。而我們放風箏總在秋收以後的稻田裡，我們又喜歡去挖幾條番薯，在田裡砌起泥灶，把泥灶燒得火熱，將番薯丟入其中，然後把泥灶的泥塊搗碎，這樣番薯就被埋在裡邊。我們將一枚番薯葉插在窯上後，就跑呀跳地將風箏一個個地放上天空。而一等到有人說「番薯葉」萎下來了，就興高采烈地把灶中番薯挖出來，每個人拿著一條，眉開眼笑地邊吃著香噴噴的番薯，邊欣賞著空中飛揚著的形形色色的風箏。所以「放風箏」如果與「砌番薯窯」同來，是最趣味不過的事，也為我們寫下童年最歡樂的一頁。

仔細想想我們兒時「童玩」，一點也不名貴，有些簡單得可以自己動手做成，雖然玩的時候常帶有「賭性」，但也因此玩得很熱烈，而且無形中養成了競爭向上的精神。更可喜的是那麼自由那麼開闊，呼朋引伴地玩在一起，無形中也養成了胸中的豪情和合群的能力。然而看看被養在都市裡的小兒大衡，成堆的玩具盡多的是價值百元千元的，雖然也有好些極富教育作用的，但當他要起刀槍來，那股「狠勁」就更有電視裡的「模樣」。他獨個兒在他的小房間裡玩膩了，就跑到客廳裡玩些比較「開闊性」的，諸如電動汽車等，有時還要邊看電視邊玩他的新玩具。當他幼稚園的同學或堂兄弟表兄弟來了，大衡會毫不吝嗇地傾出他所有的玩具大家一起玩，甚至於還會分送他們一些。我發現每在這情況總是他最暢快的時刻。我不知道像大衡這樣的童年是幸福的呢，還是像我那樣的童年才是幸福的呢？但我喜歡帶大衡出去釣魚，過年時也帶他回去踩踩故鄉的泥土，我希望我童年時所經驗過的歡樂，也能多少給大衡經驗一些，起碼那開闊自由的天地能在他胸中涵養起來。

二　我鄉烏山頭珊瑚潭

我成長的家鄉六甲，一上山坡就是烏山頭水庫珊瑚潭，以其空中鳥瞰，狀似珊瑚。山水三面環抱日人八田督造的長堤，而山與山之間支派漫衍，筏行其中，藍天白雲、四圍山青水綠，逐勝探流，一處一境界，遙不可及，彷彿置身桃源。父母親過春節，全家照例步行到珊瑚潭，走長堤、登高亭，瀏覽潭光山色，回顧廣闊的嘉南平原，看無盡的禾黍青青。也會順道參拜途中的赤山龍湖巖，那是明鄭時參軍陳永華始建的「護國神寺」。如果我身上有優雅之懷，閒情之趣，可說都是珊瑚潭陶冶出來的。珊瑚潭也一直繫在我身上。

小學畢業後，暑假裡必隨陳家銘老師釣於山坳水湄；和同學陳哲男對在潭邊守護竹筏的老阿伯攀談拉交情，使他同意借我們竹筏，滑行放逐在平湖綠水之中，我們爭競忘懷，更忘了自己是個不諳水性的「旱鴨子」；有次居然在湖心的小艇上與表妹陳玉美對換座位，萬一不慎，就要作「同命鴛鴦」。而即使離鄉背井後，每次重訪故土，也無不呼朋引伴、攜妻帶子嘯傲珊瑚潭野馬般奔馳的湖煙山嵐，沐浴著明月、夕陽的光輝，如流金散彩。尤其喜愛嶼中的「蔣公別墅」的山蔬野味潭魚，在寧靜的夜晚盡情飲宴、聲震山林。曾陪臺大孫震校長伉儷、教務長羅銅壁伉儷及啟方等在大廳上仗著卡拉ＯＫ酣歌熱舞；也安排瘂弦「《聯副》出外景」，放縱遊艇於飆風豪雨、霎那雨過天青的斜日下「穿山越湖」，引得洛夫、管管、張默、向明、陳義芝等大詩人詩興大發。我不知道寫過多少篇散文和舊詩律絕，都以「傾訴」我對珊瑚潭的眷戀。而今每度返鄉，定會住宿劉元立、施德玉他們在珊瑚潭堤下的府邸別墅，重溫往日情懷；元立投我所好，總在湖濱的旅舍餐廳預訂「特別座」，臨湖攬勝，暢飲一番。

三　新營初中小記

我初中時，已知男女有別，在擠公車火車時總避免碰觸女生身軀，不像表兄黃惠隆，乘水泄不通之際，趁機向女生攬腰一把，讓人家左顧右盼。也不像邱正謙、顏秀雄、陳哲男那樣「縱掃」火車車廂，到縣長胡龍寶大千金面前，說「請借過」，將「借」偕音閩南語「嫁」，使她白瞪一眼為樂趣。但也曾下午放學後，成群尾隨兩位衣著英挺、對看不順眼的男同學到僻靜之處，由一位「公道伯」發號說：「開始」，兩人就大打出手，鼻青眼腫；然後「公道伯」一聲「停」，就馬上握手，各自散去。我因看《白蛇傳》，對青蛇的義氣、白蛇的癡情，人間少有而忘了是異類。有次上學路過，有一群人正圍觀，說是在看山中抓來的白蛇，我就從成人大腿間鑽進一探究竟；還從報導知道說有一條三百多年的白蛇在麻豆展覽，我即去觀看，這白娘子軀體雖不大，但很奇妙，在端午午時，尾巴翹得高高的。從此我對蛇減少許多分畏懼，在新營中學校園除和李明輝樹上聊天外，也常到校園周邊，姜廷訓校長閒逸釣魚的渠邊看青蛙撲通跳下水，對著岸邊泥洞口和躲在裡邊的「小青」對眼直看，做李明輝不敢做的事。

初中教導我的老師，國文老師欣賞我的作文，推薦我登在縣府報刊首篇，表妹黃玉美為我洋洋得意，與有榮焉。而影響我們最大的是初三教我們數學的趙景霖老師，他關愛學生，視如子弟。梁聰明說，老師知道他家境清寒，找他刻鋼板印講義，為數學落後的同學免費放學後補習。許勁甫生病住院臺南，老師派他以班長代為問候，致送水果，幫他解決難題，使他考上臺南師範。初三畢業前夕，老師向我說，聰明不像你家境小康，讓他保送臺南師範，你考臺南一中一定考得上。沒想我報考臺南師範口試時，一位主考教理化的老師，問我相關問題，我無不隨口應答，足足四十幾分鐘。放榜後，我遵照老師指示擬就讀臺南一中，而臺南師範三番四次以公函催我報到。那個年代大家窮苦，能公費讀書，畢業後分發國小教職是極不容易的事。像梁聰明之直接保送，每所初中才有一位，更是難得。在這猶疑的節骨眼上，向趙老師請教，他還是希望我高中後繼續升學，以免師範畢業後有三年義務以償還公費。他還在臺南一中畢業報考大專院校、選擇科系時，同意並鼓勵我以臺大中文為第一志願，說隨政府來臺的大儒碩彥很多，是我千載難逢的機會。趙老師可以說指示我走向我此後人生的康莊大道。

初中同學中，梁聰明、林通賜、周伯尚、張文喜、李正隆，是七十幾年來的好兄弟，我每從臺北南下新營，老班長梁聰明準會下召集令相聚，常一起去探望趙老師，在他創立的興國中學校長室噓寒問暖，也如彩衣娛親般的酒筵間「放浪形骸」，使老師看到他調教出來的、這批永遠在他面前長不大而或已為人祖父的「老頑童」們，讓他開心得合不上嘴來。老師終生以教育為志業，將中學辦得有「北建國南興國」之譽，造就人才無數。後來老師又創辦興國管理學院，還聘我為董事，我作校歌歌詞，由及門施德玉教授譜曲。

一九八四年陳寒章安排烏山頭珊瑚潭之夜，我們陪老師在「蔣公別墅」，老師賜我們名牌「白蘭地」以配美饌佳餚。我即興賦七絕二首：

珊瑚潭水瀲深深，似我弟兄相契心。愉快人間酣到底，高山流水定知音。

景霖夫子樂開懷，弟子彩衣成老萊。歌放山潭沉寂夜，杯揮皓月蔣公臺。

聰明與我成績不相上下，君子之爭，情逾手足。我們輪番第一也前後擔任班長。有次我陪他回家，發現他父母親為過時的南管戲演員，在市場走廊下搭棚居住。我向母親說，次日我拎著兩大條虱目魚去看他。我早已忘懷，但聰明常提這件事，而且示其子弟。而今我們都已年及耄耋，聰明和大嫂絜美六十年來伉儷情深，偶爾就各賦詩篇，與我唱和自娛。

而曾任六甲鄉長六年的黃茂良，交情也甚篤。他把六甲鄉由一條街，建設成珊瑚潭區的現代鄉鎮，屋舍儼然，道路整飭，花木扶疏。他還協助使孫震擔任董事長的工研院，設分院於烏山上，以繁榮六甲。曾任教育廳末代廳長的王宮田，有些官氣息，在一次與趙老師聚會時遲到，被我罰酒三杯。

可是茂良天不假年，以癌症仙逝。張文喜也於二〇二〇年八月先行謝世。我有七律弔之：

死生一旦奈何天，莫逆深交六十年。憶昔飛揚同跋扈，只今熱淚泣詩箋。

經營事業稱王國，桑梓口碑尊達賢。化鶴沖霄行漸遠，吾兄命駕渺雲煙。

四 臺南一中生活及同學情誼

高中三年由六甲通學臺南一中，清晨即起，搭載運馬運牛沒有扶手的火車還擠得汗流浹背，下車奔走學校。操場上教官已升旗完畢訓話。一進課堂即打瞌睡，天天如此，周而復始。下課回家，雖然好些，也在夜晚七時左右，吃過晚飯，倒頭便酣然入夢。我只能在週末假日復習功課，沒有好字典，從不查生字，加上英文老師日語口音濃重，英文成為我的弱點。我國文和歷史成績都居全年級第一，數學常先行四捨五入，答案失算不精確；物理化學卻不差，物理還得全年級最高分九十二，較之其次的七十五分有相當距離，物理老師為此對我「刮目相看」，在大專聯考忽然分甲乙丙丁四組入學考試時，因乙組不考物理而難以顧及；但物理老師都給我六十分及格，不像其他乙組同學為此補考。

教數學的葉老師，常說他面對許多像「死魚」一般的眼睛，須知只會寫文章是填不飽肚子的。教地理的老師是個矮個子，上課言不及義，盡是閒話胡扯，譬如個子高矮各有利弊，矮個子蹲廁所、撿東西都比高個子方便，取搆不著的東西，墊張椅子、登上樓梯就可以解決。他考試好用偏僻死背的題目，教我們有一半不及格，以達成我們對他敬畏的目的，也促使家長去拜訪他疏解，他就當話題在班上自吹自擂說那位家長對他很禮遇。所幸我縱使考六十七分，也還居班上第七高分。另外，音樂老師拿大學音樂科系的方式上我們的課，聽寫，標示五線譜，都使我莫知所措；但有一次他有事放寬考試，讓我們站在他彈奏的鋼琴之前，我們歌唱，他聽後打分數，輪到我，我正好只會唱那兩句，字正腔圓，給我八十五分，被選為學校歌詠隊成員，我以課後通學趕火車，無法配合練習而作罷。下學期再度考試時，只有曾金波和我同場歌唱，馬上露出「馬腿」，他對我直搖頭，但還給我六十二分。還有體育課也相當嚴格，體能不足的很難過關，所以同學因體育、音樂、地理只要被當兩科，加上數理一主科就只能以同等學力報考大專聯考。

一九六八年六月我到哈佛燕京社訪問一年。次年春天，莊勝義為我規劃旅程，由北到南探視南一中同學。首途匹茲堡黃瑞典家，他和大嫂刻意請假，兩個孩子都帶在身邊，說這是十六年來未曾有的閒情。我們一路追尋春天的腳步，開了一千多英里的路程。瑞典感慨地說，去國離鄉，拜別父母兄弟，負笈留美，連個博士也弄不到，無顏重回故土。我說：「瑞典你錯了。取得博士學位的，哪個有如你的成就，你只因忙碌工作，無法專心致力。以你在我們班上的才情，也沒多少人比你強。你已擁有妻子，膝下兩子，外加兩棟房子一部汽車，一份難能可貴的高薪職位；只要你下定決心，為自己留下一年時間，博士學位對你來說唾手可及。」他果然聽我的話，很快就拿到學位，而且即返臺以負父母倚門之望，他的兄弟特別打電話向我道謝。瑞典得學位後，我率小西園布袋戲團巡演美國十二所大學，抵亞特蘭大時，他來看我，他已因同學許得茗的推介，同在一家航空公司高就；我在得茗家住了幾天，還幫忙「蓋房子」，在美國大小事常要自己動手。我不止一次到休斯頓莊勝義家，看太空中心，在大片野花滿地的草原上踏青；他對我領隊的小西園布袋戲團和黃香蓮歌仔戲團都盡力協助。班上以數學見長的陸正恆也在那裡；黃榮輝沒學位自我放逐流落；與曾淵如爭第一的莊宏一因感情失敗，在一家醫院閉鎖，機場見面時覺得神情沉默。而莊勝義妻子兒女和樂融融，待我無微不至，不只為我處理訪朋問故的機票，還使我一路講演以抵空中路費。一個大雨傾盆的夜晚，高速公路如停車場，勝義只好讓我趕不上班機，次日才直飛底特律，到安雅堡黃昭陽家，作了幾場講演和座談會，後來內子陳媛先行一年到密西根大學讀博物館學與博物館專修雙碩士學位，我就近託付昭陽照顧她。

在哈燕社那年，昭陽特地從密大和後來官拜衛生署長的楊志良，開車到哈佛載我一路南下，於紐約黃介玄家睡了一夜客廳地板，直往北卡羅萊納尋訪故舊，她殷勤盛宴，我贈詩二首：

三生石上事多違，錦瑟空彈千古悲。錦瑟已經魂夢裡，天涯猶自訪尋伊。

相見只今如夢中，那堪恨恨又匆匆。刑天舞盡干霄戚，一片殘霞落日紅。

她研究所碩士班我博士班時，同處第六研究室，夜晚燈火相對。某日清早我路過校園，見杜鵑庭院一夜風雨，吹落滿地，口占七絕：

庭院杜鵑正爛漫，春風一夜盡摧殘。可憐無數春消息，卻教騷人著淚看。

我把詩放在她桌上，再進研究室。看到她唱和一首：

故園東望路漫漫，背釭移枕數更殘。二十六番春消息，囑咐騷人仔細看。

松山機場送別之際，她留下一首詩：

莫問前因莫問天，燈前一笑豈非緣。九曲洞裡迴風逝，不信深山採藥年。

以當時的通訊，這一別除開始稍有魚雁，逐漸的長達三十年，音問全無。直到她返臺，幾於陌生。而今又二十幾年。

許進雄在加拿大多倫多大學也趁我在哈佛的嚴冬，邀我去講演俗文學資料。我藉此去體驗北國雪地滿天，白茫茫一片的世界。我取道芝加哥，半夜末班飛機抵達，黃鐐村接我到他家住一個星期，參加華僑過年。芝加哥大學的校園，汽車被雪埋沒，黃鐐村的家門已築兩道雪牆，每日我都幫忙鏟除積雪才得出入，陪他夫妻上班，沿途「丟下」孩子，一鑽進辦公室就是一整天。我則由當地研究生陪我看圖書館、博物館、逛芝大校園。到了傍晚鐐村夫妻接我回他們家，沿途又把孩子「撿回來」，他倆如此周而復始地過著日常生活。但一回到家就特別感到溫馨，大嫂備下可口晚餐，讓我和鐐村作「長夜之飲」。鐐村神情索默，感慨地說，當日喜孜孜地來留學，十六年只掙得「討生活」，一事無成。我勸他不如改變環境，趁臺灣歸國熱，重用海外學人，回到臺大報效吧，我答應返臺後即為他留意謀取。我為他眼前的困境，午夜難眠，寫了許多首長詩送給他，可惜一首也沒留下來。我返臺後，果然為鐐村找到機會，一再催促。他再三猶疑，沒能成行。

進雄安排我多大講演時，媛以華航空服員之便也來看我。進雄問我最想去哪裡玩，我說尼加拉大瀑布。他勉為其難地開了四十幾英里的車，說那是他的「處女航」。尼加拉除了瀑布雷聲隆隆外，周遭都凍成「玉樹瓊樓」，只有「春江水暖鴨先知」，在瀑布簾作嬉遊，無視奔天而瀉的洪流。後來我率小西園「縱貫」加拿大交流演出，正值炎夏，尼加拉瀑布除聲勢外，氣韻境界全殊也全失。

而天有不測風雲，二〇一九年莊勝義伉儷不是才返臺參加其侄子婚禮，我們不都如往昔他一歸國那樣地「相見歡」嗎？他還特地召集兄弟及侄子輩與我在臺大水源會館大團聚嗎？怎的在二〇二〇年新冠病毒初爆，他和大嫂即在遊輪上染疫了呢？卻因此躲不過病魔，大嫂雖掙扎保全，但情何以堪。四月三十日凌晨四時，他二弟傳達噩耗，我不禁熱淚漣漣，賦七律輓之：

噩耗驚聞痛轉加，西天慘淡沒彩霞。雲鵬枉駕歸桑梓，異國酬恩已作家。
豈料疫瘟成永訣，那堪耄耋憶韶華。深交莫逆三生路，一念君情一淚麻。

回想我們高三時，在學校旁邊與曾家珍共租一室，朝夕相處，如兄如弟。有個夜晚，我臨窗而坐，看群蚊自外奮飛而入，我不停拍打不久，「蚊屍」就裝滿整個信封，寄給表妹黃玉美，她回敬我在她家睡覺時，在我腿上用火柴餘燼放「蚊子燈」，使我於睡夢中猛然被蚊子叮咬驚醒的感覺。勝義說我真有「閒情逸致」。他考上臺大化工系，家珍考上臺大藥學系，我則野鶴一般地上臺大中文系。

五　臺大中文系之大學生活

大一註冊時，中文系主任臺靜農老師，一襲長袍，極為儒雅。問我考幾分，我應以四百零五，他對我點頭稱許，而中文系甚冷門，只要三百二十分就可上榜。我因以中文系為第一志願考第一名，報紙登出榜單，我於五千多名錄取名單中榮登「榜首」，弄得鄉下人喧騰一時，記者還將我大頭照見報；但知「行情的」，向我父母親說，你們家永義大學畢業，準是國中教員。

由於我是「系狀元」，被選為「班代表」，又任《臺大新聞》總編輯，頗為活躍。我規定班上郊遊，女生不可穿窄裙。「旗下」記者、編輯女生頗多，常要我辦大學生最時髦的「舞會」，我五音不全，又沒節奏感，只能旁觀冷落。好心的女同學邀我教我，可是三兩下就摔出場外，因為我手腳不靈，不知怎地扶抱對方，動不動就踩得使之「花容失色」。此後我就與「跳舞」絕緣，包括任教後與文建會主委陳奇祿先生在屏東卑南族的篝火晚會上的手拉手兜圈圈的「踏謠」土風舞，也被卑南姑娘從她身邊推開來，因為人家抬左腳我就舉右腿，人家向前踢我就向後揚。

大二那年，由於校長錢思亮鼓勵學生各就所願轉系，我們班上經聯考錄取的三十二人，只剩下九個人。我當然「屹立不搖」；如此加上港澳東南亞來臺就學的仍有六十幾人，可見僑生之多。那時文學院的歷史系、中文系合班上課的科目不少。歷史系的李姓同學絲髮披肩，眼睛發亮有神，笑起來抿著嘴唇，煞是好看。我和她上英文課，坐前後排，她北一女畢業，英文好，我們臺南一中，以英語最差，聯考我才得三十三分。課前從不查單字，只抄她的生字簿。老師問我問題，我三不知，她指書上答案，我近視看不清楚，乾脆整段念一遍搪塞，老師也不置可否；由於我是中文系班代，上下課都要喊「起立敬禮」，比較顯眼，慢慢地和她在近代史、地理學、社會學等課堂上都坐一起。禮拜天她都先排隊等上圖書館為我先占個位置，同桌共讀，也會在椰林大道漫步。有一位機械系的，見她與我並肩同行，攔下她質問：妳不是說沒空嗎？怎的有時間在此閒逛？她沒理會，拉著我就走。她認為我應多讀世界文學名著，把她讀過的悉數交給我，我讀一本她就和我討論一本。我獲得自然人文科學獎學金二千元，那是每班第一名才能申請得到的。二千元那時可不是小數目，因為宿舍伙食費才一百五十元或一百八十元；父親被友人倒債，父子倆為領這筆錢，還在暑假裡，特地從林鳳營搭慢車十二小時到學校來領取。她趁機向我說，我該請客。於是我們眉開眼笑地對食，撒漫了一碗五塊錢的牛肉麵，接著看下午場和夜場電影，由西門町進入植物園的花前月下到子夜時分，雇三輪車送她回延平南路的家。一打開鐵門就是高樓之前的小花園，女傭出來迎接，說：「小姐回來了。」原來她父親是名醫。我不自禁地感覺寒傖，頓起「齊大非偶」的念頭，這是我平生唯一一次「自慚形穢」，卻在她身上發生了。也許是因為我才從鄉下來的窮孩子吧！我在返鄉之前，向她說：「後天就回臺南了，明天能否看場電影？」她說：「不行，北一女有同學會。」我這一返鄉，就起了變化，一方面是我心中「有鬼」，一方面耳聞追她的人不止一兩位，包括我的朋友在內；而我是個天性就不爭的人。

我為她作了一首詩，始終沒有給她。詩云：

鬢影清風綺夢長，焉然兩靨泛斜陽。風搖翠篠輕盈態，霞映澄塘淺淡妝。
寒夜離魂人索寞，孤燈照壁夜淒涼。笛聲隱隱知何處，咽斷春心冷落香。

這首詩倒借給農化系的游兆平「使用」。兆平與我同住第九宿舍一一〇室，他上鋪我下鋪，平常交情好。原來兆平心儀一位心理系的女同學，和詩中所描寫的長髮、輕盈、以及略帶羞澀都很相近，兆平就把那首詩獻給她。於是這檔事在心理系喧騰起來，當時任助教、後來成為要人的某公說，游兆平怎會有詩才，準是那位中文系的代筆。結果這位長髮美人，每在陳紹馨教授的社會學課看見我，就瞪著大大的眼睛對我欲言又止的樣子。某公當了教授以後，主持我在座的媒體座談會，他介紹與談人，我三十五歲升教授不久，他看我簡歷，望我一眼，把我降為副教授，有人即刻糾正，是「教授」。他當上中研院副院長，演講時，有人問他「莊子」，他反問「莊子是誰」。

兆平留學美國，任芝加哥大學教授，我在他家叨擾幾次，他宿舍只因一街之隔，就和黑人區成為兩個截然不同的世界，我率領的小西園布袋戲團一行十餘人，他還在家擺了大筵席。我和媛在密西根大學，他掛來電話，最後一句說：兄弟回頭見。沒想他和大嫂蘇麗娜隨即開車趕到安雅堡來，一起吃頓晚餐後就又趕返芝加哥。我們常有音問，都會互相訪探。

同寢室外文系的蕭敏雄很喜歡我們班上嫻靜寡言、容貌端莊的蔣姓女同學。我使蕭敏雄旁聽戴君仁老師的文字學課，坐在一起，我從旁作陪。敏雄多愁善感，很有詩人的氣質，敏雄要我替他轉達專為她作的詩。我課間請她到走廊窗前，對她說：「詩是心聲的流露，希望妳仔細讀。」她聽我的「柔情蜜語」，臉上泛起紅雲。對敏雄的情愫卻沒什麼反應，反倒對我親近些。我每年總成績一向第一，有次蔣同學第二，陪她一起到醫務室健康檢查、辦理申請獎學金手續，恰好上課鐘聲已響，來不及進教室就座，便撐著向敏雄借用的大雨傘和她走在椰林大道賞雨中的杜鵑花。中午回宿舍，卻見敏雄躺在床上呻吟，唉聲嘆氣，口中念念有詞地說：「像這樣的朋友，口中幫我，暗裡奪愛，撐我的傘在花前林下談情說愛。」「這事」可「大條」了，我百般「告解」，他總是不相信。我對蔣同學也逐漸疏遠，免我有傷「義氣」的嫌疑。而我忽然想到：搞不好敏雄的情詩，她誤以為是我作的。畢業後，她寫了幾封信給我，我沒熱絡地回應。事隔二十五年，我在桃園文化中心講演，聽眾席上倏地發現她坐在那裡，素妝雅服，一樣姿態明秀，還佩戴耳環，一時激動，即說：「今天下午何其高興，我二十幾年未見的同學也來了。」講演後，興奮地想要約她晚餐，她把身邊一位校長介紹給我，說是她的先生。這盆冷水直往我頭上潑來。彼此寒暄留下電話，假藉「酒党」今晚有會，沒有接受他們的接待。

中文系晚我一班的許進雄、章景明、黃啟方締結金蘭，號稱「三劍客」，才情都高，啟方作詞的一首歌傳唱不絕，人又長得俊美，很受女生的愛慕，進雄說他好不容易寫了一篇文章投給《大學新聞》，我給登出來，卻遺漏他的姓名。

而在家鄉，和我極親密玩在一起的是表兄黃惠隆和初中畢業後我鼓勵他考取臺南高工的毛明田。表兄惠隆和我一起長大，簡直同穿一條褲。他讀書不專心，考不上高中，我和他就大膽地到臺南照相館拍合成大頭照，以此報考臺南市立高中。六舅和我一起陪他赴考，第一堂數學，表兄說只會一題，我向舅父說，非我代考不可，抱著兩肋插刀，趙子龍一身是膽，直進考場。一般監考官，不疑有它；有一位在我左右正前方核對相片，對我起嫌疑。而當他每換一個角度審視我時，我即「大無畏」地抬起頭讓他看個夠，他見我的「表現」，終於離去。放榜時，表兄的名字，列在第十幾名。可是卻接到市中來函，說如果造假，就應知進退，否則事發不可收拾。原來我代考的其他五科成績都很高，與數學只得十分，相去太遠，而且一看，筆跡又不同，怎不露出馬腳。舅父也下令表兄不可冒險去註冊，而如果我們蠻幹到底，我一定被臺南一中退學。後來表兄自行考上麻豆高農。舅父母要表兄在寒暑假住我家，一起讀書。我們習慣在我家走廊輔以小黑板，我幾乎是表兄的小老師，有幾分「執教」的儼然。但表兄「志不在此」，把注意力移向我們家隔街花園中的樓房，住著六甲日據時代的庄長、鄉人敬重的士紳醫生毛昭川的女兒毛玉仙與毛玉娥。玉仙與我為國小同學。她們姊妹「居高臨下」，不知何時開始與表兄「擠眉弄眼」。表兄被我責備不專心，她們就向表兄在自己臉上做「羞羞臉」的動作。後來同學毛明田也來「共讀」，即使大街上迎神賽會的行列敲鑼打鼓地經過，我也「不許」走出看熱鬧。而我們「課餘」自然也常玩在一起。

有此因緣，大學肄業暑假，便常和明田一起釣魚一起「游獵」。明田家後院有池塘，我愛在那裡垂竿，也會到郊野溝圳水渠，戴著斗笠像「魚翁」，使得農家姑娘們指著我說：「那傻子又在那裡曬太陽。」明田家有支鉛彈氣槍，便常和他在晨曦初照時，沿著六甲經林鳳營、龜子港的行道樹下，邊打邊停地走了十二公里路，獵殺麻雀、伯勞、白頭翁、斑鳩，甚至烏鶖、白鷺鷥。碰到斑鳩時，我們如見「至寶」，以軍中埋伏匐匍的姿勢襲擊，必須打中其頭部或翅膀，才能使之墜落。我最好的紀錄是十五發鉛彈打下十三隻麻雀，聽到鳥兒被擊中「剁」一聲就有快感，那是何等殘忍而卻不自覺。而明田的槍法比我更準。我們約近中午抵達我出自下營表兄的家，成績好的話，總有一百幾十隻麻雀，外加一、二隻斑鳩。於是舅母燒熱開水，我們一起為這些「戰利品」拔毛淨身，舅母就乾炒油煎，做出香噴噴的「爆鳥仔巴」，我們大快朵頤地飲米酒。有明月的夜晚還會在下營國小操場的「司令臺」，呼朋引伴地飲米酒或分量多而大眾化的烏梅酒，肆無忌憚地喧鬧，用以佐樽的正是「鳥仔巴」。我和表兄密切相聚，也常會花兩塊錢買一大碗公的鴨掌，邊啃邊飲酒，頗別有一番滋味。我年少時即如此縱酒，壯年又「飛揚跋扈酒杯中」，躋身「酒党党魁」寶座，迄今年登耄耋，而尚腦清智明，並沒有被酒「澆毀」大腦、小腦，實是「天生異稟」。

也因為表兄、明田和我常在一起，心中的「風花雪月」也逐漸青春萌發起來，「同謀共慮、互助合作」之下，使得各自都交上女朋友。新營家職、表兄鄰居的陳瑞玉，長得清俏明美、性情活潑爽朗，經表妹黃玉美與表兄慫恿，我與瑞玉彼此進入生命之中，開始有月下私約、山水同遊。然那時透過媒妁之言，陳家表妹、同學楊老師的女兒與我小學同班，成績不相上下，她們都文靜溫麗，還有一位官田的女孩，都表示可以嫁入曾門，而在雙方家長催促之下我選擇有感情的瑞玉結了婚，以完成母親「長子早抱長孫」的期望。新婚自然燕爾，我當預備軍官時，也不免隔離相思。可憐的瑞玉在她家長輩婆婆媽媽的調教影響之下，使她篤信神仙道佛外，還唆使她教她「嚴控丈夫」的技倆，而且日甚一日。我初任副教授薪水才三千幾百元，我在陪她往臺北木柵仙公廟的步道上，看她每碰上路旁小神祠的大「賽錢箱」，就紙鈔五十元一張一張地向下扔。而對待我，不只「沒收」全數薪水，還機靈地探知我開會、演講的車馬費和稿費，使我口袋分文如洗。同仁潘美月大姊，當我面說：「曾永義你好吝嗇，從不請客。」我不只「英雄勝概」盡失，而且「丈夫之氣」也幾近消磨。而可憐的瑞玉根本不知夫妻相處之道，只認為對我「嚴控」，使我「行不得也哥哥」效果彰著，「樂此不疲」，尤其在我從故宮館刊昌彼得副院長所付稿費一千數百元，送交父母親，表示一點難得的孝心時，她居然向父母親「提出異議」，把錢要回來，更不顧我難以忍耐和我大吵一架。因為同學曾金波向她說過：「曾永義是屬於妳的了。」而可憐無奈的瑞玉卻「信守不渝」，無視我「積漸而成」的感受，持續執行她的駕御術，長達十九年。我終於遇到了「至意唯卿能解，身命唯卿堪託」的陳媛。在瑞玉同意下，辦理離婚。她要求我給她贍養費二百五十萬元，潘美月的溫州街臺大宿舍變更私有，不過五十萬。而我分文全無，弟弟永發、友人李明輝、曾德仁告貸於我；而表兄卻臨時變卦，找出理由，說他「愛莫能助」，使我夜晚於送他返家的臺北火車站淚流滿面。

我與表兄並未因此感情疏遠。我認為他說得也有道理，因為就他立場而言，他怎能「助紂為虐」。那時他從國中職員改行自營小紡織廠。他去職時在黑板上寫下：

悠悠十二載，埋沒大人才。此才非比材，永遠不再來。

他果然生意興旺，但好景不常，被友人拖累，犯上官司，法官敲詐，使他負債累累，赴馬來西亞吉隆坡重啟爐灶，不久即為華界大戶，以「總裁」領公司。往返馬臺，兒女於臺北基隆路開電子公司，能發明新產品，旗下博士一大堆，而他們都只是高中畢業。

表兄每次自吉隆坡返臺，一定和我相聚；我奉教育部安排巡迴馬來西亞講演時到他家駐足過，為他的事業感到高興。可是天有不測風雲，二〇一八年三月二十一日夜表妹黃雪玉來電，謂表兄黃惠隆攜表嫂姜素美與女兒黃瓊篁遊美西，至猶他州遇雪，心臟病突發去世。驚聞噩耗，不禁嚎啕大哭，徹夜不眠，如有椎心之痛。枕上賦七律以弔之：

噓寒問暖與時更，七十年來兄弟情。噩耗青天三霹靂，冏途白雪更淒清。
孤魂渺渺飄飄蕩，萬里茫茫步步驚。欲弔荒原何處所，酸風奪目淚盈盈。

我深為瑞玉擔憂，因為她不知「生財」艱難，怕她手頭有大筆錢，霎時「千金散盡」，商量她留一百萬在我這裡，每月我比照我薪水付她一萬五千元，直到永遠。但她性格剛硬，不答應。她正在為一位臺中的朋友助選縣議員，慷慨地予以捐獻。最後她把餘款送進寺廟，落髮為尼，晨昏禮佛，也過得安穩。我今生今世耿耿於懷，雖然在她手頭拮据時濟助過她，但未減半分「負心人」，愧對於她的自責。當她簽下離婚證書的那一刻，我情不自禁地放聲大哭，為迄今所僅見。因為我畢竟認為她是個「弱者」，而我難以照顧她。她六十八歲時，因胃癌入住榮總，我偕媛和三個女兒去看她，我看她憔悴的形容，充滿佛心地對我無怨無尤，我執著她的手，止不住淚水地倍感歉疚之情，直到現在。我和她生了三個女兒，大女兒湘綾，景新女高畢業，是小有名氣的女作家，她小時沒能好好教養她，我每存「補償」之心。次女湘芸，臺大外文系畢業，我要她出國留學，她沒答應，因為她被愛情沖昏了頭，我一再提醒她，陳俊吉善於取悅人，無一技之長，難以託付，她還是執著地嫁給他。終於湘芸看穿了，在我不知情之下，付給俊吉一筆不算少的錢，才解脫婚姻的束縛。她現在是臺灣手機公司的處長，生活平順，未再婚。湘珍生性活潑，善於公關，東山高中畢業，每遇考試就胃痛，我沒要她非考大學不可，不像她大姊連續挫敗四次才作罷。湘珍和女婿包一飛算早婚，生子包煜弘今已高師大畢業，服完四個月蔡政府手下的「公子哥兒兵役」，在一家設計公司上班；生女包寧，長得清俏可人，目前已是世新大學法律系三年級學生（二〇二一）。公婆待湘珍如子女，一家安詳和樂。湘珍與一飛創立「兩人公司」，分主內外，一飛「發明」保全設備的特殊功能，賺了一筆錢，但不知申請專利，已被大型公司襲取，所幸老顧客尚能維繫他們家的小康生活。我三個女兒只有湘珍生兒養女，給我也有機會享受「含飴弄孫」之樂。因為湘綾迷上泰雅族作家瓦歷斯．諾幹，和她交往多年，找他到我家問他主意如何，他已和同是原住民作家的妻子離婚，很快就和湘綾結婚，湘綾和瓦歷斯在部落國小教書教作文，被說成是「平地公主」，隔了七、八年，瓦歷斯又與仰慕他的青春女孩「故態復萌」，棄家庭父母與湘綾不顧，與該少女僻居在外，湘綾乃於二〇一四年搬回臺北，與我們同住臺大長興街宿舍，迄今已八年，沒有與瓦歷斯離婚，也沒有「這小子」的任何消息。我曾為「這小子」謀出路，希望在我影響所及的文化界使他更上層樓有所發揮，可是「這小子」不領情，只愛他自以為「風流」的歲月。

三個女兒都對我和媛很貼心孝順，每星期都來看我，噓寒問暖。

六 馬祖南竿少尉排長

一九六七年，我分發六八軍團，被派往馬祖南竿服預備軍官役，任營部連彈藥排少尉排長。與屬下居山腰碉堡，夜晚出任務，與排副蹭蹬在墳場與濱海各哨站之間巡視。一個夜晚，我們軍校畢業長得白皙乾淨的上尉連長，率他的營務官和我排副揹卡賓槍，巡視兵器排守護的澳口，忽然有沙沙的聲響自澳口往上傳來。排副喝問「口號」，沒反應，聲響越往上逼近，排副說一定是共軍水鬼摸上來，因為上次守軍十二人駐守對面孤島，一夜間全部被割了頭。於是連長下令襲擊，兩支卡賓槍和連長的手槍，聲徹臨近的哨站和夜空。等子彈都打光了，猶未見「水鬼動靜」。排副大膽地打亮手電筒，發現一頭黃牛回頭緩慢地往下走。這時澳口的兵器排已架好機關槍，蓄勢待發，看到燈亮，以為我們勝利了。次日我和排副巡視「戰場」，「黃牛依舊」，只有肚皮中彈一枚，左前足足踝被打穿，屈臥四腳，仍就地吃青草。我把這次戰役稱為「夜戰黃牛」。除夕春節夜晚我率部布置澳口，自己在岸上碉堡以備不時指揮，儼然有海防司令的派頭。

我從《史記．吳起列傳》學到待士兵如子弟和歷代名將如鄭成功「寓兵於農」的道理，也用在我這個大如芝麻排長的身上。我履任之初，即為每位士官，私下備置簡單酒菜請其友人作陪為每位士官慶生，在酒酣耳熱中交融感情，閒話他們的過往；也趁機將他們每月的餉銀留存部分所需外，悉數存入郵局，將來回到臺灣後就有錢娶妻生子。對於菸癮大的，就答應由我每月補給若干包香菸；沒有一位士官不同意我的建言。我也因而發現我屬下三班的士官，第一班班長是韓戰時被俘投入的；副班長和他的兄弟駕駛士是在連江出海口捕魚被馬祖守軍抓過來的；第二班班長是在家鄉被強行徵召的；第三班班長則在娶妻的筵席上被死拉活逮過來的；只有他們共同的老班長彈藥士是投入行伍的。我雖帶領這成分繁駁的「雜牌軍」，但由於我關照他們，譬如駕駛士家眷在臺灣回去探親，也懂得買些馬祖黃魚乾和「老酒」，給他作伴手禮。我也從父母親那裡寄來各種蔬菜種子，開闢山坡地廣為種植，又買兩頭豬仔飼養剩菜殘羹，而將節餘的錢多買魚肉，加上士官身上儲蓄無餘款，所以吃得最好。士官得空不賭博，軍紀良好。每早點名晨操，我的「訓話」不八股，但發現哨站衛兵郎當一定責罰，尤其在我輪值連指揮官的時候，不管平常交情不錯的情報班長，如何請求，照樣禁閉他班上一位士兵在值哨時，將槍上刺刀倒地，雙手抱胸與其友人聊天所犯的軍紀。率全連隊伍赴團部集訓，途中秩序一定要整齊，否則即刻拉出破壞秩序的「害群之馬」處置。有個深夜，排上哨兵帶來一位少校軍官見我，我馬上致敬，因為他是駐地相鄰的砲兵連長。他說：「我因忘記『口號』，你的部屬守紀甚嚴，幸而我們喝過酒，記得你的名字，否則就更尷尬了。」我也因此被同袍譏為「小軍官大架子」。

我做了十個月排長，指揮部對全體預官作期末考試，我毫無準備，居然以兩分之差居第二名。退伍前夕，排裡殺一頭豬，一半留下；一半販售買雞買鴨買魚，包括魟魚那本來腥膻屎臭難於入口的魚，由我教以大量加醋以後，頓成鮮美無比，讓我的傳令兵兼伙夫、管豬管菜園子的老士官長忙得不亦樂乎。我們離情依依而無不開懷暢飲。我和每位士官兵對乾大半鋁碗一瓶才七塊錢的「福祿酒」，使我酩酊大醉。卻在朦朦朧朧中，隱約地聽見駐地集合場上有爭吵的聲音，帶著九分酒意起床，正是斜陽西落碧海的時候。看到二班黃班長正和平日嘰嘰喳喳的三班班長爭吵，排副也加入舌戰，二班李副班長則垂手站立一旁。原來黃班長酒後將李副班長訓斥一頓後，罰他站立悔過，排副管事，詢問原委，黃班長不服，張班長主持公道，更使黃班長頰露青筋。我見狀喝令：「都給我站好。」即拉著李副班長到床上按他脖子，命他不准動，好好睡覺。也說好說歹，與黃班長並肩而臥，說：「我陪你一起休息。」黃班長說，他盛怒時衝動得要拿槍對幹，如果不是老班長制止，恐怕連我都回不了臺灣；而我再度醒來時，看不到身邊的黃班長，循聲探看，卻見黃班長、張班長心平氣和地再談及剛才一觸即發的「慘烈」，彼此責備行為失當。我也忘了孔夫子「唯酒無量，不及亂」的箴言，如果不是老班長，就惹出了一場不可收拾的災禍。而我也感受到我排裡的同袍，不以我這位「菜鳥」為嫌，對我相當照顧。譬如全排弟兄築馬路車道，要我題路標時才去，好讓我在碉堡裡看《紅樓夢》。有次司令官到排駐地視察環境，留在排裡的士兵保護我好好地躲在被窩裡，由他們應付，萬一被發現也好裝病。結果司令官看到壕溝裡一坨大便，告知團長，團長就命連長正午到團部報到，報到時卻說沒事，再步行回去。連長為此向我抱怨，在大熱天裡被罰走路兩小時。我曾令士兵上大號，蹲壕溝再用土掩埋，既衛生又俐落，有人匆促間忘記，就露了破綻。我身上尚存三分「老百姓」的習性，喜歡穿拖板到處走，到菜園看綠意盎然，使得好些人也跟我穿拖板，有「拖板排」之稱。

我以榜首考入臺大中研所碩士班，自馬祖除役返臺復學，拜望鄭師因百，說我剛從離島南竿「解甲歸來」。鄭老師說：「你不是將軍，怎能說『解甲』？」我也自覺好笑。

七　臺大中研所歲月

進入研究所，我主要的學習是磨礪治學的態度與方法。在大學所學的基礎課程，如文學之詩詞曲、杜詩、蘇辛詞，經學之《尚書》、《詩經》、《禮記》，子學之《論語》、《莊子》，以及中文系的必修課，文字、聲韻、訓詁、文選、文法都成績優良。尤其詩選習作被葉嘉瑩老師在黑板上當範例修改，詞作也被戴君仁老師於課上稱許過。至今我還常以作詩填詞製曲，用以抒發生活感觸，也用來編劇以評騭古今人物，都是扎根於當時。而許世瑛老師的聲韻學，是中文系學生最感頭痛的課程，我卻能在學年四次考試裡獲得三次滿分一百，一次九十八，所以每臨考試，我便成為同學圍繞的「補習老師」。我對聲韻頗具解析分辨的能力，雖沒再進一步研究修習、歌唱五音不全，但憑一年功力，竟能寫成〈中國詩歌的語言旋律〉那樣的專論，和近年完成的一部三十幾萬言的專書《「戲曲歌樂基礎」之建構》。

我投入戲曲研究的緣故，在於我嵌入骨髓的天生性格，「人棄我取」，因為這樣可以與人無爭地「為所欲為」。所以我以中文系最冷門選為第一志願，以戲曲在大學課程不被列入，選為研究對象。在張師清徽（敬）不厭其煩為我逐字逐句講解戲曲劇本第一名著《長生殿》，並大量閱讀老師第九研究室所藏的元明清雜劇、傳奇作品，開啟我探討曲學的正確門徑；也從鄭師因百（騫）的論文專書中體會治學的態度與方法，了悟一門學問要先用笨功夫打下深厚的根基。我從戲曲外在結構的體製規律入手，用一個暑假的時間斠律《長生殿》，由版本異同的差異、字音、韻協、句法、章法，考究其音節、意義兩形式並存，彼此往往不相侔，而其所產生的聲情、詞情則必須「相得益彰」，乃從中有言人所未及言、發人所未嘗發的見解。由此又進一步發現如【混江龍】變化多端的北曲，在鄭師「增字、減字」音節單雙式的理論說解外，尚有不少影響因素，譬如累字成句、複詞結構、增句原理、意象情趣感染力等。而其關目情節與舞臺呈現之間，尚有其文學藝術結合的宮調曲牌套曲配搭、腳色運用、穿關砌末的妝點等關鍵因素，創發了戲曲排場處理而為其內在結構的新見解，後來結撰成篇為〈評騭中國古典戲劇的態度與方法〉，可說是古今講求戲曲批評論最具體而完備的論述，榮獲第三屆「金筆獎」。而更由王國維治《宋元戲曲史》看出靜安先生的功底是由其《曲錄》、《唐宋大曲考》、《古劇腳色考》、《太和正音譜校注》、《優語錄》等十書分別先行系統考述，再取其菁華成書，使得《宋元戲曲史》只有五萬餘言，而字字珠璣，不只開啟戲曲研究新領域，而且是顛撲不破的經典鉅著。我乃將《洪昇及其長生殿》碩士論文，效法靜安先生，分別以〈洪昉思年譜〉寫〈洪昇的家世與生平〉；以〈楊妃故事及其相關文學的發展〉而從「主題學觀點」，寫《長生殿》的胎息淵源；分析每個字音、韻腳以見《長生殿》格律謹嚴，統計觀察《長生殿》之腳色人物出場搬演情況，以說明其腳色運用之得體，更結合關目布置、宮調曲牌套曲結撰、腳色主從、唱做繁簡，及舞臺穿關設置，以及文學語言之成分、特色而總結為《長生殿》之文學藝術實集大成，詞律兼善、排場新穎之偉然鉅著。為此，在中央圖書館舉行的「國際《牡丹亭》學術會議」上，我為大會所作的總評中，引來鼎力提倡《牡丹亭》視為古今首屈一指的白先勇老哥當場表示異議。我只能於此簡單回應：此事話長，論戲曲當兼顧文學藝術，《牡丹亭》有文學、沒藝術，不像《長生殿》兩擅其美，有機會咱哥倆細加討論。而我發現許多研究戲曲作家作品的學位論文，便都步我後塵，同是出諸清徽師門下的新加坡學弟王永炳所撰的博士論文可說是最明顯的例子。

中文系的老師很照顧學生。我研二時，同學胡嘉陽向系主任臺老師說，她看到我在臺北的生活非常簡陋，就教我做系上助教。取得碩士學位，考上博士班榜首，又與鄭、孔二位老師商量我的「前途」，結果要我捨講師好能專心讀書。又將我命為「儀禮復原實驗小組」，在臺老師主持、孔老師指導下為助理；孔老師更給予至聖先師奉祀官府秘書名義，林文月先生也以我為她主編的《國語日報》「古今文選」做編輯。我生活無憂無慮，努力學習。在「儀禮小組」的分別報告中，我先後以《儀禮》樂器和車馬為論題撰論文。在中央研究院史語所傅斯年圖書館與管理員成為朋友，進出書庫和特藏室都方便，除了一天可以親查許多文獻資料外，還閱覽大陸不少考古學出版刊物，從而深知文獻與文物相為印證的重要。這樣的修為，後來我又加上田野調查、劇團訪問和劇場觀摩，建構我戲曲研究資訊的五元素。

我研究《儀禮》樂器、車馬。先探討文獻中的樂器和車馬平面記載，再觀照具體出土文物作驗證，從而發現唐蘭和容庚兩大金石古器物名家，以鐘為甬鐘，鏄為紐鐘是錯誤的。鏄應為「特」一聲之轉，言單獨「特縣」用為樂縣演奏之節奏與導引。而所謂「誦鐘、誦磬」與「笙鐘、笙磬」如鄭康成所云之指「工歌」與「笙奏」之伴奏而言，並從而結合靜安先生之「說樂次」與「樂縣」之組織與儀式中，「無樂不成禮之成規現象」。又從車馬文獻中，得其五路玉金象墨革之名義，單馬、雙馬、駟馬駕御之場合，乃至蒲輪安車、車左車右僕御之位置，平衡、轅門輻輳、憑式之名義緣由，從而得知革路為軍用，以其飾以革，如同玉金象之因飾而為名一般，墨則飾以吉色，為大夫所駕，亦為士昏禮僭用為迎親之專車；路為大車之義，玉路天子以祀天地山川，金路以朝諸侯，象路則為諸侯之車駕。而考古出土，從無三馬、六馬駕車之例，若有此現象必為先秦以後事，蓋時重在安穩馳騁，車有軌，列國不同，所謂兩服兩驂，皆為左右均衡。從而糾正金文學家釋毛公鼎以「馬亖」為「馬三匹」，應作「馬四匹」為是，因「四與匹」合文，同用其中之「二」。亦勇於指出胡培翬《儀禮鄭注句讀》分解章句之偶然錯失。孔老師拿我寫的心得報告，向臺老師稱讚。中研院高去尋院士讀後也頗有溢美之言，所長李濟之先生為之欲聘我為助理研究員。臺老師請我們親近的張亨先生轉示我，不要到史語所去，我很世故地說，如果我能留在中文系，哪裡都不去，張亨先生說：「那當然。」臺老師還要我去向李濟之先生致謝，他當時是最負盛名的考古泰斗，殷墟就是他主其事發掘的。

臺大中研所老師教導我影響我最大的是鄭因百（騫）、張清徽（敬）兩位指導我博士曲學論文的導師，教禮學、金文的孔達生（德成），教經學的屈翼鵬（萬里），教子學的王叔岷和教文學史的臺靜農老師，他們的學術人格都使我有「望夫子」之門的景仰。我矢志像蜜蜂在花園裡釀取花蜜的抱負，我知道我才質不足，但努力以赴。我不只在課堂上聆聽他們的教誨，也喜歡安排師生小聚，同景明、啟方親聞謦欬，在酒筵間侍候老師。每位老師對我的啟示教導、行事為人的典範，我在本書的「感恩師門篇」中，已有頗為詳細的縷述。這裡就不再重複。

八　一九七一年留系任教，二〇〇四年轉世新

一九七一年九月我臺大博士班畢業，獲教育部國家文學博士學位，留任中文系為專任薦派二級副教授。

起初教大一國文，次年陸續在夜間部開「詩選」、「戲曲選」和代理清徽師赴美的「詞曲選」。為使學生打下韻文學堅實的基礎，詩選分甲、乙班上課時，商請學生時代交情頗佳的方瑜教授，由我講字句聲韻語言結構等理論，方瑜專就作家作品欣賞，以抒展她縱橫捭闔的才情，我教上午八點至十點，她教上午十點至十二點，連續四小時合班上課。結果我課堂上只二、三十人上課，不像方瑜學生滿座還要站立。我們好意的實驗付出只兩年，因我偕媛赴德國波鴻魯爾大學講學而作罷。

我一向主張要學生如胡適之先生所說的：「為學當如金字塔，要能博大又能高。」但本科生較不領情，要到博碩士進入治學門徑才領略得到。我因教詩選不叫座，齊益壽當主任時從張以仁先生之建議，改由葉國良任課，我改開「俗文學概論」。我在研究所所開課程，諸如「戲曲研究」、「關漢卿雜劇探討」、「戲曲理論」都一樣以「舊觀念走老路」，倡言「治學態度方法」，卻也因此教出王安祈、沈冬、林鶴宜、洪淑苓、李惠綿、蕭麗華等六位留校傳承衣缽；陳芳、蔡孟珍在師大，蔡欣欣在政大，許子漢、游宗蓉在東華，林逢源在彰師大，郝譽翔在北教大，施德玉在成大，楊馥菱在市教大，張谷良在北商大，丁肇琴、洪逸柔在世新，侯淑娟、鹿憶鹿、沈惠如在東吳，謝俐瑩在文化，李佳蓮在東海，盧柏勳在中正，鄭榮興、游素凰在戲曲學院，白玉光、王友蘭在臺藝大，白寧在瀋陽音樂學院，韓芸霞在北京中央音樂學院。及門弟子百七十餘人，有六七十人任職大學，遍布兩岸韓日，堪稱「猗歟盛哉」。因為我這輩子好為人師，而且樂此不疲；我視學生如子弟，必須而且必使他們從我身上有所得。

二〇〇四年臺大退休後，我轉任世新大學中文系也已十七年。曾為提早離開臺大，被陳維昭校長面談，說我以講座教授被世新牟宗燦校長挖走，使他覺得很沒面子。我說臺大後起之秀很多，我既已完成階段性教學理念，可以別開境界有所付出。何況我在世新也沒特別優待。

但牟校長對我很禮遇，過兩年我以講座教授一週只擔任一門課三小時。我來世新，還因為時任系主任兼院長的洪國樑兄弟努力在打拚，聘請名師、提高教學品質，使世新中文系蒸蒸日上，很快通過教育部年度唯一設立的博士班，躋於中文學界的巨擘。我樂於從旁鼎力相助，還捐獻中文系，我所得之學術獎金三十萬和國家講座一百五十萬，及每年三、四萬元的論文優秀獎，使同仁系務會議後飲宴和辦理兩岸韻文學學術會議不虞匱乏。而我也於行走大陸大學講演或會議交流之際，打出世新大學講座教授的招牌。我愛世新，也以世新為榮。

九　從事臺灣民俗技藝維護與弘揚

而在這教學的五十年期間，我自一九八三年至二〇二〇年新冠肺炎肆虐之前的三十七年中，早期追隨許常惠大哥從事民俗技藝的維護調查工作，參加其所創立的「中華民俗藝術基金會」；繼許常惠大哥擔任執行長、董事長後，更大張旗鼓地展開兩岸學術藝術交流，打出「以民族藝術作文化輸出」，四十餘度率領南管、北管、國樂、布袋戲、歌仔戲、雜耍特技、手工藝、民族舞團等表演團體，巡演於美加中韓日東南亞澳洲中歐德法南非列國予以宣揚，獲得官派藝文團體所不能望其項背並論的國民外交成果。

我率團參加國外演出的重要活動，有以下幾次：

一九八四年九月十九日至十月二十五日，率領小西園布袋戲團應美國密西根州立大學邀請，赴美作十二州、十四大城，為期五週四十餘場巡迴表演。

一九八五年七月八日至二十三日，應美國夏威夷東西文化中心之邀請，赴美國檀香山、日本東京、大阪、奈良，公演兩週。

一九八七年十月至一九八八年三月，在德國魯爾大學擔任客座教授，期間巡迴歐洲各大學，於德國科隆大學、荷蘭萊頓大學、比利時列日大學、比利時臺大校友會、西柏林自由大學、工業大學、法國漢學院、第七大學、德國特利爾大學等校巡迴作學術講演。

一九八九年元月，應新加坡市政府之邀，率中華民國民俗技藝團四十三人參加新加坡第三屆「春到河畔迎新年」活動，九天演出五場。

一九八九年十月至十一月，應德國波鴻偶戲協會暨法國世界文物之家邀請，率小西園布袋戲團赴西德演出三十五天二十九場，巡迴二十七個城市，於巴黎演出十五天九場，並應外交部安排，轉赴南非巡演五城，演出六場。總計全程兩個月、三十四個城市，演出四十四場。

一九九一年八月，率南管樂團「漢唐樂府」赴新加坡、馬來西亞、印尼、澳洲巡迴各大城演出。

一九九一年十月二十三日至十一月十三日，隨新和興歌仔戲團巡迴美國七大城，演出九場。

一九九二年，隨明華園歌仔戲團赴東京明治神宮、新加坡維多利亞劇場、菲律賓大都會劇院巡迴公演。

一九九三年二月，應文建會之邀，率小西園布袋戲團赴紐約中華新聞中心臺北劇場，演出十天七場。

一九九五年八月五日，應加拿大同鄉會之邀，率小西園布袋戲團赴加拿大愛蒙頓市參加第十七屆國際民俗藝術節，與哈里法克斯國際街頭藝術節及渥太華演出，全程歷經三城市，演出十四場。

一九九九年三月，應泉州文化局之邀，率小西園布袋戲團赴泉州國際民俗藝術節演出，並參訪漳州、廈門等地戲曲團體，共計八天四場。

一九九九年五月至三十日，應韓國人形劇普及會之邀，率小西園布袋戲團參加第十屆「首爾人形劇展」，巡迴首爾演出三場。

二〇〇〇年五月十九日至三十一日，率黃香蓮歌仔戲團赴紐約文化中心演出，然後巡迴芝加哥、休斯頓、舊金山三大城。

二〇〇〇年十一月五日至二十一日，率臺北舞團赴美國紐澤西參加世界藝術節，轉至紐約文化中心、丹佛演出。

二〇〇一年六月二十四日至七月十四日，應行政院新聞局之邀，率小西園布袋戲團，赴中美洲尼加拉瓜、巴拿馬、哥斯大黎加三友邦巡演六場，三國元首及夫人均蒞臨觀賞。

二〇〇二年八月至二十二日，中華民俗藝術基金會「民族樂舞團」赴匈牙利三城鎮巡迴演出，參加匈牙利國際民俗藝術節。

在國外「以民族藝術作文化輸出」，我首先都要先弄清楚邀請對象、觀眾類型、劇場設施、演出場合，然後設計節目內容、技法特色，從而引人入勝，所到之處無不受到熱烈讚賞、媒體新聞、廣播、電視爭相報導。所引起之迴響，鼓掌之餘，雙足跺地、起立致敬，甚至開香檳祝賀；被當地偶戲劇團、博物館引為上賓，座談切磋，設席接待、酒酣耳熱者亦有之，真正達成了小劇團作大型國民外交的目的。

至於兩岸交流，近日（二〇二一年六月）我為世新大學和福建師大聯合舉辦之「年度兩岸學術文化交流研討會」，於九月以視訊舉行，我提交的論文是〈三十年來我所從事的兩岸學術藝術交流〉，文中敘其概略如下：

一九九〇年臺灣開放教職人員赴大陸交流，八月間，我就和許常惠率領學生到新疆烏魯木齊去考察西域古樂、唐宋大曲之源頭「木卡姆」，賞聆其【散序】器樂演奏、【排遍】歌樂聲韻、【入破】急管繁絃而舞態翩躚。並沿塔里木沙漠南緣，經高昌、庫車、吐魯番，直至帕米爾山麓喀什噶爾。途中攀登千佛洞，身臨天山天池，憑弔古國遺跡，飽覽邊陲風物。

新疆南疆之旅後，迄二〇二〇年新冠大疫肆虐全球之前，三十年間，我幾乎年年來往大陸、臺灣，參加學術會議，難計其數；巡迴大學講演五十數所，獲聘「兼任教授」者達一、二十所；在北京大學、山東大學、福建師大短期客座，講授戲曲、俗文學與民間藝術。率領學生友朋於閩南閩西、黔桂雲南、陝北晉南、楚中江浙作戲曲田野調查；而於詹惠登所主辦的「戲曲之旅」、大陸文化部邀請之年度「情繫活動」亦獲益匪淺；曾以「情繫寧夏」領隊名義，與臺灣藝文界九十八人，周覽「塞外江南」。為使中華藝術文化最具代表性、融最優雅之文學、最精緻表演為一爐之「崑劇」，免於失落當代，劍及履及地於一九九二年開始，將六大崑劇團經典劇目錄存折子一百三十五齣，同時聘請名腳來臺傳授藝能，使其「絕活」東傳海隅，而藉此培養觀眾，振興崑腔曲劇。更親自執筆，編撰崑劇劇本《梁山伯與祝英台》、《孟姜女》、《李香君》、《楊妃夢》、《蔡文姬》、《吳起》、《二子乘舟》、《韓非、李斯、秦始皇》八種，前五種於北京、上海、鄭州、商丘、杭州、蘇州、廈門、佛山等地上演過，被評為「當代新編崑劇之典範」。也為大陸崑劇團在新象藝術公司董事長樊曼儂安排下，在國家戲劇院演出，藉報紙副刊著文鼓吹，不下二十數篇，如〈崑劇大匯演評議〉（《聯副》，一九九七年十二月十四日）、〈跨世紀全球崑劇大展〉（《中國時報》人間副刊，二〇〇〇年十二月七、八日）。也為閩臺歌仔戲盡心盡力，提倡精緻歌仔戲六大訴求，參與製作，使之由野臺進入國家戲劇院；促進臺灣歌仔戲與漳州薌劇、廈門歌仔戲同根並源地互補有無，指出歌仔戲當前要改革的課題，同樣著文呼籲，並參與其中。對於泉州梨園戲、臺灣南管宣稱極具宋代大曲遺響和溫州南戲之面貌，為現存最古老之戲曲劇種，於「鳥瞰中國偶戲」之餘，也肯定中國為世界歷史最悠久、藝術最精湛的偶戲大國，也說明兩岸偶戲間的傳承和各自發展的特色。更為孜矻於戲曲研究的學者，使其心血成果不致埋沒，乃為臺北國家出版社策劃主編一百二十種，匯為「國家戲曲研究叢書」，每一輯六種，以四比二比例分配大陸、臺灣，大部分的名家鉅作被蒐羅其中。世界各大圖書館都購置典藏，更因策劃此套叢書榮獲二〇一三年中國第八屆全國戲劇文化獎之「戲曲史論叢書主編金獎」。

而為了落實我維護發揚傳統民間藝術的工作，我積極地身體力行，主辦學術研討會和率團作兩岸、國際藝術交流。我所策劃執行的兩岸學術研討會，除早期「兩岸關漢卿」、「兩岸少數民族文學」、「兩岸梨園戲」外，其戲曲小戲、大戲、歌仔戲、偶戲之研討與劇種之展演，場面都非常盛大。如「兩岸小戲大展暨學術會議」、「兩岸戲曲大展暨研討會」、「兩岸歌仔戲研討會與聯合劇展及《聯合報》副刊座談會」、「兩岸歌仔戲創作研討會」、「兩岸歌仔戲大交流」、「雲林國際偶戲節」等。

在投入「民俗技藝維護與發揚」之初，我即結合組織在各大學任教、各有專長的「酒党」弟兄和學生，如吳騰達之陣頭雜技小戲、莊伯和之手工藝術、蔡麗華之民族舞蹈、呂錘寬之南北管音樂、林明德之土產民俗小吃、李乾朗之古蹟建築與修復、江武昌之偶戲、王安祈之大陸地方戲，及本人之歌仔戲、高甲戲、四平戲、梨園戲等，大規模作臺灣地區之普查和大陸閩西閩南、廣西、雲南、貴州、四川、湖南、陝西、山西、江蘇、浙江之田野訪視；用之以「廣場奏技、百藝競陳」為文建會舉辦執行連續四年、在臺北青年公園造成百萬人次之「民間劇場」活動，以實踐我「暫時性動態藝術文化櫥窗」之理念；從而執此以規劃高雄民俗技藝園，落實為今日宜蘭傳統藝術中心「永久性動態藝術文化」之展演設施，大小室內外劇場、廟會劇場、半露天劇場、露天廣場、手工藝棚布置仿古街道兩旁，土產民俗小吃為入園觀眾休閒之所，文物陳列館作博物館之展覽，藝師傳藝所用以薪傳，逢年過節設計特別節目，務使觀眾入園滿心滿意而歸。期間雖遭逢高雄市長許水德、蘇南成、吳敦義之顢頇拖沓，官僚之挑剔刁難，但書生以藝術文化報國之志不稍衰，終底於成。而我們規劃之報告書《臺灣民俗技藝》四十餘萬言，配圖三百餘幅，委託和平東路的臺灣學生書局代行銷售，卻「杳如黃鶴」，頃刻而一空，未付我們半毛版稅，文建會為我印行的通俗性《中國古典戲劇》，臺灣學生書局亦復如此。

我五十年來任教臺大、世新，純粹「陽春教授」，自信敬業樂群，克盡厥職。讀書研究寫作，黎明即起，歲歲年年如一日。除了愛山愛水、塞北江南、飄洋過海，唯一嗜好是呼朋引伴，飛揚跋扈，酒中自豪。而檢點從事文化學術活動與交流之紀錄，其屬國內者有一百六十四筆、國際者有七十九筆、兩岸者有兩百一十九筆。可見我遍歷天下，極活躍於學術藝術文化之路途與場合。目前為止，獲得不少獎勵，列舉如下：

學術獎項有：第七屆國家文藝基金會國家文藝獎（一九八二，文藝理論）、國科會優良研究獎（一九九一、一九八七，前後之甲種研究獎未列出）、第二十八屆中山學術文化基金會中山文藝獎（一九九三）、胡適講座教授（一九九七）、國科會傑出研究獎（一九八八、一九九三、一九九五、一九九八）、臺灣大學講座教授（二〇〇〇—二〇〇二）、國科會特約研究計畫主持人（二〇〇一—二〇〇七）、國科會傑出特約研究員獎（二〇〇八）、教育部第五十二屆學術獎（二〇〇八）、財團法人傑出人才發展基金會傑出人才講座教授（二〇〇四—二〇〇九）、教育部第十三屆國家講座主持人（二〇〇九—二〇一二）、國立臺灣大學傑出校友（二〇一二）、第三十屆中央研究院院士（二〇一四）、總統馬英九頒授二等景星勳章（二〇一六）、第十四屆臺南一中傑出校友（二〇二〇）、新營高級中學傑出校友（二〇二一）。

文藝獎項有：第三屆中華文化復興委員會金筆獎（一九七七，文藝理論）、第四屆臺灣省文藝協會中興文藝獎（一九八一，文藝理論）、第四十三屆電視金鐘獎最佳傳統戲劇節目獎（二〇〇八年十一月新編豫劇《慈禧與珍妃》）、第五十三屆中國文藝獎章「榮譽文藝獎章——戲劇創作獎」（二〇一二）、第二十四屆金曲獎傳統暨藝術音樂最佳作詞人獎（二〇一三年六月，新編崑劇《梁山伯與祝英台》）、第三十一屆傳藝金曲獎戲曲表演類特別獎（二〇二〇）。

大陸頒授有：中國戲曲學會頒贈「首屆全國戲劇文化獎．戲曲理論與創作特別貢獻獎」（二〇一〇）、北京市非物質文化遺產中心頒予「崑曲特殊貢獻獎」（二〇一一）、第八屆全國戲劇文化獎「戲曲史論叢書主編金獎」（二〇一三）。

雖然期間因「酒党党魁」盛名，被國科會諸公懷疑，哪有酒人而能做學術的，硬把我從已被定評的「傑出著作獎」名單拉下重審；選中研院院士，一再被質疑，「酒党党魁豈能躋身最高學術殿堂之內」，一再藉此否決。但誠如明慧的我家陳媛說：「真金不怕火，越煉越純粹；應當慶幸自己有機會一再被磨礪。」我都很快釋然，而且自信若比並其他院士之成就，自己也絕不遜然失色。

我在哈佛大學一年（一九七九年六月至一九八〇年六月），返國之前，哈燕社給我遊歷英倫的旅費。我和媛相約同行。可是因美國 DC-10 飛機墜毀，悉數停飛，她的優待票被取消。我獨自被英國海關官員盤問何以要來英國，我答以哈佛訪問，趁機來觀光，他死不相信，直到我出示哈佛大學韓南介紹信去訪問劍橋、牛津大學教授，他只看一眼就放我走。我感慨國小勢弱，甘作美利堅附庸，被強權卑視，國民在海外尊嚴全失的窘困。我獨自坐機場接駁車到旅館；進出極其複雜的倫敦地鐵到牛津看校園；在往牛津的火車上幫一對攜兒帶女的年輕夫妻提行李，承他們指點，搭公車前往牛津。我站在女司機身旁，請她到站，叫我下車；她忘了，我說沒關係，就在妳車上再兜一圈 sightseeing。牛津校園古意雅意盎然，我獨自照相，獨自擺姿勢。一接到媛的電話，迫不及待地折返紐約與她相會。

十 哈佛燕京社一年（一九七九年六月至一九八〇年六月）

在哈燕社那一年，徐泓住我樓上，他英文好，不像我要提早於六月間即要去哈佛暑期學校進修英文，因為訪問學者托福成績要五百分才算及格，而我只得四百四十七分，如果不是我「俗文學」的專業受重視，根本去不了。而我的「菜英文」居然在以中英對照的辭典協助下，勉強編出窮一生絕無僅有的一篇作文來；而英文老師居然把它登載在哈佛報刊上。教我英語矯正音的是一位喜歡穿牛仔褲的女老師，我不耐她把我口舌弄得嘰嘰歪歪，常引誘她一起喝酒聊天。而我身邊盡是中國人，接觸的也多半是英文同我一樣「菜」的韓日教授，及兩位由我「指導」的學生，一位請我吃她親自帶我上超市、親手做義大利麵的碩士生猶太女孩；一位是嫁給中國丈夫的博士研究生，她倆都要從我身上學中國文學，連蜚聲國際的韓南教授，他是漢學家，請我午餐也將他擺滿研究室夾著問題條子的漢籍古書，用他流利的華語，先行和我討論；所以我一年中，英文、英語都幾乎沒半點進步。當他們再檢定我托福成績，得四百六十七，虛長二十分。

我和韓日來的朋友都處得不錯，三位日本的教授都攜家帶眷；他們夫人的手藝都很好，我輪流在他們宿舍裡酣飲，他們夫人皆能彈能唱；有時還會一起看電影、涉溪釣貓魚；同吃小館，「不醉烏龜」。倒是歷史系徐泓，好像個留學生。我掛電話說：「晚來天欲雪，能飲一杯無？」他說明早有課，正準備，難怪他後來能當上系主任、院長。那時洪金富正是從中研院出國、在哈佛進修的留學生，他住學生宿舍，每天早上九點我上哈燕社圖書館，一定去隔窗喊他起床，他回應一聲，和我打個招呼後，我一走，他倒頭又睡，因為他是夜貓子。他做得好吃的家常菜，與我「合夥」，陪我喝酒，他酒量不佳，勉為其難，週末一起上「中國城」採購。每晚飯後，他已熱汗淋漓，我很本分地洗碗洗筷。有次張師清徽（敬）來哈佛，我親自下廚，一條煎魚放兩次鹽；清徽師笑稱「二賢相遇」。進雄休假得空，幾次從多倫多皇家博物館來看我，他任遠東部部長。我們最喜歡在夏日裡到分隔哈佛校區的查理士河畔，看男男女女日光浴，謂之「曬人乾」。

我同班同學胡嘉陽在哈燕社圖書館為中文部門主任，我初到哈佛，她和洪金富半夜接機，她和弟妹妹週末常找我到他們家聊天，或陪我到紐約遊覽。進雄同班同學張立青，她嫁給小她八歲的猶太洋女婿梅惟恆，原是她的中文學生，在哈佛任助理教授，研究敦煌變文。因年紀女大男小，有顧忌，戀愛沒有結果；但當他們重逢夏威夷時，兩人一抱，就結婚了。立青與父母妹妹同住哈佛附近，先生也住一起。他們一家也待我不錯，我到她家走動，也談「俗文學」，立青帶我出去訪問故舊，她夫妻兩口有次吵得厲害，我說：「立青妳英文真好，可以吵架吵得那麼流利。」他們聽後一笑言歸於好。黃振興現任中研院副院長，曾為史語所所長，那時也在哈佛。有次他們下課，討論剛在課堂上讀過的《漢書．原憲傳》，疑義頗多，請我參預，我一看，錯在他們洋老師，上下文沒弄清人物承接之主語文法，也沒搞清地名人名不一樣。管圖書館善本書室的戴璉先生好吟詠作詩，與我「風雅唱和」，聽到我糾正別人錯誤，對我說：「這種事少管。」我和他一起聊天、吃自助餐，也一起小酌。他把難得一見的齊如山經媳婦賣給哈燕社的戲曲善本書和《金瓶梅》插圖，以及歷代《楚辭．九歌》諸神給我閱覽，我發現有將《九歌．山鬼》當作男性公子繪畫的。有次一位法國女孩，專程到哈燕社查資料，她做的題目是「明代家具」請戴先生幫忙；美國圖書管理員是有義務幫使用者蒐集資訊的。戴先生說：「曾教授正好在這裡。」我請她等一等，從書架上搬下一堆明刊本的戲曲小說和類書給她，告訴她《淵鑑類函》是文獻資料，明刊插入之版畫是具體圖像，她滿意地說足夠她閱讀一兩個月，因我到每一圖書館，必先觀覽圖書的類別架設。

黃振興帶我去拜見早已名滿天下的余英時先生，聽他侃侃論治學，還叨擾他一頓晚餐。馬英九也在哈佛讀博士，聽過他反駁親共的哈佛教授的政治立場，但彼此沒來往。

那時留美學生很辛苦，幾乎都要到餐廳打工刷碗洗盤子。像洪金富那樣每月獎學金四百美元，算得天獨厚；我以訪問學者身分月給美金八百元，使我能撒漫地飲酒、旅遊。我曾出訪散居各大城的高中同班同學，從哈佛、劍橋到匹茲堡訪黃瑞典、到北卡羅萊納訪劉桂鴻、到亞特蘭大訪許得茗，到休斯頓訪莊勝義、陸正恆，歷二十餘州，沿途講演，補貼旅費。哈燕社社長說我是「旅行教授」，走過的地方，比他還多。而大部分的臺灣留學生都只駐守所在大學附近，學成作「歸國學人」。所以當我和逯耀東、程元敏兩位老哥得以臺大首屆土博士，蒙校長閻振興准予入住長興街六十號八角樓之所謂「歸國學人博士村」宿舍時，聽到對面從俄亥俄大學歸來的博士夫人，在中庭因垃圾桶溢出，就大聲嚷道：「定是那些沒出過國的人幹的。」而我知道她先生不過在哥倫布市俄亥俄州立大學待過，什麼地方也沒去過。洪金富返國時，我和媛在安雅堡密大，極懇切地請他趁便去玩幾天，他還是直接返回中研院史語所。所以他留學哈佛，除了和我到紐約，到耶魯拜望余英時外，什麼地方都沒去過。

我從哈佛往外「大旅行」之際，有次去紐約參加世界留美學生聯誼會，最後夜晚，由各國出節目上臺表演。而華人有臺灣的、大陸的、香港的、馬來西亞的、印尼的、新加坡的。我認為「輸人不輸陣」，找一位印尼女生熱心活潑地共同組織設計節目。我請來自上海優雅的姊妹負責鋼琴、小提琴合奏；一對來自新加坡的情侶胡琴、橫笛交響，大家排隊伍，由印尼女孩主持，首句我教她說的是：「站在這裡的是來自世界各地的華人。」然後同唱〈高山青〉、〈踏雪尋梅〉，人人都能上口，只有我嘴巴開合不敢出聲，怕一人有失，全體減色。我們贏得最熱烈的掌聲。

一九八一年我陪媛到教育部參加留學口試，我臨門助她一把，告訴她報考的博物館學門，口試時可能被提出的問題。結果不出所料，她以優異成績得公費留學獎學金，我替她安排到安雅堡密西根大學，那裡有同學陳真愛和黃昭陽可以照顧她。從此分隔兩地，音問不佳，使我知道兩地相思的滋味，「望美人兮天一方，懷佳人兮不能忘。」、「人間自是有情癡，此事不關風與月。」、「衣帶漸寬終不悔，為伊消得人憔悴。」、「問世間情是何物，直教生死相許。」都不足以形容內心的渴慕和懷想。我日日時時刻刻為她寫信，以拆解分秒難過如年。她獨自留學，用心用力讀書，走很長的路上山坡到超市採購食物也非常辛苦。有段時日，我所租借臺大郵局的信箱，收不到媛的來信，使我惶惑不安而莫可奈何；原來郵務人員錯以為該信箱已停用，退回所有來信。所幸媛發現情況有異，直接將信寄到文學院，才消除心中巨大塊壘。翌年我即以訪問學者身分陪媛在密大一年。七月九日，在密大她博物館老師瑪麗夫婦的見證下，由牧師宣布我們結為夫妻。

十二　安雅堡密大一年（一九八二年七月至一九八三年七月）

媛在博物館職司導覽，使得許多愛中國繪畫的觀眾讚不絕口。瑪麗的先生為我物色一部六百元幾可廢置的瑞士車，天冷總要侍候它發動。瑪麗的先生首羅教導我駕駛，我第四次才取得證照。車子實在破舊，常勞動AAA搶修，幾乎被取消會員資格。但我們畢竟有車，可以免背負之累超市補充食物，也可到莊喆、馬浩家、陳真愛、謝常彰家小聚。與媛的生活點滴，大抵已見諸〈我妻陳媛〉，此不更贅。

我和媛常在家裡請客，唯酒無量，加上一道從陳真愛學來的醬香牛肚，又便宜又好吃，使柯迂儒、林順夫教授等盡興到夜闌；而我和媛赴教授如巴比、艾瑞慈的約，主菜只有雞腿或牛排一塊，其餘麵包、蔬菜、乳酪和紅酒隨客取用，主人並不招呼。而同學間聚餐，流行「Potluck Party」，每家各帶一道菜，站立分食。所以我很不習慣，也興致缺缺。

我在哈燕社時，常「冒充」留學生。我三十五歲升教授，在臺大研究室被來訪的外國人士當成助教，所以外表的確沒有教授的架子。曾兩度到「Host Family」作客，一次在寒冬，主人下午「大餐」後，晚上只看電視吃鱈魚夾餅看電視；而我在「大餐」時忙照相，只挑幾口菜和喝杯紅酒，下午又和美麗的主人女兒踢足球；夜晚不知開暖氣，穿大衣西裝還在床上顫抖，使我真正體驗到「饑寒交迫」。

又有一次是感恩節，女主人非常殷勤，只是不會為我布菜，一隻火雞在下午三時「登場」，我只吃幾小塊、一塊麵包，結果夜晚還是饑腸咕嚕作響。

孫某人也自政大趁寒暑假看他在密大留學的太太，我陪他在中國文化中心看大陸電影，一起出去旅遊，也自然彼此飲酒共餐。有次開車到密西根湖畔。清晨我和媛把釣竿甩入湖中，看煙雲成陣，真個如莊子所云如野馬塵埃那樣地飛騰起來。我寫了一篇短文〈氣蒸雲夢澤〉，痖弦在《聯副》以斜行「方塊」的版面，很顯眼地刊出來，惹得同仁李教授在課堂大大批評我「行為」的不是。孫某人寒假後返國，我請他幫我帶《戲劇選注》先行回去，好能趕上新學期出版。他滿口答應，就是一再「推拖」，沒讓我把稿子交給他，直到他上飛機那一刻，我才驚覺，他原來睜眼說瞎話，我只好改託留學生幫我帶回去。我們有次在師大和平東路碰上，他質問我何以對他冷淡。那時他已被太太「離棄」，改嫁她唱京劇的琴師，而他也成為我這輩子「捨絕」朋友的第一人。

我在柯迂儒教授的課堂上，他總客氣地要我說自己的看法，我起先還能謅上幾句英語，不一會兒一定「辭不達意」，說：「May I Speak in Chinese ?」於是侃侃而談。柯教授是我兄弟彭鏡禧的博論指導，而視我如朋友。他和我很談得來。他喜歡飛行，居然一邊研究，一邊自製滑翔機，還飛上天，自稱「翔空老翁」。他寫的元人雜劇研究要我作序，我沒推辭。他去世後冥誕，我也出席為紀念他在夏威夷大學召開的學術會議發表論文。

而當我往來美臺頻繁之際，常中途駐足夏威夷，因為那裡有摯友謝信一任大學語言教授。我們碩士班時同修黃仲圖字正腔圓的日語三年，我已會寫會譯，可惜博士班時，屈師翼鵬（萬里）任所長，要送我到東京大學進修一年，我說梁榮茂日文比我強，應當由他前往，屈老師說：「很好。」結果梁榮茂非博士班研究生，資格不符，由歷史系的逯耀東、趙雅書同往；我因此也未能把日文練成我的「第二外國語」。

信一和我在那段日子見面，不下九次。我們一起下廚房，一起在他家後院裡面對白雲藍天青山明月同飲，也在海濱用報紙蒙著啤酒罐子邊聊天邊欣賞海景邊「偷喝」啤酒，因為邊走邊喝是當地法律所不許的。信一很守交通規則，只要紅燈，就不會多走一步，不像我左顧右盼，未改臺北陋習，直想趁隙竄過去。我最喜歡在觀光旅館前，吹拂夏威夷特有的清爽不息的海風，看椰林裡美麗的女郎跳草裙舞。尤其是扭動腰身如蜿蜒也似的肚皮舞，在斜陽西下、明月初上時，杯酒在手，眼望太平洋，情景真是美極了。而主編《中國時報》「人間副刊」的金恆煒，信一招待他在海濱小館喝酒，對我說：「某人得獎的書，明明是博士論文改裝，已經七年，超過五年規定，怎的無人舉發？」我半句也沒吭。

信一還帶我去遊覽百看不厭的夏威夷原住民部落園區，搭著小艇，觀賞各色各樣簡陋的房舍和土味十足的歌舞。也安排我在夏大講演，吃過他紅粉知己所做的晚餐，一位年紀較他大的最體貼，照顧周到；一位上海來的較計較，在他身上撈了些錢。他已和青梅竹馬的裘利離婚，可以全天接待我。我們論詩，他是有名氣的新詩人，我則隨口吟詠五七律，送他過好幾首，得薛平南書法後，倍覺「精神」，他的新詩不時在他心儀的女主編詩刊上登出，新詩集也在臺灣出版。

我陪父母親先行取道韓日返國，媛則取得雙學位後才回來。我陪父母親在紐約中國城大街上，人來人往，因在中國書店翻書，使父母親久等，兩老為之不安，有流落街頭之感；在首爾因與金學主、許壁、李東廂等留學臺大友人男男女女十餘人行「韓國飲酒禮」，醉得一塌糊塗，讓父母親操心；在日本東京淺草區行人密織無隙之際，雙手緊握父母親之手，以免失落人群；我實在不是一位能善盡孝道的人。一九八六年十月我與媛赴德國魯爾大學，陪父母親旅遊香港、新加坡、吉隆坡，才真正使父母親感到愉快。

媛返國，與我和三個女兒住長興街宿舍，由三十幾坪搬進五十幾坪。媛以公費留學，專長博物館，承友人推介，即被故宮秦孝儀院長任為機要秘書，掌管對外公關。興趣未盡相合，我與她到德國魯爾大學，半年後，她的職位有人取代，秦院長以秘書改派她籌劃「有實無名分」的「故宮近現代館」。媛有她一套理念，所以推出的展覽都有其意義和特色，引起臺灣現代藝術家的矚目。媛很低調，從不面對媒體，皆由其長官發言。後來秦院長正式任命她為「展覽組組長」，她更能發揮所長，故宮文物到歐洲交流展出，她也沒隨團。

一九八五年元月六日大衡出生，母親高興得嘴都合不攏，說：「我這才真正有長孫。」即從三弟永發那裡住到我家照顧她的長孫，週末父親接她回永發北縣中和市景新街居所。當我看到父母親攜手，夕陽下拉得長長的身影，既感動又溫馨地在他們金婚紀念之日大事慶祝，寫下〈牽手五十年〉。大衡二、三歲時我常抱著他，在基隆路、長興街交口等候媛所乘的故宮交通車，大衡一看到母親回來就踴躍地要轉到媛懷裡。我在東吳兼課很多年，常陪媛搭故宮交通車，先到故宮展覽室觀賞文物，對重要古器物、繪畫、手工藝、陶瓷等國寶，簡直可以如數家珍。也常躲到吳哲夫圖書組所掌管的大陸出版特藏室，閱讀自己在密大時辛苦所蒐集的資料；因為情報局上校官員把我寄回的資料擺滿他的辦公室，他住院三總，我提著水果去看他，有點交情。他說：「這些東西存放你家，有如不定時炸彈，最好找個學術單位存放。」我徵詢臺大圖書館，他們怕事沒敢要，好友吳哲夫當仁不讓地幫我處置了。而我進出故宮特藏室，仍被說是「特權」。

哲夫和我常在故宮所設的館子午餐，還呼朋引伴地飲酒；昌彼得副院長酒後餘暇，好以「雀戰」消遣。我從不像哲夫、美月、景明、啟方那樣「躬身投入」，但也每從旁作局外觀。

我下午從故宮酒館到東吳上課，學生百餘人，前面幾排都聞到酒臭，有女生說：「哪有這樣的老師，真受不了。」但我越多喝幾杯，書就講得越興會盎然，在臺大夜間部上課也一樣。有一次清醒地從家裡直接到東吳上課，學生都不習慣，我看看窗外暮春的陽光，雙手按著講臺沉吟，學生「莫測高深」，全體肅然，我忽然「揚言」：「似此良辰好景，怎能自閉幽室？走！」我們改到故宮側邊的山坡相思林下上課，學生一陣歡呼。我沒講授戲曲，而是舉例敘說我從中國文學中體悟到的人生境界，宣揚我在酒党倡導的「人間愉快」，提出擔荷、化解、包容、觀賞的四種能力為達成「相攜並舉」和「蓮花步步生」的基本能力，特別以「三部曲」說明「化解」的方法。據說有位女生，因她付出一切「push husband through」，使之取得博士學位，丈夫竟很快變心另結新歡。她痛悔難忍，跑到河邊，跨過堤岸要自行了斷，忽然記起我說過遇到挫困時要馬上轉移境界，從「行到水窮處」進入「坐看雲起時」，從「山重水複疑無路」猛然「柳暗花明又一村」。她頓然重新跨回堤岸，返家後收拾行李，一走了之，自己打拚，成為一家公司的老闆，過著「人間愉快」的日子。

我和媛在密西根大學時，昌彼得老師被普林斯頓大學圖書館蔡武雄請去訪問，我因與武雄和其妻范清美是同學，也到普大去看他們。清美雖準備豐盛晚宴，但不知酒，給我們「一大桶」的烹調用紅酒，昌公和我都大醉，我更爛醉如泥，夜裡「酒尿」，對著牆就大為「解放」，弄得「滿室生香」，好不丟臉。

媛在故宮後來以副研究員轉任登記組組長，負責文物的保管，秦院長各體書法精工，主動送給媛好幾幅字，媛視為墨寶，掛在家裡。秦院長作過一副對聯，知我好「舞文弄墨」，客氣地要媛轉交給我看看，我卻「少不更事」地予以批評，並說明我修改的意見。秦院長不以為忤，說：「妳先生坦率，容易相處。」

媛五十歲就自動退休，在杜正勝、周功鑫兩院長之後，想過較自在的生活，雖曾奉其師姚一葦先生之命，在臺北藝術大學兼課，但退休後，某大學博物館學研究所要聘她專任，她也婉謝，開始在教會走動，也到萬芳醫院做長期義工，照顧垂危的癌症患者和老人，並一身擔當家務。為照顧晚年生病的母親，在醫院附近購置森觀寓所，獨立照護，直到母親病逝、辦完喪事為止。

我在這段日子裡，從事教書、讀書、研究和維護發揚民族藝術的事業，媛也「縱容我」「飛揚跋扈酒杯中」，稱尊「酒党党魁」，遊走塞北江南，「統一兩岸」，因為她了解我有「不為已甚」浪蕩的一面，也能體會我「飲酒傷身，不喝傷心」的生命情調，從不阻止我。在我毫無節制的情況下，只會淡淡地說句「原來教授是這樣幹出來的」。她在為我《飛揚跋扈酒杯中》所寫的序中寫道：

> 生活在臺北的小民，要覺得暢快，實在不是容易的事。頭上的天空總是灰濛濛的，行路總在塵埃、噪音與爭攘中，再加上越來越多不開朗的人、事、物，要求身心健康，好像非得格外努力不可。
>
> 然而，與永義結婚十年來，我越發了解他的愛朋友與愛飲酒，是他之所以能保持身心健康的主要原因。

許多人都說酒能傷身，但永義和他的好友們卻真的讓我同意了「不喝傷心」的道理。尤其看他們一群人意氣風發地過拳乾杯，那種痛快，不用「飛揚跋扈酒杯中」無以形容；那種痛快，更不是現實裡可以容納的。

然而，對作妻子的而言，我更高興看到的，是永義在飲酒之後，能天明即起伏案寫作的暢快。他寫散文小品，如吐胸中塊壘，往往一揮而就，而且一旦寫了，就不再掛懷。

我欣賞永義行文落筆的暢快，也同意他飛揚跋扈的痛快，更希望他和好友們有時稍作撙節，大家身心通泰。

真是知我者我妻也，媛就是如此的明慧通達。雖然也會因一些瑣事意見不合，她善辨是非，讓她多說幾句就沒事了。而今我和她也「攜手五十年」，感情日篤；尤其前年十一月間我心臟開大刀以後，到現在（二〇二二）還在休養，她全心全力照顧，無微不至，鼓勵有加，使我安穩平衡，雖然體氣未全，但已能處理好我正由三民書局陸續出版的「龐然大物」《戲曲演進史》十編九冊；也能順心寫作，更加體會與媛永恆之至愛。我也被她引導進入耶穌、天父的境界，每日起床即讀經，由媛誦讀解說，別有體悟，也成為一天中共同珍惜的時刻。

我為媛寫詩詞不知凡幾，被好友游昌發譜為歌曲的有七絕四首和【水調歌頭】詞一闋。在媛生日時我也為她賦詩，如她四十一歲初度：

我妻四十初開一，明月含光布四垂。正有年華燦雲錦，亦將佳日作春暉。
蓮花玉步欣欣起，碧水青山款款依。肯定三生繼來世，與卿相顧復相隨。

二〇二一年十一月二日媛七十初度，我也賦詩一首：

我媛初度古稀年，皎月澄輝燦曖然。黃菊蒼松介瓊壽，瑤池金母賜桃筵。
相攜肺腑同瞻仰，信靠耶穌不愧天。肯定三生銘玉石，與卿永結至情緣。

二〇二一年七月十七日凌晨三時，余枕上不寐。有〈口占七律以示我妻〉：

攜妻壯歲涉重洋，講學遊覽遍八方。大邑都城新世界，山村古鎮葛天邦。
途中萬里開宏識，窗下孤燈著錦章。白髮而今蕭瑟也，與卿相顧復相將。

我在德國魯爾大學、荷蘭萊頓大學、美國史丹佛大學講學時，媛皆與我同行；在萊頓、史丹佛，兒子大衡也同往。在魯爾大學上課，一週一次，下課時，媛已攜帶行李在火車站等我，即搭縱橫西歐的火車出去旅行。旅行之前，媛已從種種資訊設計旅程和景點，半年內，走過盧比荷德法西班牙列國之大城小鎮，以最經濟省錢方式，住簡陋旅館、吃超市食物、乘在地公車觀光遊覽，夜晚和媛在旅店裡對飲紅酒、啤酒特別溫馨；心安理得地深入西歐各社會階層，大開視野。雖然臺大孫震校長以我為姊妹校「巡迴大使」，教育部駐外文教單位有責任協助我，但節省開銷外，能不麻煩駐地官員就不麻煩，只有與比利時的傅維新和夫人成為好友，留學生都稱他們伉儷為「傅爸爸」、「傅媽媽」。返國後，我只向臺大申請所花旅費一半，會計主任掛電話給中文系秘書林碧珠，說：「請曾先生悉數申請，別的教授一毛都不放過。」我則覺得學校厚我已多，怎能不知分寸。

我和媛在魯爾大學所住的宿舍，書桌前是完全明亮的落地窗，可以看到窗外景物的變化，內心自然有所感，為之寫我種種由飛機、由火車、由汽車、由輪船觀看大自然和世界所呈現的現象，而有〈窗外〉一篇散文在《聯副》，很受孫校長欣賞，他到魯爾大學訪問，特地去看這扇窗子。

上課由宿舍往課堂走，要穿過一片林地，也有〈魯爾那片林子〉記其事，感恩節和媛到一位德國學生家作客，被帶往深入黑森林，也有〈煙雨黑森林〉記其奇妙情景。

我和媛在西歐列國看得最多的是博物館，我要她蒐集每個博物館的介紹資料，並記下自己觀覽後的感受，尤其是其不同的特色。我也跟著她看出一些心得來。譬如我寫的一篇散文〈耶穌背負十字架〉，就是從七幅在各博物館的不同畫像中體會出來的。可惜媛費心費力所分類的資料，卻因返國後忙碌，始終未能完成我希望她寫的《歐洲博物館巡禮》。

從萊頓大學返臺時，伊維德教授為我申請一筆優厚的旅費，使媛、大衡和我能坐遊輪作愛琴海之旅，頗識古希臘、土耳其的古蹟文化和西西里島的風光。這趟旅費很貴，我們貼補不少錢，但對萊頓可愛的小鎮很留戀，更感激大學對我禮遇，因我只為他們師生作三場講演。

史丹佛則是王靖宇大哥主持系務時，邀請我去作訪問教授，我也只作幾次講演和座談會，其餘時間很自由，大衡有機會和洋孩子打籃球、踢足球。我還和媛帶他去乘北美加拿大到阿拉斯加的遊輪，隨船停泊時觀覽臨太平洋之大城小鎮；我喜歡爬上遊輪頂層，披襟擁入萬里長風，颯颯中仰天長嘯，而遊輪中的生活，也別有風味，是個人來人往、具各種膚色的小型世界。旅程中最教我醒目奇觀的是阿拉斯加沿岸的冰河崩海，激起的浪潮豈下於高山雪崩。而陽光普照之時，站立船頭，更有海天一色纖塵不染的澄淨，將世界放射得未曾見過的光明。

大衡在臺北要上學，媛先行帶他返國。我留下一方面編寫國光劇團預約的京劇《鄭成功與臺灣》，住在李武開、鍾慧娥家。他們夫妻對我這個大哥禮遇得很，天天飲酒小宴，三五日就邀來朋友陪我大宴。慧娥教舞蹈，手腳格外俐落，一大桌菜霎時備就，不是飯前就是酒後，總要向一群科學家或名門閨秀，或搞文學藝術的各類型友人「吹牛皮」，也在星期假日帶我去附近的風景區，使我真是身心暢快。因為慧娥拜我為大哥，緣於我帶新和興歌仔戲團到舊金山等大城作文化交流，惠娥來觀賞，問我可否和她多談些，我說明天妳開車帶我和團長江清柳出遊，在車上我可以和妳聊一整天，她果然次日帶我們在環舊金山的海濱和景點遊歷，從此她拜我為大哥。原來她是時任正中書局總編輯鍾惠民的親妹妹；惠民為我出版散文集，後來以立緒公司之名為我出版至今猶為重要的學術著作《戲曲源流新論》，北京中華書局也出版我的「增訂版」，為此連惠民也拜我為大哥。

武開是專門創意開啟新產品的科學家，一旦獲得專利，大把鈔票就滾滾賺取，但研發過程也實在艱辛，真到現在我們見面時總暢談得難以罷休。

二〇二一年五月以來臺灣新冠疫情社區流行，政府升三級警戒，飲食店、社交場合等等關閉，人人自我回居斗室以自保。久之，不親水近水，實不能忍耐，媛乃驅車載我往北市近郊「放風」。「放風」本指監獄罪犯定時出牢房以見天日，故借以比擬。七月十四日，余有七律：

> 日白空藍草木鮮，輕車且駕任盤旋。翠蒼山色盈青眼，流水琤琮響澗泉。
> 斗室孤燈長守閉，飄風一旦返天然。有情有韻鳴鳩雀，無意無心作嵐煙。

七月二十一日，余有〈夫妻山小記〉序五律一首：新冠肺炎，大疫猖獗，避居斗室，心眼難適。媛乃驅輕車，帶我近郊抒解，以平溪山徑擁翠，可欣可賞，最足怡情，乃屢次投身其間。一日，媛見兩巒並峙，依偎如一體，呼我同觀。我隨口應曰：「此夫妻山也，永世相顧，相得益彰。」媛亦以為然，乃以之命名焉。賦五律：

為愛夫妻山，輕車盤又桓。雙巒翠林外，千古白雲間。
但得長廝守，自能超紫寰。胸懷天地闊，景物盡堪觀。

七月二十五日又有七律：

豔陽高舉白雲天，颮風掠境氣澄鮮。石碇商家猶閉鎖，清谿澗底自高喧。
油油野色抒心目，默默巒頭蕩嵐煙。喜愛輕車過山徑，老妻共我得悠然。

每次「放風」，我皆有詩，有媛相伴，即能自在愉快。

這幾十年我最用心用力的是以執行長、董事長身分，在中華民俗藝術基金會從事民俗藝術文化學術的工作。其故有四：一是在哈佛大學那年所受到的刺激，一位美國留臺學生演講時大言地說臺灣不只是美國軍事政治的附庸國，更是美國人生活、思想、文化的殖民地。我衡量當時情況，縱使民族自尊濃烈，也百口莫辯。二是認為從根救起，要振興已被時代新潮沖刷幾盡的傳統鄉土藝術，因為那才是民族文化的根源和具體的表徵。三是受到許常惠大哥的牽引，投入中華民俗藝術基金會，得以身體力行。四是體察到戲曲研究非從民俗技藝入手不可。至於我所從事的工作情況，均已見前文。

同時於兩岸解禁之後，我也積極作學術交流，結識同行同道，遊走於五十所大學和難計其數的學術會議和活動，獲得許許多多的知音知交，有好些還情逾兄弟、相顧莫逆。凡此亦散見於前文記大陸友朋之中。

而自我壯年創立「酒党」，身居「党魁」之後，「党徒」眾多，杯酒交錯，盡興極情；在我前年（二〇二〇）十一月心臟大動手術之前，實為「日常消閒娛樂」之生活主要內容，而我「飛揚跋扈」又不失溫厚體貼之行事為人，在藝文學術界也別具風格。幾十年的「酒党核心人物」飲宴的場合，每星期四中午，由每週一次改為兩週一次的四中全會和五、六年來新成立的「出版事業支党部」，也每個月由「党徒」輪番作東，加上南來北往的朋友，和平居較親近的同儕和老學生之大酌小宴就幾無一日不在杯勺之中。而今身體有待休養恢復，新冠疫情未解，止酒近兩年矣。居家寫舊詩寫散文以自遣。每一稿成，媛如往常一樣，均為第一讀者，她知無不言，或讚美或表達修正意見，我每心服口服，嘆為知音知己。只希望殘歲餘年，我身體在她呵護下，好自保養，盡量不使她為我太多操心勞累，攜著她的手走在青山綠水陽光之下，悠遊自在地過著平安平靜的生活。

至於「党徒兄弟們」與我的關係和交情，大抵已見〈酒党群彥小記〉之中。我信筆揮來的〈党魁自傳〉也就在此打住。

二〇二一年八月十二日晨六時曾永義於森觀寓所完稿

二〇二二年二月二十七日晨五時三十五分重為校訂

貳　酒党党魁外傳

洪國樑

「酒党党魁」者，曾永義先生是也。年三十四，即以此號自稱，人亦以此推尊之，達數十年，其聲名籍甚，駕乎本名之上。兩岸學界言及「党魁」，幾無人不知，且以識荊為榮；有萍水相逢者，其言談之間互及党魁，頃刻遂成好友。

先生之所以為党魁，並非酒量特大、無可匹敵，乃在其善鑑酒之醇醨，又能抉品酒之哲理：主張「尚人不尚黑」，謂「酒党」之「党」，乃下从古體之「人」（儿），不作从「黑」之「黨」，講究人品、人格、人性、人情、人趣、人味，鄙棄黑心、黑手、黑道、黑幕、黑金、黑權；又制訂「四酒主義」、「五拳憲法」、「飲酒八要」、「酒品中正」之党章，而結穴於「人間愉快」之宗旨。至其觥籌交錯之際：位居首席，有龍鳳之姿；酒党新語，累如貫珠；言談幽默，滿座風生；封官賜爵，無不拜受稱善。是以遍交天下賢士，化解恩怨嫌疑，此又真得飲酒之妙用者。曾說：「我党非臺灣党，亦非兩岸党，乃包六合、括宇宙之党，凡能從酒中體味『人間愉快』、『尚人不尚黑』之宗旨者，皆我輩中人，而得為我党党員。」其有嚮慕酒党而不善飲者，党魁說：「杯中有物皆酒也！」

党魁之性情率真，可比陶淵明；其胸次豁達，方駕蘇東坡；其愛才惜才，猶如歐陽公；其廣結善交，不讓宋公明。所交無分貴賤，要在有情有義，否則雖高官權貴，亦不屑一顧。其嫉惡如仇、正直敢言之情操，方之古人，則有若《詩經．小雅》〈巷伯〉及〈節南山〉之作者，方之今人，則有若傅斯年先生，均風骨耿介，而為傳統知識分子之人格典範，上下千古，兩兩輝映。

《詩經》中多有嫉惡如仇、正直敢言之詩篇，然能於詩中正面痛責讒言小人之構陷忠良，怒批執政之任用姻小，其用語激烈，不假辭色，又敢於篇末自署作者之名，以示負責，置身家性命於不顧者，僅〈巷伯〉之「寺人孟子，作為此詩」及〈節南山〉之「家父作誦，以究王訩」二詩而已。千載之下讀之，猶能感受詩人之血脈賁張，與夫疾言厲色、正義凜然之氣。

一九四七年二月十五日，傅斯年先生於《世紀評論》上發表一文，篇名為〈這個樣子的宋子文非走開不可〉，文中說：「前有孔祥熙，後有宋子文，真是不可救藥的事。……今天……要做的事多極了，而第一件便是請走宋子文，並且要徹底肅清孔宋兩家侵蝕國家的勢力，否則政府必然垮臺……」當時，孔、宋兩家是何等勢力，而當時之知識分子，又有何人敢如此用語激烈、直言不諱？此即知識分子之風骨。不獨有偶，傅先生之後又有党魁。

臺灣當年某政黨執政時，曾努力推動「去中國化」，由文建會召集學者研議。党魁當場慷慨陳詞：「文化是延續的，不是你想要，它就來了，你想不要，它就去了。如果要去中國化，除非叫陳水扁不姓陳，民間不拜關公、媽祖。不學無術的人還不可怕，最可怕的就是不學而有術。你們就是一群不學而有術的人。」發言既畢，會場有文建會某參事，走近党魁身旁，說：「曾教授，你能把你的意見寫下來好嗎？」党魁說：「有何不可？拿紙來！」於是振筆疾書，寫畢，把紙丟給官員，接著說：「我要喝酒去了。」又某年，屏東東港舉辦「鮪魚季」宣傳活動，敦請當時最高權貴致詞，党魁與若干友人亦應邀出席，並比鄰坐於前排。党魁告諸友人：「兄弟們！稍後若有情況，請聽我『向左看』之口令行事。」眾皆允諾。當最高權貴致詞畢，走下講臺，自右起，與前排來賓一一握手致意，依次將至党魁，党魁即以軍中執行官之口吻發令：「向左——看！」全排友人隨即掉頭左顧，該權貴自覺無趣，迅即轉離。先前，党魁已頗受「酒党党魁」盛名之累，而頻遭非議，此後，更橫受掣肘，所獲提名之多項學術榮譽，均於最後關鍵失之交臂；雖然如此，党魁仍不改其嫉惡如仇、正直敢言之性格，及對大是大非之堅持，蓋因此種正義感與道德情操，已內化成其人格價值與生命情調。所幸，去年七月，終膺中央研究院第三十屆院士之殊榮，證明其學術可受公評，而公道自在人心。

党魁以一介書生，教書為生，收入雖非豐腴，然廣納党員、禮敬師長、歡宴友生，曾無半點吝惜。常有大陸友人來電：「党魁，我是某人，現在臺灣。」其中除交往較深者外，多不復省記其人為誰，然党魁隨即告之：「晚上在某某餐廳，為你接風。」此孟嘗遺風，求之今人，殆不多見。又特為感念師恩、扶持後學，於臺大任教期間，曾獲「臺大講座教授」榮譽，得獎金一百二十萬元，党魁即將獎金全數捐出，為其業師鄭騫先生成立「鄭因百教授紀念獎學金」，以嘉惠臺大學子。二〇〇四年，党魁轉任世新大學中文系教授，於時，我正為系主任，党魁告我：「國樑，我既來世新，則當為世新奉獻。日後，除薪資所得外，所有在此所得獎金，全數捐予中文系，作為學生獎學金及系務發展之用。若有貧苦學生，亦請告知，可隨時予以資助。」其先後捐贈之世新學術著作獎、教育部學術獎、教育部國家講座之獎金，即達二百萬元，而其臨時資助學生，又不在此數之內。此既知報恩，又能施恩，以學術薪傳為己任之襟度，於今之學界實鳳毛麟角。

党魁領導酒党數十年，上有「管魁」，即党魁夫人，管党魁者也。下設副党魁十七人，中常委人數隨党魁興致彈性增減；又有秘書長、組工會、青工會、文工會、婦工會、醫工會、大陸工作會、海外工作會等，組織一應俱全；更有党員自組逢迎拍馬、媚悅党魁一人之「馬門」；其長公主、党公主無數，封官賜爵遍及海內外。曾有大陸著名戲劇理論家王安奎先生，党魁於歡宴中一時興起，冊封為「奎安王」兼長城巡閱使，賜直升機三架。奎安王大樂，唯謙不敢受直升機三架，說：「一架足矣。」党魁說：「長城巡閱使何等尊貴，必須三架！一架你專用，一架隨扈用，另一架備用。」奎安王唯唯稱謝，說：「党魁聖明。」

一九八九年，党魁赴大陸參與文化活動，於某宴會場合中，大陸文化部代理部長賀敬之先生及其夫人、文聯副主席、音協主席等諸多官員亦與會。方酒酣耳熱之際，党魁舉杯敬酒賀先生，並說：「請加入本党！」大陸官員猝聞「本党」二字，均面面相覷，不知所措。党魁則神色泰然，緩緩說：「本党是酒党，不問人間是非，只管人間愉快。無党綱、党紀，自由進出。」繼而，略帶三分酒意，即席朗誦詩人瘂弦起首三句、党魁續成之〈酒党党歌〉，其歌詞氣壯山河，聲調慷慨激昂，聲情、詞情動人心弦。朗誦畢，賀夫人率先舉杯響應，說：「願加入。」其餘賓客，亦隨之紛紛自請加入。日後，此〈酒党党歌〉即於兩岸盛傳，著名音樂家紛為譜曲，達十六版本之多，均各具佳妙，唯迄無定本。兩岸政治紛擾數十年，而酒党竟於一九八〇、九〇年代即已統一兩岸，猗歟！盛哉！

酒党數十年來，例於每週四中午假金山南路寧福樓餐廳，由党內最高當局舉開「四中全會」，均由党魁坐居首席，一言九鼎，威風八面。某次全會，党魁適出巡金門，首席虛空。眾皆簇擁第一副党魁、甲骨文名家許進雄先生權居尊位，坐既定，群起山呼萬歲。當一呼方畢，党魁即來電責問：「何人膽大，竟敢篡位？」第一副党魁聞聲，如驚雷失箸，倉皇避席它座。事後語人：「党魁大位，非可希冀！我甫坐一分鐘，而臀部刺痛不已，三月乃癒，自此不敢有異心矣。」蓋党魁線民密布，無所逃其耳目。

人或戲謂党魁：「居党魁四十年而不下野，豈非封建？」殊不知：他黨黨魁猶人人可為，酒党党魁則非人人可為。蓋無鑑酒之能，不知酒之哲理及其妙用，性情不真，心胸狹隘，妒才害能，吝於付出，不能報恩施恩，不能仗義執言，無一言九鼎之尊嚴，無威風八面之氣勢，無獨步當今之學術，無知識分子之風骨者，豈足以領袖群倫，而為酒党党魁？

党魁日前魁體欠安，醫囑節制飲酒，「新停濁酒」不免惆悵，意氣風發頓減當年，唯仗義助人依然，封官賜爵如故。有党員說：「一日党員，終身党員」，「一日党魁，終身党魁」。

原載二〇一五年四月一日
《國文天地》三〇卷一一期總三五九期

叁

《參軍戲與元雜劇》對聯

傳存地戲飄洋過海山川閱歷徐霞客

研考劇文傍史依經曲藝究鑽王靜安

張敬

傳存地戲飄洋過海山川閱歷徐霞客

年假中偶成此聯以狀永義兄近年功績頗覺恰切自慚白首一事无成但有幸爲博士師得附驥尾聊堪解嘲耳

研考劇文傍史依經曲藝究鑽王靜安

壬申春分 清薇張敬

肆 為《參軍戲與元雜劇》嵌名詩

曾敢高談存義氣，每因對酒露豪情。
宏揚雅俗人間劇，耀眼篇章著令名。

王叔岷

永義賢弟精研劇曲卓然名家
占此二十八字贈之

曾融高誼存義氣，每因對酒露
豪情，宏揚雅俗人間劇，耀眼篇章
著令名。

叔岷未是艸

辛未仲夏

伍　明月正如霜：記和臺灣學者曾永義交往的點滴

黃天驥

兩岸同胞即兄弟

在臺灣地區，有一批對中華文化研究有素，並且具有頗高水準的學者。其中，臺灣大學名譽教授、世新大學講座教授曾永義先生，就是卓有成就的一位。他著作等身，在二〇一四年榮膺「中研院」院士，在臺灣以中國戲曲研究為主獲得「院士」名銜者，據知他還是第一人。

兩岸關係破冰後，文化交流漸趨密切，我較早就知道了曾永義的名字。因為我和他從事的研究領域比較接近，在我的書架上，擺放著他的《長生殿研究》、《俗文學概論》、《戲曲源流新論》、《戲曲學》、《戲曲腔調新探》，以及後來他送給我的、由中華書局出版的《曾永義學術論文自選集》等著作。我知道，在臺灣許多研究中國古代戲曲和俗文學的學者，多出自曾永義老師的門下，很希望能有機會向這位對岸著名的教授求教。

一九九六年，大陸研究文化古籍的學者共二十五人，由全國高等院校古籍整理研究工作委員會（簡稱「古委會」）主任安平秋教授領隊，出發到臺灣訪問，與臺灣的著名學者們共同研究中國古籍的整理問題。我以為，曾永義教授會作為臺方代表參加，誰知，這回他沒有與會，倒是與會者中有好幾位是和他共事過的教授，或是他的學生。我在兩岸文化研討會上發表了關於《全元戲曲》整理問題的講話，在臺灣戲曲研究的同行中，引起了不小的反響。

休會期間，兩岸的與會學者們同坐一輛大巴，到陽明山參觀。返途中，在車上久坐無聊，有臺灣學者提議，每人輪流表演一個節目助興。於是有人唱歌仔戲，有人講了一段笑話，大家興高采烈，其樂融融。輪到我，我想，若唱幾句粵曲，大家都聽不懂，唱了也是白唱，不如用普通話（臺灣人稱「國語」）唱一曲岳飛的【滿江紅】，那是抗日戰爭時，我們這輩人家喻戶曉的名曲。當我拿起麥克風唱起第一句「怒髮衝冠」後，想不到同車的兩岸學者一起放聲歌唱，氣氛十分熱烈。當我唱到「壯志饑餐胡虜肉」時，那粵式普通話，竟讓別人把「胡虜肉」聽成了「咕嚕肉」——一曲唱罷，朋友們熱烈鼓掌，同時也放聲大笑。我和永義教授在學科上彼此相近，這「美談」想必也傳到他的耳朵裡了吧。

一九九八年，為配合北大慶祝百年校慶，季羨林教授在香山賓館舉行學術討論會，我應邀參加。會後，安平秋教授讓來京的「古委會」成員和從事中國文化研究的臺灣朋友，到五洲賓館進一步討論古籍整理的問題。這次會議，曾永義教授出席了。在會議休息的間隙，永義教授忽然走到我的面前，互相握手後，他說，晚上有空，聊聊天如何？我回道：「我來拜訪您。」

晚上，我如約到了永義教授的房間。甫一坐下，他便問：「老弟，喝茶還是喝酒？」我早就聽說永義教授善飲，而我卻是哪怕只喝半杯啤酒，也會滿臉通紅。我本來習慣喝茶，但一想，若喝茶，豈不讓他掃興？也就帶著「應戰」的口吻回答：「喝酒！」永義教授便端來玻璃杯，給我斟了半杯紅葡萄酒。

我們一面喝著酒，一面聊天。他告訴我，他有一個龐大的研究計畫，準備全面研究中國戲曲發展的問題，撰寫一部大型著作，並且扼要地和我談了他的主要觀點和設想。我向他請教了一些問題，也告訴他我當前的寫作計畫。大家談得很愉快，擺在我面前的那半杯酒，不知不覺間已所剩不多。

永義教授的相貌比較老成，他以為我的年紀比他小，於是口口聲聲稱我為「老弟」。其實，我知道他的年紀比我小。乘著酒興，我問他：「您貴庚？」他答：「我生於一九四一。」我哈哈大笑，告訴他，我比他還要年長六歲呢！永義教授大吃一驚，從此改口稱我「老哥」。其後來往越多，友情越深，見面時，更是親切地稱我為「老哥哥」。其實，兩岸同胞就是兄弟，我和他誰是兄、誰是弟並不要緊，重要的是——我們都有一顆中國心！

自封「酒党」党魁

永義教授經常接受大陸高校的邀請，到各地講學交流，來廣州中山大學的機會更多，他也和中大的戲曲研究團隊結下了深厚友誼。我們的研究生也彼此互派，向對方學習交流，所以年輕一輩也經常聯繫溝通，情如手足。

在臺灣，永義教授接受的基本是中國的傳統教育，他的恩師鄭騫，就是研究中國古代戲曲的專家。同時，臺灣學者有較多接觸西方文化的機會，因此在學術上，他更多地注重中國古代文學在形式方面發展變化的問題。而這些方面，在「文革」以前，大陸學者較少有留意。但是，大陸學者能夠從全域籌策，或舉全國之力，處理重大的文獻問題；或在一個學校中，根據自己的傳統和特點組織研究團隊，共同探索和完成重大課題。這種優勢，臺灣的學者是不容易做到的。所以，兩岸學者互相交流、互相學習，共同傳承和發展中華文化，確實很有必要。

永義教授每到大陸的大學講學，往往會給當地師生帶來耳目一新的感覺。在臺灣，他一直關心大陸方面學術的發展，也努力邀請大陸的學者前往交流。有一年，中大中文系的歐陽光教授在《文史》上發表了一篇有關元代「書會」演劇場地的論文，永義教授讀過了，十分讚賞，力邀他赴臺講學。可惜當年擔任系主任的歐陽教授工作忙碌，未能成行。過了兩年，我和歐陽教授到嘉義大學參加學術會議，會後，我們準備從臺北乘機返粵。永義教授知道了，力邀我們在臺北訪問，並參觀由他擔任董事長的中華民俗藝術基金會。

訪問後，永義教授宴請我們兩人。到場人數不少，席上，他極力推介中大戲曲團隊的成績，還不忘提到歐陽教授論文的創新性成果。永義教授的性格既豪爽，又幽默，他一一介紹了幾位男士，看來都不是學界中人。他大概看出了我的疑惑，便大聲地說：「他們都是我的『屠夫』。」我先是愕然，繼而轉念一想，他帶的研究生多是女徒弟，女徒弟的丈夫，不就是「屠夫」嘛！我醒悟過來，開懷大笑。後來，我自己所帶學習古代文學的博士生，越來越多是女性，我也學著曾教授的口吻，稱她們的丈夫為「屠夫」，自然也博得一座粲然。

在臺北，學者們互相交流的形式很有趣，他們喜歡在飲宴中交流友誼和研究心得，這很像是民國時代老一輩學者留下來的習氣。在宴飲中，或吟詩唱和，或爭論學術問題，即便為了相左的意見爭得面紅耳赤，也會「相逢一笑泯恩仇」。永義教授告訴我，在臺北，他有一個「酒党」。他貪杯豪飲，便自封為「党魁」，以他的名望和酒量，同儕也首肯心折。他又封某人為「巡撫」、「都督」之類，怡然自樂。他說，「酒党」的「党」字，是用大陸的簡體字書寫的，下面的筆劃從「儿，即古體人」，而不從臺灣慣用的繁體字「黨」「尚黑」。他又告訴我，「酒党」往往要開「四中全會」，我一怔，原來所謂「四中全會」者，其實是每週四的中午，全體酒友都得一起參加暢敘。這有點滑稽，也未必可取，但讓人想不到的是，魏晉時代名士借酒佯狂之風，在臺灣依然留存。

為神州大地「引臂浩嘆」

我和永義教授，有多次機會一起參加各校組織的學術研討會，他的發言，在一定程度上反映了臺灣學者對中國戲曲研究的關注點，以及研究進展的程度，所以頗受大陸學者矚目。我也從他提交的論文和講話中得到教益。讓我感動的，是他對中華大地懷著深厚的感情。

永義教授原籍臺南。寶島臺灣，風光秀麗，但總沒法看到有如祖國大地河山般雄偉壯闊、氣吞寰宇的景象，看不到幾千年來經歷歲月淘洗的古蹟。我曾有多次機會，陪同他一起遊歷祖國的名山大川。每到一處，他總是細心觀賞、流連忘返，還往往留下詩篇，表達他對神州大地壯麗河山的眷戀。一次，我們同被邀請參加由山西師範大學中文系舉辦的戲曲文物研討會，曾教授的夫人陳女士一併同行。會後，中大校友黃竹三教授領著我們參觀開元寺。這曾經名噪一時的古寺，藏在人跡稀少的山嶺中，早已陳舊荒蕪。我在建築方面完全是外行，只見曾教授和陳女士看得非常仔細。陳女士還特別留意觀察柱頭上的斗拱，告訴我當年梁思成和林徽因夫婦，為研究我國的古建築，特地到此作過詳細的考察。陳女士任職於臺北的故宮博物院，對中國古代文物研究有素，從她的講述中，我深知永義教授一家熱愛中華傳統文化，並且有深入的研究。

二〇〇四年左右，我又和永義教授一起，參加由中山大學主辦的有關中國非物質文化研究問題的會議，一行人同住在北京的「廣東賓館」。晚飯後，我和歐陽光、康保成教授陪著永義教授走出賓館散步，在賓館前面的馬路上拐個彎，就到了長安街。

北京的長安街，其闊如川，站在路邊，根本看不清馬路對面的樓房。在十多條橫列的車道上，一輛接一輛的大小汽車，開著車前燈，流星趕月般地在東西兩向沿路飛馳，發出沙沙的聲響。人行道旁邊的路燈，射出銀白色的強光，一盞連著一盞，把大地照得剔透通亮。一路上，永義教授左顧右盼，如入山陰道上，應接不暇。越走近天安門，路就越寬敞，臨近廣場邊緣，在燈影下向前望去，更覺得廣闊無垠。

這時候，永義教授忽然停住了腳步，伸出雙臂，大聲地說：「泱泱大國呀，泱泱大國呀！」這發自內心的讚嘆中，充分表現出他對神州大地的情感，和對大陸建設飛躍發展的讚美。目睹他興奮的神態，我們不禁為之動容，到現在，我還清楚地記得他「引臂浩嘆」的身影。

第二天，會議結束。晚飯時，我們置酒為永義教授餞行。作為善於開玩笑的「酒党党魁」，兩杯落肚，他便豪興大發，又表示要給同桌者「封官許願」，例如封我為「江南總督」，封保成為「河南巡撫」之類，我們也不免戲謔地「謝主隆恩」，向他敬酒。他「龍顏大悅」，便說：臺灣的「酒党」，還有一首「党歌」，酒友聚會時常唱。說罷，他站了起來，離開席位，引吭高歌。我們仔細一聽，歌詞原來是這樣的：

酒是我們唯一的飲料。
酒是黃河浪，酒是錢塘潮。
酒是洞庭水，酒是長江嘯。
黃河滾滾，錢塘浩浩，洞庭渺渺，長江滔滔。
滾滾浩浩，渺渺滔滔，滔滔滾滾，浩浩渺渺。
一氣彌漫了太平洋的波濤。

永義教授感情激動，歌聲飛揚，我們也一起鼓掌叫好。這首〈酒党党歌〉，分明是借酒來歌頌神州的大江大河的。顯然，如果對祖國沒有深厚的感情，是不會也寫不出、唱不出這樣的歌的。

不過，酒喝多了，畢竟傷身。而永義教授每飯必酒，成了習慣，久而久之，身體免不了出現一些狀況。

一次，在廣州吃飯後，他忽覺手臂疼痛難忍，我們得知客人患病，也很緊張。幸而我們認識中醫針灸學會的會長符醫生，便趕緊請他給永義教授診治。符醫生僅給他做了一次針灸治療，劇痛頓消，真是妙手回春。永義教授高興得很，大讚祖國醫學的神奇。不過，經此一「役」，我也勸他少飲為宜。他的學生若來中大訪學，返臺時，我總是請他們代我轉告永義教授，囑他少飲。不知道這位臺灣「酒党」的党魁，會不會重視我這位「老哥哥」的再三勸告。

兩岸學者「千里共嬋娟」

新冠疫情突如其來，各地紛紛嚴密防止疫情擴散，遠在對岸的永義教授很關心我們的安危。鼠年春節期間，我在手機微信的「朋友圈」中，看到了他寫的〈庚子元夜懷大陸友朋門弟〉一詩：

情意思君切，天涯各一方；奈何逢大疫，舉世遽倉皇。
為問平安否？殷勤託懇腸；自然能起復，明月正如霜。

這首詩，我是在元宵節深夜才看到的，細讀幾遍，深為感動。我不禁走出陽臺，只見夜靜如水。從前每年的元宵節，家家戶戶不是會掛起花燈，或者到街上欣賞花燈嗎？可是，這庚子鼠年的元宵節，除了天上依然掛著一輪明月，映照人間以外，四下裡一片寧靜。我遙望東南，忽發遐想，永義教授在寫了想念大陸朋友的詩章以後，會不會也走出陽臺，遙望著清冷如霜的月光呢？「千里共嬋娟」，我和他的目光，會不會與這月光匯集在一起？想到這裡，我立即回屋，一口氣寫下兩首和韻的詩，題為〈臺曾永義來詩慰問大陸朋友（二〇二〇〉災情。回贈二首〉，茲錄如下：

其一
妖霧籠天宇，橫眉向莽蒼；一江流血淚，四海繫肝腸。
碩鼠縱狂虐，神州當自強；感君情義重，隔岸與飛觴。
其二
百粵風初暖，心頭尚怯霜；生涯知浪擲，昆弟幸安康。
掩口防飛沫，登樓望遠方；何時跨海峽，相擁說衷腸！

書成擲筆，發給他的秘書佩熏，請她轉給不善用微信的曾教授一閱。新冠疫情終將成為過去；兩岸學者跨過海峽相聚的時刻，必將來到，我也必將在羊城迎接永義教授的又一次訪問，聽他一口一聲「老哥哥」的親切呼喚。

二〇二〇年八月二十六日於中山大學
原載《同舟共進》二〇二〇年一一期
二〇二一年四月二十五日《國語日報》一五二四期
「古今文選」刊載節錄版

陸 祖母的回憶

近日閱讀有關臺灣抗日的血淚史，使我想起祖母所說過的一些話語，那是祖母幼年時親歷目睹的慘痛回憶。祖母說，當她七歲時，有天村子裡鬧哄哄的，聽說「日本番」要殺進來了，只見大人慌慌張張地來來往往，外曾祖父敲著鑼，院子裡聚集了許多壯丁，人人手中都拿著一樣農具，有鋤頭、有鐵鍤、有鐮刀，但鐮刀綁在竹竿上頭。不久，「日本番」果然殺進了村子，祖母說：「你們外曾祖父就擊著鼓引導壯丁們前進，那種樣子，就好像現在還可看到的『宋江陣』一般。」

任何人都可以想像得到，外曾祖父和他的壯丁們，只有一個壯烈的「結果」。他們雖然義憤填膺、同仇敵愾，但手中的鐮刀如何能擋住敵人的槍砲，祖母說：「左鄰右舍的叔叔伯伯們死的死了，傷的傷了，全村子的人都東奔西逃，『日本番』見了人就殺。我逃進了甘蔗園裡，已經嚇得哭不出聲音來；這時覺得有人從鄰近穿過，我從甘蔗葉的縫隙中瞥見，原來是帶著長刀的『日本番』，不一會兒，我就聽見有人一聲長號。如果那個『日本番』搜向我這裡，那麼那一聲長號就不會是別人了，那麼你們這些子子孫孫也都不會有了。」祖母說到這裡，歇了一歇，又說：「『日本番』殺人，無論老弱婦孺，有的將嬰兒拋向空中，用武士刀一揮而下。」我不禁毛骨悚然。

祖母在去年四月間，以九十四歲高齡離開她五代同堂的百餘子孫。她老人家一生勤儉慈祥誠懇，從不怨天，更不尤人。數年前，當她在敘述自己八十幾年前的故事時，似乎已經平淡得沒有任何感慨；但從她滿布刻劃的皺紋所透露的昏花眸神，則依稀令我感到那歷歷如繪的情景。日本帝國主義者往日對我民族的殘狠，真是罄竹難書，雖個人以至民族的仇恨，宜解不宜結，但每對「痛史」，猶教人憤恨不已；而當其間的「痛史」，經由祖母的身歷、樸實無華的敘述，則教我悲憤難抑。外曾祖父和他的壯丁們，餘勇可賈的抗暴義舉，豈非史書上所說的「揭竿而起」？像這種情形，在當時不只是外曾祖父所屬的臺南縣下營鄉大屯村，臺灣全島各鄉鎮，正也都如火如荼地「拚死拚活」，我鄉臺南縣六甲的烏山頭，不就很成功地襲殺一位日本親王嗎？然而「宰相有權能割地，孤臣無力可回天」，不願意作亡國奴的臺灣同胞，畢竟犧牲得太慘烈了。

我讀過連橫的《臺灣通史》，有一句話：「義民拒日軍於鐵線橋。」鐵線橋在新營與下營附近，這一句話是否就是外曾祖父他們所留下的「偉績」呢？想著想著，我恍惚聽見了外曾祖父當年所敲擊的鼓聲。

原載一九八三年七月七日《臺灣日報》副刊

柒 牽手五十年

己巳年十二月五日正好是一九九〇年元旦，對我們家來說，是個喜上加喜的日子。一喜是開國紀念，普天同慶；二喜是父母親結婚五十周年，身子猶然康健。結婚五十周年洋人叫作「金婚」，意謂情比金堅，是非常難得的。而父親那一輩稱自己的妻子為「牽手」，意謂男女結婚後，才能彼此牽上手，走上共同的人生旅途。而父親牽著母親的手果然已經走了五十個年頭。

在父母親年輕時，要自由戀愛結婚，是難上加難的。雖然父親長得英俊瀟灑，到過海外，還讀過一點書，據說羨慕他的女孩子是有的；但他還是「乖乖」地接受祖父母的安排，憑媒妁之言，和母親相親訂婚結婚。母親是外婆家的獨生么女，被舅舅們呵護得無微不至，連大門也難得走出一步。當父親來相親時，母親羞得躲躲閃閃，據說彼此都看得很不清楚。訂婚後結婚前，自然連個花前月下也沒有過。

因為母親是么女，在娘家時，家務事有嫂嫂們擔待，所以幾乎未曾有「洗手作羹湯」的經驗。但是母親結婚後，馬上和伯母們分攤一個大家庭的生活瑣事，卻做得很勤勉而且很好，使祖父母讚不絕口。母親起得比誰都要早，父親睡得比誰都要晚，母親在為全家做早餐時，就偷偷地為父親留下一點菜，免得父親起床時無以下箸。

一九四一年，也就是父母親結婚後的第二年，生下了我這個長子。那時父親在嘉南水利會服務，家境小康，對我這個「寶貝兒子」瓜餅果餌，應有盡有。可是抗戰末期，日本統治下的臺灣，經濟已經崩潰，父親又因為染患瘧疾而辭職。在我極模糊的幼小記憶裡，竟會清楚地記得父親把他心愛的腳踏車賣出去的情景。那時父親幾乎穿上他所有的衣服猶然打著寒顫，母親則含淚揹上我，拿著用竹子編架的小網到附近的小溪網魚。我已經忘記那段柴米不繼、貧病交迫的日子，我們一家三口是怎麼過的。但我還記得康復後的父親，經常抱著我在溪邊釣魚的快樂經驗。直到現在我還有喜歡釣魚的「癖好」，恐怕那時就已經養成了。

日本帝國接近垮臺時，父親被六舅父介紹到楠梓的軍營工作，我只記得砲火聲日夜不絕，母親不得已揹著我逃回家鄉，依稀還有摸黑趕路的印象。幸而隨著臺灣光復，我們家也有真正的轉機，父母親把家從臺南縣的下營搬到了六甲。

六甲鄉有烏山有珊瑚潭，面向嘉南平原，是個山明水秀、沃野千里的地方。父母親租了一間小店，著手經營小生意，販賣竹木草編的農具。那時父母親真是要「白手起家」，因為每一毛錢都是告貸來的。而那勤苦的樣子，我雖尚屬髫齡，也感受得很深切。父親到其他的鄉鎮去「補貨」，常是騎著單車；從臺南或嘉義搭火車到林鳳營後，那段距離六甲四、五公里的路常是走回來的，為的是要省下可以省的車錢。而母親忙碌家務的樣子，也不是現代婦女所能想像：要到數百公尺外去汲井挑水，要上山去砍柴；洗衣在井邊，做飯用小火爐，吃飯在榻榻米上的小桌。而我的童年卻是很愉快的，父母親縱容我到田裡山裡去「撒野」，我也就光著腳、踩著泥土捕蚱蜢、抓魚兒、釣青蛙。而每當我「倦遊」歸來的時候，母親常是坐在小火爐前炸著各色各樣的甜果兒，我含著甜果兒總是笑得很開心。

我的二弟不幸在我兩歲時夭折。父母親搬到六甲後，三弟、大妹、四弟、二妹、三妹間隔兩三年陸續出生。父母親「胼手胝足」地養家活口外，逐漸有了積蓄，不只買了些田地，還在我上初中的那年蓋了一棟樓房，這棟樓房現在看來雖不起眼，但當時卻是很體面的，從此我們家就舒適多了。可是在我上大學那年，父親被他的兩個好友連借帶欠帶保證地，一口氣倒掉當時的新臺幣十餘萬元。父親賣掉了所有的田地為他的朋友償債，我們家的經濟自然為之「傷筋動骨」。猶記得在我升大二那年的暑假，我們父子搭夜車到臺北，從火車站走到臺大，領取我所獲得的那兩千塊錢獎學金以貼補家用。我領著父親走在臺北的大街小巷，走得兩腿痠麻，算是陪父親作「都城一日遊」。從此以後，我們家的經濟狀況，一直沒有完全恢復。但父母親還是一個個把我們拉拔長大，憑著我們的材質，該受什麼教育就受什麼教育，而且長幼有序地一一給予婚嫁。一九七九年么妹結婚成家，父母親鬆了口氣說：「我們的責任已經完了。」那時父母親已經年逾花甲。

把子女婚嫁完畢，自認「責任」已了的父母親，其實又自動地接續了另一種「責任」。母親是把操心和劬勞從子女的身上轉到孫輩的身上，她老人家內外孫十六個，幾乎個個都經過她照顧，即使現在年逾古稀，么弟的女兒和小兒大衡還得勞煩她，但母親不以為苦，而以此為樂；父親是個閒不住的人，住在我家只看報紙沒事做，就覺得很無聊，所以住在三弟家幫忙做生意，也做得比任何一個年輕人都要勤勉。

這些年來，每個星期六的上午，父親就從三弟那裡搭公車到我家，吃過午飯後，把母親接走；星期一上午再把母親送來，因為三弟家比較寬敞，為父母親布置了一間很優雅的臥房。每次父親接走母親的時候，我總喜歡望著他們並肩牽手而行的身影，覺得父母親除了給予子孫無窮的慈愛外，也有他們自己的恩愛。

再恩愛的夫妻也都不免有吵架的時候，而我觀察父母親偶爾吵架的原因，都是父親性情比較急切衝著母親而來，而母親每碰到父親嗓門變大時，就一句話也不吭，盡由父親多嚷幾句；所以我從來沒見過父母親之間真正燃過「戰火」。

母親性情很謙虛和緩，操心子女的大小事也很善於化解，因此心寬體胖，身子一直非常好，現在還可以把五、六歲的小孫子一把抱在懷裡。父親自從六十歲後，就沒見過他發脾氣，而勤勞早成了他的習慣，他看到家裡桌子椅子電燈電扇有所破損，就會動手很快修好，也因此身體健康，力氣不下於年輕人。每次我從國外回來，他總把我那個大行李一氣提上三樓，因為我的手臂有過嚴重的扭傷。父親的唯一嗜好是喝幾杯酒，但很少喝得過量。母親對父親是極為滿意的，因為男人的壞習氣，父親一點也沒有；而如果硬要挑些什麼的話，那就是有時候父親節省得過分些。譬如父親幾乎不搭計程車，他的理由是他和母親根本不趕時間，一則可以省錢，一則也可以避免碰上惡司機。而母親是樂意與父親等公共汽車的，只是父親有時為了省一段車票，拉著母親走一站的路，母親就認為過分節省了；但父親說，走走路不是也很好！

近年我越加體會人生的意義莫過於「愉快」。我所謂的愉快是從心中油然而起的，而使心中油然而起的愉快是可以多方達成的。譬如父母親年逾古稀而身體康健，就會使我感到愉快；而今又欣逢父母親金婚之慶，回顧兩老牽手五十年，過的雖是平淡簡單本分的生活，所有的快樂也似乎止於一家大小平安、親朋團圓相聚；但是維繫其間的，卻是互信互諒無愧無憾的恩愛，這種恩愛隨著歲月而彌篤；如此則怎不令我們做子女的感到油然愉快無比呢！

原載一九八九年十二月三十一日《中央日報》副刊

捌

杖椅而行的背影

祖母去世已三年有餘，而她那杖椅而行的背影依舊縈迴我心頭，因為我敬愛她老人家，我感念她的生平。

中日甲午之戰，臺灣割讓日本，外曾祖父擊著鼓，率領揭竿而起的壯丁，去做血淋淋的民族大義；祖母則躲在甘蔗園裡，不敢哭出聲，幸而逃過武士刀的一劫。那時祖母只有七、八歲。

祖母嫁給祖父時不過十七歲，祖父窮得什麼也沒有，幫人耕田和打魚為生。祖父和祖母就這樣白手起家，胼手胝足生兒養女，終於也有了一棟屬於自己的三合房。祖父不及見臺灣重返祖國懷抱，真是「積勞成疾」，在光復的前一年就撒手人寰，那時祖母五十六歲，祖父只大她四歲。

抗戰勝利後，父親把自己的家從臺南縣的下營搬到鄰近的六甲，做起小生意來。父親常接祖母到六甲，我的童年、少年、青年，有一半在祖母的照拂下成長。祖母永不改變她克勤克儉的生活，我們家因此養了許多雞、許多鴨和許多鵝。我最喜歡夏天放學後，跟在祖母背後踏著斜陽到郊外去割青草，到田裡去拾稻穗或拾番薯，然後沐著清風回家去呼叫那一大群雞、那一大群鴨和那一大群鵝。

母親常為祖母煮一碗熱呼呼的肉片或豬肝湯作為點心，在那不景氣的時代，算是很難得的孝心。祖母端著熱呼呼的肉片湯或豬肝湯，總捨不得自己獨享，總要分我半碗，看我吃得眉開眼笑；有時一時招呼不到我，弄得熱呼呼的肉片湯或豬肝湯都涼了。而我每獲得好吃的東西，也一定請祖母品嘗，祖母也一定接受我的好意。

祖母一向身體安康，到了耄耋之年猶能步履穩健不假藜杖。家裡的樓梯又窄又陡，祖母猶能一級一級地登上；只是當祖母登樓時，我總是望著她的背影，直到她登上為止。一九七五年，我把祖母接到現在的長興街宿舍來住，祖母照樣能獨立登樓，而且是登上四樓；我望著她的背影，那碩健而一點也不顯得乾癟的背影，心中無限的欣喜，那時祖母已經八十七歲。

可是第二年的清明節，祖母出去看下營的迎神賽會，在熙來攘往的人潮裡，不慎跌了一跤，跌傷了右大腿，從此雖然疼痛消除，但是再也無法復原著力。祖母只好雙手搭著父親為她特製的竹椅，移動竹椅，再移動身軀。我逢年過節返鄉，每看到祖母杖椅而行的背影，心中不禁悽楚異常。因為祖母的兒孫、曾孫、玄孫們，再也無法成群結隊地陪伴她老人家到山明水秀的珊瑚潭去踏青郊遊了。

一九八二年四月十日凌晨，我陪著父親和伯叔們在祖母所親手建造的下營故居廳堂上，極力要以「觀化」的心情來面對已穿好壽衣而陷入昏迷的祖母；叔父說，祖母尚能斷斷續續說話的時候，呼叫的是我的名字。我和弟弟兼程南下，已經來不及再像過年時抱著臥病在床的祖母那樣地痛哭；而此時我心中縈迴的，居然不是眼前奄奄一息的祖母，卻是她那杖椅而行的背影，因為打從第一次看到她那樣的背影，我心中就洶湧無限悽楚。凌晨二時四十五分，祖母永遠離開了她的百餘子孫，享年九十有四。她的一生雖然沒有古聖賢所稱述的大德大行，但我知道她是淳淳樸樸、坦坦蕩蕩地來，又淳淳樸樸、坦坦蕩蕩地去的；她那杖椅而行的背影雖然縈迴我心頭，但想到她的生平是如此的淳淳樸樸、坦坦蕩蕩，無所愧憾於天地人間，我內心盤旋的悽楚也就化作無限敬愛的追思了。

原載《幼獅文藝》一九八五年八月號三八〇期

玖 父母親的絲瓜棚

父母親在深坑已住了三年多，那裡的環境很優美，社區的背後是山林，左右兩旁也是山林。我在頂樓的小亭對著返照飲酒，有兀坐於山林造設的太師椅上的感覺，那麼稍遠的一脈青山，就是眼前的翡翠屏風了。這個社區還有一個美麗的名字，叫「紅葉山莊」，雖然我未見過霜林染醉的景象。

兩年前，父母親也興起「務農」的念頭；因為看到左鄰右舍在山坳或山坡曠地上開出的菜圃，總是綠油油的，而且老吃鄰居餽贈的蔬菜也不好意思，所以找來弟妹，披蘆斬葦，也闢出一小塊地，種了父親最拿手的茼蒿。

有了這一小塊地，父母親每天就有他倆「運動」的場所。不久，對門的郝媽媽讓出她種植多年的園子，父母親的「事業」忽然壯大好幾倍，「收益」也節節升高。於是茼蒿之外，韭菜、空心菜、芥菜、茄子、地瓜葉等等我知名不知名的「族類」就輪番上陣了。我們家族，裡裡外外、大大小小三十二口，人人都可以享受到父母親賜予的「口福」。

但是父母親最得意的不是菜園，而是他們親手搭起的五架絲瓜棚。這五個絲瓜棚，分別架在屋前、屋後、新闢的園地，和郝媽媽菜園的籬邊，以及林間的一塊隙地。屋前、屋後都鋪了水泥，原本不宜種植，但父母親以盆箱裝土，絲瓜種苗就栽在這看來不很豐厚的泥土裡。其他三架則都種在大自然的土地上。

母親對於種絲瓜，很重視品種，她說品種選得好，容易培植，成果也豐碩。父親則重視下種的時機和瓜架的搭設，他說下種沒對時候，壓根也長不出幼苗；瓜架沒搭好，長出來的瓜就難於各得其所，就難於充分成長。父親又說，鄰居的鄭先生將瓜架搭在山溝裡，見不得一絲陽光，蜜蜂不來傳粉，如何長得出瓜來。

看樣子父母親種絲瓜，自有他們一套簡單的「哲學」。我星期假日去探望父母親時，每看到兩老沐浴滿盈的晨暉，就深深感染了那「白髮紅顏」的喜悅，而園裡的菜色瓜藤似乎也顯得很青綠精神了。

父親照顧他的絲瓜，晴天時只用「尿水」澆溉根柢，平時也只用剝落的菜根菜葉覆蓋根土。母親總認為「施肥」不足，會妨礙瓜的生長。父親卻振振有詞地說，去年收穫兩百餘條；今年颱風和不時的雨水沖刷，到現在中秋已割下百來條，而且條條既長且肥，誰敢說它們「營養」不良？是的，父親不過順瓜之性，供瓜之需而已。

然而我知道母親對絲瓜的「愛顧」是超過父親的，因為她沒事就「相看」瓜棚的藤間葉隙，只要發現一根瓜籤兒，她就擁有一個希望，也享有一個喜悅。如果老天作美，連續風和日麗，瓜花盛開，蜂蝶翩翩，母親的喜悅和希望就逐日增多，有時多到忍不住要掛電話給我，教我也分享一些。但是如果風雨累日不開，她就鎖著眉頭說，怎的亮麗的黃花被潑辣的雨水沖翻，怎的嬌嫩的瓜籤兒一下子就焦黃了。也因此，母親帶我到瓜棚，就指指點點地對我說，這條指頭大蒼翠的準定可以成長，那條蒂頭枯萎的必然很快消亡，然後對著一條條垂掛的大瓜說，不要以為它們長達一兩尺重達兩三斤就是老瓜了，看它們的皮那麼蒼翠那麼粗糙，準還嫩得很。母親順手割下幾條又大又長的，那晚還親自用生薑素炒一大盤給父親和我下酒，果然甜美香嫩得很。我和妻邊吃邊誇讚，小兒大衡更大口大口地吃，父母親不禁笑開了心。

當我隨著母親檢點瓜棚時，發現屋前的一架結實最多，屋後那架結實最少，其餘三架較為均衡。我問父親是什麼緣故。父親說，屋後那架因為盆土少，又在巷道裡受風大，照顧也不容易；屋前這架因為房子正好擋風，盆土較充實，順手可以照料，這應當是它們成果有多有少的原因；其餘三架則大抵純任自然，所以就沒有明顯的差別。我從父親的話裡，似乎也領會到，原來種瓜也有「瓜道」。

今天又逢星期假日，母親一早就掛來電話，說又有十幾條絲瓜可以採收了，要等我去割取，也好分贈左右鄰居。我為之興高采烈地又攜妻帶子的，往青山夾道的深坑奔馳而去了。

原載一九九七年十月十三日《聯合報》副刊

拾 平凡的父母親

一九九七年十一月十四日是農曆十月十五日，母親八十初度，也就是滿七十九歲進入八十歲。父親不知他生日是哪一天，祖母沒告訴他，他也沒有問過祖母，身分證上記載的並不可信，因為那個時代是胡亂登記的。只知道他比母親晚生幾個月，是一九一九年。

因此我們家每年給母親做生日，總選在生日之前的禮拜天，好讓全家大小能到齊。日子雖不準確，也還合乎習俗。可是不知生日的父親，就只好「將就」了。我們的辦法是：以農曆三月初的第一星期日為基準，我們家祖孫三代一齊慶生。母親說，我是長子，侄兒德祺是大孫，生日正好同一天，父親加進來，顯得三代一脈相承。這樣的慶生主要讓父親高興，我和德祺自然只是「依附」。

然而今年值母親八十大壽，母親又說，八十歲不容易，夫妻一起白髮也難得，父親只小她幾個月，何不同時做生日。父親是很少堅持的，自是樂意「將就」。於是我們家就請來親友，興高采烈地為父母親的「雙壽」熱鬧一番。

在父母親慶「雙壽」時，替他倆回顧一下生平，如果用世俗的眼光，那真是平凡無奇，幾無可稱述的事蹟。因為祖父打魚，外祖父耕田；祖母、外祖母也不過漁婦、農婦。家口多，食指浩繁，兩家都窮得把鹹魚視為山珍海味，高高地用竹籃懸於屋梁，讓孩子可望不可即。這樣的家庭背景加上日據時代，父母親怎能談到好的教育。儘管母親是么女頗受寵愛，但六位兄長有五位不識字，哪能輪到女孩讀書？而父親對祖父的「事業」壓根兒沒興趣，他被視為「偷懶」，在五位弟兄中唯獨上完公學校，但也止於此。

像這樣的出身，衡諸古今中外，想要「不平凡」，恐怕難之又難；除非具有敢於衝撞或胡作非為的草莽之風，除非具有敢於突破禮教或反抗命運的英勇之氣；而父母親正都缺少那草莽之風和英勇之氣。

父母親的平凡表現在他倆的婚姻、生兒養女、做生意討生活，以及親朋的交往之中。而這些就已經總攬了他倆的生平事蹟。

在父母親年輕的時代，要談戀愛很不容易。父親長得一表人才，曾被日軍徵召到過上海。返臺時，據伯父說，愛慕他的少女是有的，但他還是憑媒妁之言和母親結婚。我沒見過父母親在我們面前有像現代一般夫妻那樣親密的言詞和舉止；但是記得有一次，父親的朋友硬拉他上酒家，父親很快就回來，說他從前門進後門溜，更說酒家女哪有太太漂亮，花那冤枉錢幹嘛。

我看母親對父親的體貼是在於她烹調的手藝，她總會做幾道可口的下酒菜，讓父親「斟酌」得高興。我念小學時，住的房子很小，母親做飯用一個小火爐架在屋後的小溝之上，吃飯則在榻榻米上擺一張小方桌。但是每晚，父親的朋友都會來一起喝酒，母親從沒有厭煩的臉色。直到現在，兩老住在深坑紅葉山莊，有時候朋友和我會去陪父親喝酒，母親還能做滿一桌菜，父親仍舊誇讚說，他最喜歡吃的，還是經母親手藝端上來的，從沒有哪家館子能吸引他的口腹。

父母親偶爾也會吵嘴，只要父親嗓門變高，母親就「退後」。母親說，不和他吵，一下子就好了。

十幾年前，母親在我家照顧小兒大衡，星期六父親就來接她回去，我每看到父親牽著母親的手，走在紅磚道上，斜陽把兩老的身影拉得長長的；而現在我則常在父母親「經營」的菜圃裡，看到旭日的光彩反映在他倆的容顏之上。

父母親生有四男三女，次男不幸在周歲時夭折。父母親六十幾歲時就將三男三女婚嫁完畢，認為「責任」已了，可以自在享受日子。而其實操的心更多，因為子女之外，又加了內外孫。父母親最重視的是子孫的平安。我一歲多時染患肺炎，母親揹著我走十幾公里路，求得戰時的一支特效針劑；父親則在田野採藥草熬湯汁，才救回我一條小命。小時我們出外玩耍，日暮黃昏，母親必盼得一個個歸來才安心。前幾年，母親住在我家，夜晚我有應酬，她總要等到我回家才睡得著。我每次出國，她也總要懸著心，直等到我返國掛電話給她，她的心才解得開來。

父母親對我如此，對弟妹及其家人的關懷也不少一分。現在他們年紀大了，對子孫不能像從前那樣使心使力，便有事沒事就對我說：「國用大臣，家用長子。」要我多擔待些。總而言之，哪家經濟出狀況，哪家夫妻拌嘴，哪家孩子成績不良，母親就難於釋懷，有時我也不免要插手其中。近日三弟妹身體不適需要人陪，父母親就提著包袱到三弟家去了；如果不這樣，他倆是不能放心的。

古人以立言、立功、立德為三不朽，父母親當然不知有這些事。他們胼手胝足所戮力的事業，不過為了養家活口。

母親雖然記性強、事理分明，但畢竟不識字，只能做個純粹的主婦，操持一家大小的生活。她得舂米，有次米舂得稍白，被日本警察打了幾棍。她得挑水，到幾百公尺之外的一口井。她得上山砍柴，下田拾甘蔗葉。她得到溪邊洗衣服，對她來說，那是最好的休閒。而母親最喜歡的家事是做菜，她好像是把它當藝術創作一般，很平常簡單的材料，她會做出好些可口的花樣，看我們狼吞虎嚥，看父親嘖嘖稱美，她早忘記了疲累。

父親因為讀過書，當了幾年水利會的職員，我這個長子為此享受不少果餌。後來因為瘧疾，病得不能不辭職，用盡些微的家當，連腳踏車都賣掉了，逼得母親去網魚蝦、採野菜。不久臺灣光復，父親在舅父們的安排下，從臺南縣下營搬到鄰鄉六甲去做小本生意，買賣的是竹製草編的各色器物和製具。由於父親克勤克儉，又講信用，所以顧客比同行要多得多。

父親很勤儉，比如到臺南、嘉義去補貨，飯錢能省就省；從火車站林鳳營到六甲的四公里路，能走路就走路，能騎車就騎車；採買回來的竹掃把，結構很鬆散，他就重新改造處理，用起來很方便堅實，一把賣兩把的價錢，大家還是搶著買，為此父親被稱作「綁掃把仔」。

父親講信用，比如他重新改造的竹掃把，誰先訂誰先取，晚到的要搶先，出再高的價錢都不給。所以我們家境慢慢改善，我初一那年，父親就蓋了六甲那時最體面的一棟房子，兩間店面兩層樓，後來還買了幾甲田地，而父親仍守著他的「生意經」。直到我大一那年，父親被他的兩位好友倒掉十幾萬新臺幣，當時七百五十元可以買一分田地。父親變賣家產，替朋友還清擔保的錢。

當時債主「虎視眈眈」直逼家門口，父親卻故意在樓房旁邊的一塊隙地興土木；債主為之心安，互相咬耳朵：「曾明忠倒不了的。」這是我唯獨一次看到父親用他的智慧「自欺欺人」度過難關。從此我們家道中落，父親的生意止於餬口，我大學的生活費還一度被六舅父接濟過。

做慣了小生意的父母親，天天都要笑臉迎人。大概由於生性的關係，笑臉中總帶些熱情和真摯，也因此左鄰右舍幾乎都成了「近親」。現在我看到父母親和紅葉山莊的「近親」還互相贈送所種的果蔬和各自家鄉的土宜方物，深覺他們猶不改其「故常」。母親對親朋很重「禮數」，婚喪喜慶無不躬臨參加。年紀越大，她的面子也越大，地位也越尊，而她在喜慶場合中也樂此不疲。父親則年輕時雖然喜歡朋友，杯酒酣歌時偶然也會通宵達旦，對於倒他錢財的，也沒有一句惡言相向。但是他不喜管閒事，家事親友的事，都是母親在主張；他更不理會政治，所以二二八對我們家沒半點風浪；他糊裡糊塗被變成國民黨員，也糊裡糊塗地被退了黨。

父母親只是「日出而作，日入而息」。無視於堯舜在位，也無視於豺狼當道，他們唯「順其自然」地在「小圈圈」裡待人接物討生活。如果不是內人和我陪他們到美國玩個把月，到東南亞走一遭，他們絕不會出臺灣的大門一步。

父母親就這樣地過著日子，從我所認知的青年而壯年而老年，沒有半點聳人聽聞的事情，也沒有一些可供表彰的業績，真是平凡到簡直是「一片空白」。但是他們除了對兒孫偶然的擔心外，沒有什麼憂愁。父親身體硬朗，除了年輕時沒逃過臺灣的瘧疾外，幾乎沒見過他上醫院求診；半年前輕微中風，也只在三總住了兩個夜晚就完全康復。母親則稍微打扮，年齡就會教人替她減輕二、三十；雖然服用高血壓藥十幾年，但是家事做得比年輕人俐落，和父親「經營」的菜圃更一向綠油油。而一家裡裡外外大大小小三十二口，逢年過節、喜慶嘉會，團團地圍繞在他們膝下時，他們就樂得合不了嘴。

我忽然仔細想想父母親的平凡，不禁領悟到：父母親在平凡的生活裡，其實很認真很本分地在盡應負的責任和義務，從不推卸給別人，他們碰到障礙、困頓乃至災難時，也有起碼的能力去面對它、解決它，也許他們沒有觀照宇宙大自然的能力，但卻能調適人際的和諧。他們「牽手」而行已經五十七年，而能相欣相顧；繁衍子孫滿堂，而能和樂融洽。那麼父母親的「平凡」，恐怕蘊涵著人間一股奇特的力量，這股力量據我觀察，應當是「真摯自然、平正通達」，那應當也是維繫社會繁榮國家安定的基礎。

那麼父母親的「平凡」，其實是他們仰不愧於天、俯不怍於人的寫照，因此他們毋須追求名利來妝點，毋須假藉權勢來助長，他們只不過耳之所聞、目之所視都希望欣欣然而已。那麼父母親的「平凡」，豈不是他們此生行走八十年來的「愉快」之道嗎？如果現今的社會，多一些人能履行平凡的意義，少些人去追求過分的「不平凡」，那麼我們所見所聞，定會減少許多令我們感傷的現象。

原載一九九七年十一月十四日《聯合報》副刊

拾壹 直到午夜歲除

臨近除夕的幾天，母親開始忙碌，從三樓二樓一樓逐次地洗洗刷刷，掃把、抹布、吸塵器都用上了，枕頭、被褥也剝下來洗滌。我深怕八十高齡的母親過分勞累，幾次掛電話希望她「馬虎些」。母親總是說，過年除舊布新，一輩子的習慣，怎能改得了。何況全家人團聚，更要乾乾淨淨。

父母親生養三男三女，都已成家立業，遷居臺北。三年半前我把父母親從臺南縣六甲安頓在深坑紅葉山莊頤養，我們全家就真的「離鄉背井」了。只是父母親心目中的「全家」是要包括內外孫、女婿、媳婦和孫女婿的。如此一來，我們全家就大大小小裡裡外外三十二口了，可喜的是平安健康，無一人旅居國外。

除夕下午，父母親終於盼得兒女攜家帶小地從北市、中和、新莊陸續地到來。頓時車輛塞滿巷道，樓上樓下熱鬧滾滾，父母親也笑逐顏開。

由於我「下令」弟妹，各買各的菜，各展各的「絕活」，所以弟妹們大包小包、生的熟的菜餚擺滿了廚房。於是我們家公認的三位主廚「輪番上陣」，所屬的幫手也剝剝洗洗地忙個不停。

大妹婿的清燉魚翅、紅燒魚頭、蜜汁火腿，要具高難度的手藝，我看不下於寧福樓的大廚，他的幫手是大妹。二弟妹得母親真傳，把年糕、發糕蒸得顏色明亮，軟硬適度，口感極佳，她「獨力奮鬥」。二妹常在家宴客，烹調技術突飛猛進，家常菜有口皆碑，她的「助理」是三妹。我家陳媛雖堂堂皇皇端上八寶鴨與牛肉滷，卻是從故宮餐廳買回來的。

父親也領著二弟二妹到他和母親「經營」的菜園去揀些時新的茼蒿、鵝仔菜和高麗菜，孩子們則圍觀大衡「秀」出來的春聯，果然寫得端端正正。他們合作把春聯貼上，又煞有興味地一起合做燈籠。

這時的「閒人」是母親、我和二妹婿、三弟妹。三弟妹車禍康復中，只宜休息；二妹婿看電視新聞，關心國內外大事；母親只是走來走去，這裡看看、那裡看看的，看得嘴角流出了絲絲笑意。

我則獨自登上三樓，在我所謂的「陽亭」之上，面對斜日返照的青山，臨風把杯。不久，妻為我備了些小菜，也上來陪我。我們喜歡坐在這兒，因為兩側有幾可觸及的山林，望中有綿亙疊出的青山橫斜。於此可看日出月出，可看煙雲山色；尤其煙雲山色，風日晴晦，最是千姿百態。我不禁想起古人看山，淵明是「悠然」，太白是「不厭」，稼軒是「嫵媚」。論高情雅致，我自然不如，但也油然有感，胡謅七、八首絕句，錄其二如下：

> 夕照青山遠接天，吾妻笑語在身邊；人生得意揮杯酒，勝似桃源洞裡仙。
>
> 青山暮色蒼茫裡，且酌喬松舊歲除；縱使文章傳海內，豈無感慨在居諸。

看來「齊瓦士」與詩可以相得益彰，可是天色實在由昏黃轉黑了，我也該下樓去指揮孩子們設桌布椅擺碗置筷了。

我們全家聚會，通常要席開三桌。首桌父親和兒子、女婿，次桌母親和女兒、媳婦，另一桌由孩子們去擁擠。男人喝烈酒，女人喝紅酒；孩子們也有汽水、啤酒，照樣有他們的剪刀、石頭、布，吃喝起來如秋風掃落葉，然後上樓去玩撲克，或出街巷去玩花炮。母親那桌女人，絮絮叨叨地離不開生活瑣事。父親這桌男人，好高談黑金政治，酒酣耳熱，喜以「拳路」見高下。只是我不敢對父親，兩個弟弟也不敢對我，而兩位妹婿則無視於丈人、內兄、內弟長幼尊卑，一概興致勃勃地「挑戰對壘」，往往聲震屋宇。

吃過年夜飯，弟妹們照例玩起「吞六國」，那是用象棋賭輸贏的一種遊戲，我們從小就以此應年景，迄今數十年不改其常。弟妹「吞六國」是以家庭為單元，譬如丈夫加入「戰局」，妻子兒女就圍在身旁助陣，所以輸贏雖小，氣氛可熱烈得很。如果好不容易「過車」或「過包對」，那種興高采烈的歡呼聲，簡直響徹整個山莊。

我們家人就這樣「熱鬧」地「守歲」，直到午夜歲除，在門外大燃鞭炮，然後紛紛向父母親辭歲並告辭。母親說：「初二女兒女婿回娘家，兒子媳婦要作陪，都要早點來。」

原載一九九八年二月七日《聯合報》副刊

拾貳 《一位陽春教授的生活》自序

五十歲以前，我沒有寫日記的習慣，連「念頭」也壓根兒沒有。因為我以教學、讀書、研究為業，寫寫散文只是消遣。所接觸的人物，多為親人、師長、學生、友朋。總體而言，是個讀書人、陽春教授。如果有高瞻遠矚、偉志宏願，也沒有機緣博施廣濟、利國福民；加上自己有幾分陶淵明的性格，深體杯中真味，建構理論，傳播兩岸，弘揚列國；久而久之，乃有「酒党党魁」之稱。凡此，所事所為，雖無損人我，但於社會國家焉有意義可言；所以縱使寫日記，也只能呈現自己的生活言行，亦微不足道。

但我卻每油然口占舊詩律絕，傳達眼前人事物所引發的情懷。所謂「口占」就是即興吟詠，不假思索。我於登臨勝地、筵席聯歡之時，以及塞北江南、飄洋過海之際，常隨遇口占，詩贈親友；而自己則未嘗留存其稿。

我信手拈來，雖講究自己所探討的格律及其變化；但協韻則認為與時遷移，乃在平水韻、中原音韻、中華新韻間調適，以諧今人口吻。

直到有一天，友朋登山郊遊，「沈哥」（沈毅）口中喃喃唸了些詩，我覺得頗有滋味，而且滿熟悉。李哥（善馨）也從他的包包裡掏出一疊雜亂的詩稿，說：「這是你隨興揮灑的舊作，以後每寫一首都要保有底本，一旦匯集成書，我們學海替你出版。」我忽然體會，原來往日情懷，留駐篇章，也是一件美事；也後悔二十幾年來，自己走過歐、美、亞、非、中美三十數國，不知散落多少「當時情懷」在人間。

於是我聽從李哥的勸勉，從一九九二年開始，以舊詩記事抒感；由於有時在詩下加注解題，逐漸將散文附入；散文用簡潔的文言，時日一長，散文日記與舊詩歌韻，從「旗鼓相當」，終至「喧賓奪主」。這也就是我為什麼將書名作《舊詩日記稿》的緣故。而此書也記錄了我三十年來的歲月，從教學、寫作、讀書到旅遊、應酬，講學兩岸、國際交流都在其中。

而所以又將書名用較醒目的語言題為《一位陽春教授的生活》，實為從俗引人注意外，我教了五十幾年的書，樂此不疲，也的確是個「陽春教授」。所謂「陽春教授」就是純教學，沒有兼任行政教職或官職。

業師鄭騫因百先生，兩度鼓勵我負責系務，謂「大家都這麼說」；可是一次我正要到德國魯爾大學、一次正要到香港大學和新亞研究所擔任客座教授，因百師也沒有勉強我。

只有中央研究院文哲所所長楊牧（王靖獻）離職出缺時，我被推舉為繼任名單七人的第一名。李遠哲院長召我面談七十分鐘，彼此十分契合。我告以我是酒党党魁，恐怕蜚短流長。李院長說，我這裡有你喝不完的酒，就順手送我半打，我即分贈在座的王德威和黃進興各兩瓶。

這次晤談真的教我「心動」，由於我有奉獻文哲所的藍圖，希望逐步達成。沒想因為當局推行「去中國化」，與我理念大不相合，曾在文建會文化會議上疾言厲色予以批判；結果中研院劉翠蓉副院長轉示我可以不去履任文哲所所長了。

往後的日子，中南部的大學有希望我去擔當院長的，我一再「屹立不搖」，終於保持「陽春教授」的身分，直到現在還是世新大學講座教授、臺灣大學特聘研究講座，還沒有退休。也因此在本書裡，固然看不到官聲官影，也看不到行政繁雜的細瑣。正為此，我也才能夠作為「陽春教授」在現代的一類典型。

國家出版社林洋慈社長，眾望所歸，現任全國出版協會理事長。他一再敦促我整理出版這部書，我總以「不急」推辭。但是去年十一月在臺大醫院我大動心臟瓣膜手術，所幸撿回一條老命。調養之中，感念時漸不我與，乃將此書積稿作整理，交給洋慈。

我雖然明白出這類書一定血本無歸，出版社無不望之卻步。奈何洋慈是我相交四十幾年的兄弟，情義相投，我的著作在他那裡已出了很多本，我也為「國家戲曲研究叢書」策劃主編百數十冊，風行海內外；即論關係，也是匪淺；所以我也就不客氣地接受洋慈的好意了。

如果勉強要說些我這本《舊詩日記稿》有什麼好處，那麼可以看出近三十數年間，在臺灣的一位「陽春教授」能夠過何等樣的生活；而喜歡舊詩的朋友，或者從中也有幾首朗朗可讀；而日記裡，也或有近似文言小品的一些篇章可誦；當然，如果要知道，「曾永義究竟何許人」，那麼它是最直接的自我表白。

二〇二一年五月二十六日晨
曾永義序於臺北森觀寓所

酒党党魁經眼錄

2022年11月初版　　定價：新臺幣680元

著　者　曾永義
特約編輯　李偉涵
校　對　丁肇琴
　　　　林維綉
整體設計　李偉涵

出版者　聯經出版事業股份有限公司
地址　新北市汐止區大同路一段369號1樓
叢書編輯電話　(02)86925588轉5319
台北聯經書房　台北市新生南路三段94號
電話　(02)23620308
台中辦事處　(04)22312023
台中電子信箱　e-mail：linking2@ms42.hinet.net
印刷者　世和印製企業有限公司
總經銷　聯合發行股份有限公司
發行所　新北市新店區寶橋路235巷6弄6號2樓
電話　(02)29178022

副總編輯　陳逸華
總編輯　涂豐恩
總經理　陳芝宇
社長　羅國俊
發行人　林載爵

行政院新聞局出版事業登記證局版臺業字第0130號

本書如有缺頁，破損，倒裝請寄回台北聯經書房更換。　ISBN 978-957-08-6499-1 (平裝)
聯經網址：www.linkingbooks.com.tw
電子信箱：linking@udngroup.com

國家圖書館出版品預行編目資料

酒党党魁經眼錄/曾永義著．初版．新北市．聯經．
2022年11月．656面．14.8×21公分
ISBN 978-957-08-6499-1（平裝）

1.CST：曾永義　2. CST：自傳

783.3886　　111012826